Charles Victor Langlois

Histoire

du Moyen-Âge

395-1270

CHARLES VICTOR LANGLOIS

Chargé de cours à la faculté des lettres de Paris

HISTOIRE

DU MOYEN-ÂGE

395-1270

Publié en 1901 sous le titre :

LECTURES HISTORIQUES RÉDIGÉES CONFORMÉMENT AUX PROGRAMMES OFFICIELS POUR LA CLASSE DE TROISIÈME

Publié par
OMNIA VERITAS LTD

www.omnia-veritas.com

PRÉFACE DE LA DEUXIÈME ÉDITION 9
I.. 9
II.. 11

CHAPITRE PREMIER 15
L'empire romain à la fin du IVe siècle 15
BIBLIOGRAPHIE 15
I — Romani, Romania 16
II — La villa gallo-romaine 28
III — Le Christianisme 37
IV — La société romaine d'après Ammien Marcellin, saint Jérôme et Symmaque 44

CHAPITRE II 51
Les Barbares 51
BIBLIOGRAPHIE 51
I — La foi et la morale des Francs 53
II — La décadence mérovingienne 76
III — Histoire poétique des Mérovingiens 94

CHAPITRE III 101
Empire romain d'orient 101
BIBLIOGRAPHIE 101
I — Constantinople et l'Empire Byzantin 102
II — La formation et l'expansion de l'art byzantin 107

CHAPITRE IV 117
Les Arabes 117
BIBLIOGRAPHIE 117
Le Koran et la sonna 118

CHAPITRE V 129
La papauté et les ducs austrasiens 129
BIBLIOGRAPHIE 129
I—l'entrée en scène de la papauté 130
II— Pépin « le bref » 142
III — La liturgie gallicane et la liturgie romaine en Gaule 146

CHAPITRE VI 149
L'empire Franc 149
BIBLIOGRAPHIE 149
I — L'événement de l'an 800 151
II — Les officiers du palais carolingien L'apocrisiaire 158

  III— France et pays voisins après le traité de Verdun *163*
  IV — Manuscrits carolingiens *165*

CHAPITRE VII **173**

La féodalité 173
  BIBLIOGRAPHIE *173*
  I— L'avènement de la troisième dynastie *175*
  II — La chevalerie *181*
  III — La féodalité en Languedoc *186*
  IV — Les mœurs féodales dans *193*
  « Raoul de Cambrai » *193*

CHAPITRE VIII **199**

L'Allemagne et l'Italie 199
  BIBLIOGRAPHIE *199*
  I— La ville de Rome au moyen âge *201*
  II. —Innocent iii, la curie romaine et l'église *209*
  La monarchie pontificale *209*
  III — Le « livre des cens » de l'église romaine *216*
  Le « denier de saint-pierre » *216*
  IV — L'empereur Frédéric II *221*

CHAPITRE IX **231**

Les Croisades 231
  BIBLIOGRAPHIE *231*
  I — Pierre l'hermite *232*
  II—Le pillage de Constantinople par les croisés de 1204 .... *238*
  III. —Le krak des chevaliers *246*
  Une forteresse latine en Syrie *246*
  IV—Quelques résultats des croisades *255*
  V—La conquête de la Prusse par les chevaliers teutoniques *259*

CHAPITRE X **267**

Les villes 267
  BIBLIOGRAPHIE *267*
  I—Les communes françaises à l'époque des capétiens directs ... *269*
  II — Les bastides *283*
  III — Le chef d'industrie au moyen âge *287*

CHAPITRE XI **295**

La Royauté Française 295
  BIBLIOGRAPHIE *295*
  I — louis le gros et sa cour *296*
  Les garlande — raoul de vermandois — suger. *296*

II — Guerres de Philippe Auguste	315
II — La bataille de Bouvines	329
III — Louis IX et l'église	337
IV — Louis IX et les villes	345

CHAPITRE XII 350

L'ANGLETERRE 350
   BIBLIOGRAPHIE 350
   I — La mort de Henri II Plantagenet 351
   II — La Grande Charte 357
   III — Les éléments et la formation du parlement d'Angleterre 362

CHAPITRE XIII 375

CIVILISATION CHRÉTIENNE ET FÉODALE 375
   BIBLIOGRAPHIE 375
   I — La secte des Cathares en Italie et dans le midi de la France 378
   II — Quelques clercs du XIIe et du XIIIe siècle 383
   Primat — W. Nap — Serlon — Le chancelier 383
   III — Un franciscain du XIIIe siècle : fra Salimbene 389
   IV — Les propos de maître robert de Sorbon 401
   V. — L'université de paris et le procès de guillaume de saint-amour, d'après Rutebeuf 411
   VI — La science au moyen âge 418
   VII — La philosophie du moyen âge 424
   VIII — Les anciennes recettes d'orfèvres et les origines de l'alchimie 431

CHAPITRE XIV 435

CIVILISATION CHRÉTIENNE ET FÉODALE (SUITE) 435
   BIBLIOGRAPHIE 435
   I— La littérature française en Europe au XIIe siècle 440
   II — La bible française au moyen âge 446
   III — L'ogive 448
   IV — La sculpture française au XIIIe siècle 455
   V — L'émaillerie limousine 461
   VI — Villard de Honnecourt, architecte du XIIIe siècle 472
   VII — La société française au XIIIe siècle 477
   VIII — Le costume militaire au moyen âge 494

Préface de la deuxième édition

Dans la Préface de la première édition de ces *Lectures* je disais que, pour qu'un pareil recueil fût tenu au courant des progrès de la science, il serait nécessaire de le réviser souvent. J'ai cru devoir, en effet, après cinq ans, le remanier d'un bout à l'autre.

I

Ce n'est pas que j'aie renoncé au système qui, en 1890, m'a paru le meilleur. Je pense toujours, pour les mêmes raisons,[1] qu'il est impossible à un compilateur de *Lectures historiques* de rédiger lui-même tous les morceaux qu'il insère, et que, tout au moins quand il s'agit de « Lectures sur l'histoire du moyen âge », il faut préférer, comme plus clairs et plus facilement assimilables, les extraits choisis ou les résumés de livres modernes aux documents originaux.[2] Je crois encore qu'il est bon de restreindre le nombre des morceaux qui entrent dans la composition du recueil, pour ne pas avoir à restreindre, au détriment de sa valeur, l'étendue de chacun d'eux : « Quarante ou cinquante sujets traités, c'est assez pour donner, comme on dit, des clartés de tout, et pour éveiller, sinon pour satisfaire entièrement, la curiosité d'un écolier. »[3]

---

[1] Préface de la 1re édition, p. IX-XII.
[2] Sur les méthodes employées pour composer des « Lectures historiques » à l'usage des classes dans les différents pays d'Europe et d'Amérique, voir l'excellent ouvrage de M. R. Altamira, *La enseñanza de la historia*, Madrid, 1895, in-16, p. 322 et suiv.
[3] P. XIII-XIV. Je disais : « Si les sujets traités seront en petit nombre, ils seront très variés, afin que chacun trouve dans le recueil des choses à sa convenance.... La lecture d'une page colorée de Chateaubriand décida, dit-on, la vocation historique d'Augustin Thierry ; je sais des jeunes gens dont la vocation a été suscitée par la noblesse des belles, froides et élégantes synthèses de M. Guizot ou de M. Fustel de Coulanges ; d'autres ont été séduits par les vivantes résurrections de Michelet ou de M. Lavisse ; d'autres encore pourraient l'être par la rigueur et la solidité de certaines démonstrations critiques. C'est affaire de goût et de tempérament. J'en conclus que tous les genres devront être représentés dans le livre complémentaire ; il y faudra jeter toutes

Loin de changer d'avis, j'ai résolu au contraire de me conformer, mieux que je ne l'avais fait d'abord, à ma propre manière de voir.

I. « Le livre de lectures, disais-je en 1890, complémentaire du précis et du cours oral du professeur, doit contenir peu ou point de documents originaux. » En fait, j'avais inséré dans celui-ci, au milieu de morceaux extraits d'œuvres modernes, quelques textes intéressants, mais bruts, sans commentaires (ch. VI, § 2 ; ch. XI, § 4). Je les ai, cette fois, retranchés, persuadé désormais qu'il faut distinguer très nettement le livre de « Lectures historiques » de ce que l'on appelle, en allemand, le *Quellenbuch*, du « Recueil de documents originaux à l'usage des classes ». Les *Quellenbücher*[4] sont des instruments d'enseignement nouveaux, très précieux s'ils sont bien faits ; je citerai, comme des modèles, l'*Histoire de la France racontée par les contemporains* de M. B. Zeller, l'*English history from contemporary writers* de M. J. York Powel, la *Storia d'Italia narrata da scrittori contemporanei* de P. Orsi, le *Quellenbuch* d'Œchsli pour l'histoire de Suisse, les ouvrages de Richter, de Lehmann, pour l'histoire d'Allemagne, etc. Mais le livre de *Lectures historiques* est, à mon avis, tout autre chose : c'est une petite bibliothèque choisie d'historiographie moderne.

II. J'ai renoncé, d'autre part, à composer des tableaux d'ensemble avec des renseignements empruntés à plusieurs auteurs. Ce procédé, fort employé, est dangereux. Mais j'ai pris, comme précédemment, la liberté d'élaguer, çà et là, dans les textes reproduits, les preuves, les notes, les phrases surabondantes, pour plus de rapidité ou de clarté.

De ce chef et du précédent, cinq morceaux sur quarante-trois ont été éliminés. J'en ai supprimé six autres qui m'ont paru vieillis ou, pour d'autres raisons, susceptibles d'être avantageusement remplacés. On trouvera, par contre, dans cette édition, vingt-cinq morceaux nouveaux. —La plupart des médiévistes français de premier ordre, dont quelques-uns sont aussi de grands écrivains, sont représentés ici par quelque fragment de leur œuvre.[5]

---

les espèces de bon grain. Ce que l'un ne lira point, l'autre en profitera, et rien ne sera perdu. Des germes seront ainsi déposés dans les cerveaux, qui fructifieront tôt ou tard. »

[4] Cf. *Quellenlectüre und Quellenbücher im Unterricht* dans *Festgabe zur Versammlung Deutscher Historiker in München, Ostern 1893*, Leipzig, 1893, in-8°, p. 79 et s.

[5] Il va de soi que j'ai choisi arbitrairement et que j'ai plus d'une fois regretté d'être obligé de choisir. Les notices bibliographiques, placées au commencement des chapitres, sont faites pour

II

Mais ce qui différencie surtout cette seconde édition de la première, ce sont les notices bibliographiques, placées au commencement des quatorze chapitres qui correspondent aux articles du programme.

Je disais naguère : « Le livre complémentaire, en même temps qu'un choix de morceaux recommandables, doit donner le catalogue d'une bibliothèque idéale. » C'était alors une nouveauté d'introduire, dans un livre de classe, des renseignements bibliographiques, précis et abondants. Depuis, la Bibliographie est devenue à la mode ; personne ne la trouve plus « ennuyeuse », parce que tout le monde sait qu'elle est utile.[6] Dans l'*Histoire générale du IVe siècle à nos jours*, en cours de publication depuis 1893, chaque chapitre est suivi d'une « Bibliographie » assez développée, parfois estimable, des « Documents » et des « Livres ». En même temps que se répandait l'habitude des notices bibliographiques, et, tandis que le public apprenait à s'en servir, nous apprenions à les mieux faire. C'est pourquoi l'on ne sera pas surpris que la Bibliographie jointe à ces *Lectures* ait été entièrement récrite.

Il fallait d'abord la mettre au courant. Or telle est l'activité de la production scientifique internationale que, en cinq ans, la littérature historique est en grande partie renouvelée : des livres, qui étaient classiques, sont remplacés ; des lacunes ont été comblées ; tout, ou presque tout, est changé. En parcourant les notices bibliographiques de ce recueil, on ne manquera pas d'être frappé du très grand nombre des

---

réparer cela ; elles indiquent les ouvrages où, si j'avais eu de la place, j'aurais puisé volontiers.
—Il va également de soi qu'insérer quelques pages d'un auteur n'équivaut point à garantir que toutes les affirmations de cet auteur sont exactes dans le détail. Noterait-on, dans deux morceaux d'auteurs différents qui figurent dans ce recueil, de menues contradictions, il n'y aurait pas lieu d'en être surpris ou offensé.

[6] Il n'est plus nécessaire aujourd'hui de prouver qu'elle est utile. Elle l'est aux étudiants (il n'est pas interdit de penser à eux), aux professeurs et aux gens du monde qui—les spécialistes le constatent tous les jours—recourent souvent, faute d'être bien informés, à des livres détestables, aux premiers livres venus. Elle l'est aussi aux élèves, ne serait-ce qu'en leur donnant la notion de ce que l'activité scientifique de notre époque a de prodigieux. —Dans certains pays, le Guide bibliographique scolaire est un ouvrage distinct du « Recueil de documents », du « Précis », et du livre de « Lectures ». Voyez W. F. Allen, *The reader's Guide to the English history*, etc.

livres cités dont la date est postérieure à 1890. Cependant j'ai à peine besoin de dire que je me suis attaché à indiquer, non pas les ouvrages les plus récents, mais seulement les meilleurs.

En second lieu, j'ai introduit deux modifications dans le plan primitif des notices.

I. Chaque notice se composait, dans la première édition, de deux parties : *Documents originaux*, *Livres de seconde main*. Outre que cette dernière expression, si usitée qu'elle soit, est impropre, il m'a semblé raisonnable de simplifier, en réduisant chaque notice à une simple « liste d'ouvrages modernes ». C'est dans les *Quellenbücher* que la bibliographie des « sources » ou des « documents originaux » a sa place marquée ; je l'ai supprimée ici d'autant plus volontiers qu'elle occupait indûment une notable partie de la place nécessaire pour la bibliographie des « livres ».

II. « Nous n'oublierons point, disais-je il y a cinq ans, que le principal mérite d'une bibliographie historique à l'usage des lycées est d'être pratique. » J'avais primitivement l'intention de n'énumérer que les *meilleurs* livres, les livres les plus dignes d'être lus ou consultés.[7] Mais il faut bien signaler aussi quelques-uns de ceux qui, quoique célèbres, *ne* doivent *plus* être lus, ni consultés avec confiance. Il faut aussi prévenir le lecteur que certains « bons livres » sont des ouvrages de vulgarisation et d'autres des œuvres d'érudition, difficiles, techniques, parfois systématiques. D'où l'utilité de quelques avertissements. J'avais essayé de remplacer ces avertissements par des astérisques, conformément au procédé recommandé par plusieurs bibliographes. J'ai substitué, cette fois, à l'astérisque, décidément insuffisant, quelques remarques explicatives (encore trop sommaires à mon gré) et des classifications raisonnées.

---

[7] Je n'ai pas hésité à recommander les *meilleurs* livres, en quelque langue qu'ils soient écrits : français, allemand, anglais ou italien. On a dit que, « puisque notre France possède une riche collection d'historiens nationaux », « la lecture des historiens étrangers ne s'impose qu'aux érudits » ; tel n'est pas notre avis. Il n'y a pas que les érudits qui doivent préférer un bon livre à un livre médiocre, même si le bon livre est en langue étrangère, même si le livre médiocre est en français. Un homme cultivé ne peut pas, de nos jours, se contenter d'être au courant de sa littérature nationale, à quelque nation qu'il appartienne. —Il est d'ailleurs exact que la France a produit, et produit encore, beaucoup de livres d'histoire excellents. Les études relatives au moyen âge, en particulier, sont depuis longtemps très florissantes dans notre pays.

Pratiques et à jour, je l'espère, les « Notices bibliographiques » de ce recueil ne sont pas copieuses. Tous les renseignements de luxe (livres arriérés et médiocres, utiles aux seuls érudits, etc.) en ont été, en effet, bannis.[8] Mais la plupart des grands Manuels qui y sont indiqués sont pourvus eux-mêmes d'excellentes bibliographies spéciales, critiques, avec lesquelles il serait facile, au besoin, d'amplifier les nôtres. J'indique d'ailleurs, en note,[9] les instruments généraux les plus commodes qui

---

[8] Je me suis attaché à indiquer : 1° les principaux Manuels généraux de haute vulgarisation scientifique, à consulter plutôt qu'à lire ; 2° les monographies de premier ordre ; 3° les meilleurs livres ou articles de vulgarisation élémentaire, écrits pour le grand public. —Je ne crois pas que l'on trouve ailleurs un ensemble de renseignements de ce genre.

[9] Le dernier Manuel de Bibliographie historique universelle (où le moyen âge a sa place) est celui de Ch. Kendall Adams (*A Manual of historical literature*, New-York, 1888, 3e éd.), qui n'est pas sûr.

Les répertoires bibliographiques d'histoire nationale sont, naturellement, bien plus soignés. Consulter, pour l'histoire de **France** : G. Monod, *Bibliographie de l'histoire de France*, Paris, 1888, in-8° ;—pour l'histoire d'**Allemagne** : Dahlmann-Waitz-Steindorff, *Quellenkunde der deutschen Geschichte*, Göttingen, 1894, in-8°, 6e éd. ;—pour l'histoire de **Belgique** : H. Pirenne, *Bibliographie de l'histoire de Belgique*, Gand, 1893, in-8° ;—pour l'histoire d'**Angleterre** : S. R. Gardiner et J. Bass Mullinger, *Introduction to the study of English history*, London, 1894, in-8°, 3e éd. —M. Menéndez y Pelayo prépare une Bibliographie historique de l'**Espagne**. —Rien d'analogue, malheureusement, pour l'**Italie**. L'ouvrage de C. Lozzi (*Biblioteca istorica della antica e nuova Italia*, Imola, 1884-1887, 2 vol. in-8°) est insuffisant. Cf. un bon catalogue de libraire : U. Hœpli, *Biblioteca historica italica*, Milano, 1895, in-8°.

M. U. Chevalier est l'auteur d'une gigantesque entreprise de bibliographie internationale, chronologiquement limitée au moyen âge, le *Répertoire des sources historiques du moyen âge*. Son ouvrage se compose de deux parties : la première (*Biobibliographie*, Paris, 1877-1886 ; *Supplément* en 1888) fournit la réponse à cette question : Quels sont les livres à consulter sur tel personnage historique ayant vécu de 395 à 1500?—la seconde (*Topobibliographie*, dont les deux premiers fascicules [A-E] ont paru en 1894-1895), fournit la réponse à cette question : Quels sont les travaux dont telle localité, tel fait, telle institution du moyen âge, a été l'objet depuis l'invention de l'imprimerie jusqu'à nos jours?

Quelques-uns des répertoires précités (Monod, Lozzi, etc.) datent déjà d'une dizaine d'années. Pour savoir ce qui s'est fait depuis et pour se tenir au courant de ce qui se fait chaque jour, il faut se servir d'instruments spéciaux, comptes rendus périodiques, pour la plupart annuels (*Jahresberichte*), où les écrits historiques nouveaux sont classés avec méthode et brièvement appréciés. Les *Jahresberichte der Geschichtswissenschaft*, publiés chaque année depuis 1880 sous les auspices de la Société d'histoire de Berlin, sont très commodes. Quelques Revues, où la partie bibliographique est soignée, rendent, d'ailleurs, des services analogues ; je citerai au premier rang la *Revue historique*, l'*Historisches Jahrbuch* (catholique), la *Deutsche Zeitschrift für Geschichtswissenschaft* ; mais il y en a beaucoup d'autres, telles que l'*Historische Zeitschrift*, l'*English historical review*, la *Revue des questions historiques* (catholique), etc., etc., qui, recommandables à d'autres égards, ne sont pas à dédaigner, même au point de vue bibliographique.

Une Revue, *Le Moyen Âge*, se propose depuis 1888 de tenir ses lecteurs au courant de tout ce qui paraît dans le domaine de l'histoire du moyen âge. —La *Bibliothèque de l'École des chartes* est une Revue d'érudition consacrée à l'étude du moyen âge ; elle n'a pas la prétention de fournir des indications bibliographiques complètes. —Des Revues spéciales, telles que la *Romania*, la *Byzantinische Zeitschrift*, la *Revue de l'Orient latin*, etc., donnent des renseignements complets sur ce qui se publie dans le domaine de leurs études.

permettraient d'établir rapidement, si c'était utile, la « bibliographie » d'un sujet spécial, c'est-à-dire de se procurer la liste (la liste pure et simple, il est vrai, sans explications) des livres et des articles qui ont été publiés sur n'importe quelle question de l'histoire du moyen âge.

Je n'ai cité nulle part l'*Atlas de géographie historique* récemment publié à la librairie Hachette, sous la direction de F. Schrader, ni les t. IV à VIII de la *Weltgeschichte* de L. v. Ranke, parce qu'il aurait fallu les citer partout.[10]

CH.-V. LANGLOIS.

---

[10] La *Weltgeschichte* de L. v. Ranke est sans contredit la meilleure des « histoires universelles » où le moyen âge a sa place ; mais il y en a beaucoup d'autres. —Sous la direction de MM. Lavisse et Rambaud se publie depuis 1893 une *Histoire générale du IVe siècle à nos jours*, dont les deux premiers volumes (Paris, 1893, in-8°) sont consacrés aux matières comprises dans le programme de Troisième. J'indique ici une fois pour toutes cette publication inégale. Les quatre ou cinq chapitres vraiment intéressants qui s'y trouvent seront signalés à part.
On observera que je n'ai parlé nulle part des grandes « Histoires de France » de H. Martin, de E. Dareste, de J. Michelet, de MM. Bordier et Charton, etc. C'est que toutes ont vieilli. Les deux dernières conservent du reste une grande valeur, celle de Michelet comme œuvre d'art, celle de Bordier et Charton comme Manuel. Une nouvelle « Histoire de France », dont six volumes seront consacrés à la période antérieure au XIVe siècle, est en préparation à la librairie Hachette.

CHAPITRE PREMIER

L'EMPIRE ROMAIN À LA FIN DU IVe SIÈCLE

PROGRAMME. —L'empereur, les préfets, l'impôt ; la cité ; les grandes propriétés ; les colons. Civilisation romaine : écoles, monuments, mœurs. Exemples pris en Gaule. Comparaison de la Gaule avant la conquête et de la Gaule romaine. Le christianisme : les évêques, les conciles.

BIBLIOGRAPHIE

Il existe un grand nombre de bons livres sur le **droit public romain** en général et sur l'**histoire générale de l'Empire**. —Les t. I à VII du *Manuel des antiquités romaines* de Marquardt et Mommsen (trad. fr., par P.-F. Girard, en cours de publication) traitent du « Droit public romain ». —Les Manuels plus sommaires de P. Willems (*Le droit public romain*, Louvain, 1888, 6ᵉ éd.) et de A. Bouché-Leclercq (*Manuel des institutions romaines*, Paris, 1886, in-8°) sont aussi très recommandables. —Parmi les histoires générales de l'Empire romain, celles de MM. Mommsen, Herm. Schiller et Duruy sont classiques.

L'histoire de la **Gaule romaine** a été récemment l'objet de travaux considérables. Ceux de M. E. Desjardins (*Géographie historique et administrative de la Gaule romaine*, Paris, 1876-1885, 3 vol. in-8°) et de M. Fustel de Coulanges sont au premier rang. M. Fustel de Coulanges, cet historien sincère, profond, systématique, cet admirable écrivain, a laissé une *Histoire des institutions politiques de l'ancienne France*, inachevée, dont le t. Iᵉʳ, *La Gaule romaine* (Paris, 1891, in-8°) a été publié après la mort de l'auteur par M. C. Jullian. Cf., du même, *Recherches sur quelques problèmes d'histoire*, Paris, 1885, in-8°. —M. C. Jullian a publié un livre élémentaire, agréable : *Gallia. Tableau sommaire de la Gaule sous la domination romaine*

(Paris, 1892, in-16) ; il y expose le gouvernement de la Gaule sous l'Empire (assemblées, régime municipal, impôts, armées), l'état social, l'art, l'enseignement, la littérature, la religion, etc. ; il décrit les cités de la Narbonnaise, de la Belgique et de l'Aquitaine ; il traite enfin de l'unité morale de la Gaule et du patriotisme gallo-romain. —Il n'y a plus rien à faire de l'ouvrage d'Am. Thierry, *Histoire de la Gaule sous l'administration romaine*, Paris, 1840-1842, in-8°.

L'histoire des derniers temps du paganisme et des **rapports du christianisme avec l'Empire** a été traitée par quelques-uns des érudits, des philosophes et des écrivains les plus éminents du siècle présent. Il faut lire surtout, en français : A. de Broglie, *L'Église et l'Empire romain au IVe siècle*, Paris, 1856, 4 vol. in-8° ;—E. Renan, *Histoire des origines du christianisme*, Paris, 1865-1882, 7 vol. in-8°, avec index ;—L. Duchesne, *Les origines chrétiennes, leçons d'histoire ecclésiastique*, Paris, lithographie Blanc-Pascal, s. d. ;—G. Boissier, *La fin du paganisme. Étude sur les dernières luttes religieuses en Occident au IVe siècle*, Paris, 1894, 2 vol. in-16, 2e éd. ;—J. Réville, *Les origines de l'épiscopat. Étude sur la formation du gouvernement ecclésiastique au sein de l'Église chrétienne dans l'Empire romain*, Paris, 1894, in-8° ;—R. Thamin, *Saint Ambroise et la morale chrétienne au IVe siècle*, Paris, 1895, in-8°. —Lire en allemand : V. Schultze, *Geschichte des Untergangs des griechisch-römischen Heidenthums*, Iena, 1887-1892, 2 vol. in-8° ;—O. Seeck, *Geschichte des Untergangs der antiken Welt*, Berlin, 1895, 2 vol. in-8°. —Voir, plus bas, la liste des Manuels généraux d'histoire ecclésiastique, Bibliographie du ch. XIII.

Sur l'**introduction du christianisme en Gaule**, consulter les travaux de MM. E. Le Blant (*Manuel d'épigraphie chrétienne, d'après les marbres de la Gaule*, Paris, 1869, in-12 ; etc.) et L. Duchesne (*Fastes épiscopaux de l'ancienne Gaule*, Paris, 1894, in-8°). —Les ouvrages de MM. Chevallier (*Les origines de l'église de Tours, avec une étude générale sur l'évangélisation des Gaules*, Tours, 1871, in-8°) et Lecoy de la Marche (*Saint Martin*, Tours, 1881, in-4°) ne sont pas sûrs.

I — ROMANI, ROMANIA

Les habitants de Rome se sont appelés de tout temps, dans leur langue, *Romani*. Ce mot est formé du nom *Roma* et du suffixe *-ano*, un de ceux à l'aide desquels la langue latine tirait du nom d'un pays ou d'une ville celui de ses habitants. Longtemps après la soumission de l'Italie et des autres provinces qui composèrent leur empire, les *Romani* se distinguèrent des peuples qui vivaient sous leur domination. Ceux-ci conservaient leur nom originaire : ils étaient Sabins, Gaulois, Hellènes, Ibères, et n'avaient pas le droit de s'appeler Romains, nom réservé à ceux qui tenaient le droit de cité de leur naissance ou qui l'avaient reçu par une faveur spéciale. Insensiblement cette distinction s'effaça, surtout après que l'édit célèbre de Caracalla eut fait des citoyens romains de tous les habitants de l'empire : *In orbe Romano qui sunt*, dit Ulpien, *ex constitutione imperatoris Antonini cives Romani effecti sunt*. Le voisinage menaçant des Barbares, qui pressaient l'empire de plusieurs côtés, rendit bientôt plus général l'emploi du mot de *Romani* pour désigner les habitants de l'empire par opposition aux mille peuples étrangers qui en bordaient et qui déjà commençaient à en franchir les frontières. Les écrivains du IVe et du Ve siècle parlent avec orgueil de cette nouvelle nationalité romaine, de cette fusion des races dans une seule patrie. *Quis jam cognoscit*, dit saint Augustin, *gentes in imperio Romano quæ quid erant, quando omnes Romani facti sunt et omnes Romani dicuntur* ? C'est en parlant de l'empire qu'Apollinaris Sidonius écrivait : *In qua unica totius orbis civitate soli Barbari et servi peregrinantur*. Les poètes ne manquèrent pas de célébrer cette grande œuvre. Les vers de Rutilius Namatianus sont célèbres :

Fecisti patriam diversis gentibus unam ;
Urbem fecisti quæ prius orbis erat.

Ceux de Claudien, non moins enthousiastes, semblent insister particulièrement sur le nom, devenu commun, de *Romani* :

Hæc est (Roma) in gremium victos quæ sola recepit,
Humanumque genus communi nomine fecit.

Prudence s'écrie aussi :

Deus undique gentes
Inclinare caput docuit sub legibus iisdem,
Romanosque omnes fieri, quos Rhenus et Ister,
Quos Tagus aurifluus, quos magnus inundat Iberus....

Jus fecit commune pares et nomine eodem
Nexuit et domitos fraterna in vincla redegit.

Combien ces éloges étaient exagérés, combien il s'en fallait que le genre humain tout entier fût entré dans *l'orbis Romanus*, c'est ce dont furent témoins les auteurs mêmes de ces vers : la *cité universelle* fut détruite au moment où l'on en célébrait l'achèvement, et la distinction entre Romains et Barbares, au lieu d'exprimer un rapport de supériorité du premier au second terme, prit bientôt la signification inverse.

Cette distinction, antérieure à l'établissement des Germains dans les provinces romaines de l'Occident, persista après cet établissement ; elle fut la même dans tous les pays où il eut lieu. Les envahisseurs étrangers étaient désignés sous le nom générique de *Barbari* ; ils l'acceptaient d'ailleurs eux-mêmes,[11] et ne trouvaient pas mauvais que les Romains qu'ils chargeaient d'écrire leurs lois et leurs ordonnances en latin le leur attribuassent. Toutefois ce nom n'apparaît que d'une façon exceptionnelle, et d'ordinaire quand il s'agit de désigner l'ensemble des tribus germaniques. Ces tribus n'avaient point alors de nom commun par lequel elles pussent exprimer leur nationalité collective ; le mot *Germani*, naturellement, est tout à fait inconnu à cette époque ; quant au mot *theodisc, diustisc* (anc. fr. *tiedeis*, it. *tedesco*), il n'apparaît sous la forme latine *theotiscus theudiscus* qu'au IXe siècle ; le mot *Teuto* qui paraît s'y rattacher étymologiquement ne se montre nulle part, et le dérivé *Teutonicus*, employé par certains écrivains latins, est un souvenir classique qui ne reposait certainement, à cette époque, sur aucune dénomination réelle. Il est permis de douter que les Allemands aient eu, à cette époque, la conscience bien nette de leur unité de race ; dans les textes ils se qualifient d'habitude par le nom spécial de leur tribu, et nous voyons les *Romani* opposés successivement aux *Franci*, aux *Burgundiones*, aux *Gothi*, aux *Langobardi*, etc. Tout au contraire, on ne voit nulle part apparaître pour les habitants des provinces de l'empire de dénominations spéciales qui les rattachent à une nationalité antérieure à la conquête romaine. Il n'y a dans l'ensemble des lois comme des histoires de ce temps ni *Galli*, ni *Rhæti*, ni *Itali*, ni *Iberi*, ni *Afri* : il n'y a

---

[11] Il est à remarquer qu'en cela ils faisaient simplement ce qu'avaient fait jadis les Romains, qui, traités de Βάρβαροι par les Grecs, n'éprouvaient aucun embarras à se qualifier eux-mêmes ainsi. Plus tard, les Romains se joignirent aux Grecs et regardèrent comme barbare tout ce qui n'était pas Grec ou Romain ; mais les Grecs les appelèrent longtemps encore Βάρβαροι ; plusieurs d'entre eux persistaient à les traiter ainsi même à l'époque impériale.

que des *Romani* en face des conquérants répandus dans toutes les provinces.

Le *Romanus* est donc, à l'époque des invasions et des établissements germaniques, l'habitant, parlant latin, d'une partie quelconque de l'empire. C'est ainsi que lui-même se désigne, non sans garder encore longtemps quelque fierté de ce grand nom ;[12] mais ses vainqueurs ne l'appellent pas ainsi : le nom *Romanus* ne paraît avoir pénétré dans aucun de leurs dialectes. Le nom qu'ils lui donnent et qu'ils lui donnaient sans doute bien avant la conquête, c'est celui de *walah*, plus tard *welch*, ags. *vealh*, anc. nor. *vali* (suéd. mod. *val*), auquel se rattachent les dérivés *walahisc*, plus tard *waelsch* (welche) et *wallon*. L'emploi de ce mot et de celui de *Romanus* est précisément inverse : le premier n'est jamais employé que par les Barbares, le second que par les Romains ;[13] l'un et l'autre ont persisté face à face, comme on le verra plus bas, bien après l'époque dont il s'agit ici, dans des pays où les deux races, germanique et latine, se trouvaient en contact intime et journalier et n'étaient pas arrivées à se fondre dans une nationalité nouvelle.

Le mot *welche* a en français une nuance méprisante qu'il avait à coup sûr, à cette époque, dans l'esprit des Allemands qui le prononçaient. Les conquérants avaient une haute opinion d'eux-mêmes et se regardaient comme très supérieurs aux peuples chez lesquels ils venaient s'établir. Les monuments purement germaniques manquent malheureusement pour ces époques reculées ; mais quelques textes latins ont conservé le souvenir des sentiments que la race conquérante, encore plusieurs siècles après la chute de l'empire, entretenait pour les *Walahen*, seuls dépositaires pourtant de la civilisation occidentale. Le plus curieux de ces textes, à cause de sa naïveté, est cette phrase qui se trouve dans le célèbre glossaire roman-allemand de Cassel et qui est certainement d'un Bavarois du temps de Pépin : *Stulti sunt Romani, sapienti Paioari ; modica sapientia est in Romanis ; plus habent stultitia quam sapientia*. Ici, par une rare chance, nous avons conservé, à côté de la

---

[12] Fortunat et Grégoire de Tours emploient certainement encore ce mot avec complaisance, pour qualifier, soit eux-mêmes, soit ceux dont ils parlent. Les hagiographes mentionnent volontiers, et certainement pour lui faire honneur, l'origine romaine de leur saint.
[13] Aussi si l'on veut traduire les paroles mises par les historiens de ce temps dans la bouche des Allemands, faut-il toujours rendre *Romanus* par *Welche*. Par exemple dans la Vie de saint Éloi, II, 19 : *Nunquam tu, Romane, consuetudines nostras evellere poteris*, le mot *Romane* traduit certainement le *Walah!* qui fut adressé au saint homme.

traduction latine, la pensée de cet excellent *Peigir* dans la forme même où elle a souri à son esprit : *Tole sint Walha, spahe sint Peigira ; luzic ist spahi in Walhum ; mera hapent tolaheiti denne spahi.* A la même époque, on rencontrait, sur les bords du Rhin, des Allemands comme celui que peint Wandelbert dans son récit des miracles de saint Goar : *Omnes Romanæ nationis ac linguæ homines ita quodam gentilicio odio exsecrabatur ut ne videre quidem eorum aliquem æquanimiter vellet.... Tanta enim ejus animum innata ex feritate barbarica stoliditas apprehenderat ut ne in transitu quidem Romanæ linguæ vel gentis homines et ipsos quoque bonos viros ac nobiles libenter adspicere posset.* Ces sentiments n'étaient pas bornés aux hommes sans culture : au Xe siècle encore, Luitprand s'indignait de la pensée qu'on pût lui faire honneur en le traitant de *Romanus*, et disait aux Grecs : *Quos (Romanos) nos, Langobardi scilicet, Saxones, Franci, Lotharingi, Bagoarii, Sueri, Burgundiones, tanto dedignamur, ut inimico nostro commoti nil aliud contumeliarum nisi : Romane ! dicamus, hoc solo nomine quidquid ignobilitatis, quidquid timiditatis, quidquid avaritiæ, quidquid luxuriæ, quidquid mendacii, imo quidquid vitiorum est comprehendentes.* Comment ne pas remarquer qu'au bout de dix siècles des appréciations presque semblables sur le « wælschen Lug und Trug », sur la « wælsche Sittenlosigkeit », sur la « tiefe moralische Versunkenheit der romanischen Vœlker » se font encore entendre en allemand ?

Le nom de *Romani* ne se maintint pas au-delà des temps carolingiens. La fusion des conquérants germaniques avec les Romains, l'adoption par eux, en Espagne, en France, en Italie, de la langue des vaincus, fit disparaître de l'ancien empire d'Occident une distinction aussi générale, remplacée par les noms spéciaux des nations qui se formèrent des débris de l'empire de Charlemagne. Il y eut bientôt, non plus des Romains en opposition avec un certain nombre de tribus conquérantes, mais au contraire une nation allemande renfermée dans les limites agrandies de l'ancienne Germanie, et qui, tout en restant divisée en tribus, prit conscience d'elle-même sous le nom de *Tiedesc*, et fut appelée par ses voisins de noms divers, mais également collectifs,—et, à côté, des Lombards, des Français, des Provençaux, des Flamands, etc. Le nom de *Romani* se maintint cependant dans deux cas, où les peuples qui l'avaient partagé avec les habitants de tout l'empire ne se trouvèrent englobés dans aucune nationalité nouvelle et conservèrent, pour se distinguer des *Barbares* qui les entouraient, l'ancienne appellation dont ils étaient fiers. Les Allemands, fidèles de leur côté à la tradition antérieure, appelèrent ces peuples du nom de *Walahen*, Welches, et ce nom leur est resté jusqu'à nos jours.

Ces deux cas se présentent dans les pays où la population romane, par suite de circonstances particulières, vit dans une sorte d'île au milieu d'autres races. Tout le monde connaît maintenant l'existence de la langue si intéressante qui se parle dans le canton des Grisons, et qui se distingue de l'italien avec lequel elle est en contact au sud. Cette langue est le seul vestige qui ait persisté jusqu'à nos jours de la langue parlée autrefois par les *Romani* de la Rhétie. On a cru longtemps que les habitants romains de ce pays avaient tous émigré en Italie, comme le raconte Eugippius dans la vie de saint Séverin, et avaient laissé la place libre aux Barbares. Mais des documents nombreux et intéressants prouvent que longtemps après la conquête définitive du pays par les Alamans et les Bavarois, une population romaine se maintint dans le pays en groupes plus ou moins nombreux et consistants.... Il n'y a donc rien de surprenant à ce que les habitants non germanisés du pays de Coire, les seuls qui aient résisté jusqu'à nos jours aux progrès du teutonisme, aient gardé, en partie du moins, leur nom aussi bien que leur langue. Il est vrai qu'ils se nomment actuellement non pas *Romaun*, qui signifie chez eux « Romain », mais *Romaunsch*, comme leur idiome lui-même ; mais cette forme dérivée s'appuie nécessairement sur l'autre plus ancienne. —De même qu'ils se sont appelés *Romaunsch*, les Allemands les désignent maintenant par le dérivé de *Walah*, à savoir *Wælschen*, *Churwælschen*.

L'autre exemple de la persistance du nom de *Romani* se trouve dans des contrées qui faisaient partie de l'empire d'Orient. Les peuples qui, aujourd'hui, dans les provinces danubiennes, la Hongrie et la Turquie d'Europe, parlent un idiome latin se désignent eux-mêmes par le nom de Romains (*Rumën, Rumen, Român*), que nous leur donnons aussi depuis peu (Roumains). La désignation de Valaques ne leur est appliquée que par les étrangers qui les entourent.... —Comme les *Romani* d'Occident, ceux de l'Est reçurent des Allemands le nom de *Walahen*. Il est vrai qu'actuellement ils ne sont pas en contact avec les Allemands, mais on sait que ces pays furent ceux par lesquels les premières invasions germaniques se précipitèrent sur l'empire : elles y avaient d'ailleurs été précédées par une nombreuse colonisation. Là, comme partout, les Allemands appelèrent *Walahen* ceux qui se nommaient *Romani*, et ils transmirent cette désignation aux peuples divers qui les remplacèrent dans ces régions ; les Grecs l'adoptèrent eux-mêmes par la suite (Βλάχοι). L'un et l'autre nom, le premier dans la bouche des étrangers, le second dans celle des *Romani*, désignent jusqu'à nos jours les descendants singulièrement disséminés des anciennes populations romanisées de ces provinces. On sait qu'ils ont aussi gardé leur langue, et que, tout altérée et imprégnée d'éléments étrangers qu'elle est, elle mérite sa place parmi les dialectes modernes où vit encore la langue latine.

Le nom de *Romani*, on le comprend, n'a pas désigné les habitants de l'empire qui parlaient latin uniquement par opposition aux barbares germains. Ils l'ont aussi employé pour se distinguer de leurs autres voisins : seulement l'appellation correspondante de *Walahen* fait ici naturellement défaut. En Afrique, par exemple, les *Romani* que nous trouvons appelés de ce nom à l'approche des Vandales, se nommaient ainsi antérieurement par opposition aux indigènes restés étrangers à la domination ou à la langue romaine. —De même quand l'Armorique se trouva occupée par des tribus parlant celtique, les nouveaux venus, continuant sans doute l'usage qu'ils avaient déjà dans la Grande-Bretagne, appelèrent *Romani* leurs voisins, habitants des provinces gauloises romanisées.

Il résulte de tout ce qui vient d'être dit que les habitants de l'empire romain, quelle qu'eût été leur nationalité primitive, se désignaient, particulièrement par opposition aux étrangers et surtout aux Allemands, par le nom de *Romani*. Ce nom leur resta dans les différents pays où les envahisseurs s'établirent, tant qu'il subsista une distinction entre les conquérants et les vaincus. En Occident, il disparut généralement vers le IXe siècle pour faire place aux noms des nationalités diverses sorties de la dislocation de l'empire par les tribus germaniques ; il se maintint toutefois plus longtemps, et subsiste encore au moins par son dérivé dans le petit pays de Coire. —En Orient, il continua à désigner les habitants romanisés des provinces du sud du Danube qui ne se fondirent pas parmi les populations illyriennes, grecques, germaniques, slaves ou mongoles, et il les désigne encore jusqu'à ce jour. —Le mot *Romanus* se traduisait en allemand par *Walah*, mais jamais les *Romani* n'ont pris eux-mêmes cette dénomination ; elle s'est maintenue en allemand (où *Romanus* est inconnu) pour désigner les peuples romans pendant le moyen âge, et n'a pas encore tout à fait disparu : elle s'est particulièrement attachée aux deux peuples qui ont gardé le nom de *Romani*, aux *Churwælschen* et aux *Walachen*.

*
* *

Sur le nom des habitants de l'empire on fit un nom pour l'empire lui-même. Il était dans l'esprit populaire de substituer une désignation courte et concrète aux termes de *imperium Romanum, orbis Romanus*. On tira de *Romanus* le nom *Romania*, formé par analogie d'après *Gallia, Græcia, Britannia*, etc. L'avènement de ce nom indique d'une façon frappante le moment où la fusion fut complète entre les peuples si divers soumis par Rome, et où tous, se reconnaissant comme membres d'une seule nation, s'opposèrent en bloc à l'infinie variété des *Barbares* qui les entouraient. Ce nom était populaire et n'avait pas droit d'entrée dans le style classique ; aussi l'époque où il nous apparaît pour la première fois est-elle évidemment bien postérieure à celle où il dut se former ; les textes qui le donnent l'emploient uniquement par opposition au monde barbare devenu l'objet de toutes les craintes, la menace sans cesse présente à l'esprit.

Rome dominatrice du monde. (Musée du Louvre, n° 102 du Catalogue Clarac).

La Romania avait à peine pris conscience d'elle-même qu'elle allait être ruinée, au moins dans son existence matérielle. Cette réflexion mélancolique est naturellement suggérée par le passage suivant, où se trouve le plus ancien exemple du mot. C'est au commencement du Ve siècle qu'eut lieu, dans la grotte de Bethléem où vivait saint Jérôme, l'entretien suivant, qui roulait sur le roi goth Ataulf, devenu un allié de l'empire après avoir songé à le détruire complètement : « *Ego ipse*, dit Paul Orose, *virum quemdam Narbonnensem, illustris sub Theodosio militiæ, etiam religiosum prudentemque et gravem, apud Bethlehem oppidum Palæstinæ beatissimo Hieronymo presbytero referentem audivi se familiarissimum Ataulpho apud Narbonam fuisse, ac de eo sæpe sub testificatione didicisse quod ille, cum esset animo viribus ingenioque nimius, referre solitus esset se in primis ardenter inhiasse ut, obliterato Romano nomine, Romanum omne solum Gothorum imperium et faceret et vocaret, essetque, ut vulgariter loquar,* Gothia *quod* Romania *fuisset.* » — A peu près à la même époque, nous retrouvons ce mot dans des circonstances plus tristes encore. L'autre grand docteur chrétien de ce temps, saint Augustin, assiégé dans Hippone par les Vandales, reçoit des lettres des évêques de la province qui lui demandent des conseils sur ce qu'ils doivent faire dans le péril et le désastre communs, et il leur répond sur la conduite à tenir en face de ceux que son biographe Possidius, alors enfermé avec lui, appelle *illos Romaniæ eversores*. Romania ne signifie pas seulement ici, comme le veulent les Bollandistes, *ditio romana in Africa* ; il n'a plus même simplement le sens de *Romanum imperium* que lui donne Du Cange ; il a pris une signification plus générale, celle de monde romain, de civilisation romaine opposée à la *Barbaries* qui va la détruire.

Par un singulier hasard, les exemples du mot *Romania* sont plus anciens et plus nombreux en grec qu'en latin. Quand la capitale de l'empire eut été transportée à Byzance, il n'en resta pas moins l'empire romain ; Constantinople fut appelée nouvelle Rome ou simplement Rome, et la langue latine resta longtemps encore la langue officielle.[14] Les écrivains grecs paraissent avoir adopté à cette époque le nom de *Romania* pour désigner l'ensemble de l'empire…. Saint Athanase dit expressément : Μητοπόλις ἡ Ῥώμη τῆς Ῥωμανίας…. Plus tard, quand l'empire d'Orient fut détruit, le nom de Ῥωμανία désigna, dans les écrivains grecs, l'empire de Byzance, et reparut sous la forme *Romania* (avec l'accent sur

---

[14] En 462, un magistrat fut destitué pour avoir employé, en Égypte, le grec au lieu du latin dans les actes publics.

l'*i*), *Romanie*, dans les écrivains occidentaux, avec ce sens spécial. C'est de là qu'il est arrivé à désigner les possessions des Grecs en Asie, puis les provinces qui forment aujourd'hui la Turquie d'Europe et la Grèce, et où il faut le reconnaître sous la forme *Roumélie*. Je n'ai pas à m'étendre ici sur cette histoire du mot grec Ῥωμανία ; il suffit de montrer qu'il provient du latin et que son usage habituel en Orient au IVe siècle prouve qu'il était populaire en Occident avant cette époque.

En Occident, le mot *Romania*, comme on l'a vu, fut surtout employé pour caractériser l'empire romain en face des Barbares, et plus tard pour exprimer l'ensemble de la civilisation et de la société romaine. Dans ce sens étendu, il comprend naturellement la langue, et cette idée accessoire est nettement indiquée dans les vers où Fortunat, s'adressant au Franc Charibert, lui dit :

Hinc cui Barbaries, illinc Romania plaudit.
Diversis linguis laus sonat una viro.

Romania, c'est ici l'ensemble des *Romani*, la société romaine, le monde romain en opposition au monde allemand ou barbare.

L'expression de Romania resta en usage jusqu'aux temps carolingiens et reprit même sans doute une nouvelle vogue quand Charlemagne eut restauré l'*imperium Romanum*. Dans un capitulaire de Louis le Pieux et Lothaire, on lit : « *Præcipimus de his fratribus qui in nostris et Romaniæ finibus paternæ seu maternæ succedunt hereditati*, » et il me paraît probable que *Romania* signifie ici l'étendue de l'empire plutôt que l'Italie ou cette province italienne à laquelle le nom a fini par se restreindre. Mais quand l'empire eut passé aux rois d'Allemagne, le mot *Romania* semble avoir désigné spécialement cette partie de leurs États qui n'était pas germanique, à savoir l'Italie.... Enfin le nom de *Romania* finit par ne plus désigner que la province qui porte encore ce nom de Romagne et qui répond a l'ancien exarchat de Ravenne ; il lui vient, d'après les uns, de la célèbre donation faite par Pépin à l'*ecclesia Romana*, d'après les autres, du nom de l'empire grec, de la [Greek : Rhômania Ῥωμανία], dont cette province fut la dernière possession en Occident.

En résumé, le mot *Romania*, fait pour embrasser sous un nom commun l'ensemble des possessions des Romains, a servi particulièrement à désigner l'empire d'Occident, quand il fut détaché de celui de Constantinople (qui, de son côté, s'attribua le nom de [Greek : Rhômania Ῥωμανία]). Depuis la destruction successive de tous les restes de la domination romaine, il a exprimé l'ensemble des pays qui étaient habités par les *Romani*, ainsi que le groupe des hommes parlant encore la langue de Rome, et par suite la civilisation romaine elle-même. Dans ce sens, *Romania* est un mot bien choisi pour dire le domaine des langues et des littératures romanes.

La Romania, à ce point de vue de la civilisation et du langage, comprenait autrefois, lors de sa plus grande extension, l'empire romain jusqu'aux limites où commençait le monde hellénique et oriental, soit l'Italie actuelle, la partie de l'Allemagne située au sud du Danube, les provinces entre ce fleuve et la Grèce, et, sur la rive gauche, la Dacie ; la Gaule jusqu'au Rhin, l'Angleterre jusqu'à la muraille de Septime Sévère ; l'Espagne entière, moins les provinces basques, et la côte septentrionale de l'Afrique. De grands morceaux de ce vaste territoire lui ont été enlevés, surtout par les Allemands. Il est vrai que plusieurs des pays, jadis romains, où se parle maintenant l'allemand, n'ont jamais été complètement romanisés. Pour l'Angleterre, le fait est certain : quand les légions romaines se furent retirées, l'élément celtique indigène reprit bientôt la prépondérance, et les *Romani* qui, malgré tout, s'y trouvaient encore en grand nombre, furent absorbés sans doute autant par les Bretons que par les Saxons. —Les pays situés sur la rive gauche du Rhin qui ont été germanisés ne l'ont pas été tous à la même époque ; ils doivent leur germanisation soit à la dépopulation causée par le voisinage menaçant des Barbares (provinces rhénanes, Alsace-Lorraine), soit à l'extermination des habitants romains par les envahisseurs (Flandre). Mais il est sûr, particulièrement pour l'Alsace, que l'établissement germanique avait été précédé par une romanisation à peu près complète. —Les contrées de la rive droite du Danube (Rhétie, Norique, Pannonie) avaient reçu de bonne heure des colonisations germaniques établies par les empereurs eux-mêmes ; devant les invasions, une partie de la population romaine passa en Italie, le reste s'absorba plus ou moins lentement dans le peuple conquérant ; un petit noyau persista dans quelques vallées des Alpes. —Dans les provinces plus orientales, l'élément indigène s'était maintenu comme en Angleterre ; mais la population romaine y avait pris plus de consistance, si bien qu'au milieu des anciens habitants

(Albanais) et des masses d'envahisseurs successifs (Germains, Slaves, Hongrois, Turcs), les *Roumains* réussirent à se maintenir, d'une part en corps de population considérable, d'autre part en petits groupes disséminés très nombreux, et parvinrent même à réoccuper la Dacie de Trajan qu'Aurélien avait fait évacuer à tous les *Romani* dès le IIIe siècle. —En Afrique, ce ne furent pas les Vandales qui mirent fin au romanisme ; il paraît au contraire probable que, là comme en Espagne et en Gaule, les Germains finirent par se fondre avec les vaincus, et il se serait sans doute formé dans le royaume de Genséric une langue romane particulière, si l'établissement vandale n'avait pas été détruit par les Grecs, et surtout si la funeste invasion des musulmans n'avait arraché ces belles contrées au monde chrétien. Il est vraisemblable que quand les Arabes arrivèrent, il restait encore de nombreux Romains dans le pays ; toutefois, l'élément indigène n'avait jamais disparu, même du temps de la domination romaine et dans le cœur des provinces qu'il entourait de tous côtés : il s'allia étroitement avec les Arabes, et les derniers vestiges du romanisme disparurent bien vite de l'Afrique. — L'Espagne, au contraire, où la fusion des Goths avec les Romains était complète, conserva son caractère, même sous la domination arabe, et parvint finalement à s'en affranchir tout à fait. —Il en fut de même en Sicile : là, le romanisme a non seulement chassé complètement l'élément arabe, mais encore fait disparaître l'élément grec qui, sans doute, y était encore assez abondant au commencement du moyen âge. —Cet élément grec s'effaça aussi du sud de l'Italie, où il s'était maintenu depuis la colonisation hellénique ; dans le midi de la Gaule, il s'était absorbé de très bonne heure dans la civilisation romaine. —La Romania perdit cependant en Gaule une province qui certainement lui avait appartenu, la péninsule à laquelle les colons venus de l'autre côté de la Manche firent donner le nom de Bretagne ; mais on ne peut douter que cette province, à l'époque de leur débarquement, n'ait été presque tout à fait dépeuplée.

Les pertes que la Romania a faites il y a quatorze siècles ne sont pas sans compensations. Non seulement elle a absorbé toutes les tribus germaniques qui ont pénétré dans le cœur de son territoire, mais elle a reculé de tous côtés les frontières que lui avait faites l'époque des invasions. Sur presque tous les points où elle s'est trouvée en contact avec l'élément allemand, en Flandre, en Lorraine, en Suisse, en Tyrol, en Frioul, elle a opéré un mouvement en avant qui lui a rendu une partie plus ou moins grande de son ancien territoire. En Angleterre, les Normands romanisés ont reconquis le pays pendant des siècles pour le monde roman, et leur langue n'a cédé à celle des Saxons qu'en s'y mêlant dans une proportion telle que l'étude de la langue et de la littérature anglaises est inséparable de celle des langues et des littératures romanes. J'ai déjà parlé de la suppression du grec en Italie, de la Dacie reconquise par les Roumains. Dans le nouveau monde, la Romania s'est annexé d'immenses territoires ; elle commence à reprendre possession d'une partie du nord de l'Afrique. Le latin, dans ses différents dialectes populaires, —qui sont les langues romanes, — est parlé aujourd'hui par un nombre d'hommes bien plus considérable qu'au temps de la plus grande splendeur de l'empire....

G. Paris, dans la *Romania*, t. Ier (1872),
passim.

II — LA VILLA GALLO-ROMAINE

On peut conjecturer avec vraisemblance que, en Gaule, avant la conquête de César, le régime dominant était celui de la grande propriété. Les Romains n'eurent à introduire dans ce pays ni le droit de propriété ni le système des grands domaines cultivés par une population servile.

Quoi qu'il en soit, nous trouvons dans la Gaule du temps de l'empire les mêmes habitudes rurales qu'en Italie. Tacite parle d'un domaine du Gaulois Cruptorix, et il l'appelle du terme de *villa*. Ce qui fut peut-être le plus nouveau, c'est que chaque villa prit un nom propre, suivant l'usage romain. Conformément à ce même usage, les noms des domaines furent tirés la plupart du temps de noms d'hommes. Ausone cite la villa Pauliacus et la villa Lucaniacus. Sidoine Apollinaire, dans ses lettres, a souvent l'occasion de mentionner ses propriétés ou celles de ses amis. Il en possède une qui s'appelle Avitacus. Un domaine de la famille Syagria s'appelle Taionnacus ; celui de Consentius, ami de Sidoine, s'appelle *ager* Octavianus. Plus tard, les chartes écrites en Gaule nous montreront une série de domaines qui ont tous un nom propre ; ils s'appellent, par exemple, Albiniacus, Solemniacensis, Floriacus, Bertiniacus, Latiniacus, Victoriacus, Pauliacus, Juliacus, Atiniacus, Cassiacus, Gaviniacus, Clipiacus ; il y en a plusieurs centaines de cette sorte.¹⁵ Ces noms, que nous trouvons dans des chartes du VIIᵉ siècle, viennent certainement d'une époque antérieure. C'est sous la domination romaine que les domaines les ont reçus. Ils sont latins, et viennent, pour la plupart, de noms de famille qui sont romains. Cela ne signifie pas que des familles italiennes soient venues s'emparer du sol. Les Gaulois, en devenant Romains, avaient pris pour eux-mêmes des noms latins, et avaient appliqué leurs nouveaux noms à leurs terres. Quelques-uns avaient conservé un nom gaulois en le latinisant ; aussi trouvons-nous quelques noms de domaines qui ont un radical gaulois sous une forme latine. Dans la suite, tous ces noms de propriétés sont devenus les noms de nos villages de France. On aperçoit aisément la filiation. Les propriétaires primitifs s'étaient appelés Albinus, Solemnis, Florus, Bertinus, Latinus ou Latinius, Victorius, Paulus, Julius, Atinius, Cassius, Gabinius, Clipius ; et c'est pour cela que nos villages s'appellent Aubigny, Solignac, Fleury, Bertignole, Lagny, Vitry, Pouilly, Juilly, Attigny, Chancy, Gagny, Clichy.

Il est difficile de dire quelle était en Gaule l'étendue ordinaire d'un domaine rural. Il faut d'abord mettre à part la Narbonnaise, qui avait été couverte de colonies romaines et où le sol avait été distribué par petits lots. On doit mettre à part aussi quelques territoires du nord-est, voisins de la frontière et où furent fondées des colonies militaires de vétérans ou des colonies de Germains ; ici encore c'est la petite ou la moyenne propriété qui fut constituée, et il n'y a pas apparence qu'elle se soit beaucoup modifiée. Il en fut autrement dans le reste de la Gaule. Ici nulle colonie, nulle constitution factice de propriété. Ou bien les domaines restèrent aux mains de l'ancienne aristocratie devenue romaine, ou bien ils passèrent aux mains d'hommes enrichis. Dans l'un et l'autre cas, on ne voit pas que la terre ait pu être beaucoup morcelée. Il est très vraisemblable qu'il y eut un certain nombre de très petites propriétés ; mais ce qui prévalut, ce fut le grand domaine. La petite propriété fut répandue çà et là sur le sol gaulois, mais n'en occupa qu'une faible partie ; la moyenne et la grande couvrirent presque tout.

Quelques exemples nous sont fournis par la littérature du IVᵉ et du Vᵉ siècle. Le poète Ausone décrit une propriété patrimoniale qu'il possède dans le pays de Bazas. Elle est à ses yeux fort petite ; il l'appelle une

---

¹⁵ On note que les Gaulois adoptèrent volontiers le suffixe *acus* au lieu du suffixe *anus* usité en Italie.

villula, un *herediolum*, et il faut « toute la modestie de ses goûts » pour qu'il s'en contente. Encore voyons-nous qu'il y compte 200 arpents de terre en labour, 100 arpents de vigne, 50 de prés, et 700 de bois. Voilà donc un domaine qui est réputé petit et qui comprend 1050 arpents ; or s'il est réputé petit, c'est qu'il l'est par comparaison avec beaucoup d'autres. On croirait volontiers qu'une propriété d'un millier d'arpents n'était aux yeux de ces hommes que de la petite propriété.

Les domaines que Sidoine Apollinaire décrit, sans en donner la mesure, paraissent être plus grands. Le Taionnacus comprend « des prés, des vignobles, des terres en labour ». L'Octavianus renferme « des champs, des vignobles, des bois d'oliviers, une plaine, une colline ». L'Avitacus « s'étend en bois et en prairies, et ses herbages nourrissent force troupeaux »… Quelques années plus tard, nous voyons la villa Sparnacus être vendue au prix de 5000 livres pesant d'argent ; cette somme énorme, surtout en un temps de crise et dans les circonstances où nous voyons qu'elle fut vendue, suppose que cette terre était très vaste.

Encore faut-il se garder de l'exagération. Se figurer d'immenses *latifundia* serait une grande erreur. Qu'une région ou un canton entier appartienne à un seul propriétaire, c'est ce dont on ne trouve d'exemple ni en Gaule, ni en Italie, ni en Espagne. Rien de semblable n'est signalé ni par Sidoine, ni par Salvien, ni par nos chartes. Notre impression générale, à défaut d'affirmation, est que les grands domaines de l'époque romaine ne dépassent guère l'étendue qu'occupe aujourd'hui le territoire d'un village. Beaucoup n'ont que celle de nos petits hameaux. Et au-dessous de ceux-ci il existe encore un bon nombre de propriétés plus petites. Il est aussi une remarque qu'on doit faire. Nous savons par les écrivains du IVe siècle qu'il s'est formé à cette époque une classe de très riches propriétaires fonciers. C'est un des faits les plus importants et les mieux avérés de cette partie de l'histoire. Or, ces grandes fortunes, sur lesquelles nous avons quelques renseignements, ne se sont pas formées par l'extension à l'infini d'un même domaine. C'est par l'acquisition de nombreux domaines fort éloignés les uns des autres qu'elles se sont constituées. Les plus opulentes familles de cette époque ne possèdent pas un canton entier ou une province ; mais elles possèdent vingt, trente, quarante domaines épars dans plusieurs provinces, quelquefois dans toutes les provinces de l'empire. Ce sont là les *patrimonia sparsa per orbem* dont parle Ammien Marcellin. Telle est la nature de la fortune terrienne des Anicius, des Symmaque, des Tertullus, des Gregorius en Italie ; des Syagrius, des Paulinus, des Ecdicius, des Ferreolus en Gaule.

*
* *

La *villa*, le domaine rural, était un organisme assez complexe. Il contenait, autant que possible, des terres de toute nature, champs, vignes, prés, forêts. Il renfermait aussi des hommes de toutes les conditions sociales, esclaves sans tenure, esclaves tenanciers, affranchis, colons, hommes libres. Le travail s'y faisait par deux organes bien distincts, qui étaient, l'un le groupe servile ou *familia*, l'autre la série des petits tenanciers. Le terrain y était aussi divisé en deux parts, l'une qui était aux mains des tenanciers, l'autre que le propriétaire gardait dans sa main. Il faisait cultiver celle-ci, soit par le groupe servile, soit par les corvées des tenanciers, soit enfin par une combinaison de l'un et de l'autre système. Il y avait, en ce dernier cas, un groupe servile peu nombreux, auquel venaient s'ajouter les bras des tenanciers dans les moments de l'année où il fallait beaucoup de bras. Le propriétaire tirait ainsi de son domaine un double revenu, d'une part les récoltes et les fruits de la portion réservée, de l'autre les redevances et rentes des tenanciers. Son régisseur ou son intendant, *procurator*, *actor* ou *villicus*, administrait et surveillait les deux portions également ; des tenures, il recevait les redevances ; sur la part réservée, il dirigeait les travaux de tous.

Ce domaine... était couvert aussi d'autant de constructions qu'il en fallait pour la population et pour les besoins divers d'un village. On comprend qu'aucune description précise n'est possible. Nous voyons seulement qu'on y distinguait trois sortes de constructions bien différentes : 1° la demeure du propriétaire ; 2° les logements des esclaves, avec tout ce qui servait aux besoins généraux de la culture ; 3° les demeures des petits tenanciers.

Au sujet de ces dernières, nous savons fort peu de chose ; les écrivains anciens ne les ont jamais décrites. Tantôt ces demeures étaient isolées les unes des autres, chacune d'elles étant placée sur le lot de terre que l'homme cultivait.... Tantôt elles étaient groupées entre elles et formaient un petit hameau que la langue appelait *vicus*. Sur les domaines les plus grands on pouvait voir, ainsi que le dit Julius Frontin, une série de ces *vici* qui faisaient comme une ceinture autour de la *villa* du maître.

Cette villa se divisait toujours en deux parties nettement séparées, que la langue distinguait par les expressions *villa urbana* et *villa rustica*. La *villa urbana*, dans un domaine rural, était l'ensemble des constructions que le maître réservait pour lui, pour sa famille, pour ses amis, pour toute sa domesticité personnelle. Quant à la *villa rustica*, elle était l'ensemble des constructions destinées au logement des esclaves cultivateurs ; là se trouvaient aussi les animaux et tous les objets utiles à la culture.

Varron, Columelle et Vitruve ont décrit cette villa rustique. Elle devait contenir un nombre suffisant de petites chambres, *cellæ*, à l'usage des esclaves ; et ces chambres devaient être, autant que possible, « ouvertes au midi ». Pour les esclaves paresseux ou indociles, il y avait l'*ergastulum* ; c'était le sous-sol. Il devait être éclairé par des fenêtres assez nombreuses « pour que l'habitation fût saine », mais assez étroites et assez élevées au-dessus du sol pour que les hommes ne pussent pas s'échapper. À quelques pas de là étaient les étables, qui, autant que possible, devaient être doubles, pour l'été et pour l'hiver.

La culture de la vigne, d'après une fresque de l'an 300 environ.

À côté des étables étaient les petites chambres des bouviers et des bergers. On trouvait ensuite les granges pour le blé et le foin, les celliers au vin, les celliers à l'huile, les greniers pour les fruits. Une cuisine occupait un bâtiment spécial ; elle devait être haute de plafond et assez grande « pour servir de lieu de réunion en tout temps à la domesticité ». Non loin était le bain des esclaves, qui ne s'y baignaient d'ailleurs qu'aux jours fériés. Le domaine avait naturellement son moulin, son four, son pressoir pour le vin, son pressoir pour l'huile et son colombier. Ajoutez-y, si le domaine était complet, une forge et un atelier de charronnage. Au milieu de tous ces bâtiments s'étendait une large cour ; les Latins l'appelaient *chors* ; nous la retrouverons au moyen âge avec le même nom légèrement altéré, *curtis*.

À quelque distance est la *villa* du maître. Ce propriétaire est ordinairement riche et il s'est plu à bâtir. Varron remarquait déjà, non sans chagrin, que ses contemporains « accordaient plus de soin à la villa urbaine qu'à la villa rustique ». Columelle donne une description de cette villa. Elle renferme des appartements d'été et des appartements d'hiver ; car le maître l'habite ou peut l'habiter en toute saison. Elle a donc double salle à manger et double série de chambres à coucher. Elle renferme de grandes salles de bain, où toute une société peut se baigner à la fois. On y trouve aussi de longues galeries, plus grandes que nos salons, où les amis peuvent se promener en causant. Pline le Jeune, qui possède une dizaine de beaux domaines, décrit deux de ces habitations. Tout ce qu'on peut imaginer de confortable et de luxueux s'y trouve réuni. Nous ne supposerons sans doute pas que toutes les maisons de campagne fussent semblables à celles de Pline ; mais il en existait de plus magnifiques encore que les siennes ; et, du haut en bas de l'échelle, toutes les maisons de campagne tendaient à se rapprocher du type qu'il décrit. Il imitait et on l'imitait. Le luxe des villas était, dans cette société de l'empire romain, la meilleure façon de jouir de la richesse et aussi le moyen le plus louable d'en faire parade. Comme il n'y avait plus d'élections libres, l'argent qu'on ne dépensait plus à acheter les suffrages, on le dépensait à bâtir et à orner ses maisons. Ce qui peut d'ailleurs atténuer les inconvénients d'un régime de grande propriété, c'est que le propriétaire se plaise sur son domaine et qu'il lui rende en améliorations ou en embellissements ce qu'il en retire en profits.

Si de l'Italie nous passons à la Gaule, et de l'époque de Trajan au Ve siècle, nous y trouvons encore de vastes et magnifiques villas. Sidoine Apollinaire fait un tableau assez net, malgré le vague habituel de son style, de la villa Octaviana, qui appartient à son ami Consentius. « Elle offre aux regards des murs élevés et qui ont été construits suivant toutes les règles de l'art. » Il s'y trouve « des portiques, des thermes d'une grandeur admirable ». Sidoine décrit aussi la villa Avitacus. On y arrive par une large et longue avenue qui en est « le vestibule ». On rencontre d'abord le *balneum*, c'est-à-dire un ensemble de constructions qui comprend des thermes, une piscine, un *frigidarium*, une salle de parfums ; c'est tout un grand bâtiment. En sortant de là, on entre dans la maison. L'appartement des femmes se présente d'abord ; il comprend une salle de travail où se tisse la toile. Sidoine nous conduit ensuite à travers de longs portiques soutenus par des colonnes et d'où la vue s'étend sur un beau lac. Puis vient une galerie fermée où beaucoup d'amis peuvent se promener. Elle mène à trois salles à manger. De celles-ci on passe dans une grande salle de repos, *diversorium*, où l'on peut, à son choix, dormir, causer, jouer. L'écrivain ne prend pas la peine de décrire les chambres à coucher, ni d'en indiquer même le nombre. Ce qu'il dit des villas de ses amis fait supposer que plusieurs étaient plus brillantes que la sienne. Ces belles demeures, qui ont un moment couvert la Gaule, n'ont pas péri sans laisser bien des traces. On en trouve des vestiges dans toutes les parties du pays, depuis la Méditerranée jusqu'au Rhin et jusqu'au fond de la presqu'île de Bretagne.

Dans la description de la villa Octaviana nous devons remarquer une chapelle. En effet, une loi de 398 signale comme « un usage » que les grands propriétaires aient une église dans leur propriété.

La langue usuelle de l'empire désignait la maison du maître par le mot *prætorium*. Ce terme se trouve déjà, avec cette signification, dans Suétone et dans Stace ; on le rencontre plusieurs fois chez Ulpien et les jurisconsultes du Digeste ; il devient surtout fréquent chez les auteurs du IVe siècle, comme Palladius et Symmaque. Or ce mot, par son radical même, indiquait l'idée de commandement, de préséance, d'autorité. Il s'était appliqué, dans un camp romain, à la tente du général ; dans les provinces, au palais du gouverneur. L'histoire d'un mot marque le cours des idées. Nul doute que, dans la pensée des hommes, cette demeure du maître ne fût, à l'égard de toutes les autres constructions éparses sur le domaine, la maison qui commandait. L'appeler *prætorium*, c'était comme si l'on eût dit la maison seigneuriale.

Un écrivain du temps, Palladius, recommandait de la construire à mi-côte et toujours plus élevée que la *villa rustica*. Cette villa rustique, avec sa population, avec sa série d'étables et de granges, avec son moulin, son pressoir, ses ateliers, avec tout son nombreux personnel, était plus que ce que nous appelons une ferme : elle formait une sorte de village, qui était la propriété du maître et que remplissaient ses serviteurs. La *villa rustica* en bas de la colline et la *villa urbana* à mi-côte, c'étaient déjà le village et le château des époques suivantes.

Il est vrai que ce château du IVe siècle n'avait pas l'aspect du château du Xe. Les *turres* dont il est quelquefois parlé n'étaient pas des tours féodales. On n'y voyait ni fossés, ni enceinte, ni herse, ni créneaux, mais plutôt des avenues et des portiques qui invitaient à entrer. C'est que l'on vivait dans une époque de paix et qu'on se croyait en sûreté. À peine voyons-nous, vers le milieu du Ve siècle, quelques hommes comme Pontius Leontius fortifier leur villa et l'entourer d'une épaisse muraille « que le bélier ne puisse abattre ». C'est alors seulement, pour résister aux pillards de l'invasion, qu'on a l'idée de transformer la villa en château fort. Jusque-là, la villa était un château, mais un château des temps paisibles et heureux, un château élégant, somptueux et ouvert.

Là ces grands propriétaires passaient la plus grande partie de leur vie, entourés de leur famille et d'un nombreux cortège d'esclaves, d'affranchis, de clients. Ces hommes, visiblement, aimaient la vie de château ; on n'en saurait douter quand on a lu les lettres de Symmaque ou celles de Sidoine Apollinaire. Ils bâtissaient, ils dirigeaient la culture, ils faisaient des irrigations, ils vivaient au milieu de leurs paysans. Un Syagrius, dans son beau domaine de Taionnac, « coupait ses foins et faisait sa vendange ». Un Consentius, fils et petit-fils des plus hauts dignitaires de l'empire, est représenté par Sidoine « mettant la main à la charrue », comme la vieille légende avait représenté Cincinnatus. Les amis d'Ausone, ceux de Symmaque, sont pour la plupart de grands propriétaires et ils se plaisent à la vie rurale. Des historiens modernes ont dit que la société romaine ou gallo-romaine n'aimait que la vie des villes, et que ce furent les Germains qui enseignèrent à aimer la campagne.... Tous les écrits que nous avons du IVe et du Ve siècle dépeignent au contraire l'aristocratie romaine comme une classe rurale autant qu'urbaine : elle est urbaine en ce sens qu'elle exerce les magistratures et administre les cités ; elle est rurale par ses intérêts, par la plus grande partie de son existence, par ses goûts.

C'est que, dans ces belles résidences, on menait l'existence de grand seigneur. Paulin de Pella, rappelant dans ses vers le temps de sa jeunesse, décrit « la large demeure où se réunissaient toutes les délices de la vie » et où se pressait « la foule des serviteurs et des clients ». C'était à la veille des invasions. « La table était élégamment servie, le mobilier brillant, l'argenterie précieuse, les écuries bien garnies, les carrosses commodes. » Les plaisirs de la vie de château étaient la causerie, la promenade à cheval ou en voiture, le jeu de paume, les dés, surtout la chasse. La chasse fut toujours un goût romain. Varron parle déjà des vastes garennes, remplies de cerfs et de chevreuils, que les propriétaires réservaient pour leurs plaisirs. Les amis auxquels écrivait Pline partageaient leur temps « entre l'étude et la chasse ». Lui-même, chasseur médiocre qui emportait un livre et des tablettes, se vante pourtant d'avoir tué un jour trois sangliers. Les jurisconsultes du Digeste mentionnent, parmi les objets qui font ordinairement partie intégrante du domaine, l'équipage de chasse, les veneurs et la meute. Plus tard, Symmaque écrit à son ami Protadius et le raille sur ses chasses qui n'en finissent pas et sur « la généalogie de ses chiens ». Les Gaulois aussi étaient grands chasseurs. Ils l'avaient été avant César, ils le furent encore après lui. On n'a qu'à voir les mosaïques qui, comme celle de Lillebonne, représentent des scènes de chasse. Regardez les amis de Sidoine : Ecdicius « poursuit la bête à travers les bois, passe les rivières à la nage, n'aime que chiens, chevaux et arcs ». Il est vrai que le même homme tout à l'heure, à la tête de quelques cavaliers levés sur ses terres, mettra une troupe de Wisigoths en déroute. Voici un autre ami de Sidoine, Potentinus : « il excelle à trois choses, cultiver, bâtir, chasser ». Vectius, grand personnage et haut fonctionnaire, « ne le cède à personne pour élever des chevaux, dresser des chiens, porter des faucons ». La chasse était un des droits du propriétaire foncier sur sa terre, et il en usait volontiers. Ainsi, bien des choses que le moyen âge offrira à nos yeux sont plus vieilles que le moyen âge.

Fustel de Coulanges, L'Alleu et le domaine rural pendant l'époque mérovingienne, Paris, Hachette, 1889, in-8°. Passim.

III — Le Christianisme

Progrès d'organisation
L'empire chrétien

L'organisation de l'Église se complétait avec une surprenante rapidité. Le grand danger du gnosticisme, qui était de diviser le christianisme en sectes sans nombre, est conjuré à la fin du IIe siècle. Le mot d'Église catholique éclate de toutes parts, comme le nom de ce grand corps qui va désormais traverser les siècles sans se briser. Et l'on voit bien déjà quel est le caractère de cette catholicité. Les montanistes sont tenus pour des sectaires ; les marcionistes sont convaincus de fausser la doctrine apostolique ; les différentes écoles gnostiques sont de plus en plus repoussées du sein de l'Église générale. Il y a donc quelque chose qui n'est ni le montanisme, ni le marcionisme, ni le gnosticisme, qui est le christianisme non sectaire, le christianisme de la majorité des évêques, résistant aux hérésies et les usant toutes, n'ayant, si l'on veut, que des caractères négatifs, mais préservé, par ces caractères négatifs, des aberrations piétistes et du dissolvant rationaliste. Le christianisme, comme tous les partis qui veulent vivre, se discipline lui-même, retranche ses propres excès.... Le juste milieu triomphe. L'aristocratie piétiste des sectes phrygiennes et l'aristocratie spéculative des gnostiques sont également déboutées de leurs prétentions....

Ce fut l'épiscopat qui, sans nulle intervention du pouvoir civil, sans nul appui des gendarmes ni des tribunaux, établit ainsi l'ordre au-dessus de la liberté dans une société fondée d'abord sur l'inspiration individuelle. Voilà pourquoi les ébionites de Syrie, qui n'ont pas l'épiscopat, n'ont pas non plus l'idée de la catholicité. Au premier coup d'œil, l'œuvre de Jésus n'était pas née viable ; c'était un chaos. Fondée sur une croyance à la fin du monde, que les années en s'écoulant devaient convaincre d'erreur, la congrégation galiléenne semblait ne pouvoir que se dissoudre dans l'anarchie.... L'inspiration individuelle crée, mais détruit tout de suite ce qu'elle a créé. Après la liberté, il faut la règle. L'œuvre de Jésus put être considérée comme sauvée le jour où il fut admis que l'Église a un pouvoir direct, un pouvoir représentant celui de Jésus. L'Église dès lors domine l'individu, le chasse au besoin de son sein. Bientôt l'Église, corps instable et changeant, se personnifie dans les anciens ; les pouvoirs de l'Église deviennent les pouvoirs d'un clergé dispensateur de toutes les grâces, intermédiaire entre Dieu et le fidèle. L'inspiration passe de l'individu à la communauté. L'Église est devenue tout dans le christianisme ; un pas de plus, l'évêque devient tout dans l'Église. L'obéissance à l'Église, puis à l'évêque, est envisagée comme le premier des devoirs ; l'innovation est la marque du faux ; le schisme sera désormais pour le chrétien le pire des crimes....

La correspondance entre les Églises fut de bonne heure une habitude. Les lettres circulaires des chefs des grandes Églises, lues le dimanche à la réunion des fidèles, étaient une continuation de la littérature apostolique. L'église, comme la synagogue et la mosquée, est une chose essentiellement citadine. Le christianisme (on en peut dire autant du judaïsme et de l'islamisme) sera une religion de villes, non une religion de campagnards. Le campagnard, le *paganus*, sera la dernière résistance que rencontrera le christianisme. Les chrétiens campagnards, très peu nombreux, venaient à l'église de la ville voisine.

Le municipe romain devint ainsi le berceau de l'Église. Comme les campagnes et les petites villes reçurent l'Évangile des grandes villes, elles en reçurent aussi leur clergé, toujours soumis à l'évêque de la grande ville. Entre les villes, la *civitas* a seule une véritable église, avec un *episcopus* ; la petite ville est dans la dépendance ecclésiastique de la grande. Cette primatie des grandes villes fut un fait capital. La grande ville une fois convertie, la petite ville et la campagne suivirent le mouvement. Le diocèse fut ainsi l'unité originelle du conglomérat chrétien.

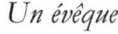

Un évêque

Quant à la province ecclésiastique, impliquant la préséance des grandes Églises sur les petites, elle répondit en général à la province romaine. Le fondateur des cadres du christianisme fut Auguste. Les divisions du culte de Rome et d'Auguste furent la loi secrète qui régla tout. Les villes qui avaient un flamine ou *archiereus* sont celles qui, plus tard, eurent un archevêque ; le *flamen civitatis* devint l'évêque. À partir du IIIe siècle, le flamine duumvir occupa dans sa cité le rang qui, cent ou cent cinquante ans plus tard, fut celui de l'évêque dans le diocèse. Julien essaya plus tard d'opposer les flamines aux évêques chrétiens et de faire des curés avec les *augustales*. C'est ainsi que la géographie ecclésiastique d'un pays est, à très peu de chose près, la géographie de ce même pays à l'époque romaine. Le tableau des évêchés et des archevêchés est celui des *civitates* antiques, selon leurs liens de subordination. L'empire fut comme le moule où la religion nouvelle se coagula. La charpente intérieure, les divisions hiérarchiques, furent celles de l'empire. Les anciens rôles de l'administration romaine et les registres de l'Église au moyen âge et même de nos jours ne diffèrent presque pas.

Rome était le point où s'élaborait cette grande idée de catholicité. Son Église avait une primauté incontestée. Elle la devait en partie à sa sainteté et à son excellente réputation. Tout le monde reconnaissait que cette Église avait été fondée par les apôtres Pierre et Paul, que ces deux apôtres avaient souffert le martyre à Rome, que Jean même y avait été plongé dans l'huile bouillante. On montrait les lieux sanctifiés par ces Actes apostoliques, en partie vrais, en partie faux. Tout cela entourait l'Église de Rome d'une auréole sans pareille. Les questions douteuses étaient portées à Rome pour recevoir un arbitrage, sinon une solution. On faisait ce raisonnement que, puisque Christ avait fait de Céphas la pierre angulaire de son Église, ce privilège devait s'étendre à ses successeurs. L'évêque de Rome devenait l'évêque des évêques, celui qui avertit les autres.... L'ouvrage dont fit partie le fragment connu sous le nom de *Canon de Muratori*, écrit à Rome vers 180, nous montre déjà Rome réglant le Canon des églises, donnant pour base à la catholicité la Passion de Pierre.... Les essais de symbole de foi commencent aussi, dans l'Église romaine, vers ce temps. Irénée réfute toutes les hérésies par la foi de cette Église, « la plus grande, la plus ancienne, la plus illustre ; qui possède, par une succession continue, la vraie tradition des apôtres Pierre et Paul, à laquelle, à cause de sa primauté, *propter potiorem principalitatem*, doit recourir le reste de l'Église ». Toute Église censée fondée par un apôtre avait un privilège ; que dire de l'Église que l'on croyait avoir été fondée par les deux plus grands apôtres à la fois ?

...On peut dire que l'organisation des Églises a connu cinq degrés d'avancement. D'abord, l'*ecclesia* primitive, où tous les membres sont également inspirés de l'Esprit. —Puis les anciens ou *presbyteri* prennent, dans l'*ecclesia*, un droit de police considérable et absorbent l'*ecclesia*. — Puis le président des anciens, l'*episcopos*, absorbe à peu près les pouvoirs des anciens et par conséquent ceux de l'*ecclesia*. —Puis les *episcopi* des différentes Églises, correspondant entre eux, forment l'Église catholique. —Entre les *episcopi*, il y en a un, celui de Rome, qui est évidemment destiné à un grand avenir. Le pape, l'Église de Jésus transformée en monarchie, s'aperçoivent dans un lointain obscur.... Ajoutons que cette transformation n'a pas eu, comme les autres, le caractère universel. L'Église latine seule s'y est prêtée, et même dans le sein de cette Église, la tentative de la papauté a fini par amener la révolte et la protestation.

*
* *

L'Église, au IIIe siècle, en accaparant la vie, épuisa la société civile, la saigna, y fit le vide. Les petites sociétés tuèrent la grande société. La vie antique, vie tout extérieure et virile, vie de gloire, d'héroïsme, de civisme, vie de forum, de théâtre, de gymnase, est vaincue par la vie juive, vie anti-militaire, vie de gens pâles, claquemurés. La politique ne suppose pas des gens trop détachés de la terre. Quand l'homme se décide à n'aspirer qu'au ciel, il n'a plus de pays ici-bas.... Le christianisme améliora les mœurs du monde ancien, mais, au point de vue militaire et patriotique, il détruisit le monde ancien. La Cité et l'État ne s'accommoderont, plus tard, avec le christianisme qu'en faisant subir à celui-ci les plus profondes modifications.

Chrisma, ou monogramme du Christ.

« Ils habitent sur la terre, dit l'auteur de l'Épître à Diognète, mais, en réalité, ils ont leur patrie au ciel. » Effectivement, quand on demande au martyr sa patrie : « Je suis chrétien », répond-il. La patrie et les lois civiles, voilà la mère, voilà le père que le vrai gnostique, selon Clément d'Alexandrie, doit mépriser pour s'asseoir à la droite de Dieu. Le chrétien est embarrassé, incapable, quand il s'agit des affaires du monde ; l'Évangile forme des fidèles, non des citoyens. Il en fut de même pour l'islamisme et le bouddhisme. L'avènement de ces grandes religions universelles mit fin à la vieille idée de patrie ; on ne fut plus Romain, Athénien : on fut chrétien, musulman, bouddhiste. Les hommes désormais vont être rangés d'après leur culte, non d'après leur patrie ; ils se diviseront sur des hérésies, non sur des questions de nationalité.

Voilà ce que vit parfaitement Marc-Aurèle, et ce qui le rendit si peu favorable au christianisme. L'Église lui parut un État dans l'État. « Le camp de la piété », ce nouveau « système de piété fondé sur le *Logos* divin », n'a rien à voir avec le camp romain, lequel ne prétend nullement former des sujets pour le ciel. L'Église, en effet, s'avoue une société complète, bien supérieure à la société civile ; le pasteur vaut mieux que le magistrat.... Le chrétien ne doit rien à l'empire, et l'empire lui doit tout, car c'est la présence des fidèles, disséminés dans le monde romain, qui arrête le courroux céleste et sauve l'État de sa ruine. Le chrétien ne se réjouit pas des victoires de l'empire ; les désastres publics lui paraissent une confirmation des prophéties qui condamnent le monde à périr par les Barbares et par le feu....

[Cependant] des raisons anciennes et profondes voulaient, nonobstant les apparences contraires, que l'empire se fît chrétien. La doctrine chrétienne sur l'origine du pouvoir semblait faite exprès pour devenir la doctrine de l'État romain. L'autorité aime l'autorité. Des hommes aussi conservateurs que les évêques devaient avoir une terrible tentation de se réconcilier avec la force publique. Jésus avait tracé la règle. L'effigie de la monnaie était pour lui le critérium suprême de la légitimité, au-delà duquel il n'y avait rien à chercher. En plein règne de Néron, saint Paul écrivait : « Que chacun soit soumis aux puissances régnantes, car il n'y a pas de puissance qui ne vienne de Dieu. Les puissances qui existent sont ordonnées par Dieu, en sorte que celui qui fait de l'opposition aux puissances résiste à l'ordre de Dieu. » Quelques années après, Pierre, ou celui qui écrivit en son nom l'épître connue sous le nom de *Prima Petri*, s'exprime d'une façon presque identique. Clément est également un sujet on ne peut plus dévoué de l'empire romain. Enfin, un des traits de saint Luc, c'est son respect pour l'autorité impériale et les précautions qu'il prend pour ne pas la blesser.

Certes, il y avait des chrétiens exaltés qui partageaient entièrement les colères juives et ne rêvaient que la destruction de la ville idolâtre, identifiée par eux avec Babylone. Tels étaient les auteurs d'apocalypses et les auteurs d'écrits sibyllins. Pour eux, Christ et César étaient deux termes inconciliables. Mais les fidèles des grandes Églises avaient de tout autres idées. En 70, l'Église de Jérusalem, avec un sentiment plus chrétien que patriotique, abandonna la ville révolutionnaire et alla chercher la paix au-delà du Jourdain. Saint Justin, dans ses Apologies, ne combat jamais le principe de l'empire ; il veut que l'empire examine la doctrine chrétienne, l'approuve, la contresigne en quelque sorte et condamne ceux qui la calomnient. On vit le premier docteur du temps de Marc-Aurèle, Méliton, évêque de Sardes, faire des offres de service bien plus caractérisées encore, et présenter le christianisme comme la base d'un empire héréditaire et de droit divin.... Tous les apologistes flattent l'idée favorite des empereurs, celle de l'hérédité en ligne directe, et les assurent que l'effet des prières chrétiennes sera que leur fils règne après eux....

La haine entre le christianisme et l'empire était la haine de gens qui doivent s'aimer un jour. Sous les Sévères, le langage de l'Église reste ce qu'il fut sous les Antonins, plaintif et tendre. Les apologistes affichent une espèce de légitimisme, la prétention que l'Église a toujours salué tout d'abord l'empereur. Le principe de saint Paul portait ses fruits : « Toute puissance vient de Dieu ; celui qui tient l'épée la tient de Dieu pour le bien. »

Cette attitude correcte à l'égard du pouvoir tenait à des nécessités extérieures tout autant qu'aux principes mêmes que l'Église avait reçus de ses fondateurs. L'Église était déjà une grande association ; elle était essentiellement conservatrice ; elle avait besoin d'ordre et de garanties légales. Cela se vit admirablement dans le fait de Paul de Samosate, évêque d'Antioche sous Aurélien. L'évêque d'Antioche pouvait déjà passer, à cette époque, pour un haut personnage ; les biens de l'Église étaient dans sa main ; une foule de gens vivaient de ses faveurs. Paul était un homme brillant, peu mystique, mondain, un grand seigneur profane, cherchant à rendre le christianisme acceptable aux gens du monde et à l'autorité. Les piétistes, comme on devait s'y attendre, le trouvèrent hérétique et le firent destituer. Paul résista et refusa d'abandonner la maison épiscopale. Voilà par où sont prises les sectes les plus altières : elles possèdent ; or qui peut régler une question de propriété ou de jouissance, si ce n'est l'autorité civile ? La question fut déférée à l'empereur, qui était pour le moment à Antioche, et l'on vit ce spectacle original d'un souverain infidèle et persécuteur chargé de décider qui était le véritable évêque. Aurélien... se fit apporter la correspondance des deux évêques, nota celui qui était en relations avec Rome et l'Italie, et conclut que celui-là était l'évêque d'Antioche.

.... Un fait devenait évident, c'est que le christianisme ne pouvait plus vivre sans l'empire et que l'empire, d'un autre côté, n'avait rien de mieux à faire que d'adopter le christianisme comme sa religion. Le monde voulait une religion de congrégations, d'églises ou de synagogues, de chapelles, une religion où l'essence du culte fût la réunion, l'association, la fraternité. Le christianisme remplissait toutes ces conditions. Son culte admirable, sa morale pure, son clergé savamment organisé, lui assuraient l'avenir.

Plusieurs fois, au IIIe siècle, cette nécessité historique faillit se réaliser. Cela se vit surtout au temps des empereurs syriens, que leur qualité d'étrangers et la bassesse de leur origine mettaient à l'abri des préjugés, et qui, malgré leurs vices, inaugurent une largeur d'idées et une tolérance inconnues jusque-là. La même chose se revit sous Philippe l'Arabe, en Orient sous Zénobie, et, en général, sous les empereurs que leur origine mettait en dehors du patriotisme romain.

La lutte redoubla de rage quand les grands réformateurs, Dioclétien et Maximien, crurent pouvoir donner à l'empire une nouvelle vie. L'Église triompha par ses martyrs ; l'orgueil romain plia ; Constantin vit la force intérieure de l'Église, les populations de l'Asie Mineure, de la Syrie, de la Thrace, de la Macédoine, en un mot de la partie orientale de l'empire déjà plus qu'à demi chrétiennes. Sa mère, qui avait été servante d'auberge à Nicomédie, fit miroiter à ses yeux un empire d'Orient ayant son centre vers Nicée et dont le nerf serait la faveur des évêques et de ces multitudes de pauvres matriculées à l'église, qui, dans les grandes villes, faisaient l'opinion. Constantin inaugura ce qu'on appelle « la paix de l'Église », et ce qui fut en réalité la domination de l'Église....

La réaction de Julien fut un caprice sans portée. Après la lutte vint l'union intime et l'amour. Théodose inaugura l'empire chrétien, c'est-à-dire la chose que l'Église, dans sa longue vie, a le plus aimée, un empire théocratique, dont l'Église est le cadre essentiel, et qui, même après avoir été détruit par les Barbares, reste le rêve éternel de la conscience chrétienne, au moins dans les pays romans. Plusieurs crurent, en effet, qu'avec Théodose le but du christianisme était atteint. L'empire et le christianisme s'identifièrent à un tel point l'un avec l'autre que beaucoup de docteurs conçurent la fin de l'empire comme la fin du monde, et appliquèrent à cet événement les images apocalyptiques de la catastrophe suprême. L'Église orientale, qui ne fut pas gênée dans son développement par les Barbares, ne se détacha jamais de cet idéal ; Constantin et Théodose restent les deux pôles ; elle y tient encore, du moins en Russie.... Quant à l'empire chrétien d'Occident, s'il périt bientôt, il ne fut détruit qu'en apparence... ; ses secrets se perpétuèrent dans le haut clergé romain.... Un saint empire, avec un Théodose barbare, tenant l'épée pour protéger l'Église du Christ, voilà l'idéal de la papauté latine au moyen âge....

E. Renan, Marc-Aurèle, Paris, Calmann-Lévy, 1882, in-8°. Passim.

IV — La société romaine d'après Ammien Marcellin, saint Jérôme et Symmaque

On s'est souvent demandé ce qu'il fallait penser de la moralité publique au IVe siècle, surtout dans les hautes classes de l'empire. En général on est tenté de la juger sévèrement. Quand nous songeons que cette société était à son déclin, et qu'elle n'avait plus que quelques années à vivre, nous sommes tentés d'expliquer ses malheurs par ses fautes et de croire qu'elle avait mérité le sort qu'elle allait subir. C'est ce qui fait que nous ajoutons foi si facilement à ceux qui nous disent du mal d'elle. Il y a surtout deux contemporains, Ammien Marcellin et saint Jérôme, qui ont pris plaisir à la maltraiter ; et, comme ils appartiennent à deux partis contraires, il nous paraît naturel de penser que, puisqu'ils s'accordent, ils ont dit la vérité. J'avoue pourtant que leur témoignage m'est suspect. Ammien a consacré aux sénateurs de Rome deux longs chapitres de son histoire ; mais ces chapitres ont, dans son œuvre, un caractère particulier : on s'aperçoit, lorsqu'on les lit avec soin, qu'il a voulu composer des morceaux à effet, dont le lecteur fût frappé, et que, dans ces passages, qui ne ressemblent pas tout à fait au reste, il est plus satirique et rhéteur qu'historien.... Que nous dit-il d'ailleurs que nous ne sachions d'avance ? Il nous apprend, ce qui ne nous étonne guère, qu'il y a dans ce grand monde beaucoup de très petits esprits : des sots qui se croient des grands hommes parce que leurs flatteurs leur ont élevé des statues ; des vaniteux, qui se promènent sur des chars magnifiques, avec des vêtements de soie dont le vent agite les mille couleurs ; des glorieux, qui parlent sans cesse de leur fortune ; des efféminés, que la moindre chaleur accable, « qui, lorsqu'une mouche se pose sur leur robe d'or ou qu'un petit rayon de soleil se glisse par quelque fissure de leur parasol, se désolent de n'être pas nés dans le Bosphore Cimmérien » ; des athées, qui ne sortent de chez eux qu'après avoir consulté leurs astrologues ; des prodigues, caressants et bas quand ils veulent emprunter de l'argent, insolents lorsqu'il faut le rendre, et d'autres personnages de cette sorte, qui se retrouvent partout. À côté de ces travers, qui nous paraissent en somme assez légers, il signale des vices plus graves. Quelques-uns d'entre eux appartiennent plus particulièrement à la race romaine, et les moralistes des siècles passés les ont déjà révélés ; d'autres sont de tous les pays et de tous les temps, et puisque malheureusement aucune société humaine n'y échappe, il est naturel qu'on les rencontre aussi chez les gens du IVe siècle. Mais ce qui lui semble plus odieux que tout le reste, ce qui excite le plus souvent sa mauvaise humeur, c'est que les grands seigneurs romains manquent d'égards pour les lettrés et les sages. Ils réservent leurs faveurs à ceux qui les flattent bassement ou qui les amusent ; quant aux gens honnêtes et savants, on les tient pour ennuyeux et inutiles, et le maître d'hôtel les fait mettre sans façon à la porte de la salle à manger. Ces plaintes, nous les connaissons, elles ne sont pas nouvelles pour nous. Une des raisons sérieuses qu'a Juvénal de gronder son époque, c'est que le client romain, « qui a vu le jour sur l'Aventin et qui a été nourri dès son enfance de l'olive sabine », n'a pas d'aussi bonnes places que le parasite grec à la table du maître, qu'on ne lui sert pas les mêmes plats et qu'il n'y boit pas le même vin. Ammien sans doute a dû souffrir quelque humiliation de ce genre. Il est probable que, quand il revint de l'armée, où il s'était bien battu, et au moment où il commençait d'écrire l'histoire de ses campagnes, il ne fut pas reçu de tout le monde comme il croyait devoir l'être. Il en conclut naturellement qu'une société qui ne lui faisait pas toujours sa place ne tenait aucun compte du mérite. « Aujourd'hui, dit-il, le musicien a chassé de partout le philosophe ; l'orateur est remplacé par celui qui enseigne leur métier aux histrions ; les bibliothèques sont fermées et ressemblent à des sépulcres. » Il est difficile de croire que ces paroles sévères s'appliquent à des gens comme Symmaque et ses amis, qui aimaient tant les livres et tenaient les lettrés en si grand honneur. Mais Ammien semble reconnaître ailleurs qu'il ne faut pas donner trop d'importance à ses reproches et les faire tomber sur tout le monde ; il nous dit, en commençant ses violentes invectives, que Rome est toujours grande et glorieuse, mais que son éclat est compromis par la légèreté criminelle de quelques personnes (*levitate paucorum incondita*) qui ne songent pas assez de quelle ville ils ont l'honneur d'être citoyens. Ainsi, de son aveu même, les coupables ne sont que l'exception.

Les colères de saint Jérôme ne m'inspirent pas plus de confiance que les épigrammes d'Ammien. C'était un saint fort emporté ; ses meilleurs amis, comme Rufin et saint Augustin, en ont fait l'épreuve. Les gens de ce tempérament vont tout d'un coup d'un extrême à l'autre, et d'ordinaire ils détestent le plus ce qu'ils ont le mieux aimé. C'est précisément ce qui a rendu saint Jérôme si dur pour la société romaine : il en avait été trop charmé et n'a jamais pu lui pardonner l'attrait qu'elle avait eu pour lui. Les jouissances délicates de sa vanité littéraire, ses entretiens fréquents avec des femmes d'esprit, le plaisir qu'elles trouvaient à l'entendre, les applaudissements qu'elles donnaient à ses ouvrages, tout cela faisait partie de ces « délices de Rome », dont le souvenir poignant le suivait au désert et troublait sa pénitence. Il leur a fait payer par ses invectives la peine qu'il éprouvait à s'en détacher. Rome est pour lui une autre Babylone, « la courtisane aux habits de pourpre ». Il lui reproche en général toute sorte de débordements ; mais il est remarquable que, lorsqu'il en vient à des accusations précises, il ne trouve guère à reprendre chez elle que les futilités de la vie mondaine. À quoi passe-t-on le temps dans la grande ville ? À voir et à être vu, à recevoir des visites et à en faire, à louer les gens et à en médire. « La conversation commence, on n'en finit plus de bavarder. On déchire les absents, on raconte des histoires du prochain, on mord les autres et, à son tour, on en est mordu. » Ce tableau est agréable ; mais que prouvet-il, sinon que la société de tous les temps se ressemble ? Remarquons que saint Jérôme attaque ici tout le monde, sans distinction de culte. On a voulu se servir de son témoignage pour établir que la société païenne était de beaucoup la plus corrompue : c'est un tort, il est encore plus dur pour les chrétiens que pour elle. Il nous fait voir que les vices de la vieille société avaient passé dans la nouvelle, sans presque changer de forme, qu'on ne pouvait pas toujours distinguer la vierge et la veuve qui avaient reçu les enseignements de l'Église de celles qui étaient restées fidèles à l'ancien culte, qu'il y avait des clercs petits-maîtres, des moines coureurs d'héritages, et surtout des prêtres parasites qui allaient tous les jours saluer les belles dames : « Il se lève en toute hâte, dès que le soleil commence à se montrer, règle l'ordre de ses visites, choisit les chemins les plus courts, et saisit presque encore au lit les dames qu'il va voir. Aperçoit-il un coussin, une nappe élégante ou quelque objet de ce genre, il le loue, il le tâte, il l'admire, il se plaint de n'avoir chez lui rien d'aussi bon, et fait si bien qu'on le lui donne. Où que vous alliez, c'est toujours la première personne que vous rencontrez ; il sait toutes les nouvelles ; il court les raconter avant tout le monde ; au besoin il les invente, ou, dans tous les cas, il les embellit à chaque fois d'incidents nouveaux. » N'est-ce pas là comme une première apparition de l'abbé du XVIIIe siècle ?

Il y a donc des raisons de ne croire qu'à moitié saint Jérôme et Ammien ; et même quand on les croirait tout à fait, leur témoignage semble moins accablant pour leur siècle qu'on ne l'a prétendu. Dans tous les cas, les lettres de Symmaque[16] en donnent une meilleure opinion, et je m'y fie d'autant plus volontiers qu'il n'a pas prétendu juger son temps et faire un traité de morale, ce qui amène toujours à prendre une certaine attitude. Il dit naïvement ce qu'il pense, se montre à nous comme il est et dépeint les gens sans le savoir. Ses lettres sont d'un honnête homme, qui donne à tout le monde les meilleurs conseils. À ceux qui gouvernent des provinces épuisées par le fisc et la guerre, il prêche l'humanité ; il recommande aux riches la bienfaisance, en des termes qui rappellent la charité chrétienne. Quelquefois il entre

---

[16] Symmaque (Q. Aurelius Symmachus) avait occupé les plus hautes fonctions de l'empire ; il avait été questeur, préteur, pontife, gouverneur de plusieurs grandes provinces, préfet de la ville et consul ordinaire. C'était un lettré fort distingué, un orateur célèbre, qu'on mettait à côté et quelquefois au-dessus de Cicéron.... Païen convaincu, ce qui l'attachait surtout au culte des aïeux, c'est qu'en toute chose il aimait le passé ; les anciens usages lui étaient tous également chers....

résolument dans la vie privée de ses amis ; par exemple, il ose demander à l'un d'eux de renoncer aux profits d'un héritage injuste. Quant à lui, il est partout occupé à faire du bien ; il vient en aide à ses amis malheureux, prend soin de leurs affaires, implore pour eux le secours des hommes puissants, marie leurs filles, et, après leur mort, redouble de soins en faveur des enfants qu'ils laissent sans protection et souvent sans fortune. Sa correspondance ne le fait pas seul connaître ; elle permet quelquefois de juger ceux avec lesquels il était en relation. Ses enfants forment des ménages unis, ses amis, pour la plupart, lui ressemblent, et lorsqu'on a fini de lire ses lettres, il semble qu'on vient de traverser une société d'honnêtes gens. Je sais bien qu'il est porté à juger avec un peu trop d'indulgence ; il prête volontiers aux autres ses qualités et n'aperçoit pas le mal qu'il ne serait pas capable de commettre ; mais, malgré ce défaut, il est impossible de ne pas tenir grand compte de son témoignage. L'impression qui reste de ce grand monde de Rome, tel qu'on l'entrevoit dans ses lettres, lui est, en somme, favorable et rappelle la société de Trajan et des Antonins telle que nous la montrent les lettres de Pline.

Voici encore un renseignement que nous devons à la correspondance de Symmaque, et qui contrarie un peu l'opinion que nous nous faisons de cette époque. Il nous semble que les gens de cette génération, qui fut la dernière de l'empire, devaient avoir quelque sentiment des périls qui les menaçaient, et qu'il est impossible qu'en prêtant un peu l'oreille on n'entendit pas les craquements de cette machine qui était si près de se détraquer. Les lettres de Symmaque nous montrent que nous nous trompons. Nous y voyons que les gens les plus distingués, les hommes d'État, les politiques, ne se doutaient guère que la fin approchât. A la veille de la catastrophe, tout allait comme à l'ordinaire, on achetait, on vendait, on réparait les monuments et l'on bâtissait des maisons pour l'éternité. Symmaque est un Romain des anciens temps, qui croit que l'empire est éternel et ne se figure pas que le monde puisse continuer d'exister sans lui. Malgré les avertissements qu'on a reçus, son optimisme est imperturbable. Il aurait certes bien des raisons d'être un mécontent : le sénat, dont il est si fier d'être membre, n'est presque plus rien, et l'on persécute le culte qu'il professe. Cependant il ne cesse pas de louer ses maîtres et il est satisfait de son temps. C'était une de ces âmes candides qui regardent comme des vérités incontestables que la civilisation a toujours raison de la barbarie, que les peuples les plus instruits sont inévitablement les plus honnêtes et les plus forts, que les lettres fleurissent toutes les fois qu'elles sont encouragées, etc. Or il voit précisément que les écoles n'ont jamais été plus nombreuses, l'instruction plus répandue, la science plus honorée, que les lettres mènent à tout, que le mérite personnel ouvre toutes les carrières ; aussi s'écrie-t-il, dans son enthousiasme : « Nous vivons vraiment dans un siècle ami de la vertu, où les gens de talent ne peuvent s'en prendre qu'à eux-mêmes s'ils n'obtiennent pas les situations dont ils sont dignes ». Et il ne lui semble pas possible qu'une société si éclairée, qui apprécie tant les lettres et fait une si grande place à l'instruction, soit emportée en un jour par des barbares !

Les registres du fisc brûlés sur le Forum (bas-relief de la Tribune aux Harangues).

Sur l'ordre de l'empereur, les scribes apportent, pour en faire un bûcher, les registres où sont inscrits les noms des citoyens en retard sur le fisc. Dans le fond, la façade du temple de Vespasien, puis une arcade du Tabularium, le temple de Saturne, les arceaux découronnés de la basilique Julia.

Il lui arrive pourtant de voir et de noter au passage quelques incidents fâcheux, par lesquels se révélait le mal dont souffrait l'empire, et qui auraient dû lui donner à réfléchir. Par exemple, il raconte à quelqu'un qui l'attend qu'il ne peut pas sortir de Rome parce que la campagne est infestée de brigands : c'en est donc fait de la *paix romaine*, si vantée dans les inscriptions et les médailles, puisque, aux portes mêmes de la capitale, on n'est plus en sûreté ! Une autre fois il se plaint que l'empereur, qui manque de soldats, demande aux gens riches leurs esclaves pour les enrôler, et cette mesure ne lui révèle pas à quelles extrémités l'empire est réduit ! Mais ce qui est plus significatif encore, ce qui indique plus clairement un profond désordre et annonce la ruine prochaine, c'est le triste état de la fortune publique. Les preuves en sont partout chez Symmaque. Il nous fait voir que le fisc a tout épuisé, que les riches sont à bout de ressources, que les fermiers n'ont plus d'argent pour payer les propriétaires, et que la terre, qui était une source de revenus, n'est plus qu'une occasion de dépense. Ce sont là des symptômes graves ; et pourtant Symmaque, qui les voit, qui les signale, n'en paraît pas alarmé. C'est que le mal était ancien, qu'il avait augmenté peu à peu, et que, depuis le temps qu'on en souffrait, on s'y était accoutumé. Comme Rome persistait à vivre, malgré les raisons qu'elle avait de mourir, on avait fini par croire qu'elle vivrait toujours. Jusqu'au dernier moment on s'est fait cette illusion, et la catastrophe finale, quoiqu'on dût s'y attendre, fut une surprise. C'est ce que les lettres de Symmaque mettent en pleine lumière ; elles nous montrent à quel point des politiques nourris des leçons de l'histoire, et qui connaissaient à fond les temps anciens, peuvent se tromper sur l'époque où ils vivent ; elles nous font assister au spectacle, plein de graves enseignements, d'une société fière de sa civilisation, glorieuse de son passé, occupée de l'avenir, qui pas à pas s'avance jusqu'au bord de l'abîme, sans s'apercevoir qu'elle y va tomber.

G. Boissier, *La fin du paganisme*, t. II, Paris, Hachette, 1894, in-16.

BIBLIOGRAPHIE. —T. Hodgkin, *Italy and her invaders*, t. I[1] et II[2] [Sur les invasions visigothiques, hunniques et vandales en Italie], t. III et IV [Sur l'invasion ostrogothique et la restauration de l'Empire], t. V et VI [Sur les Lombards, jusqu'en 744], Oxford, 1892-1895, in-8°. —Cf. C. Cipolla, *Per la storia d'Italia e de' suoi conquistatori nel medio evo piu antico*, Bologna, 1895, in-16.

CHAPITRE II

LES BARBARES

PROGRAMME. —Les invasions germaniques : Alaric. Simple énumération des États fondés par les Germains. —Les Huns et Attila. — Les Goths et Théodoric. Les Francs : Clovis. Conquête de la Gaule et d'une partie de la Germanie. Mœurs de l'époque mérovingienne. Loi salique. Les rois, les grands, les évêques ; Grégoire de Tours. Les régions franques : Neustrie, Austrasie, Bourgogne, Aquitaine.

BIBLIOGRAPHIE

Comme il est naturel, c'est en Allemagne que **les origines et les invasions germaniques** ont été étudiées avec le plus de soin. Nous n'avons guère en français que des livres vieillis : ceux d'Ozanam (*Études germaniques*, 1845) ;—d'Am. Thierry (*Récits de l'histoire romaine au Ve siècle*, 1860) ;—de E. Littré (*Études sur les barbares et le moyen âge*, Paris, 1867, in-8°) ;—de A. Geffroy (*Rome et les barbares*, Paris, 1874, in-8°). —Le t. II de l'*Histoire des institutions* de M. Fustel de Coulanges est intitulé : *L'invasion germanique et la fin de l'Empire* (Paris, 1891, in-8°). —Voir aussi J. Zeller, *Entretiens sur l'histoire du moyen âge*, 1re partie [jusqu'en 814], Paris, 1884, 2 vol. in-12, 3e éd. —Le livre, très populaire en Angleterre, de Ch. Kingsley, *The Roman and the Teuton* (London, 1879, in-8°), est déclamatoire. —On lira de préférence : E. v. Witersheim, *Geschichte der Völkerwanderung*, Leipzig, 1880-1881, 2 vol. in-8°, 2e éd., revue par F. Dahn ;—F. Dahn, *Urgeschichte der germanischen und romanischen Völker*, Berlin, 1880-1889, 4 vol. in-8° ;—le même, *Die Könige der Germanen*, Würzburg et Leipzig, 1861-1894, 7 vol. in-8° ;—W. Arnold, *Ansiedelungen und Wanderungen deutscher Stämme*, Marburg, 1881, in-8°, 2e éd. —Citons encore, en seconde ligne, les histoires générales de G. Kaufmann (*Deutsche Geschichte bis auf Karl den Grossen*, Leipzig. 1880-1881, 2 vol. in-8°) et de O. Gutsche et W. Schultze (*Deutsche Geschichte von der Urzeit bis zu den Karolingern*, Stuttgart, 1887 et s.). —Sur les établissements goths en Italie : T. Hodgkin. *Italy and her invaders*, London, 1892, 3 vol. in-8°, 2ᵉ éd. —Sur **Attila** et les **Huns**, E. Drouin, art. *Huns*, dans la *Grande Encyclopédie*, XX (1894), p. 405.

L'**histoire générale des royaumes francs** intéresse à la fois la France, l'Allemagne et la Belgique. —L'ouvrage d'Aug. Thierry (*Récits des temps mérovingiens*, Paris, 1840, 2 vol. in-8°) a eu beaucoup de succès ; il est fait de morceaux de Grégoire de Tours habilement arrangés. —Tous les faits connus ont été recueillis et discutés avec soin par G. Richter, *Annalen des fränkischen Reichs im Zeitalter der Merovinger*, Halle, 1873, in-8°. —Voyez aussi F. Dahn, *Die Könige der Germanen* (précité), t. VII, *Die Franken unter den Merovingern*, Leipzig, 1894, in-8° ;—W. Junghans, *Histoire critique des règnes de Childerich et de Chlodovech*, Paris, 1879, in-8°, tr. de l'all. ;—G. Kurth, *Histoire poétique des Mérovingiens*, Paris-Bruxelles, 1893, in-8°. —On peut recommander d'avance un livre de vulgarisation que M. M. Prou publiera en 1896 dans la « Bibliothèque d'histoire illustrée », sous ce titre : *La Gaule mérovingienne*.

Les **institutions franques sous les Mérovingiens** ont été étudiées avec talent par J.-M. Lehuërou, dont l'*Histoire des institutions mérovingiennes et du gouvernement mérovingien* (Paris, 1842, in-8°) a vieilli. Très érudits, mais difficiles à lire, sont les livres de J. Tardif (*Études sur les institutions politiques et administratives de la France, période mérovingienne*, Paris, 1882, in-8°) et de G. Waitz (*Deutsche Verfassungsgeschichte*, t. II, Kiel, 1882, in-8°). —Les trois vol. de l'*Histoire des institutions politiques de l'ancienne France* de M. Fustel de Coulanges qui sont consacrés à l'époque mérovingienne (*La monarchie franque*, 1888 ; *L'alleu et le domaine rural*, 1889 ; *Les origines du système féodal*, 1890) ne sont pas les meilleurs de ce grand ouvrage. — Comparez L. Vanderkindere, *Introduction à l'histoire des institutions de la Belgique au moyen âge*, Bruxelles, 1890, in-8°. —Résumé consciencieux, très bien informé, dans P. Viollet, *Histoire des institutions politiques et administratives de la France*, t. Iᵉʳ, Paris, 1890, in-8°. —Sur l'église franque, voir l'admirable *Kirchengeschichte Deutschlands* de A. Hauck (t. Iᵉʳ, *bis zum Tode des Bonifacius*, Leipzig, 1887, in-8°). —Pour l'histoire de la civilisation et du droit à l'époque mérovingienne, v. la Bibliographie des ch. VI et XIV.

La principale source de l'histoire des Francs mérovingiens est la chronique de Grégoire de Tours. Voir, sur **Grégoire de Tours** : G. Monod, *Études critiques sur les sources de l'histoire mérovingienne*, Paris, 1872, in-8° ;—M. Bonnet, *Le latin de Grégoire de Tours*, Paris, 1890, in-8° (Première partie).

L'histoire locale des régions franques : Neustrie, Austrasie, Bourgogne, Aquitaine, etc., n'est pas achevée. On consultera avec profit : A. Longnon, *Géographie de la Gaule au VIe siècle*, Paris, 1878, in-4° ;—A. Loth, *L'émigration bretonne en Armorique du Ve au VIIe siècle de notre ère*, Paris, 1884, in-8° ;—A. Jahn, *Die Geschichte der Burgundionen und Burgundiens bis zum Ende der I^{sten} Dynastie*, Halle, 1874, 2 vol. in-8° ;—Ch. Pfister, *Le duché mérovingien d'Alsace et la légende de sainte Odile*, Paris, 1892, in-8° ;—Cl. Perroud, *Des origines du premier duché d'Aquitaine*, Paris, 1881, in-8°.

Le dernier mot n'est pas dit sur l'histoire des royaumes barbares, Francs, Goths, etc., qui ont été fondés aux dépens de l'Empire romain. D'importantes parties de l'histoire mérovingienne ont été renouvelées tout récemment par MM. J. Havet, B. Krusch, etc. —M. Ch. Bayet prépare un *Manuel des institutions françaises. Période mérovingienne et carolingienne.*

I — LA FOI ET LA MORALE DES FRANCS

L'Église avait eu son âge héroïque intellectuel. Lorsque les apôtres, portant par le monde la première religion qui eût été faite non pour un peuple, mais pour l'humanité, prêchèrent le royaume de Dieu où les hommes sont unis étroitement entre eux et avec Dieu, la philosophie, après quelques instants d'hésitation, de doute et de dédain, étudia cette solution, la plus admirable qui eût été trouvée du problème des relations de l'homme avec Dieu et avec l'homme. Platoniciens, qui creusaient sans se lasser l'enseignement du maître sur la manifestation de l'infini dans le fini et de Dieu dans la nature et dans l'âme, disciples conscients ou inconscients de Zoroastre, qui expliquaient l'origine du mal par la coexistence de deux principes, apportèrent dans l'examen de la doctrine nouvelle les traditions de leurs écoles. Il y eut, au Ier et au IIe siècle, une sorte de reconnaissance faite par l'esprit humain autour du christianisme ; après quoi, les philosophes entrèrent dans l'Église, mais en demeurant des philosophes. L'école d'Alexandrie enseigna que la philosophie avait été la préparation du christianisme chez les païens, comme l'Ancien Testament chez les Juifs. Elle rapprocha l'Ancien Testament et la philosophie par cette théorie que le Verbe, qui a été la parole de Dieu dès l'origine, a semé la vérité dans les écrits profanes comme dans l'Écriture. Elle crut ou fit semblant de croire que Platon avait connu les livres saints et elle le transforma en un disciple de Moïse. Elle fit ainsi de l'histoire intellectuelle et morale de l'humanité une grande synthèse qu'elle donna pour piédestal au christianisme.

Au temps même où la critique platonicienne s'exerçait librement sur le dogme, naquit l'autorité. La lutte du christianisme contre les païens et contre ceux des philosophes qui, n'étant chrétiens que par métaphysique, faisaient bon marché de la foi positive, fit naître deux idées corrélatives, l'idée d'une Église catholique seule en possession de la vérité, et l'idée ecclésiastique de l'hérésie. Hérésie signifiait dans le langage philosophique choix d'une opinion ; cela signifia dans le langage ecclésiastique choix d'une opinion mauvaise, erreur condamnable et damnable. Pour prémunir les fidèles contre la perdition, l'Église écrivit la règle de la foi. Bientôt l'hérésie se montra sous une forme étrange : le manichéisme, produit d'un mélange de la philosophie grecque avec la religion zoroastrique, réduisit le Christ à la qualité d'un esprit de lumière et d'un combattant illustre dans le conflit entre le bon et le mauvais principe. Ainsi le génie hellénique, toujours en travail, menaçait de perdre le christianisme dans des conceptions bizarres ; la sagesse des anciens et leur méthode, leur idéalisme et leur dialectique, qui avaient servi à bâtir le dogme, s'employaient à le démolir. C'est alors que l'esprit latin s'insurgea.

L'Église d'Occident était demeurée pendant longtemps l'élève des Églises orientales : l'Orient parlait, l'Occident écoutait. La langue de l'Écriture et des apôtres, des théologiens orthodoxes ou hérétiques, était la langue grecque ; mais, au IIIe siècle, Tertullien introduisit la langue latine dans les controverses et révéla un esprit tout différent de l'esprit oriental, plus étroit, plus prosaïque, mais plus ferme. Tertullien a certaines maximes brèves, dictées par un sens commun assez grossier, et par cela même très intelligibles. « On ne peut pourtant pas chercher indéfiniment, dit-il : *infinita inquisitio esse non potest.* » D'ailleurs à quoi bon chercher ? « Il n'y a pas besoin de curiosité, *curiositate opus non est,* après le Christ et l'Évangile. » Il y a une règle à laquelle il faut se tenir : « La plénitude de la science est d'ignorer ce qui est contraire à cette règle. » C'est merveille de voir comment le christianisme, en se répandant sur le monde, s'adapte aux différents milieux. Au temps de l'antiquité païenne, les Grecs avaient pensé tandis que les Romains agissaient ; la vie intellectuelle romaine, très tardive, avait été le reflet de la vie intellectuelle hellénique, et Rome n'avait manifesté son originalité que dans le domaine du droit. Au temps de l'antiquité chrétienne, l'esprit hellénique cherche sans cesse et toujours disserte ; le chrétien romain arrête la doctrine et tout de suite il est prêt à légiférer sur la discipline et sur la foi.

L'autorité trouva bientôt un organe régulier dans la hiérarchie qui se constituait et dans la puissance impériale. À peine l'empereur fut-il entré dans l'Église que la liberté en sortit. L'hérésie devint une affaire d'État. Auparavant, elle pouvait ne troubler qu'une ou deux provinces, et les évêques des pays où elle se produisait se contentaient de rejeter en concile les opinions hétérodoxes ; désormais elle occupa la chrétienté entière. Arius est jugé par l'Église universelle, l'empereur présent et présidant, et les conciles font de leurs décisions des articles de foi, que l'empereur transforme en articles de loi. Comme la victoire de l'Église sur le paganisme la dispense de toute tolérance envers les dissidents, l'hérétique devient le grand ennemi. Déjà se disaient de dangereuses paroles : « Mieux vaut errer dans les mœurs que dans la doctrine ;... mieux vaut un païen qu'un hérétique.... »

Du moins, les controverses demeurent grandes aux IVe et Ve siècles. On discute sur la nature du Verbe pour ou contre Arius, sur la destinée des âmes pour ou contre Origène, sur le libre arbitre pour ou contre Pélage. Les adversaires sont de haute taille, car l'orthodoxie est défendue par saint Augustin et par saint Jérôme, et les écoles théologiques d'Alexandrie et de Syrie procèdent toujours selon les règles d'une méthode scientifique. Mais le temps marche et la culture ancienne dépérit. L'Église oublie ce qu'elle lui doit, la dédaigne comme superflue et la suspecte comme complice du paganisme, dont elle est le dernier refuge. Elle rejette non seulement la philosophie, mais toute la littérature. « Il paraît que tu enseignes la grammaire, écrit le pape Grégoire le Grand à un évêque. Je ne puis répéter cela sans rougir, et je suis triste et je gémis, car les louanges du Christ ne peuvent se rencontrer dans une même bouche avec les louanges de Jupiter. » L'horizon intellectuel, si vaste autrefois, se rapproche et se ferme, et l'Église prétend se suffire à elle-même. Si encore l'activité de l'esprit avait duré en elle ! Mais sur quoi se serait-elle exercée ? « Ne cherchons plus », avait dit Tertullien, et l'on ne cherche plus en effet ! Toute la sagesse est trouvée ; elle est dans certains livres dont un décret pontifical dresse le catalogue. L'erreur est dans d'autres livres : le même décret les met à l'*index*. Les écoles théologiques d'Orient tombent en décadence, et l'Occident n'en a pas une seule qui mérite d'être citée. Tandis que les écoles de lettres profanes trouvent encore des élèves pour leur enseignement vieilli, il n'y a point de « maîtres publics pour les divines Écritures ». C'est Cassiodore qui le dit en se lamentant. Aussi, pour suppléer au défaut des maîtres, écrit-il le *de Institutione divinarum litterarum*, c'est-à-dire un manuel où les prêtres puissent apprendre commodément tout ce qu'il faut savoir. Cassiodore le leur déclare en propres termes et il leur représente « qu'au lieu de chercher présomptueusement des nouveautés, il vaut mieux étancher sa soif à la source des anciens », des anciens de l'Église, bien entendu. Le temps du manuel est venu en effet, car la parole vivante ne se fait plus entendre. La période de l'initiative intellectuelle est close ; il ne reste plus qu'à constater les résultats acquis. C'est pourquoi Jean le Scolastique dispose en ordre méthodique les canons des conciles, afin que toute question, quelle qu'elle soit, trouve sa réponse. C'est ainsi qu'après qu'un livre est achevé, on en écrit la table des matières.

* * *

La grande originalité de la religion nouvelle, c'est qu'elle était une morale en même temps qu'une théologie. Épurer partout, même en Israël, où elle était la plus pure, la notion du divin, confondre la morale avec la religion, orienter vers le ciel des âmes qui n'avaient qu'un horizon terrestre, détruire les sacerdoces particuliers et les cultes locaux, placer tous et chacun en présence de Dieu, telle était la mission du christianisme. Il ne s'était point vu, il ne se verra plus jamais un pareil effort pour soulever la matière vers l'idéal ; mais la matière a pesé sur les ailes de l'esprit et l'a retenu entre ciel et terre, plus près de la terre que du ciel.... Là même où le Christ avait vécu, combien d'hommes étaient capables de faire de leur âme un temple du Christ ?

Les hommes ne se sentirent pas assez proches d'un Dieu qui remplissait le monde, et, partout présent, n'entrait nulle part en communication intime avec ses fidèles. Ils cherchèrent des échelons pour monter jusqu'à lui. Ils trouvaient dans les Écritures les esprits bons et mauvais ; ils leur donnèrent des formes plus précises. Parmi les démons se placèrent les dieux de l'ancienne mythologie, auxquels l'Église elle-même accorda une survivance étrange, sous la forme de tentateurs acharnés à la perdition des âmes. Une puissance miraculeuse funeste fut attribuée aux statues des anciennes divinités et aux ruines de leurs temples. Ce n'était pas seulement le populaire que ces imaginations troublaient. Le pape Grégoire le Grand raconte dans un de ses dialogues l'aventure d'un Juif, qui, surpris par la nuit, ne trouva point d'autre asile qu'un temple abandonné d'Apollon : les ténèbres et la solitude l'effrayèrent ; il avait entendu dire que les démons hantaient cette ruine, et, tout Juif qu'il fût, il se signa. Bien lui en prit ; car, à minuit, le temple se remplit de fantômes qui tinrent séance sous la présidence d'Apollon, auquel ils rendirent compte des tentations dont ils avaient assailli les chrétiens. Ainsi toute une légion infernale était organisée pour la guerre contre les âmes. Mais en face d'elle se rangea la légion céleste : le culte des anges s'organisa ; des églises furent placées sous l'invocation des plus grands, et chaque âme crut avoir son ange gardien. Ces purs esprits étaient encore trop élevés au-dessus de l'homme, et la terre vers laquelle ils descendaient n'était pas leur patrie : sur la route de la terre au ciel, l'Église fit monter les martyrs et les saints. Martyrs et saints devinrent les compagnons de Dieu dans la gloire éternelle, mais en même temps ils demeurèrent attachés au point de la terre où ils avaient vécu. L'antique croyance populaire que l'âme des morts ne s'éloigne pas de leur dépouille avait produit chez les païens les rites naïfs du culte des morts ; elle a certainement contribué à produire chez les chrétiens le culte des martyrs. On s'imagina être tout près des saints quand on touchait leurs restes, et même cette opinion donna lieu à de singuliers scandales : en Égypte, il fallut défendre aux chrétiens de garder chez eux les corps des personnes réputées saintes, comme on gardait autrefois les corps des ancêtres ; ailleurs, il y avait des voleurs de corps saints, et une loi de Théodose interdit « d'exhumer les martyrs et de les vendre ». Pour éviter ces profanations, on transporta les reliques dans les églises, où on les plaça d'ordinaire sous les autels, et le culte des saints commença. Les chrétiens éclairés, les docteurs et les évêques prémunirent les fidèles contre les dangers d'une idolâtrie nouvelle ; aux polémistes païens qui leur reprochaient d'avoir troqué les idoles contre les martyrs, ils répondirent que l'Église honore ses saints pour proposer leur vie en exemple et qu'elle réserve l'adoration à Dieu seul ; mais la masse des hommes retrouvait les héros et les dieux d'autrefois dans ces personnages sacrés qu'elle invoquait par leur nom, dont elle savait l'histoire et dont elle touchait les tombeaux. Dans les églises placées sous l'invocation de tel ou tel bienheureux, les prières, au lieu de monter jusqu'à Dieu, s'arrêtèrent au médiateur, d'autant plus volontiers que celui-ci manifestait par des miracles plus fréquents sa puissance personnelle. La relation simple et directe de l'homme avec Dieu fut compliquée par cette multiplicité des intermédiaires et l'universel divin localisé.

La crypte de Jouarre. (Architecture mérovingienne.)

En même temps, la simplicité du culte primitif était altérée par l'organisation d'un cérémonial solennel. Les modestes lieux de réunion où les premiers chrétiens priaient, prêchaient et célébraient la commémoration de la cène sont remplacés par des temples superbes divisés en deux parties : l'une, réservée aux fidèles ; l'autre, plus élevée, où le clergé siège sur des trônes. L'esthétique du service divin, que les païens avaient portée à la perfection et que les premières communautés chrétiennes avaient dédaignée, reparaît. L'Église parle à l'imagination et aux sens par le bel ordre de ses pompes et l'éclat des vêtements sacerdotaux, par les parfums, par la musique et par les peintures qui retracent sur les murailles les grandes scènes de l'histoire de la foi. Plus se multiplient et s'embellissent ces pieuses représentations données par le clergé, plus les fidèles sont réduits au rôle de spectateurs. Leur voix ne se mêle plus à celles des prêtres que pour chanter le *Kyrie eleison* ; ils doivent écouter et se taire, en vertu du précepte de Moïse, qui a dit :— » Écoute, Israël, et tais-toi ! » Encore n'entendent-ils plus que rarement la prédication, qui était jadis la partie essentielle du service divin et qui tombe en désuétude. Assister à la célébration des mystères sacrés est une sorte d'acte matériel : l'Église en fait une obligation et elle multiplie les fêtes, qui deviennent de plus en plus brillantes.

Peu à peu se forme une coutume de la dévotion,—*consuetudo devotionis*, comme dit le pape Léon le Grand,—qui devient obligatoire comme la loi elle-même, car l'Église la fait procéder de la tradition apostolique et de l'enseignement du Saint-Esprit. Les manifestations extérieures prennent une grande importance. Dans la primitive Église, l'ascétisme était honoré comme un moyen de parvenir à la vertu, mais il n'était imposé à personne ; désormais il est prescrit par toutes sortes de règles minutieuses. La renonciation au monde et l'absolu mépris de la chair, manifesté par l'horreur croissante pour le mariage qui est rabaissé à la qualité d'une infirmité nécessaire, sont réputées les plus hautes des vertus ; ce sont des vertus moindres que le jeûne et l'abstinence ordonnés à certains jours de la semaine et à certaines époques de l'année. L'aumône elle-même n'est plus libre. Conformément à l'usage de toute l'antiquité païenne et pour obéir à la loi de Moïse, qui a dit : « Tu ne te présenteras pas devant le Seigneur les mains vides », l'Église réclame les prémices et la dîme.

Il y a péril certain que le fidèle qui paye la dîme, jeûne aux jours prescrits et assiste exactement aux offices divins, n'estime avoir rempli son devoir de chrétien. Plus nombreuses et plus rigoureuses sont les obligations extérieures, plus vague et plus insaisissable est le vrai devoir intime. Déjà, d'ailleurs, l'Église offre à la conscience du pécheur le facile moyen de s'apaiser. On trouve dans saint Ambroise la redoutable formule : « Tu as de l'argent, rachète ton péché, » et Salvien enseigne dans son traité *de l'Avarice* que la libéralité envers l'Église est le plus sûr moyen de se rédimer du péché. Mais c'est dans le culte des saints qu'apparaît le mieux le caractère grossier des actes matériels de foi. Le contact d'une relique miraculeuse ne procure pas seulement la guérison d'une maladie ; il a des effets bienfaisants sur l'âme elle-même.

Grégoire le Grand, envoyant à un roi barbare des parcelles des chaînes du bienheureux Pierre et des cheveux de saint Jean-Baptiste, lui dit que les chaînes qui ont lié le cou de l'apôtre le délivreront de ses péchés et que le précurseur lui assurera par son intercession l'aide du Sauveur. Aussi les reliques sont-elles recherchées avec passion. Les princes ne cessent d'en demander au pape, et les plus élevés se montrent singulièrement ambitieux : l'impératrice Constantine ne s'avise-t-elle pas un jour de demander à Grégoire la tête de l'apôtre saint Paul ? Le bon pape dut lui faire entendre que le saint ne se laisserait pas ainsi décapiter : « Les corps saints, dit-il, font briller autour d'eux les miracles et la terreur, et, même pour prier, on ne s'approche point d'eux sans une grande crainte. Qui oserait les toucher mourrait. Aussi les Romains, lorsqu'on leur demande les reliques à l'occasion de la consécration d'une église, se contentent-ils de placer dans le tombeau un morceau d'étoffe ; ils l'envoient ensuite à l'église nouvelle, où il opère autant de miracles que les reliques elles-mêmes. » Tout ce que peut faire Grégoire pour complaire à « sa maîtresse sérénissime », c'est de lui envoyer des parcelles des chaînes que le bienheureux Paul a portées au cou et aux mains ; il prendra donc une lime pour détacher des paillettes, mais il n'est pas sûr de les obtenir, car il est arrivé que l'on a longtemps limé les chaînes sans en rien tirer. Heureux princes, qui pouvaient ainsi recevoir et garder à domicile de si précieux objets ! Le commun des fidèles se transportait auprès d'eux pour recueillir le bénéfice de leur puissance miraculeuse. Le temps des pèlerinages a commencé ; les plus zélés chrétiens vont en terre sainte chercher des fioles d'eau du Jourdain, des poignées de la poussière du sol foulé par le Sauveur ou bien des fragments de la vraie croix, qui « garde dans sa mémoire insensible une force vitale, comme dit saint Paulin de Nole, et, réparant toujours ses forces, demeure intacte, bien qu'elle distribue tous les jours son bois à des fidèles innombrables ». Ce pèlerinage est le plus louable de tous, mais très nombreux sont les sanctuaires où l'on va porter ses hommages et ses vœux. La fatigue même du voyage est un mérite dont on se prévaut auprès du saint ; puis on lui apporte des présents, des objets précieux, de l'argent, des donations de terre. Ainsi reparaît avec la multiplicité des cultes cet échange de services entre le ciel et les hommes qui était un des caractères du paganisme.

La morale chrétienne s'est donc accommodée à la faiblesse de l'homme. Il ne faut point voir là matière à sarcasme ni à déclamations.

Toute religion est un effort de l'homme vers Dieu, une transition de l'humain au divin, ou, si l'on croit que le divin est répandu dans la nature et pensé par l'homme, toute religion est une manifestation du divin dans l'homme. Si haute qu'ait été la conception première, l'homme fait valoir les droits de son infirmité naturelle et il demeure soumis à l'empire des habitudes acquises. La conception de la religion chrétienne était trop haute, car c'est un monde surnaturel qui vit dans l'Évangile : à peine y est-on averti de la présence de la terre ; les pieds du Sauveur y glissent comme sur les flots qui ont porté sans fléchir son corps impondérable ; le Christ semble toujours près de s'élever au ciel. Pour vivre avec lui, il faut avoir quitté tout ce qui est de la terre : famille, amis, maison, même le travail, et se confier à Dieu qui nourrit l'oiseau et revêt de splendeur le lis qui ne file point. Une seule lecture transporte l'homme dans une indécise région idéale, aux confins de l'humain et du divin, c'est la lecture de l'Évangile. Mais combien d'esprits peuvent habiter l'idéal ? Combien de temps les plus élevés y peuvent-ils demeurer ? Dans les carrefours des villes juives, grecques ou romaines, dans les campagnes cultivées par les esclaves, sur les chaises curules, dans les *atria*, dans les ateliers, dans les cabanes vivait l'humanité vraie, d'où le Christ avait tiré douze apôtres, parmi lesquels se sont rencontrés un traître et des pusillanimes, car le disciple bien-aimé se trouva seul au pied de la croix. L'humanité vraie prit de la religion du Christ ce qu'elle en put comprendre ; elle fit effort pour s'élever jusqu'à elle, mais elle l'abaissa aussi à sa portée. Nul doute que, le compte fait de toutes les superstitions et de toutes les erreurs, elle demeura meilleure qu'elle n'était auparavant : la foi et la morale chrétienne, même altérées, furent bienfaisantes ; mais l'Église, qui n'a pu empêcher ces altérations, qui les a même acceptées, provoquées ou aggravées, ne pouvait plus avoir l'énergique activité des premiers jours. L'intelligence d'un chrétien du VIe siècle, emprisonnée dans les formules d'un code minutieux de croyances, n'a plus rien à désirer, rien à chercher : elle est frappée d'inertie. Un chrétien comme saint Paul, dont l'esprit était occupé par quelques grandes idées, et dans le cœur duquel bouillonnait l'amour de Dieu, ne croyait jamais avoir fait assez pour obéir à sa mission divine ; le monde, qu'il embrassait d'un regard et qu'il parcourait d'un pas leste, était trop étroit pour lui. Quelle différence entre lui et ce pape, son successeur, qui lime gravement, et non sans effroi, les prétendues chaînes du plus grand des apôtres !

*
* *

La religion, telle que l'histoire l'avait faite, se retrouve dans l'âme du plus grand personnage ecclésiastique des temps mérovingiens, l'évêque Grégoire de Tours : la dignité de sa vie, sa charité, sa bonté, sont comme la survivance du divin dans la décadence de l'Église ; mais quelles misères dans cet esprit et quel désordre dans cette conscience ! Grégoire a du bon sens, même de la finesse ; il a du jugement, mais il a reçu de ses maîtres une éducation insuffisante, et l'éducation générale, si puissante dans ses effets, que donne aux intelligences la façon d'être du temps où elles vivent, était, au VIe siècle, détestable et funeste. Grégoire n'a point de culture philosophique et il n'a qu'une très médiocre culture littéraire : il ne sait pas du tout la langue grecque, et il sait mal la langue latine ; il se console, il est vrai, de sa « rusticité », en pensant qu'elle le rend intelligible aux rustiques, et nous lui pardonnons de grand cœur solécismes et barbarismes ; mais, comme l'intelligence d'un contemporain d'Auguste et de Louis XIV reflète la belle ordonnance des choses, ainsi le désordre des institutions et des mœurs trouble ce contemporain de Chilpéric : le même homme qui ne comprend pas la logique d'une syntaxe voit confusément les relations des idées entre elles, ne mesure pas la proportion des faits, grossit les petits et passe sur les grands à la légère. Il aurait pu être, à une autre date, un écrivain de goût et d'esprit, et, s'il trébuche dans ses livres, s'il s'arrête tout affairé où il faudrait marcher, s'il marche où il faudrait demeurer, s'il ressemble enfin à un aveugle qui cherche à tâtons sa voie, c'est que la bonne vue qu'il a reçue de la nature a été oblitérée par les ténèbres ambiantes. L'histoire voit souvent se succéder des générations que l'obscurité de leur siècle a comme aveuglées.

Grégoire distingue pourtant un point lumineux, mais un seul : c'est l'orthodoxie. Toute son intelligence y est attirée et s'y applique. Il ne soupçonne pas, bien entendu, l'histoire de la formation du dogme et cette adaptation merveilleuse du christianisme à l'état intellectuel du monde grec et romain ; tout cela est perdu dans la nuit profonde. Il ne regrette pas son ignorance, qu'il ne sent même pas ; l'orthodoxie lui suffit, elle est la règle absolue, la loi suprême ; mais son regard, à force de la contempler, en est comme fasciné. Cette foi étroite et tranquille exerce sur sa raison et sur sa conscience la puissance pernicieuse de l'idée fixe ; jointe aux désordres d'un temps où la multiplicité quotidienne des forfaits émousse l'horreur du crime, elle gâte l'honnêteté naturelle du bon évêque. La mauvaise influence du milieu ne lui fait pas commettre de méchantes actions, mais elle lui inspire des jugements immoraux. Il est bon jusqu'à la tendresse la plus délicate, et lorsqu'on lit dans son livre, tout plein de récits de perfidies, de vilenies et de tueries, tel passage où il déplore qu'une peste lui ait enlevé « des petits enfants qui lui étaient doux et chers, qu'il avait réchauffés dans son sein, portés dans ses bras et nourris de ses propres mains du mieux qu'il avait pu, » on éprouve une émotion profonde à trouver tout à coup un homme et l'humanité parmi ces bandits et ce brigandage. On dirait saint Vincent de Paul apparaissant dans un bagne. Pas une des manifestations de la charité chrétienne ne manque dans la vie de Grégoire ; il est le protecteur des faibles et des pauvres ; il pardonne à ses ennemis, à l'évêque qui l'a calomnié, aux voleurs qui ont voulu l'arrêter sur une route et qu'il rappelle, après qu'ils se sont enfuis, pour leur offrir à boire. Doux envers les humbles, il est fier devant les grands. Il ne cède ni aux injonctions ni aux cajoleries d'un Chilpéric ; lorsque celui-ci, pour obtenir son assentiment à la condamnation de Prétextat, l'évêque de Rouen, le menace de soulever le peuple de Tours, Grégoire répond à ce roi qui s'apprête à violer les canons que le jugement de Dieu est suspendu sur sa tête. Chilpéric, pour le calmer, l'invite à s'asseoir à sa table, et, lui montrant un plat : « J'ai fait préparer ceci pour toi, dit-il, c'est de la volaille avec des pois chiches » ; mais Grégoire répond, avec cette naïveté solennelle que mettent souvent dans ses paroles la conscience de sa haute dignité avec l'habitude du langage ecclésiastique : « Ma nourriture est de faire la volonté de Dieu et non pas de me délecter en ces délices. » Il savait bien pourtant qu'il y avait péril à braver Chilpéric et Frédégonde ; mais, entre le martyre et la désobéissance aux lois de Dieu et de l'Église, il aurait avec joie pris le martyre. Et cet homme d'un cœur si tendre, d'une conscience si délicate, raconte de grands crimes sans s'émouvoir et souvent même en ayant l'air de les approuver. Pour choisir un exemple bien connu, Clovis a employé tous les modes de la scélératesse lorsqu'il a voulu acquérir le royaume de Sigebert : Sigebert, roi de Cologne, a été assassiné par son propre fils Cloderic, à l'instigation de Clovis ; Cloderic a été assassiné par l'ordre du même Clovis ; celui-ci se rend à Cologne et convoque les Francs : « Je ne suis pour rien dans ces choses, leur dit-il ; je ne puis, en effet, répandre le sang de mes parents, puisque cela est défendu ; mais ce qui est fait, est fait, et j'ai un conseil à vous donner.... Réfugiez-vous vers moi, afin que vous soyez sous ma protection. » Les Francs l'applaudissent par des clameurs et le fracas des boucliers ; ils l'élèvent sur le pavois et le mettent en possession du trésor et du royaume ; « car Dieu, dit Grégoire en matière de moralité, faisait tomber chaque jour ses ennemis sous sa main, parce que ce roi marchait devant le Seigneur avec un cœur droit et qu'il faisait ce qui était agréable à ses yeux. » Et l'évêque énumère d'autres meurtres commis par Clovis avec autant de calme que s'il récitait une litanie. Comment donc ce saint homme compromet-il sa vertu et la grandeur même de Dieu dans ce panégyrique d'un méchant Barbare, et qu'entend-il par un cœur droit, où se trouvera-t-il des cœurs pervers, s'il reconnaît en Clovis la droiture du cœur ? Rien de plus simple que son critérium. Tous les cœurs sont droits qui confessent, tous les cœurs sont pervers qui nient la Trinité « reconnue par Moïse dans le buisson ardent, suivie par le peuple dans la nuée, contemplée avec terreur par Israël sur la montagne, prophétisée par David dans le psaume ». Grégoire ne se lasse pas de répéter qu'il suffit d'être un hérétique pour être puni en ce monde et dans l'autre, et il donne ses preuves : l'arien Alaric a perdu tout à la fois son royaume et la vie éternelle, pendant que Clovis, avec l'aide de la Trinité, a vaincu les hérétiques et porté les limites de son royaume aux confins de la Gaule. Grégoire ne dit point que Clovis soit au paradis dans la gloire éternelle, mais certainement le soupçon ne lui est pas même venu que ce confesseur de la Trinité pût être relégué dans les enfers et avec la foule de ceux qui l'ont blasphémée.

Après l'orthodoxie, la vertu principale aux yeux de Grégoire est le respect de l'Église orthodoxe, de ses ministres, de ses droits, de ses privilèges et de ses propriétés. Malheur à celui qui désobéit à un évêque, car il est frappé tout de suite comme un hérétique ! Un misérable conspirait contre son évêque : il fut trouvé, le matin du jour fixé par le crime, mort sur une chaise percée, et, comme l'hérésiarque Arius avait fini de cette laide façon, Grégoire, dont la logique a de ces surprises, conclut de l'identité du châtiment à l'identité du crime : « On ne peut, dit-il, sans hérésie désobéir au prêtre de Dieu. » Malheur à qui viole l'asile d'une église ! Le saint auquel elle est consacrée ne tolère pas ce sacrilège. Un homme poursuit son esclave dans la basilique de saint Loup ; il saisit le fugitif et le raille : « La main de Loup ne sortira pas de son tombeau pour t'arracher de ma main ! » Aussitôt ce mauvais plaisant a la langue liée par la puissance de Dieu ; il court par tout l'édifice en hurlant, car il ne sait plus parler comme les hommes : trois jours après, il meurt dans des tourments atroces. Malheur à qui touche aux biens de l'Église ! Nantinus, comte d'Angoulême, s'est approprié des terres ecclésiastiques ; il est brûlé par la fièvre, et son corps tout noirci semble avoir été consumé sur des charbons ardents. Un agent du fisc s'empare de béliers qui appartenaient à saint Julien ; le berger les veut défendre, disant que le troupeau est la propriété du martyr : « Est-ce que tu crois, répond le facétieux personnage, que le bienheureux saint Julien mange du bélier ? » Lui aussi fut brûlé par la fièvre, au point que l'eau dont il se faisait inonder devenait vapeur au contact de son corps. Malheur enfin à qui n'obéit pas aux commandements de l'Église ! Un paysan qui se rendait à l'office aperçoit un troupeau qui ravage son champ : « Hélas ! dit-il, voilà perdu mon labeur de toute une année ! » Et il prend une hache ; mais c'était dimanche ; la main qui violait la loi du repos dominical se contracte et demeure fermée, tenant toujours la hache ; il fallut, pour l'ouvrir, un miracle obtenu à force de larmes et de prières.

Toujours dans les récits de Grégoire éclate la puissance des saints, propice aux bons et redoutable aux méchants : il est le grand pontife du culte des bienheureux. Il a employé une bonne partie de son existence tourmentée par tant de soins à célébrer leur gloire. Laborieux écrivain, il gardait à portée de la main son *Histoire des Francs*, qui est son œuvre principale et un des plus curieux monuments de l'histoire de la civilisation, mais sur sa table de travail se trouvait toujours quelque manuscrit commencé, où il déroulait une inépuisable série de miracles : miracles de saint Martin, miracles de saint Julien, miracles des Pères. Il avait une vénération particulière pour saint Martin, dont il était le successeur sur le siège de Tours. Dans la naïveté de son zèle pour la gloire de ce privilège, il cherche à le pousser aux premiers rangs de la hiérarchie céleste. Il ne veut pas qu'il soit inférieur aux apôtres ni aux martyrs, et, pour l'égaler aux plus grands témoins de la foi, il ruse avec les mots : si le bienheureux n'a pas vécu au temps des apôtres, il a eu du moins la grâce *apostolique* ; s'il n'est point mort dans les tourments, il a été « *martyr* par les embûches secrètes qu'on lui a tendues et par les injures publiques qu'il a essuyées ». Au reste, la renommée de saint Martin a rempli le monde entier ; déjà Sulpice Sévère a écrit une histoire de sa prédication et de ses miracles ; Grégoire la continue, ajoutant les chapitres aux chapitres à mesure que les miracles s'ajoutaient aux miracles. C'est du tombeau sacré dont il est le gardien que l'évêque de Tours considère le monde ; son *Histoire des Francs* est précédée, à la façon des écrivains chrétiens, d'une histoire universelle qui commence avec l'univers même et qui est terminée à la mort de saint Martin. Les premiers mots sont : « Au commencement, Dieu créa le ciel et la terre, » et les derniers : « Ici finit le livre premier, qui contient 5546 années, depuis le commencement du monde jusqu'au passage en l'autre vie de saint Martin l'évêque. » À travers le récit des guerres et des crimes, Grégoire suit l'action miraculeuse du saint. C'est auprès de Tours, et après avoir défendu comme le plus grand des crimes d'offenser saint Martin, que Clovis a remporté sa plus grande victoire. C'est à Tours qu'il a reçu les insignes proconsulaires et célébré son triomphe. Même les plus méchants parmi les rois ont des égards pour Martin : un jour, Chilpéric lui a demandé conseil par une lettre qu'il a déposée sur le tombeau avec une feuille blanche réservée à la réponse ; mais l'envoyé du méchant prince attendit en vain trois journées ; la feuille resta blanche, car le saint réservait ses faveurs à ceux qui l'honoraient d'une dévotion sincère. Grégoire ne doute pas que son patron ne soit attentif à toutes choses, aux petites comme aux grandes, et il lui demande protection, conseil, aide contre tous les maux et en particulier contre la maladie. Il a été guéri d'une dysenterie mortelle en buvant une potion où a été versée de la poussière recueillie sur le tombeau. Trois fois, le simple contact avec la tenture suspendue devant ce tombeau l'a guéri de douleurs aux tempes. Une prière faite à genoux sur le pavé avec effusion de larmes et de gémissements, et suivie de l'attouchement de la tenture, l'a débarrassé d'une arête qui lui obstruait le gosier au point de ne pas laisser pénétrer même la salive : « Je ne sais pas ce qu'est devenu l'aiguillon, dit-il, car je ne l'ai ni vomi ni senti passer dans mon ventre. » Un jour que sa langue tuméfiée remplissait sa bouche, il l'a ramenée à l'état naturel en léchant le bois de la barrière qui entourait le sépulcre. Saint Martin ne dédaigne pas de guérir même les maux de dents, et Grégoire, reconnaissant de tous ces bienfaits, émerveillé de cette puissance, s'écrie : « O thériaque inénarrable ! ineffable pigment ! admirable antidote ! céleste purgatif ! supérieur à toutes les habiletés des médecins, plus suave que les aromates, plus fort que tous les onguents réunis ! tu nettoies le ventre aussi bien que la scammonée, le poumon aussi bien que l'hysope, tu purges la tête aussi bien que le pyrèthre ! »

Telle était la religion de Grégoire de Tours : croyance au dogme littérale et sans examen, observance minutieuse des pratiques de dévotion, superstition répugnante. Certes Grégoire vaut mieux que cette religion qui s'est imposée à son esprit. Par moments, il fait effort pour s'en dégager et s'élever jusqu'à Dieu : il y arrive sans trop de difficultés, conduit et porté par les saints. Il a une conception très belle du rôle des saints dans le monde, et il l'exprime avec une éloquence toute chaude d'une inspiration sacrée. « Le prophète législateur, après qu'il a raconté comment Dieu déploya le ciel de sa droite majestueuse, ajoute : Et Dieu fit deux grands luminaires, puis les étoiles, et il les plaça dans le firmament du ciel afin qu'ils présidassent au jour et à la nuit. De même Dieu a donné au ciel de l'âme deux grands luminaires, à savoir le Christ et son Église, afin qu'ils brillassent dans les ténèbres de l'ignorance ; puis il y a placé des étoiles, qui sont les patriarches, les prophètes et les apôtres, afin qu'ils nous instruisent de leurs doctrines et nous éclairent par leurs actions merveilleuses. À leur école se sont formés ces hommes que nous voyons, semblables à des astres, briller de la lumière de leurs mérites, resplendir de la beauté de leurs enseignements : ils ont éclairé le monde des rayons de leur prédication, car ils sont allés de lieu en lieu, prêchant, bâtissant des monastères pour les consacrer au culte divin, apprenant aux hommes à mépriser les soins temporels et à se détourner des ténèbres de la concupiscence pour suivre le vrai Dieu. » Par un bienfait de sa naissance et de son éducation, Grégoire a connu et il a aimé quelques-uns de ces continuateurs des patriarches et des apôtres. Il est d'une famille de saints : le bisaïeul de sa mère est saint Grégoire, évêque de Langres, qui « eut pour fils et successeur Tetricus », doublement successeur, car Tetricus fut à la fois évêque de Langres et saint. Saint Nizier, l'évêque de Lyon, était l'oncle maternel de Grégoire, qui, dans son enfance, alors qu'il apprenait à lire, couchait avec le vénérable vieillard : à sa mort il reçut une précieuse relique, une serviette dont les fils détachés suffisaient à faire de grands miracles. Du côté paternel, Grégoire trouvait quatre saints personnages : saint Gall, l'évêque des Arvernes, qui, le jour où on le porta en terre, se retourna sur la civière de manière que sa face regardât l'autel ; saint Ludre, qui, une nuit où des clercs s'appuyaient sur son tombeau, le secoua pour les rappeler au respect ; Leocadius, citoyen de Bourges, qui, étant encore païen, accueillit dans sa maison les premiers missionnaires du Berry ; Vettius Epagathus enfin, qui fut un des martyrs de Lyon au IIe siècle. Ainsi Grégoire remontait par une chaîne ininterrompue de bienheureux jusqu'au jour où le christianisme fut prêché en Gaule. Par eux il touchait aux apôtres, aux patriarches, aux prophètes et à la création. Comme il savait peu de choses, comme l'histoire du monde était pour lui contenue dans l'histoire de l'Église, son regard, glissant sur l'antiquité profane presque évanouie dans le néant, atteignait le *principium mundi* où siégeait sur son trône l'indivisible Trinité. Il n'a qu'une notion très imparfaite de la succession des temps ; il rapproche et confond presque sur le même plan toutes les figures célestes, comme les vieux peintres représentaient leurs personnages et la nature sans perspective sur un fond d'or. Le « monde de l'âme », comme il dit, lui apparaît sous des formes précises ; sa foi a besoin de ces représentations quasi matérielles ; mais, si grossière qu'elle soit, elle le transporte au-delà des misères qu'il voit autour de lui ; elle le fait vivre dans un monde enchanté, tout pénétré de divin, et c'est justice que ce compagnon des êtres célestes ait été reconnu saint après sa mort : l'Église n'a fait que le laisser où il avait vécu, parmi les saints.

Grégoire est donc une exception dans l'Église mérovingienne, et, pour étudier l'action de cette Église sur les peuples de la Gaule, il faut retrancher de la religion de l'évêque de Tours les traits qui l'embellissent. Il faut aussi placer à côté de lui et de quelques évêques bons et saints comme lui ces ecclésiastiques étranges, dont il étale les vices et raconte les crimes : l'évêque de Vannes Æonius, un ivrogne, qui, un jour, en pleine messe, poussa un cri de bête et tomba saignant de la bouche et des narines ; Bertramm et Pallade, qui se prennent de querelle à la table de Gondebaud et se reprochent leurs parjures pour la plus grande joie des convives, qui rient à gorge déployée ; Salone et Sagittaire, qui vont à la guerre avec casque et cuirasse et font pendant la paix le métier de coupeurs de bourses, s'attaquant même aux hommes d'Église, comme ce jour où ils envahissent à la tête de leurs bandes la maison d'un évêque occupé à célébrer une fête, maltraitent l'hôte, tuent les convives et s'enfuient chargés de butin ; brigands incorrigibles, déposés par un concile, mais rétablis, enfermés par Gontran dans un monastère, puis libérés,—tant il y avait d'indulgence pour des crimes d'évêques,—jouant la comédie de la pénitence, répandant les aumônes, jeûnant, psalmodiant nuit et jour, puis retournant à leur vie habituelle, c'est-à-dire buvant la nuit pendant les chants de matines, quittant la table aux premiers rayons de l'aurore, et se levant vers la troisième heure pour se baigner et se remettre à table où ils demeuraient jusqu'au soir ; Badegisel du Mans, qui « n'a pas laissé passer un jour, ni même une heure, sans commettre quelque brigandage » ; Pappole de Langres, dont Grégoire se refuse à dire les iniquités, prétérition qui permet de supposer des monstruosités, car le bon évêque n'est pas pudibond. À côté de ces princes de l'Église séculière, on pourrait nommer tel abbé assassin et adultère, tel ermite qui, ayant reçu de quelques fidèles en témoignage de vénération une provision de vin, se mit à boire et à courir les champs, armé de pierres et de bâtons, si bien qu'il fallut l'enchaîner dans sa cellule ; enfin cette religieuse du couvent de Sainte-Radegonde, Chrodield, une princesse mérovingienne qui s'insurge contre son abbesse Leudovère. Grégoire a beau lui rappeler que les canons frappent d'excommunication les religieuses qui désertent le cloître, elle se rend auprès du roi Gontran, son oncle, et elle obtient de lui qu'une commission d'évêques examinera ses griefs. De retour à Poitiers, elle trouve la maison en grand désordre ; plusieurs de ses compagnes se sont mariées. Craignant alors le jugement épiscopal, elle arme une bande de vauriens. Les évêques arrivent et ils excommunient les mutines, mais celles-ci les assiègent dans une église, d'où ils s'enfuient non sans avoir reçu force mauvais coups. De son côté, Leudovère, qui a été chassée, arme ses serviteurs. Poitiers est en proie à la guerre civile. « Pas un jour sans meurtre, pas une heure sans querelle, pas une minute sans larmes. » À la fin, deux rois, Childebert et Gontran, se coalisent contre ces femmes ; un comte prend d'assaut le monastère ; un concile condamne les révoltées à la pénitence, mais Childebert obtient leur pardon. De tels scandales montrent de quel cortège était entouré Grégoire, et ils expliquent en partie pourquoi l'Église mérovingienne a été impuissante à corriger les mœurs des Francs et des Romains, mais ce serait juger superficiellement les choses que d'attribuer à la seule perversion des ecclésiastiques le désordre moral de la société mérovingienne. Cette perversion est, non point une cause, mais une conséquence de la corruption de la religion chrétienne, car la religion, comme la comprenait et la pratiquait Grégoire de Tours, descendant de l'âme exceptionnelle du saint évêque dans la masse ignorante, n'y pouvait produire qu'une idolâtrie grossière et l'immoralité.

*
* *

Sans doute, il y a dans l'Église comme dans la conscience de Grégoire une survivance du divin. Même dégénérée, elle est bienfaisante, car les efforts vers le bien ne sont jamais perdus, et si l'histoire du christianisme montre que la recherche d'une perfection idéale est chimérique, si le contraste entre la laideur des choses et la beauté du rêve est attristant, c'est une consolation de penser que la chimère et le rêve ont en ce monde leur utilité. Tout indignes que soient tant d'ecclésiastiques, l'Église exerce une haute magistrature d'humanité. Elle est la protectrice légale des misérables. À l'évêque sont confiées les causes des veuves et des orphelins ; il habille et il nourrit les pauvres ; il fait visiter les prisonniers par l'archidiacre tous les dimanches ; il donne asile aux lépreux, qui sont des réprouvés parce que leur mal est un objet de terreur et d'horreur. Les conciles protègent l'esclave, dont la condition est plus atroce au VIe siècle qu'elle n'était à Rome, au temps où la législation impériale l'avait pris en pitié, et en Germanie, où l'on ne connaissait pas l'esclavage domestique, le plus atroce de tous. Un contemporain de Grégoire, ce Rauching, qui appliquait sur les membres nus de ses serviteurs des torches allumées, jusqu'à ce que la brûlure fît tomber la chair et calcinât les os, rappelle ces Romains qui engraissaient les murènes de leurs viviers avec de la chair d'homme, ou ces matrones qui enfonçaient des épingles d'or dans le sein de leurs femmes. L'Église répète à ces Barbares la défense de tuer l'esclave ; elle y ajoute la défense de le vendre hors de la province et de séparer les époux qu'elle a unis au nom de Dieu. Elle fait plus : elle proclame « l'égalité du maître et de l'esclave devant le Dieu qui ne fait pas au ciel de différence entre les personnes ». Pourvue par la loi romaine du droit d'affranchissement qu'elle pratique dans ses temples, elle range la libération des esclaves au nombre des œuvres pies, et les formules, les lois mêmes, promettent au maître libérateur qu'il « recevra sa récompense dans la vie future auprès du Seigneur ». Elle traite bien ses propres serfs : dans la hiérarchie de la servitude, les serfs d'Église sont placés en tête à côté de ceux du roi. Bonne propriétaire, elle fait à ces ouvriers de ses domaines un sort supportable, et l'afflux des malheureux qui se réfugient sous sa protection prouve qu'alors déjà on savait ce que dira plus tard le proverbe : qu'il est bon de vivre sous la crosse.

L'Église accepte, il est vrai, mainte coutume barbare, par exemple, les épreuves judiciaires : quand un accusé, pour prouver son innocence, offre de tenir dans sa main un fer chaud, le fer est chauffé auprès de l'autel ; si l'accusé est jeté tout garrotté dans une cuve dont il doit toucher le fond, un prêtre bénit l'eau ; s'il doit se battre contre son adversaire, l'Église bénit les armes des deux champions. L'Écriture est employée à justifier ces bizarreries grossières : Dieu n'a-t-il pas sauvé Loth du feu de Sodome, Noé des eaux du déluge, et David n'a-t-il pas combattu en duel contre Goliath ? Comme Dieu était réputé manifester l'innocence et révéler le criminel, l'Église ne pouvait récuser le juge infaillible ; mais du moins sa bienfaisante influence se fait sentir dans les guerres privées : entre deux partis près d'en venir aux mains, elle « intervient », comme disent les formules, pour « rétablir la concorde et la paix ». Elle demande à l'offensé d'accepter la composition, et elle aide au besoin l'offenseur à la payer. Elle révèle aux Barbares des sentiments inconnus, en exprimant l'horreur qu'elle éprouve pour le sang versé : *Ecclesia abhorret a sanguine*. Aux criminels et aux malheureux menacés d'un châtiment juste ou immérité, elle ouvre ses asiles, où elle les défend, non contre le juge, mais contre la violence immédiate, car le droit d'asile tel qu'il était alors pratiqué n'était pas une usurpation de l'Église sur la puissance publique : elle rendait les réfugiés après avoir reçu la promesse qu'ils seraient jugés régulièrement et les avoir assurés autant que possible contre la peine de mort.

L'Église a donc prononcé des paroles belles et douces, perpétué au milieu des violences le sentiment de la miséricorde, essuyé bien des larmes, épargné des tortures à la chair humaine. Elle a rappelé aux Barbares qu'ils avaient une âme que le péché mettait en péril. *Remède de l'âme*, cette expression qu'on lit dans les chartes de donation était bienfaisante. Le moyen le plus souvent employé d'assurer le remède à son âme était sans doute la libéralité envers l'Église : qu'importe ! Elle seule savait alors faire usage des richesses, puis il suffit que remède ait été quelquefois l'affranchissement d'esclaves ou la fondation d'une œuvre de charité pour que l'humanité sache gré à ceux qui ont trouvé les mots *remedium animæ*. Mais ces mots nous livrent aussi le secret de la religion mérovingienne, égoïste, intéressée, reposant tout entière sur un calcul, aisément satisfaite par des pratiques extérieures et confondant l'acte pieux avec la piété. La nation des Francs s'imagine qu'elle est liée à Dieu par un contrat qui règle les devoirs réciproques. « Vive le Christ, qui aime les Francs ! » dit un prologue de la loi salique : cette exclamation, qu'on croirait poussée sur un champ de bataille après la victoire, signifie : « Vive le Christ, parce qu'il aime les Francs ! » Pourquoi les Francs s'attribuent-ils des droits à l'amour du Christ ? Parce qu'ils sont le peuple qui « a reconnu la sainteté du baptême et somptueusement orné les corps des martyrs d'or et de pierres précieuses ». Être baptisé, donner des tombeaux et des châsses aux reliques des saints, bâtir des églises et les enrichir, cela procure une créance sur Dieu ; quiconque se l'est acquise se présentera sans crainte au dernier jugement en disant, comme on lit dans un sermon attribué à saint Éloi : « Donne, Seigneur, parce que nous avons donné ! *Da, Domine, quia dedimus !* » La puissance de l'argent est telle qu'elle crée la liberté du mal par cela même qu'elle en détruit les effets. Les hommes s'imaginent qu'il y a une compensation réglée pour les péchés, comme le *wergeld* compensait telle offense ou tel attentat et l'effaçait. Cette coutume germanique a été adoptée par l'Église comme les épreuves judiciaires, et déjà sont rédigés des livres pénitentiaires où la taxe des péchés est une véritable dispense de vertus.

La plus grande marque de l'impiété de ces païens parés des dehors du christianisme, c'est qu'ils réduisent Dieu et ses saints à la qualité de forces que l'homme peut subjuguer et employer à sa guise. On leur propose des marchés à tout instant. La femme d'un sacrilège frappé d'un mal terrible, pour avoir blasphémé contre un saint, demande à celui-ci la guérison du malade et dépose des présents dans son église ; le malade meurt et la veuve reprend ce qu'elle a donné, car elle n'a donné qu'à condition. La grand'mère d'un enfant qui vient de mourir porte le corps dans une église consacrée à saint Martin et où se trouvaient des reliques que sa famille avait été chercher à Tours. Elle explique au saint dans quelle espérance ses parents avaient fait un long voyage pour aller quérir ces précieux restes, et elle le menace, s'il ne ressuscite pas le mort, de ne plus courber le cou devant lui et de ne plus faire briller dans son église la lumière des cierges. Les prêtres mêmes prétendent exercer une contrainte sur leurs saints. Un officier du roi Sigebert avait pris possession d'un bien qui appartenait à l'église d'Aix. L'évêque, s'adressant au saint patron, lui dit : « Très glorieux, on n'allumera plus ici de cierges et l'on ne chantera plus de psaumes tant que tu n'auras pas vengé tes serviteurs de leurs ennemis et restitué à la sainte église les biens que l'on t'a volés. » Puis il met des épines sur le tombeau, des épines aux portes de l'église. Les saints mis en demeure de cette façon s'exécutent : saint Martin rend la vie au cadavre, et saint Métrias punit de mort le spoliateur. C'est l'Église qui, du haut de la chaire, racontait ces miracles ; c'étaient des plumes ecclésiastiques qui en perpétuaient le souvenir. Comment les simples fidèles ne se seraient-ils pas imaginé que la puissance vénale des êtres célestes pouvait être requise même pour le mal ? Mummole, un de ces Romains dont on cite l'exemple pour prouver que les Romains ne le cédaient point aux Francs en fait de passions mauvaises, apprend qu'Euphronius, marchand syrien établi à Bordeaux, possède des reliques de saint Serge. Or on rapportait qu'un roi d'Orient, qui avait attaché à son bras droit un pouce de ce saint, n'avait qu'à lever le bras pour mettre ses ennemis en déroute. Mummole se rend chez Euphronius et, malgré les prières du vieillard, qui lui offre 100, puis 200 pièces d'or, il fait ouvrir la châsse par un diacre qu'il avait amené, prend un doigt du saint, y applique un couteau, frappe jusqu'à ce qu'il l'ait brisé en trois morceaux, et, après s'être mis en prière, en emporte un. « Je ne crois pas, dit Grégoire, que cela ait fait plaisir au bienheureux » ; mais c'était le moindre souci de Mummole : il croyait s'être acquitté envers saint Serge par ces parodies qu'il avait faites d'agenouillement et de prières, et ne doutait pas de l'efficacité du talisman. Ainsi pensait Chilpéric, qui, ayant violé la parole donnée à ses frères en s'emparant de Paris, entra dans la ville, précédé de reliques qui devaient le mettre à l'abri de tout mal. Frédégonde fit mieux encore. Lorsqu'elle embaucha deux sicaires pour l'assassinat de Sigebert, elle leur dit : « Si vous revenez vivants, je vous honorerai vous et votre lignée ; si vous périssez, je répandrai pour vous des aumônes dans les lieux où les saints sont honorés. » Elle ne doutait pas que les saints, bien payés par elle, ne fissent dans l'autre monde à ces deux misérables les bons offices qu'elle leur promettait s'ils échappaient à la punition de leur crime.

Grégoire nous fait connaître nombre de personnages dont il nous cite les paroles et nous conte les moindres actions ; grâce à lui, nous vivons dans leur intimité : trouvons-nous parmi eux un seul homme duquel on puisse dire qu'il soit un chrétien ? Sera-ce Gontran, cet homme « d'une sagesse admirable », et qui avait l'air « non seulement d'un roi, mais d'un prêtre du Seigneur » ? De son vivant même, il faisait des miracles. Une pauvre femme, dont le fils était mourant, se glisse un jour à travers la foule jusqu'à lui, détache de son vêtement des franges et les infuse dans une coupe d'eau qu'elle fait boire au malade : le malade guérit. Quel chrétien était donc ce miraculeux personnage ? Il s'est complu en la compagnie de concubines ; il a commis un certain nombre d'actions atroces ; par exemple, à la mort d'une de ses femmes, il a fait périr les deux médecins qui l'avaient soignée sans la guérir. Un jour, en chassant dans les Vosges, il trouve une bête tuée ; il interroge le garde-chasse, qui dénonce le chambellan Chundo. Celui-ci niant le méfait, le duel est ordonné. Deux champions sont choisis : celui de l'accusé, qui était son propre neveu, a le ventre percé d'un coup de couteau au moment où il se mettait en devoir d'achever son adversaire qu'il avait renversé. Chundo, se voyant condamné, s'enfuit vers la basilique de Saint-Marcel, mais Gontran crie qu'on l'arrête avant qu'il atteigne le seuil sacré, et, sitôt qu'il a été saisi, le fait lapider. Le même prince a commis maints parjures, et nulle parole n'était plus incertaine que la sienne ; mais il était, à tout prendre, moins méchant que les autres rois, et il avait des goûts ecclésiastiques : il se plaisait en la compagnie des évêques, les visitait, dînait avec eux. Il aimait les cérémonies religieuses, sur l'effet desquelles l'Église comptait pour surprendre et charmer les Barbares, qui, éblouis par l'éclat des luminaires, respirant à pleines narines l'odeur des parfums, écoutant les chants des prêtres et mis en recueillement par la célébration des mystères, se croyaient transportés au paradis. Gontran paraît avoir été surtout amateur de chant. Un jour qu'il avait à sa table plusieurs évêques, il pria Grégoire de faire chanter un psaume par un de ses clercs, puis il demanda successivement à tous les évêques d'en faire autant, et chacun de son mieux chanta son psaume. Le « bon roi » avait une autre vertu, qui était son respect pour la personne des évêques : comment n'aurait-il pas craint de leur déplaire ? Un jour, il a fait emprisonner un évêque de Marseille, et la Providence divine lui a envoyé une maladie pour le punir. Une autre fois, il a enfermé dans un couvent Salone et Sagittaire pour qu'ils y fissent pénitence ; mais aussitôt son fils est tombé malade et ses serviteurs l'ont supplié de mettre les deux évêques en liberté, de peur que l'enfant ne vînt à périr : « Relâchez-les, s'est-il écrié, afin qu'ils prient pour mes petits enfants ! » Pourtant il savait bien que ses prisonniers étaient des bandits, mais il redoutait le caractère sacré dont ils étaient revêtus ; il ressentait cette sorte de terreur inspirée par les prêtres de tous les temps aux gens simples de tous les pays. Et c'est avec ces superstitions, ces simagrées et ces niaiseries que Gontran passe pour bon chrétien, prêtre et saint !

Pourquoi donc ces hommes n'étaient-ils pas des chrétiens ?... Les Mérovingiens n'ont pas été des chrétiens parce que l'Église gallo-franque n'était plus capable de transmettre le christianisme. Enfermée dans cette orthodoxie littérale dont les termes sont arrêtés à jamais, à la fois ignorante et sûre d'elle-même, elle ne sait plus pénétrer dans l'âme d'un païen, l'étudier, y analyser les croyances et les sentiments religieux, trouver le point de départ d'une prédication et approprier son enseignement, comme avaient fait jadis les chrétiens philosophes, à l'état des intelligences et des cœurs. Que fallait-il faire pour transformer Clovis en un chrétien ? il fallait retrouver la notion du Dieu suprême dans la religion germanique parmi la foule des génies et au-dessus des grandes figures qui représentaient les idées de l'amour, de la fécondité de la terre et de la puissance du soleil ; insister sur le sentiment germanique de la fragilité de cette vie placée entre le jour et la nuit ; employer les mythes populaires de dieux qui ont vécu parmi les hommes ; partir d'Odin pour arriver au Christ, et préparer ainsi un guerrier fils de guerriers et fils de dieux, un superbe qui n'aimait que la force, un violent qui ne savait que haïr et pour qui le droit de vengeance était une institution réglée, à incliner sa tête devant le Dieu qui a voulu naître parmi les misérables et mourir d'une mort ignominieuse, afin d'enseigner aux hommes, par l'exemple de sa charité envers l'humanité, le devoir d'être charitables les uns envers les autres. Proposer à Clovis le christianisme, c'était lui demander la transformation de tout son être. Or, si l'on en croit Grégoire de Tours, lorsque Clovis hésitait à reconnaître dans le Crucifié le maître du monde et reprochait à sa femme « d'adorer un dieu qui n'était pas de la race des dieux », Clotilde lui faisait honte de vénérer des idoles et d'adorer Jupiter, qui a souillé les hommes de son amour et qui a épousé sa propre sœur, puisque Virgile fait dire à Junon qu'elle est « et la sœur et l'épouse du maître des dieux » ; mais Clovis n'avait pas d'idoles, ne connaissait ni Jupiter ni Junon, ne comprenait pas par conséquent cette dialectique surannée, employée jadis contre les païens d'Athènes et de Rome, et que l'Église ne se donnait pas la peine de renouveler. Aussi les réponses du roi barbare montrent-elles qu'il n'entend pas ce qu'on lui veut dire. Le jour où il a vu les siens plier sur le champ de bataille, il a pensé au Dieu de Clotilde, non point pour se souvenir de l'enfantine théologie qu'elle lui avait enseignée, mais pour inviter le Christ à montrer sa force : « Clotilde dit que tu es le fils du Dieu vivant et que tu donnes la victoire à ceux qui espèrent en toi. J'ai imploré mes dieux, mais ils ne me prêtent aucune assistance. Je vois bien que leur puissance est nulle. Je t'implore et je veux croire en toi, mais tire-moi des mains de mes ennemis ! » Entre ses dieux et le Christ il a donc institué une sorte de duel judiciaire, et, quand le Christ se fut montré le plus fort, il l'adora, non pour être né dans une crèche et pour être mort sur la croix, mais parce qu'il avait cassé la tête de ses ennemis.

Peu importe que Grégoire nous ait exactement conté l'histoire de la conversion de Clovis ; il suffit qu'il se la représente comme il fait pour que nous sachions qu'un des évêques les meilleurs et les plus éclairés de la Gaule ne soupçonne même pas qu'il faille chercher une méthode de prédication à l'usage des païens germaniques. Point de preuve plus convaincante de l'inertie intellectuelle où l'Église était tombée. Cette inertie est la cause principale de son impuissance, comme l'énergie intellectuelle des premiers siècles avait été la cause principale des victoires remportées sur le paganisme grec et romain. L'activité de l'esprit s'est soutenue pendant la lutte contre les hérésies, mais les combats que l'Église livre alors sont de guerre civile, et comme la guerre civile fait oublier l'ennemi extérieur, la guerre contre l'hérétique a fait oublier le païen. Victorieuse une seconde fois, l'Église se souviendra-t-elle qu'il demeure des gentils et qu'elle a mission de continuer l'œuvre des apôtres ? Non, car elle a fait dans la lutte des pertes sensibles. Elle a perdu ces instruments de la sagesse antique qui avaient servi à élever l'édifice du dogme. L'édifice demeure isolé, morne, dans la nuit qui s'est faite sur le monde après que la civilisation ancienne s'est éteinte. Le prêtre ne cherche plus la libre adhésion des intelligences : il impose une doctrine réduite en formules dont il ne sait plus l'histoire, qu'il ne comprend plus et qu'il n'a point souci que l'on comprenne. En même temps que le vide s'est fait dans les intelligences, la conscience du chrétien a été alourdie de tout le poids des superstitions les plus grossières. Occupé à tant de petits devoirs, enchaîné par les liens d'une dévotion compliquée, il a fait assez quand il s'est occupé de lui-même et qu'il s'est mis en règle avec les prêtres et avec les saints.

E. Lavisse, *Études sur l'histoire d'Allemagne*, dans la *Revue des Deux Mondes*, 15 mars 1886.

II — LA DÉCADENCE MÉROVINGIENNE

Un roi mérovingien, gouvernant la Gaule romaine, procédait à la fois du roi germanique et de l'empereur romain. Aussi est-il intéressant de rechercher quel est celui des deux personnages auquel il doit le plus. Cette recherche a produit la querelle des *romanistes* et des *germanistes* : les premiers tiennent pour la victoire de l'esprit romain, les seconds pour la victoire de l'esprit germanique, mais il faut prendre garde de simplifier ainsi les choses, car les choses ne sont jamais simples. Quand on a discerné, dans les documents ou les faits de l'histoire mérovingienne, tels ou tels éléments romains ou germaniques, on n'est pas autorisé à dire : Ceci est romain, cela est germanique, et le mélange a produit la société mérovingienne. Une pareille méthode oublie quelque chose, qui est l'histoire, c'est-à-dire une rencontre de faits et de circonstances qui produisent le nouveau. Cette réserve faite, il est certain que Clovis et ses fils, très confusément, sans en avoir délibéré, par la fatalité des circonstances, ont suivi tantôt les sentiments et les habitudes germaniques, tantôt les errements du pouvoir impérial.

La royauté germanique n'était pas faible au point de n'avoir pas d'avenir. Sans doute, le peuple faisait les affaires ordinaires au village ou dans la centenie et les grandes affaires dans le *concilium* ; le roi ne commandait à la guerre qu'après que le peuple l'avait décidée ; il ne faisait exécuter le jugement qu'après que le peuple l'avait prononcé ; mais un personnage unique est toujours considérable dans un État simple, où l'on n'a point l'idée des sinécures et dont la constitution toute primitive ne prévoit pas tous les besoins. Les Germains n'étaient point des sauvages ; ils avaient un droit qui réglait les relations des hommes entre eux : l'observance du droit, c'était l'état de paix ; or, c'était le roi qu'ils chargeaient de faire observer le droit et d'assurer la paix. Ils lui donnaient ainsi la haute fonction d'un protecteur de son peuple. Les Germains d'ailleurs obéissaient à cet instinct naïf qui pousse les hommes à élever au-dessus du commun la personne de leur chef afin de s'expliquer à eux-mêmes leur obéissance : ils croyaient que leurs rois descendaient de leurs dieux. La famille royale était trop mêlée au peuple et on la voyait de trop près pour que le roi fût l'objet d'un culte à la façon des monarques orientaux, et il arriva plus d'une fois que l'on crut pouvoir se passer de lui : ainsi les Hérules massacrèrent un jour leurs princes et ils essayèrent de vivre sans roi, mais ils se repentirent bien vite, et alors, ne croyant point qu'il leur fût permis d'élever le premier venu à la dignité suprême, ils envoyèrent des ambassadeurs dans une île lointaine où s'était établie une de leurs colonies, afin qu'ils ramenassent un membre de la famille sacrée. Chez d'autres peuples, la personne auguste a été souvent maltraitée : les Burgondes tuaient leur roi quand ils avaient été battus ou que la moisson avait été mauvaise, mais cela prouve qu'ils lui prêtaient la puissance de vaincre leurs ennemis et les éléments, comme font ces paysans qui fustigent la statue d'un saint pour le punir de n'avoir pas veillé sur la récolte. La preuve que le roi était en dehors et au-dessus du droit commun, c'est que sa vie n'était pas estimée, à l'exception d'une seule loi barbare, dans le tarif du *wergeld* : on la croyait trop précieuse pour être évaluée en argent. Le roi anoblissait, pour ainsi dire, ce qu'il touchait ; sa faveur élevait un homme libre au-dessus de ses concitoyens et même un esclave au-dessus d'un homme libre ; devenir le convive du roi, cela triplait la valeur d'un homme. Protecteur de tout son peuple, le roi pouvait accorder une protection particulière à des personnes, qui devenaient tout de suite privilégiées. Son autorité, bien qu'elle fût contredite et limitée par toutes sortes de résistances, n'était donc pas définie nettement ; il s'y mêlait une sorte de droit vague que les circonstances pouvaient faire redoutable.

Le *princeps* romain n'est pas comme le roi germanique au début d'une histoire : son pouvoir est la conclusion de la longue histoire de la cité romaine. En aucun temps, cette cité n'a ressemblé au petit État germanique appelé *civitas* par les écrivains latins, qui ont l'habitude d'assimiler les institutions étrangères et les leurs, alors même que l'assimilation n'est pas légitime. Il est vrai qu'en Germanie comme à Rome le point de départ de l'organisation politique a été la famille, mais le passage de la famille à l'État s'est fait très vite dans l'étroite enceinte de la cité romaine : il ne s'est jamais achevé chez les paysans germains, disséminés en maisons isolées ou répartis dans de vastes villages. Le peuple germanique a gardé le désordre d'une organisation incomplète, au lieu qu'à Rome a régné la discipline de l'*imperium*, c'est-à-dire du pouvoir absolu exercé par le magistrat au nom et pour le service de la *respublica* : ces deux termes, en effet, que la langue moderne oppose l'un à l'autre, se complètent l'un par l'autre, la *respublica* étant le lieu idéal où s'exerce l'*imperium*. Le magistrat romain a d'abord été unique et viager et s'est appelé le roi. La magistrature a été partagée ensuite entre les deux consuls, puis le consulat s'est démembré ; mais toutes les magistratures dérivées de la royauté ont gardé l'*imperium*. À la fin, à la suite des guerres, de la conquête du monde et des révolutions, le magistrat redevient unique et s'appelle l'*empereur*. Il respecte assez longtemps les vieilles formes de la constitution, les magistrats, les comices, le sénat, puis il les efface les unes après les autres. En lui s'était faite la grande synthèse des divers pouvoirs dont l'existence simultanée avait donné à Rome une sorte de liberté politique, mais très différente de la nôtre, car elle n'avait jamais eu pour objet de faire échec au pouvoir et de l'annuler.

L'empereur se trouva donc investi de toute puissance. Il eut le pouvoir militaire : même au fond de son palais, il était réputé commander et combattre, et, quand ses lieutenants remportaient des victoires, il triomphait. Il eut le pouvoir législatif ; on l'appelait la loi vivante, *lex animata in terris*, et comme la loi personnifiée est supérieure à ses propres manifestations, il était affranchi des lois, *solutus legibus*. Il eut le pouvoir judiciaire : il jugeait en personne et il n'y avait de jugement définitif que le sien, car il recevait les appels des sentences rendues par ses officiers. Toute autorité était une délégation de la sienne. Le monde était administré par le *palatium*, où les divers offices savamment distribués se partageaient le gouvernement central. Du palais descendait une hiérarchie de fonctionnaires, dont chacun avait son office, car l'empire avait inventé ou du moins perfectionné le système de la division des pouvoirs. Enfin l'empereur est grand pontife et chef de la religion. Personnification de la cité, dont *la majesté* et la sainteté sont en lui, il a été, dès l'origine, l'objet d'un culte public ; au IIIe siècle, quand la dignité impériale a été revêtue par des princes qui vivaient en Orient, l'empire a pris le caractère de ces monarchies orientales où le prince était dieu. Le *princeps* dédaigne alors de porter les titres des vieilles magistratures ; il ne se dit plus même *imperator* : il est le maître, *dominus*. Il est dieu pour son propre compte, *præsens et corporalis deus*. On se prosterne devant lui ; on l'adore, et, pour recevoir ces hommages, il est habillé de pourpre, de soie et d'or, coiffé du diadème ; son palais est sacré, sa chambre sacrée, sa main sacrée, ses finances sacrées.

L'empereur Anastase en costume consulaire.

Contre cette idole s'est insurgé le christianisme pour l'honneur du genre humain. Le *princeps* et le christianisme se sont traités d'abord en ennemis irréconciliables. Les chrétiens, ne pouvant comprendre le monde sans l'empereur et n'imaginant pas que cet empereur-dieu pût jamais devenir chrétien, annonçaient la fin des siècles et appelaient de leurs vœux le jugement dernier. Cependant les deux adversaires se rapprochèrent au IVe siècle ; les deux termes de l'antinomie se concilièrent. Mais l'empereur, le jour même où il reconnut à l'Église le droit d'exister, y entra, comme un triomphateur et un maître, toujours vêtu de pourpre, de soie et d'or et couronne en tête. Son palais, sa chambre, sa main, son trésor demeurent sacrés. Il donne à l'Église ses premiers privilèges ; il appuie ses préceptes de la force du bras séculier ; il ordonne la célébration du dimanche ; il décrète la suppression du vieux culte païen, qu'il appelle *superstitio* et *idolarum insania*, et la fermeture des temples, sous peine d'être frappé du « glaive vengeur » ; mais il ne s'est jamais considéré comme un serviteur de l'Église. Il n'est plus dieu, mais il est toujours le chef de la religion. Quatre ans après l'édit de tolérance rendu par Constantin, il s'appelle encore *pontifex maximus*, et, même lorsque Gratien aura renoncé au titre, l'empereur restera grand pontife. Constantin a présidé le concile de Nicée ; il a fait, dans ses proclamations impériales où il exhorte ses sujets à se faire chrétiens, les premiers sermons qu'ait prononcés un empereur ; ils lui ont été dictés, mais ses successeurs feront leurs sermons eux-mêmes, régulièrement, comme une besogne de leur office impérial. Ils seront des théologiens, tantôt orthodoxes et tantôt hérétiques, mais imposant toujours leurs croyances. Ils donneront leur bénédiction. Le peuple et les évêques se prosterneront devant leur visage. Ils marcheront escortés par les thuriféraires. Leurs images seront saintes et entourées de l'auréole. Singulière histoire que l'histoire de cette auréole ! Les rayons en sont empruntés à la divinité des rois d'Orient, à la divinité de l'ancienne Rome, à la divinité même du Christ et à la sainteté des apôtres ; car tout se mêle et se confond dans la personne du *princeps*, et sa grandeur est vraiment majestueuse, parce qu'elle reflète tout à la fois la majesté de l'histoire profane et la majesté de l'histoire sacrée.

Roi germain, *princeps* romain, quelles différences entre ces deux personnages ! Et pourtant les rois mérovingiens ne pouvaient se soustraire à l'obligation de les jouer tous les deux.

*
* *

Ils ont joué le personnage impérial. Ils habitent un *palatium* qu'ils appellent sacré. Ils ont un *consistorium* pour les assister dans le gouvernement, une cour et des dignitaires dont la plupart portent des titres romains. Ils font des édits et des décrets comme l'empereur. Ils prennent des mesures d'ordre public et maintiennent le système des impôts romains. Ils sont représentés dans les provinces par des officiers. Juges suprêmes, ils s'assoient au tribunal « pour entendre et juger les causes de tous ». On les qualifie de « Votre Excellence, Votre Sérénité, Votre Gloire, Votre Magnificence, Votre Sublimité ». Les hagiographes les nomment *Augustus* et parlent de leur « mémoire divine ». Eux-mêmes disent que « Dieu leur a commis la charge de régner » et qu'ils sont ses mandataires.

Chaton de l'anneau d'or trouvé, en 1633, dans le tombeau de Childéric Ier, père de Clovis. L'original a été volé en 1831 au cabinet des médailles de la Bibliothèque nationale.

Qu'y a-t-il de réel sous ces belles apparences ? Une comparaison exacte entre le *palatium* mérovingien et le *palatium* romain montrerait que le premier est une cohue, au lieu que le second est bien ordonné ; que maints offices désignés par des noms romains sont d'origine germanique et que d'autres étaient inconnus à la cour impériale ; que le *consistorium* franc, dont la composition et les attributions sont mal définies, ressemble seulement par le nom au *consistorium principis*, où toutes les affaires étaient discutées devant l'empereur par le questeur du sacré palais, qui était une sorte de ministre d'État, et par les chefs des services civils et militaires. Et quelle comparaison possible entre l'administration romaine et l'administration mérovingienne ? Où est la hiérarchie des officiers ? Où la séparation des pouvoirs ? La principale division administrative au temps des Mérovingiens est le comté : ils l'ont trouvée toute faite ; elle était très ancienne. Lorsque Rome avait organisé la Gaule, elle avait fait du territoire de chaque peuple gaulois une *civitas*, respectant ainsi un cadre géographique consacré par une longue tradition ; l'Église fit de la *civitas* le diocèse, et les Mérovingiens en firent le comté ; mais ils remirent au comte la délégation du pouvoir royal tout entier. Le comte fut un juge, un gardien de la paix générale, un percepteur qui devait compter chaque année avec le trésor, un chef militaire préposé à la levée et au commandement du contingent. On exigeait de lui beaucoup plus que d'un fonctionnaire romain, alors qu'il n'était pas, à coup sûr, aussi expérimenté. Ajoutez que l'administration devenait bien difficile, au moment même où les administrateurs devenaient plus incapables. Au régime de la loi unique avait succédé le régime des lois personnelles, et il fallait que ce juge jugeât suivant leurs lois le Romain, le Franc, le Burgonde, qui vivaient dans son comté. Ce percepteur eut fort à faire avec les Francs qui ne voulaient pas payer l'impôt, et avec les Romains qui surent s'y soustraire dès que les désordres commencèrent. Comme il n'y avait plus d'armée permanente, il fut très malaisé à ce chef militaire de réunir et de commander des troupes d'hommes à qui l'État ne donnait ni vivres, ni armes, ni solde. À tous les termes de ce parallèle entre l'ancien ordre des choses et le nouveau, on trouverait à faire les mêmes réflexions. Le roi mérovingien est le juge suprême, mais il ne faut pas trop se fier à la formule solennelle qui le montre siégeant entouré « de ses pères les évêques, de ses grands, de ses référendaires, de ses domestiques, de ses sénéchaux, de ses chambellans, de ses comtes du palais et de la foule de ses fidèles », car nombre de crimes énormes et publics ont été commis sans encourir une répression, et l'on voit souvent le roi procéder par exécutions sommaires. Quant aux appels, le nombre en était réduit par l'usage des épreuves judiciaires, desquelles il ne pouvait être appelé, puisque Dieu lui-même était réputé avoir prononcé ; d'ailleurs l'appel était rendu à peu près impossible par les désordres et les guerres civiles ; le roi mérovingien n'est donc pas un juge au même degré que l'empereur. Enfin, s'il est vrai qu'il soit un législateur, quelle chose misérable que la législation mérovingienne !

Il est tout simple que les Barbares aient pris les formes anciennes du gouvernement, puisqu'ils n'avaient aucune idée qui leur appartînt d'un gouvernement nouveau. Leurs sujets les ont appelés maîtres, excellences, sérénités, majestés ; leurs évêques les ont salués délégués et représentants de Dieu : on aime toujours à s'entendre dire ces choses-là, et on les comprend vite ; aussi les ont-ils comprises. Ils ont trouvé un système d'impôts tout organisé, très productif ; il est naturel qu'ils l'aient gardé le plus longtemps possible. Si peu clerc que l'on soit dans la science politique, on sait toujours mettre la main sur une caisse. Mais les rois francs ne pouvaient pénétrer la nature intime du gouvernement romain. On ne s'improvise pas *princeps* du jour au lendemain. Le *princeps* et ses sujets avaient été formés par une transmission séculaire de sentiments et d'idées qui étaient tout neufs pour des Mérovingiens. Ceux-ci ont été séduits par des apparences ; ils s'en sont enveloppés, comme ils se couvraient des ornements romains ; mais j'imagine que le roi Clovis, le jour où il se para des insignes envoyés de Constantinople, aurait fait à l'empereur l'effet d'un paysan malhabile à porter les ornements des clarissimes. Dans les formes du gouvernement impérial, comme dans les vêtements romains, les Mérovingiens sont endimanchés.

Il est cependant une tradition du gouvernement impérial qu'ils ont conservée. L'union de l'État et de l'Église a duré ; elle est même devenue plus étroite. Le roi est le grand électeur des évêques. Les règles canoniques étaient pourtant précises : un évêque devait être élu par le clergé et par le peuple, puis agréé par le roi, enfin consacré par le métropolitain qu'assistaient les évêques de la province. Mais les Mérovingiens abusèrent du droit qu'ils avaient d'accepter ou de rejeter la personne de l'élu, et ils en firent une source de revenus. « Déjà, dit Grégoire, commençait à fructifier cette semence d'iniquité : le sacerdoce était vendu par les rois et acheté par les clercs. » Puis il arrivait que le roi, après avoir rejeté une élection, désignait lui-même l'évêque. D'autres fois il le nommait sans se soucier des électeurs : Chilpéric, par exemple, disposa de sièges épiscopaux en faveur de laïques. L'Église ne laissait pas toujours passer sans protester de pareilles usurpations. Un certain Ermerius, fait évêque par Clotaire, fut déposé après la mort de ce prince par un concile provincial, qui désigna pour le remplacer Heraclius. L'élu va trouver le roi Caribert et lui fait un beau discours où il ne manque pas de lui promettre un règne long et prospère, s'il observe les canons. « Ah ! tu crois, répond Caribert en grinçant les dents, que les fils du roi Clotaire ne sauront pas faire respecter les actes de leur père ? » Et il fait jeter Heraclius dans un char rempli d'épines, qui l'emmène en exil ; puis il ordonne de rétablir Ermerius et frappe d'une amende énorme les pères du concile qui l'ont déposé. Mais le plus souvent l'Église se soumettait. C'était elle qui avait donné aux rois francs ce pouvoir sur elle-même. Saint Remi, ayant un jour ordonné prêtre, à la prière de Clovis, un laïque du nom de Claudius, fut blâmé par les évêques : « J'ai fait cela, répondit-il, sans avoir rien reçu pour le faire, à la demande du très excellent roi, qui est le prédicateur et le défenseur de la foi catholique. Vous m'écrivez que ce qu'il a ordonné n'est pas canonique. Remplissez votre haut sacerdoce.... Le triomphateur des nations a commandé : j'ai obéi. » L'Église, en effet, avait de trop grandes obligations envers les Mérovingiens pour ne pas faire leurs volontés. On l'a très bien dit : elle sentait pour ces princes, les seuls rois barbares qui fussent orthodoxes, la dangereuse tendresse d'une mère pour son fils unique.

Les rois siègent dans les conciles et les président. Un concile a été tenu à Orléans, la dernière année du règne de Clovis, et les évêques y ont été convoqués par « leur seigneur, le fils de l'Église catholique, le roi Clovis ». C'est le roi qui a dressé l'ordre du jour ; à ses propositions, les évêques répondent par des décisions qu'ils soumettent à « un si puissant roi et seigneur, afin que, par sa haute autorité, il les rende obligatoires ». Les successeurs de Clovis maintiennent soigneusement les droits royaux en cette matière. Comme les évêques du royaume de

Sigebert avaient voulu se réunir sans son autorisation, le roi le leur interdit, attendu qu'un « concile ne peut se tenir dans son royaume sans son aveu ». Et, de fait, les actes des conciles portent d'ordinaire la mention du « consentement », de « l'invitation », de « l'ordre » du roi.

Le Mérovingien a donc grande autorité dans l'Église et sur l'Église. Il la laisse en revanche se mêler aux affaires de l'État. L'évêque a gardé dans la cité la grande situation que lui avait laissée l'empire ; il y est un personnage aussi important que le comte ; et l'accord entre le comte et lui est si nécessaire que l'on voit déjà, du temps de Grégoire de Tours, le roi remettre, au clergé et au peuple le soin de désigner un comte. L'évêque, qui est le juge de la population cléricale, est aussi en beaucoup de cas juge des laïques. D'abord, il est le protecteur des veuves, des orphelins et des affranchis ; ensuite la confusion qui s'établit entre la notion du péché et celle du crime, l'autorise à réclamer certains crimes pour sa juridiction. Ainsi les deux ordres, ecclésiastique et laïque, se rapprochent et se confondent, et le premier, par un effet de son caractère sacré, prend la prééminence. Un édit de Clotaire II attribue à l'évêque une sorte de droit de surveillance sur le comte. Les conciles mêmes sont requis pour le service de l'État, *pro utilitate regni*. Le roi Gontran veut faire juger par les évêques sa querelle avec Sigebert, puis avec Brunehaut. Grégoire de Tours s'en afflige : « La foi de l'Église n'est pas en péril, dit-il ; il ne surgit aucune hérésie ! » Mais les évêques eux-mêmes mettent à l'ordre du jour de leurs délibérations des affaires d'État ; ils se transportent en corps auprès des rois pour leur faire connaître leur opinion sur des faits politiques. Dans les discordes et dans les guerres, ils offrent et font accepter leur arbitrage.

Un des Mérovingiens a voulu connaître même des choses spirituelles. Chilpéric, s'étant mis en tête de réformer le dogme de la Trinité, conte son projet et ses raisons à Grégoire de Tours : « Et voilà, dit-il en conclusion, ce que je veux que vous croyiez, toi et les autres docteurs des Églises ! » Grégoire s'en défend, et, comme le roi l'avertissait qu'il s'adresserait à de plus sages : « Celui qui accepterait tes propositions, s'écria l'évêque, serait non pas un sage, mais un sot. » Sur ce chapitre, Grégoire, comme on sait, n'entendait pas la discussion. Un autre évêque, auprès duquel le roi renouvela sa tentative, voulut lui arracher le parchemin où il avait écrit sa profession de foi. Chilpéric « grinça les dents » et se tut. Il semble d'ailleurs qu'il ait été le seul théologien de la famille, ce singulier personnage que Grégoire de Tours accable d'une malédiction méritée, mais dont la physionomie nous intéresse au plus haut degré, parce qu'il a été le plus exact imitateur du gouvernement impérial et le disciple maladroit de la civilisation ancienne. Il faisait des *præceptiones* et des vers latins ; il était philologue et il commanda qu'on ajoutât des lettres à l'alphabet. Sa théologie, sa philologie, sa poésie, ses *præceptiones*, se ressemblent et se valent. Son gouvernement boite comme ses vers. Il parodie Auguste comme Virgile, et il est le type de cette royauté d'imitation grossièrement plaquée d'or antique.

Heureusement ces rois n'étaient pas assez bons chrétiens pour devenir des hérétiques. Ils avaient naïvement attaché leur fortune à celle de l'Église. Ils faisaient de leur orthodoxie une sorte de dignité. Les plus barbares d'entre eux, de vrais brigands, parlent de « l'intérêt du catholicisme, *profectus catholicorum* ». Ils proscrivent le paganisme par leurs lois ; ils excluent de l'État ceux qui sont exclus de l'Église : « Quiconque ne voudra pas obéir à son évêque, dit un décret de Childebert, sera chassé de notre palais, et ses biens seront donnés à ses successeurs légitimes. » Voilà qui achève de montrer que l'Église mérovingienne est une institution d'État.

Il n'est pas étonnant que la tradition romaine se soit ici conservée, quand elle s'est perdue si rapidement pour le reste. Le reste, administration savante, jurisprudence, arts, lettres, c'était le passé ; il était enseveli sous la ruine de la civilisation ancienne. Mais l'Église, qui survivait à cette ruine et que les Barbares trouvaient partout présente et puissante, continuait avec les rois les habitudes qu'elle avait prises avec les empereurs. Elle y trouvait son profit, des honneurs, des privilèges, l'appui du bras séculier. Après avoir professé dans ses premiers jours, quand elle était encore toute remplie de l'esprit du Nouveau Testament, l'indifférence à l'égard du pouvoir, elle avait senti le prix du concours qu'il lui prêtait. Elle avait respecté la pleine puissance impériale ; elle l'avait ensuite communiquée, pour ainsi dire, aux rois barbares. Église et royauté, trône et autel, comme on dira plus tard, inaugurèrent alors cette alliance intime qui devait persister pendant des siècles et qui dure encore entre leurs débris.

*
* *

Le roi mérovingien a joué le personnage germanique mieux que le romain, et certains actes, dont les suites furent considérables, n'étaient que les effets d'habitudes anciennes auxquelles il demeura fidèle.

Les quatre fils de Clovis se partagent sa succession. Ils croient faire la chose du monde la plus naturelle, et nous ne voyons pas qu'ils aient étonné personne. Comme il n'y avait pas de droit d'aînesse dans les familles royales, tous les princes apportaient en naissant l'aptitude à régner, et lorsque la coutume de l'élection se fut perdue, les fils d'un roi succédèrent ensemble à leur père. Les Francs, bien qu'ils eussent sous les yeux l'indivisible monarchie impériale, se représentèrent la royauté, non comme une magistrature suprême, unique et, pour ainsi dire, impersonnelle, mais comme un patrimoine composé de droits, d'honneurs et de propriétés, très propre à être partagé. Les fils de Clovis firent donc quatre parts égales de l'héritage paternel, et comme les partages se renouvelèrent à chaque mort de roi, des régions politiques permanentes se formèrent en Gaule. La Neustrie, la Burgondie et l'Austrasie apparurent les premières. Le pays des Francs saliens était compris dans la Neustrie ; l'Austrasie était le pays des Francs ripuaires ; en Burgondie, les Burgondes étaient demeurés après la victoire des Francs et la mort de leur dernier roi. Francs de Neustrie, Francs d'Austrasie, Burgondes, avaient leur loi particulière ; il y avait donc une raison pour qu'ils se distinguassent les uns des autres. Telle n'était pas la condition de l'Aquitaine : les Wisigoths en avaient émigré, les Francs y étaient venus en petit nombre. La population romaine était là, comme partout, incapable de s'organiser. Pliée à l'obéissance, déshabituée de l'énergie, cette masse humaine, jadis fondue dans l'unité impériale, était matière à partager entre Barbares. L'Aquitaine fut, en effet, tantôt divisée entre les trois rois du Nord et de l'Est, tantôt attribuée à un seul ou à deux d'entre eux, et elle demeura une carrière à des expéditions de brigandages, jusqu'au jour où les Wascons, descendant de leurs montagnes, lui donnèrent son peuple barbare et la force de conquérir l'indépendance.

Ces régions devinrent des États qui réclamaient un gouvernement particulier lorsqu'il se trouvait qu'un seul prince régnât sur toute la monarchie. Ainsi Clotaire fut obligé de donner pour roi aux Austrasiens son fils Dagobert, et Dagobert, lorsqu'il eut succédé à Clotaire, fut requis d'envoyer son fils Sigebert, tout enfant qu'il fût, régner en Austrasie. Comme chacun des rois exerçait la souveraineté pleine et entière, l'empire mérovingien n'eut pas l'unité. Il fut divisé en fragments, et l'on sait qu'entre ces fragments la guerre était perpétuelle et qu'elle était atroce. Voilà un des effets de la conception germanique de la royauté.

De même qu'ils ne savaient pas s'élever à l'idée abstraite de la royauté, les Mérovingiens ne comprenaient pas la relation de prince à sujet, d'État à individu. L'importance de la personne du roi, qui est un trait de l'ancienne constitution germanique, persiste dans la Gaule mérovingienne ; elle y est même plus grande, car c'est chose singulière et qu'on n'a pas assez remarquée : le roi germain primitif est bien plutôt un homme public que le roi mérovingien ; la *civitas* de Tacite est bien plutôt un État que le royaume de Sigebert ou de Chilpéric. Sans doute, le roi primitif n'est pas un être de raison ; on le choisit dans la famille privilégiée, parce qu'il est jeune, sain et robuste ; c'est à une personne bien déterminée que l'on attribue l'office de protecteur du peuple ; à plus forte raison, c'est à une personne réelle que sont attachés les *comites*, qui combattent à ses côtés pendant la guerre et qui vivent à sa table pendant la paix. Mais le peuple n'en a pas moins une vie politique réglée par la coutume ; il a sa place et son rôle dans les tribunaux et dans les assemblées, et parce qu'il y a un peuple, le roi est un personnage d'État en même temps qu'il est le patron de ses clients particuliers. Transportés sur le territoire romain, les Mérovingiens ont affaire à une masse d'hommes qui n'est pas un peuple ; d'autre part, ils ne savent pas entrer dans le rôle du *princeps* et gouverner comme faisait l'empereur. Ils n'ont point pris de mœurs nouvelles, et, des mœurs anciennes, ils ont gardé surtout l'habitude des relations privées qui vont bientôt se substituer aux relations politiques. Ainsi les rois francs, au moment même où ils s'établissent dans des provinces de l'État romain, perdent cette notion de l'État, que les Germains entrevoyaient et qu'ils ont peu à peu précisée dans les royaumes scandinaves et anglo-saxons où ils n'ont pas rencontré les ruines des institutions romaines.

Il serait intéressant de suivre à travers l'histoire mérovingienne les manifestations de cette politique enfantine qui ne soupçonne même pas l'existence des principes les plus élémentaires et ne comprend que le visible, le tangible, le concret. On y verrait que c'est une bonne fortune pour un roi que d'être un bel homme : les Francs sont fiers de la beauté de Clovis et de sa chevelure, répandue en torrent sur ses épaules. Un vieillard infirme n'est plus digne de régner ; Clovis, pour exciter au parricide le fils du roi de Cologne, lui dit : « Ton père vieillit et boite de son pied malade. » Un roi mérovingien n'imagine pas que la paix puisse être assurée par des institutions régulières : si Gontran demande aux Francs de le laisser vivre trois années, c'est que son successeur Childebert ne sera majeur que dans trois ans ; il faut donc patienter jusque-là ; autrement le peuple, privé de son protecteur, périrait. Il n'y a donc point de lois, point d'État ; une personne tient lieu de tout. Aussi le gouvernement n'est-il pas autre chose que les relations de cette personne avec tels et tels individus.

Costume germanique (Ve-VIIIe siècle), d'après une miniature (Lindenschmidt, Handbuch der deutschen Alterthumskunde : Die Alterthümer der merovingischen Zeit. Mayence, 1858, in-4°).

Le roi mérovingien est à proprement parler le chef d'une grande clientèle ; il a des compagnons qui vivent sous son toit et mangent à sa table, des *contubernales* et des *convivæ*. Riche et grand propriétaire, il donne des terres à l'Église, il en donne à tous ceux qu'il croit capables de le servir et qui sont, comme disent les écrivains du temps, des hommes utiles (*utiles*). D'autre part, l'état général des mœurs et de la société, les guerres politiques et privées, les violences de toute espèce obligent un grand nombre de pauvres gens à chercher un protecteur.

Un des modes les plus employés était la *recommandation* : un homme libre, incapable de se défendre, allait trouver un plus puissant que lui, demandait le vivre et le vêtement, et s'engageait par compensation à servir ; sa condition devenait un *ingenuili ordine servitium*, mots difficiles à traduire (littéralement : servage d'ordre libre) et qui montrent combien s'obscurcissait la notion de la liberté. D'autres hommes, pour mettre leur propriété à l'abri, la donnaient à quelque église ou à quelque riche propriétaire, qui la leur rendait à titre de *bénéfice*, c'est-à-dire de bienfait ; en changeant ainsi la condition de sa terre, on diminuait sa liberté, on devenait l'obligé d'un bienfaiteur. Or il est naturel que la protection du roi ait été très recherchée, qu'on se soit recommandé à lui, qu'on lui ait cédé la propriété de sa terre pour la reprendre de lui en bénéfice, et c'est ainsi que, de la masse des sujets, se détachèrent des groupes d'hommes qui, à des titres très divers, les uns puissants et les autres misérables, entrèrent en relations particulières avec le prince.

Ces relations sont celles que l'on comprend le mieux dans les civilisations primitives. Les rois mérovingiens étaient si bien disposés à les pratiquer qu'ils considéraient leurs comtes et leurs ducs, non comme des officiers à la façon des gouverneurs romains, mais comme des serviteurs de leur personne. Les offices étant d'ailleurs une source de revenus, ils les distribuaient comme les terres par libéralité. Ici encore la relation personnelle se substitue à la relation politique. Le sujet disparaît et fait place à ce nouveau personnage qui va jouer un si grand rôle, et qu'on appelle l'*homme du roi*, le *fidèle*, le *leude*.

Replaçons maintenant au milieu des circonstances historiques le roi et les fidèles. La guerre civile commence avec les fils de Clovis ; elle devient perpétuelle sous ses petits-fils. Tout ce qui restait des institutions romaines s'évanouit : il n'y a plus de finances d'État ; le service militaire, que l'on voit organisé sous les premiers Mérovingiens, a certainement disparu au VIIe siècle. Il ne reste donc au roi d'autres moyens de gouvernement que la fidélité de ses leudes. Mais déjà ceux-ci forment une aristocratie redoutable, où se rencontrent les convives du roi, les ducs, les comtes, les grands propriétaires laïques et les évêques, qui sont eux aussi de grands propriétaires et des officiers du roi. Cette aristocratie, dont le concours est à tout instant nécessaire, se mêle à la vie politique et réclame sa part du gouvernement. Sous les petits-fils de Clovis, elle intervient dans toutes les circonstances importantes. Après que Sigebert est assassiné, les grands d'Austrasie s'emparent de son fils enfant et règnent en son nom. Après que Chilpéric est assassiné, les grands de Neustrie conduisent Frédégonde près de Rouen et emmènent son fils, « promettant qu'ils le nourriront et l'élèveront avec le plus grand soin ». Si un roi veut conclure un traité, les grands sont présents et participent à l'acte. Si un roi ou une reine veut gouverner sans les grands ou contre eux, une lutte à mort s'engage : Brunehaut frappe sans pitié évêques et leudes, jusqu'à ce qu'elle succombe, trahie, jugée, condamnée par eux.

Ces conflits étaient d'autant plus fréquents que les droits réciproques du roi et des leudes étaient très incertains. Lorsque le roi donnait des terres, il n'imposait aucune obligation, mais il entendait que ceux envers qui s'était exercée sa libéralité lui demeurassent fidèles, et il se croyait en droit de reprendre ce qu'il avait donné en cas d'infidélité. Comme il était juge de la fidélité des siens et qu'il pouvait être conduit par caprice ou par nécessité à défaire ce qu'il avait fait, les grands ne se sentaient point en possession assurée des terres royales. Aussi voulurent-ils se protéger contre des revendications toujours possibles. Lorsqu'en l'année 587 Gontran de Bourgogne et Childebert d'Austrasie se rencontrèrent à Andelot pour y régler des affaires communes, les évêques et les grands, qui avaient fait l'office de médiateurs, mirent dans le traité l'article célèbre : « Que tout ce que lesdits rois ont donné aux Églises ou à leurs fidèles ou voudront encore leur donner, soit confirmé avec stabilité. » Quelques années après, l'aristocratie, après avoir vaincu Brunehaut, faisait écrire par Clotaire II dans l'édit de 614 : « Tout ce que nos parents, les princes nos prédécesseurs, ont accordé et confirmé, doit être confirmé. » Il n'était pas dit par là que les dons fussent perpétuels et irrévocables ; aucun principe nouveau n'était établi, mais les droits des détenteurs de terres royales étaient protégés par cette double déclaration, et il n'y a pas de doute que la faculté que le roi s'attribuait de reprendre les dons est limitée par les articles du traité d'Andelot et de l'édit de 614. Mais l'édit de 614 contenait des dispositions plus importantes encore. L'Église faisait confirmer tous ses privilèges, et le roi promettait d'observer les règles canoniques et de laisser faire les élections épiscopales par le peuple et le clergé. Enfin, comme l'aristocratie avait tout à craindre des violences ou même seulement de la surveillance et du zèle légitime des officiers, s'ils étaient choisis dans le *palatium* parmi un personnel tout dévoué au roi, elle fit décréter que le comte serait choisi parmi les habitants du comté, « afin, disait l'édit, qu'il pût être obligé de restituer sur ses biens ce qu'il aurait pris injustement ».

Cette aristocratie sera-t-elle du moins capable de gouverner ? Se contentera-t-elle de limiter le pouvoir et de participer aux affaires ? Y mettra-t-elle l'esprit politique et l'esprit de suite ? On l'en croirait capable, à lire cet édit de 614, qui, enjoignant au roi de juger chacun selon sa loi et de ne condamner personne sans jugement, de n'établir aucun impôt nouveau et de ne commettre aucun acte arbitraire, semble un monument de sagesse politique comparable à la grande charte d'Angleterre. Mais la constitution anglaise s'est développée sur un terrain très peu étendu et bien préparé par les rois eux-mêmes à faire fructifier les germes de la grande charte. L'Angleterre avait une aristocratie bien établie, une Église puissante, éclairée, organisée, une bourgeoisie naissante. L'empire mérovingien était vaste et disparate ; la royauté s'embrouillait dans les traditions romaines et dans les traditions germaniques ; l'aristocratie achevait sa fortune en ruinant et en confisquant la liberté des petits. Les villes anciennes dépérissaient ; il n'en naissait point de nouvelles ; l'Église était sans discipline et sans mœurs : l'acte de 614, qui semble commencer un ordre nouveau, inaugure le chaos.

L'aristocratie franque n'entendait pas du tout demeurer le grand conseil commun de la monarchie. Loin de vouloir maintenir l'unité, c'est elle qui exige l'organisation de gouvernements pour la Neustrie, l'Austrasie et la Bourgogne. Elle rend irrémédiable la division en trois royaumes. Elle fait plus violentes les antipathies qui commencent à se manifester entre eux ; elle apporte toutes ses forces dans les guerres civiles et achève la dislocation de l'empire. Elle prépare en même temps la dislocation des trois royaumes, où se forment des circonscriptions territoriales qui sont presque des seigneuries ; car tous ceux qui vivent sur les domaines des grands ou de l'Église, et qui ont, à des degrés divers, aliéné leur liberté personnelle, forment une communauté à part, qui a pour chef le propriétaire. Déjà les chartes et les formules reconnaissent l'existence de ces groupes : dans cette pénurie de notions politiques et dans ce désordre général, la seule chose claire et précise est le droit du propriétaire sur les hommes qu'il nourrit et qu'il protège. Les rois eux-mêmes obéissent à l'instinct qui pousse cette société à substituer partout les relations privées aux publiques. Au temps romain, certaines catégories de personnes avaient l'immunité, c'est-à-dire la franchise de l'impôt. Les Mérovingiens distribuent ces immunités, mais ils les appliquent à un territoire, et elles ont pour effet d'interdire à tout officier public d'y pénétrer, d'y rendre la justice et d'exercer les droits du fisc sur les habitants. Le roi, il est vrai, n'abdiquait pas sa souveraineté par ces concessions, et l'immunité mérovingienne n'était que l'attribution des revenus royaux à un propriétaire, mais elle donnait à celui-ci le moyen de devenir quelque jour un juge et un souverain.

Dans cet empire divisé en royaumes ennemis, dans ces royaumes divisés en seigneuries naissantes, que reste-t-il au roi ? Quand on lui a repris le droit d'instituer les évêques et qu'on a, pour ainsi dire, séparé l'Église de l'État, on lui a retiré la seule force qu'il eût prise dans l'imitation du principat romain. Quand on l'a obligé à choisir le comte parmi les propriétaires du comté, on l'a privé de la disposition de l'office, qui allait être dévolu par la force des choses à la plus puissante famille du comté. Il reste au roi son titre et le respect que sa race inspire : la dynastie sera protégée longtemps encore par ces forces idéales ; mais sa seule force réelle est l'appui des fidèles. Prendre au roi un fidèle, c'est lui prendre un conseiller et un soldat. Aussi les rois essayent-ils de se protéger contre ces rapts, et l'on trouve dans le traité d'Andelot cette disposition significative : « Qu'aucun des deux rois ne sollicite les leudes de l'autre de venir à lui et ne les accepte s'ils viennent d'eux-mêmes. » Mais un pareil engagement ne pouvait être respecté dans la guerre civile, et la guerre civile perpétuelle était une occasion pour les leudes de mettre aux enchères leur fidélité. Il fallait que le prince distribuât sans cesse des faveurs nouvelles. Le don une fois fait était considéré comme irrévocable par celui qui le recevait, et la vague condition de fidélité s'oubliait vite. Reprendre à celui-ci pour donner à celui-là, c'était se faire un ennemi assuré pour acquérir un ami douteux. Il fallait donc donner, donner toujours jusqu'à la ruine ; ainsi ont fait les Mérovingiens, et la ruine est venue : c'était la conclusion fatale. Si on écarte les théories, celles des romanistes comme celles des germanistes, si l'on dépouille les faits de cette poésie dramatique que leur donne l'histoire pour les considérer eux-mêmes *in abstracto*, on peut expliquer en quelques mots les destinées de la première dynastie franque : le roi mérovingien, à l'origine, est un parvenu qui dispose d'un riche trésor de biens et d'honneurs ; il n'a pas trouvé d'autre politique que de dépenser ce trésor au jour le jour : il devait finir et il a fini par la banqueroute.

> E. Lavisse, *Études sur l'histoire d'Allemagne*, dans la *Revue des Deux Mondes*, 15 décembre 1885.

III — Histoire poétique des Mérovingiens

« Tous les peuples ont eu des récits épiques, c'est-à-dire des souvenirs historiques idéalisés. » Les barbares de Germanie, au temps de Tacite, célébraient leurs défaites, leurs victoires et les exploits de leurs grands hommes. Cassiodore parle des chants nationaux des Goths ; le héros par excellence du peuple goth, Théodoric, a occupé dans la littérature épique du moyen âge, sous le nom de Dietrich von Bern, une place d'honneur. Paul Diacre rapporte pieusement les traditions poétiques des Lombards. Les légendes des Vandales et des Frisons, qui n'ont pas eu de chroniqueurs, et des Anglo-Saxons, dont le chroniqueur Beda s'est montré très hostile aux souvenirs profanes, ont péri ; mais Widukind, au dixième siècle, recueillit la substance des vieilles chansons saxonnes, et Saxo Grammaticus, au douzième, a composé l'histoire primitive du Danemark avec des morceaux de poèmes scandinaves. Que les Francs aient possédé aussi une sorte de *romancero* de leurs destinées nationales, cela est, *a priori*, très probable. Charlemagne, au rapport d'Eginhard, ordonna de consigner par écrit les vieilles chansons barbares de son peuple, *barbara et antiquissima carmina*. Ce recueil impérial disparut, malheureusement, de très bonne heure ; mais les chroniqueurs des Francs mérovingiens—Grégoire de Tours, Frédégaire, et le moine neustrien qui est l'auteur du *Liber historiæ*—ont dû, comme ceux de la plupart des autres nations barbares, faire entrer dans la trame de leurs livres quelques-uns de ces frustes et poétiques récits, qui sont à jamais perdus....

Grégoire de Tours, selon M. Kurth, a puisé dans les souvenirs populaires des Francs avec parcimonie et avec répugnance. Bien que très ignorant, il était, en effet, frotté de littérature classique ; en outre, il était chrétien ; enfin il était consciencieux. Trois raisons pour que la crudité de mauvais goût, la grossièreté et l'invraisemblance des traditions germaniques l'empêchassent de les goûter. Ajoutez que, ne sachant pas le francique, il n'en eut jamais connaissance que par des versions gallo-romaines. Grégoire ne s'est jamais résigné à recourir aux récits des barbares qu'à défaut de sources plus sûres, et il s'est toujours réservé le droit de les arranger : il les résume, élaguant du récit légendaire les détails épisodiques, les ornements, les hyperboles, c'est-à-dire tout ce qui en était la couleur et le parfum. L'histoire si connue de l'exil de Childéric en Thuringe fournit un exemple excellent de ces simplifications volontaires. « Childéric, raconte Grégoire, débauchait les filles des Francs ; il n'échappa à leur colère que par la fuite. Avant de s'exiler, il eut soin de partager une pièce d'or avec un de ses fidèles, qui promit de l'avertir quand l'heure du retour aurait sonné. Les Francs choisirent pour chef Egidius, général romain, et cela dura huit années. Ce temps écoulé, le fidèle de Childéric étant parvenu en secret à réconcilier le peuple avec le souvenir de son roi, *pacatis occulte Francis*, envoya à l'exilé le signe convenu. Et Childéric fut restauré. » A cette narration sommaire, décharnée, si l'on compare les récits correspondants de Frédégaire et du *Liber historiæ*, la méthode favorite de l'évêque de Tours s'accuse très clairement. Frédégaire et le moine neustrien, travaillant, indépendamment l'un de l'autre, à compléter, à l'aide de la tradition populaire qui persistait de leur temps, l'anecdote abrégée par Grégoire, savent tous deux le nom du leude fidèle : il s'appelait Wiomad. Les artifices de Wiomad pour rapatrier les Francs avec son maître étaient le sujet de la chanson barbare sur l'exil de Childéric ; Frédégaire et le *Liber historiæ* les relatent avec complaisance ; mais ils sont à la fois si compliqués et si naïfs, ces artifices, que l'on voit très bien pourquoi Grégoire, un peu choqué, les a dédaigneusement syncopés en un mot : « pacatis *occulte* Francis. »

Les fouilles les plus minutieuses dans la Chronique de Grégoire de Tours n'y feront donc découvrir que des squelettes de chansons franques ou gallo-franques, documents habillés en faits historiques et si bien déguisés que personne, pendant longtemps, n'en a soupçonné la nature. —Frédégaire et l'auteur du *Liber historiæ*, au contraire, très crédules, très ignorants, n'étaient pas hommes à exercer un contrôle sur les documents dont ils se servaient. Cependant, on ne saurait juger en connaissance de cause l'épopée mérovingienne d'après ce qu'ils en ont conservé. Leur paresse d'esprit les a empêchés de s'aviser des ressources que la poésie populaire leur eût abondamment offertes. Ils ont borné leur ambition à copier les anciennes chroniques ; s'ils ont intercalé dans leurs compilations quelques récits populaires, c'est par exception, et pour suppléer à l'extrême brièveté de Grégoire, dont ils ne s'expliquaient pas les motifs. D'ailleurs la langue originale des chansons franques ne leur était pas non plus familière. L'historien des Goths, Jordanis, était un Goth ; l'historien des Lombards, Paul Diacre, était un Lombard ; tous les historiens des Francs ont été des *Romani*....

Restituer, dans ces conditions, le cycle de l'épopée franque, l'« histoire poétique des Mérovingiens » est une entreprise très périlleuse. Est-il possible de distinguer, dans le texte de Grégoire de Tours et de ses continuateurs, le poème défiguré de l'on-dit ou de la simple légende qui n'ont jamais subi d'élaboration épique ? À quels signes ? Par quels réactifs ? L'allure plus ou moins poétique de la narration ne fournit pas, à cet égard, d'indications sûres ; car, parmi les anecdotes de Grégoire qui paraissent, au premier abord, marquées du sceau de la poésie populaire,—comme l'histoire du vase de Soissons, celle du jet du marteau au moment de la fondation par Clovis de l'église des Saints-Apôtres,—les unes, de provenance hagiographique, doivent tout leur éclat aux fleurs de la rhétorique cléricale ; toute la poésie des autres est dans le simple énoncé d'événements réels qui se sont passés en des temps où la réalité n'était pas vulgaire. Au contraire, quand les chroniqueurs résument très probablement des chansons archaïques, c'est parfois en termes très plats : « Wiomad, dit Frédégaire (III, 11), était le plus fidèle de tous les Francs à Childéric ; il avait réussi à le sauver quand les Huns l'avaient emmené en captivité, lui et sa mère.... » Certes, cette phrase est incolore ; mais elle suffit à persuader que les Francs, comme tant d'autres nations germaniques, avaient un trésor de traditions relatives aux invasions du redoutable roi des Huns, l'Attila du *Nibelungenlied* ; que la jeunesse de Childéric fut l'objet de chants très anciens, encore populaires au VIe siècle, qui célébraient les stratagèmes de l'ingénieux Wiomad pour procurer l'évasion du prince salien et de sa mère. Comparez les « poèmes d'évasion » du *Heldenbuch* des peuples allemands : l'évasion de Walther et d'Hildegonde, otages d'Attila, dans le *Waltharius* d'Ekkehard, etc. —M. Kurth, qui a entrepris cette tâche difficile de discerner dans les chroniques mérovingiennes les vestiges de l'épopée populaire des Francs mérovingiens s'est sans doute trompé souvent ; quelques-unes de ses hypothèses et de ses conclusions sont bien fragiles ; mais sa thèse fondamentale n'est pas absurde, et son livre, pourvu qu'on le lise avec discernement, est ingénieux, instructif.

Pharamond ne doit son titre et sa renommée de premier roi des Francs qu'à l'erreur d'un moine neustrien qui écrivait en 727, au monastère de Saint-Denis, une chronique remplie de fables. L'histoire de Clodion, de Mérovée, se perd dans la nuit. Childéric est le plus ancien prince des Saliens qui ait sûrement excité la verve poétique de son peuple. Nous avons déjà parlé de deux chansons qui lui ont été consacrées : sur sa captivité chez les Huns, sur sa brouille et sur sa réconciliation avec les siens ; une troisième célébrait son mariage avec Basine et les visions prophétiques de sa nuit de noces. La reine Basine de Thuringe, qui abandonne son mari pour rejoindre Childéric, et qui, interrogée par celui-ci sur le motif de sa venue, répond crûment : « C'est parce que je sais ce que tu vaux ; si j'avais cru qu'il y eût, même au-delà de la mer, quelqu'un de plus homme que toi, c'est à lui que je me serais donnée », cette reine Basine est le prototype des héroïnes de nos chansons de geste, si promptes à se jeter dans les bras des chevaliers de leur choix. —Après Childéric, Clovis. Plus encore que ses guerres, les amours de Clovis ont produit sur l'imagination populaire une profonde impression : l'histoire de la reine Clotilde, soustraite aux persécutions de son oncle Gondebaud par les émissaires du roi des Francs, qui l'épouse et qui la venge, est une vraie « légende nuptiale » du type de celles des *sagas* ; elle repose sans doute sur quelques données positives, mais elle a été influencée par les aventures de sainte Radegonde (si conformes à celles que les contemporains de cette sainte ont attribuées à Clotilde), et finalement stylisée. —La fortune poétique de Théodoric ou Thierri d'Austrasie, fils aîné de Clovis, dont l'activité s'est surtout dépensée en pays allemand, a été exceptionnelle. Les Anglo-Saxons du VIIe siècle, les Saxons continentaux du Xe siècle, le tenaient pour un des héros les plus fameux de l'épopée germanique. Sous le nom de *Hug-Dietrich* (Théodoric le Hugue, c'est-à-dire le Franc[17]), le fils de Clovis a joui en Allemagne, au moyen âge, d'une réputation à peine moindre que celle de son illustre homonyme, Théodoric, roi des Ostrogoths. Sa victoire, en Frise, sur les Normands de Hygelac, ses terribles guerres de Thuringe contre le roi Hermanfried, furent le sujet de chants anglo-saxons et saxons qui ont été conservés ; et dans l'admirable récit de ces événements par Grégoire de Tours (III, 4, 7 et 8), on sent, pour ainsi dire, palpiter confusément les ailes de la légende emprisonnée. Mais Grégoire ne s'intéresse guère aux Austrasiens ; le cycle franc des chansons sur Théodoric et sur son fils, ce jeune et

---

[17] Les barbares du Nord donnaient aux Francs le nom de *Hugas*.

chevaleresque Théodebert d'une beauté royale, le *Wolf-Dietrich*, le *Roi Ortnit* des conteurs d'Outre-Rhin, il n'en a rien, ou presque rien, voulu savoir ; il a condamné de la sorte la postérité à en conjecturer l'existence.

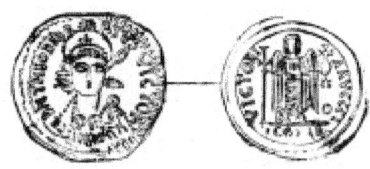

Monnaie de Théodebert.

Frédégonde et Brunehaut sont des figures d'un relief puissant ; nul doute que l'imagination populaire ait ressassé et embelli leur biographie. Mais Frédégonde et Brunehaut ont vécu en pleine lumière historique. Nous n'avons rien de leur « histoire poétique » ; nous avons leur histoire. Et cela vaut beaucoup mieux. N'exagérons pas, en effet, les mérites de l'épopée barbare. Cette poésie épique « dont l'immense foyer, selon M. Kurth, brûlait au sein de la race germanique, projetant jusque dans les plus lointaines chaumières les ombres gigantesques des héros »,—cette poésie épique, trop riche en épisodes conventionnels et en énumérations généalogiques, à en juger par les monuments scandinaves, paraîtrait sans doute assez froide aujourd'hui, et singulièrement inférieure, en tout cas, aux portraits et aux descriptions d'après nature d'un témoin sincère, clairvoyant, tel que Grégoire de Tours. Les *Récits mérovingiens* d'Augustin Thierry ne commencent qu'avec les fils de Clotaire, parce que c'est surtout à partir de l'avènement des fils de Clotaire que Grégoire, ayant vu directement les choses et les gens dont il parle, est précis et vivant. Combien de chansons stylisées sur Childéric et sur Clovis ne donnerait-on pas pour une autre *Historia Francorum*, de la main de saint Rémi !

Frédégonde, Brunehaut, Clotaire II, Dagobert sont, dans les chroniques mérovingiennes, des personnages foncièrement historiques, trop voisins des narrateurs pour que ceux-ci aient pu les considérer avec le recul de l'épopée. On recueille cependant avec raison tous les indices qui tendent à établir que les chansons et les légendes épiques n'ont pas été moins nombreuses, dans le pays des Francs, au VIIe siècle qu'au VIe. C'est que l'épopée carolingienne, dont les destinées, au moyen âge, furent si brillantes, n'est pas « une de ces plantes étrangères qui naissent en une nuit sur une place vide ; elle a été déterminée et préparée par des végétations puissantes, enracinées dès longtemps dans le sol ». L'épopée carolingienne dérive de l'épopée mérovingienne, et, en particulier, des légendes gallo-franques, perdues, dont Dagobert était le Charlemagne. Faron, évêque de Meaux, apparaît comme le Turpin de Clotaire II. La *Vie de saint Kilian* dit expressément que sur la guerre de Dagobert, fils de Clotaire II, contre les Saxons, on fit des chansons en langue romane rustique ; et certains traits de ces chansons se sont conservés dans des poèmes bien postérieurs, relatifs aux entreprises de Charlemagne en Saxe. Une équipée de la jeunesse de Dagobert (qui insulta, en lui coupant la barbe, son précepteur Sadrégisile) fut relatée dans un poème dont l'écho s'est répercuté jusque dans la chanson de *Floovent*, composée an XIIe siècle. — » La quatorzième année du règne de Dagobert, dit Frédégaire, les Vascons se révoltèrent ; le roi mit en campagne une armée sous le commandement d'un référendaire et de onze ducs. L'expédition aurait été heureuse si le duc Haribert ne se fût laissé surprendre et accabler avec les siens, au retour, dans la vallée de la Soule.... » Il est très probable que ce désastre du Val de Soûle a fourni la matière d'une cantilène, prototype de celle qui fut consacrée, après 778, aux douze pairs de Roncevaux. —Enfin, le continuateur de Frédégaire signale, à l'année 642, les Mayençais comme ayant causé, par leur traîtrise, la défaite du roi Sigebert aux bords de l'Unstrut ; d'où la geste de Mayence, la geste des traîtres, est, sans doute, sortie plus tard. —Roland et Ganelon, Haribert et les Mayençais de l'Unstrut, le parallèle est facile ; il a été fait plus d'une fois. « Avant Charlemagne, bien d'autres ont vécu et ont été célébrés qui perdirent leur splendeur poétique quand l'empereur et son entourage furent devenus le centre de tous les souvenirs héroïques et nationaux. » Charlemagne a hérité de Charles Martel, qui avait hérité de Dagobert, qui avait hérité de Clovis, qui avait hérité de bien d'autres. —Voilà les origines les plus lointaines de l'épopée française ; la tige, sinon les racines, de cette belle fleur épanouie, la *Chanson de Roland*, où se résume l'effort épique accumulé de dix générations, germaniques et romanes.

Ch.-V. Langlois, dans le *Journal des Débats*, 5 mai 1893.

Charles Victor Langlois

CHAPITRE III

EMPIRE ROMAIN D'ORIENT

PROGRAMME. —Justinien. Mœurs byzantines, la cour, les lois, l'église Sainte-Sophie.

BIBLIOGRAPHIE

La meilleure **histoire générale de l'Empire byzantin** a été longtemps celle d'E. Gibbon (*The history of the Decline and Fall of the roman Empire*), qui, depuis la fin du XVIIIe siècle, a été souvent rééditée et traduite. On lira de préférence l'excellent ouvrage de J. B. Bury, *A history of the later roman Empire from Arcadius to Irene*, London, 1889, 2 vol. in-8°, ou celui de G. F. Hertzberg, *Geschichte der Byzantiner*, Berlin, 1883, in-8°.

Citons, parmi les monographies importantes, qui sont aisément accessibles : Ch. Diehl, *Études sur l'administration byzantine dans l'exarchat de Ravenne (568-751)*, Paris, 1888, in-8° ;—L. Drapeyron, *L'empereur Héraclius et l'empire byzantin au VIIe siècle*, Paris, 1869, in-8° ;—A. Gasquet, *L'empire byzantin et la monarchie franque*, Paris, 1888, in-8° ;—G. Schlumberger, *Un empereur byzantin du Xe siècle, Nicéphore Phocas*, Paris, 1890, in-4° ;—A. Rambaud, *L'empire grec au Xe siècle, Constantin Porphyrogénète*, Paris, 1870, in-8° ;—C. Neumann, *Die Weltstellung des byzantinischen Reiches vor den Kreuzzügen*, Leipzig, 1894, in-8°.

Sur l'œuvre juridique de Justinien et sur le **droit byzantin** : P. Krueger, *Histoire des sources du droit romain*, Paris, 1894, in-8°. (Trad. de l'all.)

Sur **les mœurs et les monuments** de Byzance, voyez, dans la *Revue des Deux Mondes*, les articles de M. A. Rambaud (*L'Hippodrome à*

Constantinople, 15 août 1871 ; *Empereurs et impératrices d'Orient*, 15 janv. et 15 févr. 1891) ;—J. Labarte, *Le palais impérial de Constantinople et ses abords*, Paris, 1861, in-4° ;—Ch. Bayet, *L'art byzantin*, Paris, 1883, in-8° ;—N. Kondakoff, *Histoire de l'art byzantin considéré principalement dans les miniatures*, Paris, 1886-1891, 2 vol. in-4°.

L'immense **littérature byzantine** a été, pour ainsi dire, révélée au public lettré par l'excellente *Geschichte der byzantinischen Litteratur* de K. Krumbacher (München, 1891, in-8°). Cf. *Revue des Deux Mondes*, 15 mars 1892.

Un résumé de l'**histoire des Slaves, des Lithuaniens et des Hongrois** depuis les origines jusqu'à la fin du XIIIe siècle, par E. Denis, se trouve dans l'*Histoire générale du IVe siècle à nos jours*, t. I (1893), p. 688-741 ; t. II (1893), p. 745-796.

I — Constantinople et l'Empire Byzantin

Toutes les races de l'Europe orientale se trouvaient représentées dans les pays qui confinaient à l'empire grec : la race latine et même la race germanique par les Dalmates et les Italiens ; la race arabe en Sicile, en Crète, en Orient ; la race arménienne par le royaume pagratide et les principautés feudataires ; les races turques ou ouraliennes par les Bulgares du Volga, les Ouzes, les Petchenègues, les Khazars, les Magyars ; la race slave par les Russes, les Bulgares danubiens, les Serbes, les Croates.

Parmi les sujets mêmes de l'empire grec, au cœur de ses provinces, ces différentes races avaient de nombreux représentants. La race latine s'y trouvait représentée par les Valaques du Pinde et du Balkan ; la race arabe par les prisonniers baptisés ; la race arménienne par les colons des thèmes de Thrace, de Macédoine, Anatolique et Thracésien ; la race turque par les colonies du Vardar et de l'Ochride ; la race slave par les Milinges, les Ezérites, les Opsiciens, etc.

L'empire grec ne s'effrayait pas trop de ces infiltrations des races barbares. Tous ces éléments étrangers qui pénétraient dans son économie la plus intime, il cherchait à se les assimiler. Loin de les exclure de la cité politique, il leur ouvrait son armée, sa cour, son administration, son église. À ces Arabes, à ces Slaves, à ces Turcs, à ces Arméniens, il demandait des soldats, des généraux, des magistrats, des patriarches, des empereurs. Ce qu'il y avait de jeunesse dans ce monde barbare, il cherchait à s'en rajeunir. La question de nationalité était pour lui fort secondaire. L'empire grec d'Orient était comme la monarchie pontificale de Rome : non pas un État constitué pour telle ou telle nation, telle ou telle race d'hommes, mais une institution qui était le patrimoine commun du genre humain. La Sainte Hiérarchie byzantine, comme le Sacré Collège des cardinaux romains, se recrutait des notabilités du monde entier. De même qu'au moyen âge on vit des papes italiens, français, anglais, allemands, espagnols, de même il y eut des *basileis* arméniens, isauriens, slaves, aussi souvent que byzantins. Peu importait la langue ou la race : il suffisait qu'on fût baptisé. Le baptême ouvrait au néophyte barbare l'État en même temps que l'Église.

Dans les armées de Justinien, des Antes, des Slaves, des Goths, des Hérules, des Vandales, des Lombards, des Arméniens, des Perses, des Maures, des Huns : ils combattent en Italie, en Espagne, en Afrique, en Égypte, sur le Danube et sur l'Euphrate. Recrutés dans tous les pays, on les envoie se faire tuer sous tous les climats. —C'est avec la valeur et le génie de ses soldats, stratèges, empereurs barbares, que la société grecque résista aux invasions barbares. Les plus grands noms militaires de l'histoire byzantine ne sont pas des noms grecs.

*
* *

Mais il y a surtout deux races dont l'influence dans les provinces, dans les armées, à la cour, fut prépondérante. Toutes deux eurent l'honneur d'être représentées sur le trône : la race slave et la race arménienne.

Sur l'origine slave de la dynastie de Justin Ier, il ne semble pas y avoir de doutes. Les noms d'Istok, de Beglenica, d'Upravda, qui furent, avant l'élévation de cette famille à l'empire, ceux de Sabbatius, de Vigilantia et de leur fils Justinien, fournissent une preuve assez concluante sur l'origine de ces paysans de Bederiana ; n'oublions pas que des colonies slaves, dès le temps de Constantin le Grand, avaient été établies dans la Thrace.

L'Arménie, plus pauvre que les pays slaves, était plus fertile aussi en aventuriers. De la Chaldée, de la Géorgie, de la Perse-Arménie, de l'Arménie propre, une nuée de soldats de fortune couraient à l'assaut des grades militaires des dignités auliques, de l'empire byzantin lui-même. La première dynastie arménienne fut fondée par Léon V. Après le meurtre du demi-Arménien Michel III, Basile fonda une dynastie tout arménienne qui dura près de deux siècles (867-1056). Il y a eu, au Xe siècle, trois interruptions seulement dans la succession légitime, trois tuteurs de Porphyrogénètes mineurs, trois envahisseurs de leurs trônes : Lecapène, Phocas, Zimiscès. Tous trois sont Arméniens.

*
* *

L'empire byzantin peut à peine s'appeler l'empire grec.

L'unité que lui refusait sa constitution ethnographique, il la chercha dans l'administration, dans la religion, dans la création d'une littérature qui lui fût propre.

À la fois langue administrative, langue d'église, langue littéraire, le grec avait un faux air de langue nationale.

Or, le centre administratif, le centre religieux, le centre littéraire de l'empire, c'est Constantinople.

Comme capitale, sa situation est unique. Voilà un empire coupé en deux parties presque égales : d'un côté, la péninsule illyrique et les provinces d'Europe ; de l'autre, la péninsule anatolique et les provinces d'Asie. Il y a dans cet empire un dualisme fatal. Dans ses provinces d'Occident, influence italienne, slave, germaine ; dans ses provinces d'Orient, influence arabe, arménienne. Supposez que Constantinople n'existe pas, qu'il n'y ait plus sur le Bosphore que la petite Byzance d'avant Sévère, chacune de ces deux moitiés de l'empire s'abandonnerait à sa tendance dominante : ici tout l'Orient, là tout l'Occident.

Mais à la rencontre des deux continents s'élève Constantinople. Elle n'appartient ni à l'Asie ni à l'Europe. Byzance sur la côte d'Europe,

Scutari sur la côte d'Asie, c'est une seule et même ville. Ce n'est point une cité ordinaire, mais une immense capitale, supérieure en population à la vieille Rome, d'une force d'attraction énorme. Les provinces d'Asie ne peuvent plus se tourner vers l'Orient, les provinces d'Europe vers l'Occident : elles sont attirées vers Constantinople.

L'empereur Justinien et sa cour : Mosaïque de San Vitale, à Ravenne.

Entre les deux péninsules, elle se trouve placée comme un germe vivace entre deux cotylédons : ces éléments si disparates des provinces d'Asie et de celles d'Europe, elle se les assimile, elle les élabore et les transforme. Dans son sein accourent d'Occident des aventuriers dalmates, grecs, thraces, slaves, italiens ; d'Orient des aventuriers isauriens, phrygiens, arméniens, caucasiens, arabes : en peu de temps elle en fait des Grecs. Ils oublient leurs idiomes barbares pour la langue polie de Byzance ; leurs superstitions odiniques, helléniques, musulmanes, font place à une ardente et raffinée orthodoxie. Byzance les reçoit incultes et sauvages ; elle les rend à l'immense circulation de l'Europe lettrés, savants, théologiens, habiles administrateurs, souples fonctionnaires. D'un paysan de Bederiana elle fait Justinien ; du fils d'un palefrenier de Phrygie, le savant Théophile ; d'un aventurier macédonien, le grand empereur Basile ; du slave Nicétas, un patriarche.

La Cour et la Ville contribuaient à cette transformation. Cette cour était la plus vieille de l'Europe, au cérémonial antique, respectable, exigeant, minutieux, excellente discipline pour les Barbares ; elle était en même temps un centre de science administrative et diplomatique, de bel esprit, d'intrigues et de luttes, d'activité bonne ou mauvaise où le plus barbare se dégrossissait à vue d'œil.

À Constantinople, les Barbares se trouvaient en contact avec la masse grecque la plus compacte de l'empire, avec une population passionnée pour l'orthodoxie, d'une délicatesse athénienne en fait de langage, où se rencontrait le plus grand peuple de théologiens, de lettrés et d'artistes qu'on pût rencontrer dans aucune ville de la chrétienté.

Sainte-Sophie et ses splendeurs artistiques et liturgiques, le Sacré Palais et ses intrigues, l'Hippodrome et ses passions, voilà les trois centres d'éducation de tout Barbare en train de devenir Byzantin.

Byzance faisait l'empire ; à l'occasion, elle le refaisait ; parfois elle était tout l'empire.

Au temps de Romain Lecapène et de Siméon, elle était presque tout ce qui restait à la monarchie de ses provinces d'Europe ; au temps des Héraclides, au temps des Comnènes, elle était presque tout ce qui lui restait de ses provinces d'Asie. Mais quand venait l'occasion favorable, elle réagissait ici contre les Bulgares, là contre les Arabes, contre les Sedjoukides. Par sa politique, elle recréait l'empire tantôt à l'est, tantôt à l'ouest du Bosphore. Tant que cette prodigieuse forteresse de Constantinople n'avait point succombé, rien n'était fait ; la monarchie restait debout ; l'Euphrate et le Danube pouvaient encore redevenir frontières. Quand enfin les Ottomans eurent tout pris, Constantinople composa à elle seule tout l'État. Byzance survécut près d'un siècle à l'empire byzantin.

Comment s'appelle cet empire dans l'histoire ? L'empire romain ? il n'y avait plus de Romains. L'empire grec ? il y avait dans cet empire bien autre chose que des Grecs. Il s'appelle l'empire byzantin. Tout un empire semblait n'être que la banlieue de cette ville extraordinaire. Comme pour les petites cités de l'antiquité, un même mot servait à désigner la Ville et son territoire : Πόλις. Pour les Chinois du moyen âge, la monarchie de Constantin n'est plus le *Thsin*, c'est-à-dire l'empire : il est le *Fou-lin*, la VILLE.

A. Rambaud, *L'Empire grec au Xe siècle*, Paris, Franck-Vieweg, 1870, in-8°. *Passim.*

II — LA FORMATION ET L'EXPANSION DE L'ART BYZANTIN

C'est un fait incontestable que l'art byzantin procède en partie de l'art antique. La puissance des traditions a toujours été grande dans l'Orient hellénique. Aujourd'hui encore, les vieilles légendes mythologiques n'ont point disparu des campagnes de la Grèce ; à chaque instant, dans les récits, dans les chansons, dans les usages de la vie populaire, revit le souvenir des divinités de l'Olympe. Quelques-unes se sont confondues avec les saints de la religion nouvelle ; mais sous cette physionomie d'emprunt se retrouvent leurs traits à demi effacés. Cette fidélité aux traditions doit trouver sa place dans les choses de l'art. Lorsque les artistes byzantins créèrent un style nouveau, leur esprit était plein des souvenirs du passé, ils vivaient au milieu de ses œuvres. Pouvaient-ils se soustraire à l'influence de modèles d'une si pénétrante beauté ? Étaient-ils incapables d'en goûter le charme ? Les monuments prouvent, au contraire, qu'ils surent les comprendre et qu'ils restèrent attachés à quelques-uns des principes essentiels qui avaient dirigé la marche de l'art antique. Comme leurs prédécesseurs de la belle époque grecque, ils recherchèrent la grandeur et l'harmonie dans l'ordonnance des compositions, la noblesse des attitudes, la beauté de certains types, l'élégance des draperies. Sans doute il ne s'agit point ici d'établir de comparaison ; et si, par quelques qualités, les œuvres byzantines font songer aux monuments antiques, elles s'en écartent par bien des défauts. Les artistes byzantins exagèrent la symétrie de leurs compositions, ils ont moins de souplesse et de délicatesse, une conception moins facile et moins vivante du beau ; n'importe, ils ont encore appliqué quelques-unes des règles principales de l'esthétique ancienne, et cela seul suffit pour donner à leurs productions une valeur singulière.

L'impératrice Théodora : Mosaïque de San Vitale, à Ravenne.

Mais à ces éléments d'origine grecque se sont mêlées d'autres influences, dont quelques-unes venaient de l'extrême Orient. Parmi ses possessions les plus belles, l'empire d'Orient comptait alors les riches provinces de la Syrie, qui formaient comme une zone intermédiaire entre l'Asie centrale et la Grèce. Par sa position même, Constantinople se rattachait à ces pays ; une grande partie de sa population en était originaire ; les mœurs, les arts devaient s'en ressentir. En outre, elle était sans cesse en relations commerciales ou politiques avec les plus puissantes monarchies de l'Orient, et surtout avec la Perse. Dans l'architecture, ces influences sont fort sensibles ; mais il en est même de l'ornementation, où se rencontrent à chaque instant des motifs empruntés à l'extrême Orient, traités dans le même esprit et dans le même style. C'est là surtout que les artistes byzantins ont puisé ce goût de richesse et de luxe qui apparaît dans toutes leurs œuvres ; de là leur vint aussi la tendance à rendre d'une manière conventionnelle tous les détails de l'ornement. L'art, dans les données qu'il demande à la faune et à la flore, tantôt reproduit fidèlement la nature, tantôt l'altère et imagine des types artificiels, sans cesse répétés, et où l'imitation des formes réelles disparaît presque entièrement. Les byzantins ont suivi cette dernière voie, et souvent ils ont adopté des modèles depuis longtemps fixés en Orient. On retrouve chez eux ces entrelacs compliqués, ces fleurs bizarres, ces animaux fantastiques si fréquents sur les monuments de l'Inde ou de la Perse.

Cependant l'art byzantin ne s'est point contenté de combiner des éléments d'origine diverse, il s'est montré véritablement créateur. À lui revient le mérite d'avoir le premier donné aux conceptions chrétiennes une physionomie individuelle bien marquée. En effet, c'est surtout dans le domaine religieux qu'il se manifeste avec toute son originalité et tout son éclat ; on ne saurait s'en étonner, si l'on songe combien, chez les Grecs du moyen âge, la religion était puissante et se mêlait à toutes choses. Les artistes ont été surtout frappés de certains caractères dominants du christianisme : la splendeur de la religion triomphante, la majesté divine, le rôle protecteur des saints ; et ils se sont attachés à les exprimer avec force. C'est ce qui explique que, malgré une assez grande variété de sujets, l'art byzantin, dès cette époque, présente déjà beaucoup d'uniformité ; on sent qu'il tourne sans cesse autour des mêmes idées. N'est-ce point se conformer aux véritables conditions de l'art religieux ? La fidélité à des types arrêtés, à des conceptions maîtresses et peu nombreuses, est un trait commun à toutes les religions : l'esprit populaire y attache un sens sacré, et considérerait comme une profanation de laisser le champ libre au caprice des artistes. Dans la société byzantine, l'Église les surveille et les dirige ; de bonne heure la plupart lui appartiennent. D'ailleurs, il y a dans cette répétition même une réelle grandeur : à une religion considérée comme immuable il faut des formes artistiques qui ne changent point à la merci de la mode, et, dans les églises où doit dominer l'idée d'éternité, il convient que l'art y porte notre âme par l'éternité apparente de ses traditions. À cet égard, les Byzantins furent de grands maîtres ; qu'il s'agisse de la pensée ou de l'exécution, ils comprirent les véritables règles de la décoration religieuse, et il est à remarquer que, de nos jours, les peintres qui ont voulu faire revivre chez nous cette forme de l'art se sont parfois inspirés de leurs œuvres. D'ailleurs cette uniformité générale n'aboutit point à une immobilité stérile, et l'art byzantin connut, lui aussi, les transformations et la diversité des écoles.

*
* *

En Orient, l'action de l'art byzantin s'est exercé où a pénétré le christianisme grec. Ainsi ce fut grâce à Byzance que la culture des arts s'introduisit en Russie. Au Xe siècle, la civilisation était encore fort grossière chez les populations slaves, mêlées d'éléments scandinaves, qui habitaient le pays. Déjà, cependant, la puissance et la gloire de Byzance avaient attiré sur elle les regards de ces Barbares : les uns en avaient tenté la conquête, comme Rourik, Oleg et Igor, d'autres y étaient venus en amis, comme Olga. Convertie au christianisme, la princesse russe ne réussit point cependant à le répandre parmi ses sujets ; pour opérer une telle révolution, il fallait l'autorité d'un prince énergique et violent. Ce fut l'œuvre de Vladimir, qui, ayant institué une enquête sur la meilleure des religions, choisit celle des Grecs. Les raisons qui le décidèrent touchent à l'art : il fut attiré vers le culte orthodoxe par la richesse de ses temples et la splendeur de ses cérémonies. Baptisé, il imposa le baptême à ses sujets, et, dans les deux grandes villes de Kief et de Novgorod, des églises succédèrent aux idoles des anciens dieux.

À ce moment, l'art qui se manifeste en Russie est d'importation étrangère, comme les croyances qu'il exprime. Jusque-là, les Russes n'avaient guère connu que les constructions en bois. Ce furent des architectes byzantins qui élevèrent les premières églises en pierre et en maçonnerie, des peintres byzantins qui les décorèrent. L'église de la Dîme, à Kief, celle de Sainte-Sophie à Novgorod, dont le prêtre grec Joachim dirigea la construction, furent les premiers monuments de cet art religieux. Sous Iaroslaf le Grand (1016-1054), successeur de Vladimir, Kief devient une ville d'aspect impérial. « Iaroslaf voulut faire de sa capitale une rivale de Constantinople. Comme Byzance, elle eut sa cathédrale de Sainte-Sophie et sa Porte d'or. Adam de Brême l'appelle « *æmula sceptri Constantinopolitani et clarissimum decus Græciæ....* » Iaroslaf n'a pas assez d'artistes grecs pour décorer tous les temples, pas assez de prêtres grecs pour les desservir. Kief est alors la ville aux quatre cents églises qu'admiraient les écrivains d'Occident.... La merveille de Kief, c'était Sainte-Sophie. Les mosaïques de l'époque d'Iaroslaf subsistent encore, et l'on peut admirer, « sur le mur indestructible », la colossale image de la Mère de Dieu, la Cène où le Christ apparaît double, présentant à six de ses disciples son corps et aux six autres son sang, les images des saints et des docteurs, l'ange de l'Annonciation et la Vierge. Les fresques conservées ou soigneusement restaurées sont encore nombreuses et couvrent de toutes parts les piliers, les murailles et les voûtes à fond d'or. Toutes les inscriptions sont non pas en langue slavonne, mais en grec.[18] »

Ce n'est point seulement chez les peuples chrétiens d'Orient, Russes, Arméniens, etc., que se retrouve la trace de l'art byzantin ; à leur tour, les ennemis les plus acharnés du christianisme et de l'empire grec lui ont fait des emprunts. Sans doute l'art arabe a pris de bonne heure une physionomie originale, mais tout d'abord ce n'est pas en lui-même qu'il a trouvé les éléments dont il s'est formé. Quand les Arabes entreprirent les conquêtes qui devaient étendre leur domination de l'Asie Mineure aux Pyrénées, l'art n'existait encore chez eux que sous ses formes les plus simples. Dans la plupart des pays où ils s'établirent, ils adoptèrent donc les monuments qui s'y trouvaient déjà, ils les imitèrent, et ce ne fut que peu à peu qu'ils en modifièrent la structure et la décoration. Or, les premières provinces dont ils s'emparèrent étaient grecques ; mis en rapport avec l'art byzantin, ils en subirent l'influence.

En Syrie, les Arabes ne se préoccupent point tout d'abord de construire des mosquées ; ils enlèvent au Christ ses églises et les consacrent à Allah. Parfois, pendant quelques années, les deux cultes vivent côte à côte dans un même édifice. À Damas, Omar partage en deux l'église de Saint-Jean : la partie orientale appartient aux musulmans, tandis que la partie occidentale est laissée aux chrétiens, qui n'en furent chassés que soixante-dix ans plus tard. Quand les califes désirent, à leur tour, bâtir des mosquées, ils s'adressent aux byzantins. « Walid, voulant faire construire la mosquée de Damas, envoya une ambassade à l'empereur de Constantinople, qui, sur sa demande, lui expédia douze mille artisans. La mosquée, dit Ibn-Batoutah, fut ornée de mosaïques d'une beauté admirable ; des marbres incrustés formaient, par un mélange habile de couleurs, des figures d'autels et des représentations de toute nature.[19] » Ils ne craignaient même point, malgré les préceptes de Mahomet, d'introduire des figures dans la décoration de leurs édifices religieux, imitant en cela l'exemple des chrétiens. Le père de Walid, Abd-el-Melik, dans une mosquée de Jérusalem, avait fait représenter le paradis et l'enfer de Mahomet. Les califes de Damas attiraient à leur cour des maîtres byzantins, et c'était sous leur direction que se

---

[18] Rambaud, *Histoire de Russie*, 2ᵉ édit., p. 63, 64.
[19] Lavoix, *les Arts musulmans ; de l'emploi des figures*. (*Gazette des Beaux-Arts*, 1875.)

formaient des artistes arabes. On ne saurait donc s'étonner si les anciennes mosquées de la Syrie présentent tant d'analogie avec les églises grecques.

*
 * *

Dans le sud de l'Italie, le rôle de Byzance est évident. Pendant plusieurs siècles, toute une partie de cette contrée se rattacha à l'empire de Constantinople par la religion, par l'administration, par la langue même : l'antique Grande-Grèce méritait toujours ce nom. Même la querelle des iconoclastes, qui détacha de l'Orient le reste de l'Italie, dans le sud fortifia l'hellénisme ; les partisans des images s'y réfugièrent en grand nombre, et les empereurs grecs ne les y inquiétèrent pas. Ce fut dans ces provinces une véritable colonisation grecque, et une colonisation en partie monastique. Dans la Calabre seule, on connaît les noms de quatre-vingt-dix-sept couvents de l'ordre de saint Basile qui se fondèrent à cette époque. Ce pays fut le centre de cette civilisation néo-hellénique ; Byzance y était aimée, et, quand vinrent les Normands, en bien des endroits on leur résista avec énergie. Robert Guiscard ne s'empara point sans peine de Tarente, de Santa Severiana ; encore ne put-il détacher violemment les populations de l'hellénisme : il fallut plus d'un siècle pour que le rite latin y remplaçât le rite orthodoxe ; au XIIe siècle, en certains endroits, on employait encore la langue grecque. Il en fut de même en Sicile. Dans d'autres provinces, la culture byzantine, moins fortement enracinée que dans ces deux pays, était cependant très puissante encore. « Est-il besoin de rappeler ce que les Normands eux-mêmes, après la conquête, dans la première période de leur domination sur le midi de l'Italie, empruntèrent à la civilisation gréco-byzantine ? Non seulement ils adoptèrent le grec comme une des langues officielles de leur chancellerie, parce qu'elle était celle d'une partie de leurs sujets, mais leur architecture resta entièrement byzantine jusque vers 1125. Les premières monnaies qu'ils frappent dans la Pouille et dans la terre d'Otrante sont imitées de celles de l'empire d'Orient. Le costume nouveau, caractérisé par la robe longue à l'orientale et par une sorte de bonnet phrygien, que l'Occident tout entier adopte vers 1090, un peu avant la première croisade, à la place du costume court qui prévalait jusqu'alors, leur y a dû sa première introduction. Et il n'est pas autre chose que le costume grec.[20] » Les princes normands fondaient autant de monastères grecs que de monastères latins ; à leur cour, les poètes, les historiens, les théologiens byzantins étaient aussi nombreux qu'à la cour impériale. Ce fut seulement vers le XIIIe siècle que les rois et l'Église entreprirent d'extirper par la force l'élément oriental.

*
* *

À l'autre extrémité de l'Italie, Venise est une ville grecque. Sa prospérité s'est accrue à mesure que déclinait celle de Ravenne, sa voisine. Dépeuplée par Justinien II, ruinée par l'avidité des exarques, la capitale de l'Italie byzantine était déjà bien déchue de son ancienne splendeur, quand, au milieu du VIIIe siècle, elle tomba aux mains des Lombards pour passer bientôt à celles du pape. Au contraire, Venise sut maintenir son indépendance contre les Lombards et les Francs ; la suzeraineté nominale des empereurs grecs qu'elle affecta de reconnaître fut la condition même de sa fortune. Dotée par eux d'une foule de privilèges, elle multiplia ses comptoirs sur les côtes de la Méditerranée et bientôt accapara la plus grande partie du commerce entre l'Orient et l'Occident. Mais, avec les produits de l'empire, les marchands vénitiens rapportaient dans leur patrie la civilisation byzantine. Tout y rappelait la Grèce, le costume, les mœurs, le cérémonial de la cour des doges et ces titres d'*hypatos* et de *protospathaire* dont les parait la cour impériale. C'est à l'Orient que Venise empruntait quelques-unes de ces industries de luxe où à son tour elle excella, telles que l'art de travailler le verre et le cristal, de dorer les cuirs.

Aussi, pendant plusieurs siècles, les monuments vénitiens rappellent-ils souvent ceux qu'on élevait à Constantinople. Quand le doge Pierre Orseolo, en 976, entreprit la construction de cette merveilleuse église de Saint-Marc qui ne fut consacrée qu'en 1085, s'adressa-t-il à des architectes nés en Grèce ? Aucun document ne le prouve ; mais il est certain que les constructeurs de ce monument, quel que fût leur lieu d'origine, pratiquaient l'architecture byzantine dans toute sa pureté : il n'est point jusqu'aux matériaux, marbres, colonnes, qui ne paraissent en

---

[20] Fr. Lenormant, *la Grande-Grèce*, 1881, t. II, p. 406, 407. L'auteur s'est attaché à faire ressortir l'importance de l'élément grec dans l'histoire de l'Italie méridionale au moyen âge.

grande partie empruntés à l'Orient. Cependant, même à Venise, les types grecs ne dominaient point exclusivement ; aux environs, à Murano, à Torcello, à Grado, etc., les formes latines reparaissent, à l'époque où s'élevait Saint-Marc, ou bien, dans les édifices civils comme dans les églises, les deux styles se combinent, mêlent leurs dispositions et leur ornementation.

S'agit-il de décorer ces monuments, c'est encore vers l'Orient que se tournent les Vénitiens. Les émaux de la Pala d'Oro sont byzantins ; il en est de même d'une partie des belles pièces d'orfèvrerie du Trésor. Une des portes de l'église a dû être exécutée à Constantinople, deux autres paraissent vénitiennes, mais imitées de ce modèle étranger. Les artistes grecs établis à Venise formaient au XIe siècle une corporation. Ce furent eux, tout l'indique, qui commencèrent à exécuter les mosaïques de Saint-Marc, et pendant longtemps les artistes indigènes formés à cette école en conservèrent le style. Leur influence ne se renfermait point dans les murs de la ville. À l'église de Murano, la Vierge qui décore l'abside est de l'art byzantin le plus pur (XIIe siècle). Tout près de là, à Torcello, la plus grande partie des mosaïques leur appartient encore (XIe et XIIe siècles) : à l'abside centrale, la Vierge et les Apôtres ; sur la paroi occidentale, le Jugement dernier ; dans une abside latérale, le Christ entouré d'archanges, bien que, dans cette dernière composition, se retrouve la trace évidente de la collaboration des Italiens.

*
* *

Une église à coupoles : Saint-Front de Périgueux.

En France, l'influence byzantine ne s'est jamais exercée d'une façon aussi sensible et aussi durable que dans certaines régions de l'Italie. D'ailleurs, pendant plusieurs siècles du moyen âge, c'est chez nous que l'art chrétien d'Occident s'est développé avec le plus de force et de charme. La France possédait, au XIIe et au XIIIe siècle, une architecture et une sculpture originales, pleines de vie et de grâce, qui se répandaient à leur tour dans les pays voisins et jusqu'en Orient. —Il existe toutefois en France une région où l'architecture byzantine à coupoles se manifeste dans tout un groupe d'églises. Saint-Front de Périgueux, de la fin du Xe siècle, en est le type le plus célèbre. La coupole se rencontre encore dans le reste de l'Angoumois, dans la Saintonge.... D'où viennent ces emprunts si caractéristiques à la construction byzantine ? C'est un fait dont l'histoire ne rend pas compte. Dans le reste de la France, d'ailleurs, si les églises par leurs formes ne rappellent pas au même degré l'art grec, elles s'y rattachent fort souvent par leur ornementation. Les fresques de Saint-Savin, près de Poitiers, présentent des ressemblances avec les peintures grecques. Au cloître de Moissac, quelques personnages sculptés au commencement du XIIe siècle arrivent de Byzance : les physionomies, les attitudes, les plis des vêtements, tout l'indique. Pourtant cette influence étrangère ne fut chez nous ni absolue ni de longue durée. De bonne heure, l'esprit fortement trempé de nos artistes, s'il fit des emprunts à Byzance, ne se condamna point à d'ingrates copies. L'art d'Orient a plutôt contribué à éveiller chez eux la conscience de leurs qualités propres. Dès la fin du XIIe siècle, les formes de l'architecture sont nouvelles en France ; les fleurs des ornements ont été copiées dans les prés et les bois voisins, et les personnages des statues et des bas-reliefs sont nés dans le pays où ils ont été sculptés....

Ch. Bayet, *L'art byzantin,* dans la *Bibliothèque de l'enseignement des Beaux-Arts,* Paris, A. Quantin, 1883, in-8°. *Passim.*

CHAPITRE IV

LES ARABES

PROGRAMME. —Mahomet ; le Coran. L'empire arabe. La civilisation arabe.

BIBLIOGRAPHIE

Les livres sur **les origines de l'islamisme**, sur **l'empire arabe** et sur la **civilisation musulmane** au moyen âge, ne sont pas rares. Quelques-uns des premiers spécialistes de ce temps ont écrit, pour le public, de très belles pages que le public ne connaît guère ; et les ouvrages les plus connus ne sont pas les meilleurs. —Aux livres généraux de MM. L.-A. Sédillot (*Histoire générale des Arabes*, Paris, 1877, 2 vol. in-8°, 2ᵉ éd.) et G. Le Bon (*La civilisation des Arabes*, Paris, 1883, in-4°), préférer ceux de sir W. Muir (*The life of Mahomet, from original sources*, London, 1894, 3ᵉ éd. ; *The Caliphate, its rise, decline and fall*, London, 1892, in-8°), de A. v. Kremer (*Kulturgeschichte des Orients unter den Chalifen*, Wien, 1875-1877, 2 vol. in-8°), et de A. Müller (*Der Islam im Morgen-und Abendland*, Berlin, 1885-1887, 2 vol. in-8°).

Nous recommandons surtout la lecture de quelques monographies, articles de revue et morceaux détachés, qui ont été publiés par MM. Dozy, Renan, Wellhausen, Nöldeke, I. Goldziher (*Muhammedanische Studien*, Halle, 1889-1890, 2 vol. in-8°), H. Grimme (*Mohammed, I, Das Leben*, Munster, 1892, in-8°), S. Guyard (*La civilisation musulmane*, Paris, 1884, in-8°), J. Darmesteter (*Le Mahdi depuis les origines de l'Islam* et *Coup d'œil sur l'histoire de la Perse*, dans la *Revue politique et littéraire*, 1885, t. Iᵉʳ), C. Snouck Hurgronje (dans la *Revue de l'histoire des religions*, 1894), etc.

Sur **l'art musulman**, voir les deux volumes récemment publiés par M. Al. Gayet dans la « Bibliothèque de l'Enseignement des Beaux-Arts » : *L'art arabe* (Paris, s. d., in-8°) ; *L'art persan* (Paris, s. d., in-8°). —Sur la légende de Mahomet au moyen âge, E. Renan, dans le *Journal des Savants*, 1889, p. 421 et s.

LE KORAN ET LA SONNA

Le livre qui contient les révélations faites à Mahomet et qui est en même temps la source, sinon la plus complète, du moins la plus digne de foi de sa biographie, présente des bizarreries et du désordre. C'est une collection d'histoires, d'exhortations, de lois, etc., placées l'une à côté de l'autre sans qu'on ait suivi l'ordre chronologique ni aucun autre.

Mahomet appelait toute révélation formant un ensemble *sourate* ou *Koran*. Le premier de ces deux mots est hébreu et veut dire proprement une série de pierres dans un mur, et, de là, la ligne d'une lettre ou d'un livre ; dans le Koran, tel que nous le possédons, il a le sens beaucoup plus large de *chapitre*. Le mot *koran* est à proprement parler un infinitif qui signifie lire, réciter, exposer ; cette dénomination est également empruntée aux Juifs qui emploient le verbe *karâ* (lire) dans le sens surtout d'étudier l'Écriture Sainte ; mais Mahomet lui-même entendait sous le nom de *Koran*, non seulement chaque révélation à part, mais aussi la réunion de plusieurs ou même de toutes.

Il n'existait toutefois point, du temps de Mahomet, de collection complète des textes du Koran ; et si les trois premiers califes avaient été moins soigneux sous ce rapport, il aurait couru grand danger d'être oublié. Les premiers qui en rassemblèrent les différents passages furent le calife Abou-Bekr et son ami Omar. En effet, quand, dans la onzième ou la douzième année de l'hégire, le faux prophète Mosaïlima eut été vaincu, on s'aperçut que beaucoup de personnes qui connaissaient par cœur d'assez longs fragments du Koran avaient perdu la vie dans la bataille qui décida de la lutte ; aussi Omar se prit-il à craindre que les gens qui savaient le Koran ne vinssent bientôt à disparaître ; c'est pourquoi il donna au calife le conseil de rassembler les fragments épars.

Après avoir hésité quelque temps, parce que le prophète n'avait pas donné pouvoir d'entreprendre une œuvre aussi importante, Abou-Bekr accepta la proposition et chargea de ce travail le jeune Zaïd ibn-Thabit, qui avait été secrétaire de Mahomet. Zaïd n'avait pas trop envie de le faire, car, pour nous servir de ses propres paroles, il eût été plus facile de déplacer une montagne que d'accomplir cette tâche. Il finit toutefois par obéir, et, sous la direction d'Omar, il rassembla les fragments qui se trouvaient en partie consignés sur des bandelettes de papier ou de parchemin, sur des feuilles de palmier ou sur des pierres, et qui, en partie, se conservaient seulement dans la mémoire de certaines personnes. Sa collection ne fit point, du reste, autorité, car elle était destinée, non au public, mais à l'usage particulier d'Abou-Bekr et d'Omar. Les musulmans continuèrent donc à lire le Koran comme ils voulaient, et, peu à peu, les rédactions vinrent à différer entre elles. Comme cet état de choses donna lieu à des contestations, le troisième calife, Othmân, résolut de faire faire du Koran une rédaction officielle et obligatoire pour tout le monde. Cette seconde rédaction, due à Zaïd comme la première, est la seule que nous possédions, car Othmân fit détruire tous les autres exemplaires.

Quelle que soit l'opinion qu'on professe sur le point de savoir si le Koran nous a été transmis sans falsifications dans l'édition de Zaïd, il est certain que l'économie du livre dans cette édition, sa division en sourates ou chapitres, est tout à fait arbitraire. On s'est borné à prendre la longueur des sourates comme principe de classification, sans même s'y astreindre exactement : la plus longue des sourates est la première, et la dernière est en même temps la plus courte. Il résulte de cette disposition que les révélations datant des époques les plus différentes et sur les sujets les plus divers se trouvent maintenant mêlées au hasard ; il n'y a donc point de livre où règne un pareil chaos, et c'est une des raisons qui rendent la lecture du Koran si pénible et si ennuyeuse. Si les sourates avaient été arrangées dans l'ordre chronologique de leur rédaction, elles se liraient sans doute plus agréablement. Des efforts ont été faits pour restituer l'ordre chronologique par des savants modernes et même par des théologiens musulmans de la bonne époque (les musulmans actuels, qui tiennent l'ordre du Koran pour divin, verraient une marque d'incrédulité dans l'intention de ranger chronologiquement les sourates), non sans quelque succès. Il y a dans le style du Koran des particularités qui peuvent servir de points de repère. C'est ainsi que la langue des morceaux mecquois est vigoureuse et pleine de feu si on la compare avec le langage lourd et prolixe des fragments médinois.

Certaines allusions à des faits historiques permettent aussi de déterminer la date de la composition de quelques fragments. Mais cela ne veut pas dire qu'on puisse ranger tout le Koran d'après l'ordre chronologique. « Quand même tous les hommes et tous les Djinns l'essayeraient, ils n'en viendraient pas à bout. » Bien qu'il nous soit certainement possible de proposer un meilleur arrangement des sourates que celui qui est reçu dans l'Église musulmane, il est douteux qu'on en imagine jamais un qui emporte l'assentiment de tous les hommes compétents.

Pour les musulmans croyants, le Koran, c'est-à-dire la parole de Dieu, qui n'a pas été créée, est le livre le plus parfait qui soit, aussi bien pour le fond que pour la forme. Cela est naturel, mais il est étrange que le préjugé des musulmans ait eu sur nous beaucoup plus d'influence qu'on aurait dû s'y attendre. On a très sérieusement pris pour de la poésie, et admiré en conséquence, la rhétorique pompeuse et cet entassement, souvent insensé, d'images qui caractérisent les sourates mecquoises : on a regardé le style du livre entier comme un modèle de pureté. Or, il est difficile de disputer des goûts, mais je dois dire que pour ma part, parmi les ouvrages arabes anciens de quelque renom, je n'en connais pas qui montre autant de mauvais goût et qui soit aussi peu original, aussi excessivement prolixe que le Koran. Même aux récits,—et c'est encore la meilleure partie,—il y a beaucoup à redire. Les Arabes étaient généralement passés maîtres dans l'art de conter ; la lecture de leurs récits, dans le *Livre des chants*, est un vrai plaisir d'artiste. Les légendes, pour la plupart empruntées aux Juifs, que Mahomet a racontées, paraissent bien ternes quand on vient de lire une belle histoire d'un autre conteur arabe. C'était l'avis des Mecquois, qui n'étaient point mauvais juges. La forme, il est vrai, est originale, mais l'originalité n'est pas toujours et sous tous les rapports un mérite. Le style élevé, chez les Arabes, c'étaient ou les vers ou la prose rimée. Mais l'art de faire des vers, qu'à cette époque presque tout le monde possédait, Mahomet ne s'y entendait pas ; son goût était très bizarre ; aux plus grands poètes arabes, ses contemporains, il en préférait de fort médiocres qui savaient revêtir des pensées pieuses de vers de rhéteurs. Il avait même pour la poésie en général une aversion marquée. Il fut donc forcé d'employer pour ses révélations la prose rimée, et dans les plus anciennes sourates, il est en effet resté assez fidèle aux règles de ce style, de sorte qu'elles ont beaucoup d'analogie avec les oracles des anciens devins arabes ; mais, plus tard, il s'en écarta et se permit une foule de licences qu'on aurait sévèrement relevées si elles s'étaient trouvées dans un autre livre que celui qui est la Parole de Dieu. — Mahomet composait difficilement, et sa langue n'était pas châtiée. À la vérité, comme il vécut en un temps où le dialecte arabe était dans sa fleur, il n'y a point entre sa manière d'écrire et le style des écrivains classiques cette grande différence qui sépare le grec du Nouveau Testament du grec pur. Toujours est-il que la différence est sensible. Le Koran fourmille de mots bâtards, empruntés à la langue juive, au syriaque et à l'éthiopien ; les commentateurs arabes, qui ne connaissaient d'autre langue que la leur, se sont vainement épuisés à les interpréter. Le Koran renferme, en outre, plus d'une faute contre les règles de la grammaire, et, si nous les remarquons moins, c'est que les grammairiens arabes ont fait de ces fautes, qu'ils voulaient justifier, des exceptions aux règles. Ce n'en sont pas moins des fautes, comme on le comprendra de plus en plus à mesure que l'on secouera mieux les préjugés de la superstition musulmane, et qu'on accordera plus d'attention aux procédés des premiers philologues arabes qui, encore libres, prennent fort rarement, sinon jamais, leurs exemples dans le Koran. Cette circonstance montre qu'ils ne considéraient pas ce livre comme un ouvrage classique, comme une autorité en fait de langue, bien qu'ils n'osassent pas exprimer ouvertement leur opinion à ce sujet.

*
* *

Si le Koran est en première ligne la règle de la foi et de la conduite des musulmans, la tradition ou *Sonna* occupe la deuxième place. Le Koran ne suffisait pas, car les peuples de l'Orient n'attendent pas seulement du fondateur d'une religion la solution des questions religieuses ; ils lui demandent aussi de fixer leur constitution politique et leur droit, et de régler la vie de tous les jours jusque dans ses moindres détails ; ils exigent de lui qu'il leur prescrive comment ils doivent se vêtir, comment ils doivent se peigner la barbe, comment ils doivent boire et manger. Tout cela ne se trouvant point dans le Koran, on eut recours aux paroles et aux actions du prophète. On peut admettre que quelques décisions de Mahomet ont été consignées par écrit, déjà de son vivant ; mais généralement elles se sont conservées par tradition orale ; l'habitude de les écrire ne devint générale qu'au commencement du IIe siècle de l'hégire, et bientôt après on se mit à rassembler les traditions. Il est à regretter qu'on ne l'ait pas fait plus tôt. Une collection qu'on aurait formée du temps des Omaïades, fort indifférents en matière religieuse, serait probablement assez peu falsifiée ; mais les premières collections datent des Abbâssides, qui s'étaient précisément servis, pour parvenir au trône, de traditions faussées ou inventées. Rien de plus facile, quand on voulait défendre quelque système religieux ou politique, que d'invoquer une tradition qu'on forgeait soi-même. L'extension que prit cet abus nous est connue par le témoignage des auteurs musulmans de collections. C'est ainsi que Bokhâri, qui avait parcouru maint pays afin de réunir les traditions, déclare que de 600 000 récits qu'il avait entendus, il y en avait à peine 7 275 qui fussent authentiques. Il n'admit que ceux-là dans son grand ouvrage ; mais la règle critique qu'il suivait, ainsi que ses émules, pour juger de l'authenticité ou de la falsification n'était pas suffisante. Ils s'en tenaient à un signe purement extérieur. Toute tradition comprend deux parties : l'autorité, c'est-à-dire le relevé des noms des personnes dont elle émane, puis le texte. Les musulmans n'accordent d'attention qu'à l'autorité. La tradition émane-t-elle d'un compagnon du prophète et n'y a-t-il rien à redire à la confiance que mérite la longue liste des autorités qui se la sont successivement transmise, il *faut* l'admettre. Sans aucun doute, on ne doit nullement rejeter ce critérium ; nous aussi, nous devons faire très exactement attention aux noms et au caractère des autorités, et la critique européenne a déjà flétri de l'épithète de menteur mainte personne qui, chez les musulmans, est dûment enregistrée comme digne de foi ; mais ce critérium ne suffit pas ; il ne faut pas s'en tenir à un signe extérieur, il faut vérifier la valeur intrinsèque de la tradition, examiner si elle est vraisemblable, si elle concorde avec d'autres rapports dignes de foi. Les auteurs musulmans de collections n'allaient pas jusque-là ; ils ne le pouvaient d'ailleurs sans cesser d'être musulmans, sans se transporter du domaine de la foi dans celui de la science. —Cependant aucune autre religion n'a, dès le début du troisième siècle de son existence, soumis les bases sur lesquelles elle repose à un examen critique tel que l'a été celui des musulmans, car on peut le qualifier de sévère malgré l'insuffisance de son principe ; ajoutons que les théologiens musulmans du IIe siècle et du IIIe ont joui d'une liberté d'examen qui, dans notre siècle, n'est pas accordée aux théologiens anglais sur leur propre terrain, et que, de plus, ils ont travaillé avec sincérité et loyauté, sans aucunement chercher à représenter Mahomet comme un idéal. Au contraire, ils nous le donnent tel qu'il était, avec tous ses défauts et ses faiblesses ; ils nous font connaître sans détours ce que ses adversaires pensaient et disaient de lui ; ils ne passent même pas sous silence ces amères railleries qui contiennent souvent tant de frappantes vérités, par exemple la parole de cet homme de Taïf : « Puisque Allah voulait vraiment envoyer un prophète, n'aurait-il pas pu en trouver un meilleur que toi ? » Je m'étonne toujours, non pas qu'il y ait des passages faux dans la tradition (car cela résulte de la nature même des choses), mais qu'elle contienne tant de parties authentiques (d'après les critiques les plus rigoureux, la moitié de Bokhâri mérite cette qualification), et que, dans ces parties non falsifiées, il se trouve tant de choses qui doivent scandaliser un croyant sincère.

La tradition, qui nous transporte complètement au milieu de la vie des anciens Arabes, est d'une lecture bien plus attachante que le Koran ; sous un rapport, toutefois, elle est inférieure à ce livre et elle a fait par là déchoir l'islamisme. L'islamisme était une religion sans miracles ; il résulte de la façon la plus claire du Koran que Mahomet n'a jamais prétendu avoir le pouvoir d'en faire. Une telle religion eût été un phénomène remarquable dans l'histoire du développement de l'humanité, un grand pas de fait dans la voie du progrès ; et si l'islamisme était resté confiné dans les limites de l'Arabie, le maintien de ce principe dans toute sa pureté n'aurait nullement été du nombre des choses impossibles. Mais il sortit bientôt de ces limites, et plus les Arabes se trouvèrent en contact avec des peuples qui avaient à raconter des miracles de leurs prophètes, plus ils s'attachèrent à suppléer à ce qui leur manquait sous ce rapport. Toutefois il devait s'écouler encore bien des siècles avant qu'on pût appliquer aux musulmans aussi cette parole du poète :

Das Wunder ist des Glaubens liebstes Kind,

et dans les premiers temps, on n'a pas, relativement parlant, été prodigue de récits miraculeux.

Nous allons en donner quelques-uns en indiquant en même temps la manière dont ils se sont produits.

Au début de sa mission, Mahomet reconnaissait que, lui aussi, il avait été dans l'erreur, c'est-à-dire qu'il avait pris part au culte des idoles ; mais il déclarait en même temps que Dieu lui avait ouvert le cœur. Cette expression figurée fut prise à la lettre et donna lieu au récit suivant, qu'on mit dans la bouche de Mahomet : « Un jour que j'étais couché sur le côté près de la Kaba, il vint quelqu'un qui m'ouvrit le corps depuis la poitrine jusqu'au nombril et qui prit mon cœur. Là-dessus, on approcha de moi un bassin d'or rempli de foi ; mon cœur y fut lavé, puis remis à sa place. » D'après cette tradition, qui se trouve dans Bokhâri et qui est la plus ancienne, la purification du cœur aurait eu lieu précisément avant l'ascension de Mahomet, dont nous allons parler tout à l'heure. Mais d'autres auteurs de traditions ont trouvé qu'il serait beaucoup plus convenable que la purification eût eu lieu avant la vocation de Mahomet à la prophétie. La légende fut donc remaniée dans ce sens ; mais comme il restait toujours fâcheux que Mahomet eût jamais erré, le temps de la purification fut de plus en plus reculé : on parla d'abord de sa vingtième année, puis de sa onzième, ce qui valait mieux, puisque c'est à cet âge que la responsabilité commence, enfin de sa plus tendre enfance ; on rattacha alors à cette dernière époque un récit relatif à l'éducation qu'il aurait reçue à la campagne dans la tribu bédouine des Beni-Sad ; mais ce récit lui-même paraît bien peu fondé. Voici la légende sous cette dernière forme ; c'est Hâlima, femme de la tribu des Beni-Sad, qui parle :

« Je quittai un jour ma demeure avec mon mari et mon enfant qui venait de naître et je me rendis, avec d'autres femmes de ma tribu, à la Mecque pour y chercher un nourrisson. C'était une année de sécheresse et il ne nous restait plus de vivres. Nous avions avec nous une ânesse grise et une chamelle qui ne donnait pas une goutte de lait. Nous ne pouvions dormir, parce que notre enfant criait toute la nuit de faim : j'avais aussi peu de lait que la chamelle. Espérant toutefois que tout irait mieux, nous continuâmes notre voyage. Arrivés à la Mecque, nous cherchâmes des nourrissons ; on avait déjà offert à chaque nourrice l'enfant qui devait être le prophète, mais aucune d'elles n'avait voulu le prendre, et toutes elles avaient dit : « C'est un orphelin, il n'y a donc pas beaucoup à gagner. » Il faut savoir que nous espérions que les pères nous payeraient bien, et que, par contre, nous n'attendions pas grand'chose de la mère d'un enfant qui n'avait plus de père. Toutes les femmes qui étaient avec nous avaient trouvé des nourrissons, excepté moi. « Je ne veux pas, dis-je à mon mari, retourner sans nourrisson auprès de mes amies ; je vais aller chercher cet orphelin. —Tu as raison, répondit mon mari ; peut-être Allah nous bénira-t-il, si tu y vas ». J'allai donc, bien que je ne l'eusse pas fait si j'avais pu trouver un autre enfant, et je revins avec l'orphelin à notre caravane. Je le pris à moi et lui donnai le sein. Il but jusqu'à ce qu'il eût assez et alors j'allaitai aussi mon propre enfant, qui put également se rassasier ; ensuite ils s'endormirent tous deux, et pour la première fois depuis longtemps nous eûmes une nuit tranquille. Mon mari alla ensuite près de notre chamelle et il trouva que ses pis étaient pleins de lait. Il se mit à la traire et nous eûmes tous assez à boire. Le lendemain matin, mon mari me dit : « Assurément, tu as trouvé un enfant béni. » Lors du retour, mon ânesse galopait avec tant de vivacité que mes amies ne purent garder la même allure que moi et qu'elles pensaient que j'avais une autre bête. Il n'y a point de pays plus aride que celui des Beni-Sad ; mais dès notre retour, nos troupeaux donnèrent toujours beaucoup de lait, tandis que ceux de nos voisins n'en avaient pas. Aussi disaient-ils à leurs bergers : « Menez donc le bétail dans les pâturages où paît le troupeau de Hâlima. » Ils le firent, mais en vain. C'est ainsi que nous avions abondance et richesse. Après deux ans, je sevrai l'enfant et il grandit parfaitement, comme son frère de lait. Nous le ramenâmes à sa mère ; mais comme nous aimions à le garder encore à cause des nombreuses bénédictions qu'il nous avait values, je dis à sa mère : « Il est préférable de laisser ton fils chez nous jusqu'à ce qu'il ait toute sa force, car je crains que le mauvais air de la Mecque ne lui fasse du tort. » Elle nous permit de le reprendre avec nous.

A un mois de là, il se trouvait un jour avec son frère de lait près des troupeaux qui paissaient derrière nos tentes, quand son frère nous cria : « Deux hommes vêtus de blanc ont saisi notre Koraïchite, l'ont étendu sur le sol et lui ont ouvert le corps. » Mon mari et moi nous y courûmes ; nous trouvâmes Mahomet debout, mais pâle, et nous lui demandâmes ce qui lui était arrivé. Il répondit que deux hommes avaient ouvert son corps en le coupant et y avaient cherché quelque chose, mais il ne savait quoi. Nous retournâmes à notre tente et mon mari me dit : « Je crains que cet enfant n'ait eu une attaque. » Nous le ramenâmes à sa mère et elle nous en demanda le motif, car nous lui avions fait connaître auparavant que nous voulions encore garder l'enfant chez nous. « Ton fils est grand, maintenant, lui dis-je ; j'ai fait pour lui tout ce que je devais. Je crains qu'il ne lui arrive malheur et c'est pour cela que je te l'ai ramené. —Ce n'est pas là le vrai motif, répondit la mère ; raconte-moi franchement ce qui s'est passé. » Quand elle m'eût forcée à tout lui dire, elle s'écria : « Tu crains que le diable ne fasse de lui sa victime ?—Oui, répondis-je. —Par Dieu, reprit-elle, il n'en est rien, le diable n'a pas de pouvoir sur lui. Mon fils est appelé à de hautes destinées ; ne t'ai-je pas raconté son histoire ? Quand j'étais enceinte de lui, il sortit de moi une lumière si éclatante qu'elle me permettait de voir les palais de Boçrâ.[21] Et lorsque je l'eus mis au monde, il posa ses petites mains sur le sol et leva la tête au ciel. Laisse-le donc ici et va-t'en. »

Avec le temps, quand les musulmans furent en contact journalier avec leurs sujets chrétiens, cette forme même de la légende ne leur suffit plus ; car Mahomet, tout en modifiant un peu ce dogme, avait reconnu que Jésus et sa mère étaient exempts du péché originel, et c'était pour les croyants un scandale perpétuel de devoir reconnaître au fondateur du christianisme un tel avantage sur le fondateur de l'islamisme. C'est pour ce motif que naquit un nouveau dogme : on crut que l'âme de Mahomet avait été créée avant Adam dans un état de pureté complète.

Mais le plus grand miracle que Dieu fit pour son prophète a été l'ascension ou voyage nocturne. Voici ce qui y donna lieu. La dernière année du séjour de Mahomet à la Mecque, ses adversaires, poussés probablement par les Juifs, lui dirent : « La patrie des prophètes, c'est la Syrie ; si donc tu es vraiment prophète, vas-y, et, quand tu en seras revenu, nous croirons en toi. » Mahomet fut persuadé, semble-t-il, que cette objection était fondée, et, si l'on peut en croire la tradition, il conçut plus ou moins le plan de faire le voyage de la terre sainte ; mais une vision qu'il eut la nuit vint lui en épargner la peine. Il visita Jérusalem d'une façon miraculeuse et il raconta ce fait dans le Koran (17, ℣ 1) comme suit :

« Louange à celui qui a transporté, pendant la nuit, son serviteur du temple sacré[22] à cet autre temple plus éloigné[23] dont nous avons béni

---

[21] Boçrâ était pour les Arabes une importante ville de commerce. Elle était le siège d'un évêché chrétien et la ville la plus voisine d'entre celles où régnait la civilisation grecque.
[22] La Kaba.
[23] Le temple de Jérusalem.

les alentours, pour lui faire voir quelques-uns de nos miracles. En vérité, Dieu entend et voit tout. »

Ses adversaires trouvèrent l'idée ridicule ; les croyants eux-mêmes eurent des doutes au sujet du miracle, si bien que quelques-uns le considérèrent comme un mensonge et apostasièrent. Mahomet se vit forcé, en conséquence, de faire dire à Dieu (Koran 17, ℣ 62) : « La vision que je t'ai fait voir n'a eu d'autre but que d'éprouver les hommes. »

Ce n'avait donc été qu'un rêve ; mais quelques années après, quand la foi se fut affermie, Mahomet en revint à son idée première et raconta aux siens des détails nouveaux sur son voyage nocturne. Monté sur le cheval ailé Borâk, il avait été transporté par Gabriel au temple de Jérusalem ; là il avait été salué par les anciens prophètes, qui s'étaient réunis pour le recevoir. De Jérusalem il s'était rendu au ciel et était enfin arrivé en présence du Créateur, qui lui donna l'ordre d'imposer à ses partisans de prier cinq fois par jour. L'imagination a, dans la suite, orné ce récit de couleurs brillantes ; mais il y a encore controverse parmi les musulmans sur le point de savoir s'il faut prendre l'événement comme une vision (ainsi que l'indique le Koran) ou comme un voyage réel ou corporel.

En général, la biographie du prophète est ornée d'un très grand nombre de légendes, revêtues maintes fois de tout l'éclat de la poésie. Par là, sans doute, la vérité historique est devenue méconnaissable dans les versions les plus récentes, surtout en ce qui concerne la jeunesse de Mahomet et son séjour à la Mecque. Mais les biographies les plus anciennes n'ont pas si bien ajouté le merveilleux qu'on ne puisse d'ordinaire avec un peu de tact critique distinguer la vérité de la fiction. Mahomet n'est jamais devenu un être surnaturel ou mythique.

> D'après R. Dozy, *Essai sur l'histoire de l'Islamisme*, trad. du hollandais par V. Chauvin, Leyde-Paris, 1879, in-8°, *passim*.

Charles Victor Langlois

CHAPITRE V

LA PAPAUTÉ ET LES DUCS AUSTRASIENS

PROGRAMME. —Grégoire le Grand. Monastères et missions en Occident. —Charles Martel. Relations avec les papes. Avènement de Pépin le Bref.

BIBLIOGRAPHIE

Les titres de quelques ouvrages utiles pour l'étude de cet article du programme (Dahn, Bury, J. Zeller, etc.) ont déjà été indiqués. On a beaucoup écrit sur **l'histoire de l'Église romaine avant le VIIIe siècle**. Consulter, en première ligne, les Manuels généraux d'histoire ecclésiastique (qui sont énumérés ci-dessous, Bibliographie du ch. XIII). Parmi les livres originaux : J. Langen, *Geschichte der römischen Kirche*, t. I et II [jusqu'au pontificat de Nicolas Ier], Bonn, 1881, in-8° ;— F. Gregorovius, *Geschichte der Stadt Rom im Mittelalter*, t. I et II, Stuttgart, 1889, in-8° ;—L. Duchesne, *Origines du culte chrétien. Étude sur la liturgie latine avant Charlemagne*, Paris, 1889, in-8°.

La littérature relative aux **monastères** et aux **missions en Occident** n'est pas moins abondante. —Le t. Ier, précité, de la *Kirchengeschichte Deutschlands*, de A. Hauck (Leipzig, 1887, in-8°), fait autorité pour la Gaule et la Germanie. —Pour l'Angleterre, voir l'excellent Manuel de J. R. Green, dans l'édition illustrée (Cf., ci-dessous, la Bibliographie du ch. XII) ; et Ed. Winckelmann, *Geschichte der Angelsachsen*, Berlin, 1883, in-8°. —Pour l'Armorique : A. de la Borderie, *Études historiques bretonnes*, Paris, 1884-1888, 2 vol. in-8°. —Le livre de M. de Montalembert : *Les moines d'Occident* (Paris, 1860-1874, 5 vol. in-8°), a été célèbre ; on ne s'en sert plus. —Celui de A. Lenoir, *L'architecture monastique* (Paris, 1852-

1856, 2 vol. in-4°), est encore considérable. —W. Sickel, *Die Verträge der Päpste mit den Karolingern and das neue Kaiserthum*, dans la *Deutsche Zeitschrift für Geschichtswissenschaft*, t. XI (1893) et XII (1894-1895).

Pour l'**histoire des Carolingiens avant Charlemagne**, les *Jahrbücher des fränkischen Reiches* sont classiques : H. E. Bonnell, *Die Anfänge des karolingischen Hauses*, Berlin, 1866, in-8° ;—Th. Breysig, *714-741*, Leipzig, 1869, in-8° ;—H. Hahn, *741-752*, Berlin, 1863, in-8° ;—L. Œlsner, *Jahrbücher d. fr. R. unter König Pippin*, Leipzig, 1871, in-8°. — L'ouvrage de A.-F. Gérard (*Histoire des Francs d'Austrasie*, Bruxelles, 1864, 2 vol. in-8°) est arriéré. —Lire l'exposé général de O. Gutsche et W. Schultze, dans la *Deutsche Geschichte von der Urzeit bis zu den Karolingern*, précitée. —Résumé clair et vivant, par E. Lavisse, dans l'*Histoire générale du IVe siècle à nos jours*, I (1893), ch. V, p. 204-272.

I — L'ENTRÉE EN SCÈNE DE LA PAPAUTÉ

Jusqu'à la fin du VIIIe siècle, la condition de l'évêque de Rome fut dépendante. Il fut en relations continuelles avec les empereurs d'Occident, puis avec les empereurs d'Orient, car la chute de l'empire en Occident et l'occupation de la péninsule par les Barbares, Hérules d'abord, Ostrogoths ensuite, n'affranchit point la papauté. On ne peut lire sans étonnement la correspondance pontificale, où l'humilité des plus grands papes descend jusqu'à la bassesse. Grégoire le Grand fait sa cour aux impératrices en même temps qu'aux empereurs ; il les charge de présenter au maître des doléances qu'il n'ose exprimer ; d'autres fois, par un artifice de rhétorique, c'est Dieu lui-même qu'il fait parler à Maurice, et Dieu prend des précautions pour ne point offenser ce personnage. Mais voici qu'un aventurier du nom de Phocas a soulevé l'armée du Danube ; il est entré dans Constantinople ; la populace l'a acclamé, le patriarche l'a couronné : il a tué Maurice et massacré toute la famille de ce malheureux. Vite Grégoire le Grand écrit au meurtrier : « Gloire, s'écrie-t-il, gloire à Dieu qui règne au plus haut des cieux ! » Il attribue cette révolution à la Providence, qui, pour soulager le cœur des affligés, élève au souverain pouvoir un homme « dont la générosité répand dans le cœur de tous la joie de la grâce divine ». Il se réjouit que la bonté, la piété, soient assises sur le trône impérial. Il veut qu'il y ait « fête dans les cieux, allégresse sur la terre » ! En même temps, il présente à la femme du parvenu, Leontia, ses félicitations : « Aucune langue, lui dit-il, ne pourrait exprimer, aucune âme imaginer la reconnaissance que nous devons à Dieu, » et il invite « les voix des hommes à se réunir au chœur des anges pour remercier le Créateur ».

—À tout propos, l'empereur de Byzance fait acte de souverain à Rome. Un pape nouvellement élu doit envoyer des messagers à Constantinople pour faire part au prince de son élection. L'ordination « ne peut être célébrée qu'au su de l'empereur et par son ordre ». Le pape paya même un certain tribut jusqu'au jour où le Βασιλεύς en eut fait gracieusement remise à l'Église romaine. Les ordres qui viennent de la « ville royale » sont appelés « divins » par les papes, qui les sollicitent humblement en toute circonstance. Pour toucher aux monuments anciens, par exemple, il faut la permission impériale. Phocas autorise Grégoire le Grand à transformer le Panthéon en une église ; un autre empereur permet à Honorius d'enlever les tuiles dorées qui recouvraient le temple de Rome. Il est toujours loisible au successeur d'Auguste de venir s'établir à Rome, où personne ne prétend tenir sa place. Constantin II, qui régnait dans la seconde moitié du VIIe siècle, voulut quitter Constantinople, où il n'était pas aimé, et qui, plusieurs fois tâtée par les Arabes, était exposée aux plus grands périls. Il se mit en route, passa par Athènes, par Tarente, faisant une sorte de revue de fantômes. Quand il approcha de Rome, le pape, avec tout le clergé, alla au-devant de lui jusqu'à six milles. Il lui fit les honneurs du sanctuaire de Pierre et du palais de Latran, lui chanta la messe et lui fit servir à dîner dans une basilique. Douze jours passèrent ainsi. Constantin s'aperçut vite que Rome n'était plus une capitale d'empire, et il partit ; mais il avait fait enlever et charger sur des bateaux à destination de Constantinople des statues qui ornaient la ville, comme un propriétaire dépouille une vieille résidence au profit d'une nouvelle.

*
* *

Cependant, au cours du VIIe siècle, l'État byzantin est en décroissance ; les Arabes lui ont enlevé la Syrie et l'Égypte presque sans coup férir ; l'empire est réduit à la péninsule et à une partie de l'Asie Mineure. Il n'a pas su défendre la chrétienté. Antioche et Alexandrie, les deux grandes métropoles apostoliques, sont musulmanes. Plus de rivaux à craindre pour le pape dans les Églises orientales, qui étaient plus vieilles que la sienne. Des sièges établis par les apôtres, un seul demeure debout,

Rome, que cette ruine grandit de cent coudées. D'ailleurs, pendant que l'empire a perdu des provinces, la papauté en a conquis deux : la Bretagne et la Germanie.

Un jour, dit la légende, (c'était vers la fin du VIe siècle), un moine passant dans les rues de Rome, s'arrêta au marché des esclaves. Il y vit des jeunes gens dont la longue chevelure blonde encadrait une figure douce et blanche. Il demanda de quel pays ils étaient ; on lui répondit qu'ils venaient de Bretagne et qu'ils étaient païens. Le moine soupira, déplorant que des hommes au visage si clair fussent soumis au prince des ténèbres. Il voulut savoir le nom du peuple, et quand il apprit que c'étaient des *Angles* : « Des anges, dit-il, c'est bien cela ; ils ont visage d'anges, et il faut qu'ils deviennent les compagnons des anges au ciel ! » Sur une nouvelle question de lui, il fut répondu qu'ils étaient nés dans la province de *Daira* ! « Bien, reprit-il, de la colère (*de irâ*) de Dieu : il faut qu'ils soient délivrés par la miséricorde du Christ, mais comment s'appelle le roi de leur pays ?—Ella. —*Alleluia !* s'écria-t-il, les louanges de Dieu seront chantées dans ce royaume ! » Et le moine voulait aller porter chez les Angles la parole divine ; mais il fut retenu à Rome où le peuple et le clergé lui réservaient le plus grand honneur qui fût sur terre. Il devint pape, mais il n'oublia pas le pays des esclaves blonds. Grégoire le Grand, en effet, car c'est lui qui est le héros de ce joli conte, envoya aux Anglo-Saxons des missionnaires qui les convertirent.

En l'an 596, quarante moines, conduits par Augustin, abbé d'un monastère romain, débarquèrent en chantant des psaumes, sur la côte du royaume de Kent. Un an s'était à peine écoulé que le roi recevait le baptême. Son exemple fut suivi, comme jadis celui de Clovis, par quelques milliers de Germains. Grégoire surveillait avec soin les progrès de la mission. Il envoyait des présents, des reliques et d'admirables instructions où il recommandait à ses envoyés d'agir avec douceur, de ne brusquer ni les gens ni les habitudes, de respecter les fêtes accoutumées des païens et même les temples des dieux, en les purifiant. « On ne monte point par bonds, disait-il, au sommet d'une montagne, mais peu à peu, pas à pas. » Quand l'œuvre lui parut assez avancée, il institua Augustin archevêque de Cantorbéry, avec pouvoir de consacrer douze évêques qui seraient les suffragants de son siège métropolitain ; York devait être la capitale d'une autre province ecclésiastique. Ainsi commença la conquête de l'Angleterre par l'Église romaine. Mais elle ne fut pas achevée de sitôt, et la lointaine colonie demeura exposée à de grands dangers. Le paganisme se défendit pendant près d'un siècle dans les royaumes anglo-saxons, et il eut à plusieurs reprises des revanches sanglantes. En même temps une lutte s'engageait entre la vieille Église bretonne et la nouvelle Église, lutte singulière et dont l'objet était de grande importance : on peut dire que tout l'avenir de la papauté en dépendait.

Entre ces deux Églises, il n'y avait point de dissidence dogmatique, mais les chrétiens bretons, séparés du monde catholique par les Anglo-Saxons, n'étaient pas au courant des progrès de l'Église romaine ni de certaines modifications qui s'étaient introduites dans le culte et dans la discipline. Leurs prêtres vivaient simplement, sans règles pour le costume, portant tantôt le vêtement laïque, tantôt une robe blanche et la crosse. Leurs maisons étaient pauvres. Les dons qu'ils recevaient étaient dépensés en aumônes ; pour églises, ils avaient des chaumières ; ils prêchaient et bénissaient en plein air. Ils connaissaient l'Écriture mieux que la tradition canonique ; l'épiscopat était chez eux une dignité pastorale, non point un office ; leurs évêques, qui étaient en même temps abbés de grands monastères, n'avaient pas l'idée de cette hiérarchie savante qui, de degré en degré, aboutissait au pape. C'était là, aux yeux des missionnaires romains, une étrangeté odieuse comme l'hérésie. Aussi, les deux Églises, lorsqu'elles se rencontrèrent en Bretagne, loin de se reconnaître pour sœurs, se traitèrent en ennemies. Augustin, investi par Grégoire le Grand de la primauté sur l'Église bretonne comme sur l'Église saxonne, le voulut prendre de haut avec ces irréguliers. Un jour, des évêques bretons se rendirent à une conférence où il les avait appelés ; quand ils arrivèrent dans la salle où il les attendait, l'archevêque ne se leva point ; ils reprochèrent à cet étranger son orgueil et refusèrent de le saluer comme leur chef. Augustin les conviait à unir leurs efforts aux siens pour la conversion des Anglo-Saxons : les Bretons, en effet, avaient négligé jusque-là de prêcher ces Barbares, peut-être par haine contre eux et pour ne leur point ménager l'entrée dans le royaume de Dieu ; après l'arrivée des Romains, ils entreprirent à leur tour des missions, mais pour disputer le terrain à leurs rivaux et dresser autel contre autel. La haine devint si violente que Bretons et Romains se fuyaient comme des pestiférés. Les premiers défendaient obstinément leurs anciens usages, parmi lesquels deux surtout semblaient odieux aux seconds : ils célébraient la Pâque à une autre date que l'Église romaine et, au lieu de dessiner la tonsure sur le haut de la tête en forme de couronne, ils rasaient leurs cheveux au-dessus du front, d'une oreille à l'autre. Les catholiques,—c'est ainsi que se nommaient les Anglo-Saxons,—déclaraient que ces coutumes étaient « une perdition pour les âmes ». Le sujet de ces querelles nous paraît misérable, mais au-dessus s'agitait la grande question de savoir si la vieille Église celtique accepterait la suprématie de saint Pierre. Le nom de l'apôtre revient à tout moment dans les polémiques : « S'il est vrai, dit un catholique anglo-saxon, que Pierre, le porte-clefs du ciel, a reçu, par un privilège particulier, le pouvoir de lier et de délier dans le ciel et sur la terre, comment celui qui rejette la règle du cycle pascal et de la tonsure romaine ne comprend-il pas qu'il mérite d'être lié par des nœuds inextricables plutôt que délié par la clémence ? » La tonsure romaine, ajoute le même écrivain, avait été portée par saint Pierre lui-même pour garder le souvenir de la couronne d'épines du Sauveur, au lieu que la coiffure des Bretons était celle de Simon, l'inventeur de l'art magique, qui avait employé contre le bienheureux Pierre les fraudes de la nécromancie. Les Bretons ne s'émouvaient point de ces anathèmes ; ils refusaient aux catholiques le salut et le baiser de paix ; jamais ils ne mangeaient avec eux ; s'ils s'asseyaient à une table que leurs ennemis venaient de quitter, ils commençaient par jeter aux porcs les restes du repas, et ils purifiaient avec le feu les vases et les ustensiles. À tout Romain qui voulait entrer en communication avec eux, ils imposaient une quarantaine de pénitence.

L'église Saint-Martin, à Cantorbéry, fondée par saint Augustin.

Très longtemps dura la lutte entre les deux partis. Les Bretons semblèrent d'abord l'emporter ; au milieu du VIIe siècle, la majeure partie des sept royaumes avait été convertie par leurs missionnaires. Cependant ils succombèrent. Les catholiques furent servis par le mépris que les Anglo-Saxons professaient pour les Bretons, par la grandeur du nom de Rome et par une politique mieux conduite auprès des rois. Un de ces rois, Oswin de Northumbrie, leur ménagea, en l'an 656, un grand triomphe. Il convoqua une assemblée où siégèrent les principaux personnages ecclésiastiques et laïques des sept royaumes. L'objet propre de la discussion était de décider si la fête de Pâques devait être célébrée le jour même de la pleine lune du printemps ou le dimanche suivant, et si la semaine de Pâques commençait la veille au soir du jour de la pleine lune ou le soir de ce jour. De part et d'autre on se recommandait des plus hautes autorités. L'orateur catholique vint à citer la parole célèbre : « Tu es Pierre et sur cette pierre je bâtirai mon Église. » Le roi, se tournant aussitôt vers l'évêque breton Colman, demanda : « Est-ce vrai, Colman, que ces paroles ont été dites à Pierre par le Seigneur ?—C'est vrai, roi, répondit Colman. —Voyons, reprit le roi, êtes-vous d'accord pour reconnaître que ces paroles ont été dites à Pierre, et que les clefs du royaume des cieux lui ont été remises par le Seigneur ? » Ils répondirent : « Oui. » Alors le roi conclut ainsi : « Et moi je vous dis que je ne veux pas me mettre en opposition avec celui qui est le portier du ciel. Je veux, au contraire, obéir en toutes choses à ce qui a été par lui établi, de peur que, lorsque je me présenterai aux portes du royaume des cieux, celui qui en tient les clefs ne me tourne le dos et qu'il n'y ait personne pour m'ouvrir. » À cela, il n'y avait rien à répondre, et l'assemblée prononça en faveur des catholiques.

Depuis, l'Église bretonne ne fit plus que décliner, et Rome, poursuivant ses succès, organisa la conquête. Il fallait enlever à l'ennemi sa dernière arme, qui était la science, toujours honorée dans les monastères bretons. Le pape envoya en Angleterre, pour y occuper le siège archiépiscopal de Cantorbéry, un savant et habile homme, Théodore, accompagné d'un abbé du nom d'Hadrien. Le premier était né à Tarse, en Cilicie ; le second arrivait du monastère de Nisida, en Thessalie. En quelques années, ils accomplirent une œuvre considérable. Ils détruisirent dans les sept royaumes les derniers restes du paganisme. Ils instituèrent de nouveaux évêchés, organisèrent les deux provinces ecclésiastiques d'York et de Cantorbéry, établirent l'autorité du métropolitain et marquèrent le rang des évêques dans chacune d'elles. Des conciles furent régulièrement tenus. Dans son diocèse bien délimité, l'évêque fut le chef de son clergé : nul ne pouvait faire fonction sacerdotale qui n'eût été autorisé par lui. Aucun prêtre ne pouvait quitter sa paroisse, aucun moine son monastère. Chacun reçut sa place et connut exactement les devoirs de son office. Au libre laisser-aller de l'Église bretonne succéda une ordonnance rigoureuse. Pour instruire le clergé, des écoles furent fondées. L'enseignement y était si bien donné que les écoliers apprirent à parler le grec et le latin comme leur langue maternelle. On y pratiqua l'art de l'écriture ; de beaux manuscrits y furent copiés en lettres d'or sur parchemin de couleur.[24] Les Bretons étaient égalés ; ailleurs ils étaient dépassés, car les évêques anglo-saxons bâtirent, au lieu de modestes chapelles, des églises superbes, comme celle de Hexhorn, dont les tours étaient si hautes, les colonnes si nombreuses, les peintures si brillantes, qu'il n'y en avait point de si belles au monde, disait-on, excepté en Italie.

La culture romaine fit lever sur ce sol vierge des moissons inattendues. Les Anglo-Saxons étudiaient Tite-Live et Virgile autant que la Bible et l'Évangile. À voir leurs petits tours de force d'écoliers, les *versiculi* où ils se proposaient des énigmes, les billets précieux qu'échangeaient évêques, abbés et religieuses, on les prendrait pour des élèves des rhéteurs de la décadence, mais quelques esprits furent pénétrés jusqu'au fond de la lumière antique, comme le vénérable Bède. Ces disciples de l'antiquité goûtent les plaisirs intellectuels, ils sont pleins de reconnaissance envers la Ville qui leur a donné ce bienfait. La lutte contre les Bretons, ennemis de Rome, et l'admiration des grands écrivains classiques ont engendré alors en Angleterre un sentiment singulier qu'on ne peut nommer autrement qu'un patriotisme romain. Tous les yeux sont tournés vers la capitale du monde. Chaque année de nombreux pèlerins se mettent en route pour la ville sainte. Les évêques et les abbés ont de longues conférences avec le pape, ils se pénètrent de l'esprit de son gouvernement, s'informent de tous les usages, renseignent le pontife sur leurs affaires, reçoivent ses instructions et quelquefois aussi emmènent avec eux quelque Romain qui va faire dans

---

[24] [Les scribes et miniaturistes anglo-saxons, instruits à l'école des Celtes de la Grande-Bretagne et de l'Irlande, exercèrent une influence considérable sur la réforme de l'écriture et de l'ornementation de l'écriture en Occident, sous Charlemagne. Voyez, ci-dessous, chapitre VI, § 4, « Manuscrits Carolingiens ».]

l'île une sorte d'inspection. C'est ainsi que l'abbé Benoît, venu au seuil des apôtres à la fin du VIIe siècle, repartit accompagné de maître Jean, archichantre de Saint-Pierre, qui enseignait le chant romain, car les prêtres anglais voulaient chanter comme on chantait à Rome. L'attraction devint si forte que les rois mêmes y cédèrent. En 689, le roi saxon Kadwall se rend à Rome avec l'intention de finir ses jours dans un monastère. Il y meurt, et son épitaphe le loue d'avoir laissé trône, richesses, famille, royaume, pour voir le siège de l'apôtre :

Urbem Romuleam vidit, templumque verendum
Adspexit Petri, mystica dona gerens.

Bientôt de cette colonie papale d'Angleterre, conquise en cent ans par Augustin, Paulinus et Théodore, sortirent des hommes qui portèrent en pays barbare les idées et les sentiments dont ils étaient animés. Des missionnaires anglo-saxons allèrent convertir la Germanie et continuer ainsi l'œuvre commencée par les Bretons. L'antagonisme des deux Églises se retrouve encore ici : tandis que les Bretons agissaient en toute liberté, sans commune entente ni plan coordonné, les Anglais se laissent conduire et demandent à être conduits par la main du pape. Ils ne font pas un pas qui n'ait été permis par lui. Deux fois l'apôtre des Frisons, Willibrod, s'est rendu à Rome : la première fois, pour demander l'autorisation de prêcher l'évangile aux païens ; la seconde, pour y être sacré évêque. Mais le vrai conquérant de la Germanie est le moine anglo-saxon Winfrid, qui a donné à son nom la forme latine de Boniface. Ce Boniface, un Anglais triste, tourmenté par l'ennui, méthodique, formaliste, fut un serviteur passionné de l'Église de Rome. Il se représentait l'Église romaine comme une personne vivante qui ne peut ni tromper ni se tromper, et il l'aimait, comme ses sœurs des monastères, d'une mystique affection : « J'ai vécu dans la familiarité, dans le service du siège apostolique, *in servitio apostolicæ sedis*, et toujours j'ai confié au pontife toutes mes joies et toutes mes tristesses. » En l'an 719, au moment d'entreprendre son apostolat, il va s'agenouiller au pied du successeur des apôtres ; le pape le loue d'avoir « cherché la tête de ce corps dont il est membre, de se soumettre au jugement de cette tête et de marcher sous sa conduite dans le droit sentier. De par l'inébranlable autorité du bienheureux Pierre, il lui permet de porter l'un et l'autre Testament aux infidèles qui les ignorent. » Trois ans après, quand il a étudié le terrain de son action, Boniface vient faire son rapport au pontife, qui le consacre évêque, et il prête alors un serment qui le lie étroitement à Rome. C'était le propre serment que prêtaient les évêques suburbicaires, c'est-à-dire ceux qui étaient de temps immémorial soumis à l'autorité directe du pape ; mais il a été fait au texte de la formule une modification importante. Les évêques suburbicaires habitaient une terre impériale ; aussi juraient-ils « de révéler tout complot tramé contre l'État ou contre notre très pieux empereur ». Boniface ne connaît pas l'empereur ; il n'a point d'autre chef que le pape : ce qu'il promet sous la foi du serment, c'est, « s'il rencontre des prêtres rebelles aux règles anciennes des saints pères, c'est-à-dire à la tradition canonique romaine, de les dénoncer fidèlement et tout de suite au seigneur apostolique ». Voilà une variante qui intéresse l'histoire universelle. Quelques mots changés dans une formule annoncent une grande révolution. Le pape, sujet de l'empereur en Italie, n'a point à compter avec l'autorité impériale dans cette Bretagne qui a été perdue pour l'empire dès le début du Ve siècle, encore moins dans cette Germanie que la Rome païenne n'a jamais conquise. Il est là en terre nouvelle, et, par le droit de cette conquête spirituelle qu'a faite sous ses ordres son légat Boniface, il est chez lui. Il dispose en souverain. Il range l'Église germanique dans la condition d'une église de la Campagne romaine ; et le légat apostolique, lorsqu'il part précédé d'une lettre où le pontife commande aux évêques, prêtres, ducs, comtes et à tout le peuple chrétien de le recevoir et de lui donner le boire, le manger, des compagnons et des guides, semble un proconsul d'une *respublica* nouvelle, requérant sur son passage les services qui étaient dûs jadis aux officiers romains.

*
* *

Pendant ce temps-là, l'Italie se détachait de l'empire et la ville impériale se transformait en ville pontificale.

Rue et abside des Saints-Jean-et-Paul, à Rome.

Dans Rome ruinée poussait lentement la ville pontificale. Les basiliques s'élevaient entre les temples abandonnés, ou bien la religion nouvelle prenait possession de quelque sanctuaire ancien pour l'employer à son usage. La division de Rome en 14 quartiers a disparu : sept quartiers se sont formés, dont chacun était la circonscription d'un des sept diacres de l'Église romaine. Quand la population se réunit pour quelque manifestation pieuse, elle se groupe autour des basiliques. Le jour où Grégoire le Grand ordonne une procession expiatoire pour obtenir la cessation de la peste, les clercs partent de la basilique des Saints-Côme-et-Damien ; les moines, de la basilique des Saints-Gervais-et-Protais ; les religieuses, de la basilique des Saints-Marcellin-et-Pierre ; les enfants, de la basilique des Saints-Jean-et-Paul ; les hommes, de la basilique de Saint-Étienne ; les veuves, de la basilique de Sainte-Euphémie ; les femmes mariées, de la basilique de Saint-Clément. Les sept troupeaux de fidèles, dont chacun était conduit par les prêtres d'une des régions, se dirigèrent, vêtus de noir, voilés et encapuchonnés, vers Sainte-Marie-Majeure. Ces grandes pompes mélancoliques, ces cérémonies et ces processions remplacent les fêtes d'autrefois et les triomphes. L'évêque, de qui procède toute la vie ecclésiastique, est le grand personnage de la cité ; son élection en est la principale affaire ; il tient une d'autant plus grande place dans la ville qu'il n'y est pas contenu tout entier et que son autorité se répand sur le monde. Dans les grandes journées, c'est lui qui paraît au premier plan. Il est allé au-devant d'Attila pour le détourner de Rome ; il a traité avec Genséric de la capitulation ; il a porté les clefs à Bélisaire ; il est, contre les Lombards, le vrai défenseur ; au besoin même, il traite avec eux comme s'il était le prince de la ville. Les produits des domaines de Saint-Pierre, bien administrés, lui permettent de faire chaque mois une distribution de vivres. Grégoire le Grand se croit si bien obligé de donner à manger aux Romains qu'ayant appris qu'un misérable était mort de faim dans la rue, il n'osa de plusieurs jours monter à l'autel. D'ailleurs, l'unique industrie de Rome est la construction et l'ornement des églises, et les architectes, maçons, peintres, sculpteurs, orfèvres sont les clients du pape. Parmi les travaux revient souvent la mention de la « restauration des murs » : c'est le pape qui l'entreprend et qui la paye. Fortifier la ville et nourrir les habitants, n'était-ce point faire office d'État ? L'évêque, par ces bienfaits quotidiens, préparait et légitimait l'autorité qu'il devait exercer un jour. Tout le servait : la ruine de l'ancienne Rome, la disparition des vieilles familles, la décadence de l'empire, l'invasion des Arabes, sa dignité apostolique, sa richesse.

Porche extérieur de Saint-Clément.

Le pape était donc devenu capable de résister à l'empereur et, comme il n'arrive guère que l'on n'use point d'une puissance acquise, il en usa avec un grand éclat. L'occasion fut petite : il ne s'agissait point de défendre la foi, et l'empereur Léon l'Isaurien, contre lequel fut dirigée la révolte, n'avait remis en discussion ni la divinité ni la nature du Christ. Homme d'État, législateur, capitaine et administrateur de premier ordre, esprit éclairé, il avait écouté les avis de ceux qu'offensaient les superstitions du culte des images. Il avait interdit ce culte. Nettement le pape Grégoire II désobéit aux ordres impériaux, et il signifia par lettres sa désobéissance à l'empereur. Grégoire III fit davantage. En l'année 731, un concile tenu à Rome déclare « exclu du corps et du sang de Jésus-Christ et de l'unité de l'Église quiconque déposera, détruira, profanera ou blasphémera les saintes images ». C'était, sous forme d'excommunication, une déclaration de guerre à Léon. Déjà de véritables hostilités avaient commencé. Grégoire II « s'était armé contre l'empereur, dit son biographe, comme contre un ennemi ». La péninsule se met en mouvement ; les armées de la Pentapole et de la Vénétie entrent en campagne. L'empereur rompt toutes communications diplomatiques avec le pape et les révoltés, dont il fait arrêter les messagers en Sicile. Il met la main sur les biens pontificaux dans le midi de l'Italie, qui lui est demeuré fidèle. À l'anathème il est tout près de répliquer par le schisme. La rupture semble complète et définitive.

Cependant le pape hésitait encore. Il est douteux qu'il ait alors voulu pour toujours se détacher de l'empereur. Il était retenu par l'habitude, par le respect, mais aussi par l'inquiétude que lui donnaient certains événements qui s'accomplissaient en Italie. Les Lombards profitaient du désordre pour pousser leur fortune. Ils avaient fait rage contre les iconoclastes et s'étaient joints aux Italiens pour défendre Grégoire II ; ils s'étaient même unis aux Romains, dit le *Liber pontificalis*, « comme à des frères par la chaîne de la foi, ne demandant qu'à subir une mort glorieuse en combattant pour le pontife » ; mais ils avaient mis la main sur Ravenne et fait une tentative sur Rome. Certainement le roi Liudprand avait la volonté arrêtée d'achever la conquête de l'Italie ; il lui fallait « Rome capitale » ; mais le pape était très déterminé à ne pas souffrir auprès de lui un roi qui serait devenu un maître. Il savait de quel prix le patriarche de Constantinople payait le voisinage de l'empereur, et il n'avait pas oublié qu'Odoacre et Théodoric avaient exercé sérieusement leurs droits royaux sur l'évêché de Rome. C'est pourquoi Grégoire II, au moment même où il désobéissait à l'empereur, empêchait les révoltés d'élire un anticésar, et s'adressait au duc grec de Venise pour le prier de faire rentrer Ravenne dans le « giron de la sainte république et dans le service de l'empereur ». Ravenne fut reprise, en effet, mais Liudprand vint camper devant Rome ; le pape se rendit au-devant de lui, et il « apaisa son âme par une admonition pieuse, si bien que le roi se prosterna devant le pontife, promettant de se retirer sans faire de mal à personne ». Grégoire le mena au tombeau de saint Pierre « et le mit par ses pieux discours en un tel état de componction qu'il se dépouilla de ses vêtements pour les déposer devant le corps de l'apôtre. Après quoi, il fit sa prière et se retira ». Saint Pierre avait préservé son successeur de la fondation d'un royaume d'Italie. Mais Liudprand pouvait revenir, être moins ému dans une autre visite, garder ses vêtements et la place. Le pape chercha des alliés parmi les Lombards eux-mêmes ; il encourageait à la rébellion les ducs de Spolète et de Bénévent, qui voulaient acquérir l'indépendance. Après que le duc de Spolète eut été vaincu et se fut réfugié dans Rome, il refusa de le livrer, et, cette fois, il se trouva en guerre ouverte avec Liudprand.

C'est dans ces conjonctures qu'il se tourna vers le duc des Francs. Nous ne savons au juste ni ce qu'il lui demanda, ni ce qu'il lui offrit. Les renseignements qui nous sont parvenus sur cette grave démarche sont un peu postérieurs à l'événement. Le *Liber pontificalis* ne parle que de la prière adressée par Grégoire à Charles de délivrer les Romains de l'oppression des Lombards ; le continuateur de Frédégaire affirme qu'il lui promit « de se séparer de l'empereur et de lui donner le consulat romain ». Comme toujours, le pontife se recommanda de saint Pierre, et parmi les présents dont ses légats étaient chargés se trouvaient « les clefs du vénérable tombeau de l'apôtre ». L'ambassade étonna le duc franc, dont l'âme n'était point du tout sacerdotale. Charles Martel n'avait aucun sujet d'inimitié contre Liudprand, qui l'avait aidé peu de temps auparavant à chasser les Sarrasins de la Provence, et il se contenta d'envoyer une ambassade qui porta des cadeaux à Rome. Grégoire écrivit alors deux lettres suppliantes : il se lamentait sur le pillage des biens de l'Église, et il conjurait Charles « de ne pas préférer l'amitié d'un roi des Lombards à l'amour du prince des apôtres ». Aucun effet ne suivit ces négociations. Charles mourut l'année d'après, en 740, et Grégoire en 741. Le pape Zacharie essaya même de se rapprocher des Lombards, mais la force des choses devait contraindre l'évêque de Rome à se tourner de nouveau vers les Francs, et l'ambassade de Grégoire marque une des plus grandes dates de l'histoire universelle....

D'après E. Lavisse, *Études sur l'histoire d'Allemagne*,
dans la *Revue des Deux Mondes*, 15 décembre 1886,
15 avril 1887.

II — Pépin « le Bref »

Il semble que la filiation de Pépin [le roi Pépin, Pépin « le Bref »], fils de Charles Martel, n'ait jamais dû s'oublier. Toutefois il n'y a parmi nos chansons que les *Lorrains* où Charles Martel soit désigné avec exactitude ; ses rapports avec l'Église, des biens de laquelle il s'empare pour subvenir à ses frais de guerre, sont présentés [dans cette chanson] avec une certaine fidélité. Charles Martel étant mort (de blessures reçues dans un grand combat), son fils « Pépinet », encore tout jeune, est couronné grâce à la vigoureuse intervention du Lorrain Hervi. Tout cela est de l'invention pure, mais conserve au moins la tradition authentique en ce qui concerne le père de Pépin. Il n'en est pas de même ailleurs. Jean Bodel, dans sa *Chanson des Saisnes*, fait de Pépin le fils d'Anseïs.... Ce nom est, en réalité, celui du bisaïeul de notre Pépin, *Ansegisus* ou *Ansegisilus*, père de Pépin II, « le Moyen », comme on l'appelle pour le distinguer de son grand-père et de son petit-fils.[25] Dès lors on peut se demander si le roi Pépin n'a pas pris, dans certains récits légendaires qui le concernent, la place de son grand-père, comme a fait si souvent Charlemagne pour Charles Martel. Ce qui appuie cette hypothèse, c'est qu'il semble que le fameux surnom de *Brevis*, aujourd'hui inséparable du nom du roi Pépin, appartenait originairement à son aïeul. Aucun contemporain, il est vrai, ne le donne à l'un ou à l'autre.... Mais le fait que des auteurs du XIe et du XIIe siècle attribuent le surnom de *Brevis* à Pépin II, le Maire du palais, paraît très probant : il est en effet naturel que l'on ait fait passer le surnom d'un grand-père complètement oublié à un petit-fils beaucoup plus en vue,[26] tandis que l'inverse ne s'expliquerait pas. Le vrai Pépin le Bref est donc bien probablement le fils d'Anseïs, le père de Charles Martel.

Je dis « le vrai Pépin le Bref » ; mais pour celui-ci même il est fort possible que le surnom ait son origine dans la poésie et non dans la réalité. On a remarqué, en effet, avec raison, que pour le roi Pépin ce surnom est intimement lié à l'épisode de son combat contre un lion, épisode qui appartient certainement à la légende. Si le surnom a été primitivement donné à Pépin II, c'est lui aussi qui a dû être avant son petit-fils le héros de l'épisode en question. Mais, dans la tradition qui nous est parvenue, il n'est attribué qu'au roi Pépin, père de Charlemagne. Cette tradition se présente sous trois formes différentes. —La plus ancienne est dans le livre célèbre qu'un moine de Saint-Gall, probablement Notker le bègue, offrit à Charles le Gros en 884. Il est curieux de constater que déjà dans la famille impériale l'attribution de cette histoire au père de Charlemagne (trisaïeul de Charles le Gros) ne soulevait aucune objection. Le lieu de la scène, dans le récit de Notker, n'est pas déterminé : Pépin, sachant que les principaux chefs francs le méprisent (évidemment à cause de sa petite taille), fait amener un taureau et un lion, et, quand le lion a renversé le taureau et va le

---

[25] On sait que les noms de Pépin *de Landen* et de Pépin *d'Héristal* ou *de Herstal*, qui figurent encore dans nos histoires, n'ont aucun fondement historique et ne paraissent pas avoir été inventés avant le XIIIe siècle.
[26] C'est de même que Hugues *Capet* porte couramment le surnom qui appartient réellement à son père et non à lui.

dévorer, il descend seul de son trône, au milieu de la terreur de tous les assistants, et tranche d'un coup d'épée la tête des deux animaux féroces ; puis, s'adressant aux grands stupéfaits : « Croyez-vous, leur dit-il, que je puisse être votre maître ? N'avez-vous pas entendu raconter ce que le petit David a fait à l'immense Goliath, ou le tout petit (*brevissimus*) Alexandre à ses gigantesques compagnons ? » Le livre de Notker est resté à peu près inconnu au moyen âge ; c'est donc dans la tradition orale qu'un interpolateur du biographe de Louis le Pieux connu sous le nom de l'Astronome limousin a dû puiser la connaissance de cette histoire, à laquelle il fait allusion en la plaçant à la villa royale de Ferrières en Gâtinais....

Le récit d'Adenet le Roi est tout différent de celui de Notker : la scène est à Paris ; un lion terrible, qu'on nourrissait depuis longtemps, brise la cage où il était enfermé, tue son gardien, et se lance dans le jardin où le roi Charles Martel, entouré de sa famille, prenait son repas ; le roi s'enfuit avec sa femme, mais Pépin s'empare d'un épieu, marche au lion et lui enfonce l'épieu dans la poitrine ; il n'avait alors que vingt ans. Adenet a-t-il suivi une tradition particulière, ou s'est-il borné à développer la seule notion que lui fournissait la tradition ancienne, à savoir que Pépin avait tué un lion ? La seconde hypothèse serait assez plausible : la prouesse de Pépin est ici plus banale que chez Notker, et un trait de courage, tout à fait analogue, a été attribué à d'autres qu'à lui. Toutefois un témoignage notablement antérieur à Adenet nous disant aussi que Pépin *A Paris le lion vainqui*, il faut plutôt croire que la scène s'était anciennement localisée dans le palais de Paris, et dès lors il est probable qu'elle avait pris la forme qu'elle a chez Adenet.

Tout autre encore est la façon dont le compilateur liégeois Jean des Prés ou d'Outremeuse, au XIVe siècle, raconte l'exploit de Pépin. Celui-ci, du vivant encore de son père, a secouru le roi Udelon de Bavière contre les Hongrois et les Danois ; il atteint, dans une forêt, le roi Julien de Danemark qui s'enfuyait, le combat et va le tuer, « quant un grand lyon savage qui habitoit en chis bois si vient la corant ». Le lion attaque Pépin ; une lutte terrible s'engage ; enfin Pépin peut tirer son couteau et tue le lion : « Après vint a son cheval, qui mult estoit navreis, et atachat le lion à la couwe de son cheval et l'amenat avuec li a l'oust ». Rentré en France, « adont fist le petis Pépin ameneir avuec ly sour une somier le lyon, assavoir le peaulx forée de strain ; si en fisent tous les Franchois grant fieste et fut pendue en palais à Paris ». Nous avons sans doute encore ici un simple développement, dû à l'auteur de quelqu'un des nombreux poèmes inconnus de nous qui garnissaient l'extraordinaire « librairie » de Jean d'Outremeuse, de la donnée légendaire du lion tué par Pépin. —Quoi qu'il en soit, le souvenir de cet acte héroïque était indissolublement lié à celui de la petite taille du héros, et l'un et l'autre s'étaient attachés au père de Charlemagne : l'imagination se plaisait au contraste de sa petitesse avec la grandeur légendaire de son fils. Dans le poème perdu du *Couronnement de Charles*, dont nous possédons un abrégé norvégien, les Français, en voyant le jeune roi monté sur un puissant cheval, remercient Dieu d'avoir permis qu'un homme aussi petit que l'était Pépin ait pu engendrer un fils aussi grand. Son nom se présente rarement dans les textes sans être accompagné de l'épithète « petit ». Cette petitesse n'est pas toujours excessive : elle n'était même réelle, dit Jean d'Outremeuse, que relativement à la haute stature de ses contemporains. On pouvait d'ailleurs l'apprécier, car, d'après une légende de provenance érudite qui courait le pays de Liège aux XIIIe et XIVe siècles, Pépin avait élevé dans l'église de Herstal un crucifix qui était juste de sa taille, et cette taille était de cinq pieds....

Ce qui peut encore nous persuader que l'histoire du combat avec le lion et la légendaire petitesse appartiennent réellement au père et non au fils de Charles Martel, c'est qu'il y a des traces incontestables de récits épiques formés autour du fils d'Anseïs. Déjà, du temps de Charlemagne, Paul Diacre écrivait : « Anschises genuit Pippinum, quo nihil unquam potuit esse audacius ». À la fin du Xe siècle, les *Annales Mettenses* racontent comme le premier des hauts faits de Pépin II une histoire qui nous représente, dit M. Rajna, une vraie « chanson d'enfances », comme nous en connaissons plus d'une. Gondouin avait tué, en trahison, Anseïs ; le jeune Pépin, élevé en lieu sûr, fait tout à coup irruption dans le palais usurpé par le traître, et, « puerili quidem manu, sed heroica felicitate prostravit, haud aliter quam ut de David legitur.... » La comparaison de Pépin avec le petit David en face de l'immense Goliath, que nous retrouvons ici, tend encore à faire croire que c'était bien l'aïeul du roi Pépin qui avait le surnom de « petit » et le renom d'une hardiesse extraordinaire.

G. Paris, *La légende de Pépin « le Bref »*, dans les *Mélanges Julien Havet*, Paris, 1895, in-8°.

III — LA LITURGIE GALLICANE ET LA LITURGIE ROMAINE EN GAULE

Dès avant saint Boniface la liturgie romaine avait fait sentir son influence en Gaule. Les livres gallicans, peu nombreux, qui nous sont parvenus, remontent à la dernière période du régime mérovingien. Presque tous contiennent des formules d'origine romaine, des messes en l'honneur de saints romains. Dès le temps de Grégoire de Tours, un livre romain d'origine, quoique sans caractère officiel, le martyrologe hyéronimien, fut introduit en Gaule et adapté à l'usage du pays.... D'autres livres ou fragments de livres, soit romains, soit mixtes, remontent à un temps où l'influence de saint Boniface ne s'était pas encore exercée sur l'Église franque, au moins dans les limites de l'ancienne Gaule.

Que saint Boniface ait poussé vivement à la réforme liturgique et à l'adoption des usages romains, c'est ce dont il n'est pas permis de douter.... Il ne pouvait manquer d'être vigoureusement soutenu par les papes, dont il était le conseiller autant que le légat. On apporta même en ces choses... une passion acrimonieuse.... Un des rites les plus touchants de la messe gallicane, c'est la bénédiction du peuple par l'évêque, au moment de la communion. On tenait tant à ce rite qu'il fut maintenu, même après l'adoption de la liturgie romaine ; presque tous les sacramentaires du moyen âge contiennent des formules de bénédiction ; maintenant encore, elles sont en usage dans l'église de Lyon. Or, voici comment le pape Zacharie en parlait dans une lettre à Boniface :

Pro benedictionibus autem quas faciunt Galli, ut nosti, frater, multis vitiis variant. Nam non ex apostolica traditione hoc faciunt, sed per vanam gloriam hoc operantur, sibi ipsis damnationem adhibentes.... Regulam catholicæ traditionis suscepisti, frater amantissime : sic omnibus prædica omnesque doce, sicut a sancta Romana, cui Deo auctore deservimus, accepisti ecclesia.

C'est sous l'épiscopat de saint Chrodegang (732-766), et plus probablement depuis son retour de Rome en 754, que l'église de Metz adopta la liturgie romaine. Le chant, la *Romana cantilena*, était, de toutes les innovations liturgiques, la plus apparente et la plus remarquée. C'est celle qui a laissé le plus de traces dans les livres et les correspondances. Le pape Paul envoya, vers l'année 760, au roi Pépin, l'*Antiphonaire* et le *Responsorial* de Rome. Cette même année 760, l'évêque de Rouen, Remedius, fils de Charles Martel, étant venu en ambassade à Rome, obtint du pape la permission d'emmener avec lui le sous-directeur (*secundus*) de la *Schola cantorum*, pour initier ses moines « aux modulations de la psalmodie » romaine. Ce personnage ayant été, peu après, rappelé à Rome, l'évêque envoya ses moines neustriens terminer leur éducation musicale à Rome, où on les admit dans l'école des chantres.

Ce sont là des faits isolés. Il y eut une mesure générale, un décret du roi Pépin par lequel fut supprimé l'usage gallican. Ce décret est perdu, mais il se trouve mentionné dans l'*admonitio generalis* publiée par Charlemagne en 789....

Cette réforme était devenue nécessaire. L'Église franque, sous les derniers Mérovingiens, était tombée dans le plus triste état de corruption, de désorganisation et d'ignorance. Nulle part il n'y avait un centre religieux, une métropole, dont les usages mieux réglés, mieux conservés, pussent servir de modèle et devenir le point de départ d'une réforme. L'église wisigothique avait un centre à Tolède, un chef reconnu, le métropolitain de cette ville, un code disciplinaire unique, la collection *Hispana* ; la liturgie de Tolède était la liturgie de toute l'Espagne. L'église franque n'avait que des frontières : il lui manquait une capitale. L'épiscopat frank, en tant que le roi ou le pape n'en prenaient pas la direction, était un épiscopat acéphale. Chaque église avait son livre de canons, son usage liturgique ; nulle part de règle, mais l'anarchie la plus complète, un désordre qui eût été irrémédiable si les souverains carolingiens n'eussent point fait appel à la tradition et à l'autorité de l'église romaine.

L'intervention de Rome dans la réforme liturgique ne fut ni spontanée, ni très active. Les papes se bornèrent à envoyer des exemplaires de leurs livres liturgiques, sans trop s'inquiéter de l'usage qu'on en ferait. Les personnes que les rois franks, Pépin, Charlemagne et Louis le Pieux, chargèrent d'assurer l'exécution de la réforme liturgique, ne se crurent pas interdit de compléter les livres romains et même de les combiner avec ce qui, dans la liturgie gallicane, leur parut bon à conserver. De là naquit une liturgie composite, qui, propagée de la chapelle impériale dans toutes les églises de l'empire frank, finit par trouver le chemin de Rome et y supplanta peu à peu l'ancien usage. La liturgie romaine, depuis le onzième siècle au moins, n'est autre chose que la liturgie franque, telle que l'avaient compilée les Alcuin, les Hélisachar, les Amalaire. Il est même étrange que les anciens livres romains, ceux qui représentaient le pur usage romain jusqu'au neuvième siècle, aient été si bien éliminés par les autres qu'il n'en subsiste plus un seul exemplaire.

Il ne paraît pas que la réforme liturgique entreprise par les princes carolingiens ait été poussée jusqu'à Milan. Les particularités de l'usage milanais n'étaient pas inconnues en France ; mais cette grande église, mieux réglée sans doute que celles de la Gaule mérovingienne, sembla pouvoir se passer de réforme. Son usage, du reste, se rapprochait déjà beaucoup du rite romain. Il était protégé par le nom de saint Ambroise. Les fables que raconte Landulfe sur l'hostilité de Charlemagne envers le rite ambrosien ne méritent aucun crédit.

L. Duchesne, *Origines du culte chrétien.*
Étude sur la liturgie latine avant
Charlemagne, Paris, E. Thorin, 1889,
in-8°.

CHAPITRE VI

L'EMPIRE FRANC

PROGRAMME. —Charlemagne : la cour, les assemblées, les capitulaires ; les écoles ; l'armée et la guerre ; restauration de l'Empire. Louis le Pieux. Le traité de Verdun. Démembrement de l'Empire en royaumes. Les Normands en Europe.

BIBLIOGRAPHIE

Les **annales de l'empire carolingien** ont été dressées avec le plus grand soin, dans la collection des *Jahrbücher der deutschen Geschichte*, par S. Abel et B. Simson (*Jahrb. des fränkischen Reichs unter Karl dem Grossen*, t. I, Leipzig, 1888, 2ᵉ éd. ; t. II, Leipzig, 1883, in-8°) pour le règne de Charlemagne ;—par B. Simson (*Jahrb. d. fr. R. unter Ludwig dem Frommen*, Leipzig, 1874-1876, 2 vol. in-8°) pour le règne de Louis le Pieux ;—par E. Dümmler (*Geschichte des ostfränkischen Reichs*, Leipzig, 1887-1888, 3 vol. in-8°) jusqu'en 840 pour tout l'Empire et jusqu'en 918 pour l'Allemagne seulement. —Pour l'histoire des derniers Carolingiens en France, voir les travaux des élèves de M. A. Giry : E. Favre (*Eudes, comte de Paris et roi de France, 882-898*, Paris, 1893, in-8°) ;—F. Lot (*Les derniers Carolingiens, 954-991*, Paris, 1891, in-8°). — Pour l'histoire des Carolingiens d'Allemagne, v. la Bibliographie du ch. VIII.

Les excellents ouvrages que nous venons d'énumérer sont d'une érudition ardue. On regrette que les livres de vulgarisation sur l'**histoire générale de l'empire carolingien** soient, presque tous, vieillis ou médiocres. Nous ne saurions recommander ni l'*Histoire des Carolingiens* de MM. Warnkönig et Gérard (Bruxelles, 1862, 2 vol. in-8°), ni le *Charlemagne* de M. Vétault (Tours, 1880, in-4°, 2ᵉ éd.). Voir H. Brosien,

Karl der Grosse, Leipzig, 1885, in-8°, et la *Deutsche Geschichte unter den Karolingern* de E. Mühlbacher, dans la *Bibliothek deutscher Geschichte*, publiée à Stuttgart. —Parmi les monographies, celles de A. Himly (*Wala et Louis le Débonnaire*, Paris, 1849, in-8°) et de E. Bourgeois (*Le Capitulaire de Kiersy-sur-Oise, 878. Étude sur l'état et le régime politique de la société carolingienne*, Paris, 1885, in-8°) sont estimées.

Les **institutions de l'époque carolingienne** ont été fort étudiées. Les traités généraux, en français, sont : celui de J.-H. Lehuërou (*Histoire des institutions carlovingiennes*, Paris, 1843, in-8°), l'ouvrage posthume, inachevé, de Fustel de Coulanges (*Les transformations de la royauté pendant l'époque carolingienne*, Paris, 1892, in-8°) ; on sait (ci-dessus, p. 45) que M. Ch. Bayet prépare un *Manuel des institutions françaises. Période mérovingienne et carolingienne*. Voir aussi le Manuel précité (p. 44) de H. P. Viollet. — Cf., en allemand, G. Waitz, *Die karolingische Zeit*, t. III et IV de sa *Deutsche Verfassungsgeschichte*, Kiel, 1883-1885, in-8°, 3ᵉ éd.

Il n'existe point jusqu'ici de bon ouvrage d'ensemble sur la **renaissance carolingienne** du IXe siècle, première, et, à quelques égards, admirable résurrection de l'antiquité. —On recommande d'ordinaire les livres de B. Hauréau (*Charlemagne et sa cour*, Paris, 1877, in-12), de J. Bass Mullinger (*The schools of Charles the Great or the restoration of education in the ninth century*, London, 1877, in-8°), de K. Werner (*Alcuin und sein Jahrhundert*, Paderborn, 1881, in-12). Mais le sujet reste à traiter. Toutefois quelques parties en ont été déjà magistralement approfondies. —La littérature des temps carolingiens a été étudiée par A. Ebert (*Histoire générale de la littérature en Occident*, t. II et III, Paris, 1884-1889, trad. de l'all.), et, mieux encore, par A. Hauck (*Kirchengeschichte Deutschlands*, t. II, *Die Karolingerzeit*, Leipzig, 1890, in-8°). M. L. Traube prépare pour le *Handbuch* d'I. v. Müller une « histoire de la littérature latine au moyen âge », symétrique à l'histoire de la littérature byzantine de K. Krumbacher (ci-dessus, p. 100). —Sur l'art carolingien, voir : F. v. Reber, *Der karolingische Palastbau*, München, 1891-1892, 2 vol. in-4° ; P. Clemen, *Merowingische und karolingische Plastik*, Bonn, 1892, in-8° ; F. Leitschuh, *Geschichte der karolingischen Malerei*, Berlin, 1894, in-8°. —Sur la réforme de l'écriture et de la décoration des manuscrits, il y a des notions élémentaires dans les Manuels de MM. M. Prou (*Manuel de paléographie*, Paris, 1892, in-8°, 2ᵉ éd., ch. III) et A. Molinier (*Les manuscrits*, Paris, 1892, in-16) ; mais ce sujet a été en grande partie renouvelé par les recherches de M. S. Berger (*Histoire de la Vulgate pendant les premiers siècles du moyen âge*, Nancy, 1893, in-8°), dont les résultats n'ont pas encore pénétré dans les livres d'enseignement.

Pour l'**histoire économique et sociale des temps carolingiens**, consulter : A. Longnon, *Polyptyque de l'abbaye de Saint-Germain-des-Prés, rédigé au temps de l'abbé Irminon*, Introduction, Paris, 1895, in-8° ;—K. Th. v. Inama-Sternegg, *Deutsche Wirthschaftsgeschichte bis zum Schluss der Karolingerperiode*, Leipzig, 1879, in-8° ;—K. Lamprecht, *Étude sur l'état économique de la France pendant la première partie du moyen âge*, Paris, 1889, in-8°, trad. de l'all.

La littérature relative aux Normands et aux **invasions normandes** est très abondante dans les pays scandinaves ; mais il n'y a pas encore de bonne histoire générale de ces invasions (on ne se sert plus de celle de G.-B. Depping, *Histoire des expéditions maritimes des Normands*, Bruxelles, 1844, in-8°). Parmi les monographies : J. Steenstrup, *Études préliminaires pour servir à l'histoire des Normands et de leurs invasions*, Caen, 1882, in-8°, trad. du danois, extr. du *Bull. de la Soc. des Antiquaires de Normandie* ;—J. J. Worsaae, *La civilisation danoise au temps des Vikings*, dans les *Mémoires de la Soc. des Ant. du Nord*, 1878-79 ;—Prolégomènes à l'édition de Dudon de Saint-Quentin par M. J. Lair, dans les *Mémoires de la Soc. des Ant. de Normandie*, t. XXIII ;—C. F. Keary, *The Vikings in western Christendom, 789-888*, London, 1891, in-8°. —Sur l'art scandinave : H. Hildebrand, *The industrial arts of Scandinavia in the pagan time*, London, 1892, in-8°.

I — L'ÉVÉNEMENT DE L'AN 800

Le couronnement de Charlemagne comme empereur d'Occident n'est pas seulement l'événement capital du moyen âge, c'est un de ces très rares événements dont on peut dire que, s'ils n'étaient pas arrivés, l'histoire du monde n'eût pas été la même.

Pendant toute cette sombre période du moyen âge, deux forces luttaient à qui l'emporterait : d'une part, les instincts de division, de désordre, d'anarchie, qui prenaient leur source dans les impulsions sans frein et l'ignorance barbare de la grande masse de l'humanité ; de l'autre, l'aspiration passionnée des meilleurs esprits à l'unité réelle du gouvernement, aspiration dont les ressouvenirs de l'ancien empire romain formaient la base historique et dont le dévouement à une Église visible et universelle était la plus constante expression. La première de ces deux tendances, comme tout le montre, était, du moins en politique, la plus forte ; mais la dernière, servie et stimulée par un génie aussi extraordinaire que celui de Charlemagne, remporta en l'an 800 une victoire dont les fruits ne devaient plus être perdus. À la mort du héros, le flot de l'anarchie et de la barbarie se remit à battre avec autant de violence contre les choses du passé, mais sans pouvoir désormais les submerger en entier. C'est justement parce que l'on sentait que personne autre que Charles n'eût pu triompher à ce point des calamités présentes par la formation et l'établissement d'un gigantesque système de gouvernement, que l'excitation, la joie, l'espérance réveillées par son couronnement furent si profondes. On en trouvera peut-être la meilleure preuve, non dans les annales mêmes de ce temps, mais dans les lamentations déchirantes qui éclatèrent au moment où l'empire, vers la fin du IXe siècle, commença à se dissoudre ; dans les merveilleuses légendes qui se groupèrent autour du nom de l'empereur Charlemagne, du preux dont aucun exploit ne parut incroyable ;[27] dans l'admiration religieuse avec laquelle ses successeurs germains contemplèrent et s'efforcèrent d'imiter complètement ce modèle presque surhumain.

---

[27] Dès avant la fin du Xe siècle, nous voyons le moine Benoît de Soracte attribuer à Charles une expédition en Palestine et d'autres exploits merveilleux. Le poème qui porte le nom de l'archevêque Turpin est bien connu. Les meilleures anecdotes relatives à Charles—et quelques-unes sont très bonnes—se trouvent dans l'ouvrage du moine de Saint-Gall. Plusieurs font allusion à sa conduite envers les évêques, qu'il y traite à la façon d'un maître d'école en belle humeur. [Sur les légendes dont la vie de Charlemagne a été surchargée au moyen âge : G. Paris, *Histoire poétique de Charlemagne*, Paris, 1867, in-8° ; et G. Rauschen, *Die Legende Karls des grossen im XI u. XII Jahrhundert*, Leipzig, 1890, in-8°.]

*FACCIATA INTERIORE DELLA CHIESA ANTICHA DI S. PIETRO IN
VATICANO, E SVO ATRIO*
Descritta de Carlo Padredio disegnata et intagliata da Giovanni Battista Falde
Façade intérieure de l'ancienne église Saint-Pierre au Vatican.

Ancienne basilique constantinienne de Saint-Pierre. Restitution.

Transcrivons, pour connaître les pensées des hommes qui assistèrent en l'an 800 à la résurrection de l'empire au profit du chef de la dynastie austrasienne les récits de trois annalistes contemporains ou presque contemporains, de deux Germains et d'un Italien. On lit dans les annales de Lorsch :

« Et à cause que le nom d'empereur n'était plus employé par les Grecs et que leur empire était possédé par une femme, il sembla alors mêmement au pape Léon et à tous les saints pères qui assistaient au présent concile, de même qu'au reste du peuple chrétien, qu'ils devaient prendre pour empereur Charles, le roi des Franks, qui tenait Rome elle-même, où les Césars avaient toujours accoutumé de demeurer, et toutes les autres régions qu'il gouvernait en Italie, en Gaule et en Germanie ; et d'autant que Dieu lui avait remis toutes ces terres entre les mains, il semblait juste qu'avec l'aide de Dieu et à la prière de tout le peuple chrétien il eût aussi le nom d'empereur. Auquel désir le roi Charles n'eut pas la volonté de se refuser ; mais se soumettant en toute humilité à Dieu et à la prière des prêtres et de tout le peuple chrétien, le jour de la nativité de Notre Seigneur Jésus-Christ, il prit le nom d'empereur, étant consacré par le seigneur pape Léon. »

Le récit de la chronique de Moissac (an 801) est, à fort peu de chose près, le même :

« Or, comme le roi, le très saint jour de la naissance du Seigneur, se levait pour entendre la messe, après s'être mis à genoux devant la châsse du bienheureux apôtre Pierre, le pape Léon, avec le consentement de tous les évêques et des prêtres, du sénat des Franks et semblablement de celui des Romains, posa une couronne d'or sur sa tête, le peuple romain poussant aussi de grands cris. Et lorsque le peuple eut fini de chanter *Laudes*, il fut adoré par le pape selon la coutume des empereurs d'autrefois. Car cela aussi se fit par la volonté de Dieu. Car, tandis que ledit empereur demeurait à Rome, on lui amena diverses personnes qui disaient que le nom d'empereur avait cessé d'être en usage chez les Grecs, et que l'empire, chez eux, était occupé par une femme appelée Irène, qui s'était emparée par tromperie de son fils l'empereur, lui avait arraché les yeux et avait pris l'empire pour elle-même, comme il est écrit d'Athalie dans le *Livre des Rois* ; ce qu'entendant, le pape Léon et toute l'assemblée des évêques, des prêtres et des abbés, et le sénat des Franks, et tous les anciens parmi les Romains, ils tinrent conseil avec le reste du peuple chrétien afin de nommer empereur Charles, roi des Franks, voyant qu'il tenait Rome, la mère de l'empire, où les Césars et les empereurs avaient toujours accoutumé de demeurer ; et pour que les païens ne pussent pas se moquer des chrétiens, comme ils le feraient si le nom d'empereur cessait d'être en usage parmi les chrétiens. »

Couronne dite de Charlemagne, conservée au trésor impérial de Vienne.

Ces deux relations sont de source germaine ; celle qui suit a été écrite par un Romain, probablement une cinquantaine ou une soixantaine d'années après l'événement. Elle est extraite de la vie de Léon III, dans les *Vitæ pontificum romanorum*, attribuées au bibliothécaire papal Anastase :

« Après ces choses vint le jour de la naissance de Notre Seigneur Jésus-Christ, et tout le monde se rassembla de nouveau dans la susdite basilique du bienheureux apôtre Pierre ; et alors, le gracieux et vénérable pontife couronna de ses propres mains Charles d'une couronne très précieuse. Alors tout le fidèle peuple de Rome, voyant comme il défendait et comme il chérissait la sainte Église romaine et son vicaire, se mit, par la volonté de Dieu et du bienheureux Pierre, le gardien des clefs du royaume céleste, à crier d'un seul accord et très haut : « À Charles, le très pieux Auguste, couronné par Dieu, le grand et pacifique empereur, longue vie et victoire ! » Tandis que lui, devant la sainte châsse du bienheureux apôtre Pierre, il invoquait divers saints, il fut proclamé trois fois et tous le choisirent comme empereur des Romains. Là-dessus, le très saint pontife oignit Charles de l'huile sainte, et semblablement son très excellent fils qui devait être roi, le jour même de la naissance de Notre Seigneur Jésus-Christ ; et quand la messe fut finie, alors après la messe le sérénissime seigneur empereur offrit des présents. »

Ces trois relations n'offrent, quant aux faits, aucune différence sérieuse, bien que le prêtre romain, comme il est naturel, rehausse l'importance du rôle joué par le pape, tandis que les Germains, trop portés à prêter à l'événement une allure rationnelle, parlent d'un synode du clergé, d'une consultation du peuple et d'une requête formelle adressée à Charles, toutes choses que le silence d'Eginhard à ce sujet aussi bien que les autres circonstances du fait nous interdisent de prendre au pied de la lettre. De même le *Liber pontificalis* omet l'adoration rendue par le pape à l'empereur, sur laquelle la plupart des annales frankes insistent de façon à la mettre hors de doute. Cependant l'impression que laissent les trois récits est au fond la même. Ils montrent, tous les trois, combien il est peu facile d'attribuer à l'événement un caractère de stricte légalité. Le roi frank ne saisit pas la couronne de son propre chef, mais la reçoit plutôt comme si elle lui revenait naturellement, comme la conséquence légitime de l'autorité qu'il exerçait déjà. Le pape la lui donne, mais non en vertu d'un droit quelconque qui lui appartienne en propre comme chef de l'Église ; il est seulement l'instrument de la Providence divine, qui a, sans conteste, désigné Charles comme la personne la plus propre à défendre et à diriger la société chrétienne. Le peuple romain ne choisit ni ne nomme formellement, mais par ses acclamations accepte le chef qu'on lui présente. Ce fut justement à cause de l'indétermination où toutes choses furent ainsi laissées, reposant, non sur des stipulations expresses, mais plutôt sur une sorte d'entente mutuelle, sur une conformité de croyances et de désirs qui ne prévoyaient aucun mal, que cet événement prêta avec le temps à tant d'interprétations différentes. Quatre siècles plus tard, lorsque la Papauté et l'Empire se furent laissé entraîner à cette lutte mortelle qui décida de leur sort commun, trois théories distinctes relatives au couronnement de Charles seront défendues par trois partis différents, toutes trois plausibles, toutes trois à certains égards trompeuses. Les empereurs souabes regardèrent la couronne comme une conquête de leur grand prédécesseur et en conclurent que les citoyens et l'évêque de Rome n'avaient aucun droit sur eux. Le parti patriote parmi les Romains, en appelant à l'histoire des origines de l'empire, déclara que, sans l'acquiescement du sénat et du peuple, aucun empereur ne pouvait être fait légalement, puisqu'il n'était que leur premier magistrat et le dépositaire passager de leur autorité. Les papes signalèrent le fait indiscutable du couronnement par la main de Léon et soutinrent qu'en qualité de vicaire de Dieu sur la terre, c'était alors son droit et ce serait toujours le leur d'accorder à qui il leur plairait un office dont le titulaire n'avait été créé que pour être leur serviteur. De ces trois points de vue, le dernier prévalut en définitive, quoiqu'il ne soit pas mieux fondé que les deux autres. Il n'y eut, en réalité, ni conquête de Charles, ni don du pape, ni élection du peuple. De même qu'il était sans précédent, l'acte était illégal ; ce fut une révolte de l'ancienne capitale de l'Occident, justifiée par la faiblesse et la perversité des princes byzantins, sanctifiée aux yeux du monde par la participation du vicaire de Jésus-Christ, mais sans fondement juridique et incapable d'en établir un pour l'avenir.

C'est une question intéressante et quelque peu embarrassante de savoir jusqu'à quel point la scène du couronnement, dont les circonstances furent si imposantes et les résultats si graves, fut préméditée entre ceux qui y participèrent. Eginhard dit que Charles avait coutume de déclarer que, même pour une si grande fête, il ne serait pas entré dans l'église, le jour de Noël de l'an 800, s'il avait su les intentions du pape. Le pape, d'autre part, ne se serait jamais hasardé à faire une démarche aussi importante sans s'être assuré au préalable des dispositions du roi, et il n'est guère possible qu'un acte auquel l'assemblée était évidemment préparée ait été gardé secret. Quoi qu'il en soit, la déclaration de Charles subsiste, et on ne saurait l'attribuer à un pur motif de dissimulation. Il faut supposer que Léon, après s'être éclairé sur les vœux du clergé et du peuple romain et sur ceux des grands personnages franks, résolut de profiter de l'occasion et du lieu qui s'offraient si favorablement pour réaliser le plan qu'il méditait depuis si longtemps, et que Charles, entraîné par l'enthousiasme du moment et voyant dans le pontife le prophète et l'instrument de la volonté divine, accepta une dignité qu'il eût peut-être préféré recevoir un peu plus tard ou de quelque autre façon. Si donc on adoptait une conclusion positive, ce devrait être que Charles, bien qu'il eût donné au projet une adhésion plus ou moins vague, fut surpris et déconcerté par son exécution subite, qui interrompait l'ordre soigneusement étudié de ses propres desseins. Et quoiqu'un événement qui changea l'histoire du monde ne doive être considéré en aucun cas comme un accident, il peut fort bien avoir eu, pour les spectateurs franks ou romains, l'air d'une surprise. Car il n'y avait point de préparatifs visibles dans l'église ; le roi ne fut pas, comme plus tard ses successeurs teutoniques, conduit en procession au trône pontifical : tout d'un coup, à l'instant même où il sortait de l'enfoncement sacré où il s'était agenouillé parmi les lampes toujours allumées devant la plus sainte des reliques chrétiennes,—le corps du prince des apôtres,—les mains du représentant de cet apôtre posaient sur sa tête la couronne de gloire et répandaient sur lui l'huile qui sanctifie. Ce spectacle était fait pour remplir l'âme des assistants d'une profonde émotion religieuse, à la pensée que la divinité était présente au milieu d'eux, et pour leur inspirer de saluer celui que cette présence semblait consacrer presque visiblement du nom de « pieux et pacifique empereur, couronné par Dieu », *Karolo, pio et pacifico Imperatori, a Deo coronato, vita et Victoria*.

> J. Bryce, *Le saint Empire romain germanique*,
> Paris, A. Colin, 1890, in-8°. Traduit de l'anglais
> par A. Domergue.

II — LES OFFICIERS DU PALAIS CAROLINGIEN
L'APOCRISIAIRE

Saint Adalbert, abbé de Corbie, avait pris soin de composer un livre de quelque étendue sur les officiers du palais de Charlemagne. Ce livre est perdu ; mais nous en possédons, du moins, une analyse faite pour l'instruction de Carloman par un prélat d'une grande autorité, Hincmar de Reims. C'est le guide que nous allons suivre.

Le premier officier du palais était l'apocrisiaire ou archi-chapelain. Sous ses ordres étaient les clercs de la chapelle du roi, et il présidait aux offices de cette chapelle. Mais c'étaient là ses moindres soins ; car il avait, en outre, dans ses attributions l'intendance de toutes les affaires ecclésiastiques du royaume, et préparait le jugement de toutes les causes de l'ordre canonique : ce qui lui donnait une grande puissance. Cependant cette haute fonction était quelquefois attribuée à de simples abbés. Ainsi, du temps de Pépin et dans les premières années du règne de Charlemagne, l'archi-chapelain du palais était l'abbé de Saint-Denis, nommé Fulrad. Zélé défenseur des droits de la crosse épiscopale, Hincmar n'admet pas qu'un abbé ait pu marcher ainsi devant les évêques sans leur consentement ; il suppose donc que ce consentement fut accordé. Nous avons lieu de croire que Pépin ne le demanda pas. Cet abbé de Saint-Denis était d'ailleurs un homme considérable. Il avait même rempli les fonctions d'ambassadeur dans la Ville éternelle, et par ses conseils le pape Zacharie avait déposé le dernier des princes mérovingiens. Ainsi l'établissement de la dynastie nouvelle était en partie son ouvrage. Cela méritait bien les plus hautes faveurs, et l'on ne doit pas s'étonner de voir les premiers évêques passer, à la cour de Pépin, après un tel abbé. À la mort de Fulrad, Charlemagne conféra son titre à l'archevêque de Metz, Angilramne. Les évêques observaient alors assez fidèlement l'obligation de la résidence. Charlemagne fit comprendre au pape Adrien qu'il devait constamment avoir à ses côtés un homme versé dans les affaires ecclésiastiques, et l'archevêque de Metz obtint, en conséquence, la permission de venir à la cour. Celui-ci fut, à sa mort, remplacé par Hildebold, évêque de Cologne. Théodulfe, qui lui devait peut-être quelques services, a célébré la grande bonté d'Hildebold : « La douceur de ses traits, dit-il, répondait à celle de son âme. » Angilbert l'inscrit au nombre des meilleurs poètes de la cour. Dans la vie de Léon III par Anastase, Hildebold remplit un grand rôle : c'est lui qui se rend le premier auprès de ce pape, si cruellement traité par ses clercs en révolte, et c'est lui qui fait arrêter les coupables....

Veut-on se faire une juste idée d'un grand officier de la couronne sous le règne de Charlemagne ? En voici le type le plus parfait ; c'est Angilbert [qu'une lettre du pape Adrien, datée de 794, désigne comme « ministre de la chapelle royale »].

Son père, son aïeul, ayant occupé, sous les rois précédents, de hautes charges, Charles l'avait eu, dans sa jeunesse, pour commensal et pour ami. En montant sur le trône, il le nomma son conseiller *silentiaire* ou *auriculaire*, c'est-à-dire son confident officiel, le premier de ses ministres. Angilbert a le goût des lettres profanes ; cet autre *Homère* lit couramment Ovide et Virgile : c'est un savant, c'est même un poète distingué. À ces titres l'Église le réclame, et le voilà prêtre. On lui destine déjà le pallium ; plusieurs villes métropolitaines se disputent l'honneur de posséder un prélat de si grand renom, quand il séduit et rend deux fois mère Berthe, une fille du roi....

A quelque temps de là, c'est un duché qu'il possède et non pas une métropole. On le voit parcourir le Ponthieu, sa province, rendant la justice au nom du roi. Mais il est inquiet, car il est malade, et l'affection morbide qui le travaille menace, il paraît, d'interrompre le cours de sa vie. Alors il entend parler du monastère de Saint-Riquier, célèbre par le nombre de ses religieux et par les miracles accomplis au tombeau du saint qui l'a fondé. Ce récit émeut Angilbert, et il ne pense plus qu'à faire sa retraite à Saint-Riquier, s'il recouvre la santé par l'intercession du puissant patron des pauvres moines. Mais le terrible Charles a fait consacrer ses amours avec Berthe : il est marié. Qu'importe ? S'il entre dans un monastère, sa femme, par ses ordres, suivra son exemple ; ils expieront ainsi, l'un et l'autre, les écarts de leur conduite. Telles étaient les pensées qu'Angilbert roulait dans son esprit, accommodant toute chose au pieux dessein qu'il avait formé, quand un bruit plein d'alarmes arriva jusqu'à lui. Les Danois avaient pénétré, par les embouchures de la Seine et de la Somme, dans tous les ports de la France maritime ; leurs innombrables navires emplissaient les fleuves, et les populations riveraines, épouvantées par l'irruption de ces farouches dévastateurs, refluaient vers les villes du centre, implorant le secours des gens de guerre. Angilbert n'a plus le loisir de songer au salut de son âme ; et, comme les troupes dont il pouvait disposer n'étaient pas capables de soutenir le choc des pirates, il se rend auprès du roi pour lui faire le récit des périls qui menacent une de ses provinces. Celui-ci n'a rien de plus pressé que de mettre sous les ordres d'Angilbert des forces considérables. C'était en l'année 791. À l'approche des Francs, les Danois prennent la fuite et il en est fait un grand carnage.

Dôme de la cathédrale d'Aix-la-Chapelle.

Angilbert se rend alors à Saint-Riquier, remercie Dieu de la victoire qu'il a si facilement remportée, prend l'habit claustral, et l'impose à Berthe, qui vient, au mépris des canons, demeurer avec lui dans l'intérieur du monastère. Bientôt on le nomme abbé. Les suffrages ne se partagent pas ; ils se réunissent tous sur la tête d'un homme aussi puissant à la cour, aussi vaillant à la guerre. Va-t-il, suivant la règle, s'assujettir à la résidence et finir dans le recueillement une vie commencée par les agitations du siècle ? La règle n'avait pas été faite pour les religieux de cette qualité, ou bien on les dispensait aisément de la suivre. Déjà, étant simple moine, en 792, il avait été chargé de conduire au-delà des monts, devant le pontife Adrien, ce malheureux évêque d'Urgel, Félix, qui avait osé chercher le sens d'un grand mystère, et s'était fait condamner comme nestorien. Reparaissant bientôt à la cour, Angilbert joint au titre d'abbé celui d'apocrisiaire, et se rend de nouveau dans la Ville éternelle, chargé de transmettre au pape les actes du concile de Francfort. On l'y retrouve encore en 796. En 800, il suit Charlemagne allant à Rome châtier les persécuteurs de

Léon et recevoir les insignes de la puissance impériale. En 811, il réside à la cour, présidant, sous le nom d'Homère, les doctes assemblées des théologiens et des poètes palatins ; et puis il va mourir à Saint-Riquier, au mois de février de l'année 814, quand Charles, son maître et son constant ami, mourait dans son palais d'Aix-la-Chapelle.

L'apocrisiaire était certainement le plus occupé des fonctionnaires du palais, mais Charlemagne venait souvent à son aide. Lorsqu'il n'avait pas un trop vif souci des choses de la guerre, Charlemagne aimait à apprendre comment se comportait son église, faisait des règlements pour la discipline et dictait même des articles liturgiques ; ou bien encore, mandant auprès de lui les évêques, les abbés mal notés, il ne leur épargnait ni les réprimandes, ni même, au besoin, les châtiments. Ainsi, dans plusieurs de ses capitulaires, il recommande à ses clercs d'étudier les Écritures, et de croire fermement au mystère de la Trinité ; il leur enjoint, en outre, d'apprendre par cœur tout le psautier, avec les prières, les formules, les oraisons nécessaires pour administrer le baptême ; enfin il leur défend d'avoir plusieurs femmes pour épouses et de manger dans les cabarets. Jusqu'où ne s'étendait pas alors la compétence du pouvoir civil en matière de religion ? Se présentant un jour à sa chapelle au moment où l'on allait baptiser quelques enfants, Charlemagne les interroge et reconnaît qu'il ne savent pas convenablement l'oraison dominicale et le symbole. Usurpant alors, pour employer le langage des canoniales modernes, usurpant les fonctions de l'évêque, il interrompt la cérémonie, renvoie les enfants dans leurs familles, et leur interdit de revenir à la fontaine sacrée tant qu'ils ne seront pas mieux instruits. Une autre fois, il défend aux prêtres de recevoir de l'argent pour administrer les sacrements, ou bien de vendre à des marchands juifs les vases ou les autres ornements des églises. Comme il s'estimait, et à bon droit, plus savant en liturgie que les plus grands prélats de son royaume, il ne manquait pas de faire des règlements pour enjoindre ou pour prohiber telle ou telle pratique dans les cérémonies de la messe, dans l'ordre des jours fériés, dans l'administration des sacrements. Les prescriptions de ce genre abondent dans ses capitulaires. Quelquefois même, remplissant les derniers offices de l'apocrisiaire, il enseignait la psalmodie aux clercs de sa chapelle.

Voici ce que raconte, à ce propos, notre anonyme de Saint-Gall : « Parmi les hommes attachés à la chapelle du très docte Charles, personne ne désignait à chacun les leçons à réciter, personne n'en indiquait la fin, soit avec de la cire, soit par quelque marque faite avec l'ongle ; mais tous avaient soin de se rendre assez familier ce qui devait se lire pour ne tomber dans aucune faute quand on leur ordonnait à l'improviste de dire une leçon. L'empereur montrait du doigt ou du bout de son bâton celui dont c'était le tour de réciter, ou qu'il jugeait à propos de choisir, ou bien il envoyait quelqu'un de ses voisins à ceux qui étaient placés loin de lui. La fin de la leçon, il la marquait par une espèce de son guttural. Tous étaient si attentifs quand ce signal se donnait, que, soit que la phrase fût finie, soit qu'on fût à la moitié de la pause, ou même à l'instant de la pause, le clerc qui suivait ne reprenait jamais au-dessus ni au-dessous, quoique ce qu'il commençait ou finissait ne parût avoir aucun sens. Cela, le roi le faisait ainsi pour que tous les lecteurs de son palais fussent les plus exercés, quoique tous ne comprissent pas bien ce qu'ils lisaient. » Ce récit doit être exact. On y voit si bien tous les personnages désignés remplir leur rôle qu'on les représenterait aisément sur la toile. Ce serait une curieuse peinture, et qui saisirait tous les regards par l'énergie de sa couleur locale : Charlemagne enseignant la psalmodie, un bâton à la main, et touchant de ce bâton l'épaule des clercs qui doivent entonner les répons....

B. Hauréau, *Charlemagne et sa cour*,
Paris, Hachette, 1877, in-12.

III — FRANCE ET PAYS VOISINS APRÈS LE TRAITÉ DE VERDUN

Le traité conclu à Verdun en août 843, entre les trois fils de Louis le Pieux, réglait une question qui troublait l'Empire depuis quatorze ans. Il assura l'indépendance absolue de chacun des princes qui y participèrent et doit être considéré comme la charte constitutive du royaume de France, tel qu'il subsista jusqu'à la fin du moyen âge.

Les chroniqueurs carolingiens qui parlent du traité de Verdun ne donnent sur la composition des trois royaumes que des indications sommaires. Au dire de Prudence de Troyes, le plus explicite d'entre eux, « Louis reçut pour sa part tout ce qui est au-delà du Rhin et, en deçà du fleuve, Spire, Worms, Mayence et leur territoire. Lothaire eut le pays compris entre l'Escaut et le Rhin jusqu'à la mer, et, de l'autre côté, le Cambrésis, le Hainaut, le *Lommense*, le *Castricium* et les comtés qui les avoisinent en deçà de la Meuse jusqu'à la Saône qui se joint au Rhône, et le long du Rhône jusqu'à la mer avec les comtés qui bordent l'une et l'autre rive du fleuve ; hors de ces limites, il dut à l'affection de son frère Charles l'abbaye de Saint-Vaast d'Arras. Les deux princes laissèrent à Charles toutes les autres contrées jusqu'à l'Espagne. »

Le texte dont on vient de lire la traduction est fort heureusement complété par l'acte de partage du royaume de Lothaire II, rédigé en 870. Cet acte, où sont énumérés avec grand soin les cités et tous les *pagi* ayant appartenu à ce fils de l'empereur Lothaire, nous a permis de tracer avec une exactitude absolue la limite intérieure des trois États créés par le traité de Verdun : il complète les renseignements donnés par Prudence, en indiquant parmi les possessions de Lothaire une province d'outre-Rhin, la Frise, et son étude attentive permet d'établir, contrairement à l'opinion exprimée en plus d'une carte de la dernière édition de Sprüner, qu'il ne comprenait, en dehors de cette région, aucun *pagus* de la rive droite du Rhin.

Nous n'avons point compris dans le royaume de Charles le Chauve la Bretagne, où Noménoé se rendit indépendant en cette même année 843, et nous avons joint au royaume breton les territoires de Nantes et Rennes, qu'il enleva bientôt aux Francs et qui, en 851, furent officiellement cédés par Charles le Chauve à Érispoé, fils et successeur de Noménoé.

Lors de la conclusion du traité de Verdun, qui attribuait à Charles le Chauve l'ancien royaume d'Aquitaine, Pépin II revendiquait, non sans un certain succès, ce pays que son père, le roi Pépin, avait gouverné durant vingt et un ans. Un traité intervint en 845 entre les deux compétiteurs : Charles abandonna l'Aquitaine à Pépin en se réservant Poitiers, Saintes et Angoulême ; mais cette scission fut de courte durée, Pépin ayant été rejeté en 848 par ses sujets.

A. Longnon, *Atlas historique de la France*, texte explicatif, 2ᵉ livr., Paris, Hachette, 1888, in-8°.

IV — MANUSCRITS CAROLINGIENS

Il suffit de comparer certaines initiales des plus anciens manuscrits carolingiens et celles des manuscrits anglo-saxons pour reconnaître entre les unes et les autres des ressemblances indéniables. Qu'on rapproche par exemple les initiales enclavées et à formes bizarres du fameux Évangéliaire de Stockholm, et celles de la seconde Bible de Charles le Chauve, on sera frappé de la ressemblance : même abus des formes géométriques données aux lettres, même goût pour les points rouges ou verts cerclant les grandes initiales, même usage de cadres de couleur sur lesquels se détachent ces lettres. Ces ressemblances se remarquent encore dans l'Évangéliaire de Saint-Vaast d'Arras, type de l'école franco-saxonne du nord de la France. Voilà un premier élément [constitutif de l'art carolingien] dont l'origine est bien certaine. Transporté en Gaule et en Germanie par les colonies monastiques du VIᵉ et du VIIᵉ siècle, l'art anglo-saxon, épuré et raffiné, jouit, grâce à Alcuin et à ses disciples, d'une faveur bien méritée au VIIIᵉ et au IXᵉ.

Page ornée de l'Évangéliaire de Saint-Vaast.

La Source de vie.
Peinture de l'Évangéliaire de Charlemagne.

Mais il a à lutter contre un rival puissant, l'art antique. Déjà, on ne saurait le nier, la tradition antique a exercé une réelle influence sur l'art anglo-saxon ; au temps de Charlemagne, il revit en Gaule, et du mélange des deux arts sortira plus tard l'art roman proprement dit. Comment et pourquoi au IXe siècle l'art antique jouit-il d'une telle faveur, on ne saurait le dire au juste. Nous n'avons plus les manuscrits connus et imités par les calligraphes carolingiens. Toutefois, on ne peut en douter, ils ont dû voir et imiter de bons modèles. On conserve à Utrecht un Psautier célèbre, exécuté en Angleterre, au VIIIe siècle probablement, par un artiste anglo-saxon, mais copié, semble-t-il, sur un manuscrit bien plus ancien. Le texte, écrit en capitales sur trois colonnes, est illustré de quantité de dessins ; sans doute l'artiste a trahi son inexpérience dans le tracé des têtes et des extrémités, mais une foule de détails prouvent que soit directement, soit indirectement, il s'inspirait d'images antiques....

C'est donc de l'art antique et de l'art anglo-saxon que procède, à notre sens, l'art carolingien ; les artistes du IXe siècle auront pu s'inspirer parfois de quelques peintures grecques connues d'eux, mais le cas est fort rare, et à mesure que l'on avance dans le siècle, l'art antique prédomine de plus en plus. Que l'on compare seulement l'Evangéliaire de Charlemagne de 781 et le Psautier de Charles le Chauve, et l'on comprendra la portée de notre observation.

Le premier est un remarquable produit du nouvel art à ses débuts. Écrit en 781 et présenté par le scribe Gotescalc au roi Charles durant un séjour de celui-ci à Rome, il renferme les évangiles de l'année ; il est écrit en lettres d'or sur parchemin de pourpre, avec titres en encre d'argent ;[28] chaque page se compose de deux colonnes renfermées dans des encadrements assez beaux, imités, semble-t-il, de manuscrits d'Angleterre ; on y retrouve bien quelques rinceaux rappelant l'ornementation antique, mais la majeure partie des motifs se compose d'entrelacs, de monstres, de dessins géométriques. Six peintures ornent le volume ; quatre d'entre elles représentent les évangélistes et leurs symboles, une cinquième le Christ dans sa gloire, la dernière enfin la Source de vie. Une sorte de kiosque, grossièrement colorié, supporté par huit colonnes et surmonté d'une croix pattée, abrite la fontaine mystique, à laquelle viennent se désaltérer un cerf et des oiseaux ; d'autres animaux, paons, coqs, canards, couvrent le fond qu'occupent encore en partie des plantes d'apparence bizarre. L'aspect général est singulier et rappelle un peu l'Orient. La signification symbolique de la composition est du reste bien connue, et les artistes occidentaux ont plus d'une fois représenté la source mystique de la vie éternelle.

Le fameux Psautier de Charles le Chauve, écrit vers le milieu du IXe siècle par un certain Liuthard, qui se nomme à la fin, est tout entier écrit en onciale d'or sur vélin blanc. Les initiales et les titres sont sur bandes de pourpre, et en tête de chaque nocturne on trouve une page d'ornement ; on y remarque une foule de motifs empruntés à l'art antique, entre autres une grecque de deux teintes vue en perspective, copiée probablement sur une mosaïque. Quelques feuillets entièrement

---

[28] [Les manuscrits écrits en lettres d'or, ou « chrysographiques », de l'époque carolingienne sont très nombreux. « Ils remontent, dit M. S. Berger, pour le plus grand nombre, au règne de Charlemagne, et même à la première partie de ce règne. L'Evangéliaire de Godescalc a été copié entre 781 et 785, le psautier d'Adrien Ier, s'il lui appartient réellement, est antérieur à 795, le *Codex Adæ* paraît antérieur à 803.... Il est probable que le plus grand nombre des manuscrits en lettres d'or sont sortis de l'école palatine. L'école palatine, en effet, fut dirigée, à partir de 782, par Alcuin, qui n'avait pas encore fondé l'école de Tours. » (*Histoire de la Vulgate...*, p. 277.)]

pourprés sont chargés des rinceaux les plus délicats, dignes des peintres de la Renaissance. Les peintures sont au nombre de trois. La première représente David accompagné de ses quatre compagnons accoutumés : l'un d'eux, qui danse, paraît copié sur un modèle romain. Dans la seconde figure le roi Charles, sous un fronton à l'antique, de couleur violette : le roi est sur un trône d'orfèvrerie, il a la couronne sur la tête et porte des sandales de pourpre. La troisième peinture, qui fait vis-à-vis à cette dernière, représente un écrivain assis et nimbé. Quelques-unes des initiales de ce précieux volume rappellent encore de fort loin les manuscrits anglo-saxons ; mais tout le reste de l'ornementation est antique.

*
* *

L'École de Tours est une des écoles calligraphiques les plus importantes des temps carolingiens. Fondée par Alcuin, elle resta longtemps florissante et on en trouve des produits un peu partout, à Tours même, à Paris, à Chartres, en Allemagne, etc. On les reconnaît à l'usage d'une demi-onciale toute particulière, avec quelques lettres bizarres, tel que le *g* qui, composé de trois traits droits, rappelle la même lettre dans l'alphabet anglo-saxon. M. Delisle attribue à cette école quelques-uns des plus beaux monuments du IXe siècle ; nous n'en citerons que quatre : la Bible du comte Vivien, à Paris ; celle d'Alcuin, au Musée Britannique ; le Sacramentaire d'Autun et l'Évangéliaire de l'empereur Lothaire.

La Bible offerte à Charles le Chauve par le comte Vivien[29] est un des plus beaux spécimens de l'art carolingien. Les lettres ornées, dont beaucoup sont sur fond de couleur, sont tout à fait anglo-saxonnes. Par contre, l'inspiration antique se fait jour dans le reste de l'ornementation ; aux canons des évangiles, on remarque des animaux traités assez librement, mais copiés sur d'anciens modèles, et des

---

[29] [« Le comte Vivien fut un grand personnage. Quoique laïque, il reçut, en 845, de Charles le Chauve, l'investiture de l'abbaye de Saint-Martin et de celle de Marmoutier. C'est lui qui, en 846, réduisit à deux cents le nombre des chanoines de Saint-Martin. Détesté en qualité de laïque, et peut-être à cause de l'énergie (ou de la dureté) dont il paraît avoir fait preuve dans son administration, il fut tué, aux applaudissements de ses moines, en 851, au cours d'une campagne contre les Bretons. » (S. Berger, p. 217.)]

mufles de lion ; des chapiteaux des colonnes, les uns sont corinthiens, les autres formés d'entrelacs de couleur....

De cette Bible on peut rapprocher la Bible de Glanfeuil (aujourd'hui à la Bibliothèque nationale), donnée à cette abbaye par le comte Roricon, gendre de Charlemagne, celle de Zürich, et surtout celle d'Alcuin, conservée au Musée Britannique. L'attribution à Alcuin de la confection de ce dernier volume est fondée sur une pièce de vers dans laquelle ce célèbre écrivain se nomme et nomme Charlemagne. Les peintures et les ornements rappellent tout à fait la Bible de Charles le Chauve ; même imitation de l'art antique, avec un certain mélange d'ornements anglo-saxons.

L'empereur Lothaire.

L'Évangéliaire de Lothaire, exécuté par Sigilaus aux frais de ce prince, et offert par ce dernier à Saint-Martin de Tours, est encore un magnifique exemple de ce que savaient faire les calligraphes du IXe siècle. Même mélange des deux arts, mais ici l'art antique l'emporte. L'art anglo-saxon a fourni cependant une partie des dessins d'encadrement et des lettres ornées, dont beaucoup sont cerclées de ces lignes ou de ces points rouges, affectionnés des scribes d'outre-

Manche. C'est dans ce manuscrit que figure le célèbre portrait de l'empereur Lothaire, si souvent reproduit.

Un moine de Marmoutier, Adalbaldus, qui vivait au milieu du IXe siècle, est l'auteur de plusieurs volumes également remarquables. Citons seulement le célèbre Sacramentaire d'Autun, exécuté sous l'abbatiat de Ragenarius (vers 845). On y remarque des bandes pourprées chargées d'ornements ou de lettres capitales, des encadrements à entrelacs, des bustes à l'antique, les signes du zodiaque, des camées, des médailles. M. Delisle, grâce à une comparaison attentive, a montré que les mêmes motifs ornementaux se retrouvent dans ce beau volume, dans la grande Bible du comte Vivien et dans celle de Glanfeuil.[30]

Une école voisine de Paris, celle d'Orléans, créée et organisée par le poète-évêque Théodulfe, s'est également illustrée par des travaux de haute valeur à tous égards. C'est là, semble-t-il, qu'a été achevée la revision des Livres saints, entreprise par l'école du palais, et nous avons deux manuscrits frères sortis des ateliers de cette école. L'un est aujourd'hui à Paris, l'autre, tellement semblable au premier qu'on dirait deux exemplaires d'un même ouvrage imprimé, appartient à l'évêché du Puy. Dans ces volumes, écrits soit à Orléans même, soit à Saint-Benoît-sur-Loire, on a tenu avant tout à employer une écriture élégante et d'une grande finesse ; pour l'ornementation, le scribe s'est contenté de quelques feuillets de pourpre avec lettres d'or (le psautier et les évangiles sont en argent sur pourpre), de grands cadres avec colonnes pour l'*ordo librorum* et les canons des évangiles, enfin de belles initiales, fort sobres d'ailleurs. Tels qu'ils sont, ces deux volumes sont dignes d'un roi, et font le plus grand honneur à la science et au bon goût des disciples de Théodulfe…[31]

*
* *

---

[30] [Sur Adalbald et l'école de Tours, S. Berger, *op. cit.*, p. 243 et s.].
[31] [Sur la Bible de Théodulfe, S. Berger, *op. cit.*, p. 145 et s.].

Reliure du Psautier de Charles le Chauve.

La plupart des riches manuscrits carolingiens, principalement les volumes liturgiques, étaient à l'origine revêtus de somptueuses reliures ; beaucoup ont péri, soit enlevées par des mains profanes, soit remplacées par des enveloppes plus modernes. Généralement ces reliures consistaient en plaques de métal, argent ou or, appliquées sur une planche épaisse de bois, ou en lamelles d'ivoire ciselées ou sculptées. Mais ces reliures précieuses ont souvent été refaites ; souvent aussi, dès le IXe siècle, on a utilisé des morceaux plus anciens, principalement des ivoires ; il serait donc téméraire de conclure, *a priori*, de l'âge du volume à celui de l'enveloppe qui le couvre.

L'un des meilleurs exemples à citer est la reliure du Psautier de Charles le Chauve à la Bibliothèque nationale. Sur l'un des plats figure David implorant l'assistance de Dieu contre ses ennemis (Ps. 35). Le centre de la composition est occupé par un ange assis sur un trône ; dans le registre supérieur figure le Christ glorieux entouré de six saints. L'autre plat, que nous donnons ci-contre, représente l'entrevue du prophète Nathan et de David, et l'apologue du riche et du pauvre. Le choix des sujets permet d'affirmer que nous avons ici la reliure même exécutée pour ce beau manuscrit.

A. Molinier, *Les manuscrits*, Paris, Hachette, 1892, in-16. *Passim.*

CHAPITRE VII

LA FÉODALITÉ

PROGRAMME. —Démembrement de la France en grands fiefs. Avènement des Capétiens. Le régime féodal : l'hommage, le fief, le château, le serf ; la trêve de Dieu. —La Chevalerie.

BIBLIOGRAPHIE

Les principaux livres relatifs aux **origines du régime féodal** ont été indiqués déjà, à propos des institutions et de l'histoire sociale des temps mérovingiens et carolingiens (ch. II, VI). —Nous n'indiquons ici que les ouvrages qui traitent des **institutions féodales** et de l'évolution historique du régime féodal **depuis le Xe jusqu'au XIVe siècle**.

L'article « Féodalité », publié par M. Ch. Mortet dans le t. XVII de la *Grande Encyclopédie* (et à part), est une esquisse d'ensemble, de même que le remarquable chapitre de M. Ch. Seignobos, « Le régime féodal », dans l'*Histoire générale du IVe siècle à nos jours*, précitée, II (1893), p. 1-64. Il n'y en a pas beaucoup d'autres. Comme les états féodaux ne se sont pas formés de la même façon dans toute l'Europe, comme l'organisation féodale eut, au moyen âge, suivant les lieux, des formes très diverses, il est naturel que l'on ait écrit plutôt sur les formes régionales du régime que sur le régime en général.

Sur les institutions féodales **en France**, on trouvera dans plusieurs « Manuels » récents une bonne doctrine et des renseignements bibliographiques en abondance :—E. Glasson, *Histoire du droit et des institutions de la France*, t. IV, Paris, 1891, in-8° ;—A. Luchaire, *Manuel des institutions françaises. Période des Capétiens directs*, Paris, 1892, in-8° ;—P.

Viollet, *Précis de l'histoire du droit français*, Paris, 1893, in-8°, 2ᵉ éd. ; et *Histoire des institutions politiques et administratives de la France*, I, Paris, 1890, in-8°. —M. J. Flach est l'auteur d'un grand ouvrage (*Les origines de l'ancienne France*, I. *Le régime seigneurial*, Paris, 1886, in-8° ; II. *Les origines communales, la féodalité et la chevalerie*, Paris, 1893, in-8°), dont la lecture est instructive, mais difficile. —Cf. A. Longnon, *Atlas historique de la France*, texte, 3ᵉ livr., Paris, 1889, in-8°.

Les institutions féodales variaient, non seulement d'un royaume à l'autre, mais de fief à fief. Parmi les monographies locales, quelques-unes ont de la valeur. —Consulter, pour la **Normandie** : L. Delisle, dans la *Bibliothèque de l'École des chartes*, t. X, XI et XIII, et E. A. Freeman, *The history of the norman conquest of England*, t. Iᵉʳ, Oxford, 1870, in-8°. —Pour la **Bourgogne** : Ch. Seignobos, *Le régime féodal en Bourgogne jusqu'en 1360*, Paris, 1883, in-8° ; et E. Petit, *Histoire des ducs de Bourgogne de la race capétienne*, t. I à V, Paris, 1885-1894, in-8°. —Pour le **Languedoc** : A. Molinier, dans l'*Histoire générale de Languedoc*, t. VII, Toulouse, 1879, in-8°. —Pour la **Flandre** : L.-A. Warnkönig, *Histoire de la Flandre et de ses institutions civiles et politiques jusqu'à l'année 1305*, Bruxelles, 1835-1864, 5 vol. in-8°. —Pour la **Champagne** : H. d'Arbois de Jubainville, *Histoire des ducs et comtes de Champagne*, Troyes, 1859-1865, 7 vol. in-8°. —Pour la **Bretagne** : A. de Courson, *La Bretagne du Vᵉ au XIIᵉ siècle*, Paris, 1863, in-4° ; et A. de la Borderie, *Essai sur la géographie féodale de la Bretagne*, Rennes, 1889, in-8°. —Pour la **Lorraine**, E. Bonvalot, *Histoire du droit et des institutions de la Lorraine et des trois Évêchés*, Paris, 1895, in-8°. —Etc.

Sur le **régime féodal en Allemagne**, en général : G. Waitz, *Deutsche Verfassungsgeschichte*, t. V (2ᵉ éd., 1893) à VIII ;—K. Lamprecht, *Deutsche Geschichte*, t. III, Berlin, 1892, in-8°. Cet ouvrage de vulgarisation, que l'on paraît tenir en Allemagne pour un des chefs-d'œuvre de l'historiographie contemporaine, a été exactement apprécié par G. v. Below dans l'*Historische Zeitschrift*, LXXI, 465.

Pour l'histoire du **régime féodal en Angleterre** voir la Bibliographie du ch. XII.

La **chevalerie**, telle qu'elle était en France, a été étudiée, d'après les chansons de geste, par L. Gautier (*La Chevalerie*, Paris, 1890, in-4°, 2ᵉ éd.). —M. P. Guilhiermoz prépare un travail nouveau sur l'histoire des institutions chevaleresques. —Comparez, pour l'Allemagne : Alwin Schultz, *Das höfische Leben zur Zeit der Minnesinger*, Leipzig, 1889, 2 vol. in-8°, 2ᵉ éd. ;—K. H. Roth v. Schreckenstein, *Die Ritterwürde und der Ritterstand*, Freiburg i. B., 1886, in-8° ;—et le livre élémentaire d'O. Henne am Rhyn, *Geschichte des Rittertums*, Leipzig, 1893, in-8°.

Les institutions pour la paix (**trêve de Dieu**, etc.) ont été étudiées par E. Semichon (*La paix et la trêve de Dieu*, Paris, 1869, in-8°, 2ᵉ éd.), et mieux par L. Huberti (*Gottesfrieden und Landfrieden. Rechtsgeschichtliche Studien*, I. *Die Friedensordnungen in Frankreich*, Ansbach, 1892, in-8°). Voir aussi L. Weiland, dans la *Zeitschrift für Savigny-Stiftung*, t. XIV.

Voir, plus bas, la Bibliographie de l'histoire des populations rurales (ch. X), celle de l'histoire des mœurs en général et celle de l'architecture militaire au moyen âge (ch. XIV).

I — L'AVÈNEMENT DE LA TROISIÈME DYNASTIE

C'est dans l'histoire du développement territorial et politique de la maison de Robert le Fort au Xᵉ siècle qu'il faut chercher l'explication principale du changement de dynastie accompli en 987. Mais on risquerait de se méprendre singulièrement sur le caractère véritable de cette révolution et de la monarchie qui en est sortie si l'on n'essayait, au préalable, de déterminer la nature exacte du pouvoir que les princes robertiniens du Xᵉ siècle, rois ou ducs, Eude, Robert, Raoul, ont réussi à élever contre l'autorité des derniers Carolingiens.

La plupart des historiens se sont attachés à faire ressortir l'opposition tranchée des deux dynasties qui se disputaient l'influence souveraine et le titre de roi. Ils se plaisent à les représenter comme personnifiant des principes et des systèmes politiques absolument différents. Pour eux, les Robertiniens, possesseurs de la terre, symbolisent l'idée féodale, l'hérédité des fiefs, le morcellement de la souveraineté, l'indépendance à l'égard du pouvoir central. Ce sont, de plus, des Neustriens, les représentants véritables de la nationalité française et de la race celto-latine, les chefs naturels du mouvement qui tend à briser définitivement l'unité carolingienne en séparant pour toujours les Francs occidentaux de ceux qui habitent au-delà du Rhin. S'ils ont pu triompher de leurs adversaires, c'est qu'ils étaient à la fois princes féodaux et nationaux. Les Carolingiens, au contraire, plus allemands que français, auraient personnifié les idées romaines et impériales, le principe de la concentration des pouvoirs publics, l'amour de l'unité, la haine du particularisme et des institutions féodales. De cette antithèse perpétuelle entre les deux maisons et les deux principes résulte le puissant intérêt qui s'attache à la lutte engagée, pendant plus d'un siècle, entre les Robertiniens et les derniers descendants de Charlemagne.

Une semblable manière de présenter les faits ne donne point le sens exact de la réalité. On aurait dû remarquer qu'en fait Eude, Robert Ier et Raoul, seigneurs féodaux élevés à la dignité royale au mépris des droits carolingiens, ont compris et exercé la royauté absolument de la même manière que Charles le Simple, Louis d'Outremer et Lothaire. Ils ont manifesté les mêmes prétentions et les mêmes tendances, pratiqué les mêmes procédés. En changeant de condition et en devenant rois, le marquis de Neustrie et le duc de Bourgogne subissaient fatalement les nécessités attachées à leur situation nouvelle. Ils héritaient des traditions et de la politique de leurs prédécesseurs, de même qu'ils revêtaient les mêmes insignes et copiaient dans leurs diplômes les formules de la chancellerie carolingienne.

Les rois de la maison de Robert le Fort ont essayé, comme les Carolingiens, d'étendre le plus loin possible les limites de leur autorité. On les voit tous préoccupés de ramener sous la dépendance du pouvoir central les différentes parties du pays qui tendaient à s'en écarter et à conquérir l'autonomie. Il suffit de rappeler les efforts continus d'Eude et de Raoul pour maintenir le Midi dans l'obéissance, et leurs relations suivies avec les évêchés et les monastères des plus lointaines régions du Languedoc et de la Marche d'Espagne. Raoul, dans ses diplômes, prend toujours soin de s'intituler « roi des Français, des Aquitains et des Bourguignons ». À ce point de vue, il serait difficile de trouver une différence appréciable entre la conduite des Robertiniens et celle des princes légitimes. Les uns et les autres paraissent avoir été pénétrés de la nécessité de conserver entre la France centrale et le reste du royaume, sinon des liens administratifs dont le mouvement féodal rendait le maintien de plus en plus difficile, au moins une apparence de cohésion et d'unité politique.

D'autre part, tous les rois du Xe siècle, à quelque famille qu'ils appartinssent, ont cherché, dans une mesure qui varia avec leur pouvoir réel et la nature de leur tempérament, à maintenir, contre le développement croissant de la féodalité, les prérogatives de la puissance suprême. Ils n'ont point réussi à empêcher la transmission héréditaire des fiefs ; tous se sont vus obligés de distribuer à leurs fidèles des bénéfices sur lesquels ils n'avaient pas grand espoir de pouvoir remettre la main ; mais on ne voit pas qu'à cet égard les rois d'origine féodale aient agi autrement que les Carolingiens. Au contraire, s'il est un règne sous lequel le gouvernement royal ait paru vouloir réagir contre l'usurpation complète des bénéfices et des offices publics, ce fut sans contredit celui d'Eude. C'est précisément parce qu'il ne se montra pas toujours disposé à accepter sans conditions le principe de l'hérédité des fiefs, c'est parce qu'il essaya de résister aux exigences de l'aristocratie, qu'il s'aliéna, vers la fin de son règne, les mêmes chefs féodaux qui l'avaient élu. Charles le Simple dut principalement la couronne a ce mécontentement des grands.

La théorie qui consiste à voir partout des oppositions de race ne saurait être admise davantage quand on veut expliquer la lutte des Robertiniens et des Carolingiens, le succès des premiers et la chute des seconds. S'il est vrai que la possession de Paris, de Tours et des plus riches parties de la France centrale a pu contribuer à mettre en vue les descendants de Robert le Fort, il est cependant inexact de faire de ceux-ci les représentants exclusifs de la nationalité française, et des Carolingiens la personnification de l'élément germanique. Depuis la constitution du royaume des Francs occidentaux au profit de Charles le Chauve, les descendants de Charlemagne qui ont exercé le pouvoir à l'est de la Meuse ont été considérés par leurs contemporains comme des rois tout aussi français et nationaux que les chefs neustriens, leurs adversaires. Si les Robertiniens avaient exclusivement représenté les aspirations de la race celto-latine et la haine de l'étranger, leurs relations avec la Germanie auraient été fort différentes. Sur ce terrain encore, leur politique est exactement la même que celle des Carolingiens. Ils ont recherché encore plus que leurs rivaux la protection des rois allemands. Il n'y a point de prince neustrien, roi ou duc, qui n'ait conclu alliance avec les souverains de la Germanie. Hugue Capet se trouvait même, par sa mère, le proche parent des rois saxons.

Ainsi ce n'est ni comme rois *féodaux* ni comme rois *nationaux* que les Robertiniens ont été élevés à la dignité suprême par le clergé et les seigneurs français du Xe siècle. D'autre part, la monarchie fut, sous la direction d'Eude, de Robert et de Raoul, exactement ce qu'elle était quand elle appartenait aux descendants de Charlemagne.

À quoi donc attribuer la chute de la dynastie légitime et pourquoi le pouvoir monarchique fut-il définitivement transmis, en 987, à l'héritier de Robert le Fort ?

Les derniers Carolingiens n'ont point succombé par défaut d'activité et d'énergie. On abandonne aujourd'hui la vieille légende qui, partant d'une analogie peu fondée entre la décadence mérovingienne et la période finale de la seconde dynastie, appliquait à tort aux successeurs de Charles le Simple le titre de rois fainéants. Louis d'Outremer, Lothaire et même Louis V ont déployé des ressources d'esprit qui leur auraient assuré le succès, si le succès eût été possible. Mais ils portaient le poids des fautes commises par leurs ancêtres et de la situation désespérée qui leur avait été laissée en héritage.... Les Carolingiens, ruinés, n'ayant plus ni propriétés ni vassaux, avaient en quelque sorte perdu pied dans le torrent féodal qui emportait tout. Ils furent donc entraînés par le courant. Au contraire, les héritiers de Robert le Fort, qui tenaient au sol par de fortes attaches, restèrent debout. C'est précisément parce que le duc des Francs possédait ce qui faisait défaut aux héritiers de Charlemagne, [la richesse territoriale], que la révolution dynastique de 987 a pu s'accomplir au profit des Robertiniens.

Mais si la qualité de grand propriétaire fut la *condition* nécessaire de l'élévation au trône du dernier Robertinien, il faut chercher ailleurs la *cause* essentielle des événements de 987.

Ce changement dynastique était-il, comme on l'a dit, une conséquence directe de l'état de choses créé par le triomphe de la féodalité ? [Certainement non]. À ne suivre que leur propre inclination, les grands propriétaires de fiefs qui conférèrent la couronne à Hugue se seraient très bien passés de l'autorité supérieure qu'ils plaçaient ainsi au-dessus de leur tête. —L'élection du Capétien prouve combien était encore puissante la tradition romaine d'unité et de centralisation réalisée par les institutions impériales, reprise et continuée presque sous la même forme par la royauté à demi ecclésiastique des Mérovingiens et des Austrasiens. Cette tradition restait vivace à la fin du Xe siècle, au moment même du plein épanouissement d'un régime dont les tendances étaient tout opposées. Sans doute il est légitime de dire que la puissance de la maison robertinienne et son succès définitif ont été un des résultats du développement même de la féodalité. L'avènement de Hugue Capet, chef d'une grande famille seigneuriale, était l'indice certain de la prépondérance du nouvel ordre social et politique. Mais si la féodalité a fait la fortune des descendants de Robert le Fort et les a désignés au choix de la nation, ce n'est point elle qui rendait nécessaire le renouvellement de la royauté en faveur d'une troisième dynastie. — C'est à l'Église, dépositaire de la tradition romaine et monarchique, qu'est due l'élection de Hugue Capet. C'est l'Église, représentée par trois hautes personnalités gagnées aux intérêts neustriens, l'archevêque de Reims Adalbéron, son secrétaire et conseiller Gerbert, et l'évêque d'Orléans Arnoul, qui a tout préparé et tout conduit.

L'avènement de Hugue Capet a été, avant tout, un fait ecclésiastique. En prenant définitivement possession de la royauté, les Robertiniens, princes féodaux, se plaçaient au-dessus et en dehors du régime qui avait fait leur force. Lorsque l'archevêque Adalbéron dit aux grands réunis à Senlis : « Il faut chercher quelqu'un qui remplace le défunt roi Louis dans l'exercice de la royauté, de peur que l'État, privé de son chef, ne soit ébranlé et ne périclite, » il ne s'agissait point alors de compléter la hiérarchie féodale. L'État dont il est question ici n'est autre que l'ancienne monarchie romaine et ecclésiastique, telle que l'a toujours entendue l'épiscopat. C'est là l'institution politique dont Adalbéron et tout le clergé désiraient si ardemment le maintien : celle que, par la volonté de l'Église et l'assentiment de quelques hauts barons, Hugue Capet et ses successeurs recevaient mission de perpétuer et de transmettre aux siècles futurs.

*
* *

Sceau de Henri Ier.

De ces considérations découle l'idée qu'on doit se faire, à notre sens, de la royauté de Hugue Capet. Par sa nature et ses traits essentiels, cette royauté ne fait que continuer celle de l'ère carolingienne. Le duc des Francs la recevant en principe telle que l'avaient possédée ses prédécesseurs, avec les mêmes prérogatives et les mêmes tendances, n'a en somme rien fondé de nouveau. —Du moins est-ce ainsi que les premiers Capétiens eux-mêmes envisagèrent leur situation, aussitôt qu'ils eurent pris possession de la dignité royale. Ils sentaient que leur avènement ne constituait pas un état de choses nouveau et qu'ils représentaient simplement, après les Carolingiens, un système politique dont l'origine remontait aux premiers temps de la monarchie franque. Sacrés par l'Église, ils ne cessèrent de se considérer comme les héritiers légitimes des deux dynasties qui avaient précédé la leur. L'opinion générale, en somme, n'était point contraire à cette manière de voir, malgré la lenteur que mirent quelques provinces du Midi à les reconnaître et les rancunes de certains princes féodaux. L'affirmation de quelques chroniqueurs très postérieurs à l'avènement de Hugues Capet, suivant laquelle ce roi, doutant lui-même de son droit, se serait abstenu de porter la couronne, est absolument inacceptable. Ce fait est inconciliable avec ce que nous apprennent les monuments contemporains authentiques et notamment les diplômes royaux. On y voit Hugue Capet et ses successeurs rappeler, à chaque instant, le souvenir de *leurs prédécesseurs* carolingiens et mérovingiens, se proclamer les continuateurs de leur politique et les exécuteurs de leurs capitulaires et de leurs décrets. Le premier Capétien est naturellement le plus attentif à constater les liens qui unissent son gouvernement à ceux qui l'ont précédé ; mais ses descendants n'y manquent pas non plus. La diplomatique royale du XIe siècle présente, pour l'expression de ce fait, les formules les plus précises et les plus variées : « Suivant la coutume de nos prédécesseurs », dit Hugue Capet dans un diplôme de 987 pour l'abbaye de Saint-Vincent de Laon ; et dans un diplôme de Henri Ier pour l'abbaye de Saint-Thierri de Reims, on lit : « *Regum et imperatorum quibus cum officio tum dignitate successimus...* »

> A. Luchaire, *Histoire des institutions monarchiques de la France sous les premiers Capétiens*, t. Ier, Paris.
> A. Picard, 1891, 2e éd. *Passim.*

II — LA CHEVALERIE

La Chevalerie s'est développée au moyen âge dans toute l'Europe parallèlement à la féodalité avec laquelle elle a des liens nombreux. — Les origines de cette institution sont complexes et certainement très lointaines. C'est avec raison, selon nous, qu'on a rappelé, à propos de l'entrée dans la Chevalerie, l'ancienne coutume germanique, signalée par Tacite (*Germanie*, c. 13), de la remise solennelle des armes au jeune Germain, à l'âge où il peut devenir un guerrier.... Les chroniqueurs racontent la cérémonie dans laquelle Charlemagne ceignit solennellement l'épée à son fils Louis, âgé de treize ans (791) et celle où celui-ci, devenu empereur à son tour, remit en 838 les « armes viriles » à son fils Charles parvenu à l'âge de seize ans. Mais ce qui a dû contribuer plus que toute autre chose à la formation, au développement et à l'organisation de la chevalerie, c'est la transformation profonde que paraît avoir subie l'organisation militaire vers le milieu du VIIIe siècle. Jusqu'alors l'infanterie avait été la force principale des armées germaniques, les cavaliers ne s'y rencontraient qu'à l'état d'exception ; depuis lors la cavalerie prend un rôle prépondérant qu'elle gardera jusqu'à la fin du moyen âge ; elle devient la force principale sinon unique de l'armée. Dans la langue de l'époque, le mot latin *miles* continue à désigner le guerrier à cheval, mais en français on l'a toujours appelé *chevalier* : au moment où naît la langue française, le noble ne sert plus qu'à cheval ; la chevalerie a déjà un commencement d'organisation. Pendant la première période de la féodalité, le chevalier est donc le cavalier en âge de porter les armes et assez riche pour s'équiper à ses frais, ce qui implique qu'il appartenait à la noblesse héréditaire ou qu'il avait reçu un de ces bénéfices militaires devenus des fiefs. Les éperons sont l'attribut essentiel du chevalier. D'après l'ancien droit scandinave, qu'il est à propos de rapprocher ici des usages féodaux, quiconque pouvait entrer dans la caste des privilégiés pourvu qu'il eût un cheval valant au moins quarante marcs, une armure complète et qu'il justifiât d'une fortune suffisante pour satisfaire à cette charge. En France même la chevalerie n'a jamais constitué une caste absolument fermée. Sans doute, l'aptitude personnelle à être chevalier était caractéristique de la noblesse ; cependant en principe, tout chevalier pouvait créer un chevalier ; dans certains pays, dans le midi de la France particulièrement, on passait assez facilement de la roture à la chevalerie, et les exemples de vilains armés chevaliers sont assez nombreux dans l'histoire. Plus tard, au XIIIe siècle, les rois de France prétendirent défendre à leurs vassaux, et même aux grands feudataires, de conférer la chevalerie à des non nobles, mais ils n'y réussirent jamais complètement. Par contre il était d'usage que tous les nobles devinssent chevaliers ; des ordonnances royales du XIIIe siècle convertirent même cet usage en loi positive et y donnèrent une sanction en punissant d'amende les écuyers nobles qui n'avaient pas reçu la chevalerie à vingt-quatre ans accomplis.

Un chevalier du XIe siècle, d'après la tapisserie de Bayeux.

Le développement de la féodalité au cours du XIe siècle et particulièrement l'ensemble des relations féodales contribuèrent à fixer, à régulariser et à organiser l'institution de la chevalerie. Elle constitua pendant toute cette période la cavalerie féodale et les devoirs des chevaliers furent précisément ceux qui résultaient de leur situation de vassaux ou de suzerains, auxquels s'ajouta ce sentiment particulier de l'honneur que l'on appela par la suite précisément l'honneur chevaleresque. La bravoure, la fidélité, la loyauté, furent alors les qualités essentielles du chevalier. Les croisades, où se rencontrèrent et se mêlèrent les armées féodales de toute l'Europe, y ajoutèrent bientôt des caractères nouveaux. Par elles, la chevalerie devint en même temps plus chrétienne et plus universelle ; ce fut comme une vaste affiliation de tous les gentilshommes de la chrétienté, ayant ses règles et ses rites. Aux anciennes obligations d'être fidèle à son seigneur et de le défendre contre ses ennemis s'en sont ajoutées de nouvelles qui ont pris bientôt le premier rang : défendre la chrétienté, protéger l'Église, combattre les infidèles. C'est cette chevalerie que nous font connaître la plupart de nos chansons de geste. Sous le nom de Charlemagne, de Roland, de Renaud et de tous les héros de l'époque carolingienne, c'est la société chevaleresque du XIIe siècle qu'elles nous montrent avec une exactitude et une fidélité que confirment toutes les sources historiques.

À cette époque, tout fils de gentilhomme se prépare dès l'enfance à devenir chevalier : à sept ans, au sortir des mains des femmes, il est envoyé à la cour d'un baron, souvent du suzerain de son père et parfois du roi, où il est damoiseau (*domicellus*) ou valet (*vassaletus*). Il remplit en cette qualité des fonctions domestiques, ennoblies par le rang des personnages qu'il sert, et en même temps reçoit l'instruction et l'éducation que comporte sa naissance. Plus tard, il devient écuyer (*armiger*) et à ce titre est attaché au service personnel d'un chevalier, qu'il accompagne à la chasse, dans les tournois, à la guerre. Il complète ainsi son éducation militaire jusqu'à ce qu'il soit en âge d'être fait chevalier. L'âge de la chevalerie a beaucoup varié. Il y a des exemples d'enfants armés chevaliers à dix ou onze ans ; on se rappelle qu'à douze ans, sous les Carolingiens, on prêtait au souverain le serment de fidélité. Très fréquemment c'est à quinze ans qu'on entrait dans la chevalerie ; c'était l'âge de la majorité chez les Germains, et pendant tout le moyen âge, c'est lorsque son fils aîné atteignait l'âge de quinze ans que le seigneur pouvait requérir l'aide de chevalerie. Toutefois, il y eut tendance à reculer jusqu'à vingt et un ans, c'est-à-dire jusqu'à l'époque de la majorité, l'âge de l'entrée dans la chevalerie.

Un adoubement d'après le ms. fr. 782 de la Bibl. nat. (XIIIe siècle).

Le plus souvent la date de la cérémonie, de l'*adoubement* (c'est le terme technique), était choisie et fixée d'avance ; elle coïncidait d'ordinaire avec une grande fête de l'Église ; mais souvent aussi on créait des chevaliers à l'improviste, sur le champ de bataille, après des actions d'éclat, ou même avant la bataille, au moment d'engager l'action.

Au commencement et jusqu'au milieu du XIIe siècle, la cérémonie est encore très simple : elle consiste essentiellement dans la remise des armes au jeune écuyer, par un chevalier. On s'adressait pour cela à un puissant baron, à son suzerain, au roi ; souvent le père tenait à adouber lui-même son fils ; les Espagnols s'armaient eux-mêmes. La scène se passait le plus souvent sur le perron du château, en présence de la foule assemblée. Le parrain ou les parrains, car souvent on en requérait plusieurs, revêtaient le candidat du haubert et du heaume, lui ceignaient l'épée, lui chaussaient les éperons dorés, après quoi l'un d'eux lui donnait la *colée* ; il faut entendre par là un formidable coup de la paume de la main asséné sur la nuque. Quand les mœurs s'adoucirent, on la remplaça par l'*accolade*, un simple attouchement, quelques coups du plat de l'épée ou même un baiser. En quoi faisant on adressait au nouveau chevalier quelques paroles très brèves, souvent ces deux mots seuls : « Sois preux. » Le cheval était tenu en main au bas du perron ; aussitôt armé, le chevalier devait l'enfourcher sans s'aider de l'étrier et courir un *eslai*, c'est-à-dire faire un temps de galop. Après quoi il lui restait encore à courir une *quintaine*. On appelait ainsi une sorte de jeu ou plutôt d'épreuve qui consistait à s'escrimer à cheval contre une espèce de mannequin armé d'un haubert ou d'un heaume.

Ainsi qu'on le voit, le rituel de l'adoubement était, au début, tout militaire et très simple. Il se compliqua plus tard. Il s'y ajouta d'abord des cérémonies religieuses, telles que la veillée des armes dans l'église, la bénédiction de l'épée, une messe solennelle ; peu à peu, la cérémonie devint de plus en plus ecclésiastique : l'ancien adoubement se transforma en une espèce de sacrement administré par l'évêque ; ce fut l'évêque qui fit les chevaliers, leur ceignit l'épée, leur donna l'accolade et leur adressa un sermon sur leurs devoirs. Sous le titre de *Benedictio novi militis* d'anciens pontificaux nous ont conservé tout le rituel, toute la liturgie de ces cérémonies. Plus tard encore, il s'y ajouta tout un

développement symbolique et mystique très compliqué et très raffiné, des jeûnes, des veillées, des confessions et des communions préparatoires, le bain symbolique au sortir duquel le néophyte était revêtu de vêtements de couleurs allégoriques. C'est le rituel du XVe siècle, celui qu'ont seul connu pendant longtemps les historiens de la chevalerie.

Geoffroy Plantagenet,
d'après une plaque émaillée. (Musée du Mans.)

Dès la fin du XIIe siècle, en effet, sous l'influence du développement de la civilisation, sous l'influence aussi des romans de la Table ronde, l'idéal chevaleresque s'était peu à peu sensiblement modifié. À l'ancienne cavalerie féodale, encore barbare et violente, mais singulièrement virile et propre à développer toutes les qualités du gentilhomme, se substituait peu à peu une chevalerie galante et amollie où les belles manières remplaçaient les brutalités héroïques, où la témérité, l'imprudence et parfois l'extravagance tenaient lieu du courage véritable. C'est la chevalerie d'aventures, mise en honneur par ces romans si répandus depuis le XIIIe siècle, dont l'*Orlando* de l'Arioste et plus tard le *Don Quichotte* sont de merveilleuses et cruelles parodies. Au lieu des récits épiques des vieilles chansons de geste, ces romans nous montrent toujours quelque beau chevalier partant, à travers des pays merveilleux, à la recherche des aventures, faisant des vœux extravagants, mettant son point d'honneur à tenir des serments futiles, allant de tournois en tournois, portant aux plus hardis des défis insolents, vainqueur des plus braves grâce à des talismans, arrêté par des enchantements, délivré par quelque belle princesse pour l'amour de laquelle il fait de nouveaux vœux, retourne à de nouvelles aventures et à de nouveaux combats.

Les tournois qui, pendant la première période, avaient été l'image de la guerre et une rude préparation au métier des armes, devinrent la principale occupation des chevaliers ; mais loin de préparer à la guerre, ces fêtes brillantes et fastueuses, qui en différaient de plus en plus, en écartèrent plutôt la noblesse dont elles devinrent l'occupation principale et qu'elles contribuèrent à ruiner. Le luxe inouï qu'on déploya dans ces fêtes, les prodigalités auxquelles elles conduisirent eurent même cette conséquence singulière d'introduire dans la guerre des idées de profit et de lucre : les chevaliers en vinrent à combattre pour faire des prisonniers et leur demander ensuite de grosses rançons. Telle était la chevalerie, aussi imprudente et malhabile que brillante, qui fut pendant la guerre de Cent ans la cause de tous les revers de la France. Le XIIe siècle avait marqué l'apogée de l'institution, les symptômes de décadence s'étaient manifestés au cours du XIIIe siècle, le XIVe et le XVe siècle marquent le terme de la décadence et de la décrépitude. Il y eut bien, au XVIe siècle, sous la personnification de Bayard, le chevalier sans peur et sans reproche, une tentative de renaissance chevaleresque, mais ce ne fut qu'une apparence : les destinées de la chevalerie étaient dès lors accomplies et les formes qui persistèrent quelque temps encore n'en furent plus que de vaines survivances.

A. Giry, « Chevalerie », dans la *Grande Encyclopédie* (H. Lamirault, éditeur), t. X.

III — LA FÉODALITÉ EN LANGUEDOC

La transformation du bénéfice viager en fief irrévocable s'opéra, dans le Midi, de l'an 900 à l'an 950 ; passé cette date, la féodalité est constituée.

En Languedoc, bien des ennemis attaquèrent de bonne heure le régime féodal : le droit germanique, origine principale de ce régime, est dès le XIe siècle battu en brèche par le droit romain, droit coutumier des anciens habitants du pays depuis près de mille ans ; l'Église, qui a dû entrer dans ce cadre étroit de terres et de personnes superposées, finit par en échapper et se constitue une existence indépendante ; enfin, à partir du XIIe siècle, les bourgeois des villes, enrichis par le commerce et par l'industrie, réclament des libertés et fondent au milieu des seigneuries de véritables républiques. Ajoutons encore la royauté qui, toute-puissante dans le Midi dès la fin du XIIIe siècle, transforma rapidement ce régime décrépit.

*
* *

On reconnaît généralement dans le nord de la France deux espèces de propriétés féodales : le *fief* et la *censive*, l'un ne devant que des services honorables, l'autre payant un cens en argent et des redevances en nature. Il est difficile d'admettre que cette distinction ait existé dans le Midi, où le *fief*, dans plus d'un cas, avait à payer des redevances pécuniaires, tandis que les censitaires n'étaient point exempts, aussi généralement qu'on le suppose, du service militaire ; les bourgeois, les vilains eux-mêmes y étaient astreints ; et dans les villes neuves de la Marche d'Espagne, le suzerain se réservait spécialement l'*ostis* et la *cavalcata* sur tous les habitants des nouveaux villages.

Mais on peut distinguer au moins deux espèces de fiefs : à l'origine le fief semble être le bénéfice devenu héréditaire ; plus tard c'est une concession à titre onéreux. On donna en fief des terres, des droits utiles, pour assurer la culture des unes, la perception des autres ; ce fut tout un système d'administration. C'est ainsi qu'il y avait en Rouergue un *fevum sirventale* ; le vassal est le *serviens*, le sergent du suzerain, il perçoit ses revenus et veille sur ses intérêts. Nous voyons encore concéder à titre de fiefs des droits de péage, des salles basses dans un château, des églises, des revenus ecclésiastiques. Dès le milieu du XIe siècle, on devient feudataire en recevant du suzerain une somme d'argent : l'archevêque Guifred de Narbonne fit du vicomte de Béziers son vassal en lui donnant en fief héréditaire une certaine somme en deniers ou en denrées.

La possession d'un fief, quel qu'il fût, imposait au feudataire des devoirs, dont les principaux étaient la prestation de l'hommage et du serment de fidélité, et le service militaire.

* * *

I. —On appelle *hommage* la reconnaissance due par le vassal à son seigneur ; c'est la même chose que l'ancienne recommandation ; le vassal s'avoue l'homme de son suzerain pour raison de tel ou tel fief, de tel ou tel domaine. La forme de l'hommage est, à l'origine, celle de l'ancienne recommandation ; le vassal fléchit le genou, met ses mains dans celles du suzerain ; ils échangent le baiser de paix.

Les plus anciens actes d'hommage sont rédigés en un langage barbare, mélange de formes latines et de formes vulgaires (X^e, XIe siècle). Plus tard, dans les pays de Toulouse et de Carcassonne, la langue latine l'emporta ; dès le commencement du XIIe siècle, les hommages prêtés au vicomte Bernard Aton de Carcassonne sont en latin. Dans le Languedoc oriental, au contraire, ce fut le provençal qui triompha, et, jusqu'au commencement du XIIIe siècle, les hommages rendus au seigneur de Montpellier furent rédigés en langue vulgaire, sauf la date et les noms des témoins qui furent écrits en latin.

Quand un fief avait été partagé entre plusieurs enfants, à l'origine le fils aîné devait seul l'hommage. En 1269, Alphonse de Poitiers, renouvelant une ordonnance de Philippe Auguste, décida qu'à l'avenir chacun des copartageants devrait séparément l'hommage. Quand le fief était entre les mains d'une femme, le mari prêtait l'hommage au nom de celle-ci. Si le possesseur du fief était un mineur, son tuteur était astreint à sa place à toutes les obligations du vassal, mais le jeune feudataire devait renouveler personnellement l'hommage quand il avait atteint l'âge de chevalier.

Le serment de fidélité se prêtait en même temps que l'hommage, et il était généralement énoncé dans le même acte. Il se prêtait sur les saints évangiles ou sur des reliques, les clercs se tenant debout devant le livre ou devant le reliquaire et récitant la formule la main sur la poitrine (*inspectis sacrosanctis evangeliis*), les laïques posant la main sur l'évangile ou sur la relique (*tactis sacrosanctis evangeliis*). Mais le serment de fidélité n'était pas toujours une conséquence directe de la recommandation [, comme l'était la prestation d'hommage]. En principe tout habitant libre d'une seigneurie devait ce serment au seigneur de la terre. On trouve dans le Languedoc des exemples fort anciens de serments prêtés par tous les hommes libres d'une seigneurie. En 1107, par exemple, les bourgeois de Carcassonne jurèrent au vicomte Bernard Aton de lui être fidèles, de ne point le tromper, de ne point lui nuire, de le secourir contre quiconque essayerait de lui enlever la ville. Rappelons que l'Église imposa aussi l'obligation du serment à tous les fidèles, quand, dans ses conciles provinciaux, elle eut organisé la *paix de Dieu*.

II. —Des obligations qui incombaient au vassal le service militaire était, à tous les points de vue, la plus importante. Ce fut elle qui donna à la féodalité son caractère de police guerrière et qui lui permit de créer un nouvel état social. À l'époque carolingienne, le service militaire n'était dû qu'au souverain, à celui auquel tous les sujets avaient prêté le serment de fidélité. Le *senior* ne pouvait l'exiger de son *vassus*. Mais on comprend que les comtes et autres officiers royaux aient pu exiger pour eux-mêmes le service de guerre qu'ils demandaient aux fidèles de l'empereur pour celui-ci ; ils sont restés les seuls représentants du pouvoir central ; ils administrent le pays, et presque tous les hommes libres qui l'habitent sont devenus leurs recommandés. En outre, dans l'état où se trouve le pays, la fidélité due au seigneur comporte surtout la défense de sa vie, exposée tous les jours dans des aventures de grande route. Les guerres civiles, dès l'époque de Charles le Chauve, ravagent continuellement le Midi, et chaque homme puissant s'entoure de gens à lui qui l'aideront dans l'attaque et dans la défense. L'obligation pour le vassal de rendre à son seigneur le service militaire est donc une suite naturelle du serment de fidélité qu'il lui a prêté, serment qui l'oblige à défendre sa vie, son honneur et ses biens.

Le plus ancien texte qui nous montre le service de guerre dû à un particulier est un acte de l'an 954. Ce service y est représenté comme condition de l'inféodation de certains châteaux. Il est dû par le feudataire envers et contre tous, à l'exception du comte d'Urgel, suzerain supérieur. Cet acte, dont les termes sont les mêmes que ceux des actes du XIIe siècle, offre déjà l'énumération des différentes formes du service militaire féodal, l'*hostis*, la *cavalcata*, et l'obligation de rendre les châteaux forts à la première réquisition.

Entre ces deux termes, *hostis* et *cavalcata*, il n'y a que peu de différence ; le droit de requérir à la fois l'une et l'autre fut possédé par la plupart des seigneurs méridionaux. Ces deux termes paraissent seulement désigner des guerres plus ou moins importantes. L'*hostis* ou *ostis* est la grande expédition régulière, entraînant le siège de quelque château ennemi ; la *cavalcata* (chevauchée) est plutôt une promenade militaire en pays ennemi. Ce que nous savons des guerres féodales des XIe et XIIe siècles nous fait penser qu'elles consistèrent surtout en chevauchées.

À l'origine, tout possesseur de fief doit, personnellement et à ses frais, le service militaire. On peut même dire que cette obligation est, avec l'hérédité, la plus grande différence qui existe entre le bénéfice et le fief. Mais jamais l'exercice de ce droit de réquisition du suzerain ne fut réglementé dans le Midi, ou du moins il ne le fut que dans certaines seigneuries. Jamais ne s'établit dans le Languedoc une règle générale comme celle des quarante jours de service du Nord de la France. Nombre de textes prouvent que dans cette province les vassaux restèrent à la discrétion du seigneur, qui put les convoquer aussi souvent, pour un temps aussi long qu'il le voulut. —Ce service, en apparence si rigoureux, admit pourtant, en pratique, de notables adoucissements. La plupart des villes s'en firent exempter. Un savant de nos jours a même pu dire qu'au XIIIe siècle beaucoup de fiefs du Languedoc ne le devaient plus, parce qu'il était tombé peu à peu en désuétude ; c'est ce qui expliquerait en partie la faiblesse et l'inexpérience des armées méridionales pendant la guerre des Albigeois et la honteuse défaite de Muret.

« Château du Xe siècle, sur sa motte, avec enceinte en palissades de bois. »
D'après *l'Abécédaire d'archéologie* de H. de Caumont, *Architecture militaire*, p. 393.

Au service militaire proprement dit se rattache une obligation qui incombe à tout possesseur de forteresse. En principe, tout château est *rendable à merci*, c'est-à-dire qu'à la première réquisition du suzerain, « irrité ou apaisé » (*iratus vel pacatus*), le vassal doit lui remettre sa forteresse. Cette demande du seigneur peut avoir deux motifs : tantôt il l'exige à titre de simple reconnaissance de sa suzeraineté (*recognitio dominii*), tantôt par défiance à l'égard du vassal. C'est cette alternative que les actes expriment brièvement par la clause *iratus vel pacatus*. — Cette obligation du château rendable à merci, qui paraît dès le milieu du Xe siècle, finit par devenir si universelle que, dans un acte de 1190, un vassal puissant stipule qu'il en sera affranchi.

À l'époque féodale, les guerres privées furent continuelles et les forteresses prirent rapidement une grande importance. Simples châteaux de bois plus ou moins fortifiés au Xe siècle, elles sont de briques ou de pierre au XIIe.[32] Aussi les suzerains essayèrent-ils d'entraver ces constructions qui permettaient à leurs vassaux de leur résister avec succès. Peu à peu s'introduisit dans les actes d'hommage une clause portant défense aux vassaux d'augmenter les anciennes forteresses ou d'en construire de nouvelles. En 1128, le comte d'Ampurias ayant fait

---

[32] [Le château féodal du Xe siècle, dit M. Viollet-le-Duc, consistait en une enceinte de palissades entourée de fossés ou d'une escarpe de terre. Au milieu de l'enceinte s'élevait un tertre factice ou *motte*, sur lequel on bâtissait une maison carrée, en bois, à trois ou quatre étages, ce qui fut plus tard le donjon. Pour protéger ce donjon primitif contre les projectiles incendiaires, on étendait sur la plateforme et sur les murs extérieurs des peaux de bêtes récemment écorchées. Les palissades de défense avancée s'appelaient *haies* quand elles étaient formées de haies vives, *plessis* (*plexitium*) quand elles étaient formées de fascines de branchages entrelacés, *fertés* (*firmitates*) quand c'étaient des enceintes en planches avec des tourelles de distance en distance. Il existe encore dans le centre de la France, et surtout dans l'Ouest, des traces de ces châteaux primitifs. Les châteaux de Langeais, de Beaugency et de Loches sont du XIe siècle. Tout autrement formidables sont les châteaux du XIIe siècle, tout en pierres de taille, véritables camps retranchés, avec leur double enceinte de murailles crénelées, leurs donjons et leurs *bailles*. —Voyez ci-dessous la description du château du Krak des Chevaliers.]

creuser de nouveaux fossés et élever de nouvelles murailles, le comte de Barcelone le force à remettre le château dans son premier état. En 1146, à Barcelone, malgré la défense du comte, un de ses vassaux a construit une forteresse ; le suzerain prend conseil de ses prud'hommes, et ceux-ci le décident à concéder le nouveau château en alleu à ses constructeurs, en ne se réservant que le droit d'en user en temps de guerre envers et contre tous. À cause du malheur des temps, la plupart des monastères durent demander à leurs suzerains, pendant le XIIe siècle, des permissions analogues : c'était le seul moyen d'assurer à leurs hommes un peu de sécurité ; ils ne les obtinrent parfois qu'à prix d'argent.

Outre le service d'ost et de chevauchée, nous trouvons encore, dans le Midi comme dans le Nord, une autre forme de service militaire imposée aux vassaux : c'est l'*estage* ou obligation de résider pendant un certain temps chaque année dans le château du seigneur et d'y tenir garnison. L'histoire de l'*estage* de Carcassonne est typique. En 1125, le vicomte Bernard Aton venait de rentrer dans sa ville de Carcassonne, dont les habitants étaient révoltés depuis trois ans. Sa victoire fut naturellement suivie de nombreuses confiscations. Pour s'attacher ses hommes, le vainqueur leur distribua les terres des traîtres et créa dans la ville de Carcassonne un certain nombre de châtellenies. Chaque tour de la cité avec la maison attenante (*mansus*) forma un fief qui entraîna, outre les obligations ordinaires, les charges suivantes : résidence, soit perpétuelle (*per totum annum*), soit temporaire (quatre ou huit mois par an), dans la cité ; le feudataire doit amener sa famille avec lui et prête un serment spécial, relatif à la bonne et fidèle garde de la ville et des faubourgs. Le tout forme une *castellania*, et le feudataire s'appelle *castellanus*. Un serment collectif du 4 avril 1126 nous donne les noms de tous ces châtelains ; ils étaient alors au nombre de seize, dont le plus considérable était un seigneur du Narbonnais, Bernard de Canet ; les autres appartenaient aux meilleures maisons de Carcassès et notamment à la famille Pelapol, qui joua un grand rôle à Carcassonne pendant tout le XIIe siècle.....

D'après A. Molinier, *Étude sur l'administration féodale dans le Languedoc* (900-1250), dans l'*Histoire générale de Languedoc* (éd. Privat), Toulouse, t. VII (1879), p. 132.

IV — LES MŒURS FÉODALES DANS
« *RAOUL DE CAMBRAI* »

Le comte Raoul Taillefer, à qui l'empereur de France avait, en récompense de ses services, concédé le fief de Cambrai et donné sa sœur en mariage, est mort, laissant sa femme, la belle Aalais, grosse d'un fils. Ce fils, c'est Raoul de Cambrai, le héros du poème. Il était encore petit enfant lorsque l'empereur voulut, sur l'avis de ses barons, donner le fief de Cambrai et la veuve de Raoul Taillefer au Manceau Gibouin, l'un de ses fidèles. Aalais repoussa avec indignation cette proposition, mais si elle réussit à garder son veuvage, elle ne put empêcher le roi de donner au Manceau le Cambrésis.

Cependant le jeune Raoul grandissait. Lorsqu'il eut atteint l'âge de quinze ans, il prit pour écuyer un jeune homme de son âge, Bernier, fils bâtard d'Ybert de Ribemont. Bientôt le jeune Raoul, accompagné d'une suite nombreuse, se présente à la cour du roi, qui le fait chevalier et ne tarde pas à le nommer son sénéchal. Après quelques années, Raoul, excité par son oncle Guerri d'Arras, réclame hautement sa terre au roi. Celui-ci répond qu'il ne peut en dépouiller le Manceau Gibouin qu'il en a investi. « Empereur, dit alors Raoul, la terre du père doit par droit revenir au fils. Je serais blâmé de tous si je subissais plus longtemps la honte de voir ma terre occupée par un autre. » Et il termine par des menaces de mort à l'adresse du Manceau. Le roi promet alors à Raoul de lui accorder la première terre qui deviendra vacante. Quarante otages garantissent cette promesse.

Un an après, le comte Herbert de Vermandois vient à mourir. Raoul met aussitôt le roi en demeure d'accomplir sa promesse. Celui-ci refuse d'abord : le comte Herbert a laissé quatre fils, vaillants chevaliers, et il serait injuste de déshériter quatre personnes pour l'avantage d'une seule. Raoul, irrité, ordonne aux chevaliers qui lui ont été assignés comme otages de se rendre dans sa prison. Ceux-ci vont trouver le roi, qui se résigne alors à concéder à Raoul la terre de Vermandois, mais sans lui en garantir aucunement la possession. Douleur de Bernier qui, appartenant par son père au lignage de Herbert, cherche vainement à détourner Raoul de son entreprise.

Malgré les prières de Bernier, malgré les sages avertissements de sa mère, Raoul s'obstine à envahir la terre des fils Herbert. Au cours de la guerre le moutier d'Origny est incendié, les religieuses qui l'habitaient périssent dans l'incendie, et parmi elles Marsens, la mère de Bernier, sans que son fils puisse lui porter secours. Par suite une querelle surgit entre Bernier et Raoul. Celui-ci, emporté par la colère, injurie gravement son compagnon et finit par le frapper d'un tronçon de lance. Bientôt revenu de son emportement, il offre à Bernier une éclatante réparation, mais celui-ci refuse avec hauteur et se réfugie auprès de son père, Ybert de Ribemont.

Dès lors commence la guerre entre les quatre fils de Herbert de Vermandois et Raoul de Cambrai. Les quatre frères rassemblent leurs hommes sous Saint-Quentin. Avant de se mettre en marche vers Origny, ils envoient porter à Raoul des propositions de paix qui ne sont pas acceptées. Un second messager, qui n'est autre que Bernier, vient présenter de nouveau les mêmes propositions. Raoul eut été disposé à les accueillir, mais son oncle, Guerri d'Arras, l'en détourne. Bernier défie alors son ancien seigneur : il veut le frapper, et se retire poursuivi par Raoul et les siens. Bientôt le combat s'engage. Dans la mêlée, Bernier rencontre son seigneur, et de nouveau il lui offre la paix. Raoul lui répond par des paroles insultantes. Les deux chevaliers se précipitent l'un sur l'autre et Raoul est tué.

Guerri demande une trêve jusqu'à ce que les morts soient enterrés. Elle lui est accordée, mais, à la vue de son neveu mort, sa colère se réveille, et il recommence la lutte. Il est battu et s'enfuit avec les débris de sa troupe.

On rapporte à Cambrai le corps de Raoul. Lamentations d'Aalais. Sa douleur redouble quand elle apprend que son fils a été tué par le bâtard Bernier. Son petit-fils Gautier vient auprès d'elle : c'est lui qui héritera du Cambrésis. Il jure de venger son oncle. Heluis de Ponthieu, l'amie de Raoul, vient à son tour pleurer sur le corps de celui qu'elle devait épouser. On enterre Raoul.

Plusieurs années s'écoulent. Gautier est devenu un jeune homme ; il pense à venger son oncle. Guerri l'arme chevalier et la guerre recommence. Un premier engagement a lieu sous Saint-Quentin.

Gautier se mesure par deux fois avec Bernier, et à chaque fois le désarçonne. À son tour Bernier, qui a vainement offert un accord à son ennemi, vient assaillir Cambrai. Gautier lui propose de vider leur querelle par un combat singulier. Au jour fixé, les deux barons se rencontrent, chacun ayant avec soi un seul compagnon : Aliaume de Namur est celui de Bernier, et Gautier est accompagné de son grand-oncle Guerri. Le duel se prolonge jusqu'au moment où les deux combattants, couverts de blessures, sont hors d'état de tenir leurs armes. Mais un nouveau duel a lieu aussitôt entre Guerri et Aliaume. Ce dernier est blessé mortellement ; Gautier, un peu moins grièvement blessé que Bernier, l'assiste à ses derniers moments. Bernier, qui est cause de ce malheur, car c'est lui qui a excité Aliaume à se battre, accuse Guerri d'avoir frappé son adversaire en trahison. Fureur de Guerri qui se précipite sur Bernier et l'aurait tué si Gautier ne l'avait protégé. Bernier et Gautier retournent, l'un à Saint-Quentin, l'autre à Cambrai.

Peu après, à la Pentecôte, l'empereur mande ses barons à sa cour. Guerri et Gautier, Bernier et son père Ybert de Ribemont se trouvent réunis à la table du roi. Guerri frappe Bernier sans provocation. Aussitôt une mêlée générale s'engage, et c'est à grand'peine qu'on sépare les barons. Il est convenu que Gautier et Bernier se battront de nouveau. Ils se font de nombreuses blessures. Enfin, par ordre du roi, on les sépare, quand tous deux sont hors d'état de combattre. Le roi les fait soigner dans son palais, mais il a le tort de les mettre trop près l'un de l'autre, dans la même salle, où ils continuent à s'invectiver.

Cependant dame Aalais arrive aussi à la cour du roi son frère. Apercevant Bernier, elle entre en fureur, et saisissant un levier, elle l'eût assommé, si on ne l'en avait empêchée. Bernier sort du lit, se jette à ses pieds. Lui, ses oncles et ses parents implorent la merci de Gautier et d'Aalais qui finissent par se laisser toucher. La paix est rétablie au grand désappointement du roi contre qui Guerri se répand en plaintes amères, l'accusant d'avoir été la cause première de la guerre. Le roi choisit ce moment pour dire à Ybert de Ribemont que, lui mort, il disposera de la terre de Vermandois. « Mais, répond Ybert, je l'ai donnée l'autre jour à Bernier. —Comment diable ! répond le roi, est-ce qu'un bâtard doit tenir terre ? » La querelle s'envenime, les barons se jettent sur le roi qui est blessé dans la lutte. Ils se retirent en mettant le feu à la cité de Paris, et chacun retourne en son pays, tandis que le roi mande ses hommes pour tirer vengeance des barons qui l'ont insulté....

*
* *

Cherchons maintenant dans l'histoire quels événements ont pu être le point de départ de cette longue suite de récits.

Le héros de notre poème a cela de commun avec Roland, que sa mort est racontée brièvement par un analyste contemporain, mais en des termes suffisamment précis pour qu'il ne soit pas possible de révoquer en doute le caractère historique d'une portion importante de la première partie de *Raoul de Cambrai*.

« En l'année 943, écrit Flodoard, mourut le comte Herbert. Ses fils l'ensevelirent à Saint-Quentin, et, apprenant que Raoul, fils de Raoul de Gouy, venait pour envahir les domaines de leur père, ils l'attaquèrent et le mirent à mort. Cette nouvelle affligea fort le roi Louis. »

La seule chose qui, dans les paroles du chanoine de Reims, ne concorde qu'imparfaitement avec le poème, c'est le nom du père de Raoul. Mais cette différence est certainement plus apparente que réelle, car, si Flodoard le nomme Raoul de Gouy et non Raoul de Cambrésis, nous savons d'ailleurs que ce Raoul, mort dix-sept ans auparavant, avait été « comte » et selon toute vraisemblance, comte en Cambrésis, puisque Gouy était situé dans le *pagus* ou *comitatus Cameracensis*, au milieu d'une région forestière, l'Arrouaise, dont les habitants sont présentés par le poète comme les vassaux du jeune Raoul de Cambrai.

Raoul de Gouy ne doit pas être distingué de ce comte Raoul, qui, en 921, semble agir en qualité de comte du Cambrésis, lorsque, avec l'appui de Haguenon, le favori de Charles le Simple, il obtient de ce prince que l'abbaye de Maroilles soit donnée à l'évêque de Cambrai. Quoi qu'il en soit, Raoul de Gouy prit une part active aux événements qui suivirent la déchéance de Charles le Simple : ainsi, il accompagnait, en 923, les vassaux de Herbert de Vermandois et le comte Engobrand dans une heureuse attaque du camp des Normands qui, sous le commandement de Rögnvald, roi des Normands des bouches de la

Loire, étaient venus, à l'appel de Charles, ravager la portion occidentale du Vermandois. Ses terres, on ne sait pourquoi, furent exceptées deux ans après (925), ainsi que le comté de Ponthieu et le marquisat de Flandre, de l'armistice que le duc de France, Hugues le Grand, conclut alors avec les Normands. Raoul de Gouy terminait, vers la fin de l'année 926, une carrière qui, malgré sa brièveté, paraît avoir été celle d'un homme fameux en son temps....

Selon le poème, Raoul Taillefer aurait épousé Aalais, sœur du roi Louis, qu'il aurait laissée, en mourant, grosse de Raoul, le futur adversaire des fils Herbert. Ces circonstances sont loin d'être invraisemblables. Aalais est, en effet, le nom d'une des nombreuses sœurs du roi Louis d'Outremer, issues du mariage de Charles le Simple avec la reine Fréderune, et il n'est pas impossible qu'en 926, date de la mort de Raoul de Gouy, elle fût mariée à l'un des comtes qui avaient été les sujets de son père ; d'autre part, en supposant que Raoul de Gouy, mort prématurément en 926, ait laissé sa femme enceinte d'un fils, ce fils posthume, lors de la mort de Herbert de Vermandois, en 943, aurait eu dix-sept ans environ, âge qui n'est en désaccord ni avec le texte de *Raoul de Cambrai*, ni avec ce que nous savons de l'époque carolingienne, car en ce temps on entrait fort jeune dans la vie active et surtout dans la vie militaire ; ainsi, pour n'en citer qu'un exemple entre tant d'autres, un roi carolingien, Louis III, celui-là même dont un poème en langage francique et la chanson de Gormond célèbrent la lutte contre les Normands, Louis III mourut âgé au plus de dix-neuf ans, un an après avoir battu les pirates du Nord, deux ans après qu'il eût conduit une expédition en Bourgogne contre le roi Boson.

Quoi qu'il en soit de l'origine de la comtesse Aalais, femme de Raoul de Gouy, son souvenir se conserva durant plusieurs siècles dans l'église cathédrale de Cambrai et dans l'abbaye de Saint-Géry de la même ville, à raison de legs qu'elle leur avait faits pour le repos de l'âme de son malheureux fils ; c'est du moins ce qu'attestent une charte de Liebert, évêque de Cambrai, rédigée vers 1050, et la chronique rimée vers le milieu du XIIIe siècle par Philippe Mousket....

Les mœurs féodales dans la première partie du *Raoul* portent en plus d'une strophe les marques d'une certaine antiquité ; il serait difficile toutefois de faire ici le départ de ce qui appartient véritablement au Xe siècle. L'hérédité des fiefs n'y est point encore complètement établie, mais il faut reconnaître que les remanieurs ne pouvaient guère, sans nuire à l'économie du poème, introduire sur ce point les coutumes de leur temps. La réparation à la fois éclatante et bizarre que Raoul offre à Bernier après l'incendie d'Origny,[33] et qui est l'une des formes de l'*harmiscara* des textes carolingiens, semble encore un trait conservé de la chanson primitive sur la mort de Raoul, mais on sait combien il est difficile de renfermer dans des limites chronologiques la plupart des usages du moyen âge : telle coutume oubliée presque totalement en France a pu se perpétuer dans le coin d'une province ; elle a pu disparaître complètement de notre pays et se conserver plusieurs siècles encore à l'étranger. C'est pourquoi nous croyons sage de nous abstenir de plus amples considérations.

P. Meyer et A. Longnon, *Raoul de Cambrai, chanson de geste*, Paris, 1882, in-8°. Introduction, *passim*.

---

[33] Voici en quoi consistait cette réparation : Raoul offrait de se rendre d'Origny à Nesle, localités qu'une distance de « 14 lieues » (en réalité 43 kil.) séparait, accompagné de cent chevaliers portant chacun sa selle sur la tête ; Raoul, chargé de celle de son ancien écuyer, aurait dit à toutes les personnes qui se seraient trouvées sur son chemin : « Voici la selle de Bernier ». Les hommes de Raoul trouvaient fort acceptable, pour Bernier, cette « amendise » que l'offensé refusa hautement.

CHAPITRE VIII

L'ALLEMAGNE ET L'ITALIE

PROGRAMME. —Les duchés allemands ; Henri Ier ; les Marches ; Otton Ier en Italie. Nouvelle restauration de l'Empire. L'empereur et le pape. La réforme de l'Église. Grégoire VII. La querelle des investitures. Alexandre III et Frédéric Barberousse. Innocent III, Frédéric II.

BIBLIOGRAPHIE

L'histoire générale de l'Allemagne sous les derniers Carolingiens, sous les empereurs saxons, franconiens et sous les Hohenstaufen, a été très souvent écrite. —Dans la collection des *Jahrbücher der deutschen Geschichte* ont été publiées d'excellentes annales pour les règnes d'Henri I, d'Henri II, de Conrad II, d'Henri III, d'Henri IV et d'Henri V, de Lothaire, de Conrad III, d'Henri VI, d'Otton IV, de Frédéric II. —L'ouvrage de W. v. Giesebrecht, *Geschichte der deutschen Kaiserzeit* (Leipzig, 1881-1890, 5 vol. in-8°) est célèbre. —Il existe en allemand beaucoup d'exposés généraux, à l'usage du grand public. Sans parler de la *Deutsche Geschichte*, précitée, de K. Lamprecht, de celle de K. W. Nitzsch (*Geschichte des deutschen Volkes*, Leipzig, 1892, 3 vol. in-8°, 2e éd.), et de l'estimable Manuel sommaire de B. Gebhardt (*Handbuch der deutschen Geschichte*, Stuttgart, 1891, in-8°), où cette période de l'histoire d'Allemagne est esquissée à grands traits, voir : H. Gerdes, *Geschichte des deutschen Volkes. Zeit der karolingischen und sächsischen Könige*, Leipzig, 1891, in-8° ;—M. Manitius, *Deutsche Geschichte unter den sächsischen und salischen Kaisern (911-1125)*, Stuttgart, 1889, in-8° ;—J. Jastrow, *Deutsche Geschichte im Zeitalter der Hohenstaufen*, Berlin, 1893 et s., in-8°. —Parmi les monographies de premier ordre : Th. Sickel, *Das Privilegium Otto I für die römische Kirche vom J. 962*, Innsbrück, 1883, in-8° ;—O. Harnack, *Das Kurfürstencollegium bis zur Mitte des vierzehnten Jahrhunderts*, Giessen, 1883, in-8°. —On a en français : J. Bryce, *Le saint Empire romain germanique*, Paris, 1890, in-8° ;—C. de Cherrier, *Histoire de la lutte des papes et des empereurs de la maison de Souabe*, Paris, 1858-1859, 3 vol. in-8° (Vieilli) ;—J. Zeller, *Fondation de l'Empire germanique. Otton le Grand et les Ottonides*, Paris, 1873, in-8° ; *L'Empire germanique et l'Église au moyen âge*, Paris, 1876, in-8° ; *L'Empire germanique sous les Hohenstaufen*, Paris, 1881, in-8° ; *L'empereur Frédéric II et la chute de l'Empire germanique au moyen âge*, Paris, 1885, in-8° ;—G. Blondel, *Étude sur la politique de l'empereur Frédéric II en Allemagne*, Paris, 1892, in-8°.

L'histoire de l'église romaine, du XIe au XIIIe siècle, a été aussi fort étudiée. Parmi les ouvrages généraux, consulter, outre l'excellent Manuel de K. Müller (*Kirchengeschichte*, I, Freiburg i. Brisgau, 1892, in-8°) et les autres Manuels d'histoire ecclésiastique (ci-dessous, Bibliographie du ch. XIII), les narrations de J. Langen (*Geschichte der römischen Kirche*, t. III [de Nicolas Ier à Grégoire VII], Bonn, 1892, in-8°, et IV [de Grégoire VII à Innocent III], Bonn, 1893, in-8°), et de F. Rocquain (*La Cour de Rome et l'esprit de Réforme avant Luther*, t. Ier, Paris, 1893, in-8°). — L'opuscule élémentaire de U. Balzani (*The popes and the Hohenstaufen*, London, 1889, in-16) n'est pas sans mérite. —Il y a des monographies sur les grands papes : Grégoire VII, Alexandre III, Innocent III, Grégoire IX, Innocent IV, etc., dont quelques-unes sont très bonnes ; les principales sont celles de W. Martens (*Gregor VII, sein Leben u. Wirken*, Leipzig, 1894, 2 vol. in-8°), de H. Reuter (*Geschichte Alexanders der dritten und der Kirche seiner Zeit*, Leipzig, 1860-1864, 3 vol. in-8°), de F. Hurter (*Histoire du pape Innocent III*, Paris, 1843, 3 vol. in-8°, tr. de l'all.). Citons encore, en seconde ligne, les travaux d'O. Delarc (*Saint Grégoire VII et la réforme de l'Église au XIe siècle*, Paris, 1889-1890, 3 vol. in-8°), de J. Felten (*Papst Gregor IX*, Freib. i. B., 1886, in-8°) et de C. Rodenberg, *Innocenz IV und das Königreich Sicilien, 1245-1254*, Halle, 1892, in-8°. — Sur Rome pontificale au moyen âge, lire, outre la célèbre *Geschichte der Stadt Rom*, de F. Gregorovius, précitée, le livre excellent de A. Graf, *Roma nella memoria e nelle immaginazioni del medio evo*, Torino, 1882, 2 vol. in-8°. —Cf. G. Paris, dans le *Journal des Savants*, 1884, p. 557-577.

Sur l'**histoire d'Italie**, l'œuvre capitale est celle de J. Ficker, *Forschungen zur Reichs-und Rechtsgeschichte Italiens*, Innsbrück, 1868-1874, 4 vol. in-8° ; mais il existe d'autres bons livres qui ne sont pas assez connus. Citons entre beaucoup d'autres monographies importantes : Fr. Lanzani, *Storia* *dei comuni italiani dalle origini al 1313*, Milano, 1882, in-8° ;—P. Villari, *I primi due secoli della storia di Firenze*, Firenze, 1893, in-8° ;—L. v. Heinemann, *Geschichte der Normannen in Unteritalien und Sicilien bis zum Aussterben des normannischen Königshauses*, I, Leipzig, 1894, in-8°.

I—LA VILLE DE ROME AU MOYEN ÂGE

« On rapporte, dit Sozomène, dans le neuvième livre de son *Histoire ecclésiastique*, que lorsque Alaric se dirigeait à marches forcées sur Rome, un saint moine d'Italie l'exhorta à épargner la cité et à ne pas être la cause d'aussi horribles calamités. Mais Alaric répondit : « Ce n'est pas en vertu de ma propre volonté que j'agis ainsi ; il y a quelqu'un qui me pousse et qui ne me laisse aucun repos, et qui m'a ordonné de détruire Rome. »

Vers la fin du Xe siècle, le Bohémien Woitech, célèbre plus tard dans la légende sous le nom de saint Adalbert, quitta son évêché de Prague pour voyager en Italie et se fixa dans le monastère romain de Sant'Alessio. Au bout de quelques années passées dans cette solitude religieuse, il fut invité à venir reprendre les devoirs de son siège et s'y consacra de nouveau au milieu de ses compatriotes à demi sauvages. Bientôt, cependant, son ancien désir se réveilla en lui ; il regagna sa cellule sur les hauteurs de l'Aventin, et là, errant parmi les vieilles reliques et se chargeant des plus humbles occupations du couvent, il vécut heureux quelque temps. À la fin, les reproches de son métropolitain, l'archevêque de Mayence, et les commandements exprès du pape Grégoire V le contraignirent à repasser les Alpes et il se joignit à la suite d'Otton III, se lamentant, dit son biographe, de ce qu'il ne lui fût plus permis désormais de jouir de sa douce quiétude au sein de la mère des martyrs, de la demeure des Apôtres, de la Rome enchantée. Au bout de quelques mois, il subissait le martyre chez les Lithuaniens païens de la Baltique.

Environ quatre cents ans plus tard et neuf cents ans après Alaric, François Pétrarque écrit en ces termes à son ami Jean Colonna : « Ne penses-tu pas que je souhaite vivement voir cette cité, qui n'a jamais eu et n'aura jamais son égale ; qu'un ennemi même a appelée une cité de rois ; sur la population de laquelle il a été écrit : « Grande est la valeur du peuple romain, grand et terrible est son nom » ; dont la gloire sans exemple et l'empire sans pareil, passé, présent et futur, ont été célébrés par les divins prophètes ; où sont les tombes des apôtres et des martyrs et les corps de tant de milliers de soldats du Christ ? »

C'était la même impulsion qui entraînait irrésistiblement le guerrier, le moine et l'érudit vers la cité mystique, qui était pour l'Europe du moyen âge bien plus que n'avait été Delphes pour la Grèce ou la Mecque pour l'Islam, la Jérusalem de la chrétienté, la ville qui avait jadis gouverné la terre et gouvernait à présent le monde des esprits incorporels. Car Rome offrait à chaque classe d'hommes un genre d'attractions particulier. Le pèlerin dévot venait prier devant la châsse du prince des apôtres ; l'amoureux des lettres et de la poésie rêvait à Virgile et à Cicéron parmi les colonnes renversées du Forum ; les rois germains venaient avec leurs armées chercher dans l'antique capitale du monde la source de la puissance temporelle.

Entrée du Forum par la Voie Sacrée.

Rome ne possédait cependant aucune source de richesse. Sa situation était défavorable au commerce ; n'ayant point de marché, elle ne fabriquait aucune marchandise, et l'insalubrité de sa campagne, résultat d'un long abandon, en rendait la fertilité inutile. Alors déjà, comme aujourd'hui, elle s'élevait, solitaire et délaissée, au milieu du désert qui s'étendait jusqu'au pied même de ses murailles. Comme il n'y avait pas d'industrie, il n'y avait rien qui ressemblât à une classe bourgeoise. Le peuple n'était qu'une vile populace, toujours prompte à suivre le démagogue qui flattait sa vanité, plus prompte encore à l'abandonner au moment du péril. La superstition était pour lui une question d'orgueil national, mais il vivait dans le voisinage trop immédiat des choses sacrées pour les respecter beaucoup ; il maltraitait le pape et exploitait les pèlerins que ses autels attiraient en foule ; c'était probablement la seule classe d'hommes en Europe qui ne fournît aucune recrue aux armées de la Croix. Les prêtres, les moines et tous les parasites divers d'une cour ecclésiastique formaient une large part de la population ; le reste était entretenu, pour la plupart dans un état de demi-mendicité, par une quantité incalculable d'associations religieuses qu'enrichissaient les dons ou les dépouilles de la chrétienté latine. Les familles nobles étaient nombreuses, puissantes, féroces ; elles s'entouraient de bandes de partisans sans aucune discipline, et ne cessaient de guerroyer entre elles autour de leurs châteaux dans la contrée avoisinante ou dans les rues mêmes de la cité. Si les choses avaient pu suivre leur cours naturel, une de ces familles, celle des Colonna par exemple, ou celle des Orsini, aurait probablement fini par dompter ses rivales et par établir, ainsi qu'on le vit dans les républiques de la Romagne et de la Toscane, une *signoria* ou tyrannie locale, analogue à celles qui s'implantèrent jadis dans les villes de la Grèce. Mais la présence du pouvoir sacerdotal fit obstacle à cette tendance et, par cela même, aggrava la confusion dans la cité. Bien que le pape ne fût pas encore reconnu comme souverain légitime, il était, non seulement le personnage de Rome le plus considérable, mais le seul dont l'autorité offrît l'apparence d'un certain caractère officiel. Toutefois le règne de chaque pontife était court ; il ne disposait d'aucune force militaire ; il était fréquemment absent de son siège. Il appartenait, en outre, très souvent à l'une de ces grandes familles, et, à ce titre, n'était rien de plus qu'un chef de faction dans l'intérieur de sa ville, tandis qu'on le vénérait dans toute l'Europe comme le pontife universel.

Celui qui aurait dû être pour Rome ce que leurs rois nationaux étaient pour les villes de France, d'Angleterre ou d'Allemagne, c'était l'empereur. Mais son pouvoir était une pure chimère, importante surtout en ce qu'elle servait de prétexte à l'opposition que les Colonna et les autres chefs gibelins faisaient au parti du pape. Ses droits, même en théorie, étaient matière à controverse. Les papes, dont les prédécesseurs s'étaient contentés de gouverner en qualité de lieutenants de Charlemagne ou d'Otton, soutenaient à présent que Rome, en tant que cité spirituelle, ne pouvait être soumise à aucune juridiction temporelle, et qu'elle ne pouvait, par conséquent, faire partie de l'empire romain, quoiqu'elle en fût cependant la capitale. Non seulement, arguait-on, Constantin avait cédé Rome à Sylvestre et à ses successeurs, mais le Saxon Lothaire, lors de son couronnement, avait, de plus, formellement renoncé à sa souveraineté en prêtant hommage entre les mains du pontife et en recevant de lui la couronne comme son vassal. Les papes sentaient alors que leur dignité et leur influence ne pouvaient que perdre, s'ils admettaient même en apparence dans le lieu de leur résidence la juridiction d'un souverain civil, et, quoiqu'il leur fût impossible d'y affirmer leur propre autorité, ils réussirent du moins à en exclure toute autre que la leur. C'est pour cela qu'ils étaient si mal à l'aise toutes les fois qu'un empereur venait leur demander de le couronner, qu'ils lui suscitaient toute espèce de difficultés et s'efforçaient de s'en débarrasser le plus tôt possible. Il faut dire ici quelque chose du programme de ces visites impériales à Rome, et des traces que les Allemands y ont laissées de leur présence, en se rappelant toujours qu'à partir de Frédéric II, être couronné dans sa capitale fut pour un empereur l'exception au lieu d'être la règle.

Le voyageur qui entre à Rome aujourd'hui, s'il arrive, comme c'est l'ordinaire, par la voie de Civita-Vecchia, y est introduit par le chemin de fer avant qu'il s'en soit douté ; il se jette dans une voiture à la gare et est déposé à la porte de son hôtel, au milieu de la ville moderne, sans avoir absolument rien vu. S'il arrive en voiture de la Toscane, en suivant la route déserte qui passe près de Véies et franchit le pont Milvius, il jouit, il est vrai, du haut des pentes de la chaîne ciminienne, de la splendide perspective de la Campagne, semblable à une mer entourée de collines étincelantes ; mais de la cité, il n'aperçoit aucun indice, sauf le dôme de Saint-Pierre, jusqu'à ce qu'il soit dans ses murs. Il en était tout autrement au moyen âge. Alors les voyageurs, quelle que fût leur condition, depuis l'humble pèlerin jusqu'à l'archevêque de promotion récente qui venait, accompagné d'une suite pompeuse, recevoir des mains du pape le pallium sacramentel, s'en approchaient du côté du nord ou du nord-est ; suivant un passage tracé dans le sol montueux de la rive toscane du Tibre, ils faisaient halte sur le sommet du Monte Mario[34]—le mont de la Joie—et voyaient « la cité des solennités » s'étendre sous leurs yeux, depuis les énormes constructions du Latran, bien loin sur le mont Cælius, jusqu'à la basilique de Saint-Pierre à leurs pieds. Ce n'était pas, comme aujourd'hui, un océan houleux de coupoles, mais une masse de maisons basses aux rouges toitures, interrompue par de hautes tours de briques, et çà et là par des monceaux de ruines antiques, bien plus considérables que ce qu'il en reste. Et au-dessus de tout cela se dressaient ces deux monuments des Césars païens, ces monuments qui contemplent encore, du haut de leur immobile sérénité, le spectacle que leur donnent les armées des nations nouvelles et les fêtes d'une nouvelle religion,—les colonnes de Trajan et de Marc-Aurèle.

L'empereur Otton III, d'après une miniature de l'Évangéliaire de Bamberg.

---

[34] Les Allemands appelaient cette colline, la plus haute de celles qui entourent Rome ou qu'elle enferme, et que fait remarquer le beau groupe de pins pignons qui en décore la cime, Mons Gaudii. L'origine du nom italien Monte Mario, est inconnue, à moins que ce ne soit, comme quelques-uns le pensent, une corruption de Mons Malus. —C'est sur cette colline qu'Otton III fit pendre Crescentius et ses partisans.

Du Monte Mario, l'armée teutonne, après avoir fait ses oraisons, descendait dans le champ de Néron, espace formé par les terrains plats qui aboutissent à la porte Saint-Ange. C'était là que les représentants du peuple romain avaient l'habitude d'aller au-devant de l'empereur nouvellement élu, de lui demander la confirmation de leurs chartes et de recevoir le serment qu'il prêtait de maintenir leurs bonnes coutumes. Une procession se formait alors : les prêtres et les moines, qui étaient sortis pour saluer l'empereur en chantant des hymnes, prenaient les devants ; les chevaliers et les soldats romains, quels qu'ils fussent, venaient ensuite ; puis le monarque, suivi d'une longue troupe de chevalerie transalpine. Pénétrant dans la cité, ils s'avançaient jusqu'à Saint-Pierre, où le pape, entouré de son clergé, se tenait sur le grand perron de la basilique pour souhaiter la bienvenue au roi des Romains et lui donner sa bénédiction. Le lendemain, on procédait au couronnement, avec des cérémonies très compliquées.[35] Leur accompagnement le plus ordinaire, dont le livre du rituel ne fait pas mention, c'était le son des cloches appelant aux armes et le cri de bataille des combattants allemands et italiens. Le pape, quand il ne pouvait empêcher l'empereur d'entrer à Rome, le priait de laisser le gros de son armée hors des murs, et, s'il ne l'obtenait pas, il pourvoyait à sa sécurité en excitant des complots et des séditions contre son trop puissant ami. Le peuple romain, d'un autre côté, tout violent qu'il se montrât souvent à l'égard du pape, plaçait pourtant en lui une sorte d'orgueil national. Bien différents étaient ses sentiments pour le capitaine teuton qui venait d'un pays lointain recevoir dans sa cité, sans lui en savoir gré cependant, les insignes d'un pouvoir que la bravoure de leurs ancêtres avait fondé. Dépouillé de son ancien droit d'élire l'évêque universel, il tâcha d'autant plus désespérément de se persuader que c'était lui qui choisissait le prince universel ; et sa mortification était toujours plus cuisante chaque fois qu'un nouveau souverain repoussait avec mépris ses prétentions et faisait parader sous ses yeux sa rude cavalerie barbare. C'est pour cela qu'une sédition était à Rome la conséquence presque forcée d'un couronnement. Il y eut trois révoltes

---

[35] On attachait une grande importance à cette partie de la cérémonie où l'empereur tenait l'étrier au pape pour monter en selle et conduisait son palefroi pendant quelques instants. L'omission de cette marque de respect par Frédéric Barberousse, lorsque Hadrien IV vint à sa rencontre, à son approche de Rome, faillit amener une rupture entre les deux potentats, Hadrien se refusant absolument à donner le baiser de paix avant que l'empereur se fût soumis à la formalité obligée, ce que celui-ci se vit contraint de faire à la fin, d'une façon quelque peu ignominieuse.

contre Otton le Grand. Otton III, en dépit de son affection passionnée pour la cité, y fut en butte à la même mauvaise foi et à la même haine, et la quitta enfin de désespoir après avoir fait d'inutiles tentatives de conciliation.[36] Un siècle plus tard, le couronnement de Henri V fut l'occasion de tumultes violents, car il se saisit du pape et des cardinaux à Saint-Pierre et les tint prisonniers jusqu'à ce qu'ils se fussent soumis à ses exigences. Hadrien IV, qui s'en souvenait, aurait volontiers forcé les troupes de Frédéric Barberousse à demeurer hors des murs ; mais la rapidité de leurs mouvements déconcerta ses plans et prévint les résistances de la populace romaine. S'étant établi dans la cité Léonine,[37] Frédéric barricada le pont qui traverse le Tibre et fut couronné en bonne forme à Saint-Pierre. Mais la cérémonie s'achevait à peine, lorsque les Romains, qui s'étaient rassemblés en armes au Capitole, forcèrent le pont, tombèrent sur les Allemands et ne furent repoussés qu'avec peine, grâce aux efforts personnels de Frédéric. Il ne s'aventura pas à les poursuivre plus avant dans la cité, et ne fut, à aucune époque de son règne, capable de s'en rendre entièrement maître. Pareillement déçus, ses successeurs acceptèrent enfin leur défaite et se contentèrent de recevoir leur couronne aux conditions qu'y mirent les papes, et de repartir sans insister.

---

[36] Un remarquable discours de remontrances adressé par Otton III au peuple romain (après une de ses révoltes), de la tour de sa maison sur l'Aventin, nous a été conservé. Il commence ainsi : « Vosne estis mei Romani? Propter vos quidem meam patriam, propinquos quoque reliqui ; amore vestro Saxones et cunctos Theotiscos, sanguinem meum, projeci ; vos in remotas partes imperii nostri adduxi, quo patres vestri cum orbem ditione promerent nunquam pedem posuerunt ; scilicet ut nomen vestrum et gloriam ad fines usque dilatarem ; vos filios adoptavi ; vos cunctis prætuli. »

[37] La cité Léonine, ainsi appelée du pape Léon IV, s'étend entre le Vatican et Saint-Pierre, et le fleuve.

San Bartolommeo in Isola, à Rome.

Y venant rarement et y faisant un séjour de si courte durée, il n'est pas surprenant que les empereurs teutons dans les sept siècles qui vont de Charlemagne à Charles-Quint, aient laissé à Rome des traces moins nombreuses de leur présence que Titus ou qu'Hadrien seulement ; moins nombreuses même et moins considérables que celles qui sont attribuées par la tradition à ceux qu'elle appelle Servius Tullius et Tarquin l'Ancien. Les monuments qui subsistent ont surtout pour effet de rendre plus sensible l'absence de tous les autres. Le plus important date du temps d'Otton III, le seul empereur qui tenta de fixer à Rome sa résidence permanente. Du palais, qui ne fut probablement guère qu'une simple tour construite par lui sur l'Aventin, on n'a découvert aucun vestige ; mais l'église qu'il fonda pour y déposer les cendres de son ami, le martyr saint Adalbert, est encore debout sur l'île du Tibre. Ayant reçu de Bénévent des reliques qu'on supposa être celles de l'apôtre Barthélemy,[38] elle fut dédiée à ce saint, et est à présent l'église de San Bartolommeo in Isola, dont le curieux et pittoresque beffroi de briques rouges, devenues grises par l'effet du temps, se dresse au milieu des orangers d'un jardin de couvent, d'où il domine les eaux jaunes et tourbillonnantes du Tibre.

---

[38] Il paraîtrait qu'Otton a été trompé et que ce furent, en réalité, les ossements de saint Paulin de Nole.

Otton II, fils d'Otton le Grand, mourut à Rome et fut inhumé dans la crypte de Saint-Pierre ; il est le seul empereur qui ait trouvé un lieu de repos parmi les tombeaux des papes. Sa tombe n'est pas loin de celle de son neveu, Grégoire V : elle est très simple et d'un marbre grossièrement sculpté. Le couvercle du superbe sarcophage de porphyre où il reposa quelque temps sert actuellement de fonts baptismaux à Saint-Pierre ; on peut le voir dans la chapelle où se font les baptêmes, à gauche en entrant dans l'église, non loin des tombeaux des Stuarts. Ce sont là toutes ou à peu près toutes les traces du passage de ses maîtres teutons que Rome ait conservées jusqu'à nous. Les peintures, il est vrai, ne manquent pas, depuis la mosaïque de la Scala Santa dans le palais de Latran et les curieuses fresques de l'église des Santi Quattro Incoronati,[39] jusqu'aux décorations de la chapelle Sixtine et aux loges de Raphaël dans le Vatican, où les triomphes de la papauté sur tous ses adversaires sont représentés avec un art incomparable. Mais toutes ces peintures manquent d'exactitude ; elles sont, pour la plupart, de beaucoup postérieures aux événements qu'elles figurent.

J. Bryce, Le saint Empire romain germanique,
Paris, A. Colin, 1890, in-8°. Trad. de l'anglais par
A. Domergue.

II. — Innocent III, la Curie romaine et l'Église

La monarchie pontificale

Dans les lettres d'Innocent III relatives à l'Église, un fait se révèle d'abord : le pouvoir énorme de la papauté et l'immense étendue de son action. Les lettres litigieuses en offrent, à elles seules, un sensible témoignage. On y voit que non seulement les affaires importantes (*causæ majores*), mais toutes les affaires de l'Église, toutes les difficultés, quelles qu'elles fussent, qui naissaient dans son sein, aboutissaient au Saint-Siège. Un très petit nombre de ces affaires étaient évoquées par le

---

[39] Ces fresques, tout à fait curieuses, sont dans la chapelle de Saint-Sylvestre, attachée à la très ancienne église des Quattro Santi sur le mont Cœlius, et l'on suppose qu'elles ont été exécutées du temps d'Innocent III. Elles représentent des scènes de la vie du saint, plus particulièrement celle où Constantin lui fait la célèbre donation ; l'empereur y tient d'un air soumis la bride du palefroi du pape.

pape ; toutes allaient à lui naturellement, par l'effet d'une institution entrée alors dans les mœurs du clergé : ce droit d'appel au Saint-Siège, établi jadis avec éclat par Nicolas Ier, mais qui n'avait pris une entière extension que depuis Grégoire VII.

Avec la haute idée qu'il se faisait de la mission de la papauté, Grégoire VII avait jugé que, le Saint-Siège devant à tous une égale protection, il convenait de rendre accessible à tous le recours à cette tutelle suprême. Favorisé par les successeurs de Grégoire, cet usage de l'appel avait pris un développement si rapide et si universel qu'à l'époque d'Innocent III aucun événement ne se passait dans l'Église où il n'amenât l'intervention de la papauté. De la part des appelants se commettaient des abus qui n'échappaient pas à l'attention d'Innocent III. Il reconnaissait que ce droit d'appel, établi dans l'intérêt des faibles, des opprimés, devenait souvent, aux mains des oppresseurs, un moyen de se dérober à de justes châtiments infligés par les supérieurs ecclésiastiques. Il essaya de tempérer ces abus. Quand il confiait aux évêques locaux la connaissance de certaines causes, il déclarait quelquefois que la sentence prononcée par eux serait définitive et sans appel (*sublato appellationis obstaculo*). Il ne fit cela que rarement ; s'il eût pris en ce sens quelque mesure générale, c'eût été porter atteinte à l'autorité du Saint-Siège, en tarissant l'une des sources les plus sûres de son pouvoir, et à son esprit non moins qu'à son prestige, en le dépouillant de son caractère de magistrature suprême et toujours accessible. Loin de vouloir limiter cette faculté d'appel, il était attentif à la maintenir en son intégrité, et, à l'occasion, savait rappeler en termes sévères qu'il entendait que personne n'osât apporter obstacle à l'exercice de ce droit. De là qu'arrivait-il ? C'est que les sentences des évêques, toujours susceptibles d'être modifiées ou cassées par le Saint-Siège, étaient en outre suspendues dans leurs effets pendant le temps, souvent très long, que durait l'instance auprès de la cour de Rome ; c'est que, par une autre conséquence, les évêques perdaient de leur autorité ou de leur crédit aux yeux des fidèles de leurs diocèses. À mesure que les appels s'étaient multipliés, les églises locales avaient tendu ainsi à s'amoindrir devant l'Église romaine ; et, à l'époque d'Innocent III, le nombre seul des lettres litigieuses qui remplissent sa correspondance est un indice du degré d'affaiblissement où ces églises étaient tombées.

Les lettres de privilèges fournissent un signe non moins caractéristique de la situation de l'Église à cette époque et conduisent aux mêmes conclusions. Ces lettres, pour la plupart, n'étaient autre chose que des actes qui, sous des formes et en des mesures diverses, affranchissaient de la juridiction épiscopale les personnes ou les établissements qui les avaient obtenues. Assurément ces sortes de lettres ne doivent pas plus que les lettres litigieuses être attribuées spécialement au temps d'Innocent III ; mais ce qui appartient à cette époque, c'est le nombre considérable et des unes et des autres. Ces lettres de privilèges, octroyées à quelques personnages, à des chapitres, mais surtout à des couvents, aidaient de deux manières à l'ascendant du Saint-Siège, en diminuant l'autorité des évêques et en créant au pape des serviteurs dévoués. Ces conséquences ne devaient pas échapper à la prudence d'Innocent III. Sa prédilection pour les monastères, au détriment du clergé séculier, est un des traits les plus sensibles de sa correspondance.[40]

Ces amoindrissements de la puissance épiscopale résultaient d'une situation que sans doute les évêques subissaient malgré eux. Mais on les voit faire eux-mêmes l'aveu indirect de leur faiblesse dans les mille questions (*consultationes*) qu'ils adressent au pape sur toute sorte de sujets. Nous possédons, non ces questions elles-mêmes, mais les réponses du pape. Ces réponses, à la vérité, sont conçues de telle manière qu'il est aisé de rétablir les questions qui les provoquent. Le pape répond en effet article par article, reproduisant, à chaque point nouveau, l'interrogation qui lui est faite. Autant de questions, autant de paragraphes distincts. Quand la lettre du consultant est diffuse ou obscure, il en résume ou en éclaircit d'abord des données principales, et entre ensuite en matière. Les questions adressées au pape étaient si nombreuses, que, dès la première année de son pontificat, Innocent III reconnaissait que l'une de ses principales occupations était d'y répondre. Que si l'on recherche quels étaient les sujets ordinaires de ces questions multipliées, on constate que la plupart étaient relatives à des points de droit. Innocent III s'étonne d'être si souvent consulté sur cette matière. « Vous avez autour de vous des juristes exercés, écrit-il à l'évêque de Bayeux, et vous êtes vous-même très instruit sur le droit ;

---

[40] [C'est sous Innocent III que vivait saint Dominique, fondateur de la milice des dominicains (*Domini canes*, suivant le calembour étymologique des contemporains), si dévouée au Saint-Siège.]

comment se fait-il que vous nous consultiez sur des points dont la clarté n'offre aucune prise au doute ? » Toutefois, loin de repousser les consultations sur ce sujet, il les encourageait, les exigeait même ; il voulait que tous les doutes fussent soumis au Saint-Siège. « À celui qui établit le droit, disait-il, il appartient de discerner le droit. » Dans le décret de Gratien, qui faisait alors autorité pour toute l'Église, le pape est comparé au Christ, lequel, soumis en apparence à la loi, était en réalité le maître de la loi. Les lettres d'Innocent III fournissent une pleine confirmation de cette doctrine ; on y voit qu'aux yeux des évêques, et sans doute à ses propres yeux, le pape est la personnification du droit, la loi vivante de l'Église.

Ce n'était pas seulement sur le droit que les évêques demandaient des éclaircissements au Saint-Siège. Ils le consultaient encore sur les obscurités du dogme. Comme il fixe le droit, le pape fixe aussi la foi ; du moins c'est à lui qu'il appartient d'interpréter les Écritures (*exponere Scripturas*) ; et, suivant une opinion contemporaine où l'on reconnaît le développement des idées posées par Grégoire VII, tout ce qui s'écarte de la doctrine du Saint-Siège est ou hérétique ou schismatique. —En dehors du droit et de la doctrine, si l'on considère en quoi consistent les éclaircissements, les avis demandés à tout moment au pape par les évêques, il semble qu'il représente pour eux la sagesse universelle, infaillible, et que rien ne doive demeurer, pour son esprit, inconnu ou obscur. Les questions les plus singulières, les plus inattendues, les plus simples, lui sont adressées. Un jour, c'est le cas d'un moine qui a indiqué un remède à une femme malade d'une tumeur à la gorge ; la femme est morte ; le moine fera-t-il pénitence ? Un autre jour, c'est le cas d'un écolier qui a blessé un voleur entré la nuit dans son logis. Le sacrement du mariage sert de motif à des consultations qui tiennent souvent plus de la médecine que du droit canon. D'autres fois, ce sont des questions purement grammaticales. « Votre fraternité, écrit Innocent III à l'évêque de Saragosse, nous a demandé ce qu'on doit entendre par le mot *novalis*. Selon les uns, on désigne de ce nom le sol laissé en jachère pendant une année ; selon d'autres, cette appellation n'est applicable qu'aux bois dépouillés de leurs arbres et mis ensuite en culture. Ces deux interprétations ont également pour elles l'autorité du droit civil. Quant à nous, nous avons une autre interprétation puisée à une source différente ; et nous croyons que, lorsqu'il arrivait à nos prédécesseurs d'accorder à de pieux établissements un privilège ou quelque permission relative aux terres ainsi désignées, ils entendaient parler de champs ouverts à la culture, et qui, de mémoire d'homme, n'avaient jamais été cultivés. »

Sceau de Célestin III, au type des apôtres.

Ainsi, de la part des évêques, aucun ressort, aucune initiative. C'est le pape qui partout semble agir et penser pour eux. Cette ingérence du Saint-Siège ne se faisait pas sentir uniquement à l'égard des évêques. Quand on lit les lettres dites de *constitution*, où le pape établit soit pour des couvents, soit pour des chapitres, des règlements de discipline, on est surpris des détails qui attirent son attention. Les moindres particularités du vêtement, la forme et la longueur des étoffes, l'attitude au chœur, au réfectoire, au dortoir, sont minutieusement réglées ; il n'y a pas jusqu'aux couvertures de lit dont il ne s'occupe ; il indique les cas où l'abbé pourra prendre ses repas et dormir dans une chambre particulière au lieu de le faire dans les salles communes.

Tout cela est caractéristique. Ce pape qui répond à toutes les questions, qui tranche tous les doutes, qui agit et pense à la place des évêques, qui règle dans les monastères le vêtement et le sommeil, qui juge, légifère, administre, qui fixe le droit et le dogme et dispose des bénéfices, c'est la monarchie absolue assise au sein de l'Église. L'œuvre de Grégoire VII est enfin consommée. Au lieu de ce clergé d'humeur fière et quelquefois rebelle, contre lequel ce pape se vit contraint de lutter, on aperçoit un clergé soumis et toujours docile à la voix du pontife. Les rares symptômes d'indépendance qu'on parvient à saisir se manifestent uniquement chez quelques évêques mêlés à la querelle de l'Empire et aux événements de l'hérésie albigeoise. La papauté ne prétend pas encore que la nomination aux évêchés lui appartient ; elle ne trahira cette prétention que plus tard. Mais déjà les élections épiscopales sont toutes soumises à l'approbation du Saint-Siège. Quand l'élection est rejetée, le pape fixe un délai de quinze jours, d'un mois au plus, passé lequel, si l'on ne s'entend pas sur un nouveau choix qui puisse être agréé, il menace de pourvoir lui-même à la nomination. Quelquefois il n'y a pas d'élection ; le pape est prié directement par les intéressés de désigner l'évêque qui lui convient. L'élection, quand elle a lieu, n'est souvent qu'une vaine formalité. Les évêques une fois nommés, le pape, à son gré, les transfère, les suspend ou les dépose. En somme, personne n'est évêque que « par la grâce du Saint-Siège » ; le mot n'y est pas, mais le fait. Ce sont, on peut le dire, moins des évêques que des sujets que gouverne Innocent III ; ils en ont l'attitude, ils en ont aussi le langage.

Pour compléter ce tableau, ajoutons qu'il n'y a plus d'assemblées générales de l'Église. À la place de ces synodes que, presque chaque année, Grégoire VII réunissait à Rome, et dans lesquels on sentait vivre, en quelque sorte, l'Église universelle, on ne trouve que le conseil particulier du pape, le conseil des cardinaux. Ce qui reste des conciles n'est plus qu'un simulacre. Déjà, sous Alexandre III, on ne voyait dans les conciles qu'un moyen d'entourer de plus de solennité les décisions notifiées par le pape. Le troisième synode de Latran, en 1179, est appelé dans des écrits contemporains « le concile du souverain pontife ». Au quatrième et fameux synode de Latran, qui eut lieu sous Innocent III en 1215, et auquel assistèrent 453 évêques, le rôle de ceux-ci consista uniquement à entendre et approuver les décrets rédigés par le Saint-Siège. À partir de ce moment, la dénomination d'*évêque universel*, revendiquée à plusieurs reprises par les papes et insérée par Grégoire VII dans ses *Dictatus*, devient une réalité. Innocent III est dès lors l'évêque unique de la chrétienté.

Après avoir constaté le pouvoir absolu de la papauté, il faudrait rechercher maintenant les effets de ce pouvoir sur l'ensemble de l'Église. Il faudrait montrer les évêques se désintéressant de leurs devoirs pastoraux en proportion du peu d'étendue laissé à leur action, les dissensions naissant du droit d'appel au sein des églises comme dans les monastères, une sorte de désorganisation se substituant peu à peu à l'unité par les régimes d'exception qu'à des degrés divers créaient les privilèges, le clergé transformé, pour ainsi dire, en un monde de plaideurs, les églises appauvries par les frais énormes des procès,[41] les évêques chargés de dettes, la justice à Rome achetée trop souvent à prix d'argent ; en un mot, l'Église déviant de sa voie, se désagrégeant par les dissensions intestines, rompue dans son unité et s'altérant déjà par la corruption. Il faudrait montrer enfin cette Église romaine, dans laquelle s'étaient absorbées les églises locales, se viciant à son tour et devenant « un champ de bataille pour les plaideurs », une espèce de « bureau européen », où, au milieu de notaires, de scribes et d'employés de toute sorte, on ne s'occupait que de procès et d'affaires,—en d'autres termes, cessant d'être une véritable Église pour n'être plus que la cour de Rome ou la *Curie romaine*.

Cette situation, signalée avec amertume par les contemporains, et dont on saisit les traces dans la correspondance d'Innocent III, a été, plus d'une fois, constatée par les historiens. Toutefois on aurait tort de faire peser sur la seule époque d'Innocent III la responsabilité d'une telle situation. Née du pouvoir excessif de la papauté, cette situation avait commencé avant lui ; elle s'aggrava sous ses successeurs. La lecture attentive des documents permet de suivre, à leur véritable date, les progrès d'un état de choses dont on n'a pas suffisamment marqué la succession. Ainsi, à ne parler que du changement de l'Église romaine en *curie*, changement considéré par les hommes pieux du temps comme funeste pour la religion, on peut en placer l'origine vers le milieu du XIIe siècle,[42] un peu avant le moment où le collège des cardinaux se vit chargé, à l'exclusion du clergé et des fidèles,[43] de pourvoir à l'élection des papes. Ce qu'on peut dire en somme, c'est que le pontificat d'Innocent III, qui marque, pour la papauté, l'apogée du pouvoir absolu, marque aussi, pour l'Église, le commencement d'une décadence qui, un siècle après, arrivera au dernier degré sous les papes d'Avignon.

Ainsi fut viciée, dans ses effets, l'œuvre de Grégoire VII. Il s'était servi de la puissance du Saint-Siège pour réprimer les désordres de l'Église,

---

[41] « Romano plumbo nudantur ecclesiæ », dit Étienne de Tournay. Innocent III fait souvent allusion aux dépenses que, par les voyages fréquents et les longs séjours à Rome, les procès nécessitaient.
[42] « Nunc dicitur Curia Romana quæ antehac dicebatur Ecclesia Romana. Si revolvantur antiqua Romanorum pontificum scripta, nusquam in eis reperitur hoc nomen, quod est Curia, in designatione sacrosanctæ Romanæ Ecclesiæ.... » (Gerohi liber *De corrupto statu Ecclesiæ* ad Eugenium III papam.)
[43] Le pape Alexandre III, élu en 1160, paraît être le dernier qui, dans sa lettre encyclique, ait dit : « Fratres nos, assentiente clero ac populo, elegerunt. »

et cette puissance, étendue inconsidérément par ses successeurs, avait produit d'autres désordres. En même temps que l'Église s'altérait, la papauté, à son insu et par les mêmes causes, se trouva transformée. Elle se vit amenée à déserter les choses spirituelles pour le tracas des affaires, la théologie pour le droit.

Noyée sous le flot des affaires sans nombre qui affluent vers elle, elle perdit de vue les horizons de la spiritualité. Grégoire le Grand se plaignait déjà que son esprit, fatigué de soucis, ne fût plus capable de s'élancer vers les régions supérieures. Combien, depuis cette époque, les choses s'étaient aggravées ! « Emporté, écrivait Innocent III, dans le tourbillon des affaires qui m'enlacent de leurs nœuds, je me vois livré à autrui et comme arraché à moi-même. La méditation m'est interdite, la pensée presque impossible ; à peine puis-je respirer. »—Une autre particularité sur laquelle se tait Innocent III, mais qui résulte de faits épars dans sa correspondance, c'est que, forcé par la multiplicité des affaires, auxquelles il ne pouvait suffire, d'élargir en proportion la sphère d'action ou d'influence de ses cardinaux et de ses légats, il les laissait empiéter sur son autorité et s'arroger une indépendance qu'il était impuissant à réprimer. On peut même dire, sans outrepasser la vérité, que, dans ses lettres, Innocent III apparaît plus d'une fois comme captif dans le cercle que forment autour de lui ses cardinaux. Ainsi, quand on y regarde de près, on s'aperçoit que ce pape, maître absolu de l'Église, était écrasé par les affaires et dominé par ses conseils.

F. Rocquain, La papauté au moyen âge, Paris. Didier et Cie, 1881, in-8°. Passim.

III — LE « LIVRE DES CENS » DE L'ÉGLISE ROMAINE

LE « DENIER DE SAINT-PIERRE »

L'Église romaine a eu, de très bonne heure, de grandes propriétés foncières. Aussi éprouva-t-elle bien vite la nécessité de faire dresser un état de ses revenus, ou, comme on disait alors, un « Polyptyque » ; à la fin du Ve siècle, le pape Gélase s'acquitta de cette tâche avec tant de succès que son œuvre, à peine modifiée par saint Grégoire le Grand, était encore d'un usage courant quatre siècles plus tard.

Mais durant les épreuves qu'eurent à subir au Xe et au XIe siècle la ville de Rome et la papauté, il se creusa un véritable abîme entre les temps anciens et les temps nouveaux. Les vieilles archives, les vieux titres de l'Église romaine disparurent dans la tourmente, et lorsque Grégoire VII entreprit de réorganiser toute chose, il eut grand'peine à rassembler les débris qui avaient échappé au naufrage.

C'est de ce moment que date à Rome le double mouvement qui pousse d'une part à recueillir et à coordonner des titres domaniaux, c'est-à-dire à former des cartulaires, et, d'autre part, à établir de nouveaux polyptyques, c'est-à-dire de nouveaux états de revenus. De là différents essais auxquels le camérier Cencius, l'officier chargé des temporalités de l'Église, donna en 1192 leur forme définitive.

L'œuvre de Cencius se compose de deux parties :

1° D'un registre où sont inscrits, province par province, les noms des débiteurs de l'Église romaine et la quotité de leurs redevances ;

2° D'un cartulaire qui contient les titres constitutifs de la propriété et de la suzeraineté du Saint-Siège (donations, testaments, contrats d'achat ou d'échange, serments d'hommage, etc.).

De ces deux parties la première constitue ce qu'on peut appeler proprement le *Liber censuum* de l'Église romaine.

*
* *

Un livre censier, ou, comme dit Brussel, un livre terrier, « est un registre de la recette faite pour un an de tous les cens et rentes appartenant à une *seigneurie* ».

La liste des divers cens et rentes que percevait le pape à la fin du XIIe siècle, en sa qualité de *seigneur*, voilà ce qui constitue le *Liber censuum* de Cencius.

Au sein du monde féodal, le Saint-Siège devait nécessairement prendre l'apparence extérieure qui s'imposait alors à tous les membres de la société, aux personnes morales comme aux individus ; il est devenu une seigneurie.

On sait que le moyen âge entendait par ce terme un ensemble de droits, d'origine et de caractères très divers, où la propriété et la souveraineté confondues se marquaient par de certains services et redevances.

Dans l'Italie centrale, où le Saint-Siège avait depuis longtemps de vastes domaines, qui, au temps de Charlemagne, lui avaient valu la cession d'une partie de la puissance publique, la seigneurie du pape s'était établie tout naturellement, comme en d'autres lieux celle des ducs et des comtes.

Mais le Saint-Siège était un pouvoir d'une nature spéciale : son caractère de puissance morale et universelle lui valut dans le monde féodal une autre seigneurie d'un genre particulier.

À la fin du neuvième siècle, lorsque les princes carolingiens, qui avaient été longtemps les « patrons » des églises et des monastères, ne furent plus en état de défendre la propriété ecclésiastique contre les usurpations des laïques, on songea à invoquer la protection pontificale. C'était le temps des grands pontificats de Nicolas Ier et de Jean VIII. Les fondateurs de monastères, désireux d'assurer la perpétuité de leur œuvre, sollicitèrent le patronat du Saint-Siège et ils « recommandèrent » à l'apôtre la propriété de l'être moral qu'ils constituaient. Les possessions attribuées à certains instituts monastiques furent ainsi considérées comme le bien de saint Pierre, et, pour reconnaître le domaine éminent ainsi concédé à l'apôtre, elles furent grevées d'un cens annuel en faveur du Saint-Siège.

Cela eut de grandes conséquences dans l'ordre temporel aussi bien que dans l'ordre spirituel.

D'une part, les monastères censiers échappèrent peu à peu à la main des évêques pour relever directement du Saint-Siège, et, d'autre part, la nature originelle du lien qui les rattachait à Rome détermina, à travers toute l'Europe, la constitution d'un domaine pontifical d'un caractère particulier.

La papauté posséda sur les terres des plus grandes abbayes un droit éminent de propriété, qui se marquait par le payement d'un cens, et il n'en fallut pas davantage pour que peu à peu le Saint-Siège assimilât à ce droit très spécial celui que la coutume lui assignait sur nombre d'États chrétiens, et qui s'exprimait par des redevances analogues.

Après la dissolution de l'Empire romain, qui avait été longtemps pour les princes barbares la source de toute légitimité, le Saint-Siège avait paru tout désigné pour succéder dans ce rôle à l'Empire.

L'apôtre enseigne que tout pouvoir légitime vient de Dieu. Mais qui donc aura mission d'éclairer les consciences, de se prononcer sur la légitimité des pouvoirs de fait, sinon celui qui a reçu du Christ le droit de lier et de délier toute chose ?

C'est donc à la papauté que les hommes ont fait appel. Les États naissants et les dynasties nouvelles ont senti le besoin de se faire reconnaître par elle. Elle a sacré Pépin et couronné Charlemagne ; elle a érigé des trônes et dispensé des couronnes.

La papauté s'est trouvée investie de la sorte d'une véritable magistrature, d'un droit qu'on pourrait appeler *supra régalien*, et ce droit, comme les droits régaliens eux-mêmes, a pris, à certains moments, une forme féodale.

Les puissances de fraîche date désirèrent marquer d'un signe visible leur union avec le Saint-Siège et s'obligèrent à lui servir une redevance annuelle.

Cette redevance prit bien vite le nom de « cens » et se confondit aussitôt avec les divers revenus d'origine foncière que le Saint-Siège percevait sous ce nom. Elle fut incorporée au domaine, elle compta parmi les rentes de la seigneurie.

Les papes du XIe siècle, et Grégoire VII en particulier, s'efforcèrent de préciser les rapports que marquait ce cens payé à Rome par divers États chrétiens.

Le domaine éminent possédé par l'apôtre sur les monastères censiers se traduisait sans difficulté par la censive. Mais pour des principautés et des royaumes, il paraissait difficile d'admettre que la redevance conservât le caractère d'un simple lien de droit privé.

Les papes y virent un signe de suprématie politique et Grégoire VII réclama le serment d'hommage à Guillaume le Conquérant, comme un suzerain à son vassal.

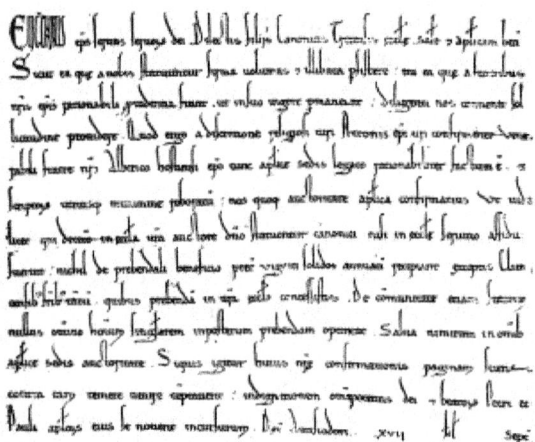

Lettre d'Eugène III, 16 août 1147.
Spécimen de l'écriture employée au XIIe siècle à la Chancellerie pontificale.
Musée des Archives départementales, n° 39.

TRANSCRIPTION

Eugenius, episcopus, servus servorum Dei. Dilectis filiis canonicis Trecensis ecclesie, salutem et apostolicam benedictionem. Sicut ea que a nobis statuuntur firma volumus et illibata persistere, ita ea que a fratribus nostris episcopis rationabili providentia fiunt, ut in suo vigore permaneant, diligenti nos convenit sollicitudine providere. Quod ergo a discretione religiosi viri Acconis episcopi....

Si quis igitur hujus nostre confirmationis paginam sciens contra eam temere venire temptaverit, indignationem omnipotentis Dei et beatorum Petri et Pauli apostolorum ejus se noverit incursurum. Datum Autisiodori. XVII. kl. septembris.

Cette thèse de la cour de Rome ne fut pas admise partout sans contestation, et il faut reconnaître qu'elle n'a jamais complètement triomphé.[44]

Elle n'en a pas moins dominé pendant plusieurs siècles les relations du Saint-Siège avec la plupart des États européens, et le principe en est clairement énoncé à la première page du *Liber censuum*.

Le camérier de 1192 a soigneusement relevé tous les cens dus au Saint-Siège, et, sans s'occuper de rechercher l'origine de chacun d'eux, il a consigné dans un même registre le nom de tous ceux qui en étaient grevés, parce que pour lui, comme pour la Chambre Apostolique, les églises, monastères, cités ou royaumes, ainsi rapprochés en vertu d'un symbole unique, étaient tous également du domaine de Saint Pierre, car tous ils étaient, ainsi que l'écrivait le camérier en sa préface, « *in jus et proprietatem beati Petri consistentes* ».

L'œuvre de Cencius marque, par conséquent, le point d'arrivée d'une longue évolution historique, qui a constitué, au profit du Saint-Siège, une seigneurie d'un caractère spécial et d'une immense étendue.

P. Fabre, *Étude sur le Liber censuum de l'Église romaine*, Paris, E. Thorin, 1892, in-8°.

IV — L'EMPEREUR FRÉDÉRIC II

Pour les bons chrétiens, pour l'Église, pour les guelfes, Frédéric fut une figure de l'Antéchrist. La lutte qu'il soutint contre deux papes inflexibles, Grégoire IX et Innocent IV, eut, aux yeux des amis du Saint-Siège, la grandeur d'un drame apocalyptique. Satan seul avait pu souffler une telle malice dans l'âme d'un prince que l'Église romaine avait tenu tout enfant entre ses bras, au temps d'Innocent III. « C'était

---

[44] La vraie physionomie du *Denarius Sancti Petri*, avec ses modifications successives, ne se marque nulle part aussi bien que dans l'histoire des relations du Saint-Siège avec l'Angleterre.

un athéiste », affirme Fra Salimbene, qui énumère tous les vices de l'empereur, la fourberie, l'avarice, la luxure, la cruauté, la colère, et les histoires étranges que l'on contait tout bas, au fond des couvents, sur ce personnage formidable. Au moment où Frédéric venait de dénoncer à tous les rois et à l'épiscopat Grégoire IX comme faux pape et faux prophète, celui-ci lançait l'encyclique *Ascendit de mari* : « Voyez la bête qui monte du fond de la mer, la bouche pleine de blasphèmes, avec les griffes de l'ours et la rage du lion, le corps pareil à celui du léopard. Elle ouvre sa gueule pour vomir l'outrage contre Dieu ; elle lance sans relâche ses javelots contre le tabernacle du Seigneur et les saints du ciel. » L'année suivante, Grégoire écrivait : « L'empereur, s'élevant au-dessus de tout ce qu'on appelle Dieu et prenant d'indignes apostats pour agents de sa perversité, s'érige en ange de lumière sur la montagne de l'orgueil.... Il menace de renverser le siège de saint Pierre, de substituer à la foi chrétienne les anciens rites des peuples païens, et, se tenant assis dans le Temple, il usurpe les fonctions du sacerdoce. » « À force de fréquenter les Grecs et les Arabes, écrit l'auteur anonyme de la *Vie de Grégoire IX*, il s'imagine, tout réprouvé qu'il est, être un Dieu sous la forme humaine. » L'avocat pontifical Albert de Beham, familier d'Innocent IV, écrit encore, en 1245 : « Il a voulu s'asseoir dans la chaire de Dieu comme s'il était Dieu ; non seulement il s'est efforcé de créer un pape et de soumettre à sa domination le siège apostolique, mais il a voulu usurper le droit divin, changer l'alliance éternelle établie par l'Évangile, changer les lois et les conditions de la vie des hommes. » En 1245 et 1248, Innocent IV déliait du serment de fidélité le clergé et les sujets du royaume des Deux-Siciles, enlevait l'Église sicilienne aux juridictions impériales, retranchait de la société politique, comme de la communion religieuse, les comtes et les bourgeois fidèles au parti de l'empereur, autorisait les seigneurs ecclésiastiques à fortifier leurs châteaux contre l'empereur, et jurait solennellement d'écraser jusqu'aux derniers rejetons de « cette race de vipères ».

Pierre de la Vigne et les courtisans du prince souabe répondaient d'une voix aussi sonore que celle des champions de l'Église. Pierre était le confident de Frédéric. « J'ai tenu, dit son âme à Dante, les deux clefs de son cœur, que j'ouvrais et refermais d'une main très douce ; » on peut croire que, chaque fois qu'il écrivait, il n'était que l'écho de la pensée de l'empereur. Mais la façon dont il exalta la mission religieuse de son maître, par l'exagération des idées et des images, a trop d'analogie avec les invectives lancées par les défenseurs du Saint-Siège. Pour le chancelier, même pour l'archevêque de Palerme Beraldo, pour le notaire impérial Nicolas de Rocca et les prélats gibelins qui font leur cour à César à l'aide des textes de l'Évangile, Frédéric est une sorte de Messie, un apôtre chargé par Dieu de révéler l'Esprit saint, le pontife de l'Église définitive, « le grand aigle aux grandes ailes » qu'Ezéchiel a prophétisé. Quant à Pierre de la Vigne, il sera le vicaire de Frédéric, comme le premier Pierre a été celui de Jésus ; il est la pierre angulaire, il est la vigne féconde dont les branches ombragent et réjouissent le monde. Le Galiléen a renié trois fois son Seigneur, le Capouan ne reniera jamais le sien. La fonction mystique de l'Église romaine est sur le point de finir. « Le haut cèdre du Liban sera coupé, criaient les prophètes populaires, il n'y aura plus qu'un seul Dieu, c'est-à-dire un monarque. Malheur au clergé ! S'il tombe, un ordre nouveau est tout prêt. » Innocent IV trouvait sur sa table des vers annonçant la déchéance prochaine de la Rome des papes. Et les troubadours provençaux, les exilés de la croisade albigeoise, qui avaient vu leurs villes livrées aux inquisiteurs, chantaient dans les palais de Palerme et de Lucera les strophes furieuses de Guillaume Figueira : « Rome traîtresse, l'avarice vous perd et vous tondez de trop près la laine de vos brebis.... Rome, vous rongez la chair et les os des simples, vous entraînez les aveugles dans le fossé, vous pardonnez les péchés pour de l'argent ; d'un trop mauvais fardeau, Rome, vous vous chargez.... Rome, je suis content de penser que bientôt vous viendrez à mauvais port, si l'empereur justicier mène droit sa fortune et fait ce qu'il doit faire. Rome, je vous le dis en vérité, votre violence, nous la verrons décliner. Rome, que notre vrai sauveur me laisse bientôt voir cette ruine ! »

Mais des cris de guerre et des formules de malédiction sont des témoignages bien vagues pour une recherche de la réalité historique. Il faut laisser retomber la poussière de ce champ de bataille, si l'on veut apercevoir clairement quelle fut l'action de l'empereur contre le Saint-Siège et l'Église chrétienne.

Il est, avant tout, certain qu'il n'a jamais tenté de provoquer un schisme dans l'Église. Il appelait avec mépris Milan « la sentine des patarins ». À ses ennemis implacables, Grégoire IX et Innocent IV, il n'a point opposé d'antipape. Il n'a point soutenu le faux pape de 1227 qui, appuyé par les barons romains, siégea ix semaines à Saint-Pierre. Il invoquait Dieu à témoin de sa fidélité au symbole approuvé par l'Église romaine, selon la discipline universelle de l'Église. Sur son lit de mort, écrit son fils Manfred au roi Conrad, « il a reconnu d'un cœur repentant, humblement, comme chrétien orthodoxe, la sacro-sainte Église romaine, sa mère ». Ainsi, jusqu'à la fin, il maintint son adhésion extérieure au christianisme romain. En 1242, dans le long interrègne qui suivit la mort de Célestin IV, et au moment où il revenait sans cesse en face des murs de Rome, que défendaient contre lui les barons guelfes, il écrivait aux cardinaux d'une façon aussi pressante que saint Louis lui-même, sur la nécessité de rendre sans retard à l'Église son pasteur suprême. Innocent IV élu, il le félicita avec des paroles toutes filiales ; mais, six mois plus tard, il menaçait le Sénat et le peuple romain de sa colère si Rome ne se soumettait point « au maître absolu de la terre et de la mer, dont tous les désirs doivent s'accomplir ». En avril 1244, il annonçait à Conrad sa réconciliation avec le pape, il se réjouissait d'avoir été admis par le pontife, en sa qualité de « fils dévot de l'Église, et comme prince catholique, dans l'unité de l'Église » ; mais il ajoutait : « comme fils aîné et unique, et *patron* de l'Église, *sicut primus et unicus Ecclesie filius et patronus*, notre devoir est d'en favoriser la grandeur.... Nous tâchons de toutes nos forces, nous souhaitons d'un cœur sincère cette réformation de l'Église qui nous donnera la paix, ainsi qu'à nos amis et fidèles, pour toujours. »

La Ziza, palais des rois normands et souabes de Sicile, près de Palerme.

Voilà des paroles qui éclairent singulièrement l'histoire religieuse de Frédéric II. Le patron, le protecteur de l'Église, pour lui, n'est autre que le maître absolu de l'Église. Il entend que celle-ci se courbe, aussi docilement que la noblesse féodale et les villes, sous la loi rigide de l'État. Il prétend disposer des choses ecclésiastiques aussi librement que des intérêts séculiers de l'empire. Il écrivait déjà en 1236, à Grégoire IX, au sujet de la collation des bénéfices : « Vous vous irritez de ce que nous ayions choisi des personnes jeunes et indignes.... Mais n'est-ce pas, en vertu du droit divin, un sacrilège de disputer sur les mérites de notre munificence, c'est-à-dire sur la question de savoir si ceux que l'empereur nomme sont dignes ou non ? » Il écrira, en 1246, à tous les princes de la chrétienté : « Le pontife n'a le droit d'exercer contre nous aucune rigueur, même pour causes légitimes. » En 1248, dans une épître à l'empereur de Nicée, son gendre, il se plaint amèrement des rapports insupportables que les princes de l'Occident ont avec les chefs de l'Église latine ; dans tous les troubles de l'État, toutes les révoltes et toutes les guerres, il dénonce la main toujours présente de l'Église, qui abuse d'une liberté pestilentielle. Pour lui l'Orient seul, l'Orient schismatique de Byzance et les khalifats musulmans ont résolu le problème des relations entre l'Église et l'État ; ils n'ont point affaire à des pontifes-rois ; chez eux, la société cléricale n'est point un corps politique. Ceci est la plaie de l'Europe et de l'Occident. L'Asie est bien heureuse : elle jouit de la paix religieuse ; la puissance du prince n'y connaît point de limite, parce que là-bas, en dehors du sanctuaire, l'Église n'existe plus.

Mais ce protectorat impérial, ce gouvernement césarien de l'Église par le maître de l'empire a pour condition nécessaire la réformation de l'Église. Ce n'est point assez que le pape et les évêques n'aient plus aucune action politique, que la souveraineté temporelle du pape à Rome disparaisse aussi bien que la souveraineté féodale des évêques dans leur diocèse. Il faut encore que la hiérarchie ecclésiastique renonce à sa force sociale, que le champ de son influence soit borné à l'apostolat direct des consciences, que, pour elle, les chrétiens ne soient plus les membres d'une société politique, mais simplement des âmes individuelles. Dans son encyclique de 1246, Frédéric écrivait : « Les clercs se sont engraissés des aumônes des grands, et ils oppriment nos fils et nos sujets, oubliant notre droit paternel, ne respectant plus en nous ni l'empereur ni le roi.... Notre conscience est pure, et, par conséquent, Dieu est avec nous ; nous invoquons son témoignage sur l'intention que nous avons toujours eue de réduire les clercs de tous les degrés, et surtout les plus hauts d'entre eux, à un état tel qu'ils reviennent à la condition où ils étaient dans l'Église primitive, menant une vie tout apostolique et imitant l'humilité du Seigneur. Les clercs de ce temps conversaient avec les anges, faisaient d'éclatants miracles, soignaient les infirmes, ressuscitaient les morts, régnaient sur les rois par la sainteté de leur vie et non par la force de leurs armes. Ceux-ci, livrés au siècle, enivrés de délices, oublient Dieu ; ils sont trop riches, et la richesse étouffe en eux la religion. C'est un acte de charité de les soulager de ces richesses qui les écrasent et les damnent. » En 1249, il accuse, en face de la chrétienté entière, Innocent IV d'avoir séduit le médecin qui, à Parme, tenta d'empoisonner l'empereur ; il invoque le concours de tous les princes pour le salut de « la sainte Église, sa mère », qu'il a, dit-il, le droit et la volonté « de réformer pour l'honneur de Dieu ».

Sceau de Frédéric II.

*
* *

Grégoire IX dit quelque part de Frédéric II : « Il ment au point d'affirmer que tous ceux-là sont des sots qui croient qu'un Dieu créateur de l'univers et tout-puissant est né d'une vierge.... Il ajoute qu'on ne doit absolument croire qu'à ce qui est prouvé par les lois des choses et par la raison naturelle. » Telle était en effet la véritable hérésie de l'empereur. Il ne s'agit plus, ici, de réduire la puissance politique de l'Église, d'enlever aux papes la direction supérieure de la chrétienté ;

c'est le prestige même de la foi chrétienne qu'il veut atteindre, et, de même qu'il a sécularisé l'État, en soumettant toutes les forces de la société, l'Église comme les autres, à la volonté d'un seul maître, il sécularise la science, la philosophie, la foi, en leur donnant pour maîtresse unique et souveraine la raison.

Frédéric II se préoccupait sincèrement des hauts problèmes philosophiques, non point comme un chrétien qui demande à la sagesse profane la confirmation de sa foi, mais comme un esprit libre qui aspire à la vérité, quelque affligeante qu'elle puisse être pour les croyances communes de son siècle. Il dirigeait à sa cour une véritable académie philosophique. Un disciple des écoles d'Oxford, de Paris et de Tolède, Michel Scot, chrétien régulier, que protégea Grégoire IX, lui avait apporté en 1227, traduits en latin, les principaux commentaires aristotéliques d'Averroès et, entre autres, celui du *Traité de l'Ame*. En 1229, l'empereur, tout en négociant avec le Soudan, chargeait les ambassadeurs musulmans de questions savantes pour les docteurs d'Arabie, d'Égypte et de Syrie. Plus tard il interrogeait encore sur les mêmes points de métaphysique le Juif espagnol Juda ben Salomo Cahen, l'auteur d'une encyclopédie, l'*Inquisitio sapientiæ* ; il renouvelait enfin, vers 1240, cette enquête rationnelle, dans le monde entier de l'islam, puis près d'Ibn Sabin de Murcie, le plus célèbre dialecticien de l'Espagne. Celui-ci répondit « pour l'amour de Dieu et le triomphe de l'islamisme », et le texte arabe de ses réponses est conservé, sous le titre de *Questions siciliennes*, avec les demandes de l'empereur, dans un manuscrit d'Oxford. « Aristote, interrogeait Frédéric, a-t-il démontré l'éternité du monde ? S'il ne l'a pas fait, que valent ses arguments ? Quel est le but de la science théologique, et quels sont les principes préliminaires de cette science, si toutefois elle a des principes préliminaires, entendons, si elle relève de la pure raison ? Quelle est la nature de l'âme ? Est-elle immortelle ? Quel est l'indice de son immortalité ? Que signifient ces mots de Mahomet : « Le cœur du croyant est entre les doigts du miséricordieux ? »

Monnaie de Frédéric II.

Ces idées hardies, vers lesquelles jusqu'alors le moyen âge ne s'était tourné que pour les exorciser, ont traversé la civilisation de l'Italie impériale, tout en suivant, comme en un lit parallèle, la direction même de la politique de l'empereur. Le parti gibelin se sentit d'autant plus libre du côté de l'Église de Rome, que la philosophie patronnée par son prince affranchissait plus résolument la raison humaine de l'obsession du surnaturel. Et comme le fond de toute métaphysique recèle une doctrine morale, les partisans de l'empereur, ceux qui aimaient la puissance temporelle, la richesse et les félicités terrestres, tout en s'inquiétant assez peu de l'éternité du monde et de l'intellect unique, accueillirent avec empressement une sagesse qui les rassurait sur le lendemain de la mort, rendait plus douce la vie présente, déconcertait le prêtre et l'inquisiteur, éteignait les foudres du pape. Les *Épicuriens* de Florence, en qui le XIIe siècle avait vu les pires ennemis de la paix sociale, puisqu'ils attiraient sur la cité les colères du ciel, furent, à deux reprises, vers la fin du règne de Frédéric et sous Manfred, les maîtres de leur république. Les Uberti tinrent alors la tête du parti impérial dans l'Italie supérieure : ils dominèrent avec dureté et grandeur d'âme, et à côté d'eux, « plus de cent mille nobles, dit Benvenuto d'Imola, hommes de haute condition, qui pensaient, comme leur capitaine Farinata et comme Épicure, que le paradis ne doit être cherché qu'en ce monde ». Jusqu'à la fin du XIIIe siècle, à travers toutes les vicissitudes de leur fortune politique, ces indomptables gibelins portèrent très haut leur incrédulité religieuse, peut-être même un matérialisme radical. « Quand les bonnes gens, dit Boccace, voyaient passer Guido Cavalcanti tout rêveur dans les rues de Florence, il cherche, disaient-ils, des raisons pour prouver qu'il n'y a pas de Dieu. » On avait dit la même chose de Manfred, qui ne croyait, écrit Villani, « ni en Dieu, ni aux saints, mais seulement aux plaisirs de la chair ». On attribua au cardinal toscan Ubaldini, qui soutint vaillamment à Rome le parti maudit des Hohenstaufen, cette parole déjà voltairienne : « Si l'âme existe, j'ai perdu la mienne pour les gibelins. » On le voit, chez tous, le trait caractéristique de l'incrédulité est le même ; ils ont rejeté, comme superstitieuses, les croyances essentielles de toute religion ; qu'ils le sachent ou non, ils procèdent d'Averroès. Dante a groupé quelques-uns d'entre eux, Farinata, Frédéric II, Ubaldini, Cavalcante Cavalcanti, dans la même fosse infernale ; mais le plus « magnanime » de tous, Farinata, ne veut pas croire à l'enfer, dont la flamme le dévore ; il se dresse debout, de la ceinture en haut, hors de son sarcophage embrasé, et promène un œil altier sur l'horrible région qu'il méprisera éternellement :

Ed ei s'ergea col petto e colla fronte,
Come avesse l'inferno in gran dispitto.
(*Inf.*, X, 35.)

À cette métaphysique d'incrédulité, à cet effacement du surnaturel dans la vie des consciences, correspond une vue nouvelle de la nature. Ici, le miracle s'est évanoui, l'omniprésence de Dieu, cette joie des âmes pures, l'embûche perpétuelle de Satan, cette terreur des esprits faibles, ont disparu ; il ne reste plus que les lois immuables qui règlent l'évolution indéfinie des êtres vivants, les combinaisons des forces et des éléments. La renaissance des sciences naturelles avait pour première condition une théorie toute rationnelle de la nature.

C'est encore vers Aristote, naturaliste et physicien, que les Arabes, alchimistes et médecins, ramenèrent l'Italie méridionale. Vers 1250, Michel Scot traduisit pour Frédéric l'abrégé fait par Avicenne de l'*Histoire des animaux*. Maître Théodore était le chimiste de la cour et préparait des sirops et diverses sortes de sucres pour la table impériale. La grande école de Salerne renouvelait, pour l'Occident, les études médicales, d'après les méthodes de la science arabe, l'observation directe des organes et des fonctions du corps humain, la recherche des plantes salutaires, l'analyse des poisons, l'expérimentation des eaux thermales. Frédéric rétablit le règlement des empereurs romains qui interdisait la médecine à quiconque n'avait pas subi d'examen et obtenu la licence. Il fixa à cinq années le cours de médecine et de chirurgie. Il fit étudier les propriétés des sources chaudes de Pouzzoles. Il donnait lui-même des prescriptions à ses amis et inventait des recettes. On lui amenait d'Asie et d'Afrique les animaux les plus rares et il en observait les mœurs ; le livre *De arte venandi cum avibus*, qui lui est attribué, est un traité sur l'anatomie et l'éducation des oiseaux de chasse. Les simples contaient des choses terribles sur ses expériences. Il éventrait, disait-on, des hommes pour étudier la digestion ; il élevait des enfants dans l'isolement, pour voir quelle langue ils inventeraient, l'hébreu, le grec, le latin, l'arabe, ou l'idiome de leurs propres parents, dit Fra Salimbene, dont toutes ces nouveautés bouleversent l'esprit ; il faisait sonder par ses plongeurs les gouffres du détroit de Messine ; il se préoccupait de la distance qui sépare la terre des astres. Les moines se scandalisèrent de cette curiosité universelle ; ils y voyaient la marque de l'orgueil et de l'impiété ; Salimbene la qualifie, avec un ineffable dédain, de superstition, de perversité maudite, de présomption scélérate et de folie. Le moyen âge n'aimait point que l'on scrutât de trop près les profondeurs de l'œuvre divine, que l'on surprît le jeu de la vie humaine ou celui de la machine céleste. Les sciences de la nature lui semblaient suspectes de maléfice, de sorcellerie. L'Italie, engagée par les Hohenstaufen dans les voies de l'observation expérimentale, devait être longtemps encore la seule province de la chrétienté où l'homme contemplât, sans inquiétude, les phénomènes et les lois du monde visible.

E. Gebhart, L'Italie mystique, Paris, Hachette, 1893, in-16, 2e éd. Passim.

CHAPITRE IX

LES CROISADES

PROGRAMME. —Fondation du royaume de Jérusalem. La prise de Constantinople. Influence de la civilisation orientale sur l'Occident. — Croisades et missions dans l'Orient de l'Europe.

BIBLIOGRAPHIE

Il n'y a pas, en français, de bonne **histoire générale des croisades**. Celle de Michaud, que l'on a tort de lire encore, ne vaut rien. Celle de Wilken (*Geschichte der Kreuzzüge*, Leipzig, 1807-1832, 7 vol. in-8°) est vieillie. Il existe en allemand trois Manuels : B. Kugler, *Geschichte der Kreuzzüge*, Berlin, 1891, 2ᵉ éd. ;—H. Prutz, *Kulturgeschichte der Kreuzzüge*, Berlin, 1883, in-8° ;—O. Henne am Rhyn, *Kulturgeschichte der Kreuzzüge*, Leipzig, 1894, in-8°.

Les monographies relatives à l'histoire des Croisades sont innombrables. C'est une des parties de l'histoire du moyen âge qui ont été étudiées de nos jours avec le plus de soin. Voir, entre autres : Cᵗᵉ P. Riant, *Expéditions et pèlerinages des Scandinaves en Terre Sainte au temps des Croisades*, Paris, 1865, in-8° ;—R. Röhricht, *Beiträge zur Geschichte der Kreuzzüge*, Berlin, 1876, 2 vol. in-8° ;—H. v. Sybel, *Geschichte des ersten Kreuzzüges*, Berlin, 1881, in-8° ;—J. Tessier, *Quatrième croisade. La diversion sur Zara et Constantinople*, Paris, 1884, in-8°ᵐ ;—R. Röhricht, *Studien zur Geschichte des fünften Kreuzzüges*, Innsbrück, 1891, in-8° ;—le même, *Die Kreuzpredigten gegen den Islam*, dans la *Zeitschrift für Kirchengeschichte*, VI (1884) ;—A. Lecoy de la Marche, *La prédication de la croisade au XIIIᵉ siècle*, dans la *Revue des Questions historiques*, juillet 1890 ;—H. Derenbourg, *Ousâma-ibn-Mounkidh, un émir syrien au premier siècle des croisades*, Paris, 1889-1893, in-8°.

L'histoire des établissements des croisés en Orient (Palestine, Syrie, Achaïe, Chypre, etc.) a été l'objet de quelques travaux considérables, dont les principaux sont : G. Dodu, *Histoire des institutions monarchiques dans le royaume latin de Jérusalem*, Paris, 1894, in-8° ;—G. Rey, *Les colonies franques de Syrie*, Paris, 1884, in-8° ;—G. Schlumberger, *Les principautés franques dans le Levant*, Paris, 1879, in-8° ;—Cte L. de Mas Latrie, *Histoire de l'île de Chypre sous les princes de la maison de Lusignan*, Paris, 1852-1861, 3 vol. in-8° ;—C. Buchon, *Histoire des conquêtes et de l'établissement des Français dans les provinces de l'ancienne Grèce au moyen âge*, Paris, 1846, in-8° ;—B^{onne} de Guldencrone, *L'Achaïe féodale*, Paris, 1889, in-8° ;—W. Heyd, *Histoire du commerce du Levant au moyen âge*, Leipzig, 1885-1886, 2 vol. in-8°, trad. de l'all.

Sur la légende de **Saladin** au moyen âge : G. Paris, dans le *Journal des Savants*, 1893.

L'histoire intérieure de l'Asie à l'époque des Croisades est esquissée d'une manière intéressante et nouvelle par M. L. Cahun, dans l'*Histoire générale du IVe siècle à nos jours*, précitée, t. II (1895), ch. XVI.

Le Programme ne parle pas des **croisades d'Espagne**. C'est cependant un sujet important. Consulter, en attendant la publication de la grande « Histoire générale de l'Espagne » préparée par l'Académie de l'Histoire de Madrid : R. Dozy, *Histoire des musulmans d'Espagne*, Leyde, 1861, 4 vol. in-8°.

I — Pierre l'Hermite

On a entassé sur le nom de Pierre l'Hermite, dont la personnalité est si étroitement liée à l'histoire de la première croisade, une quantité de légendes et d'amplifications de rhétorique. Sur sa vie, antérieurement à son premier pèlerinage, on ne possède cependant qu'un nombre extrêmement restreint de documents authentiques. Il s'appelait Pierre ; il était né à Amiens ou aux environs de cette ville, et fut moine ; ajoutons qu'il n'exerça jamais d'autre profession, et nous aurons dit tout ce qu'on sait de source certaine. Tous les renseignements supplémentaires que fournissent les historiens modernes sont hypothèse et roman.

Que n'a-t-on pas raconté de lui ? Son pèlerinage en Palestine, sa rencontre et son entretien avec le patriarche grec de Jérusalem, la vision céleste dont il fut favorisé dans cette ville,[45] la mission qu'il y reçut de prêcher la croisade, sa visite au pape Urbain II dont il aurait obtenu le consentement, puis son apparition en Occident comme précurseur du pape, et son départ à la tête d'une grande armée de croisés rassemblée par lui ; tous ces récits traditionnels forment comme un nimbe autour de sa tête. —Reste à savoir s'ils sont corroborés par des preuves solides.

Il est très probable que Pierre fit, en effet, un voyage en Orient avant 1096. Mais le chroniqueur Albert d'Aix s'est fait l'interprète d'une pure légende en lui attribuant, pendant son séjour à Jérusalem, dans l'église du Saint-Sépulcre, une vision qui aurait été la cause déterminante de la croisade. On ne sait même pas si Pierre, lors de ce premier voyage, avait pu arriver près de Jérusalem ou s'il avait été obligé de s'arrêter avant d'avoir atteint la frontière de la Palestine. La tradition rapportée par Albert d'Aix a dû se former pendant les vingt premières années du XIIe siècle ; elle a pris naissance dans l'opinion fermement accréditée alors que l'entreprise avait été préparée *non tam humanitus quant divinitus*. Sous l'influence de cette idée que le monde céleste est en relation étroite avec le monde terrestre, et les véritables motifs de la croisade venant à s'effacer de plus en plus du souvenir des contemporains, il n'est pas étonnant que la légende soit arrivée à se substituer complètement à la réalité. On s'explique que dans les pays où Pierre a le premier prêché la croisade, tels que le nord de la France, la Lorraine et le pays du Rhin, la foule ait pu oublier tout ce qui en dehors de lui avait contribué au même but, pour faire de lui seul l'agent essentiel de l'entreprise.

Pierre, en revenant de terre sainte, eut-il une entrevue avec Urbain II, soit à Rome, soit en France ? fut-il le précurseur du pape, qu'il aurait décidé à organiser l'expédition d'outre-mer ? Cela est fort douteux ; les écrivains contemporains du XIe siècle laissent tous entendre qu'en France ce n'est pas Pierre l'Hermite, mais Urbain seul, qui a donné

---

[45] Pierre s'étant endormi dans l'église du Saint-Sépulcre aurait vu en songe Jésus-Christ, qui lui aurait dit : « Lève-toi ; le patriarche te donnera une lettre de mission. Tu raconteras dans ton pays la misère des Lieux Saints et tu réveilleras les croyants pour qu'ils délivrent Jérusalem des païens. » Il aurait obtenu en effet une lettre du patriarche à Urbain II, qui aurait décidé ce pape à déclarer la croisade et à en confier à Pierre la prédication.

l'impulsion au mouvement de la croisade. Le moment où Pierre a paru en public pour la première fois ne saurait être placé avant le concile de Clermont. « Il faut, dit Sybel, laisser au pape la gloire dont jusqu'à nos jours l'hermite d'Amiens lui a disputé une bonne moitié. Urbain vint à Clermont à un moment où une tendance inconsciente poussait le monde vers l'Orient, mais où aucune parole n'avait encore été prononcée dans ce sens. Cette parole, il la fit entendre, et alors princes et chevaliers, nobles et vilains, et, parmi les vilains, Pierre, se levèrent. Rendons au pape ce qui lui appartient. »

Que Pierre ait assisté, comme le veut la tradition vulgaire, au concile de Clermont et qu'il y ait prononcé une harangue, ce sont encore là des faits qui ne sont ni certains ni même probables. Car c'est pendant l'hiver de 1095-96 que Pierre prêcha pour la première fois la croisade. Mais, suivant Orderic Vital, l'Hermite, suivi de quinze mille hommes à pied et à cheval, arriva à Cologne le samedi de Pâques, 12 avril 1096. « C'était, dit Guibert de Nogent, l'écume de la France, *fæx residua Francorum*. » Comment avait-il pu réunir en si peu de temps pareille troupe autour de lui ? La famine de 1095, qui arracha tant de misérables au sol natal, ne suffit pas à l'expliquer ; il faut encore faire la part du prestige personnel de l'Hermite.

D'après les témoins oculaires, Pierre était un homme intelligent, énergique, décidé, rude, enthousiaste, un tribun populaire. De petite taille, maigre, brun de visage, avec une longue barbe grise, il était vêtu d'une robe de laine et d'un froc de moine, sans chausses ni chaussures. Il allait monté sur un âne dont la foule idolâtre arrachait les poils pour s'en faire des reliques. Il menait une vie austère, ne mangeait ni pain ni viande, mais buvait du vin. Il distribuait généreusement les dons qu'il recevait en abondance.

Il faut reconnaître que le succès de la prédication de cet homme fut extraordinaire. Les bandes qui le suivaient l'entouraient d'une telle vénération que ses actions et ses paroles étaient pour elles des oracles divins. Guibert, qui avait assisté au concile de Clermont, est forcé de rendre ce témoignage à l'Hermite : « Je n'ai jamais vu personne être honoré de la sorte ».

L'église du Saint-Sépulcre, à Jérusalem.

Ainsi, l'appel du pape fut, pour ainsi dire, le foyer qui projeta sur le nom de Pierre les premiers rayons de célébrité. Mais, dès lors, les récits où il racontait son pèlerinage manqué et les souffrances des pèlerins, sa parole ardente, la nouveauté même de la croisade, le placèrent si haut dans l'opinion des masses qu'elles le regardèrent comme un saint.

L'étendue des pays parcourus par Pierre pendant sa prédication est d'ailleurs une des causes qui ont le plus contribué à fonder sa réputation. Entre le concile de Clermont et son départ pour l'Orient, il trouva moyen de parcourir des distances énormes, gagnant partout des partisans à la cause du pape. Là où il ne pouvait pas aller lui-même, il envoyait sans doute des missionnaires, comme Gauthier sans Avoir, Reinold de Breis, Gauthier de Breteuil et Gottschalk. Il semble qu'il ait commencé sa carrière oratoire en Berry, province limitrophe de l'Auvergne et de la Marche, où Urbain se trouvait pendant l'hiver de 1095. Il passa de là en Lorraine et dans la région rhénane, mais son itinéraire est inconnu.

Après un séjour d'une semaine à Cologne, il traversa paisiblement avec une armée immense et confuse de Français, de Souabes, de Bavarois et de Lorrains, l'Allemagne du sud et la Hongrie. La traversée de la Bulgarie fut, au contraire, difficile et sanglante. Les bandes de Pierre étaient décimées quand elles arrivèrent à Constantinople, trois mois et dix jours après leur départ de Cologne. Elles y trouvèrent un nombre assez considérable de pèlerins venus de Lombardie, et Gauthier sans Avoir, qui s'était séparé du gros des forces de l'Hermite sur les bords du Rhin, pour prendre les devants.

L'expédition se termina au mois d'octobre par un désastre lamentable près de Civitot ou Hersek, en Asie Mineure. Parmi ceux qui échappèrent aux coups des Turcs, on cite, outre Pierre, le comte Henri de Schwarzenberg, Frédéric de Zimmern, Rodolphe de Brandis, qui, blessés dans le combat, guérirent de leurs blessures et se joignirent plus tard à l'armée de Godefroi de Bouillon. Mais le plus grand nombre périt, entre autres Gauthier sans Avoir, percé de sept flèches, le comte palatin Hugues de Tubingue, le duc Walther de Teck, le comte Rodolphe de Sarverden. On voit que les compagnons de Pierre n'avaient point été, comme on le dit souvent sur la foi de Guibert de Nogent, exclusivement recrutés dans la lie des populations occidentales.

En se répandant en Europe, la nouvelle du désastre porta, sans doute, une grave atteinte à la considération dont le nom de Pierre l'Hermite était entouré ; on dut tout d'abord attribuer la responsabilité du sang versé, comme on le fit pour Volkmar, Gottschalk et Emich, ces hommes que le chroniqueur Ekkehard compare à la *paille*, tandis que Godefroi de Bouillon et les autres chefs aimés de Dieu sont le *bon grain*. En tout cas, après la déroute de Civitot, le rôle de l'Hermite fut brusquement terminé. On le retrouve dans la grande armée des croisés pendant l'hiver de 1097, mais il n'y exerce pas d'influence. Pendant le siège d'Antioche, en janvier 1098, il essaya même de s'enfuir, apparemment pour ne point supporter plus longtemps les fatigues de l'expédition. De là le bruit qui arriva en l'an 1100 au plus tard à la connaissance d'Ekkehard, que « Pierre avait été un hypocrite : *Petrum multi postea hypocritam esse dicebant.* »

La porte de David, à Jérusalem.

Cependant Pierre, ramené de force au camp des croisés, fit convenablement le reste de la campagne. Il fut même employé par les chefs chrétiens pour négocier avec Kerbogha, puis chargé de l'administration du trésor des pauvres de l'armée, sur lesquels il avait gardé peut-être quelque chose de son premier ascendant. Après la prise de Jérusalem, il resta dans cette ville avec les malades, tandis que les hommes valides faisaient contre les Sarrasins la marche qui aboutit à la décisive victoire d'Ascalon. Tel est le dernier renseignement authentique sur le rôle joué par l'Hermite pendant la première croisade et sur son séjour en terre sainte. On peut admettre comme vraisemblable qu'il revint d'Orient vers 1099 ou 1100, en compagnie de pèlerins originaires du pays de Liège. Sur les instances de ses derniers admirateurs, il aurait fondé aux environs de Huy une église et un monastère. C'est là qu'il mourut. Son corps fut transféré en 1242 dans l'église de Neufmoustier.

D'après H. Hagenmeyer, *Le vrai et le faux sur Pierre l'Hermite, analyse critique des témoignages historiques relatifs à ce personnage et des légendes auxquelles il a donné lieu*, trad. de l'all. par Furcy

Raynaud, Paris, 1883, in-8°, à la librairie de la Société bibliographique.

II—Le pillage de Constantinople par les croisés de 1204

Si l'on n'écoutait que les lamentations de Nicétas sur la seconde prise de Constantinople, la ville impériale, théâtre d'abominations sans égales, aurait vu périr, en 1204, sous les coups de Barbares ignorants, aussi bien tous les chefs-d'œuvre de l'art antique qui s'y trouvaient rassemblés que les plus précieux et les plus vénérables des objets consacrés par les souvenirs du christianisme. Heureusement, sur tous ces faits, il faut se garder de prendre à la lettre tant le récit de Nicétas, déplorant la destruction de monuments qui existent encore aujourd'hui, que les assertions de Nicolas d'Otrante, se plaignant de la disparition des reliquaires de la Passion qui, en réalité, ne quittèrent le palais du Bucoléon que pour passer, trente ans plus tard, dans le trésor de la Sainte-Chapelle. Mais, tout en faisant la part des exagérations des vaincus, il est impossible de nier qu'à la suite du dernier assaut donné à Byzance par les Latins, et malgré l'accueil si humble qu'ils reçurent des Grecs, et surtout du clergé, des scènes horribles de meurtre et de pillage se succédèrent dans la malheureuse ville. Seulement, il faut distinguer deux périodes différentes dans l'histoire de ces faits regrettables : la première, courte et violente, dura du 14 au 16 avril 1204 ; c'est pendant ces trois jours qu'eurent lieu les profanations dont les Grecs se plaignirent si justement au pape dans un curieux mémoire qui nous a été conservé, et dont trois lettres d'Innocent III sont l'écho indigné. C'est à peine si la garde mise par les chefs de l'armée dans les palais impériaux put préserver les chapelles de ces palais de la rapacité des soldats ; aucun sanctuaire ne paraît avoir été épargné, et Sainte-Sophie dut à ses trésors merveilleux et à l'immense renom dont ils jouissaient de se voir le théâtre d'excès plus odieux que partout ailleurs. Aux profanations des églises vinrent s'ajouter celles des tombes impériales, dont Nicétas ne craint pas d'accuser Thomas Morosini, patriarche latin élu, mais qui durent être stériles, Alexis III s'étant chargé, sept ans plus tôt, de les dépouiller de tous les joyaux qu'elles contenaient.

Dans les premiers moments, la rage des conquérants paraît avoir été extrême. « Quant li Latin, dit Ernoul, orent prise Constantinoble, il avoient l'escu Damedieu enbracé, et, tantost come il furent dedens, il le geterent jus, et enbracerent l'escu au diable ; il corurent sus a sainte Iglise premierement, et briserent les abbaïes et les roberent. » Les châsses des saints, dont beaucoup étaient en cuivre émaillé, et par conséquent sans valeur pour les pillards, furent brisées. On arrachait les pierreries et les camées qui en faisaient l'ornement, et l'on en jetait au loin les reliques. Un nombre infini de ces reliures de métal si somptueuses qui recouvraient les livres de chœur eurent un sort pareil ; les images des saints furent foulées aux pieds ou lancées à la mer. Au bout de quelques jours, les Latins paraissent avoir eu honte de ces scandales et même redouté la colère divine. Le conseil des chefs se réunit, et l'on prit des mesures sévères pour arrêter tous ces excès. Les évêques de l'armée fulminèrent l'excommunication contre tous ceux qui se rendraient coupables de nouveaux sacrilèges, et aussi contre ceux qui ne viendraient pas mettre, en des lieux désignés à cet effet, le butin déjà recueilli. Quelques jours plus tard, d'ailleurs, l'élection et le couronnement de Baudouin Ier (16 mai) vinrent substituer un pouvoir régulier à l'anarchie ; les différents corps de l'armée furent cantonnés dans les divers quartiers de la ville, et un ordre au moins apparent vint succéder aux scènes de violence des premiers jours. Mais là commence, surtout en ce qui concerne les trésors des églises et des reliques, la seconde période du pillage, celle de la spoliation régulière et méthodique ; cette période paraît avoir duré plusieurs mois, plusieurs années, je dirai même presque autant que l'empire latin d'Orient.

*
* *

Il n'est pas impossible d'entrer dans quelques détails sur la nature des objets sacrés plus particulièrement recherchés par les Latins ; il semble que ces objets peuvent se diviser en deux classes : les reliques et les ornements ecclésiastiques ; mais, pour les uns comme pour les autres, les croisés ne paraissent point avoir agi à l'aventure.

Parmi les reliques, ce sont les fragments du bois de la Vraie Croix, depuis longtemps objet d'une vénération spéciale en France, qui semblent avoir excité le plus vivement leur convoitise. Constantinople avait sur ce point de quoi les satisfaire ; sans parler des reliques insignes, des τίμια Ξύλα, grand était le nombre de ces phylactères, de ces *encolpia*, destinés à être portés au cou, et dont l'usage, parmi les familles riches, était déjà général du temps de saint Jean Chrysostome ; tous contenaient, avec d'autres reliques, une parcelle plus ou moins importante du bois de la Vraie Croix. Les palais des familles princières, les couvents, renfermaient d'autres croix plus grandes ; les « couronnes de lumière » des églises en portaient souvent de suspendues au-dessus des autels. Au retour des croisés, les sanctuaires de l'Europe en reçurent un grand nombre, presque toujours gratifiées, soit par ceux qui les rapportaient, soit par ceux qui les recevaient en dépôt, de quelque origine plus ambitieuse qu'authentique. Presque toutes étaient censées avoir appartenu à Constantin, à sainte Hélène ou tout au moins à Manuel Comnène.

Après la Vraie Croix, c'étaient les reliques de l'Enfance et de la Passion du Christ, celles de la Vierge, des Apôtres, de saint Jean le Précurseur, du protomartyr saint Étienne, de saint Laurent, de saint Georges et de saint Nicolas que les Latins recherchaient avec le plus d'avidité. Une idée dont ils paraissent aussi avoir été pénétrés et qui leur avait été sans doute suggérée dès avant leur départ, c'est l'intérêt que pouvaient avoir certaines grandes églises de l'Europe à posséder des reliques considérables et authentiques des saints orientaux sous le vocable desquels elles avaient été dédiées ; c'est ainsi que les cathédrales de Châlons-sur-Marne et de Langres, qui reçurent chacune, pendant le temps des croisades, trois envois successifs des restes de saint Étienne et de saint Mammès, leurs patrons respectifs, furent redevables à la prise de Constantinople des plus considérables de ces envois.

Quant aux objets destinés au service du culte et à l'ornementation des églises, il suffit de parcourir les listes des présents adressés à cette époque de Constantinople en Occident pour être étonné de la quantité considérable de vases sacrés en or et en argent, d'encensoirs, de croix processionnelles, de parements d'autels et de vêtements ecclésiastiques, même de tapis et de tissus neufs d'or, d'argent et de soie, qui prirent le chemin de l'Italie, de la France et de l'Allemagne. Les dyptiques, les tables d'ivoire qui devaient servir à enrichir les couvertures des manuscrits de l'Occident, figurent aussi en grand nombre parmi les objets recueillis par les croisés. Enfin, ce ne dut pas être sans penser de loin à l'ornementation des châsses encore barbares de leurs saints que les clercs de l'armée latine firent si ample provision de ces anneaux, de ces pierres antiques, dont ils remplirent, à leur retour, les trésors de leurs cathédrales, et que, sans le vouloir, ils ont ainsi sauvés d'une destruction presque certaine.

Émaux byzantins du reliquaire de Limbourg.
(Didron, Annales archéologiques.)

*
* *

Que devint tout ce butin religieux ? Une partie considérable dut en être détournée, ainsi que nous le verrons plus loin ; mais le reste, à la suite des mesures prises, vers Pâques, par les chefs de l'armée, fut-il, avec les autres dépouilles de la ville, rapporté aux lieux désignés à cet effet— trois églises, suivant Villehardouin, un monastère, selon Clari—et mis en commun sous la garde de dix chevaliers et de dix Vénitiens ? Il n'y a guère lieu d'en douter en ce qui concerne les ornements d'église et les vases sacrés. Pour les reliques, il est certain qu'un grand nombre fut rapporté, mais il y a lieu de penser qu'elles furent dès l'origine séparées du reste du butin, car on voit qu'à l'exemple des croisés de 1097, ceux de 1204 confièrent au doyen des évêques, à Garnier de Trainel, évêque de Troyes, la charge qu'avait remplie à Jérusalem Arnould de Rohas, celle de *procurator sanctarum reliquiarum*, et que ce fut dans la maison habitée par Garnier que tous ces objets sacrés trouvèrent un asile.

Un premier partage du butin fut fait entre le 22 avril et le 9 mai. Il est à croire que les Vénitiens se remboursèrent de leur double créance contre les croisés et contre les Comnènes, et qu'une fois les sommes prélevées, il fut fait, comme le dit Sanudo, deux parts égales, l'une pour les Latins et l'autre pour Venise, parts dont un quart retourna, après le couronnement de Baudouin Ier, au trésor impérial : suivant Villehardouin, les trois huitièmes des croisés montèrent à la somme de 400 000 marcs (20 800 000 francs). Mais le maréchal de Champagne ne parle pas d'un second partage raconté en détail par Robert de Clari. Suivant Robert, ces deux premières répartitions n'auraient porté que sur le *gros argent*, la monnaie et la vaisselle massive ; quant aux joyaux, aux tissus d'or et de soie, ils auraient été, vers le mois d'août, furtivement enlevés par les chevaliers restés dans la ville pendant la campagne de Baudouin Ier contre Boniface de Monferrat, et divisés entre ces traîtres pour lesquels Clari ne trouve pas d'injures assez fortes. C'est donc entre les mains de ces chevaliers félons, et probablement sur l'ordre et au profit du doge, qui commandait dans la ville en l'absence de l'empereur, que tombèrent tous les trésors enlevés aux églises, et rien ne nous indique de quelle manière Vénitiens et Francs se les partagèrent entre eux.

Saint Louis transportant les reliques de la Passion à la Sainte-Chapelle.

Quant aux reliques, il semble bien que les évêques latins, l'empereur et les Vénitiens en aient eu chacun une part. —Garnier de Trainel, qui disposa pendant près d'une année des reliques mises en commun, en envoya de très précieuses à Troyes par Jean L'Anglois, son chapelain ; c'est de lui que l'archevêque de Sens reçut le chef de saint Victor. Nivelon de Cherisy, évêque de Soissons, enrichit de reliques Soissons, la célèbre abbaye de Notre-Dame, et un grand nombre de sanctuaires des contrées voisines. Conrad de Halberstadt ne paraît pas avoir été moins bien partagé que Nivelon, si l'on en juge par la valeur des objets rapportés par lui, dont la plupart existent encore aujourd'hui au trésor de la cathédrale d'Halberstadt. —Le premier empereur latin de Constantinople adressa de son côté en Europe quantité d'objets précieux, et Baudouin Ier obéit en cela aux conseils d'une politique éclairée. Devenu le chef d'un État aussi mal affermi, il avait besoin d'autres sympathies et d'autres alliances que celles dont avait pu se contenter le comte de Flandre, et devait oublier le temps où, soutien de Philippe de Souabe et vassal turbulent du roi de France, il avait eu à se plaindre des deux personnages les plus influents de l'époque, Innocent III et Philippe Auguste ; aussi est-ce précisément à eux les premiers qu'il notifie son avènement, joignant aux lettres qu'il leur adresse des présents considérables. Barozzi, maître du Temple en Lombardie, est chargé par lui de porter au pape un véritable trésor, dans lequel figure une statue d'or et une d'argent avec un rubis acheté 1000 marcs, et de nombreuses croix. Philippe Auguste reçoit, outre des reliques de son patron et une croix admirable, deux vêtements impériaux et un rubis d'une grosseur extraordinaire. Après la défaite d'Andrinople, le successeur de Baudoin Ier, Henri Ier, continua les envois commencés par son père, dans l'espoir que ces libéralités lui concilieraient les sympathies de l'Occident. Les princes laïques ou ecclésiastiques qui avaient pris la croix, mais qui ne s'étaient pas encore acquittés de leur vœu, furent naturellement l'objet des premières libéralités de l'empereur. C'est ainsi que le duc d'Autriche reçut un fragment de la vraie croix. La Belgique et le Nord de la France, d'où il avait lieu d'espérer les secours les plus efficaces, reçurent de nombreuses marques de sa munificence : Clairvaux, où se trouvaient les tombes de sa maison, Namur, où régnait son frère, Bruges, Courtrai, Liessies conservèrent longtemps ou conservent encore les richesses qu'il leur envoya. Après Henri Ier, il faut descendre jusqu'aux années lamentables de Baudouin II pour voir reparaître en Occident de nouvelles reliques byzantines ; malheureusement, alors, il ne s'agit plus de dons gracieux, mais de vulgaires engagements. Après avoir vendu, pour soutenir son armée, jusqu'au plomb des toits de son palais, l'empereur se voit réduit à abandonner en nantissement aux Vénitiens les joyaux religieux de la couronne impériale. C'est en 1239 que saint Louis rachète le plus précieux de tous, la Couronne d'épines ; puis, en 1241, la Grande Croix, la Lance et l'Éponge, jusqu'à ce que, en 1247, Baudouin II vienne solennellement confirmer le transfert, dans la Sainte-Chapelle de Paris, des grandes reliques impériales du Bucoléon. —Quant aux Vénitiens, familiers de longue date avec le martyrologe byzantin, ils n'éprouvaient pas, comme les Latins, de difficulté à déchiffrer les inscriptions des reliquaires,[46] et leur choix dut être promptement et bien fait. On voit par les récits des pèlerins qui, dans les siècles postérieurs, s'embarquèrent à Venise pour se rendre en Palestine, que cette cité était devenue, depuis 1204, comme une ville sainte, tant était grand le nombre des objets sacrés qu'elle offrait à la vénération des fidèles. Ce que, d'ailleurs, même après l'incendie du trésor de Saint-Marc en 1231, la basilique ducale contient encore de reliques de premier ordre et de spécimens sans prix de l'orfèvrerie byzantine peut donner une idée de ce que ce sanctuaire reçut de Constantinople après la quatrième croisade.

La Sainte-Chapelle du Palais, bâtie par saint Louis pour recevoir les reliques du Bucoléon.

Mais en dehors du butin mis en commun, qui fut l'objet d'un partage régulier, le récit du pillage a déjà montré qu'il y eut un immense butin détourné par les vainqueurs indisciplinés. Hugues de

---

[46] Les prêtres occidentaux paraissent, au surplus, être arrivés assez vite à identifier les reliques tombées entre leurs mains. Le pauvre prêtre châlonnais Marcel, qui trouva le chef de saint Clément, fut de force à déchiffrer sans aide l'inscription de la plaque d'or à l'image du saint qui ornait le reliquaire : Klêmentios ὁ ἅγιος Κλημεντίος.

Saint-Paul fit bien pendre, l'écu au col, des chevaliers coupables de n'avoir pas rapporté leur butin particulier à la masse commune ; mais en fait de reliques, on croyait faire une bonne œuvre en volant les Grecs. Martin de Pairis se laissait traiter par son biographe de *prædo sanctus* ; il dut donc y avoir sur ce point une certaine tolérance, qui d'ailleurs devint légale le 22 avril 1205, terme assigné à l'obligation du rapport des objets trouvés. Or, quelques semaines plus tard (juin), abordaient de toutes parts, de Syrie aussi bien que des divers pays de l'Occident, une foule de gens qu'avait attirés la nouvelle inattendue de la prise de Constantinople, et qui venaient demander leur part des dépouilles de la ville impériale. Deux ans après (sept. 1207) est signalée l'arrivée des renforts amenés jusqu'à Bari par Nivelon de Cherisy ; ce furent de nouvelles convoitises à satisfaire ; enfin, pendant tout le règne de Henri, il paraît y avoir eu entre l'Occident et Constantinople un mouvement non interrompu de gens d'armes qui venaient chercher aventure en Romanie et ne s'en retournaient jamais les mains vides. Nous voyons ainsi Dalmase de Sercey et Ponce de Bussière passer un hiver entier à combiner le vol du chef de saint Clément. Comment d'ailleurs expliquer autrement que par des soustractions frauduleuses le fait que de petits chevaliers portant à peine bannière, comme Henri d'Ulmen, aient pu obtenir des trésors tels (à parler seulement de leur valeur intrinsèque) que ceux dont ce seigneur des environs de Trèves a enrichi toute la Basse-Lorraine ?[47]

> D'après M. le comte RIANT, *Des dépouilles religieuses enlevées à Constantinople au XIIIe siècle*, dans les *Mémoires de la Société des antiquaires de France*, 4e série, t. VI (1875).[48]

---

[47] Nous citerons, parmi les reliques apportées de Constantinople après 1204, qui sont encore aujourd'hui conservées en Occident : la vraie croix d'Hélène, la Quadrige, les pierreries de la Pala d'Oro, à Venise ; les reliques insignes du Bucoléon, à la Sainte-Chapelle de Paris ; des phylactères à la cathédrale de Lyon, à Saint-Pierre de Lille, à Notre-Dame de Courtrai, à Floreffes ; le saint Mors, à Carpentras ; les reliquaires du Paraclet, à Amiens ; une croix d'or, à Saint-Étienne de Troyes ; le doigt de saint Jean-Baptiste, à Valenciennes ; la *Siegeskreuz* de Nassau, à Limbourg (don d'Henri d'Ulmen à l'église de Steuben), etc. —Cf. Rohaut de Fleury, *Mémoire sur les instruments de la Passion*, Paris, 1870, in-4°.
[48] [M. P. Riant a consacré deux volumes à l'histoire de la translation et des destinées des objets apportés de Constantinople en Occident à la suite de la quatrième croisade : *Exuviæ sacræ Constantinopolitanæ, fasciculus documentorum quarti belli sacri imperiique gallo-græci historiam illustrantium*, Genève, 1877-78, 2 vol. in-8°.]

III. — LE KRAK DES CHEVALIERS
UNE FORTERESSE LATINE EN SYRIE

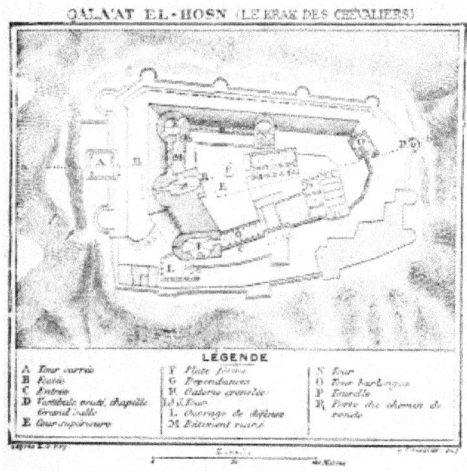

Qala'at el-hosn (le krak des chevaliers)

Les principautés franques de Syrie, divisées en fiefs, se couvrirent, vers le milieu du XIIe siècle, de châteaux, d'églises et de fondations monastiques. Les monuments religieux appartiennent tous à l'école romane, qui, à cette époque, élevait en France les églises de Cluny, de Vézelay, de la Charité-sur-Loire, etc., mais qui, en Syrie, fit, sous l'influence byzantine, surtout quant à l'ornementation, des emprunts à l'antiquité et à l'art arabe. Il en fut de même pour les châteaux forts, dont plusieurs, ceux du Margat, du Krak et de Tortose, par exemple, furent conçus sur des proportions gigantesques, puisque leurs dimensions sont le double de celles des plus vastes châteaux de France : Coucy et Pierrefonds.

Les architectes qui les ont élevés semblent avoir pris pour modèles les forteresses élevées en France, sur les côtes de l'ouest, dans les bassins de la Loire et de la Seine, aux XIe et XIIe siècles, mais ils ont emprunté aux Byzantins la double enceinte, les échauguettes en pierre, d'énormes talus en maçonnerie qui triplent à la base l'épaisseur des murailles, certains ouvrages de défense destinés à remplacer le donjon français.

C'est à ce type franco-byzantin qu'appartenaient la plupart des châteaux des Hospitaliers en Syrie.

Les Templiers avaient une autre manière de bâtir, plus analogue à celle des Sarrasins. Les chevaliers teutoniques en avaient aussi une autre : leur principale forteresse, Montfort ou Starkenberg, était un château des bords du Rhin transplanté en Syrie.

Choisissons comme exemple, entre cent, le Krak des Chevaliers, parce qu'il est encore à peu près dans l'état où le laissèrent les chevaliers de Saint-Jean au mois d'avril 1271. À peine quelques créneaux manquent-ils au couronnement des murailles ; à peine quelques voûtes se sont-elles effondrées. L'ensemble a conservé un aspect imposant qui donne au voyageur une bien haute idée de la puissance de l'Ordre qui l'a élevé.

*
* *

Sur l'un des sommets dominant le col qui met en communication la vallée de l'Oronte avec le bassin de la Méditerranée, se dresse le Qala'at-el-Hosn.

Tel est le nom moderne de la forteresse que nous trouvons désignée par les chroniqueurs des croisades sous celui de *Krak* ou *Crat des Chevaliers*.

Position militaire de premier ordre qui commande le défilé par lequel passent les routes de Homs et de Hamah à Tripoli et à Tortose, cette place était encore merveilleusement située pour servir de base d'opérations à une armée agissant contre les États des soudans de Hamah.

Le Krak formait, en même temps, avec les châteaux d'Akkar, d'Arcas, du Sarc, de la Colée, de Chastel-Blanc, d'Areymeh, de Yammour (Chastel-Rouge), Tortose et Markab, ainsi qu'avec les tours et les postes secondaires reliant entre elles ces diverses places, une ligne de défense destinée à protéger le comté de Tripoli contre les incursions des musulmans, restés maîtres de la plus grande partie de la Syrie orientale.

Du haut de ses murs, la vue embrasse, vers l'est, le lac de Homs et une partie du cours de l'Oronte. Au-delà se déroulent, au loin, les immenses plaines du désert de Palmyre. Vers le nord, les montagnes des Ansariés arrêtent le regard, qui, vers l'ouest, s'étend par la vallée Sabbatique, aujourd'hui Nahar-es-Sabte, sur la riche et fertile vallée où furent les villes phéniciennes de Symira, de Carné, d'Amrit, et découvre à l'horizon les flots étincelants de la Méditerranée. Au sud, les deux chaînes du Liban et de l'Anti-Liban esquissent leurs grands sommets aux fronts couverts de neiges. Plus près, à l'est, comme un tapis de verdure, s'étend, au pied du château, la plaine de la Boukeiah-el-Hosn, la Bochée des chroniqueurs, théâtre d'un combat célèbre.

Les divers auteurs, tant chrétiens qu'arabes, qui ont écrit l'histoire des croisades, parlent fréquemment de ce château, nommé par les premiers le Krak[49] et par les seconds Hosn-el-Akrad. Ce nom paraît assez identique à celui de l'appellation franque, qui pourrait bien n'être qu'une corruption du mot arabe *Akrad*, Kurde.[50]

Le comte de Saint-Gilles, en 1102, après s'être emparé de Tortose, entreprit le siège du château des Kurdes, mais il l'abandonna, et nous ne savons pas à quelle époque les Francs occupèrent cette position. Un passage d'Ibn-Ferrat donne à penser cependant que ce fut vers l'année 1125. Depuis lors, le Krak paraît avoir été un simple fief dont le nom était porté par ses possesseurs jusqu'à l'année 1145, date à laquelle Raymond, comte de Tripoli, le concéda aux Hospitaliers de Saint-Jean de Jérusalem.

Qu'était le château à cette époque ? C'est une question à laquelle il est impossible de répondre ; nous savons seulement que cette forteresse eut beaucoup à souffrir de divers tremblements de terre, particulièrement en 1157, 1169 et 1202. Il est donc à présumer que ce fut à la suite de celui de 1202 que le Qala'at-el-Hosn dut être

---

[49] En Syrie, plusieurs forteresses portent le nom de Krak ou Karak ; ce sont le Krak des Chevaliers, le Krak de Montréal et le Krak ou *Petra deserti* ; ce nom est encore porté par plusieurs villages bâtis sur des tertres.

[50] L'auteur se sert, dans la description qui suit, de quelques termes techniques d'architecture : échauguettes, hourdage, merlons, potelets, doubleaux, mâchicoulis, etc. On en trouvera l'explication dans les ouvrages élémentaires d'archéologie médiévale (v. ci-dessous la Bibliographie du chapitre XIV), notamment dans le *Dictionnaire* de Viollet-le-Duc. —La description est du reste facile à suivre sur les figures et le plan que nous donnons, d'après M. Rey, pp. 265, 269 et 273.

reconstruit à peu près entièrement et tel que nous le voyons aujourd'hui.

Après sa cession aux Hospitaliers, le gouvernement du Krak fut confié à des châtelains de l'Ordre. Le fameux Hugues de Revel en était châtelain en 1243. Nous savons que la garnison ordinaire de la forteresse était de 2000 combattants.

Le relief de la montagne sur laquelle s'élève le Krak des Chevaliers est d'environ 300 mètres au-dessus du fond des vallées qui, de trois côtés, l'isolant des montagnes voisines, en font une espèce de promontoire. —La forteresse a deux enceintes que sépare un large fossé en partie rempli d'eau. La seconde forme réduit et domine la première, dont elle commande tous les ouvrages ; elle renferme les dépendances du château : grand'salle, chapelle, logis, magasins, etc. Un long passage voûté, d'une défense facile, est la seule entrée de la place. Les remparts et les tours sont formidables sur tous les points où des escarpements ne viennent pas apporter un puissant obstacle à l'assaillant.

Essai de restitution du Krak, d'après M. Rey.

Au nord et à l'ouest, la première ligne se compose de courtines reliant des tourelles arrondies et couronnées d'une galerie munie d'échauguettes, portées sur des consoles, formant, sur la plus grande partie du pourtour de la forteresse, un véritable hourdage de pierre. Ce couronnement présente une grande analogie avec les premiers parapets munis d'échauguettes qui aient existé en France, où nous les voyons apparaître dans les murailles d'Aigues-Mortes et au château de

Montbard en Bourgogne, sous le règne de Philippe le Hardi. Mais au Qala'at-el-Hosn, il est impossible de ne pas leur assigner une date bien antérieure.

Au-dessus de ce premier rang de défenses s'étend une banquette bordée d'un parapet crénelé avec meurtrières au centre de chaque merlon. Ici nous retrouvons un usage généralement suivi en Europe dans les constructions militaires durant le XIIe et le XIIIe siècle : les tourelles dominent la courtine, et des escaliers de quelques marches conduisent des chemins de ronde sur les plates-formes.

Chaque tour renferme une salle éclairée par des meurtrières, et dans les courtines s'ouvrent à des intervalles réguliers de grandes niches voûtées en tiers-point, au fond desquelles sont percées de hautes archères destinées à recevoir des arbalètes à treuil ou d'autres engins de guerre du même genre. En France, dès le commencement du XIIIe siècle, ces défenses, peu élevées au-dessus du niveau du sol, n'étaient déjà plus en usage, ayant l'inconvénient de signaler aux assaillants les points les plus faibles de la muraille ; mais, au Krak, nous ne les trouvons employées que sur les faces de la forteresse couronnant des escarpes, et, par suite, à l'abri du jeu des machines, tandis que vers le sud les murs sont massifs dans toute leur longueur.

La tourelle qui se trouve à l'angle nord-ouest de la première enceinte est surmontée d'une construction arrondie d'environ 4 mètres de hauteur. Ce fut, selon toute apparence, la base d'un moulin à vent, si nous en jugeons par le nom moderne, Bordj et-Tahouneh (la tour du moulin), ainsi que par les corbeaux sur lesquels s'appuyaient les potelets et les liens supportant cet ouvrage, qui devait être en charpente.[51]

Le sud étant le point le plus vulnérable de la place, c'est là qu'ont été élevés les principaux ouvrages, et c'est surtout dans les tours d'angles et à la tour carrée placée dans l'axe du château (en A) qu'on s'est efforcé de disposer les défenses les plus importantes. Aussi ces tours sont-elles bâties sur des proportions beaucoup plus considérables que les autres, et tous les moyens de résistance s'y trouvent-ils accumulés. Bien que séparée de la seconde enceinte par le fossé B rempli d'eau, cette première ligne en est assez rapprochée pour être sous la protection des

---

[51] Voyez la restitution, p. 249.

ouvrages IJK qui la dominent de façon qu'au moment de l'attaque les défenseurs du réduit pouvaient prendre part au combat.

On pénètre dans le château (en C) par une porte ogivale au-dessus de laquelle se lit, entre deux lions, l'inscription mutilée qu'y fit graver le sultan Malek ed-Daher-Bybars après le siège qui, en 1271, mit le Krak en son pouvoir.

Au nom du Dieu clément et miséricordieux.

La restauration de ce château béni a été ordonnée sous le règne de notre maître le sultan, le roi puissant, le victorieux, le juste, le défenseur de la foi, le guerrier assisté de Dieu, le conquérant favorisé de la victoire, la pierre angulaire du monde et de la religion, le père de la victoire, Bybars l'associé de l'émir des croyants, et cela à la date du jour de mercredi....

Une rampe voûtée, formant galerie en pente assez douce pour être accessible aux cavaliers, commence au vestibule qui occupe la base du saillant C et conduit dans les deux enceintes. Elle présente un système d'obstacles accumulés avec un soin minutieux, très intéressant spécimen de l'art militaire franco-oriental au XIIIe siècle.

Ce sont d'abord deux portes successives, en avant de chacune desquelles se voit un regard circulaire percé dans la voûte et destiné tout à la fois à donner du jour et à permettre aux assiégés d'accabler de projectiles un ennemi qui, ayant réussi à forcer l'entrée du château, aurait pénétré dans la galerie. —Puis, la rampe franchit à ciel ouvert le terre-plein de la première enceinte ; elle tourne alors brusquement sur elle-même et s'engage dans une seconde galerie où se trouve une troisième porte. Une herse et des vantaux fermaient jadis cette dernière porte, en avant de laquelle est un grand mâchicoulis carré, semblable à celui qu'on voit à la Porte Narbonnaise de la cité de Carcassonne.

Quand le visiteur a franchi le seuil, il est frappé de l'aspect imposant, d'une majesté triste, que présente l'intérieur désert de la forteresse. Un morne silence y a remplacé l'animation et le tumulte des gens de guerre, et au milieu de ces grands restes d'un passé glorieux, l'œil rencontre partout des décombres.

À droite, en D, se trouve un vestibule voûté communiquant avec la chapelle, qui paraît dater de la fin du XIIe siècle. C'est une nef terminée par une abside arrondie percée d'une petite baie ogivale, qui mesure dans œuvre 21 mètres de long sur 8^m,40 de large ; sa voûte en berceau est divisée en quatre travées par des arcs doubleaux chanfreinés retombant sur des pilastres engagés. On reconnaît encore ici une production de l'école d'où sortaient les architectes qui élevèrent les églises de Cluny, de Vézelay et la cathédrale d'Autun.

De l'autre côté de la cour et presque en face de la chapelle est la grand'salle, élégante construction paraissant dater du milieu du XIIIe siècle. Sur toute la longueur règne une galerie en forme de cloître, composée de six petites travées ; quatre sont fermées par des arcatures à meneaux d'un fort beau style. Les archivoltes des deux petites portes qui font communiquer la grand'salle avec cette galerie sont ornées de riches moulures, retombant de chaque côté sur deux colonnettes, et dans les linteaux monolithes qui les soutiennent se voient des restes d'écussons malheureusement mutilés aujourd'hui.

Le Château du Krak. Etat actuel.

Quant à la salle proprement dite, elle comprend trois grandes travées et mesure en œuvre 25 mètres de long sur une largeur de 7 mètres. Les arcs doubleaux et ogives retombent sur des consoles ornées de feuillages et de figures fantastiques. —Un étage, maintenant détruit, semble avoir complété cet édifice et a été remplacé par des maisons arabes élevées sur les voûtes. —Une grande fenêtre surmontée de roses au nord, une semblable au sud, ainsi que deux fenêtres s'ouvrant dans la face orientale de l'édifice, éclairaient l'intérieur de ce vaisseau.

Sur l'un des côtés du contrefort du porche se lisent deux vers, gravés en beaux caractères du milieu du XIIIe siècle :

Sit tibi copia, sit sapientia, formaque detur,
Inquinat omnia sola superbia, si comitetur.

Cette inscription, placée à l'entrée de la grand'salle où se tenaient les chapitres de l'Ordre, paraît avoir été destinée à rappeler à tous ses membres l'humilité et l'obéissance qui leur étaient imposées par leurs vœux monastiques.

De cette première cour un escalier à pente très douce amène au niveau de la cour supérieure E, où le visiteur trouve à sa droite une plate-forme en pierre de taille (F) qui semble avoir été une aire à battre le grain. À gauche sont des bâtiments (G) paraissant avoir servi de casernement pour la garnison. En H, le long de la courtine occidentale se voit une galerie crénelée sur laquelle règne le chemin de ronde. Au pied sont des ruines que je crois avoir été des écuries ou qui du moins présentent une grande analogie avec celles qui existent encore au château de Carcassonne. À l'extrémité méridionale de cette esplanade se voient des tours, les plus élevées de toutes les défenses du château, dont elles commandent les approches. Elles renferment chacune plusieurs étages de salles disposées pour servir les unes de magasins, les autres de logis pour les défenseurs. De leurs plates-formes crénelées les sentinelles découvraient au loin la présence de l'ennemi. Entre la première et la seconde tour, un épais massif tient lieu de courtine ; il est large de 18 mètres et forme une place d'armes sur laquelle pouvaient aisément être installés plusieurs engins....

Le parapet de la muraille occidentale du réduit est dérasé sur presque toute sa longueur. La tour (O) qui s'élève en arrière de la grand'salle est le seul ouvrage important de cette face du château. Au pied s'étendent de gigantesques talus en maçonnerie ayant à la fois pour objet de prémunir les défenses contre l'effet des tremblements de terre, et, en cas de siège, d'arrêter les travaux des mineurs. —Vers l'extrémité nord-est de l'enceinte est placé l'ouvrage P, tour barlongue, tout à fait analogue à celles qui se voient, en France, au palais des Papes et dans les murailles d'Avignon. Malheureusement la salle intérieure de cet ouvrage, qui se trouve au niveau du chemin de ronde des remparts, a été transformée en habitation par une famille d'Ansariés et tellement obstruée par des cloisons en pisé qu'il est impossible de reconnaître les dispositions primitives.

Au-dessous de ce vaste ensemble de la seconde enceinte se trouvent de profondes citernes qui servent encore aujourd'hui aux habitants de la forteresse. Les anciens orifices ayant disparu sous les décombres, les Arabes en tirent l'eau par un trou percé dans la voûte, non loin de la grand'salle.

…Cette place formidable, le Krak des Chevaliers, qui avait résisté au frère de Saladin, d'où les Hospitaliers avaient dominé pendant plus d'un siècle la sultanie de Hamah, tomba en 1271 entre les mains du sultan d'Égypte. Voici la relation de sa capture, telle qu'elle est dans Ibn-Ferrat :

« Le sultan arriva devant Hosn-el-Akrad ; le 20, les faubourgs du château furent pris, et le Soudan de Hamah, Melik-el-Mansour, arriva avec son armée. Le sultan alla à sa rencontre, mit pied à terre et marcha sous ses étendards. L'émir Seïf-Eddin, prince de Sahyoun, et Nedjem-Eddin, chef des Ismaéliens, vinrent aussi les rejoindre. Dans les derniers jours de redjeb, les machines furent dressées. Le 7 de chaaban, le bachourieh (ouvrage avancé) fut pris de vive force. On fit une place pour le sultan, de laquelle il lançait des flèches. Il distribua de l'argent et des robes d'honneur. Le 16 de chaaban, une des tours fut rompue, les musulmans firent une attaque, montèrent au château et s'en emparèrent. Les Francs se retirèrent sur le sommet de la colline ou du château ; d'autres Francs et des chrétiens furent amenés en présence du sultan, qui les mit en liberté par amour pour son fils. On amena les machines dans la forteresse et on les dressa contre la colline. En même temps, le sultan écrivit une lettre supposée au nom du commandant des Francs à Tripoli, adressée à ceux qui étaient dans le château et par laquelle il leur ordonnait de le livrer. Ils demandèrent alors à capituler. On accorda la vie sauve à la garnison, sous condition de retourner en Europe. »

Le Krak semble avoir servi d'arsenal aux infidèles durant les dernières années de la guerre contre les Francs.

D'après G. Rey, *Études sur les monuments de l'architecture militaire des Croisés en Syrie et dans l'île de Chypre*. Paris, 1871, in-4° (Collection de Documents inédits).

IV—Quelques résultats des Croisades

L'Occident a emprunté à l'Orient, à la suite des Croisades, des produits naturels dont l'acclimatation dans nos régions a modifié grandement l'état de la civilisation matérielle.

Ces produits appartiennent en général non à la faune, mais à la flore de l'Orient. Sans doute les Occidentaux apprirent à connaître les animaux fabuleux des pays d'outre-mer ; Louis IX, par exemple, reçut des Mamelucks d'Égypte un éléphant qu'il donna ensuite au roi d'Angleterre ; il rapporta aussi des chiens de chasse tatars dont les descendants furent longtemps nombreux dans la meute royale ; les girafes excitaient surtout la stupéfaction populaire. Mais c'étaient là des curiosités plus propres à enfanter des contes et des fables qu'à transformer les conditions matérielles de la vie. L'introduction, dans l'agriculture européenne, d'un certain nombre de plantes orientales, eut une tout autre importance. Le sésame, le caroubier, originaires de Syrie, ont gardé jusqu'à nos jours leurs noms arabes. Le safran avait été importé dès le Xe siècle par les Arabes en Espagne ; ce sont les Croisades qui en ont répandu la culture dans le reste de la chrétienté ; une légende veut qu'un pèlerin ait rapporté en Angleterre, dans un bâton creux, un oignon de safran recueilli en terre sainte. La culture de la canne à sucre, presque abandonnée en Sicile et dans l'Italie du sud, fut revivifiée par la découverte des plantations florissantes de la Syrie.

Beaucoup de céréales et d'arbrisseaux se sont du reste introduits obscurément ; les graines d'Orient se propagèrent, transportées par hasard dans les sacs des pèlerins, d'étape en étape, de jardin en jardin, de pays à pays. Le maïs n'apparaît en Italie qu'après la conquête de Constantinople par les Croisés de la quatrième croisade. La culture du riz ne prit chez nous un grand développement qu'après les expéditions d'outre-mer. L'origine arabe des noms du limon et de la pistache indique suffisamment leur provenance. Jacques de Vitry compte encore le limon parmi les plantes de la Palestine, étrangères à l'Europe. L'abricot, appelé souvent au moyen âge prune de Damas ou *damas*, a été rapporté, dit-on, par le comte d'Anjou ; Damas est encore aujourd'hui célèbre pour la richesse de ses vergers, et spécialement à cause des quarante variétés d'abricots qu'on y récolte. Le petit oignon si connu de nos ménagères, l'échalote, nous est venu d'Ascalon (italien, *scalogno* ; allemand, *aschlauch*). Le melon d'eau, resté jusqu'à nos jours un élément très important de l'alimentation des populations du sud-ouest de l'Europe, semble avoir été acclimaté pendant l'âge des Croisades. Les Italiens lui donnent le nom byzantin d'*anguria*, et les Français le nom arabe de *pastèque*.

Ce ne sont pas seulement des produits de la nature jusque-là inconnus ou peu connus que les Croisades mirent en vogue chez nous, elles rendirent familières une foule de procédés industriels et d'objets manufacturés. *Coton* est un mot arabe (*al-Koton*). Les cotonnades, les indiennes, se sont répandues des bazars de Syrie sur nos marchés, de même que les mousselines (de Mossoul) et les bougrans (de Bokhara). Le mot *baldaquin* désignait à l'origine une étoffe précieuse tirée de Baldach ou Bagdad ; *damas* s'entendait d'un tissu précieux, de couleurs variées, spécialement fabriqué à Damas. —Les magnaneries et les tissages de soie, richesse de la Syrie, firent entrer dès lors la soie, jusque-là à peu près inabordable pour les Occidentaux, dans l'habillement ordinaire des riches. Ajoutez le satin, le samit ou velours. Les mots *baphus*, *dibaphus* et *diaspre*, *diapré* viennent de Constantinople ([Greek : dibaphos, diasporon δίβαφος, διάσπορον]) ; ils désignaient des étoffes de soie diversement teintes. Les tapis orientaux furent adoptés pour couvrir les planchers et tendre les murailles. On commença à en fabriquer en Europe d'après les modèles exotiques dont on s'appliqua à copier les couleurs et les motifs : lions, griffons, animaux fabuleux. On fit de même pour les belles broderies mêlées de fils d'or et de perles dont on décora les nappes d'autel. Saint Bernard tonnait déjà contre cet usage qui consistait à décorer avec toutes sortes de bêtes effrayantes les objets d'art destinés au service divin. Avec combien peu de succès ! c'est ce dont témoignent les parements d'autel du moyen âge qui sont parvenus jusqu'à nous, par exemple ceux de la cathédrale d'Halberstadt et ceux du trésor de la cathédrale d'Aix-la-Chapelle. Un style original ne naquit en Europe, pour la fabrication des tapis et des broderies, que bien avant dans le XIIIe siècle ; le nom de *sarrasinois* donné aux fabricants de tapis au temps de Philippe Auguste en est la preuve.

Les Croisades eurent une action très sensible sur les modes et sur les costumes, non seulement parce que les tailleurs eurent désormais à leur disposition de nouvelles étoffes (comme le *camelot*, étoffe en laine de chameau, fabriquée à Tripoli), mais parce qu'ils imitèrent les commodes et somptueux costumes de l'Orient : *caftans*, *burnous*, *hoquetons*. Il n'est pas jusqu'à l'habit, la *joppe* des archers et des chasseurs allemands, qu'on pourrait être tenté de prendre pour un vestige du vieux costume bavarois, qui ne provienne de l'arabe *djobba* à travers l'italien *giuppa* et le français *jupe*. —Les modes byzantines et musulmanes trouvèrent surtout accueil, comme il est naturel, auprès des nobles dames. De longs vêtements, légers et souples, avec des manches pendantes, firent fureur, et pour l'arrangement des cheveux on adopta toutes sortes d'artifices usités à Byzance. C'est à cette époque qu'il devint d'usage, pour les dames, de se farder avec du safran. Aux Vénitiens on doit la propagation des miroirs, qui remplacèrent les plaques de métal poli dont on se servait auparavant. Les confortables pantoufles ou *babouches* ont passé de la Perse, leur pays d'origine, chez les Francs par l'intermédiaire de Sarrasins.

Constructions latines en terre sainte. —*Château de Tancrède à Tibériade.*

Les Francs empruntèrent encore aux infidèles nombre de coutumes relatives à la tenue et à l'hygiène du corps. Se raser passait au XIIe siècle pour un trait caractéristique des Occidentaux, tandis que l'Oriental y voyait une honte et en faisait le châtiment des poltrons. On voit, dans les chroniques de terre sainte, des mahométans se raser la barbe pour avoir l'air de chrétiens ; c'était de leur part une ruse de guerre. Même dans les miniatures du XIIIe siècle, les musulmans sont reconnaissables à leurs belles barbes, les chrétiens à leurs faces glabres. Cependant le port de la barbe se répandit peu à peu, d'abord parmi les pèlerins, puis parmi les Francs de Syrie, puis en Europe. Les ablutions et les bains de vapeur devinrent aussi plus fréquents, chez les Francs, par suite des exigences du climat asiatique et de la contagion de l'exemple.

Les chevaliers d'Occident eurent beaucoup à apprendre des Sarrasins en ce qui touche l'équipement militaire : les tentes, les hastes en roseau ornées de banderolles, et les fers de lance damasquinés, le léger bouclier à main appelé *targe* ou rondache (arabe, *al-daraka*), le hoqueton, déjà nommé, qui était un justaucorps de dessous, rembourré de ouate de coton, les pigeons voyageurs, l'arbalète. Encore en 1097, les Croisés ne connaissaient pas l'arbalète et s'enfuyaient devant les Turcs qui en étaient armés, tandis que, déjà au deuxième concile de Latran (1139), ceux qui employaient cette arme contre des chrétiens étaient menacés d'excommunication. L'arbalète ne fut employée par les chrétiens au XIIe siècle qu'en Palestine, dans les combats contre les infidèles, à qui on l'avait empruntée. Les ingénieurs francs s'instruisirent aussi infiniment à l'école de l'Orient en mécanique, en balistique, en pyrotechnie et dans la science des fortifications.

La civilisation du moyen âge doit en outre aux Croisades une institution célèbre, celle des armoiries héraldiques. Si, avant les Croisades, les chevaliers avaient déjà l'habitude de faire peindre des ornements sur leurs boucliers, on ne se transmettait pas, comme on le fit depuis, ces ornements de génération en génération. Le système des armoiries régulières et héréditaires naquit en Orient. Les couleurs, en blason, portent des noms arabes (*azur*, bleu ; *gueule*, rouge, de *gül*, la rose ; *sinople*, vert).[52] Le lambrequin n'est autre chose que le *kouffieh* arabe, c'est-à-dire des draperies à franges, mises sous le casque pour préserver

---

[52] Les yeux des hommes du Nord s'habituèrent en Orient à des couleurs nouvelles : *lilas, carmin*, pourpre de Tyr, couleurs *laquées*.

la nuque des caresses brûlantes du soleil. Dans la langue du blason, les pièces d'or s'appellent *bezants*. La croix héraldique est une croix byzantine. Les animaux héraldiques sont des animaux d'Orient.

Enfin, un objet qu'au premier abord on serait prêt à considérer comme chrétien par excellence, le chapelet, n'a été généralement connu et adopté par les chrétiens d'Occident qu'à la suite des Croisades. Il était d'un usage universel chez les ascètes et les dévots de l'Orient dès la fin du IXe siècle ; il leur était venu de l'Inde bouddhiste, qui avait eu besoin d'une machine pour défiler régulièrement les interminables prières de sa monotone liturgie. Les musulmans ont encore aujourd'hui des chapelets suspendus à leur ceinture, comme les religieux de l'Église catholique. Est-il rien de plus caractéristique des échanges internationaux qui s'opérèrent à la faveur des expéditions de terre sainte ?

D'après H. Prutz, *Kulturgeschichte der Kreuzzüge*, Berlin, 1883, in-8°.

V—La conquête de la Prusse par les chevaliers Teutoniques

Jacques de Vitry rapporte « qu'un honnête et religieux Allemand, inspiré par la Providence, fit bâtir à Jérusalem, où il habitait avec sa femme, un hôpital pour ses compatriotes ». C'était vers l'année 1128. Si l'honnête et religieux Allemand avait rêvé l'avenir comme fit Jacob le patriarche, un étonnant spectacle se fût déroulé devant lui. Il aurait vu les infirmiers de son hôpital, non contents du soin des malades, s'armer et devenir l'Ordre militaire des Teutoniques, l'ordre nouveau grandir auprès de ses aînés, les Templiers et les Hospitaliers, et s'avancer à ce point dans la faveur du pape, de l'empereur et des rois, qu'il ajoute les privilèges aux privilèges, les domaines aux domaines, et que le château du grand maître se dresse parmi les plus superbes de la Palestine. Tout à coup un changement de décor lui eût montré les Teutoniques portant leurs manteaux blancs à croix noire des bords du Jourdain à ceux de la Vistule, combattant, au lieu du cavalier sarrasin vêtu de laine blanche, le Prussien couvert de peaux de bêtes ; détruisant un peuple pour en créer un autre, bâtissant des villes, donnant des lois, gouvernant mieux qu'aucun prince au monde, jusqu'au jour où, comme énervés par la fortune, ils sont attaqués à la fois par leurs sujets et par leurs ennemis.

*
* *

Les Prussiens, que les Chevaliers Teutoniques ont détruits, étaient un peuple de race lithuanienne, mélangé d'éléments finnois ; ils habitaient au bord de la Baltique, entre la Vistule et le Pregel.

Au début du XIIIe siècle, une tentative fut faite pour convertir les Prussiens ; ils étaient restés jusque-là étrangers à la civilisation chrétienne. Le moine Christian, sorti du monastère poméranien d'Oliva, avant-poste chrétien jeté à quelques kilomètres de la terre païenne, franchit la Vistule et bâtit sur la rive droite quelques églises. Ce fut assez pour que le pape prît sous la protection des apôtres Pierre et Paul le pays tout entier et instituât Christian évêque de Prusse. Le nouveau diocèse était à conquérir ; pour donner des soldats à l'évêque, le pape fit prêcher la croisade contre les Sarrasins du Nord. La « folie de la croix » était alors apaisée, et les chevaliers avaient à plusieurs reprises marqué leurs préférences pour les croisades courtes. Les papes s'accommodaient, non sans regret, aux nécessités du temps, et les indulgences étaient aussi abondantes pour le Bourguignon croisé contre les Albigeois, ou pour le chevalier saxon croisé contre les Prussiens, qu'elles l'avaient été jadis pour Godefroi de Bouillon ou pour Frédéric Barberousse. « Le chemin n'est ni long ni difficile, disaient les prêcheurs de la croisade albigeoise, et copieuse est la récompense. » Ainsi parlaient les prêcheurs de la croisade prussienne.

Plusieurs armées marchèrent contre les Sarrasins du nord ; mais elles ne firent que passer, pillant, brûlant, puis livrant aux représailles des Prussiens exaspérés les églises chrétiennes. En 1224, les Barbares massacrent les chrétiens, détruisent les églises, passent la Vistule pour aller incendier le monastère d'Oliva, et la Drevenz pour aller ravager la Pologne. Ce pays était alors partagé entre les deux fils du roi Casimir ; l'un d'eux, Conrad, avait la Mazovie, et, voisin de la Prusse, il portait tout le poids d'une guerre qui n'avait jamais été si terrible. Ne se fiant plus à des secours irréguliers et dangereux, il se souvint que l'évêque de Livonie, en fondant un ordre chevaleresque, avait mis la croisade en permanence sur le sol païen, et il députa vers le grand maître des Teutoniques pour lui demander son aide.

Le grand maître à qui s'adressa Conrad était Hermann de Salza, le plus habile politique du XIIIe siècle, où il a été mêlé à toutes les grandes affaires. Dans ce temps de lutte sans merci entre l'empire et la papauté, où les deux chefs de la chrétienté se haïssaient mutuellement, le pape excommuniant l'empereur, l'empereur déposant le pape, l'un et l'autre se couvrant d'injures et se comparant qui à l'Antéchrist, qui aux plus vilaines bêtes de l'Apocalypse, Hermann demeura l'ami et même l'homme de confiance de Frédéric et de Grégoire IX. Il n'est pas prudent d'associer un pareil homme à une entreprise politique en lui offrant une part dans les bénéfices : s'il ne cherchait point à grossir cette part, à quoi servirait cette habileté ? Conrad de Mazovie et Christian d'Oliva espéraient sans doute que les Teutoniques feraient leur besogne moyennant quelque cession de territoire sur laquelle on reviendrait dans la suite, mais ils s'aperçurent qu'ils s'étaient trompés. Conrad offre à l'Ordre le pays de Culm, entre l'Ossa et la Drevenz, toujours disputé entre les Polonais et les Prussiens et qui alors était à conquérir. Hermann accepte, mais il demande à l'empereur de confirmer cette donation et d'y ajouter celle de la Prusse entière. L'empereur, en sa qualité de maître du monde, cède au grand maître et à ses successeurs l'antique droit de l'empire sur les montagnes, la plaine, les fleuves, les bois et la mer *in partibus Prussiæ*. Hermann demande la confirmation pontificale, et le pape, à son tour, lui donne cette terre qui appartenait à Dieu ; il fait de nouveau prêcher la croisade contre les infidèles, prescrivant aux chevaliers de combattre de la main droite et de la main gauche, munis de l'armure de Dieu, pour arracher la terre des mains des Prussiens, et ordonnant aux princes de secourir les Teutoniques. Après les premières victoires, il déclarera de nouveau la Prusse propriété de saint Pierre ; il la cédera de nouveau aux Teutoniques, de façon qu'ils la possèdent « librement et en toute propriété », et menacera quiconque les voudrait troubler dans cette possession « de la colère du Tout-Puissant et des bienheureux Pierre et Paul, ses apôtres ».

Quand tout fut en règle, en 1230, la guerre commença. La première fois que les Prussiens aperçurent dans les rangs des Polonais ces cavaliers vêtus du long manteau blanc sur lequel se détachait la croix noire, ils demandèrent à un de leurs prisonniers qui étaient ces hommes et d'où ils venaient. Le prisonnier, rapporte Pierre de Dusbourg, répondit : « Ce sont de pieux et preux chevaliers envoyés d'Allemagne par le seigneur pape pour combattre contre vous, jusqu'à ce que votre dure tête plie devant la sainte Eglise. » Les Prussiens rirent beaucoup de la prétention du seigneur pape. Les chevaliers n'étaient pas si gais. Le grand maître avait dit à Hermann Balke, en l'envoyant combattre les païens avec le titre de « maître de Prusse » : « Sois fort et robuste ; car c'est toi qui introduiras les fils d'Israël, c'est-à-dire tes frères, dans la terre promise. Dieu t'accompagnera ! » Mais cette terre promise parut triste aux chevaliers, quand ils l'aperçurent pour la première fois d'un château situé sur la rive gauche de la Vistule, non loin de Thorn, et qu'on appelait d'un joli nom, *Vogelsang*, c'est-à-dire le chant des oiseaux. « Peu nombreux en face d'une multitude infinie d'ennemis, ils chantaient le cantique de la tristesse, car ils avaient abandonné la douce terre de la patrie, terre fertile et pacifique, et ils allaient entrer dans une terre d'horreur, dans une vaste solitude emplie seulement par la terrible guerre. »

Le château des Chevaliers Teutoniques, à Marienbourg en Prusse.

Au temps de la plus grande puissance de l'Ordre, c'est-à-dire vers l'année 1400, il y avait en Prusse un millier de chevaliers. Le nombre en était incomparablement moins considérable au XIIIe siècle, surtout au début de la conquête, quand l'Ordre, faible encore, avait ses membres disséminés en Allemagne, en Italie et en terre sainte. La *Chronique de l'Ordre* ne raconte que de petits combats, où les Teutoniques, peu nombreux, délaissés par leurs frères des commanderies d'Allemagne et peu sûrs des colons, s'enferment dans des forteresses dont les faibles garnisons maintiennent difficilement leurs communications par la Vistule. Dix ans après que la guerre a commencé, plusieurs villes étant déjà fondées, les chevaliers de Culm envoient trois fois à Reden pour demander à *un* chevalier de les venir assister. Ils députent ensuite vers le grand maître en Allemagne, puis en Bohême et en Autriche, mandant que tout est perdu si on ne les secourt : dix chevaliers arrivent avec trente chevaux, et c'est assez pour qu'il y ait une grande joie à Culm. Quant aux troupes de croisés que les bulles pontificales expédiaient fréquemment en Prusse, elles n'ont jamais été nombreuses, et l'imagination des vieux chroniqueurs s'est laissée aller à des exagérations grotesques. Lorsque Dusbourg raconte que le roi de Bohême Ottokar a pénétré jusqu'au fond du Samland avec une armée de 60 000 hommes, qui n'auraient certainement pu se mouvoir ni se nourrir dans ce pays, il est probable qu'il ajoute deux zéros. Ainsi, c'est un petit nombre de chevaliers, assistés par de petites troupes de croisés et par les contingents militaires des colons, qui ont entrepris la conquête de la Prusse, dont la population n'a guère dû dépasser 200 000 âmes. La supériorité de l'armement, qui faisait de chaque Teutonique comme une forteresse ambulante, la meilleure tactique, l'art de la fortification, les divisions des Prussiens, leur incurie et cette incapacité des tribus barbares à prévoir l'avenir et à y pourvoir, expliquent le succès définitif, comme le petit nombre des forces engagées fait comprendre la longueur de la lutte.

La conquête était comme un flot, qui avançait et reculait sans cesse. Une armée de croisés arrivait-elle : l'Ordre déployait sa bannière. On se mettait en route prudemment, précédé par des éclaireurs spécialement dressés à cette besogne. Presque toujours on surprenait l'ennemi. On occupait certains points bien choisis, sur des collines d'où l'on découvrait au loin la campagne. On creusait des fossés, on plantait des palissades et l'on bâtissait la forteresse. Au pied s'élevait un village, fortifié aussi et dont chaque maison était mise en état de défense : là on établissait des colons, venus avec les croisés ; c'étaient des ouvriers ou des laboureurs qui avaient quitté leur pays natal pour aller chercher fortune en terre nouvelle, accompagnés de leurs femmes et de leurs enfants, tous portant la croix comme les chevaliers. Il fallait faire vite, car chaque croisade durait un an à peine. Les croisés partis, la forteresse était exposée aux représailles de l'ennemi ; souvent elle était enlevée, brûlée, et le village détruit ; puis les Prussiens envahissaient le territoire auparavant conquis, et les chevaliers, enfermés dans les châteaux, attendaient avec anxiété le messager qui annonçait l'arrivée d'un secours. Il fallait s'accoutumer à ce flux et à ce reflux perpétuels. Sur les hauteurs et dans les îles des lacs, on avait préparé des maisons de refuge, où les colons, l'alarme donnée, cherchaient un asile, et ces retraites précipitées étaient si habituelles que des cabaretiers demandaient et obtenaient pour eux *et leurs descendants* le privilège de vendre à boire dans les lieux de refuge.

Les chevaliers firent leur premier et plus solide établissement dans l'angle formé par la Vistule, entre les embouchures de la Drevenz et de l'Ossa, où Thorn et Culm furent bâtis dès l'année 1232. Aujourd'hui encore, les souvenirs et les monuments de la conquête se pressent dans le Culmerland. Le Culmerland soumis, la conquête suivit la Vistule, dont tout le cours fut bientôt commandé par les forteresses de Thorn, Culm, Marienwerder et Elbing. Dès lors les Teutoniques furent en communication par la Baltique avec la mère patrie allemande ; mais, sur le continent, ils étaient séparés de l'Allemagne par le duché slave de Poméranie, voisin peu sûr, qui voyait avec inquiétude, et il avait raison, des conquérants allemands s'établir en pays slave. La guerre que le duc poméranien Swantepolk fit à l'Ordre en 1241 fut le signal d'une première révolte des Prussiens, qui dura onze années et qui fut terrible. Les chevaliers l'emportèrent, et le bruit de ces luttes et de ces victoires attira de nouveaux croisés, parmi lesquels parut, en 1254, le roi de Bohême, Ottokar. Pour la première fois, des chrétiens pénètrent alors dans le bois sacré de Romowe ; Kœnigsberg est bâti, et son écusson, où figure un chevalier dont le casque est couronné, a gardé, comme son nom, le souvenir du roi de Bohême. Ottokar conta qu'il avait baptisé tout un peuple et porté jusqu'à la Baltique les limites de son empire ; mais c'était une vanterie, comme les aimaient les Slaves du moyen âge, qui faisaient moins de besogne que de bruit. Les chevaliers, au contraire, usant pour le mieux des ressources qui leur arrivaient, reprenaient et poursuivaient sérieusement la conquête. La première révolte à peine apaisée, ils envoyèrent des colons fonder Memel, au-delà du *Haff* courlandais. Dès l'année 1237, l'ordre des Porte-Glaive, conquérant de la Livonie, s'était fondu dans celui des Teutoniques, qui aspiraient à dominer toute la Baltique orientale et tenaient déjà cent milles de la côte.

Cette lutte fut l'âge héroïque de l'Ordre. Pendant ces années terribles, les chevaliers sont soutenus par la foi. Dans les châteaux assiégés, où ils tiennent contre toute espérance, mangeant chevaux et harnais, ils adressent d'ardentes prières à la mère de Dieu. Avant de se jeter sur l'ennemi, ils couvrent leurs épaules des cicatrices que fait la discipline. C'était une dure race. Un chevalier usa sur sa peau ensanglantée plusieurs cottes de mailles, et beaucoup dormaient ceints de grosses ceintures de fer....

Colons et chevaliers ont à la fin du XIIIe siècle terre gagnée. Leurs châteaux et leurs villes sont assis solidement sur le sol de la Prusse, et ce qui reste des vaincus ne remuera plus. Les conquérants avaient usé d'abord de ménagements, laissant aux paysans leur liberté et aux nobles leur rang, après qu'ils avaient reçu le baptême. Ils faisaient instruire les enfants dans les monastères ; mais ces Prussiens ainsi élevés avaient été les plus dangereux ennemis. Pendant et après les révoltes, il n'y eut plus de droit pour les vaincus : les Allemands en tuèrent un nombre énorme ; ils transportèrent les survivants d'une province dans une autre, et les classèrent, non d'après leur rang héréditaire, mais d'après leur conduite envers l'Ordre, brisant à la fois l'attache au sol natal et l'antique constitution du peuple. L'Ordre garda quelques égards pour les anciens nobles qui avaient mérité par leur conduite de demeurer libres et honorés ; il employa aussi des Prussiens à divers services publics, mais le nombre de ces privilégiés était restreint, et la masse des vaincus tomba dans une condition voisine de la servitude. —Un peuple fut supprimé pour faire place à une colonie allemande.

E. Lavisse, *Études sur l'histoire de Prusse*,
Paris, Hachette, 1885, in-16. *Passim.*

CHAPITRE X

LES VILLES

PROGRAMME. —Progrès des populations urbaines et rurales en Occident. —Les communes. L'industrie, le commerce, les métiers, les foires.

BIBLIOGRAPHIE

M. A. Giry et ses élèves ont renouvelé de nos jours l'**histoire des communes françaises** au moyen âge ; leurs ouvrages seront préférés à ceux, qui furent classiques, de Guizot et d'Aug. Thierry ; mais ils n'ont publié que des monographies, dont les principales sont : A. Giry, *Histoire de la ville de Saint-Omer*, Paris, 1877, in-8° ;—le même, *Les Établissements de Rouen*, Paris, 1883-1885, 2 vol. in-8° ;—M. Prou, *Les coutumes de Lorris*, Paris, 1884, in-8° ;—A. Lefranc, *Histoire de la ville de Noyon*, Paris, 1887, in-8° ;—L.-H. Labande. *Histoire de Beauvais*, Paris, 1892, in-8°. —Le sujet a été traité d'ensemble par MM. A. Luchaire (*Les communes françaises à l'époque des Capétiens directs*, Paris, 1890, in-8°) et J. Flach (*Les origines de l'ancienne France*, t. II, Paris, 1893, in-8°). —Excellent résumé, par A. Giry et A. Réville, dans l'*Histoire générale du IVe siècle à nos jours*, II (1893), p. 411-476.

Sur l'**histoire des populations urbaines en Allemagne**, il y a beaucoup de livres considérables, pour la plupart systématiques : G. L. v. Maurer, *Geschichte der Städteverfassung in Deutschland*, Erlangen, 1869-1873, 4 vol. in-8° ;—C. Hegel, *Städte und Gilden der germanischen Völker im Mittelalter*, Leipzig, 1891, 2 vol. in-8° ;—G. v. Below, *Der Ursprung der deutschen Städteverfassung*, Düsseldorf, 1892, in-8° ;—J. E. Kuntze, *Die deutschen Städtegründungen oder Römerstädte und deutsche Städte im Mittelalter*,

Leipzig, 1891, in-8°. —Cf. H. Pirenne, *L'origine des constitutions urbaines au moyen âge*, dans la *Revue historique*, LIII (1893) et LVII (1895).

En Italie : Fr. Lanzani, *Storia dei comuni italiani dalle origini al 1313*, Milano, 1882, in-8° ;—N. F. Faraglia, *Il comune nell'Italia meridionale*, Napoli, 1883, in-8°.

En Angleterre : Ch. Gross, *The Gild Merchant*, Oxford, 1890, 2 vol. in-8°.

L'histoire du commerce et de l'industrie en France n'a pas encore été traitée convenablement d'ensemble. Aux ouvrages généraux de MM. Pigeonneau (*Histoire du commerce de la France*, t. Ier, Paris, 1885, in-8°) et Levasseur (*Histoire des classes ouvrières en France*, 1859, 2 vol. in-8°), il faut préférer des monographies telles que celles de MM. F. Bourquelot (*Les foires de Champagne*, Paris, 1865, in-4°), G. Fagniez (*Études sur l'industrie et la classe industrielle à Paris au XIIIe et au XIVe siècle*, Paris, 1877, in-8°), L. Delisle (*Mémoire sur les opérations financières des Templiers*, Paris, 1889, in-4°). Le livre de C. Piton (*Les Lombards en France et à Paris*, Paris, 1891-1892, 2 vol. in-8°) est malheureusement insuffisant. —**Pour l'Allemagne** : A. Doren, *Untersuchungen zur Geschichte der Kaufmannsgilden im Mittelalter*, Leipzig, 1893, in-8°. —**Pour l'Angleterre** : W. Cunningham, *The growth of English industry and commerce during the early and middle ages*, Cambridge, 1890, in-8° ;—W. Ashley, *An introduction to English economic history and theory*, t. Ier, London, 1888, in-8°. —**Pour l'Orient** : W. Heyd, *Histoire du commerce du Levant au moyen âge*, Leipzig, 1885-1886, 2 vol. in-8°, tr. de l'all.

L'histoire des populations rurales, en France, a été l'objet de quelques travaux d'ensemble (Bonnemère, Dareste, Doniol), qui n'ont plus de valeur. Une monographie locale est célèbre : L. Delisle, *Études sur la condition de la classe agricole et sur l'état de l'agriculture en Normandie pendant le moyen âge*, Paris, 1851, in-8°. —Sur la vie rurale **en Allemagne** : K. Th. v. Inama-Sternegg, *Deutsche Wirtschaftsgeschichte*, t. II (du Xe au XIIe siècle), Leipzig, 1891, in-8° ; et K. Lamprecht, *Deutsches Wirtschaftsleben im Mittelalter*, Leipzig, 1886, 4 vol. in-8°. —**En Angleterre** : F. Seebohm, *English village community*, London, 1883, in-8° ;—J. E. Thorold Rogers, *The history of agriculture and prices in England*, t. Ier, Oxford, 1866, in-8° ;—le même, *Six centuries of work and wages*,

Oxford, 1884, in-8° ;—P. Vinogradoff, *Villainage in England*, Oxford, 1892, in-8°.

I — LES COMMUNES FRANÇAISES À L'ÉPOQUE DES CAPÉTIENS DIRECTS

Si la science contemporaine a fait faire des progrès à l'histoire du mouvement communal, c'est précisément parce qu'elle cherche moins à l'expliquer qu'à le connaître. —La question des origines de cette révolution, jadis si controversée, on a compris de nos jours qu'elle était insoluble, en l'absence de documents relatifs à la constitution municipale des cités et des bourgs pendant quatre cents ans, du VIIIe siècle au XIe.

L'association[53] est un fait qui n'est ni germanique ni romain ; il est universel et se produit spontanément chez tous les peuples, dans toutes les classes sociales, quand les circonstances exigent ou favorisent son apparition. Les hypothèses des germanistes et des romanistes sont donc gratuites. La révolution communale est un événement national. La commune est née, comme les autres formes de l'émancipation populaire, du besoin qu'avaient les habitants des villes de substituer l'exploitation limitée et réglée à l'exploitation arbitraire dont ils étaient victimes. Il faut toujours en revenir à la définition donnée par Guibert de Nogent : « Commune ! nom nouveau, nom détestable ! Par elle les censitaires (*capite censi*) sont affranchis de tout servage moyennant une simple redevance annuelle ; par elle ils ne sont condamnés, pour l'infraction aux lois, qu'à une amende légalement déterminée ; par elle, ils cessent d'être soumis aux autres charges pécuniaires dont les serfs sont accablés. » Sur certains points, cette limitation de l'exploitation seigneuriale s'est faite à l'amiable, par une transaction pacifique survenue entre le seigneur et ses bourgeois. Ailleurs il a fallu, pour qu'elle eût lieu, une insurrection plus ou moins prolongée. Quand ce mouvement populaire a eu pour résultat, non seulement d'assurer au peuple les libertés de première nécessité qu'il réclamait, mais encore de diminuer à son profit la situation politique du maître, en enlevant à

---

[53] [Sur l'histoire du principe d'association, surtout en Allemagne, voyez O. Gierke, *Die Staats- und Korporationslehre des Alterthums und des Mittelalters, und ihre Aufnahme in Deutschland*, Berlin, 1881, in-8°.]

celui-ci une partie de ses prérogatives seigneuriales, il n'en est pas seulement sorti une *ville affranchie*, mais une *commune*, seigneurie bourgeoise, investie d'un certain pouvoir judiciaire et politique.

*
* *

Que la commune ait été à l'origine le produit d'une insurrection ou de la libre concession d'un seigneur, du jour où elle possédait une certaine part de juridiction et de souveraineté, elle entrait dans la société féodale. Si l'on considère la provenance et la condition de chacun de ses membres pris individuellement, la commune reste un organe des classes inférieures ; envisagée dans son ensemble, en tant que collectivité exerçant par ses magistrats, dans l'enceinte de la ville et de sa banlieue, des pouvoirs plus ou moins étendus, elle prend place parmi les États féodaux. Elle est une seigneurie.

La commune, c'est la *seigneurie collective populaire*, incarnée dans la personne de son maire et de ses jurés. Cette sorte de seigneurie n'est pas la seule de son genre qui existe au moyen âge. Le corps du clergé possède aussi des seigneuries collectives, qui sont les abbayes et les chapitres. De même que l'esprit, les principes et les usages propres à la féodalité ont profondément pénétré la société ecclésiastique, au point que les relations de ses membres prirent souvent la forme des rapports établis entre les seigneurs laïques, de même la commune, organisme populaire, a subi, elle aussi, l'influence de l'air ambiant. Elle apparaît comme imprégnée de féodalité : bien mieux, on peut et l'on doit dire que, toute bourgeoise et roturière qu'elle est par ses racines, elle constitue un fief et un fief noble. Par rapport aux différentes seigneuries qui s'étagent au-dessus d'elle, la commune est une vassale : elle s'acquitte effectivement de toutes les obligations de la féodalité.

La commune, comme un vassal, prête serment à son seigneur, serment de foi et hommage, par l'organe de ses magistrats. Son seigneur a des devoirs envers elle, comme il en a envers ses autres vassaux. Elle a son rang marqué parmi les souverainetés locales qui composent le vassalage d'un grand baron.

La commune est une seigneurie, un démembrement du fief supérieur. Car, maîtresse de son sol, elle jouit des prérogatives attachées à la souveraineté féodale. Le maire et les magistrats municipaux ont le pouvoir législatif ; ils rendent des ordonnances applicables au territoire compris dans les limites de la banlieue. Ils possèdent le pouvoir judiciaire ; leur juridiction civile et criminelle ne s'arrête que devant les justices particulières enclavées dans l'enceinte urbaine. La municipalité, comme tout seigneur, fixe et prélève les impôts nécessaires à l'entretien des fortifications et des édifices communaux, au fonctionnement de ses divers services. Elle perçoit sur les bourgeois des tailles et des octrois. Le seul droit que la commune ne partage pas d'ordinaire avec le seigneur, c'est celui de battre monnaie. Il y a du reste commune et commune, comme il y a fief et fief. Les fiefs auxquels n'était attachée qu'une justice restreinte ne jouissaient que d'une parcelle de souveraineté. De même, les communes avaient des libertés plus ou moins larges. À Rouen, par exemple, la commune ne possède pas la haute justice ; la plupart des droits financiers et le contrôle de l'administration municipale appartenaient au duc de Normandie. C'est que le partage de la souveraineté qui avait eu lieu forcément entre la commune et le seigneur, au moment de la création de la commune, s'était accompli, suivant les régions, dans les conditions les plus variées. Ici les parts se trouvaient presque égales ; le seigneur ne s'était guère réservé que les privilèges de la suzeraineté ; là, au contraire, il avait su garder pour lui presque tous ses droits de seigneur direct et de propriétaire.

Mais, dépendante ou non, la commune était toujours en possession de certains droits, de certains signes matériels qui lui donnaient son caractère distinctif de seigneurie, et de seigneurie militairement organisée.

D'abord, comme tout feudataire jouissant des droits seigneuriaux, elle avait un *sceau* particulier, symbole du pouvoir législatif, administratif et judiciaire dont elle était investie. Le premier acte d'une ville, qui se donnait ou recevait l'organisation communale, était de se fabriquer un sceau, de même que le premier acte de l'autorité seigneuriale qui abolissait la commune était de le lui enlever. Le sceau communal était placé sous la garde du maire, qui avait seul qualité pour s'en servir. À Amiens, la matrice du sceau était renfermée dans une bourse que le maire portait constamment à sa ceinture. À Saint-Omer, on le conservait soigneusement dans un coffre ou *huche*, dont les quatre clefs avaient été remises au maire et à quelques autres magistrats.

Sceau de la ville de Compiègne.

Une étude attentive des sceaux de ville révèle d'intéressantes particularités. Les sceaux sont des documents authentiques, émanés des communes elles-mêmes : ils permettent à l'historien de déterminer, par certains côtés, le caractère et la vraie nature de ces petites seigneuries. On y voit d'abord, très nettement accusé, le côté militaire de l'institution. La féodalité se composant, avant tout, d'une aristocratie de chevaliers dont la guerre constitue l'occupation principale, la commune est aussi féodale à ce point de vue qu'à tous les autres. Les sceaux des seigneurs laïques représentent d'ordinaire un chevalier armé de toutes pièces, placé sur un cheval au galop ; de même les sceaux de nos républiques guerrières offrent le plus souvent une image belliqueuse : un château fort, un homme d'armes, une foule armée. Ce caractère n'est pas particulier aux communes de la France du Nord ; on le retrouve aussi bien dans la sigillographie des villes à consulats de la France méridionale.

Les sceaux des communes de Soissons, de Senlis, de Compiègne représentent le maire de la ville sous la forme d'un guerrier debout, tenant épée et bouclier, revêtu de la cotte de mailles et du casque à nasal. À Noyon, cet homme d'armes est figuré sortant à mi-corps d'une tour crénelée. Ailleurs, la puissance bourgeoise n'est pas personnifiée par un fantassin, mais (ce qui est bien plus féodal) par un cavalier galopant et armé de toutes pièces. Ainsi se présentent à nous les sceaux de Poitiers, de Saint-Riquier, de Saint-Josse-sur-Mer, de Poix, de Péronne, de Nesle, de Montreuil-sur-Mer, de Doullens, de Chauni. Le cavalier tient à la main une masse d'armes, une épée nue ou un bâton. Le bâton est plus particulièrement l'emblème du pouvoir exercé par le magistrat municipal. Le sceau de Chauni et celui de Vailli (près Soissons) offrent ce trait spécial que le cavalier est suivi d'une multitude armée de haches, de faux et de piques. Quelquefois, au lieu du maire en armes, c'est la forteresse, qui est représentée : sur le sceau de Beaumont-sur-Oise, par exemple, apparaît un château fort à deux tourelles et à donjon carré.

Sceau de la ville de Noyon (1259).

Cette préférence pour les attributs militaires n'était pas simplement affaire de goût et d'humeur, mais résultat d'une nécessité. Seigneurie possédant terre et juridiction, la commune du moyen âge était entourée d'ennemis. Elle se protégeait contre eux par sa milice et aussi par son enceinte de hautes murailles. On peut la considérer comme une place forte, analogue au château féodal, dont le donjon s'appelle le *beffroi*.

Sceau de la commune de Fismes.

Le beffroi communal présentait primitivement la forme d'une grosse tour carrée. Il s'élevait isolé sur l'une des places de la ville et servait de centre de ralliement aux bourgeois associés. Au haut de cette tour se trouvait un comble de charpente recouvert d'un toit de plomb ou d'ardoise : là étaient suspendues les cloches de la commune. Les *guetteurs* ou sonneurs se tenaient dans une galerie régnant au-dessous du toit et dont les quatre fenêtres regardaient de tous côtés l'horizon. Ils étaient chargés de sonner pour donner l'éveil quand un danger menaçait la commune : approche de l'ennemi, incendie, émeute ; ils sonnaient encore pour appeler les accusés au tribunal, les bourgeois aux assemblées ; pour indiquer aux ouvriers les heures de travail et de repos, le lever du soleil et le couvre-feu. Mais le beffroi n'était pas seulement un clocher. Pendant longtemps les grandes communes du Nord n'eurent pas d'autre lieu de réunion à offrir à leurs magistrats. Au bas de la tour se trouvaient la salle réservée au corps municipal, un dépôt d'archives, un magasin d'armes.

Quelquefois le beffroi, au lieu d'être une tour, se présentait comme une porte fortifiée que surmontaient une ou deux tourelles. Cette particularité nous reporte à cette époque primitive de l'histoire des communes où elles n'avaient pas encore construit un édifice spécial destiné à contenir leurs cloches. On avait commencé simplement par les suspendre au-dessus d'une des portes qui interrompaient l'enceinte.

Sceau de la commune de Nesle (1230).

Remarquons enfin que le XIIe siècle, qui vit se former la plupart des républiques bourgeoises, vit aussi, à son déclin, s'élever les grandes cathédrales du nord de la France. Les plus beaux de ces édifices furent construits précisément dans les villes où régnaient l'esprit communal le plus intense et des haines souvent fort vives contre le clergé local. Il est certain que les bourgeois les considéraient comme une sorte de terrain neutre, où l'on pouvait se donner rendez-vous pour échanger ses idées et conclure des affaires qui n'avaient rien de commun avec le service religieux. Ce fut là peut-être une des causes qui empêchèrent nos grandes communes de se bâtir, au XIIIe siècle, ces magnifiques *hôtels de ville* qu'on admire dans le nord de l'Allemagne, en Belgique, en Italie.

*
* *

La transformation des bourgeois assujettis en bourgeois indépendants était un fait anormal, exceptionnel, une dérogation au droit commun ; il fallait avant tout que cette dérogation se justifiât par un titre. Ce titre, véritable acte de naissance légalisé par le sceau de l'autorité féodale, ce pacte fondamental et constitutif, c'est la *charte de commune*.

On ne possède actuellement qu'un très petit nombre de chartes de commune en original.[54] Les archives municipales de la France du moyen âge nous sont arrivées en fort mauvais état, à cause des pillages et des incendies. Du reste, les confirmations successives que les communes se sont fait donner de leurs libertés ont contribué sans doute à la disparition des plus anciens titres. Ces confirmations reproduisaient presque toujours le texte du privilège primitif, augmenté de dispositions nouvelles. Les gens des communes, voulant surtout conserver les concessions postérieures, plus développées et plus explicites, ont laissé périr les textes primitifs. Aussi avons-nous perdu non seulement les originaux, mais le texte même du plus ancien privilège accordé à la plupart des communes de la France du Nord. On n'a pu retrouver jusqu'ici la charte primitive d'Amiens, de Noyon, de Beauvais, de Laon (la première, celle de 1112), de Reims, de Sens, de Soissons, de Saint-Quentin, d'Aire, de Dijon, de Valenciennes, d'Arras, de Rouen, etc., pour ne parler que des communes établies dans les centres importants.

---

[54] On peut citer parmi les plus anciennes : la charte de Saint-Omer, de 1127, conservée en double expédition dans les archives de cette ville ; celle de la commune rurale de Bruyères-sous-Laon, de 1129, à la bibliothèque municipale de Laon ; celle d'Abbeville, de 1184, aux archives de la ville ; celle d'Ergnies, de 1210, aux archives départementales de la Somme ; celle de Fismes et Champagne, de 1227, aux archives communales de Fismes.

La charte communale était cependant gardée avec soin par ceux qui en bénéficiaient. Car elle était le signe visible des libertés obtenues. Dans les constitutions primitives de plusieurs communes, à Beauvais, à Abbeville, à Soissons, à Fismes, il est formellement stipulé que la charte ne pourra être transportée hors de l'enceinte communale, et qu'il ne sera permis de la consulter que dans la ville même. Les privilèges communaux étaient, d'ordinaire, enfermés dans un grand coffre ou arche, dont les autorités municipales seules avaient la clef.

Considérée en elle-même, comme ensemble de dispositions législatives, la *charte de commune* est difficile à définir. Les *chartes de commune*, en effet, diffèrent très sensiblement les unes des autres, tant au point de vue de la nature qu'au point de vue de la quantité des matières qui y sont traitées. À ce point de vue de la quantité, on remarque tout d'abord qu'il est impossible d'établir un parallèle entre une charte comme celle de Rouen, qui comprend cinquante-cinq articles, et celle de Corbie qui n'en contient que sept. Quant aux clauses dont l'énumération constitue la charte, elles appartiennent à un certain nombre de catégories très différentes : fixation des limites de la commune et de sa banlieue, organisation intérieure de la commune, détermination de la juridiction communale, obligations des bourgeois envers le seigneur, exemptions et privilèges de ces mêmes bourgeois, dispositions de droit criminel et de droit civil, règlement de la condition des tenanciers féodaux, des serviteurs de la noblesse et du clergé. La proportion suivant laquelle ces diverses catégories sont représentées dans les chartes est essentiellement variable ; il s'en faut que toutes figurent à la fois dans le même document ; et, d'autre part, telle série de stipulations qui occupe une large place dans une charte ne donnera lieu, dans une autre, qu'à une mention de quelques lignes.

Ce que l'on peut dire de plus général, c'est que la charte de commune, résultat d'une convention passée entre le seigneur et ses bourgeois, est un ensemble complexe de dispositions qui sanctionnent l'institution du lien communal et la création d'un gouvernement libre, fixent certains points de la coutume civile et criminelle, mais ont pour objet principal de déterminer la situation de la commune à l'égard du seigneur en ce qui touche la juridiction et l'impôt. On ne peut dire qu'elle soit exclusivement un code civil, un code criminel, une constitution politique, un privilège d'exemption : elle est un peu tout cela à la fois. Il faut y voir surtout le signe matériel, la garantie du partage de la souveraineté, accompli judiciairement et financièrement, entre le seigneur et ses anciens sujets devenus ses vassaux. —Si l'on considère sa forme, la charte communale n'est qu'une énumération désordonnée, où le rédacteur aborde les matières les plus diverses sans jamais les traiter d'une manière complète ; où abondent les obscurités, les lacunes, parfois même les contradictions. A aucun point de vue la charte communale n'est une constitution raisonnée et faite de toutes pièces, mais un contrat disparate, où les parties règlent le plus souvent les points litigieux, éclaircissent les matières douteuses, consacrent d'anciennes institutions, signalent enfin, avec les innovations exigées par les circonstances, les modifications apportées à la coutume par le temps et le progrès.

Certaines chartes de commune ont eu plus de succès que d'autres ; elles ont été copiées, imitées, exportées même loin de leur pays d'origine. Ainsi la charte de Soissons est devenue en 1183 celle de Dijon, et, par suite, a servi de type constitutionnel pour tout le duché de Bourgogne. La charte de Rouen, statut communal de presque toutes les villes de Normandie, s'est propagée en Poitou, en Saintonge et jusqu'à l'Adour. Poitiers, Niort, Cognac, Angoulême, Saint-Jean-d'Angély, la Rochelle, Saintes, les îles d'Oléron, de Ré, et Bayonne ont reçu les « établissements » de Rouen.

Les causes les plus générales qui ont agi pour la propagation d'une charte sont d'ordre géographique ou d'ordre politique. —Le centre de population le plus important d'une région impose souvent sa loi aux bourgs environnants. D'autre part, il est arrivé que les villes soumises à une même domination politique ont accepté la même organisation constitutionnelle. Ainsi les établissements de Rouen ont essaimé jusqu'à Bayonne, parce que Bayonne était compris, à la fin du XIIe siècle, comme Rouen, dans les domaines de la dynastie anglo-angevine. D'autre part, dans la charte de Rouen, c'est en somme l'intérêt du pouvoir seigneurial qui prévaut. On a établi que le pacte de Rouen représente le *minimum* des droits politiques que pouvait posséder une ville ayant le titre de commune. C'est pourquoi, par politique, les rois d'Angleterre, ducs de Normandie, se sont empressés de propager ce type constitutionnel dans leurs domaines.

D'ailleurs, le lien établi entre la métropole et la ville affiliée, par le fait de la communauté de la charte, était souvent simplement nominal. Cependant, la métropole jouait d'ordinaire à l'égard de la ville affiliée le rôle de *chef de sens*. Quand les habitants de la commune sont embarrassés sur la signification ou la portée d'un article de leur charte, ils s'adressent au lieu d'origine de la loi, pour obtenir les éclaircissements nécessaires. Amiens était chef de sens par rapport à Abbeville ; Abbeville l'était à son tour pour les petites communes du Ponthieu. Mais le recours au conseil d'autrui n'avait pas lieu uniquement entre les villes régies par la même charte. De ce qu'une commune reconnaissait une autre ville libre pour chef de sens, on ne pourrait inférer qu'elles avaient une constitution identique. La charte d'Abbeville porte que les habitants devront avoir recours, en cas de difficultés, non seulement à Amiens, leur métropole, mais encore à Corbie et à Saint-Quentin. De même, Brai-sur-Somme était tenue de recourir au conseil des magistrats de la commune de Saint-Quentin, avec laquelle elle n'avait aucun rapport constitutionnel.

Il est naturel de penser que des communes unies par la similitude de l'organisation constitutionnelle comme par l'aide réciproque qu'elles se prêtaient fréquemment, devaient être amenées à conclure de véritables traités d'alliance offensive et défensive. La confédération politique leur aurait permis d'opposer à leurs ennemis une plus grande force de résistance. Cependant les tentatives de cette nature eurent lieu rarement, au moins dans la société communale de la France du Nord, et n'ont jamais été poussées bien loin. Moins heureuses que leurs sœurs d'Allemagne ou d'Italie, les communes françaises n'ont pas su constituer entre elles ces ligues redoutables contre lesquelles vinrent souvent se briser, chez nos voisins, les attaques des empereurs comme celles de la féodalité locale. Elles sont restées isolées et sans force, sans doute parce qu'en France le développement précoce et rapide d'un pouvoir monarchique n'a pas permis la formation des fédérations de cités. Beaumanoir, dans sa Coutume de Beauvaisis, recommande instamment aux seigneurs de s'opposer, par tous les moyens, aux ligues que les villes pourraient être tentées de former entre elles. Son conseil n'a été que trop bien suivi. Cet isolement des communes ne contribua pas médiocrement à précipiter leur décadence et à les faire tomber, dès le temps de saint Louis et de Philippe le Bel, sous la domination de la royauté.

La féodalité laïque s'est montrée dans l'ensemble moins défavorable à l'établissement et au développement du régime communal que la féodalité ecclésiastique. Il y eut même des barons démagogues qui embrassèrent la cause des communiers, non par amour du peuple ou des bourgeoisies, mais pour opposer les vilains aux clercs, pour nuire aux églises, leurs rivales. —L'Église, au contraire, a fait une guerre implacable aux confédérations urbaines. Pour elle, la commune ne fut jamais qu'une *conspiration* illégale et factieuse, tendant à détruire les bases mêmes de l'ordre social. L'archevêque de Laon, Raoul le Vert, prêcha à Laon, en 1112, contre les « exécrables communes » par lesquelles les serfs essayent, contre tout droit et toute justice, de rejeter violemment la domination de leur seigneur : « Serfs, a dit l'apôtre, soyez soumis en tout temps à vos maîtres. Et que les serfs ne viennent pas prendre comme prétexte la dureté ou la cupidité de leurs maîtres. Restez soumis, a dit l'apôtre, non seulement à ceux qui sont bons et modérés, mais même à ceux qui ne le sont pas. Les canons de l'Église déclarent anathèmes ceux qui poussent les serfs à ne point obéir, à user de subterfuges, à plus forte raison ceux qui leur enseignent la résistance ouverte. C'est pour cela qu'il est interdit d'admettre dans les rangs du clergé, à la prêtrise, et même à la vie monastique, celui qui est engagé dans les liens de la servitude : car les seigneurs ont toujours le droit de ressaisir leurs serfs, même s'ils sont devenus clercs. » Guibert de Nogent ajoute « que ce sermon contre les communes n'a pas été prononcé dans cette seule circonstance ; que l'archevêque de Reims a prêché maintes fois sur ce thème dans les assemblées royales et dans beaucoup d'autres réunions ». —Cent ans après, le cardinal Jacques de Vitry parlait encore dans le même style ; la théorie ecclésiastique sur les communes n'avait pas changé : « Ne sont-ce pas des cités de confusion, ces communautés ou plutôt ces conspirations, qui sont comme des fagots d'épines entrelacées, ces bourgeois vaniteux qui, se fiant sur leur multitude, oppriment leurs voisins et les assujettissent par la violence ? Si l'on force les voleurs et les usuriers à rendre gorge, comment ne devrait-on pas obliger à la restitution des droits volés ces communes brutales et empestées qui ne se bornent pas à accabler les nobles de leur voisinage, mais qui usurpent les droits de l'Église, détruisent et absorbent, par d'iniques constitutions, la liberté ecclésiastique, au mépris des plus saints canons ? Cette détestable race d'hommes court tout entière à sa perte : nul parmi eux, ou bien peu, seront sauvés. »

Quant aux rois de France, ils se sont montrés tantôt favorables, tantôt hostiles au mouvement communal, au mieux de leurs intérêts de rois, de suzerains et de propriétaires. Les Capétiens furent à la fois fondateurs et destructeurs de communes, amis et ennemis de la bourgeoisie. On vit Louis le Gros défendre, contre le mouvement communal ou contre les prétentions des communes, les évêques de Laon et de Noyon, les abbés de Saint-Riquier et de Corbie ; Louis VII sauvegarder les droits des évêques de Beauvais, de Châlons-sur-Marne, de Soissons, ceux des archevêques de Reims et de Sens, ceux des abbés de Tournus et de Corbie ; Philippe Auguste soutenir les églises de Reims, de Beauvais, de Noyon, livrer à l'évêque de Laon les communes du Laonnais et de la Fère. Sous saint Louis, Philippe le Hardi et Philippe le Bel, le Parlement de Paris frappa d'énormes amendes, parfois même de suppression provisoire ou définitive, les bourgeoisies indépendantes que l'Église traduisait à sa barre.

Ces inconséquences s'expliquent d'abord, de la façon la moins noble, par l'argent que les Capétiens recevaient du clergé pour détruire les institutions libres. On sait qu'il leur arriva plus d'une fois de se faire payer des deux mains, par les bourgeois pour fonder, et par les clercs pour abolir. Leur appui fut assuré au dernier enchérisseur. Mais il faut songer aussi qu'ils étaient, par tradition, les protecteurs naturels de l'Église, qu'ils avaient besoin d'elle autant qu'elle avait besoin d'eux. Ils se crurent donc obligés de la défendre contre les empiétements de la bourgeoisie.

Entre la société populaire et la société ecclésiastique, leur situation était embarrassante ; la protection royale devait s'étendre à la fois sur les deux partis hostiles. Ils se tirèrent de cette difficulté en ne pratiquant aucun principe, en vivant au jour le jour, en sacrifiant, suivant les cas et les besoins, les bourgeois aux clercs et les clercs aux bourgeois.

On peut dire cependant qu'à partir de Philippe Auguste, l'attitude du gouvernement royal cessa d'être contradictoire. À la politique de protection ou de demi-hostilité succéda une politique constante d'assujettissement et d'exploitation, qui fut la même sous des princes par ailleurs aussi dissemblables que saint Louis et Philippe le Bel. Depuis le XIIIe siècle, l'innombrable armée des agents de la couronne ne cesse d'être en mouvement pour détruire les juridictions rivales, supprimer les puissances gênantes, remplacer partout les dominations particulières par le pouvoir unique du souverain. À l'infinie diversité des libertés locales, elle veut substituer la régularité des institutions, la centralisation dans l'ordre politique et administratif. De ce mouvement fatal, irrésistible, les communes ont été victimes aussi bien que la féodalité. Seigneuries indépendantes, elles ne pouvaient que porter ombrage au gouvernement central. La logique impitoyable des gens du roi exigea leur disparition en tant que puissances politiques ; on s'efforça de les faire rentrer dans le droit commun, c'est-à-dire dans la grande classe des bourgeoisies assujetties. La mainmise du pouvoir royal sur les communes, leur suppression, ou leur transformation en villes d'obédience, tel est le fait capital qui caractérise la plus grande partie du XIIIe siècle et le début du XIVe. À l'avènement de Philippe de Valois, certaines communes subsisteront de nom et d'apparence ; elles jouiront encore d'un semblant d'institutions libres : en réalité, la liberté aura disparu. Sauf leur étiquette trompeuse, elles sont devenues, comme toutes les autres, « les bonnes villes du roi » et ne s'appartiennent plus.

*
* *

La commune a été une institution assez éphémère. En tant que seigneurie réellement indépendante, elle n'a guère duré plus de deux siècles. Les excès des communiers, leur mauvaise administration financière, leurs divisions, l'hostilité de l'Église, la protection onéreuse du haut suzerain et surtout du roi : telles ont été les causes immédiates de cette décadence rapide....

Il est difficile d'affirmer que le régime communal ne pouvait s'adapter aux institutions générales de la France ; comment le savoir, en effet, puisque la centralisation monarchique ne lui a pas permis de vivre ? Elle l'a fait disparaître au moment où il commençait à se transformer, à prendre une direction plus libérale, plus favorable à l'intérêt du plus grand nombre ; au moment où les oligarchies bourgeoises, qui disposaient des communes, admettaient, de gré ou de force, la population ouvrière à prendre part à l'élection des magistratures et au gouvernement de la cité. Pourquoi la puissance communale, assise sur une base plus large et plus solide, grâce à cette réorganisation démocratique, n'aurait-elle pas assuré aux villes, malgré les manifestations bruyantes et l'agitation périodique qui accompagnent forcément l'exercice de la liberté, de longues années de prospérité et de grandeur ? Admettons qu'il fût impossible à la royauté capétienne de conserver aux villes libres ce caractère d'États indépendants et de puissance politiquement isolées qui aurait fait obstacle à la grande œuvre de l'unité nationale ; nous supposons qu'elle n'aurait pu se dispenser de les rattacher par certains liens au gouvernement central et aux institutions générales du pays ; mais ne pouvait-elle leur laisser, dans l'ordre administratif et judiciaire, la plus grande partie de leur ancienne autonomie ?

Sans doute, le régime communal avait ses défauts et même ses vices, les vices inhérents à toutes les aristocraties. Mais on ne peut nier qu'il eût aussi d'excellents côtés. Il faisait du bourgeois un citoyen ; il développait chez lui l'esprit d'initiative, les instincts d'énergie que favorisent la vie militaire et la pratique quotidienne du danger, l'habitude de prendre sans hésitation les responsabilités et de les soutenir avec constance, enfin les sentiments de fierté et de dignité qu'inspirent à l'homme l'exercice d'un pouvoir indépendant, la disposition de soi-même, la gestion de ses propres affaires. À ce point de vue, il faut regretter que les communes françaises n'aient pas conservé plus longtemps une autonomie dont elles n'avaient pas toutes abusé. Si l'on est convaincu, comme semble l'être Guizot, que ces républiques n'étaient que des foyers de tyrannie oligarchique, d'anarchie et de guerres civiles, on conçoit qu'il est logique de leur préférer l'ordre, même acheté au prix de la liberté. Mais on ne peut affirmer que nos villes libres aient été placées rigoureusement dans la triste alternative de périr par leurs propres excès ou de se sauver par l'assujettissement. La situation n'était pas aussi désespérée : on pouvait prendre un moyen terme. Les rois et leurs agents ne l'ont pas voulu. C'est en quoi l'œuvre de la monarchie a été excessive. Elle aurait pu laisser vivre les communes, dans certaines conditions, sans danger pour son propre pouvoir, et peut-être avec grand profit pour l'éducation morale et politique de la nation.

D'après A. Luchaire, *Les communes françaises à l'époque des Capétiens directs*, Paris, Hachette, 1890, in-8°.
Passim.

II — LES BASTIDES

Le mot bastide a servi, depuis le XIIIe siècle, dans le midi de la France, à désigner des villes bâties d'un seul jet, sur un plan préconçu, presque toujours uniforme, généralement à la suite d'un contrat d'association conclu entre les propriétaires du territoire et les représentants de l'autorité souveraine. Ces contrats portaient le nom de pariages. Le fait que ces villes étaient toujours fortifiées rend raison du nom qui leur est attribué.

Dès le XIe siècle, les plus puissantes des abbayes méridionales, pour peupler leurs domaines, pour en activer le défrichement et la mise en culture, pour fixer la population flottante qui était très nombreuse alors, et surtout pour augmenter leurs revenus, imaginèrent de fonder de nouveaux villages. Pour cela, sur un emplacement désert ou à peu près, elles faisaient construire une église, proclamaient l'endroit lieu d'asile, et divisaient le terrain en lots à attribuer aux nouveaux habitants. Le droit d'asile, les prescriptions relatives à la *paix de Dieu*, la puissance des abbayes, l'appât de la propriété ainsi que des garanties de sécurité, quelques privilèges et des franchises ne tardaient pas à attirer dans ces villages des habitants en assez grand nombre. Les seigneurs laïques frappés de ces avantages voulurent bientôt faire dans leurs fiefs de semblables fondations ; mais l'Église seule était alors assez respectée pour pouvoir garantir la paix et la sécurité ; ils s'adressèrent aux grandes abbayes, leur donnèrent le territoire sur lequel devait se bâtir le nouveau village, en se réservant des droits de coseigneurie, et les deux puissances associées purent fonder ainsi un grand nombre de villages. Les localités créées et peuplées par ce moyen furent nommées dans les textes latins des *Salvetates*, et dans la langue du pays *Salvetat*, on a dit en français des *Sauvetés*. Un grand nombre de villages ou de bourgs de la France méridionale ont retenu cette appellation et se nomment aujourd'hui encore la *Salvetat* ou la *Sauvetat* ; ces noms dénotent leur origine. Tous ou presque tous ont été fondés au XIe ou au XIIe siècle par des abbayes soit sur leurs domaines, soit sur des possessions seigneuriales à la suite d'un pariage. Il est à peine besoin de dire que nombre de villages qui ont la même origine ne portent pas cependant de nom caractéristique : Licairac, Lavaur, Marestang, pour ne citer que quelques noms, ont été d'abord des Sauvetés.

Vers le milieu du XIIIe siècle, après l'établissement de l'administration française dans le Midi qui fut la conséquence de la croisade des Albigeois, après l'organisation de la domination anglaise en Guyenne, les rôles se trouvèrent intervertis ; ce ne furent plus les abbayes qui purent assurer à leurs domaines la paix, la sécurité des privilèges et des franchises ; l'autorité laïque, devenue plus puissante et disposant de moyens d'action plus considérables et mieux appropriés, fit des fondations de ce genre plus nombreuses et plus considérables que celles que l'Église avait faites auparavant. Lorsque le terrain choisi pour une de ces créations faisait partie d'un domaine ecclésiastique, l'Église appela toujours le souverain en pariage. Il en fut de même des seigneurs, qui, pour fonder des villes neuves sur leurs fiefs, s'associèrent au souverain, dont le représentant se trouva ainsi appelé à exercer des droits de coseigneurie sur les terres des vassaux laïques et ecclésiastiques. Ce sont les villes neuves fondées pour la plupart de 1230 à 1350 qui ont proprement reçu le nom de *bastides*.

Il est facile de comprendre quel intérêt le pouvoir royal, en Angleterre comme en France, trouvait à ces fondations. La guerre des Albigeois avait bouleversé le Midi ; en beaucoup de pays, des terres longtemps cultivées étaient retombées en friches, nombre de villages avaient disparu dont la population dispersée avait formé des bandes de vagabonds, de *faidits*, qu'il importait de fixer pour rendre au pays la sécurité et la prospérité. L'intérêt politique n'était pas moindre ; on a vu en effet que ces fondations permettaient au souverain d'étendre sur les domaines de ses vassaux l'action de son pouvoir : aussi les documents du temps nous montrent-ils que les créations de bastides étaient alors considérées comme de véritables acquisitions. De plus, les emplacements des bastides bien choisis pouvaient servir à la défense du pays ; aussi peut-on constater que le roi d'Angleterre d'une part, le comte Alphonse de Poitiers d'autre part, se sont appliqués à entourer leurs possessions d'une véritable ceinture de bastides.

Il n'y a pas de différences sensibles entre les villes fondées en Guyenne et en Agenais par l'administration anglaise et celles qui furent créées par l'administration française, amenée dans le Midi depuis 1229 à la suite du traité de Paris. Des deux parts, il y eut une activité égale, un même zèle de la part des agents du pouvoir ; les moyens, les privilèges concédés pour attirer les nouveaux habitants, les dispositions matérielles furent partout à peu près les mêmes. En France, l'un des sénéchaux du comte de Poitiers, Eustache de Beaumarchais, fut un infatigable bâtisseur. Dans les États d'Alphonse, les bastides n'étaient point soumises au baile dans la circonscription duquel elles se trouvaient, mais formaient toutes ensemble une espèce de bailie spéciale administrée par le lieutenant du sénéchal.

Lorsque l'une de ces fondations avait été décidée, le sénéchal le faisait publier à son de trompe et annonçait quels privilèges seraient concédés aux nouveaux habitants. Nombre de coutumes concédées ainsi aux nouvelles bastides nous sont parvenues ; elles sont en général assez semblables à celles dont étaient dotées les villes de bourgeoisie. L'affranchissement du servage, des exemptions d'impôts, des franchises commerciales, des garanties de liberté individuelle et de sécurité en constituaient les dispositions principales. Fréquemment on instituait aussi une administration municipale, mais qui restait presque toujours sous la tutelle du baile ; l'exercice de la justice était toujours réservé aux représentants du souverain ou du moins des coseigneurs. Naturellement, il arrivait que l'établissement de ces bastides amenait le dépeuplement des seigneuries voisines, d'autant plus que les serfs qui s'y rendaient n'avaient parfois rien à redouter du droit de suite. Des plaintes s'élevèrent à plusieurs reprises ; des évêques allèrent jusqu'à excommunier les nouveaux habitants ; des règlements intervinrent, mais qui furent toujours rédigés de manière à affaiblir l'autorité féodale et à favoriser le peuplement des bastides.

Sur l'emplacement choisi on plantait d'abord un mât, le *pal*, signe visible de l'intention d'attirer les habitants. La ville de Pau doit son nom à cet usage. Puis les officiers traçaient le plan de la ville future. La plupart de ces bastides se ressemblaient. C'était toujours un carré ou un rectangle aussi régulier que la nature du terrain le permettait, entouré de murailles que dominaient des tours élevées de distance en distance. Vers le centre une grande place carrée au centre de laquelle s'élevait l'hôtel de ville, dont le rez-de-chaussée servait de halle couverte. À cette place aboutissaient de grandes rues droites, tracées au cordeau, coupées à angles droits par des rues moins larges, coupées elles-mêmes perpendiculairement par des ruelles. Au-delà des murs on traçait des jardins, et plus loin s'étendaient des terres à mettre en culture. À part quelques pâtures, réservées comme propriété communale, les « padoents », tout le terrain était divisé en lots : places à bâtir à l'intérieur de la ville, jardins ou cultures à l'extérieur, que l'on mettait en adjudication. Autour de la place et quelquefois dans les plus grandes rues, les maisons faisaient saillie, et formaient de larges galeries couvertes soutenues par des piliers ou des poteaux. Le plan de ces bastides avait ainsi l'aspect d'un damier ; nombre de localités l'ont conservé jusqu'à nos jours ; on en peut juger par celui de Montpazier (Dordogne) que nous donnons ci-contre d'après le relevé qui en a été fait autrefois par M. F. de Verneilh.

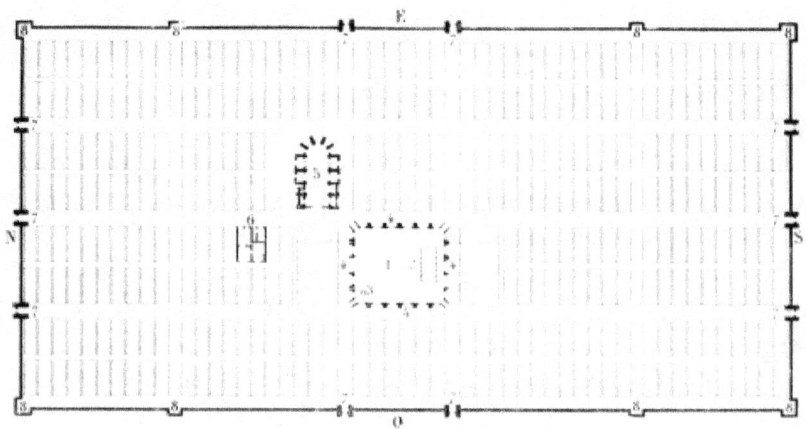

Plan général de la bastide de Montapzier (Dordogne). —E, est ; S, sud ; O, ouest ; N, nord. —*1. Place du marché ; 2. Halle ou Hôtel de Ville ; 3. Puits ; 4. Rues couvertes ; 5. Église paroissiale ; 6. Maison dite du chapitre ; 7. Portes monumentales ; 8. Tours de l'enceinte.*

Les fortifications consistaient en un mur d'enceinte entouré d'une circonvallation quelquefois double, et percé le plus souvent de quatre portes se faisant face. Ces portes à pont-levis, précédées de barbacanes, étaient flanquées ou surmontées de tours. D'autres tours, placées notamment aux endroits où le mur était en retour d'équerre, complétaient le système de défense. Parfois, mais assez rarement, un château ou citadelle, occupé par une garnison royale, était établi à cheval sur le mur d'enceinte afin de pouvoir protéger la ville contre des assaillants ou maîtriser des insurrections. Dans l'intérieur un emplacement avait été réservé à l'église qui souvent était elle-même fortifiée et pouvait ainsi servir de réduit.

Beaucoup des villes ainsi créées reçurent des noms caractéristiques : le plus fréquent est celui même de bastide ; des centaines de localités du Midi se nomment encore ainsi ; d'autres noms, tels que Castelnau, Villeneuve, indiquaient simplement que la ville était de fondation récente ; d'autres, comme Franqueville, Montségur, Villefranche, faisaient allusion aux franchises dont les villes avaient été dotées ; d'autres indiquaient l'influence à la fois royale et française à laquelle était due la fondation : Saint-Louis, Saint-Lys, Villeréal, Montréal, etc. ; quelques noms étaient ceux-là même des officiers royaux qui les avaient bâties : Beaumarchais, Beauvais ; un grand nombre de localités avaient reçu le nom de grandes cités espagnoles, italiennes ou même des bords du Rhin : Pampelonne, Fleurance (Florence), Barcelone, Pavie, Cordes (Cordoue), Cologne, Plaisance, Grenade, etc. ; beaucoup enfin reçurent des noms pittoresques rappelant la beauté de l'emplacement ou présageant la splendeur des nouvelles fondations : Beaumont, Mirande, Belvezer, Mirabel, etc. ; d'autres enfin conservèrent d'anciens noms locaux.

Ce curieux mouvement de fondation de villes nouvelles dura un siècle environ. Au XIVe siècle, la population était déjà trop dense, les terrains en friche trop rares, la sécurité et la défense assez affermies, pour que l'occasion de créer de nouvelles bastides se rencontrât souvent.

A. Giry, dans la *Grande Encyclopédie*
(H. Lamirault, éditeur), t. V.

III — LE CHEF D'INDUSTRIE AU MOYEN ÂGE

Pour se représenter la situation du chef d'industrie au XIIIe et au XIVe siècle, il faut oublier le manufacturier contemporain avec ses affaires considérables, ses gros capitaux, son outillage coûteux, ses nombreux ouvriers ; la fabrication en gros n'était pas imposée, comme aujourd'hui, par l'étendue des débouchés et par la nécessité d'abaisser le prix de revient pour lutter contre la concurrence. Le fabricant n'avait donc pas besoin de locaux aussi vastes, d'un outillage aussi dispendieux, d'un approvisionnement aussi considérable. D'ailleurs les corporations possédaient des terrains, des machines, qu'elles mettaient à la disposition de leurs membres. Les étaux de la grande boucherie appartenaient à la communauté, qui les louait tous les ans. On n'a pas conservé assez de baux de cette époque pour pouvoir donner même un aperçu des loyers des boutiques et des ateliers. Le montant de ces loyers était nécessairement très variable. Ainsi les chapeliers louaient plus cher que d'autres industriels, parce qu'en foulant ils compromettaient la solidité des maisons. Les marchandises garantissaient le payement du loyer. Quand un boucher de Sainte-Geneviève ne payait pas le terme de son étal, qui était de 25 s., soit 100 s. par an, l'abbaye saisissait la viande et la vendait.

Les boutiques s'ouvraient sous une grande arcade, divisée horizontalement par un mur d'appui et en hauteur par des montants de pierre ou de bois. Les baies comprises entre ces montants étaient occupées par des vantaux. Le vantail supérieur se relevait comme une fenêtre à tabatière, le vantail inférieur s'abaissait et, dépassant l'alignement, servait d'étal et de comptoir. Le chaland n'était donc pas obligé d'entrer dans la boutique pour faire ses achats. Cela n'était nécessaire que lorsqu'il avait à traiter une affaire d'importance. Voilà pourquoi les statuts défendent d'appeler le passant arrêté devant la boutique d'un confrère, pourquoi les textes donnent souvent aux boutiques le nom de *fenêtres*. Le public voyait plus clair au dehors que dans ces boutiques qui, au lieu des grandes vitrines de nos magasins, n'avaient que des baies étroites pour recevoir le jour. Les auvents en bois ou en tôle, les étages supérieurs qui surplombaient le rez-de-chaussée, venaient encore assombrir les intérieurs. Les drapiers, par exemple, tendaient des serpillières devant et autour de leurs ouvroirs.

L'atelier et la boutique ne faisaient qu'un. En effet, les règlements exigeaient que le travail s'exécutât au rez-de-chaussée sur le devant, sous l'œil du public. Les clients qui entraient chez un fourbisseur voyaient les ouvriers, ce qui ne serait pas arrivé si l'atelier et la boutique avaient été deux pièces distinctes. Quant aux dimensions des étaux et des ateliers, il y avait des étaux de trois pieds, de cinq pieds, de cinq *quartiers*, des étaux portatifs de cinq pieds. Une maison du Grand-Pont avait sur sa façade trois ateliers, dont l'un mesurait deux toises de long sur une toise et demie de large, y compris la saillie sur la voie publique. Les étaux des halles étaient tirés au sort entre les maîtres de chaque métier.

*
* *

Sceau des métiers d'Arles.

Les matières premières qui entraient à Paris devaient être portées aux Halles, où elles étaient visitées. Les fabricants ne pouvaient les acheter lorsqu'elles étaient encore en route et s'approvisionner ainsi aux dépens de leurs confrères. Les corporations en achetaient en gros pour les partager ensuite également entre tous les maîtres ; déjà sans doute, afin d'éviter les injustices et les réclamations, les parts étaient tirées au sort. Lorsqu'un fabricant survenait au moment où un confrère allait conclure, soit par la *paumée*, soit par la remise du *denier à Dieu*, un marché ayant pour objet des matières premières ou des marchandises du métier, le témoin pouvait se faire céder, au prix coûtant, une partie de l'achat. Comme la défense d'aller au-devant des matières premières, comme le lotissement, cet usage singulier avait pour but d'empêcher l'accaparement, de faire profiter tous les membres de la corporation des bonnes occasions. Il était fondé sur cette idée que les fabricants du même métier n'étaient pas des concurrents avides de s'enrichir aux dépens les uns des autres, mais des confrères animés de sentiments réciproques d'équité et de bienveillance et appelés à une part aussi égale que possible dans la répartition des bénéfices. Cette conception des rapports entre confrères découlait nécessairement de l'existence même des corporations, comme la concurrence à outrance résulte de l'isolement des industriels modernes. Pour exercer le droit dont nous venons de parler, il fallait posséder la maîtrise dans sa plénitude. Ainsi un boulanger *haubanier* pouvait réclamer sa part dans le blé acheté par un confrère non haubanier, mais la réciproque n'avait pas lieu. Les fripiers ambulants n'étaient pas admis à intervenir dans les marchés conclus devant eux par des fripiers en boutique, tandis que ceux-ci participaient aux achats faits par les premiers. Les pêcheurs et marchands de poisson d'eau douce payaient 20 s. en sus du prix d'achat du métier pour acquérir ce droit. Lorsque le patron était empêché, sa femme, un enfant, un apprenti, un serviteur avait qualité pour l'exercer à sa place.

La préoccupation d'empêcher une trop grande inégalité dans la répartition des bénéfices devait rendre les corporations peu favorables aux sociétés commerciales. L'association, en effet, crée de puissantes maisons qui attirent toute la clientèle et ruinent les producteurs isolés. Aussi certaines corporations défendaient les sociétés de commerce. Mais cette prohibition, loin d'être générale, comme on l'a dit, avait un caractère exceptionnel. Si ces sociétés n'avaient pas été parfaitement légales, Beaumanoir ne leur aurait pas donné une place dans son chapitre des *Compagnies*. Le jurisconsulte traite, dans ce chapitre, des associations les plus différentes, telles que la communauté entre époux, la société taisible, les sociétés commerciales, etc. Parmi ces dernières, il distingue celle qui se forme *ipso facto* par l'achat d'une marchandise en commun, et celles qui se forment par contrat. Celles-ci étaient nécessairement très variées, et, pour donner une idée de leur variété, Beaumanoir cite la société en commandite, la société temporaire, la société à vie ; puis il énumère les causes de dissolution, et il termine en parlant des actes qu'un associé fait pour la société, de la responsabilité de ces actes, de la proportion entre l'apport et les bénéfices de chaque associé, enfin du cas où un associé administre seul les affaires sociales. D'autres textes, dont deux sont relatifs à des sociétés en commandite et un troisième à une liquidation entre associés, prouvent surabondamment que l'industrie parisienne connaissait les sociétés commerciales ; mais on ne comptait pas à Paris beaucoup de maisons dirigées par des associés, ni même soutenues par des commanditaires. Nous n'avons trouvé la raison sociale d'aucune société française, tandis qu'on nommerait bien une dizaine de sociétés italiennes se livrant en France à des opérations de banque et de commerce : les Anguisciola

(Angoisselles), les Perruzzi (Perruches), les Frescobaldi (Frescombaus), etc.

Certains commerçants exerçaient à la fois plusieurs métiers, ou joignaient aux profits du métier les gages d'un emploi complètement étranger au commerce et à l'industrie. On pouvait être en même temps tanneur, scieur, savetier et baudroyeur, boursier et mégissier. Le tapissier de tapis *sarrazinois* avait le droit de tisser la laine et la toile après avoir fait un apprentissage, et réciproquement le tisserand fabriquait des tapis à la même condition. Les statuts des chapeliers de paon prévoient le cas où un chapelier réunirait à la chapellerie un autre métier. La profession de tondeur de drap était incompatible avec une autre industrie, mais non avec le commerce ni avec des fonctions quelconques. Il était permis aux émouleurs de grandes forces de tondre les draps et de forger ; le cumul de tout autre métier leur était interdit.

L'industrie chômait le dimanche, à la Noël, à l'Épiphanie, à Pâques, à l'Ascension, à la Pentecôte, à la Fête-Dieu, à la Trinité, aux cinq fêtes de la Vierge, à la Toussaint, aux fêtes des Apôtres, à la saint Jean-Baptiste, à la fête patronale de la corporation. Le samedi et la veille des fêtes, le travail ne durait pas au-delà de nones, de vêpres ou de complies. Certaines corporations permettaient de travailler et de vendre, en cas d'urgence ou lorsque le client était un prince du sang. Dans un grand nombre de métiers, une ou plusieurs boutiques restaient ouvertes les jours chômés, et les chefs d'industrie profitaient à tour de rôle de ce privilège lucratif. Certaines industries connaissaient la morte-saison. C'est évidemment la morte-saison qui permettait aux ouvriers tréfiliers, loués à l'année, de se reposer pendant le mois d'août. L'industrie moderne n'en est pas exempte ; mais le travail ne s'y arrête jamais complètement, grâce au développement des débouchés et aussi à cause de la nécessité d'utiliser un outillage coûteux qui se détériore lorsqu'il ne fonctionne pas. Les coalitions étaient interdites entre fabricants comme entre ouvriers. D'après Beaumanoir, ceux qui prennent part à une coalition ayant pour but de faire hausser les salaires, et accompagnée de menaces et de pénalités, sont passibles de la prison et d'une amende de 60 s. Il n'est question que d'amende, mais d'amende arbitraire, dans les statuts des tisserands drapiers. On se coalisait aussi pour obtenir une réduction des heures de travail. La justice ne manquait pas de frapper les coalitions, quand elles étaient portées à sa connaissance et qu'elle avait entre les mains des preuves suffisantes, mais il était bien facile à des fabricants peu nombreux de s'entendre secrètement pour fixer le prix de leur travail. Ainsi une coalition formée par les tisserands de Doullens dura pendant six ans sans donner lieu à des poursuites, et lorsque l'échevinage en fut informé ou en eut recueilli les preuves, il ne sut comment traiter les coupables et demanda à l'échevinage d'Amiens ce qu'il ferait en pareil cas.

Il semble que le monopole devait enrichir tous les maîtres et que l'industrie ne conduisait jamais à la ruine et à la misère. Assurément la plupart des fabricants faisaient de bonnes affaires, mais il y en avait aussi qui vivaient dans la gêne, qui étaient pauvres en quittant les affaires, qui tombaient en déconfiture. Les corporations avaient des caisses de secours pour assister ceux de leurs membres qui n'avaient pas réussi. Nous savons que des patrons cédaient leurs apprentis parce qu'ils n'étaient plus en état de les entretenir. Il y avait parmi les fourbisseurs et les armuriers des gens pauvres, habitant les faubourgs, qui, ayant peu de chances de vendre dans leurs boutiques, avaient la permission de colporter leurs armures. Des chaussetiers établis avaient dû renoncer à travailler pour leur compte et rentrer dans la classe des simples ouvriers. Le prévôt de Paris abaissait quelquefois l'amende encourue pour contravention aux statuts, à cause de la pauvreté du contrevenant. Une *linière* se voit retirer son apprentie parce qu'elle était souvent sans ouvrage, n'avait pas d'atelier et ne travaillait que chez les autres. La fortune ne souriait donc pas à tous, et la situation des fabricants était plus variée que ne le ferait supposer un régime économique qui, restreignant leur nombre, imposait à tous les mêmes conditions d'établissement, les mêmes procédés et les mêmes heures de travail, leur ménageait autant que possible les mêmes chances d'approvisionnement et aurait dû, par conséquent, leur assurer le même débit. C'est que mille inégalités naturelles empêchaient l'uniformité à laquelle tendaient les règlements.

Pour caractériser, en terminant, le rôle économique du chef d'industrie, nous dirons que c'était à la fois un capitaliste et un ouvrier, et que ses bénéfices représentaient en même temps l'intérêt de son capital et le salaire de son travail ; mais nous ajouterons que le peu d'importance des frais généraux, la rareté des associations, en faisaient un artisan beaucoup plus qu'un capitaliste, et assignaient au travail une part prépondérante dans la production.

G. Fagniez, *Études sur l'industrie et la classe industrielle à Paris*, Paris, Vieweg, 1877, in-8° (*Bibliothèque de l'École des Hautes-Études*, 33ᵉ fascicule).

CHAPITRE XI

LA ROYAUTÉ FRANÇAISE

PROGRAMME. —Les premiers rois capétiens. Le roi, sa cour, son domaine ; les grands vassaux. Louis VI. Louis VII et Philippe Auguste. Progrès du pouvoir royal ; extension du domaine. Le règne de saint Louis.

BIBLIOGRAPHIE

L'histoire des premiers rois capétiens et des institutions monarchiques en France au XIe et au XIIe siècle a été faite d'une manière définitive par M. A. Luchaire : *Histoire des institutions monarchiques de la France sous les premiers Capétiens, 987-1180*, Paris, 1801, 2e éd. —H. Luchaire a poussé l'histoire des institutions françaises jusqu'à la fin du XIIIe siècle dans son *Manuel des institutions françaises. Période des Capétiens directs*, Paris, 1892, in-8°. —Enfin il a publié une courte histoire de *Philippe Auguste* (Paris, s. d., in-16).

Le règne capital de Philippe Auguste n'a pas encore été l'objet d'une monographie définitive, quoique l'histoire en soit aujourd'hui facile à faire. Les opuscules de MM. Williston Walker (*On the increase of royal power in France under Philip Augustus*, Leipzig, 1888, in-8°), R. Davidsohn (*Philip II August von Frankreich und Ingeborg*, Stuttgart, 1888. in-8°) et A. Cartellieri (*L'avènement de Philippe Auguste*, dans la *Revue historique*, 1893 et 1894), sont estimables.

Sur le règne de Louis VIII : Ch. Petit-Dutaillis, *Étude sur la vie et le règne de Louis VIII*, Paris, 1895, in-8°.

L'histoire du **règne de Louis IX** a été écrite par deux historiens consciencieux : F. Faure, *Histoire de saint Louis*, Paris, 1865, 2 vol. in-

8° ;—H. Wallon, *Saint Louis et son temps*, Paris, 1875, 2 vol. in-8°. —Mais les derniers résultats de la science se trouvent dans des monographies, dont les plus recommandables sont : E. Boutaric, *Saint Louis et Alphonse de Poitiers*, Paris, 1870, in-8° ;—A. Molinier, *Étude sur l'administration de Louis IX et d'Alphonse de Poitiers (1226-1271)*, dans l'*Histoire générale de Languedoc* (éd. Privat), VII, p. 462 ;—E. Boutaric, *Marguerite de Provence, femme de saint Louis*, Paris, 1868, in-8°, extr. de la *Revue des questions historiques*, t. III ;—R. Sternfeld, *Karl von Anjou als Graf des Provence*, Berlin, 1888, in-8° ;—P. Fournier, *Le royaume d'Arles et de Vienne*, Paris, 1891, in-8° ;—É. Berger, *Saint Louis et Innocent IV, étude sur les rapports de la France et du Saint-Siège*, Paris, 1893, in-8° ;—le même, *Histoire de Blanche de Castille, reine de France*, Paris, 1895, in-8°.

M. A. Lecoy de la Marche est l'auteur d'un grand nombre d'ouvrages de vulgarisation sur le règne de Louis IX : *Saint Louis, son gouvernement et sa politique*, Paris, 1887, in-8° ;—*La France sous saint Louis*, Paris [1894], in-8° ;—etc.

I — LOUIS LE GROS ET SA COUR

LES GARLANDE — RAOUL DE VERMANDOIS — SUGER.

Louis VI, dont Suger vante « la belle figure et la prestance élégante », tenait de son père sa haute taille et la forte corpulence à laquelle il doit son surnom de « Gros », déjà populaire au XIIe siècle. Sa tendance à l'obésité, entretenue par un formidable appétit de chasseur, était sensible dès 1119, époque où Orderic Vital vit au concile de Reims « ce grand et gros homme au teint blême, à la parole facile ». Un chroniqueur anglais, fort malveillant du reste, raille cruellement Philippe et Louis, « qui, dit-il, ont fait de leur ventre un dieu, et le plus funeste de tous. Le père et le fils ont tellement dévoré que la graisse les a perdus. Philippe en est mort, et Louis, quoique fort peu âgé, n'est pas loin de subir le même sort. » L'obésité devint en effet pour Louis, comme elle l'avait été pour Philippe, une insupportable maladie. À l'âge de quarante-six ans, il ne pouvait plus monter à cheval. Les excès de table contribuèrent peut-être, autant que les chaleurs torrides de l'été de 1137, à provoquer la dysenterie qui l'emporta.

Il ne voulut se marier qu'à trente-cinq ans. Encore fallut-il que ses amis lui adressassent, pour l'amener à changer de vie et à s'engager dans des liens réguliers, les objurgations les plus pressantes. L'autorité du grave Ives de Chartres ne fut pas de trop pour le décider.[55] Tout en le félicitant d'avoir fixé son choix sur Adélaïde de Maurienne, le prélat l'invite, avec une certaine insistance, à mettre son projet à exécution. « Gardez-vous bien, lui dit-il, de différer encore le moment de nouer le lien conjugal, pour que vos ennemis ne continuent pas de rire d'un dessein si souvent conçu et si souvent abandonné. Hâtez-vous ! qu'il naisse bientôt, celui qui doit rendre vaines les espérances des ambitieux et fixer sur une seule tête l'affection changeante de vos sujets. » Louis donna pleine satisfaction à ce sage conseiller. La reine Adélaïde le rendit en peu de temps père de six fils et d'une fille. L'avenir de la dynastie était assuré.

Louis le Gros aimait l'argent et subordonna trop souvent les intérêts de sa politique au désir de s'en procurer. Son avidité lui fit commettre, en 1106, alors qu'il n'était que roi désigné, une lourde faute politique qu'il dut regretter bien amèrement par la suite. Gagné par l'or du roi anglais, Henri Beauclerc, il le laissa réunir tranquillement le duché de Normandie à son royaume ; grave imprévoyance contre laquelle Philippe Ier, mieux avisé, essaya vainement de le mettre en garde. Plus d'une fois, sous son règne, on vit l'action de la justice royale suspendue, les coupables ayant trouvé le moyen de corrompre les palatins et le souverain lui-même. Mais rien n'égale le cynisme avec lequel, dans l'affaire de la charte communale de Laon, Louis le Gros, également sollicité par la commune et par l'évêque, vendit au dernier enchérisseur l'appui de l'autorité royale. Cette âpreté au gain s'explique peut-être par la disproportion fâcheuse qui commençait à exister entre les revenus domaniaux et le chiffre toujours croissant des dépenses d'ordre administratif et politique. On sait que Louis fut obligé de laisser en gage pendant dix ans un des plus précieux joyaux de la couronne, vendu plus tard à l'abbaye de Saint-Denis. Quoi qu'il en soit, la vénalité de la curie était un fait notoire, et Guibert de Nogent, tout en prodiguant l'éloge à Louis le Gros, n'hésitait point à le condamner sur cet article. « Excellent à tous autres points de vue, dit-il, ce prince avait le tort

---

[55] Adélaïde de Maurienne était d'ailleurs fort laide, si l'on en croit le chroniqueur Gilbert de Mons. Le comte de Hainaut, Baudouin III, qui s'était engagé avec elle, la refusa quand il l'eut vue et s'empressa de se marier ailleurs.

grave d'accorder sa confiance à des gens de basse condition et d'une cupidité sordide, ce qui nuisit beaucoup à ses intérêts comme à sa réputation et causa la perte de maintes personnes. » Le chroniqueur Geoffroi de Courlon se faisait encore, à la fin du XIIIe siècle, l'écho de ces bruits défavorables : « La même année, dit-il, mourut le roi Louis VI, connu pour sa cupidité ; il fit une tour à Paris et amassa de grands trésors. »

Il faut reconnaître néanmoins que, dans les jugements portés sur Louis par les contemporains, la somme du bien l'emporte sensiblement sur celle du mal. Ils sont unanimes à vanter sa douceur, son humanité, son affabilité pour tous et une sorte de candeur ou de bonhomie naturelle qu'ils appellent sa « simplicité ». Telle est l'expression dont se servent, comme par l'effet d'une entente préalable, ceux qui l'ont connu de plus près, Suger, Ives de Chartres et le chroniqueur de Morigni. Suger a même dit quelque part qu'il était « débonnaire au-delà de toute imagination ». Aussi ce gros homme sans malice se laissa-t-il jouer quelquefois par des ennemis retors, comme Hugue du Puiset, à qui les perfidies et les parjures ne coûtaient rien.

D'ordinaire la bonté va de pair avec la droiture. L'histoire a bien rarement signalé chez Louis cette tendance, fort commune au moyen âge, qui consiste à employer la ruse et la perfidie là où la force ouverte n'a plus chance de réussir. Sa « simplicité » naturelle le portait plutôt à frapper en face et à dédaigner les petits moyens. Il y avait en lui une loyauté instinctive qui fut particulièrement mise en lumière dans sa longue et pénible lutte avec la féodalité de l'Ile-de-France. On doit remarquer, en effet, qu'il n'y a pas une seule de ces campagnes dirigées souvent contre des ennemis dangereux et capables des plus noires trahisons, où Louis ne se soit astreint à observer les règles du droit féodal alors en vigueur, ce que Suger appelle la « coutume des Français » ou la « loi salique ». Ce représentant du principe et des intérêts monarchiques, plus respectueux des lois de la féodalité que certains de ses grands vassaux, n'a jamais manqué, avant d'entreprendre une expédition, de sommer à plusieurs reprises, devant la cour de son père ou devant la sienne, le baron dont il fallait punir les méfaits. Toutes les guerres de Louis le Gros ont été ainsi précédées d'une action judiciaire ; pure question de forme, si l'on veut, en bien des cas, mais, avec des bandits comme Hugue du Puiset ou Thomas de Marle, on pouvait savoir gré au roi de ne pas oublier les formes.

Lorsque, en l'année 1109, Louis, sur le point d'en venir aux mains avec le roi d'Angleterre, envoya un héraut à son rival pour lui reprocher d'avoir violé le droit et l'inviter à donner la satisfaction exigée par la coutume, le représentant du roi de France exprima fidèlement la pensée et les sentiments de son maître, en ajoutant : « Il est honteux, pour un roi, de transgresser la loi, parce que le roi et la loi puisent leur autorité à la même source. » Louis le Gros eut la conscience d'avoir conformé ses actes à ses principes dans toutes les circonstances où il se trouva l'adversaire de la féodalité. Il attachait une telle importance à cette règle de conduite qu'en 1135, se croyant à la veille de sa mort, il se contenta de faire à son fils cette double recommandation qui comprenait sans doute toute sa morale et résumait pour lui les devoirs multiples de la royauté : *protéger les clercs, les pauvres et les orphelins, en gardant à chacun son droit ; n'arrêter jamais un accusé dans la cour où on l'a sommé, à moins de flagrant délit commis en ce lieu même.* Le premier précepte était essentiellement d'ordre monarchique, la royauté pouvant se définir un sacerdoce de justice et de paix exercé au profit du faible. Le second était d'ordre féodal ; il restreignait l'action du souverain, au bénéfice du vassal, en garantissant le baron coupable contre l'atteinte immédiate de la justice de son seigneur. Le roi qui, comme Louis le Gros, proclamait hautement ce principe et s'en inspirait, devait passer, aux yeux des contemporains, pour le type même de la loyauté et la vivante image du droit.

Mais le trait le plus saillant de ce caractère chevaleresque, celui que Suger, dans son histoire, a mis en relief avec une préférence évidente et une singulière vigueur, c'est l'activité infatigable, la valeur bouillante que rien n'arrête, parfois aussi la folle témérité du soldat.

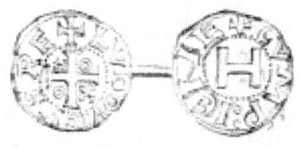

Monnaie de Louis VI.

Louis le Gros, en effet, fut, avant tout, un homme de guerre. Son rôle militaire l'absorba tout entier jusqu'au jour où, la victoire lui ayant laissé peu de chose à faire et les infirmités le saisissant, il se vit obligé de prendre enfin le repos qu'il n'avait jamais connu. Encore ne cessa-t-il de combattre que peu de temps avant sa mort ; c'est seulement en 1135 qu'il alla brûler son dernier château. Depuis longtemps déjà ses forces le trahissaient ; son embonpoint, nous l'avons dit, lui interdisait l'usage du cheval, mais il mettait une énergie incroyable à vouloir conduire en personne les expéditions les plus fatigantes. Vainement ses amis l'engageaient à rester tranquille, à faire simplement son devoir de chef d'État. Il ne pouvait s'y résigner et affrontait, au grand préjudice de sa santé, des intempéries et des obstacles qui faisaient reculer les jeunes gens. Envahi par l'obésité, presque incapable de se mouvoir, désespéré de ne plus satisfaire au besoin d'activité qui le dévorait, il disait, en gémissant, à ses intimes : « Ah ! quelle misérable condition que la nôtre ; ne pouvoir jamais jouir en même temps de l'expérience et de la force ! Si j'avais su, étant jeune, si je pouvais, maintenant que je suis vieux, j'aurais dompté bien des empires. »

Le château de Senlis.

Ce regret peint l'homme tout entier. Jamais souverain du moyen âge ne paya plus directement et plus souvent de sa personne sur les champs de bataille. Louis le Gros, « athlète incomparable et gladiateur éminent », comme dit Suger, avait l'orgueil de la force corporelle et de la valeur sûre de ses coups. Il aimait la guerre pour elle-même et y prenait une part aussi active que le dernier de ses soldats. Ses amis le blâmèrent plus d'une fois de sacrifier au plaisir de se battre son devoir de chef d'armée et le souci de la majesté royale. On le vit, au siège du château de Mouchi, emporté par l'ardeur de la lutte, pénétrer dans le donjon qui brûlait, au risque de périr dans le brasier, et en revenir, comme par miracle, avec une extinction de voix dont il ne guérit que longtemps après. Au passage de l'Indre, dans la campagne de 1108, c'est lui qui, le premier, se jeta dans la rivière, où il eut de l'eau jusqu'au casque, pour donner l'exemple à ses soldats et les lancer contre l'ennemi. Dans les guerres du Puiset, il combat toujours plus en soldat qu'en roi, s'enfonçant dans les rangs de ses adversaires, au mépris de toute prudence, et se prenant corps à corps avec ceux qui lui tombent sous la main. Ce hardi batailleur poussa un jour la naïveté jusqu'à proposer au roi d'Angleterre, Henri Ier, de vider leurs différends par un combat singulier. Le duel devait avoir lieu, en vue des deux armées, sur le pont vermoulu de l'Epte, qui sépare la France de la Normandie. L'Anglais ne répondit que par une raillerie à cette proposition trop chevaleresque.

Tel était Louis le Gros, nature généreuse et sympathique, caractère essentiellement français, bien fait pour donner à la royauté capétienne le prestige moral qui lui avait fait défaut jusqu'ici. Cette mâle et vigoureuse figure de soldat se détache avec un relief saisissant à côté des physionomies indécises, à peine dessinées, des quatre premiers Capétiens.

*
* *

Au commencement du XIIe siècle, la puissance gouvernementale resta partagée, comme auparavant, entre les membres de la famille royale, les conseillers intimes ou palatins et l'assemblée des grands du royaume. Mais ce dernier organe allait, sous le règne de Louis le Gros, devenir de moins en moins important. C'est à cette époque, en effet, que l'autorité de fait, dans le gouvernement, tendit à être dévolue tout entière aux personnes de l'entourage immédiat du prince, à ses parents, à la haute domesticité investie des charges de la couronne, au cénacle obscur des clercs et des chevaliers qui constituaient la partie permanente de la curie. Les conseillers intimes qui entouraient le prince royal pendant sa désignation sont les mêmes qui ont souscrit pendant bien des années les diplômes émanés de Louis, roi titulaire : son précepteur, Hellouin de Paris ; des chambellans : Froger de Châlons, Ferri de Paris, Barthélemi de Montreuil, Henri le Lorrain ; des clercs : Algrin d'Étampes, et, à la fin du règne, Thierri Galeran ; des chevaliers : Nivard de Poissi, Raoul le Délié, Barthélemi de Fourqueux. Mais les plus influents étaient sans contredit les frères de Garlande.

La faveur de la famille de Garlande, son influence sur la personne royale et sur les affaires publiques, devait durer, avec certaines vicissitudes, jusqu'à la fin de ce règne si bien rempli. Elle fut entière et ne cessa de s'accroître pendant les vingt premières années. Ce fait s'explique par le caractère du prince, comme par les nécessités de sa situation. À peine avait-il commencé son règne définitif, qu'il se trouva en butte aux attaques d'une foule d'ennemis conjurés pour sa perte. Il lui fallut se défendre à la fois contre les membres de sa propre famille qui aspiraient toujours à le remplacer, contre les rancunes de la maison de Rochefort, l'intraitable turbulence des seigneurs du Puiset, la haine persévérante du comte de Blois ; enfin contre l'inimitié traditionnelle du souverain anglo-normand. Au milieu de ces guerres presque quotidiennes, de ces périls sans cesse renaissants, la valeur guerrière d'Anseau et de Guillaume de Garlande, l'intelligence de leur frère Étienne lui rendirent d'inestimables services. Par intérêt, par reconnaissance et un peu aussi par faiblesse, il leur abandonna la direction suprême de la curie. Anseau conserva le commandement de l'armée jusqu'au jour où il périt glorieusement pour le service du roi, au troisième siège du Puiset, en 1118. Ce fut alors son frère Guillaume qui le remplaça. Il était à la tête des troupes royales, en 1119, lors de la défaite de Brémule. Quant à Étienne, il avait reçu la charge de chancelier, qui pouvait seule convenir à un personnage ecclésiastique. À ce titre, il ne disposait pas seulement du sceau royal, il était encore le directeur du clergé attaché à la chapelle, et participait, dans une certaine mesure, à l'exercice de la puissance judiciaire.

Tout s'abaissa bientôt devant le crédit des Garlande. Les autres familles de palatins qui avaient partagé la fortune du prince pendant la période de sa désignation durent céder à cette faveur sans précédents, quand elles n'eurent pas à en souffrir. La maison de Chaumont, en Vexin, touchait de fort près à Louis le Gros ; un de ses membres épousa même la fille naturelle de ce roi, nommée Isabelle. Aussi Hugue de

Chaumont demeura-t-il jusqu'à la fin du règne en possession de l'office de connétable. La famille de la Tour ou de Senlis, moins appuyée, fut moins heureuse. Elle perdit la bouteillerie en 1112, lorsque Gui de Senlis fut remplacé par Gilbert de Garlande. Trois des grands offices sur cinq se trouvèrent alors dévolus en même temps à la même maison, fait unique dans l'histoire du palais capétien. En 1120, il se passa quelque chose de plus extraordinaire encore. La mort de Guillaume de Garlande amena la vacance du dapiférat. Pour empêcher que cette charge importante ne sortît de la famille, le chancelier Etienne se fit nommer lui-même sénéchal et cumula les deux fonctions, ce qui ne s'était jamais vu, ce qu'on ne revit plus après lui. Un homme d'Église devenu le chef suprême de l'armée ! Cette étrange situation, prolongée pendant sept ans, donna la mesure de la faiblesse du roi et de l'audace du favori.

L'ambition et la cupidité d'Étienne de Garlande ne connurent bientôt plus de limites. Comme chancelier et chapelain en chef, il se fit investir d'un grand nombre de bénéfices ecclésiastiques dans les églises et les abbayes qui dépendaient immédiatement de la couronne. On le vit, à la fois, chanoine d'Étampes, archidiacre de Notre-Dame de Paris, doyen de l'abbaye de Sainte-Geneviève, doyen de Saint-Samson et de Saint-Avit d'Orléans. Il voulut encore le décanat de l'église cathédrale d'Orléans ; pour le satisfaire, on donna l'évêché de Laon au doyen Hugue. Il essaya même plusieurs fois d'arriver à l'épiscopat. Le gouvernement capétien soutint pendant deux ans une lutte des plus vives contre le pape et les partisans de la réforme pour lui assurer le siège de Beauvais. Étienne fit aussi une tentative infructueuse sur celui de Paris. En 1114, à la mort de Geoffroi, évêque de Beauvais, il osa demander qu'on transférât dans cet évêché l'évêque de Paris, Galon, afin de se faire nommer à sa place. Encore prétendait-il, une fois investi de la dignité épiscopale, rester en possession de ses nombreux bénéfices. Cette fois, la mesure était comble ; le pape Pascal II refusa d'accueillir sa requête. Étienne n'en restait pas moins « le second personnage du royaume, celui dont la volonté régissait la France entière et qui paraissait moins servir le roi que le gouverner », suivant l'expression décisive du chroniqueur de Morigni.

Cette fortune insolente ne pouvait manquer d'exciter l'envie et de soulever la haine. Étienne s'était fait de nombreux ennemis au palais, dans l'entourage même du roi, comme au dehors, parmi les évêques et les abbés que scandalisait sa conduite. Mais les plus dangereux pour lui se trouvaient dans la famille royale. Elle ne pouvait lui pardonner l'influence sans bornes dont il jouissait auprès de Louis le Gros. Lorsque le roi eut épousé, en 1115, Adélaïde de Maurienne, le crédit du chancelier cessa d'être aussi solide qu'auparavant. Il avait maintenant une rivale. La reine ne tarda pas à prendre sur son mari l'ascendant que lui assurèrent sa conduite, toujours irréprochable, et son heureuse fécondité. Son pouvoir augmenta encore en 1119, lorsque l'avènement de l'archevêque de Vienne, Gui, au trône pontifical fit d'elle la propre nièce du pape.

Étienne de Garlande n'eut pas la souplesse et la prévoyance nécessaires pour se concilier les bonnes grâces d'une personne que sa situation rendait impossible à écarter. Loin de ménager la reine, il se plut, au contraire, à l'irriter par des tracasseries multipliées. Les occasions de conflit entre ces deux puissances rivales durent être nombreuses, bien que l'histoire soit restée muette sur ces incidents.

L'inimitié d'une partie du clergé rendait sa situation encore plus difficile. Comme archidiacre de Notre-Dame, il se trouvait sans cesse en conflit avec l'évêque de Paris, Étienne de Senlis, membre de cette même famille de palatins qui avait été une des premières victimes de l'avènement des Garlande. À cette époque, l'état de guerre tendait à devenir presque normal entre les archidiacres et les chefs des diocèses. Bien que le nom d'Étienne de Garlande ne soit pas mentionné dans les documents relatifs à la querelle de l'évêque de Paris avec l'archidiacre Thibaud Notier, nul doute que le tout-puissant chancelier n'ait joué un rôle prépondérant dans cette affaire, comme dans toutes les circonstances où il s'agissait de diminuer l'autorité épiscopale. C'est lui qui soutint contre l'évêque les prétentions de Galon, le maître des écoles parisiennes ; c'est lui qui, en s'opposant à l'introduction des principes réformistes dans le diocèse et des chanoines de Saint-Victor dans la cathédrale, amena la crise aiguë d'où sortirent l'expulsion d'Étienne de Senlis, l'interdit jeté sur l'évêché de Paris et la menace d'excommunication lancée contre Louis le Gros. Sous son influence, la politique ecclésiastique du prince se dessina nettement dans un sens antiréformiste. Étienne devint le défenseur naturel de tous ceux qui, se disant opprimés par les doctrines nouvelles, essayaient de se soustraire à la règle. Lorsqu'en 1122 Abailard voulut abandonner l'abbaye de Saint-Denis, où ses supérieurs entendaient le retenir contre sa volonté, il n'eut rien de plus pressé que de s'adresser au roi et à son conseil. Étienne de Garlande représenta à Suger qu'en essayant de garder malgré lui un homme tel qu'Abailard, il s'exposait à un scandale, sans aucun profit pour sa communauté. Une transaction fut conclue en présence du roi et de son ministre. Abailard obtint le droit de choisir le lieu de sa retraite, mais sous la promesse de rester attaché à Saint-Denis et de n'appartenir à aucun autre monastère.

L'attitude du chancelier devait lui attirer, on le conçoit, les malédictions et les colères de tous ceux, évêques et abbés, qui dirigeaient le mouvement réformiste. Dès l'année 1101, Ives de Chartres, voulant l'empêcher d'arriver à l'évêché de Beauvais, dépeignait à Pascal II, sous les couleurs les plus noires, ce clerc « illettré, joueur, coureur de femmes, qui n'avait pas même le grade de sous-diacre et qui, jadis, s'était vu excommunier par l'archevêque de Lyon pour adultère notoire ». Le portrait était sans doute un peu chargé, car Ives lui-même se crut obligé, quelque temps après, dans une nouvelle lettre au pape, de recommander le candidat qu'il avait si violemment attaqué. Mais saint Bernard était plus logique. Son éloquente indignation, qui ne ménageait ni rois ni papes, dénonça à la chrétienté le spectacle scandaleux donné par cet archidiacre-sénéchal, antithèse vivante, personnage à double face, « qui sert à la fois Dieu et le diable, revêt en même temps l'armure et l'étole, porte les mets à la table du roi et célèbre les saints offices, convoque les soldats au son du clairon et transmet au peuple les ordres de l'évêque ». Ce qui révolte surtout l'abbé de Clairvaux, c'est que ce diacre, « plus chargé d'honneurs ecclésiastiques que ne le tolèrent les canons, est infiniment moins attaché à ses fonctions spirituelles qu'à son service de cour, aux choses du ciel qu'aux choses de la terre ». Il se glorifie avant tout de son titre de sénéchal ; « mais ce qui lui plaît dans cette charge, ce n'est pas la besogne du soldat, c'est la pompe du commandement ; de même que ce qui lui tient le plus au cœur dans ses fonctions ecclésiastiques, ce sont les profits qu'il en retire ». Peut-on comprendre que le roi garde ce clerc efféminé dans la curie, et que l'Église ne rejette pas de son sein ce soldat qui la déshonore ?

Le mécontentement du parti réformiste n'aurait sans doute pas suffi pour rompre les liens d'amitié et de longue habitude qui unissaient le roi à son favori. Une grave imprudence d'Étienne de Garlande amena la révolution de palais que préparait depuis longtemps la reine Adélaïde et que semblait avoir prévue saint Bernard (1127).

Comme tous les sénéchaux de France, ses prédécesseurs, comme tous les grands officiers de la couronne, en général, Étienne, qui avait reçu le dapiférat des mains de ses deux frères, ne songeait qu'à retenir cette charge dans sa famille. Ne pouvant avoir lui-même d'héritier, il donna sa nièce en mariage à Amauri IV, seigneur de Montfort et comte d'Évreux, un des barons qui avaient rendu le plus de services à Louis le Gros dans ses dernières guerres avec les Anglo-Normands. Le neveu du chancelier reçut, avec le château de Rochefort, que lui apportait sa femme, l'assurance de la future succession au dapiférat. Le roi ne fut évidemment pas consulté. La situation était des plus graves. Louis VI pouvait-il admettre qu'on disposât ainsi, sans son assentiment, de la plus haute dignité de la couronne, et laisserait-il consacrer bénévolement le principe de la transmission héréditaire des grands offices ? N'était-il pas temps de réagir contre une tendance qui devait aboutir à rendre la royauté esclave de ses hauts fonctionnaires et à faire des palatins les maîtres absolus du palais ? Inquiet de l'ambition de son favori, poussé par la reine et par le clergé, Louis le Gros se décida cette fois à déployer une énergie dont il n'était pas coutumier quand il s'agissait des affaires de sa cour. Il fit un véritable coup d'État.

Dépouillé de ses fonctions de sénéchal et de chancelier, Étienne fut chassé du palais. On le remplaça presque aussitôt à la chancellerie, mais non au dapiférat, qui devait rester vacant pendant plusieurs années. Son frère Gilbert partagea son sort, et la famille de Senlis rentra en possession de la bouteillerie. Un ordre de la reine prescrivit la destruction de toutes les maisons qu'Étienne avait fait bâtir à Paris avec grand luxe. Ses vignes furent arrachées. On le traitait en ennemi public.

Cependant, Étienne de Garlande n'était pas homme à tomber en silence, avec la résignation du sage. Le coup d'État de Louis le Gros eut pour résultat la guerre civile, guerre obscure et mal connue, qui dura au moins trois ans, de 1128 à 1130. Étienne et Amauri de Montfort n'avaient pas hésité à conclure alliance avec les pires ennemis du roi,

Henri Ier et Thibaud IV. Louis, soutenu seulement par son cousin, le comte de Vermandois, Raoul, vint assiéger en personne une des forteresses de la maison de Garlande, Livri en Brie. Grâce à de fréquents assauts et à la supériorité de ses machines de guerre, il finit par emporter la place, qu'il détruisit de fond en comble. Mais il paya cher sa victoire. Raoul de Vermandois y perdit un œil et lui-même eut la jambe percée d'un trait d'arbalète, blessure qu'il supporta avec ce courage stoïque dont il avait déjà tant de fois donné la preuve. La crise que traversait la royauté était alors d'autant plus grave que, tout en faisant la guerre à son sénéchal, le roi se trouvait également au plus fort de sa lutte avec l'évêque de Paris et avec le clergé réformiste. Aussi jugea-t-il nécessaire de profiter d'un moment d'accalmie pour consolider son trône ébranlé par tant de secousses et assurer sa dynastie contre les dangers qu'il prévoyait encore. Le jour de Pâques 1129, son fils aîné, Philippe, âgé de treize ans, jeune homme de haute mine et de grande espérance, fut sacré à Reims et associé à la couronne.

C'était la meilleure réponse que put faire Louis le Gros aux attaques de toute nature dont son pouvoir était l'objet. Étienne de Garlande ne tarda pas à perdre l'espoir, dont il s'était flatté, d'intéresser la nation entière à sa fortune. Il fut obligé de s'humilier, et, pour rentrer en grâce auprès du souverain, de recourir à l'intervention de cette même reine qui avait tant contribué à sa chute. Mais il lui fallut abandonner toute prétention au dapiférat et à la propriété héréditaire de cet office. Son complice, Amauri de Montfort, devait continuer plus longtemps la résistance. Lorsque, par l'entremise d'Adélaïde et du jeune roi Philippe, la réconciliation d'Étienne avec Louis le Gros fut un fait accompli, le roi, en qui survivait une affection mal éteinte pour la famille de Garlande, montra à l'égard de son ex-ministre une mansuétude peut-être excessive. Ne pouvant lui restituer le titre de sénéchal, il ne craignit pas de le rétablir dans sa fonction de chancelier (1132) et la lui conserva jusqu'à la fin de son règne. Il est vrai qu'à partir de cette époque Étienne n'apparaît plus guère dans l'histoire que comme signataire des diplômes royaux. Son rôle politique est fini ; l'influence et le pouvoir ont passé à d'autres mains. À la mort de Louis le Gros, le sceau royal lui sera enlevé pour être donné au vice-chancelier Algrin. Le tout-puissant favori, l'homme qui avait tenu tête au roi et à l'Église, disparaîtra complètement de la scène, où il avait occupé la première place.

La révolution de palais qui mit fin à la domination d'Étienne de Garlande marque une date décisive dans l'histoire intérieure du règne. D'une part, on ne verra plus se renouveler les convulsions politiques et les luttes intestines auxquelles avait donné lieu jusqu'ici la question toujours brûlante de l'hérédité des grands offices. L'esprit féodal était vaincu sur ce terrain, comme il l'était aussi, d'une autre manière, par l'activité militaire de Louis VI. La royauté, désormais maîtresse de son palais, ne sera plus obligée de confier à des châtelains, plus ou moins ennemis de ses intérêts, les hautes charges de la couronne. Elle ne luttera plus avec eux pour en conserver la propriété. Si elle laisse ces offices se perpétuer dans la même famille, c'est qu'elle le voudra bien, et que les détenteurs ne lui causeront aucune inquiétude ; mais elle le voudra rarement. Tantôt l'office restera vacant ; tantôt il sera dépouillé des pouvoirs effectifs qui y sont joints pour être conféré, à titre purement honorifique, aux grands vassaux de la couronne. À cet égard, Louis le Gros fonda les traditions monarchiques que devaient suivre ses successeurs. Le plus dangereux de ces grands offices, le dapiférat, resta vacant pendant quatre ans, de 1127 à 1131.

Ce n'est pas seulement l'organisation du palais qui fut modifiée au profit du pouvoir royal. De nouvelles influences se firent jour ; le personnel dirigeant se renouvela et la politique du souverain prit une orientation un peu différente. Pendant les dix dernières années du règne, le gouvernement de Louis VI se montre sensiblement mieux pondéré ; ses actes sont plus réfléchis et plus logiques ; il ne cède plus aussi souvent aux suggestions de la colère ou à l'appât du gain. Les mesures qui sont prises durant cette période portent la marque d'une volonté plus maîtresse d'elle-même et de ses instruments, mieux éclairée sur les véritables intérêts de la monarchie et aussi plus soucieuse de la morale et de la dignité du trône. Ce changement est dû en partie, sans aucun doute, à l'effet naturel de l'âge sur le tempérament et le caractère du prince. Mais il est certain aussi qu'il fut l'œuvre des conseillers et des collaborateurs que Louis le Gros s'adjoignit après la crise où sombra l'ambition des Garlande. À partir de 1128, la haute direction de la politique royale appartint surtout à deux personnages qui n'avaient jusqu'ici figuré qu'au second rang, le comte de Vermandois, Raoul, et l'abbé de Saint-Denis, Suger. L'influence du premier se manifesta en tout ce qui concernait les affaires militaires. Bien que le génie politique du second se soit surtout donné carrière sous le règne de Louis VII, on sait qu'il a pris une part considérable aux événements des dernières années de Louis le Gros.

*
* *

Raoul de Vermandois, qui remplaça Étienne de Garlande comme chef de l'armée, était, ce qu'on appellera plus tard « un prince du sang », le propre cousin du roi. Il avait donné depuis longtemps des preuves de son dévouement à la cause royale. Jeune encore, il était venu combattre à côté de son cousin pendant la seconde guerre du Puiset. Quand l'invasion allemande menaça le territoire français, il accourut avec les contingents aguerris que fournissait le territoire de Saint-Quentin, et commanda le corps d'armée où se trouvaient les chevaliers du Ponthieu, de l'Amiénois et du Beauvaisis. Ce Capétien de la branche cadette était, par l'importance de son fief comme par son intrépidité personnelle, un des plus fermes soutiens de la dynastie.

Par la situation même de son fief, il était l'ennemi naturel des maisons de Champagne et de Couci ; or, c'est précisément contre ces deux familles que se portèrent les derniers efforts de Louis le Gros. Au dire de Suger, ce fut l'influence prépondérante de Raoul qui détermina le roi à aller forcer dans son repaire le trop fameux Thomas de Marle (1130). Le comte de Vermandois se donna le plaisir de porter le coup mortel à l'ennemi héréditaire de sa maison et de le jeter enchaîné aux pieds du souverain. Deux ans après, une nouvelle expédition, décidée sans doute aussi sur le conseil de Raoul, menaçait le fils de Thomas de Marle, Enguerran de Couci. Louis assiégea la Fère pendant plus de deux mois sans pouvoir s'en rendre maître. À la fin, le comte de Vermandois consentit à un accord qui rétablissait la paix dans ce pays si longtemps troublé. La guerre de 1132 se termina par le mariage d'Enguerran de Couci avec la nièce du sénéchal, singulière issue d'une entreprise militaire qui semblait destinée à satisfaire les intérêts du Vermandois autant que ceux de la monarchie.

*
* *

Les services que Suger rendit à Louis le Gros pendant la majeure partie de son règne étaient plus désintéressés. L'homme d'État, que deux rois de France honorèrent du nom d'ami et qui gouverna seul le royaume pendant la seconde croisade, a été naturellement l'objet d'un grand nombre de biographies. Mais ce sont moins des biographies que des éloges composés sans critique et chargés de détails de fantaisie. Il reste à écrire un livre digne de cette grande figure dans laquelle semblent s'être incarnés les qualités séduisantes et le bon sens de notre génie national.

Suger, d'après un vitrail de Saint-Denis.

On trouve en Suger le plus frappant exemple de ce que peut obtenir une volonté persévérante mise au service d'une intelligence supérieure. Ce petit homme au corps malingre et chétif, d'une santé toujours fragile, était issu de basse extraction, et ne dut sa fortune qu'à lui-même. Il avait l'esprit vif, la parole imagée et prompte, une mémoire extraordinaire qui lui permettait de recueillir sans effort les souvenirs littéraires, les faits historiques, les anecdotes, en même temps que les mille détails des affaires confiées à ses soins. Mais il jouissait d'une faculté précieuse, celle de discerner sur-le-champ les idées et les faits qu'il pouvait lui être utile de retenir, et de s'en servir avec précision au moment voulu. Les contemporains ont surtout admiré la facilité de sa parole, cette faconde intarissable et brillante qui le faisait assimiler à Cicéron. Causeur infatigable, il lui arrivait parfois de garder ses auditeurs jusqu'à une heure avancée de la nuit. Il était par excellence « l'avocat » de la cour de Louis le Gros, c'est le titre que lui donne la chronique de Morigni. Chargé d'exposer au roi « les plaintes des églises, de lui présenter les suppliques des pauvres, des veuves et des orphelins », il semble avoir joué au palais le double rôle de « maître des requêtes et de procureur du roi », magistratures qui n'apparaîtront formellement que plus tard dans les institutions capétiennes. Il écrivait d'ailleurs, paraît-il, presque aussi facilement qu'il parlait, et ceux qui l'ont connu ne tarissent pas d'éloges sur sa science littéraire et sur l'éclat de son style. À vrai dire, le latin de la *Vie de Louis le Gros*, moins banal et moins plat que celui de la plupart des écrivains monastiques, se distingue surtout par l'obscurité, le mauvais goût et l'incorrection. On y sent cependant une certaine vigueur d'esprit, et je ne sais quelle flamme intérieure qui n'est point le fait d'une âme vulgaire. Les qualités maîtresses de Suger, celles qui firent de lui le ministre nécessaire et considéré même de ses ennemis, sont précisément celles que vantent le moins ses contemporains : une grande capacité de travail, la connaissance intime des hommes et des choses, le sens pratique, une fermeté inébranlable jointe à une judicieuse modération.

Il est assez difficile de mesurer avec exactitude l'influence exercée par le célèbre abbé sur le gouvernement de Louis le Gros. Le moine Guillaume, biographe, ou plutôt panégyriste de Suger, ne retrace avec quelque détail la vie politique de son héros que lorsqu'il s'agit du règne de Louis le Jeune et surtout de l'époque de la régence. Il faut donc recourir à Suger lui-même et à sa principale œuvre historique. Mais on sait que l'auteur de la *Vie de Louis le Gros* a choisi, parmi les événements du règne, ceux qui étaient le plus propres à mettre en relief le courage et la magnanimité du roi. Il est fort incomplet en ce qui concerne l'histoire intérieure de la curie, et les détails les plus intéressants qu'il donne sur son rôle personnel se rapportent justement à la période des guerres du Puiset, pendant laquelle il ne faisait pas encore partie, à titre permanent, du conseil royal. C'est surtout à dater de la chute des Garlande qu'il importerait de connaître la part prise par l'abbé de Saint-Denis aux affaires publiques. Mais c'est alors qu'il s'efface le plus et se confond à dessein, par une modestie sans doute exagérée, dans le groupe des « amis et familiers » à qui le souverain venait demander ses meilleures inspirations. Quant aux autres chroniqueurs, français ou étrangers, ils sont muets sur le rôle politique de Suger et semblent le connaître encore moins qu'Étienne de Garlande. On chercherait vainement le nom de l'abbé de Saint-Denis dans l'histoire d'Orderic Vital.

Les premiers rapports de Louis le Gros et de Suger datent probablement de l'époque où tous deux vivaient, comme écoliers, dans la grande abbaye capétienne. Aucun texte ne nous renseigne, d'ailleurs, sur leur intimité d'enfance, et tout ce qu'on a dit de Suger à la cour de Philippe Ier est fondé sur l'unique passage où il affirme avoir entendu le souverain maudire devant son fils le donjon de Montlhéry. S'il assista en 1106 au concile de Poitiers, en 1107 à la dédicace de l'église de la Charité et à l'assemblée de Châlons, présidée par Pascal II, ce fut comme « orateur » de l'abbaye de Saint-Denis, comme assesseur de son abbé, Adam, et nullement comme chargé d'affaires de la royauté. Ses fonctions de prévôt de Berneval, terre abbatiale relevant du roi d'Angleterre, puis de prévôt de Touri, en Beauce, le tenaient éloigné du palais, où son nom n'apparaît jamais à cette époque parmi ceux des souscripteurs ou des témoins des diplômes royaux. Le rôle qu'il joua auprès du roi pendant les guerres du Puiset s'explique naturellement par sa situation d'administrateur et de défenseur des territoires que l'abbaye possédait en Beauce. Ce n'est qu'en 1118 que Suger paraît avoir été pour la première fois chargé d'une mission diplomatique par le gouvernement de Louis le Gros. Il reçut l'ordre de se rendre à Maguelone pour souhaiter la bienvenue au pape Gélase II. Le roi l'employa dès lors constamment dans toutes les circonstances où il fallut entrer en rapport avec les différents pontifes qui se succédèrent sur le trône de saint Pierre. Mais il faut noter que ce rôle de négociateur des affaires ecclésiastiques et d'ambassadeur auprès du Saint-Siège ne fut pas dévolu exclusivement à l'abbé de Saint-Denis. Louis le Gros délégua aussi dans cet office les chefs des grandes communautés parisiennes, les abbés de Saint-Germain-des-Prés, de Saint-Victor, de Saint-Magloire, le prieur de Saint-Martin-des-Champs.

Lorsqu'en 1122 Suger eut été élu comme abbé sans que les électeurs eussent requis au préalable l'agrément du roi, le nouveau dignitaire put craindre que ce procédé n'attirât sur lui-même et sur l'abbaye les persécutions du pouvoir laïque. Il en fut quitte pour la peur ; l'amitié, ici, fut plus forte que les nécessités de la politique. En venant prendre l'oriflamme sur l'autel de Saint-Denis, pour aller ensuite repousser l'invasion allemande (1124), le roi eut soin d'indiquer, dans l'acte solennel dressé à cette occasion, qu'il avait reçu l'étendard sacré des mains de Suger, « son familier et son fidèle conseiller ». C'est le premier témoignage direct et officiel qui nous soit connu de la part faite à l'abbé de Saint-Denis dans l'amitié du roi et le maniement de la chose publique. Il n'en résulte pas qu'il occupât dès lors au palais le rang auquel devaient l'appeler par la suite son expérience des affaires et la confiance particulière qu'il inspirait au souverain. La direction de la curie appartenait encore pour quelques années à Étienne de Garlande. Quoiqu'il y eût peu de ressemblance entre ces deux hommes, il faut bien admettre, sur la foi de saint Bernard, que Suger était depuis longtemps l'ami du sénéchal-archidiacre. Cette amitié ne lui était pas seulement commandée par le souci de sa carrière politique. L'abbé de Saint-Denis partageait les idées de Louis et d'Étienne sur la nécessité de maintenir le clergé capétien dans la dépendance de l'autorité royale. Sa modération d'esprit et son attachement au principe monarchique l'empêchaient d'accepter, au moins dans leurs conséquences extrêmes, les doctrines du parti réformiste. C'est ce que prouvent les attaques assez vives dont il fut l'objet de la part de saint Bernard et le retard qu'il mit à introduire la réforme dans la communauté de Saint-Denis. Il céda, sans enthousiasme, au mouvement que dirigeait la papauté et que favorisait l'opinion.

Quand le panégyriste de Suger affirme « qu'il n'y avait rien de caché pour lui dans le gouvernement, que le roi ne prenait aucune décision sans l'avoir consulté et qu'en son absence le palais semblait être vide », ces paroles ne peuvent s'appliquer qu'à la période finale du règne de Louis le Gros (1130-1137). C'est alors seulement, en effet, que la présence continue de Suger au palais est attestée par les souscriptions des chartes royales. Lui-même, d'ailleurs, se met en scène (mais toujours en compagnie des autres conseillers intimes) dans les circonstances importantes de la vie de son héros. En 1131, après la mort du jeune prince Philippe, il engage le roi à faire couronner par anticipation son second fils Louis, âgé de onze ans. Quatre ans après, on le voit pleurant au chevet de son royal ami, qui, épuisé par une cruelle maladie, croyait être à son dernier jour, et lui adressait ses recommandations suprêmes.

L'influence prépondérante de l'abbé de Saint-Denis fut surtout marquée, pendant cette période, par la réconciliation de Louis le Gros avec le comte Thibaud de Champagne. Ce dernier, jusqu'ici ennemi acharné de la dynastie régnante, venait de perdre son meilleur soutien en la personne de son oncle, le roi d'Angleterre, Henri Ier. Comme il aspirait à le remplacer sur le trône ducal de Normandie, il lui fallait l'appui du roi de France. Suger, pour qui le roi anglais et son neveu avaient toujours professé une considération particulière, facilita le rapprochement, et crut faire acte de sage prévoyance en ramenant le grand fief de Blois-Champagne dans le cercle de l'alliance capétienne. C'était un événement politique de la plus haute importance, car il garantissait à Louis le Gros la tranquillité de ses dernières années et lui permit d'accomplir en paix l'acte qui était le digne couronnement de sa glorieuse carrière, l'union du duché d'Aquitaine au domaine royal.

Lorsqu'on juillet 1137 Louis le Jeune s'achemina, avec un brillant cortège, vers les rives de la Garonne où l'attendait l'héritière des pays aquitains, les meilleurs amis de Louis le Gros et les plus influents des palatins faisaient partie de l'expédition : le Sénéchal Raoul de Vermandois, Guillaume Ier, comte de Nevers ; Rotrou, comte du Perche ; le comte palatin, Thibaud de Champagne ; Suger lui-même, et son ami, Geoffroi de Lèves, évêque de Chartres. C'était le conseil royal qui se déplaçait dans la personne des plus éminents de ses membres pour faire honneur aux populations du Midi et les amener à subir sans secousses et sans amertume la domination du roi du Nord. Louis le Gros, resté presque seul au palais, fit ses adieux à ce fils qui ne devait plus le revoir : « Que le Dieu tout-puissant, par qui règnent les rois, te protège, mon cher enfant, car, si la fatalité voulait que vous me fussiez enlevés, toi et les compagnons que je t'ai donnés, rien ne me rattacherait plus à la royauté ni à la vie. »

Le vieux souverain avait raison. Pour la première fois, depuis la fondation de la dynastie, on avait vu se former et se grouper autour du prince un personnel de serviteurs intelligents, actifs et dévoués aux institutions monarchiques. Louis le Gros léguait à son fils, en même temps que Suger et Raoul de Vermandois, des clercs expérimentés, déjà au courant des affaires de justice et de finances, et des chevaliers toujours prêts à se ranger sous la bannière du maître. Les grands offices étaient entre les mains de familles paisibles, dont la fidélité et l'obéissance ne faisaient plus doute. La curie, débarrassée des éléments féodaux qui la troublaient, offrait enfin à la royauté l'instrument de pouvoir qui lui avait fait défaut jusqu'ici. On peut dire que le gouvernement capétien était fondé.

A. Luchaire, *Louis VI le Gros. Annales de sa vie et de son règne*. Paris, A. Picard, 1889, in-8°. Introduction, *passim*.

II — Guerres de Philippe Auguste

I — Le siège du château Gaillard

Bâti par Richard Cœur de Lion, après que ce prince eut reconnu la faute qu'il avait faite, par le traité d'Issoudun, en laissant à Philippe Auguste le Vexin et la ville de Gisors, le château Gaillard, près les Andelys, conserve encore, malgré son état de ruine, l'empreinte du génie militaire du roi anglo-normand. Grâce à l'excellent travail de M. A. Deville,[56] chacun peut se rendre un compte exact des circonstances qui déterminèrent la construction de cette forteresse, la clé de la Normandie, place frontière capable d'arrêter longtemps l'exécution des projets ambitieux du roi français....

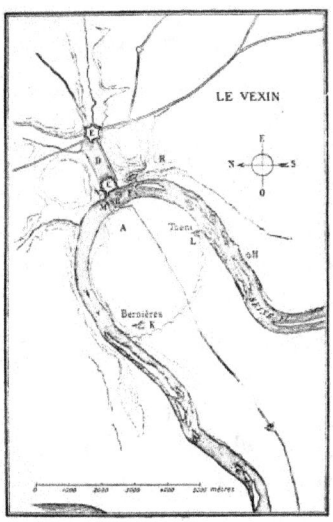

Figure 1. D'après Viollet-le-Duc (p. 85).

---

[56] A. Deville. *Histoire du château Gaillard et du siège qu'il soutint contre Philippe Auguste en 1203 et en 1204*, Rouen, 1849.

De Bonnières à Gaillon, la Seine descend presque en ligne droite vers le nord-nord-ouest. Près de Gaillon, elle se détourne brusquement vers le nord-est jusqu'aux Andelys, puis revient sur elle-même et forme une presqu'île dont la gorge n'a guère que 2600 mètres d'ouverture. Les Français, par le traité qui suivit la conférence d'Issoudun, possédaient sur la rive gauche Vernon, Gaillon, Pacy-sur-Eure ; sur la rive droite, Gisors, qui était une des places les plus fortes de cette partie de la France. Une armée dont les corps, réunis à Evreux, à Vernon et à Gisors, se seraient simultanément portés sur Rouen, le long de la Seine, en se faisant suivre d'une flottille, pouvait, en deux jours de marche, investir la capitale de la Normandie et s'approvisionner de toutes choses par la Seine. Planter une forteresse à cheval sur le fleuve, entre les deux places de Vernon et de Gisors, en face d'une presqu'île facile à garder, c'était intercepter la navigation du fleuve, couper les deux corps d'invasion.... La position était donc, dans des circonstances aussi défavorables que celle où se trouvait Richard, parfaitement choisie....

Voici comment le roi anglo-normand disposa l'ensemble des défenses de ce point stratégique (fig. 1). À l'extrémité de la presqu'île de Bernières, du côté de la rive droite, la Seine côtoie des escarpements de roches crayeuses fort élevées qui dominent toute la plaine d'alluvion. Sur un îlot B qui divise le fleuve, Richard éleva d'abord un fort octogone muni de tours, de fossés et de palissades ; un pont de bois passant à travers ce châtelet unit les deux rives. À l'extrémité de ce pont, en C, sur la rive droite, il bâtit une enceinte, large tête de pont qui fut bientôt remplie d'habitations et prit le nom de Petit-Andely. Un étang, formé par la retenue des eaux de deux ruisseaux en D, isola complètement cette tête de pont. Le grand Andely E, qui existait déjà avant ces travaux, fut également fortifié, enclos de fossés que l'on voit encore et qui sont remplis par les eaux des deux ruisseaux. Sur un promontoire élevé de plus de cent mètres au-dessus du niveau de la Seine, et qui ne se relie à la chaîne crayeuse que par une mince langue de terre du côté sud, la forteresse principale fut assise en profitant de toutes les saillies du rocher. En bas de l'escarpement, et enfilée par le château, une estacade F, composée de trois rangées de pieux, vint barrer le cours de la Seine. Cette estacade était en outre protégée par des ouvrages palissadés établis sur le bord de la rive droite et par un mur descendant d'une tour bâtie à mi-côte jusqu'au fleuve ; de plus, en amont, et comme une vedette du côté de la France, un fort fut bâti sur le bord de la Seine en H, et prit le nom de *Boutavant*. La presqu'île retranchée à la gorge et gardée, il était impossible à une armée ennemie de trouver l'assiette d'un campement sur un terrain raviné, couvert de roches énormes. Le val situé entre les deux Andelys, rempli par les eaux abondantes des ruisseaux, commandé par les fortifications des deux bourgs situés à chacune de ses extrémités, dominé par la forteresse, ne pouvait être occupé, non plus que les rampes des coteaux environnants. Ces dispositions générales prises avec autant d'habileté que de promptitude, Richard apporta tous ses soins à la construction de la forteresse principale qui devait commander l'ensemble des défenses. Placée, comme nous l'avons dit, à l'extrémité d'un promontoire dont les escarpements sont très abrupts, elle n'était accessible que par cette langue de terre qui réunit le plateau extrême à la chaîne crayeuse ; toute l'attention de Richard se porta d'abord de ce côté attaquable.

Voici quelle fut la disposition de ses défenses. En A (fig. 2), en face de la langue de terre qui réunit l'assiette du château à la hauteur voisine, il fit creuser un fossé profond dans le roc vif et bâtit une forte et haute tour dont les parapets atteignaient le niveau du plateau dominant, afin de commander le sommet du coteau. Cette tour fut flanquée de deux autres plus petites B ; les courtines AD vont en dévalant et suivent la pente naturelle du rocher ; la tour A commandait donc tout l'ouvrage avancé ADD. Un second fossé, également creusé dans le roc, sépare cet ouvrage avancé du corps de la place. L'ennemi ne pouvait songer à se loger dans ce second fossé qui était enfilé et dominé par les quatre tours DDCC. Les deux tours CC commandaient certainement les deux tours DD. On observera que l'ouvrage avancé ne communiquait pas avec les dehors, mais seulement avec la *basse-cour* du château. C'était là une disposition toute normande que nous retrouvons à la Roche-Guyon. La première enceinte E du château, en arrière de l'ouvrage avancé et ne communiquant avec lui que par un pont de bois, contenait les écuries, des communs et la chapelle H ; c'était la *basse-cour*. Un puits était creusé en F ; sous l'aire de la cour, en G, sont taillées dans le roc de vastes caves, dont le plafond est soutenu par des piliers de réserve ; ces caves prennent jour dans le fossé I du château et communiquent, par deux boyaux creusés dans la craie, avec les dehors. En K s'ouvre la porte du château ; son seuil est élevé de plus de deux mètres au-dessus de la contrescarpe du fossé L. Cette porte est masquée pour l'ennemi qui se serait emparé de la première porte E, et il ne pouvait venir l'attaquer qu'en prêtant le flanc à la courtine IL et le dos à la tour plantée devant cette porte. De plus, du temps de Richard, un ouvrage posé sur un massif réservé dans le roc, au milieu du fossé, couvrait la porte K, qui était encore fermée par une herse, des vantaux et protégée par deux réduits ou postes. Le donjon M s'élevait en face de l'entrée K et l'enfilait. Les appartements du commandant étaient disposés du côté de l'escarpement, en N, c'est-à-dire vers la partie du château où l'on pouvait négliger la défense rapprochée et ouvrir des fenêtres. En P est une poterne de secours, bien masquée et protégée par une forte défense O. Cette poterne ne s'ouvre pas directement sur les dehors, mais sur le chemin de ronde R percé d'une seconde poterne en S qui était la seule entrée du château. Du côté du fleuve, en T, s'étagent des tours et flancs taillés dans le roc et munis de parapets. Une tour V, accolée au rocher, à pic sur ce point, se relie à la muraille X qui barrait le pied de l'escarpement et les rives de la Seine, en se reliant à l'estacade Y destinée à intercepter la navigation. Le grand fossé Z descend jusqu'en bas de l'escarpement et est creusé à main d'homme ; il était destiné à empêcher l'ennemi de filer le long de la rivière, en se masquant à la faveur de la saillie du rocher pour venir rompre la muraille ou mettre le feu à l'estacade. Ce fossé pouvait aussi couvrir une sortie de la garnison vers le fleuve et était en communication avec les caves G au moyen des souterrains dont nous avons parlé.

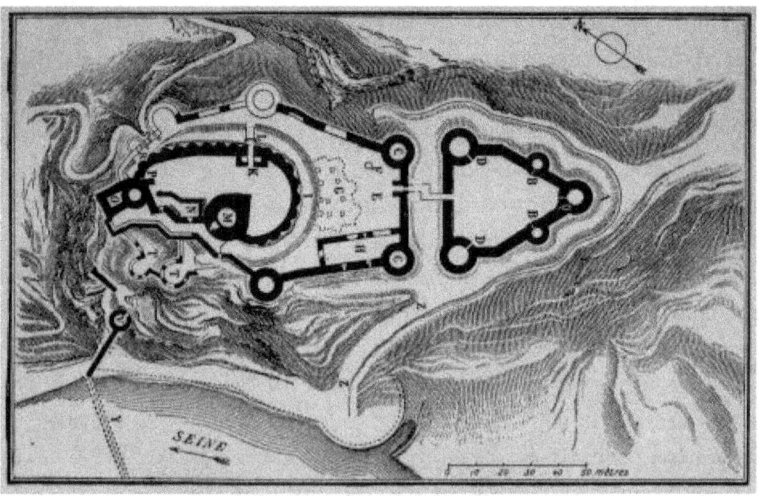

Figure 1. D'après Viollet-le-Duc (p. 87).

Une année avait suffi à Richard pour achever le château Gaillard et toutes les défenses qui s'y rattachaient. « Qu'elle est belle, ma fille d'un an ! » s'écria ce prince lorsqu'il vit son entreprise terminée....

*
* *

Tant que vécut Richard, Philippe Auguste, malgré sa réputation bien acquise de grand preneur de forteresses, n'osa tenter de faire le siège du château Gaillard ; mais après la mort de ce prince et lorsque la Normandie fut tombée aux mains de Jean sans Terre, le roi français résolut de s'emparer de ce point militaire qui lui ouvrait les portes de Rouen. Le siège de cette place, raconté jusque dans les plus menus détails par le chapelain du roi, Guillaume le Breton, témoin oculaire, fut un des plus grands faits militaires du règne de ce prince ; et si Richard avait montré un talent remarquable dans les dispositions générales et dans les détails de la défense de cette place, Philippe Auguste conduisit son entreprise en homme de guerre consommé.

Le triste Jean sans Terre ne sut pas profiter des dispositions stratégiques de son prédécesseur. Philippe Auguste, en descendant la Seine, trouve la presqu'île de Bernières inoccupée ; les troupes normandes, trop peu nombreuses pour la défendre, se jettent dans le châtelet de l'île et dans le Petit-Andely, après avoir rompu le pont de bois qui mettait les deux rives du fleuve en communication. Le roi français commence par établir son campement dans la presqu'île, en face du château, appuyant sa gauche au village de Bernières et sa droite à Toëni, en réunissant ces deux postes par une ligne de circonvallation dont on aperçoit encore aujourd'hui la trace KL. Afin de pouvoir faire arriver la flottille destinée à l'approvisionnement du camp, Philippe fait rompre par d'habiles nageurs l'estacade qui barre le fleuve, et cela sous une grêle de projectiles lancés par l'ennemi.

Ruines du château Gaillard. État actuel.

« Aussitôt après, dit Guillaume le Breton, le roi ordonne d'amener de larges navires, tels que nous en voyons voguer sur le cours de la Seine, et qui transportent ordinairement les quadrupèdes et les chariots le long du fleuve. Le roi les fit enfoncer dans le milieu du fleuve, en les couchant sur le flanc, et les posant immédiatement l'un à la suite de l'autre, un peu au-dessous des remparts du château ; et afin que le courant rapide des eaux ne pût les entraîner, on les arrêta à l'aide de pieux enfonces en terre et unis par des cordes et des crochets. Les pieux ainsi dresses, le roi fit établir un pont sur des poutres soigneusement travaillées, » afin de pouvoir passer sur la rive droite... ; « puis il fit élever sur quatre navires deux tours, construites avec des troncs d'arbres et de fortes pièces de chêne vert, liés ensemble par du fer et des chaînes bien tendues, pour en faire en même temps un point de défense pour le pont et un moyen d'attaque contre le châtelet. Puis les travaux, dirigés avec habileté sur ces navires, élevèrent les deux tours à une si grande hauteur que de leur sommet les chevaliers pouvaient faire plonger leurs traits sur les murailles ennemies » (celles du châtelet situé au milieu de l'île).

Cependant Jean sans Terre tenta de secourir la place : il envoya un corps d'armée composé de trois cents chevaliers et trois mille hommes à cheval, soutenus par quatre mille piétons et la bande du fameux

Lupicar.[57] Cette troupe se jeta la nuit sur les circonvallations de Philippe Auguste, mit en déroute les ribauds, et eût certainement jeté dans le fleuve le camp des Français s'ils n'eussent été protégés par le retranchement, et si quelques chevaliers, faisant allumer partout de grands feux, n'eussent rallié un corps d'élite qui, reprenant l'offensive, rejeta l'ennemi en dehors des lignes. Une flottille normande qui devait opérer simultanément contre les Français arriva trop tard ; elle ne put détruire les deux grands beffrois de bois élevés au milieu de la Seine, et fut obligée de se retirer avec de grandes pertes.

« Un certain Galbert, très habile nageur, continue Guillaume le Breton, ayant rempli des vases avec des charbons ardents, les ferma et les frotta de bitume à l'extérieur avec une telle adresse, qu'il devenait impossible à l'eau de les pénétrer. Alors il attache autour de son corps la corde qui suspendait ces vases, et plongeant sous l'eau, sans être vu de personne, il va secrètement aborder aux palissades élevées, en bois et en chêne, qui enveloppaient d'une double enceinte les murailles du châtelet. Puis, sortant de l'eau, il va mettre le feu aux palissades, vers le côté de la roche Gaillard qui fait face au château, et qui n'était défendu par personne, les ennemis n'ayant nullement craint une attaque sur ce point.... Tout aussitôt le feu s'attache aux pièces de bois qui forment les retranchements et aux murailles qui enveloppent l'intérieur du châtelet. » La petite garnison de ce poste ne pouvant combattre les progrès de l'incendie, activé par un vent d'est violent, dut se retirer comme elle put sur des bateaux. —Après ces désastres, les habitants du Petit-Andely n'osèrent tenir, et Philippe Auguste s'empara en même temps et du châtelet et du bourg, dont il fit réparer les défenses pendant qu'il rétablissait le pont. Ayant mis une troupe d'élite dans ces postes, il alla assiéger le château de Radepont, pour que ses fourrageurs ne fussent pas inquiétés par sa garnison, s'en empara au bout d'un mois, et revint au château Gaillard. Mais laissons encore parler Guillaume le Breton, car les détails qu'il nous donne des préparatifs de ce siège mémorable sont du plus grand intérêt.

« La roche Gaillard cependant n'avait point à redouter d'être prise à la suite d'un siège, tant à cause de ses remparts que parce qu'elle est environnée de toutes parts de vallons, de rochers taillés à pic, de

---

[57] [Le nom de ce chef de routiers, que Guillaume le Breton appelle en latin *Lupicarus*, était, en langue du Midi, *Lou Pescaire*.]

collines dont les pentes sont rapides et couvertes de pierres, en sorte que, quand même elle n'aurait aucune autre espèce de fortification, sa position naturelle suffirait seule pour la défendre. Les habitants du voisinage s'étaient donc réfugiés en ce lieu, avec tous leurs effets, afin d'être plus en sûreté. Le roi, voyant bien que toutes les machines de guerre et tous les assauts ne pourraient le mettre en état de renverser d'une manière quelconque les murailles bâties sur le sommet du rocher, appliqua toute la force de son esprit à chercher d'autres artifices pour parvenir, à quelque prix que ce fût, et quelque peine qu'il dût lui en coûter, à s'emparer de ce nid dont la Normandie est si fière.

« Alors donc le roi donne l'ordre de creuser en terre un double fossé sur les pentes des collines et à travers les vallons (une ligne de contrevallation et de circonvallation), de telle sorte que toute l'enceinte de son camp soit comme enveloppée d'une barrière qui ne puisse être franchie, faisant, à l'aide de plus grands travaux, conduire ces fossés depuis le fleuve jusqu'au sommet de la montagne, qui s'élève vers les cieux, comme en mépris des remparts abaissés sous elle,[58] et plaçant ces fossés à une assez grande distance des murailles (du château) pour qu'une flèche, lancée vigoureusement d'une double arbalète, ne puisse y atteindre qu'avec peine. Puis, entre ces deux fossés, le roi fait élever une tour de bois et quatorze autres ouvrages du même genre, tous tellement bien construits et d'une telle beauté que chacun d'eux pouvait servir d'ornement à une ville, et dispersés en outre de telle sorte qu'autant il y a de pieds de distance entre la première et la seconde tour, autant on en retrouve encore de la seconde à la troisième....

« Après avoir garni toutes ces tours de serviteurs et de nombreux chevaliers, le roi fait en outre occuper tous les espaces vides par ses troupes, et, sur toute la circonférence, disposant les sentinelles de telle sorte qu'elles veillent toujours, en alternant d'une station à l'autre ; ceux qui se trouvaient ainsi en dehors s'appliquèrent alors, selon l'usage des camps, à se construire des cabanes avec des branches d'arbres et de la paille sèche, afin de se mettre à l'abri de la pluie, des frimas et du froid, puisqu'ils devaient demeurer longtemps en ces lieux. Et, comme il n'y

---

[58] Ce passage explique parfaitement l'assiette du camp de Philippe Auguste qui se trouvait en R (fig. 1), précisément au sommet de la colline qui domine la roche Gaillard et qui ne s'y réunit que par cette langue de terre dont nous avons parlé. On voit encore, d'ailleurs, les traces des deux fossés de contrevallation et de circonvallation creusés par le roi.

avait qu'*un seul point* par où l'on pût arriver vers les murailles (du château), en suivant un sentier tracé obliquement et qui formait diverses sinuosités,[59] le roi voulut qu'une double garde veillât nuit et jour et avec le plus grand soin à la défense de ce point, afin que nul ne pût pénétrer du dehors dans le camp, et que personne n'osât faire ouvrir les portes du château ou en sortir, sans être aussitôt ou frappé de mort, ou fait prisonnier.... »

Ruines du château Gaillard. État actuel.

Pendant tout l'hiver de 1203 à 1204, l'armée française resta dans ses lignes. Roger de Lascy, qui commandait dans le château pour Jean sans Terre, fut obligé, afin de ménager ses vivres, de chasser les habitants du petit Andely qui s'étaient mis sous sa protection derrière les remparts de la forteresse. Ces malheureux, repoussés à la fois par les assiégés et les assiégeants, moururent de faim et de misère dans les fossés, au nombre de douze cents.

Au mois de février 1204, Philippe Auguste qui sait que la garnison du château Gaillard conserve encore pour un an de vivres, « impatient en son cœur, » se décide à entreprendre un siège en règle. Il réunit la plus

---

[59] C'est le sentier qui aboutit à la poterne S ; c'était en effet la seule entrée du château Gaillard.

grande partie de ses forces sur le plateau dominant, marqué R sur notre figure (p. 343). De là il fait faire une chaussée pour aplanir le sol jusqu'au fossé en avant de la tour A (p. 347).[60] « Voici donc que du sommet de la montagne jusqu'au fond de la vallée, et au bord des premiers fossés, la terre est enlevée à l'aide de petits boyaux et reçoit l'ordre de se défaire de ses aspérités rocailleuses, afin que l'on puisse descendre du haut jusqu'en bas. Aussitôt un chemin, suffisamment large et promptement tracé à force de coups de hache, se forme à l'aide de poutres posées les unes à côté des autres et soutenues des deux côtés par de nombreux poteaux en chêne plantés en terre pour faire une palissade. Le long de ce chemin les hommes marchent en sûreté, transportent des pierres, des branches, des troncs d'arbres, de lourdes mottes de terre garnies d'un gazon verdoyant, et les rassemblent en monceau pour travailler à combler le fossé....

« Bientôt s'élèvent sur divers points (résultat que nul n'eût osé espérer) de nombreux pierriers et des mangonneaux, dont les bois ont été en peu de temps coupés et dressés, et qui lancent contre les murailles des pierres et des quartiers de roc roulant dans les airs. Et afin que les dards, les traits et les flèches, lancés avec force du haut de ces murailles, ne viennent pas blesser sans cesse les ouvriers et manœuvres, qui, transportant des projectiles, sont exposés à l'atteinte de ceux des ennemis, on construit entre ceux-ci et les remparts une palissade de moyenne hauteur, formée de claies et de pieux unis par l'osier flexible, afin que cette palissade, protégeant les travailleurs, reçoive les premiers coups et repousse les traits trompés dans leur direction. D'un autre côté, on fabrique des tours, que l'on nomme aussi beffrois, à l'aide de beaucoup d'arbres et de chênes tout verts que la doloire n'a point travaillés et dont la hache seule a grossièrement enlevé les branchages ; et ces tours, construites avec les plus grands efforts, s'élèvent dans les airs à une telle hauteur que la muraille opposée s'afflige de se trouver si fort au-dessous d'elles....

« À l'extrémité de la Roche et dans la direction de l'est (sud-est) était une tour élevée (la tour A, fig. 2), flanquée des deux côtés par un mur qui se terminait par un angle saillant au point de sa jonction. Cette muraille se prolongeait sur une double ligne depuis le plus grand des ouvrages avancés (la tour A) et enveloppait les deux flancs de l'ouvrage

---

[60] Cette chaussée est encore visible aujourd'hui.

le moins élevé.⁶¹ Or voici par quel coup de vigueur nos gens parvinrent à se rendre d'abord maîtres de cette tour (A). Lorsqu'ils virent le fossé à peu près comblé, ils y établirent leurs échelles et y descendirent promptement. Impatientés de tout retard, ils transportèrent alors leurs échelles vers l'autre bord du fossé, au-dessous duquel se trouvait la tour fondée sur le roc. Mais nulle échelle, quoiqu'elles fussent assez longues, ne se trouva suffisante pour atteindre au pied de la muraille, non plus qu'au sommet du rocher, d'où partait le pied de la tour. Remplis d'audace, nos gens se mirent à percer alors dans le roc, avec leurs poignards ou leurs épées, pour y faire des trous où ils pussent poser leurs pieds et leurs mains, et, se glissant ainsi le long des aspérités du rocher, ils se trouvèrent tout à coup arrivés au point où commençaient les fondations de la tour.⁶² Là, tendant les mains à ceux de leurs compagnons qui se traînaient sur leurs traces, ils les appellent à participer à leur entreprise, et employant des moyens qui leur sont connus, ils travaillent alors à miner les flancs et les fondations de la tour, se couvrant toujours de leurs boucliers, de peur que les traits lancés sur eux sans relâche ne les forcent à reculer, et se mettent ainsi à l'abri jusqu'à ce qu'il leur soit possible de se cacher dans les entrailles mêmes de la muraille, après avoir creusé au-dessous. Mais ils remplissent ces creux de troncs d'arbres, de peur que cette partie du mur, ainsi suspendue en l'air, ne croule sur eux et ne leur fasse beaucoup de mal en s'affaissant ; puis, aussi tôt qu'ils ont agrandi cette ouverture, ils mettent le feu aux arbres et se retirent en un lieu de

---

⁶¹ Il s'agit ici, comme on le voit, de tout l'ouvrage avancé, dont deux murailles, formant un angle aigu au point de leur réunion avec la tour principale A, vont en déclinant suivant la pente du terrain.
⁶² La fidélité scrupuleuse de la narration de Guillaume ressort pleinement lorsqu'on examine le point qu'il décrit ici. En effet, le fossé est creusé dans le roc, à fond de cuve ; il a dix mètres de large environ sur sept à huit mètres de profondeur. On comprend très bien que les soldats de Philippe Auguste, ayant jeté quelques fascines et des paniers de terre dans le fossé, impatients, aient posé des échelles le long de la contrescarpe et aient voulu se servir de ces échelles pour escalader l'escarpe, espérant ainsi atteindre la base de la tour ; mais il est évident que le fossé devait être comblé en partie du côté de la contrescarpe, tandis qu'il ne l'était pas encore du côté de l'escarpe, puisqu'il est taillé à fond de cuve ; dès lors, les échelles qui étaient assez longues pour descendre ne l'étaient pas assez pour remonter de l'autre côté. L'épisode des trous creusés à l'aide de poignards sur les flancs de la contrescarpe n'a rien qui doive surprendre, le rocher étant une craie mêlée de silex. Une saillie de 60 centimètres environ qui existe entre le sommet de la contrescarpe et la base de la tour a pu permettre à de hardis mineurs de s'attacher aux flancs de l'ouvrage. Encore aujourd'hui, le texte de Guillaume à la main, on suit pas à pas toutes les opérations de l'attaque, et pour un peu on retrouverait encore les trous percés dans la craie par ces braves pionniers lorsqu'ils reconnurent que leurs échelles étaient trop courtes pour atteindre le sommet de l'escarpe.

sûreté. » Les étançons brûlés, la tour s'écroule en partie. Roger, désespérant alors de s'opposer à l'assaut, fait mettre le feu à l'ouvrage avancé et se retire dans la seconde enceinte. Les Français se précipitent sur les débris fumants de la brèche, et un certain Cadoc, chevalier, plante le premier sa bannière au sommet de la tour à demi renversée. Le petit escalier de cette tour, visible dans notre plan, date de la construction première ; il avait dû, à cause de sa position enclavée, rester debout. C'est probablement par là que Cadoc put atteindre le parapet resté debout.

Mais les Normands s'étaient retirés dans le château séparé de l'ouvrage avancé par un profond et large fossé. Il fallait entreprendre un nouveau siège, « Jean avait fait construire l'année précédente une certaine maison, contiguë à la muraille et placée du côté droit du château, en face du midi.[63] La partie inférieure de cette maison était destinée à un service qui veut toujours être fait dans le mystère du cabinet,[64] et la partie supérieure, servant de chapelle, était consacrée à la célébration de la messe : là il n'y avait point de porte au dehors, mais en dedans (donnant sur la cour) il y en avait une par où l'on arrivait à l'étage supérieur et une autre qui conduisait à l'étage inférieur. Dans cette dernière partie de la maison était une fenêtre prenant jour sur la campagne et destinée à éclairer les latrines. » Un certain Bogis,[65] ayant avisé cette fenêtre, se glissa le long du fond du fossé, accompagné de quelques braves compagnons, et s'aidant mutuellement, tous parvinrent à pénétrer par cette ouverture dans le cabinet situé au rez-de-chaussée. Réunis dans cet étroit espace, ils brisent les portes ; l'alarme se répand parmi la garnison occupant la basse-cour, et croyant qu'une troupe nombreuse envahit le bâtiment de la chapelle, les défenseurs accumulent des fascines et y mettent le feu pour arrêter l'assaillant ; mais la flamme se répand dans la seconde enceinte du château, Bogis et

---

[63] C'est le bâtiment H tracé sur notre plan.
[64] C'étaient les latrines ; dans son histoire en prose, l'auteur s'exprime ainsi : *Quod quittem religioni contrarium videbatur*. Les latrines étaient donc placées sous la chapelle, et leur établissement, du côté de l'escarpement, n'avait pas été suffisamment garanti contre une escalade, comme on va le voir. Les latrines jouent un rôle important dans les attaques des châteaux par surprise.
[65] [« Nous sommes bien tenté, dit M. H.-Fr. Delaborde (*Œuvres de Rigord et de Guillaume le Breton*, II, Paris, 1885, p. 205), d'identifier ce brave sergent avec un certain Raoul Bogis, à qui le roi de France donna, précisément vers cette époque, un fief de chevalier, *propter servicium quod ipse nobis fecit*. En ce cas, Bogis aurait été anobli pour sa vaillante conduite.
Quant au nom ou plutôt au surnom de ce personnage, la Chronique nous apprend qu'il lui avait été donné par plaisanterie, *a brevitate nasi*. Bogis signifiait alors *camus*. »]

ses compagnons passent à travers le logis incendié et vont se réfugier dans les grottes marquées G sur notre plan. Roger de Lascy et les défenseurs, réduits au nombre de cent quatre-vingts, sont obligés de se réfugier dans la dernière enceinte, chassés par le feu. « À peine cependant la fumée a-t-elle un peu diminué que Bogis, sortant de sa retraite et courant à travers les charbons ardents, aidé de ses compagnons, coupe les cordes et abat, en le faisant rouler sur son axe, le pont mobile qui était encore relevé,[66] afin d'ouvrir un chemin aux Français pour sortir par la porte. Les Français donc s'avancent en hâte et se préparent à assaillir la haute citadelle dans laquelle l'ennemi venait de se retirer en fuyant devant Bogis.

« Au pied du rocher par lequel on arrivait à cette citadelle était un pont taillé dans le roc vif,[67] que Richard avait fait ainsi couper autrefois, en même temps qu'il fit creuser les fossés. Ayant fait glisser une machine sur ce pont, les nôtres vont, sous sa protection, creuser au pied de la muraille. De son côté, l'ennemi travaille aussi à pratiquer une contre-mine, et ayant fait une ouverture, il lance des traits contre nos mineurs et les force ainsi à se retirer. Les assiégés cependant n'avaient pas tellement entaillé leur muraille qu'elle fut menacée d'une chute ; mais bientôt une catapulte lance contre elle d'énormes blocs de pierre. Ne pouvant résister à ce choc, la muraille se fend de toutes parts, et, crevant par le milieu, une partie du mur s'écroule. » Les Français s'emparent de la brèche, et la garnison, trop peu nombreuse désormais pour défendre la dernière enceinte, enveloppée, n'a même pas le temps de se réfugier dans le donjon et de s'y enfermer. C'était le 6 mars 1204. C'est ainsi que Philippe Auguste s'empara de ce château, que ses contemporains regardaient comme imprenable.

Si nous avons donné à peu près en entier la description de ce siège mémorable écrit par Guillaume le Breton, c'est qu'elle met en évidence un fait curieux dans l'histoire de la fortification des châteaux. Le château Gaillard, malgré sa situation, malgré l'habileté déployée par Richard dans les détails de la défense, est trop resserré ; les obstacles accumulés sur un petit espace devaient nuire aux défenseurs en les empêchant de se porter en masse sur le point attaqué. Richard avait abusé des retranchements, des fossés intérieurs ; les ouvrages

---

[66] C'est le pont marqué sur notre plan et communiquant de l'ouvrage avancé à la basse-cour E.
[67] C'est le pont L.

amoncelés les uns sur les autres servaient d'abri aux assaillants qui s'en emparaient successivement ; il n'était plus possible de les déloger ; en se massant derrière ces défenses acquises, ils pouvaient s'élancer en force sur les points encore inattaqués, trop étroits pour être garnis de nombreux soldats. Contre une surprise, contre une attaque brusque tentée par un corps d'armée peu nombreux, le château Gaillard était excellent ; mais contre un siège en règle dirigé par un général habile et soutenu par une armée considérable et bien munie d'engins, ayant du temps pour prendre ses dispositions et des hommes en grand nombre pour les mettre à exécution sans relâche, il devait tomber promptement, du moment que la première défense était forcée ; c'est ce qui arriva. Il ne faut pas moins reconnaître que le château Gaillard n'était que la citadelle d'un vaste ensemble de fortifications étudié et tracé de main de maître ; que Philippe Auguste armé de toute sa puissance avait dû employer huit mois pour le réduire, et qu'enfin Jean sans Terre n'avait fait qu'une tentative pour le secourir. Du vivant de Richard, l'armée française, harcelée du dehors, n'eût pas eu le loisir de disposer ses attaques avec cette méthode ; elle n'aurait pu conquérir cette forteresse importante, le boulevard de la Normandie, qu'au prix de bien plus grands sacrifices, et peut-être eût-elle été obligée de lever le siège du château Gaillard avant d'avoir pu entamer ses ouvrages extérieurs. Dès que Philippe se fut emparé de ce point stratégique si bien choisi par Richard, Jean sans Terre ne songea plus qu'à évacuer la Normandie, ce qu'il fit peu de temps après, sans même tenter de garder les autres forteresses qui lui restaient encore en grand nombre dans sa province, tant l'effet moral produit par la prise du château Gaillard fut décisif.[68]

> E. Viollet-le-Duc, *Dictionnaire raisonné de l'architecture française du onzième au seizième siècle*, t. III, Paris, in-8°, A. Morel, 1859.

---

[68] Le château Gaillard fut réparé par Philippe Auguste après qu'il s'en fut emparé, et il est à croire qu'il améliora même certaines parties de la défense. Il supprima, ainsi qu'on peut encore aujourd'hui s'en assurer, le massif de roche réservé au milieu du fossé de la dernière enceinte elliptique et supportant le pont, ce massif ayant contribué à la prise de la porte de cette enceinte.

II — LA BATAILLE DE BOUVINES

...L'ennemi avait le droit de compter sur la victoire. Otton, venu *cum paucis militibus* (une cinquantaine de chevaliers allemands), n'avait sous ses ordres immédiats que quelques milliers d'hommes, cavaliers et fantassins de Lorraine, de Limbourg, de Namur et de Brabant ; mais Salisbury commandait à une trentaine de mille hommes. Quant à la Flandre, sans parler de ses cavaliers de fiefs et de communes, elle « avait versé par les larges portes de ses cités » de Gand, d'Ypres, de Bruges, d'Oudenarde, de Courtrai, etc., une fourmilière énorme de 40 000 fantassins.

Au roi Philippe, la noblesse et les communes du domaine royal, les vassaux de France et leurs communes avaient donné environ 25 000 hommes. Nous allions combattre un contre trois.

*
* *

Philippe ne marcha pas sur Valenciennes où l'ennemi l'attendait, couvert par des forêts marécageuses. C'est par l'infanterie surtout que les coalisés l'emportaient sur le roi, et il savait combien était redoutable la milice flamande, quand elle se trouvait bien retranchée. Il avait mis tout son espoir en sa chevalerie et en sa cavalerie. « Que les Teutons combattent à pied, dit un des poètes qui ont chanté la bataille ; toi, Français, combats toujours à cheval. »

Tu, Gallice, pugna,
Semper eques...

Au lieu de se diriger au sud-ouest, vers Valenciennes, il fait une pointe au nord-ouest, jusqu'à Tournai, comme s'il voulait passer l'Escaut et prendre ainsi les Impériaux à revers. Otton s'ébranle vers Tournai. Philippe aussitôt bat en retraite sur Péronne, sachant bien ce qu'il faisait, voulant attirer l'ennemi sur un champ favorable, car il avait résolu de se battre « en plaine à plat, à découvert ». L'ennemi le suit.

Le 27 juillet, l'avant-garde française, composée surtout de milices que précédait l'oriflamme, avait franchi le pont de Bouvines, sur la Marque. La journée était belle et le soleil de midi flamboyait. Le roi se délassait un moment, et mangeait au pied d'un frêne, tout près d'une église dédiée à saint Pierre, quand des messagers accoururent, annonçant à grandes clameurs que l'ennemi arrivait, et qu'il avait engagé l'action contre l'arrière-garde qui pliait.

Philippe se lève, embrasse à grands bras les chevaliers de sa maison, Montmorency et Guillaume des Barres, et Michel de Harnes, et Mauvoisin, et Gérard la Truie, celui-ci venu de Lorraine tout exprès pour combattre les Allemands. Puis, le roi entre dans l'église. Il n'est pas vrai qu'il déposa sa couronne sur l'autel pour l'offrir au plus vaillant, car le roi de France était, par profession, le plus vaillant, et sa couronne ne lui appartenait pas. Dieu l'avait commise à Hugues de France et à la race qui sortirait des reins de ce prince jusqu'à la consommation des siècles.

Aussi bien n'était-ce pas le temps de discourir. Le roi pria brièvement. Je voudrais bien qu'il eût dit la prière que lui prête un chantre français de la bataille, car elle est bien jolie : « Seigneur, je ne suis qu'un homme, mais je suis roi de France ! Vous devez me garder, sans manque. Gardez-moi et vous ferez bien. Car par moi vous ne perdrez rien. Or donc, chevauchez, je vous suivrai, et partout après vous j'irai.... »

Il sort de l'église, « rayonnant de joie, comme si on l'eût invité à une noce ». Il monte à cheval, et, « haut sur son haut destrier, » se précipite dans l'avant-garde ennemie, qu'il arrête par son choc. Après quoi, il retourne vers les siens, qui se mettent en bataille.

Les deux armées s'allongent l'une en face de l'autre. On n'entend pas un mot :

L'un ost ne l'autre mot ne sonne....

Philippe adresse aux siens un petit sermon. Il leur dit que toute sa foi est en Dieu, qu'Otton, excommunié par le seigneur pape, ne peut manquer d'être vaincu : « Nous, nous sommes chrétiens, nous jouissons de la communion et de la paix de Sainte Église... Dieu, malgré nos péchés, nous accordera la victoire sur ses ennemis et sur les nôtres. » Les chevaliers lui demandent sa bénédiction. Le roi, élevant la main, les bénit. Les trompes sonnent « à grans alaines et alonges ». Le chapelain placé derrière Philippe entonne avec son clerc le psaume : « Béni soit le Seigneur, qui est ma force et qui instruit mes mains au combat » ; puis le : « Seigneur, le roi se réjouira en votre force ». Jusqu'à la fin, « ils chantèrent comme ils purent, car les larmes s'échappaient de leurs yeux et les sanglots se mêlaient à leurs chants ».

Ainsi parle le propre chapelain de Philippe, Guillaume le Breton, qui nous a conté la bataille en prose et en vers. Mais quelles scènes à tenter les artistes de la commémoration de Bouvines ! Quel geste que celui de la bénédiction par un roi qui est à la fois prêtre et chevalier, Moïse et Aaron !

*
* *

La bataille dura de midi jusqu'au soleil couché. Elle fut très belle.

Les fronts adverses s'étendaient tout voisins l'un de l'autre, l'aile gauche française et l'aile droite ennemie vers la Marque, la première gardant le pont de Bouvines.

À notre aile gauche étaient Dreux et son frère Philippe, évêque de Beauvais ; puis Nivelle et Saint-Waléry. À l'aile droite impériale, Boulogne et Boves, deux vassaux traîtres au roi de France, puis Audenarde et Salisbury. À notre droite, Champagne, Montmorency, Bourgogne, Saint-Pol, Beaumont, Melun et Guérin, l'évêque de Senlis ; en face, Flandre. Aux deux centres, Philippe et Otton.

Sur tous les points, excepté à notre aile droite et à l'aile gauche ennemie, où il n'y avait que de la cavalerie, l'infanterie était rangée devant les chevaux, en masse trois fois plus profonde chez les Impériaux que chez les Français.

Près de Philippe, Montigny, un chevalier pauvre mais vaillant (c'est la vaillance et la force corporelle qui importaient) levait la bannière rouge fleurdelisée. Près d'Otton, sur un char doré, se dressait un pal, autour duquel s'entortillait un dragon, ouvrant une large gueule et dont la queue et les ailes se gonflaient et s'agitaient au moindre souffle ; au-dessus du monstre planait l'aigle de l'empire aux ailes d'or.

Otton apercevait la bannière rouge, et Philippe l'aigle d'or. Aucun obstacle entre les deux armées ; elles allaient se heurter poitrine contre poitrine, sous le grand soleil. Philippe avait le champ de bataille désiré ; c'était comme dit le bon chapelain, un bien bel endroit pour se tuer : *dignus cæde locus*.

La journée fut commandée, non par le roi, mais, comme nous dirions aujourd'hui, par son chef d'état-major général, Guérin de Montaigu, un religieux, frère profès de l'Ordre du Temple, évêque de Senlis, une des meilleures têtes de France et le principal conseiller de la couronne. Guérin ne tira point l'épée, puisque l'Église défend de verser le sang ; mais il plaça les troupes, exhorta les chefs et les soldats, leur parlant de Dieu et du roi, de leur foi et de leur vaillance, et de l'honneur de la nation.

Guérin était un vrai général, qui trouva un bon plan sur le terrain même : l'aile gauche et le centre devaient tenir ferme, pendant que l'aile droite attaquerait Ferrand, et, après l'avoir défait, se précipiterait sur le centre ennemi.

Otton, au contraire, cédant à la colère, « qui conseille mal sur le champ de bataille, » voulait jeter sur le centre français les plus grandes forces possibles empruntées à toute sa ligne, et s'y porter lui-même pour saisir le roi mort ou vif, car cet empereur d'Allemagne disait : « Si le roi de France n'existait pas, nous n'aurions à redouter sur terre aucun ennemi. »

Notre armée était mieux commandée que la sienne et plus mobile. Elle était formée par sections qui se déplaçaient aisément et combinaient avec rapidité les troupes à pied et les troupes à cheval. Notre cavalerie échelonnée allait combattre à tour de rôle, pendant que celle de l'ennemi donnerait en masse toute la journée. Si peu nombreux que nous fussions, nous avions des troupes de soutien. Les nôtres enfin étaient plus adroits dans l'escrime à cheval. Ils avaient le coup d'œil plus prompt et la résolution plus claire. Pour la bravoure, les adversaires se valaient.

Sur le fond de la grande mêlée se détachent des épisodes héroïques.

À notre droite, Champagne arrête Flandre par une charge furieuse, au moment où celui-ci, pour obéir à l'ordre d'Otton, se porte contre le centre français. L'aile gauche ennemie, affaiblie par le départ de Ferrand, est assaillie par Bourgogne, Saint-Pol, Montmorency, Beaumont et Melun. Ici, Saint-Pol est le héros de la journée. Il traverse la chevalerie flamande, à fond de train, ne s'engage pas ; arrivé derrière les lignes, il forme en demi-cercle ses cavaliers, et charge à revers sur un autre point enveloppant dans cette courbe les ennemis qu'il culbute. Puis il se repose et recommence. Après une de ces charges, il aperçoit un de ses chevaliers retenu dans les rangs des Flamands. Il se penche sur son cheval dont il embrasse le cou à deux bras, presse la bête à grands coups d'éperon, rompt le cercle qui entoure son homme, se redresse, tire l'épée, frappe, dégage le chevalier et rejoint son poste de repos, accablé de coups, mais invulnérable sous son armure.

Cependant, au centre, le roi de France est en grand péril. L'énorme masse des piétons flamands pénètre en coin à travers les milices françaises et s'approche de Philippe, que l'empereur s'apprête à charger. Alors, pendant que le roi, avec une partie des siens, tient tête aux communiers, Guillaume des Barres et d'autres chevaliers, traversant ou tournant l'infanterie flamande vont se placer derrière elle, face à Otton qui la suit. Étrange mêlée ! Philippe avait devant lui les fantassins flamands, au-delà Guillaume des Barres, qui lui tournait le dos et chargeait Otton.

Le roi de France bouscule la piétaille pour rejoindre ses chevaliers, mais cette foule l'arrête. Avec ses lances, pointues comme une alène ou armées d'un crochet saillant, elle fait le siège de Philippe,—car un chevalier était une fortification qui marchait et combattait.

Le roi tenait bon, solide en selle, n'inclinant ni à droite ni à gauche, frappant, tuant, avançant toujours. Mais le crochet d'une pique a pénétré sous le menton et s'est pris dans les mailles du haubert. Philippe, pour l'arracher, tire, se penche en avant ; une poussée le fait tomber sous son cheval. Les piques et toutes les armes s'abaissent sur lui. « Ainsi, dit le chapelain qui sans doute ne chantait plus, le roi étendu sur une place indigne de lui, n'y pût même jouir du repos qu'on trouve à être couché. »

Heureusement l'étoffe de fer est très solide. Les pointes roturières ne trouvent pas le chemin de la vie du roi de France. L'escorte de Philippe fait un effort suprême ; Montigny agite la bannière. Tous appellent à la rescousse Guillaume des Barres par le cri : « Aux Barres ! aux Barres ! » Quand Guillaume des Barres « oï tex paroles », il laissa une partie de ses chevaliers devant Otton, se jeta sur les Flamands qu'il prit à revers, et arriva auprès du roi. Philippe s'était relevé « par la force qui lui était naturelle » ; il se remit en selle. Dès lors, ce fut un immense massacre de cette infanterie débandée. Jusqu'au soir, Philippe et ses chevaliers tuèrent et tuèrent ces vilains, qui avaient osé s'attaquer à la personne sacrée du roi de France.

Guillaume des Barres a regagné son poste devant Otton. Il s'acharne contre l'empereur avec Pierre Mauvoisin et Gérard la Truie. Pierre a saisi la bride du cheval impérial. Gérard la Truie frappe Otton en pleine poitrine d'un coup qui s'émousse ; il redouble, mais le cheval, qui fait un mouvement de tête, reçoit la pointe dans l'œil, se lève sur les pieds de derrière, dégage sa bride, tourne et s'emporte. Guillaume le suit à fond de train. Le cheval d'Otton s'abat, tué par sa blessure ; un des hommes de l'empereur lui donne le sien, mais Guillaume l'a rejoint. Déjà il avait saisi l'empereur par derrière, enfonçant ses doigts vigoureux entre le casque et le cou, quand un des Allemands frappe au flanc le cheval du Français, qui tombe à terre.

Ainsi fut sauvé des mains du plus redoutable jouteur de la chrétienté Otton, l'empereur excommunié, mais le péril lui avait fait perdre l'esprit. « Et s'en alla li empereires en Allemaigne, » dit un chroniqueur. Otton continua de courir, en effet, et ne s'arrêta qu'à Valenciennes. Quant à Guillaume, presque seul en arrière des lignes ennemies, entouré, harcelé, il fait front partout, jusqu'à ce qu'il soit délivré par une charge du sire de Saint-Waléry.

La fuite d'Otton n'arrêta point la lutte. Chevaliers d'Allemagne et chevaliers de France s'embrassèrent en étreintes mortelles. Jetés bas par leurs chevaux éventrés, ils s'empoignaient. C'étaient des corps à corps sans nombre, car il n'y avait plus d'espace pour les coups d'épée. Un géant parmi les chevaliers de France, Étienne de Longchamp, « homme aux membres immenses, qui ajoutait la vigueur à son immensité et l'audace à sa force, » saisissait les Allemands par le cou ou par les reins et, sans blessure, les tuait. Un de ses adversaires, près d'expirer, enfonça son fer dans la petite « fenêtre » du heaume d'Étienne. Ils tombèrent l'un sur l'autre, morts à quelques pas du roi de France qui les regardait.

Avant la fin de la journée, la plupart des Allemands étaient pris. Au centre de la bataille, l'ennemi, sans direction, combattait sans espoir.

*
* *

À notre gauche, la journée fut un moment compromise. Le comte de Dreux, qui était le plus proche du centre, fut assailli par le traître Boulogne. Celui-ci avait fait de son infanterie rangée en cercle une forteresse, qui s'ouvrait pour laisser passer ses charges, le recueillait au retour et se refermait, piques baissées.

Plus loin, à notre extrême gauche, Ponthieu avait affaire à Salisbury et à son infanterie. Là se trouvaient les plus redoutables des fantassins, les Brabançons. Ponthieu s'usa contre leurs piques, qui éventrèrent ses chevaux. Salisbury le mit alors en tel désordre qu'il eût pu s'emparer du pont de Bouvines.

C'est sans doute à ce moment que les sergents à masse, gardes du corps du roi, qui étaient chargés de la défense du pont, promirent à Notre-Dame de lui bâtir une belle église si elle daignait leur être secourable. Mais Salisbury laisse Ponthieu se défendre contre les Brabançons « avec ses pieds et avec ses mains », l'épée des chevaliers démontés ne pouvant rien contre les piques. Ponthieu sera enfin délivré de ces communiers par ses propres communes. Quant à l'Anglais, il se tourne vers le comte de Dreux, qui est toujours aux prises avec Boulogne. Il va le prendre en flanc, mais l'évêque de Beauvais voit le péril du comte son frère.

Ce prélat, à sa façon, observait les lois de Sainte Église. Comme Guérin de Senlis, il ne portait pas l'épée, qui verse le sang : il tenait une masse d'armes et son bras était assez fort pour la lever, l'abaisser, la relever et l'abaisser encore. Chaque coup tombait comme un boulet, broyant un crâne ; la masse d'armes agissait comme le canon, un canon qui avait un mètre de portée. Le fort évêque cassa ainsi, selon le mot de l'Écriture, la tête de beaucoup, entre autres celle de Salisbury, « qu'il envoya jeter sur la terre le dessin de son long corps ».

Après cette charge de l'évêque et de ses chevaliers, les Anglais, affolés, disparurent. À notre gauche, Boulogne seul tenait encore dans sa tour vivante, d'où partaient ses sorties furieuses.

La victoire enfin se décida, là où les Français avaient pris l'offensive, à l'aile droite.

Saint-Pol et Montmorency, quand ils ont exterminé l'extrême aile gauche impériale, se joignent contre Ferrand à Champagne et à Bourgogne. Ferrand ne s'était pas reposé, pas une minute ! Criblé de coups, blessé, assailli par trois adversaires, il se rend « hors de souffle, à force d'avoir combattu ». Tous les siens furent tués ou pris, hormis ceux qui honteusement s'enfuirent.

Ce fut alors, sur tout le champ de bataille, la débandade de l'ennemi.

Guillaume, le chapelain, voit se confondre dans la panique Ardennais, Saxons, Allemands, Flamands et Anglais. Au centre demeurent sept cents piétons de Brabant, ferme épave de cette infanterie qui avait pénétré jusqu'au roi Philippe, reste d'un massacre qui avait duré tout le jour. Chargés par Saint-Waléry, ils sont tués jusqu'au dernier.

Le soleil descendait vers l'Océan. Ses derniers rayons éclairèrent un spectacle superbe. De tous les ennemis de Philippe, un seul, « les flancs découverts par la déroute, » continuait à se battre : c'était Boulogne. Les Français, oubliant sa trahison, admiraient le héros désespéré « dont la bravoure innée attestait la naissance française ». Le bon chapelain décrit ce personnage « fantastique », qui se détachait sur ce fond de soleil couchant : Boulogne, dont l'épée avait été brisée, tenait un frêne dans sa main. Sur son heaume se dressaient deux noirs fanons de baleine.

Le roi envoie contre lui trois mille cavaliers qui le coupent de sa retraite vers la tour vivante. Celle-ci est bientôt détruite. L'escorte de Boulogne, assaillie de toutes parts, se disperse. Dans le champ immense, « bouillonnant de fuyards », le comte ne garde plus auprès de lui que cinq fidèles. Une idée folle lui passe par la tête. Il pique vers le roi, résolu à mourir en le tuant. Mais Pierre de La Tournelle se glisse sous son cheval, qu'il frappe d'un coup de poignard. Boulogne gît sur le dos, la cuisse droite sous son cheval mort. Plusieurs se précipitent pour le prendre ; il se débat. Un valet, du nom de Cornu, lui enlève son casque, lui laboure le visage de son couteau, dont il essaye ensuite de faire passer la pointe sous les pans du haubert. Mais l'évêque de Senlis survient, et Boulogne, qui le reconnaît, se rend à lui. Ce n'est qu'une feinte : le prisonnier aperçoit un groupe de cavaliers, commandé par Audenarde, qui s'efforce de pénétrer jusqu'à lui. Pour atteindre son libérateur, il fait semblant de ne pouvoir se tenir debout ; mais ses gardiens l'accablent de coups, le forcent à monter sur un roussin et l'emmènent, pendant que Gérard la Truie met la main sur Audenarde.

C'était fini, et le soleil pouvait se coucher.

E. Lavisse, La bataille de Bouvines, Paris, typ. G. Née, s. d., in-12.

III — LOUIS IX ET L'ÉGLISE

On a longtemps attribué à Louis IX, sous le nom de Pragmatique, une soi-disant ordonnance, datée du mois de mars 1269, qui aurait prohibé les collations irrégulières (art. 1), la simonie (art. 3), et interdit les tributs onéreux que percevait la cour de Rome sur le clergé du royaume (art. 5). Cet acte est faux : il a été fabriqué au XVe siècle, par des gens qui n'étaient pas au courant des formules en usage dans la chancellerie des Capétiens directs, en vue de donner à la Pragmatique Sanction de Charles VII un précédent vénérable. Mais, s'ils ont eu raison d'en contester, pour des raisons diplomatiques, l'authenticité, certains historiens ont eu tort d'y dénoncer, en outre, des invraisemblances historiques. La Pragmatique, disent-ils, est fausse, car elle suppose l'existence en 1269 des collations irrégulières et de la simonie, tandis que ces abus n'existaient pas encore à cette date ; elle est fausse, car il y est dit que des diocèses sont misérablement appauvris par les levées d'argent faites au profit de la cour de Rome, alors que ces collectes étaient inconnues au XIIIe siècle ; elle est fausse, enfin, car elle suppose chez son auteur « une vigoureuse indépendance vis-à-vis du Saint-Siège qui répugne absolument au caractère de Louis IX ». —Nous savons que le caractère de Louis IX n'était nullement celui que des modernes, mal informés, lui ont prêté, d'après les hagiographes. Il est très facile de montrer que les autres arguments des adversaires de la Pragmatique sont aussi ruinés par les faits.

C'est, en effet, au XIIIe siècle que se posa clairement en Occident ce redoutable problème des droits du siège apostolique sur les biens des églises locales, qui était encore pendant sous Charles VII. —La propriété des biens ecclésiastiques, dont les églises locales avaient la jouissance, appartenait-elle au pape, à Dieu, à l'Église universelle, aux pauvres ? La théorie s'était formée à Rome que ces biens faisaient partie du patrimoine pontifical, et que le pape avait, par conséquent, le droit d'en disposer, d'en imposer les détenteurs. Au synode de Londres, en 1256, un collecteur pontifical déclara expressément que « toutes les églises sont au pape, *Omnes ecclesiæ sunt domini papæ* ». Par là se trouvaient lésés à la fois les clercs, menacés de charges pécuniaires, et les patrons laïques, les seigneurs, les rois, qui, de leur côté, se considéraient, à titre de représentants des anciens fondateurs des églises, comme autorisés à profiter de leurs richesses, en cas de nécessité, et qui ne pouvaient voir, en tout cas, avec plaisir, l'argent des clercs émigrer dans les coffres des Romains. Clercs, rois et seigneurs avaient laissé cependant s'introduire, depuis le temps d'Innocent III, sans en accepter, il est vrai, le principe juridique, la coutume des exactions pontificales : les papes taxèrent d'abord les églises, avec le consentement des princes et des prélats, pour les besoins de la Terre Sainte, de la Croisade, des Latins de Constantinople ; ils les taxèrent ensuite pour les besoins de leur lutte contre les Hohenstauffen et de leur politique en général. En France, le clergé s'était d'abord prêté docilement à cette extension des droits du pape ; le cardinal de Palestrina, légat de Grégoire IX, lui avait extorqué de grosses sommes ; Innocent IV, dès son arrivée à Lyon, avait reçu des abbés de Cîteaux et de Cluny, d'Eudes Clément, abbé de Saint-Denis, et de l'archevêque de

Rouen, des libéralités considérables. Le pape était dès lors si persuadé de ses droits de réquisition sur l'Église de France qu'en mai 1247 il avait écrit à l'archevêque de Narbonne, à l'abbé de Vendôme et sans doute à d'autres prélats, pour leur demander, non plus seulement de l'argent, mais des soldats, qui l'aidassent à repousser les agressions de l'empereur. Le clergé anglais, traité par Innocent IV de la même manière, protestait vivement. Un très précieux document, que Mathieu de Paris, en le transcrivant à la fin de sa Chronique, a préservé de la destruction, nous apprend ce que le gouvernement de Louis IX pensa de ces nouveautés.

Saint Louis, d'après une statuette en bois du musée de Cluny.

Six mois après la publication du manifeste des barons de France contre le clergé, le 2 mai 1247, les évêques de Soissons et de Troyes, au nom des prélats, l'archidiacre de Tours et le prévôt de la cathédrale de Rouen, au nom des chapitres et du clergé inférieur, et le maréchal de France Ferri Pasté, au nom du roi, exposèrent à Innocent IV, en présence de sa cour, les griefs suivants : le Saint-Siège usurpait la juridiction des ordinaires ; il inondait le royaume d'Italiens qu'il pourvoyait, au détriment des nationaux, de pensions et de bénéfices ;

ses demandes d'argent, les exactions de ses agents ruinaient les églises locales. La réponse du pape fut vague : il était prêt à révoquer en temps et lieu les abus commis, s'il y avait eu de la part de l'Église de récentes usurpations, ce que toutefois il ne croyait pas, mais il ne changerait rien aux droits dont il était en possession *vel quasi*. C'était le temps où Louis IX s'apprêtait à protéger la personne d'Innocent contre les entreprises de Frédéric II : on a conjecturé (car les archives du XIIIe siècle sont si mutilées que la chronologie des événements les plus importants est incertaine), on a conjecturé qu'il profita de cette circonstance, où le pape était son obligé, pour lui adresser des représentations sévères. Mécontent de la réponse faite à Ferri Pasté, il envoya d'autres personnes, dont les noms sont inconnus, qui, probablement au mois de juin, réitérèrent en ces termes les plaintes du mois de mai : « Le roi notre maître, déclarèrent ces officiers, a longtemps supporté, à grand'peine, le tort qu'on fait à l'Église de France, et par conséquent à lui-même, à son royaume. De peur que son exemple ne poussât les autres souverains à prendre contre l'Église romaine une attitude hostile, il s'est tu, en prince chrétien et dévoué... ; mais, voyant aujourd'hui que sa patience reste sans effet, que chaque jour amène de nouveaux griefs, après en avoir longtemps délibéré, il nous a envoyés vous exposer ses droits et vous faire part de ses avis. » Récemment, les barons, « au colloque de Pontoise », ont reproché au roi de laisser détruire son royaume ; « leur émotion a gagné toute la France, où le dévouement traditionnel à l'Église romaine est prêt de s'éteindre, et de faire place à la haine. Que se passera-t-il dans les autres pays, si le Saint-Siège perd l'affection de ce peuple, naguère fidèle entre tous ? Déjà les laïques n'obéissent à l'Église que par crainte du pouvoir royal. Quant aux clercs, Dieu sait, et chacun sait, de quel cœur ils portent le joug qu'on leur impose. Cet état si grave tient à ce que le pape donne au monde le spectacle de choses nouvelles, extraordinaires. »—Ces choses, l'homme du roi les énumère dans un discours nourri de faits précis, semé de maximes générales et d'apophtegmes historiques : « Il est inouï de voir le Saint-Siège, chaque fois qu'il se trouve dans le besoin, imposer à l'Église de France des subsides, des contributions prises sur le temporel, quand le temporel des églises, même si l'on s'en rapporte au droit canon, ne relève que du roi, ne peut être imposé que par lui. Il est inouï d'entendre par le monde cette parole : « Donnez-moi tant, ou je vous excommunie.... » L'Église [de Rome], qui n'a plus le souvenir de sa simplicité primitive, est étouffée par ses richesses, qui ont produit dans son sein l'avarice, avec toutes ses conséquences. Ces exactions se commettent aux frais de l'ordre sacerdotal, qui toujours, même chez les Égyptiens et les anciens Gaulois, a été exempt de toutes prestations. Ce système a été pour la première fois mis en pratique par le cardinal-évêque de Préneste, qui, lors de sa légation en France, a imposé des procurations pécuniaires à toutes les églises du royaume ; il faisait venir un à un les ecclésiastiques, et, après leur avoir arraché la promesse d'être discrets, il disait : « Je vous ordonne de payer telle somme à l'ordre du pape, dans tel délai, à tel endroit, et sachez que faute de cela, vous serez excommunié ». Le roi, qui en fut informé, le manda et lui fit promettre de renoncer à ces procédés.... Mais, depuis qu'Innocent est venu habiter Lyon, les abus ont recommencé[69]... Alors que tous les membres du clergé français rivalisaient de zèle, comme c'était leur devoir, le pape a envoyé en France un nonce qui s'est mis à imiter en tout le cardinal de Préneste. Le roi s'est opposé à ces nouvelles exactions, puis il a engagé son clergé à se soumettre, par pure générosité, au subside pour l'Empire d'Orient et au dixième de Terre Sainte. Depuis lors les envoyés pontificaux sont revenus ; le pape a écrit au clergé de lui envoyer des troupes [pour l'aider contre l'Empereur][70]... En ce moment même, les frères Mineurs font, pour leur compte, une nouvelle collecte : en Bourgogne, ils ont été jusqu'à convoquer les chapitres des cathédrales et les évêques eux-mêmes, et à leur enjoindre de verser, dans la quinzaine de Pâques, le septième de tous leurs revenus ecclésiastiques... ; ailleurs, c'est le cinquième qu'on exige.... Le roi ne peut tolérer que l'on dépouille ainsi les églises de son royaume, fondées par ses ancêtres... ; il entend, en effet, se réserver, *pro sua et regni sui necessitate*, leurs trésors, dont il est libre d'user comme de ses propres biens.[71] »—Voilà pour les exactions de Rome. Le mémoire insiste ensuite, avec autant de véhémence, sur l'avidité personnelle des envoyés pontificaux qui parcourent le royaume, et sur les collations de bénéfices que le Saint-Siège se permet : « Les églises sont appauvries

---

[69] Comparer un mémoire de Louis IX à ses envoyés près du Saint-Siège, au temps d'Alexandre IV : « Lorsque la prochaine promotion [de cardinaux] se fera, le roi supplie et requiert que l'on élève à cette dignité des hommes passionnés pour le service de Dieu et pour le salut des âmes, ennemis de la cupidité, *qui avariciam detestentur*. Ils doivent, en effet, donner à tous les prélats de l'Église le modèle de l'honneur et de la sainteté chrétienne.

[70] Ici le mémoire ajoute durement : « D'abord les églises n'ont pas de troupes, et si elles en avaient, quels soldats! D'ailleurs on ne sait même pas si l'Empereur viendra et, à supposer qu'il vint, il faudrait préférer aux conseils des hommes le conseil de Dieu, qui a dit : « S'ils vous persécutent dans une ville, réfugiez-vous dans une autre. »

[71] On s'étonne de voir déclarer incidemment par le représentant de Louis IX qu'il y a peu de temps encore les rois de France conféraient à leur gré, *in camera sua*, tous les évêchés du royaume à qui leur plaisait.

par une foule de provisions et de pensions.... Que le Saint-Siège use de modération ! Que la première de toutes les églises n'abuse pas de sa suprématie pour dépouiller les autres ! Innocent III, Honorius III, Grégoire IX ont distribué autour d'eux beaucoup de prébendes françaises, mais les prédécesseurs d'Innocent IV n'ont pas conféré tous ensemble autant de bénéfices que lui seul pendant les années encore peu nombreuses de son pontificat. Si le prochain pape suivait la même progression, le clergé de France n'aurait plus d'autre ressource que de le fuir ou de le mettre en fuite. Les choses en sont déjà venues à un tel point que les évêques ne peuvent plus pourvoir leurs clercs lettrés, ni les personnes honorables de leurs diocèses, et en cela on porte préjudice au roi, comme à tous les nobles du royaume, dont les fils et les amis étaient jusqu'à présent pourvus dans les églises, auxquelles ils apportaient en retour des avantages spirituels et temporels. Aujourd'hui on préfère des étrangers, des inconnus, qui ne résident même pas, aux gens du pays. Et c'est au nom de ces étrangers que les biens des églises sont emportés hors du royaume, sans qu'on songe à la volonté des fondateurs, d'où ne résultent pour l'Église romaine que la haine et le scandale. »

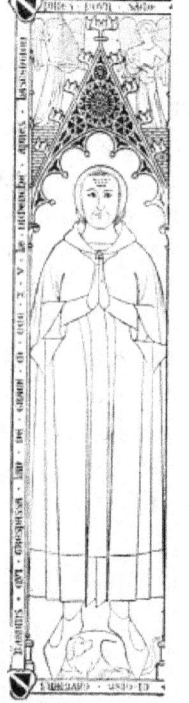

Gautier Bardins, bailli et conseiller du roi au XIIIe siècle, d'après sa pierre tombale. (H. Bordier, Philippe de Remi, sire de Beaumanoir, Paris, 1869, in-8°.)

Le Mémoire du mois de juin 1247 (dont l'authenticité n'est pas douteuse) démontre amplement que les abus condamnés par la fausse Pragmatique florissaient déjà au XIIIe siècle. Toutefois la différence est grande entre la Pragmatique et le Mémoire : celui-ci, quoiqu'il soit rédigé avec fermeté, n'est après tout qu'une requête ; il se termine par des protestations d'attachement et de condoléance : « Le roi compatit fort aux embarras du pape ; mais, quelle que soit son affection, il doit travailler de tout son pouvoir à conserver intacts le bon état, les libertés et les coutumes du royaume que Dieu lui a confié » ; la Pragmatique, au contraire, se présente comme une ordonnance royale pour la réformation de l'Église, faite sans l'approbation de l'Église. Le Mémoire demande l'atténuation, plutôt que la suppression, des maux qu'il dénonce ; la Pragmatique proclame des principes de droit public. Enfin, si Louis IX avait osé prendre des mesures aussi radicales que celles de la Pragmatique, elles auraient eu, sans doute, quelque efficacité ; pour le Mémoire, « il produisit, dit Mathieu de Paris, une vive impression, mais l'émotion qu'il causa est restée, jusqu'à présent, sans résultat ».

« Nous ne savons pas, dit le dernier historien d'Innocent IV, si les levées de subsides pour l'Église romaine ont été continuées en France après 1247. Quant aux provisions, le pape, après les avoir pratiquées avec quelque excès jusqu'en 1247, en diminua le nombre pendant un certain temps, mais, à la fin du pontificat, les nominations de clercs étrangers, dont s'était plaint saint Louis, reparurent avec une nouvelle persistance.[72] » Sous les successeurs d'Innocent, la France et l'Europe furent sillonnées, plus que jamais, par les « marchands » et les banquiers du pape, chargés de recueillir, pour le compte de Rome, l'argent des centièmes et des dixièmes. Et les plaintes du clergé s'élevèrent, plus hautes d'année en année. Au mois d'août 1262, un synode de prélats français refusa d'accorder à Urbain IV le subside que son mandataire les priait de consentir : « l'Église des Gaules gémissait depuis trop longtemps sous des charges trop pesantes ; elle avait versé des sommes énormes pour la croisade, pour le Saint-Siège ; elle ne pensait pas que des sacrifices nouveaux fussent suffisamment motivés ». Urbain IV passa outre, et en même temps qu'il pressait la levée du centième pour la Terre Sainte, il imposa, l'année suivante, des décimes pour la croisade de Sicile, pour la croisade pontificale contre Manfred. « On payait alors, dit un chroniqueur limousin, la décime pour Charles d'Anjou et le centième pour la Terre Sainte. L'archevêque de Tyr était chargé de la levée du centième ; Simon, cardinal de Sainte-Cécile, était le collecteur général de la décime. Bien que ce cardinal fût français de naissance et eût été chancelier du roi de France, quand il était trésorier de l'église de Tours, il connaissait parfaitement les usages de Rome pour ronger et dévorer les bourses, *bene didicerat morem Romanorum ad bursarum corrosionem*. Je ne saurais dire toutes les exactions et les violences qui furent commises à l'occasion de cette décime et dans l'intérêt des collecteurs. » En 1265, c'est Clément IV qui demande de nouveau aux clercs de France des subsides, en invoquant les nécessités de l'Église et le péril de son champion en Italie, Charles d'Anjou. Les décimes

---

[72] E. Berger, *Saint Louis et Innocent IV*, pp. 293, 297.

d'Urbain IV n'avaient pas suffi, et, quoique le produit du centième pour la Terre Sainte eût été détourné de sa destination, appliqué aux frais des guerres ultramontaines, il fallait de l'argent encore. Cette fois l'assemblée de la province de Reims protesta par un manifeste, où, se disant accablée par les tributs précédemment imposés, elle parlait de sa « servitude », et rappelait que le schisme de l'Église grecque avait eu pour cause l'avarice et l'avidité des Romains : « plutôt que d'obtempérer aux ordres du pape, elle se déclarait prête à braver l'excommunication, car, elle en était persuadée, la rapacité de la Curie ne cesserait que le jour où cesseraient l'obéissance et le dévouement du clergé.... »

Philippe le Hardi, fils de saint Louis, d'après sa pierre tombale.

Si Louis IX l'avait voulu, il aurait certainement empêché Urbain IV et Clément IV, papes français, dévoués à sa personne, de continuer, à l'égard de l'Église gallicane, les procédés d'Innocent. Mais il ne le voulut pas. La levée de la décime d'Urbain IV se fit, au contraire, avec son assentiment, et grâce à son appui, *per compulsionem regis*. Comment expliquer cette complaisance, après ce qui s'était dit à Lyon en 1247 ? On le voit très clairement. En 1247 le roi avait blâmé d'autant plus sévèrement les exactions pontificales qu'elles étaient alors destinées à alimenter contre l'Empereur une guerre qu'il n'approuvait pas et qu'elles faisaient le plus grand tort aux perceptions pour la croisade.

Urbain IV et Clément IV ont prodigué au roi les subsides qu'il sollicita d'eux en vue de l'expédition d'outre-mer, et leurs exactions étaient destinées à soutenir une entreprise,—celle de Charles d'Anjou, son frère,—qu'il n'avait pas encouragée, sans doute, mais qu'il ne lui appartenait pas d'entraver. D'ailleurs, même en 1247, il n'avait pas contesté formellement le droit pontifical d'imposer. Comme tous les princes de son temps, il le reconnut tacitement, à condition d'en surveiller l'exercice, et, parfois, d'en profiter. C'est plus tard que la redoutable question de la propriété des biens d'Église fut, pour la première fois, discutée et tranchée en principe : elle est au fond du premier Différend entre Philippe et Boniface.

Ch.-V. Langlois, Extrait d'un ouvrage en préparation (1895).

IV — LOUIS IX ET LES VILLES

LES PASTOUREAUX

Au XIIIe siècle, les « Communes » en décadence n'étaient plus assez turbulentes, assez puissantes, pour que la couronne eût à les craindre. Elles n'ont jamais causé d'embarras au gouvernement de Louis IX. C'est sous le règne de Louis IX, au contraire, que le pouvoir royal commença d'intervenir avec succès dans les affaires des communes. Vers 1256, une ordonnance royale imposa à toutes les villes de Normandie une constitution très analogue aux Établissements de Rouen : le maire serait choisi chaque année par le roi, sur une liste de trois candidats dressée par le maire sortant de charge et les prud'hommes du lieu ; les communes furent, en outre, obligées à soumettre, chaque année, en novembre, leurs comptes à des commissaires du roi ; elles furent invitées à ne passer aucun contrat, à ne consentir aucun don—sauf les « pots de vin »—sans l'autorisatia royale. Une autre ordonnance, sans doute un peu postérieure, disposant pour toute la France, généralisa le régime nouveau de tutelle administrative et financière et d'uniformité : « Tous les maires de France » seront faits, chaque année, le même jour, le lendemain de la Saint-Simon et Saint-Jude ; à l'octave de la Saint-Martin, l'ancien maire et quatre prud'hommes de la ville (dont quelques-uns choisis parmi ceux qui auront eu le maniement des deniers communaux), viendront à

Paris « pour rendre compte à nos gens de leurs recettes et de leurs dépenses ». On a conservé quelques-uns des comptes présentés aux gens du roi en exécution de ces règlements. Le rédacteur de l'Ordonnance se proposait certainement de prévenir les malversations, les dépenses somptuaires, les désordres qui avaient contribué à amener la ruine des villes libres, alors surchargées pour la plupart de dettes excessivement lourdes. Mais se rendait-il compte que les exigences des rois étaient aussi pour quelque chose dans la triste situation des finances communales ? Blanche de Castille avait souvent employé les milices des communes ; Louis IX s'en servit aussi ; les communes avaient pris l'habitude de prêter au roi, pour ses besoins, de l'argent que le gouvernement royal avait pris, de son côté, l'habitude de ne pas rendre. « Quand le roi alla outre-mer, disait le magistrat de la ville de Noyon, le 7 avril 1260, nous lui donnâmes 1500 livres, et, quand il fut outre-mer, la reine nous ayant fait entendre que le roi avait besoin de deniers, nous lui donnâmes 500 livres. Quand le roi revint d'outre-mer, nous lui prêtâmes 600 livres, mais nous n'en recouvrâmes que 100 et nous lui fîmes abandon du reste. Quand le roi fit sa paix avec le roi d'Angleterre, nous lui en donnâmes 1200. Et, chaque année, nous devons au roi 200 livres tournois pour cause de la commune que nous tenons de lui, et nos présents aux allants et venants nous coûtent bien, bon an mal an, 100 livres ou plus. Et quand le comte d'Anjou, frère du roi, fut en Hainaut, on nous fit savoir qu'il avait besoin de vin ; nous lui en envoyâmes dix tonneaux, qui nous coûtèrent 100 livres, avec le transport. Après, il nous fit savoir qu'il avait besoin de sergents pour garder son fief ; nous lui en envoyâmes cinq cents qui nous coûtèrent au moins 500 livres. Quand ledit comte fut à Saint-Quentin, il manda la commune de Noyon, et elle y alla pour garder son corps, ce qui nous coûta bien 600 livres, et la ville de Noyon fit tout cela pour le comte en l'honneur du roi. Après, au départ de l'armée, on nous fit savoir que le comte avait besoin d'argent et qu'il aurait vilenie si nous ne lui aidions ; nous lui prêtâmes 1200 livres, dont nous lui abandonnâmes 300 pour avoir le reçu scellé des 900 autres. »—Ainsi, l'exploitation des villes, si fidèles, si soumises, par le roi ou en son nom était une des causes du déficit qui légitima leur mise en tutelle. Et les villes ne protestèrent pas : les doléances de Noyon sont bien timides ; on n'en connaît pas de plus hardies.

Au-dessous des prudentes aristocraties qui gouvernaient les communes, et dans les campagnes, il y avait une immense plèbe obscure, souffrante et barbare, qui ne comptait pas. Une seule fois, au temps de Louis IX, elle émerge en pleine lumière historique, bouleversée par un orage, dans un éclair. —A la nouvelle des malheurs du roi et des croisés en Égypte, vers Pâques 1251, un grand courant de compassion agita les populations mystiques, violentes, du nord de la France. Des bandes de misérables, hommes, femmes et enfants, errèrent de village en village : elles allaient délivrer le roi, conquérir Jérusalem. Bientôt, elles se formèrent en horde. Un chef surgit. Qui était-ce ? D'où venait-il ? les contemporains ne l'ont pas su ; ils disent que c'était un vieillard, de soixante ans ou environ, pâle, maigre, avec une longue barbe, qui parlait d'une manière entraînante en français, en tiois et en latin ; on l'appelait le « maître de Hongrie » ; il passait pour tenir, dans son poing constamment fermé, la charte de la Sainte Vierge qui lui avait confié sa mission. De Brabant, de Hainaut, de Flandre, de Picardie, une cohue de « pastoureaux » roula en quelques semaines jusqu'à Paris, grossie en chemin de vagabonds, de voleurs et de filles. Le peuple de France, s'il faut en croire le franciscain Salimbene, était animé contre l'Église officielle qui, après avoir recommandé l'expédition d'Égypte, abandonnait les croisés à leur sort, des sentiments les plus hostiles : « Les Français, dit Salimbene, blasphémaient en ce temps-là ; quand les frères prêcheurs et les frères mineurs demandaient l'aumône, les gens grinçaient des dents et, à leur vue, donnaient à d'autres pauvres, en disant : « Prends cela, au nom de Mahomet, plus puissant que le Christ ». Toujours est-il que les Pastoureaux, qui pourchassaient les clercs, furent d'abord bien accueillis. Ceux d'Amiens, les tenant pour de « saintes gens », les avaient ravitaillés. Dans Paris, ils étaient soixante mille, avec armes et bannières. « Leur chef, écrivait à ses frères d'Oxford le *custos* des franciscains de Paris, viole la dignité ecclésiastique ; il maudit les sacrements ; il bénit le peuple, il prêche, il distribue des croix, il a inventé un nouveau baptême, il fait de faux miracles, il tue les gens d'église. Lors de son arrivée à Paris, telle a été l'émotion populaire contre les clercs que, en peu de jours, on en a tué, jeté à l'eau, blessé un grand nombre ; un curé qui disait sa messe a été dépouillé de sa chasuble, on l'a couronné de roses, par dérision.... » Il paraît que le maître de Hongrie, reçu par la reine Blanche soit à Maubuisson, soit dans une autre des résidences royales des environs, l'avait si bien « enchantée que la reine et son conseil tenaient pour bon tout ce qu'il faisait ». On dit qu'il monta dans la chaire de l'église Saint-

Eustache et prêcha en costume d'évêque, mitre en tête. En quittant Paris, les Pastoureaux, enivrés de leur popularité et de leur force, se divisèrent en plusieurs corps. Les uns allèrent à Rouen ; ils pénétrèrent de force dans la cathédrale et dans la maison archiépiscopale dont ils expulsèrent les clercs. D'autres, sous la conduite du Maître, firent leur entrée triomphale à Orléans, le 11 juin ; là, le Maître prêcha encore ; il y eut une bagarre où furent assommés des clercs de l'Université ; comme à Paris, comme à Rouen, comme à Amiens, les bourgeois qui avaient ouvert les portes de leur ville, malgré les représentations de l'évêque, ne s'opposèrent point aux excès. À Tours, les franciscains et les dominicains eurent beaucoup à souffrir de la fureur des Pastoureaux, qui les traînèrent dans les rues, à moitié nus, pillèrent leurs églises et coupèrent, dit-on, le nez d'une statue de la Vierge. —C'est alors, mais alors seulement, que l'on réussit à persuader la reine de mettre la fin à de tels actes. Les clercs racontaient des choses terribles sur le compte du Maître de Hongrie : c'était un moine apostat, un nécromancien, instruit aux écoles de Tolède, qui avait promis au sultan d'Égypte de lui livrer des chrétiens, les pauvres diables qu'il entraînait à sa suite ; il avait établi la polygamie dans son camp. D'un si dangereux personnage, il fallait se débarrasser. C'était facile : les Pastoureaux se dispersaient de plus en plus ; il y en avait maintenant en Normandie, en Anjou, en Bretagne, en Berry.... —Du jour où la protection tacite de Blanche ne les couvrit plus, les Pastoureaux furent perdus ; cette force aveugle ne pouvait rien contre la force organisée. D'ailleurs, ils se condamnaient eux-mêmes. À Bourges, tous les clercs s'étant retirés avant leur arrivée, ils s'attaquèrent aux Juifs, et même aux bourgeois qui, d'abord, les avaient bien traités. On leur courut sus, et le Maître de Hongrie périt dans un combat, près de Villeneuve-sur-Cher. Ce qui restait de sa horde fut aussitôt traqué avec ardeur ; les malheureux s'enfuirent dans toutes les directions et on en pendit jusqu'à Aigues-Mortes, jusqu'à Marseille, jusqu'à Bordeaux, jusqu'en Angleterre. « On dit, écrit le *custos* des franciscains de Paris, qu'ils avaient l'intention : 1° de détruire le clergé, 2° de supprimer les moines, 3° de s'attaquer aux chevaliers et aux nobles, afin que cette terre, ainsi privée de tous ses défenseurs, fut mieux préparée aux erreurs et aux invasions des païens. C'est vraisemblable, d'autant plus qu'une multitude de chevaliers inconnus, vêtus de blanc, est apparue en Allemagne.... » Mathieu de Paris rapporte que, dans les bagages des Pastoureaux qui furent pris et exécutés en Gascogne, on trouva des poisons en poudre et des lettres du sultan. La mémoire des Pastoureaux fut écrasée sous le poids de ces légendes, vite acceptées par la crédulité publique. —Comme tous les mouvements du même genre, assez fréquents au moyen âge, cette jacquerie anti-cléricale fut absolument stérile.

LE MÊME, *Ibidem*.

CHAPITRE XII

L'ANGLETERRE

PROGRAMME. —Guillaume le Conquérant. Henri II. La Grande Charte. Le Parlement.

BIBLIOGRAPHIE

Quelques **histoires générales de l'Angleterre** méritent d'être recommandées d'abord : la classique *Geschichte von England* de Lappenberg et Pauli demeure, quoique ancienne, utile. Le livre de J. R. Green (*A short history of the English people*), qui a été traduit en français (*Histoire du peuple anglais*, Paris, 1888, 2 vol. in-8°) est très estimé ; il faut se servir de l'édition illustrée qui en a été publiée par les soins de Mrs. Green, à Londres, de 1892 à 1894. —Voir aussi : H. D. Traill, *Social England. A record of the progress of the people*, t. Ier, London, 1893, in-8° ; cet ouvrage est un résumé sommaire de l'histoire de la civilisation en Angleterre jusqu'à la fin du XIIIe siècle ; rédigé par plusieurs écrivains, dont quelques-uns seulement sont des spécialistes, il est très inégal.

La **conquête de l'Angleterre par les Normands** a été maintes fois racontée. On ne lit plus l'*Histoire de la conquête* d'Aug. Thierry, tout à fait démodée. C'est aujourd'hui le livre de E. A. Freeman qui fait autorité, bien qu'il ait des défauts : *History of the norman conquest of England*, London, 1870-1876, 6 vol. in-8°. —Cf. W. de Gray Birch, *Domesday book, a popular account*, London, 1887, in-16 ; le même, *Domesday studies, being the papers read at the meetings of the Domesday Commemoration*, London, 1888-1894, 2 vol. in-8° ;—J. H. Round, *Feudal England, historical essays on the eleventh and twelfth centuries*, London, 1895, in-8°.

Pour l'**histoire générale de l'Angleterre sous les rois normands et sous les Plantagenets** : E. A. Freeman, *The reign of William Rufus*, Oxford, 1882, 2 vol. in-8° ;—miss K. Norgate, *England under the angevin kings*, London, 1887, 2 vol. in-8° ;—Hubert Hall, *Court life under the Plantagenets*, London, 1890, in-8°. —Sur le règne d'Étienne : J. H. Round, *Geoffrey de Mandeville*, London, 1892, in-8°. —Sur le règne de Henri III : Ch. Bémont, *Simon de Montfort, comte de Leicester*, Paris, 1884, in-8°.

L'histoire des institutions se trouve dans les grandes histoires générales de la constitution anglaise de MM. R. Gneist (*Englische Verfassungsgeschichte*, Berlin, 1882, in-8°) et W. Stubbs (*The constitutional history of England*, Oxford, 1883-1887, 3 vol. in-8°). En français : E. Glasson, *Histoire du droit et des institutions de l'Angleterre*, Paris, 1882-1883, 6 vol. in-8°. —Voir aussi : *Essays introductory to the study of English constitutional history*, by resident members of the University of Oxford, London, 1887, in-8° ;—J. Jacobs, *The Jews of angevin England*, London, 1893, in-8°.

M. Ch.-V. Langlois a réuni des renseignements sur ce que l'on savait et sur ce que l'on pensait, au moyen âge, en France, des Anglais : *Les Anglais du moyen âge, d'après les sources françaises*, dans la *Revue historique*, LII (1893).

On trouvera des biographies très soignées des principaux personnages de l'histoire d'Angleterre pendant cette période dans le *Dictionary of national biography* de MM. Leslie Stephen et Sidney Lee, en cours de publication.

Nous avons donné (Bibliographie du ch. X) la liste des monographies les plus importantes sur l'histoire sociale de l'Angleterre au moyen âge.

I — LA MORT DE HENRI II PLANTAGENET

M. Paul Meyer a récemment découvert, dans la bibliothèque de sir Thomas Phillipps, à Cheltenham (Angleterre), un poème en plus de 19 000 vers dont personne n'avait parlé et que probablement personne n'avait jamais lu depuis le moyen âge, bien que la littérature française ne possède pas, jusqu'à Froissart, une seule œuvre en vers ou en prose qui combine au même degré l'intérêt historique et la valeur littéraire. Il a pour sujet l'histoire très détaillée de Guillaume le Maréchal, comte de Pembroke, régent d'Angleterre pendant les premières années du règne de Henri III, mort en 1219, qui occupa sous quatre règnes les plus hauts emplois dans le gouvernement de son pays. L'auteur, peut-être un héraut d'origine normande, a gardé l'anonyme, mais nous savons qu'il a composé son ouvrage d'après des sources très sûres, qu'il était contemporain des événements qu'il a racontés, et qu'il avait de la bonne foi et du bon sens. On jugera de son talent narratif par le petit chef-d'œuvre que M. P. Meyer a publié d'abord dans la *Romania*.[73] « C'est, dit l'éditeur, le récit des derniers moments de Henri II, de la scène du pillage qui eut lieu après sa mort, de ses funérailles, enfin des premiers actes de Richard roi. Toutes les parties de ce récit portent le cachet de la vérité ; on sent qu'on est en présence de témoignages de première main. D'ailleurs, le contrôle, là où il est possible, est constamment favorable au poème.

La mort de Henri II a été accompagnée des souffrances physiques et des douleurs morales les plus poignantes. Épuisé par une maladie cruelle, humilié dans son honneur de souverain, il lui était réservé d'apprendre dans les derniers jours de sa vie qu'il était trahi par celui qu'il aimait le mieux au monde, par Jean, le plus jeune de ses fils. Cette fin si triste a vivement frappé les contemporains : elle a été racontée par plusieurs historiens ; elle a même donné lieu à une légende qu'on peut lire parmi les frivoles récits du Ménestrel de Reims. Le compte rendu le plus détaillé et jusqu'ici le plus exact que nous en ayons est celui que Giraut de Barri a inséré dans son traité de l'instruction des princes. Dans l'ensemble, Giraut est d'accord avec le poème, mais chacun offre certains traits particuliers, et ces traits sont surtout nombreux dans le poème, dont la narration est de beaucoup la plus circonstanciée que nous ayons de cet événement. Ainsi nous voyons bien dans Giraut que le roi, jetant les yeux sur la liste des barons qui s'étaient ligués contre lui avec son fils Richard, fut consterné d'y voir le nom de Jean, son fils bien-aimé, mais le récit du poème est bien autrement précis et émouvant. Nous y voyons Henri, après avoir conclu un traité humiliant avec Philippe Auguste, faire demander à celui-ci la liste de ceux qui

---

[73] [M. P. Meyer a publié depuis une édition complète du poème : *L'Histoire de Guillaume le Maréchal*, Paris, 1891-1894, 2 vol. in-8°. J'ai collationné les extraits qui suivent avec l'édition définitive].

s'étaient engagés (*empris*) contre lui avec le roi de France. Le messager, un certain Rogier Malchael, revient, et aux questions que lui fait le roi déjà gravement malade, il répond : « Sire, puisse Jésus-Christ me venir en aide ! le premier qui est ici écrit, c'est le comte Jean votre fils ! »

Et cil en suspirant li dist :
«Sire, si m'ait Jhesu Crit,
Li premiers qui est ci escriz,
C'est li quens Johan vostre fiz.»

C'est dans le texte qu'il faut lire la suite. Il y a dans notre ancienne littérature peu de pages aussi émouvantes que celle où est contée la douleur sans espoir du malheureux roi qui n'en veut plus entendre davantage, dont la tête se perd, qui marmotte des paroles inintelligibles (*il parlait, mais nul ne savait—Prou entendre ce qu'il disait*) ; qui meurt enfin d'une hémorragie. Il souffrait d'une maladie nerveuse, probablement d'un rhumatisme articulaire ; et l'on sait quel degré d'intensité peut atteindre la souffrance morale chez les malheureux dont le système nerveux est attaqué.

Quant li reis Henris entendi
Que la riens ou plus atendi
A bien faire e qu'il plus amot
Le traïsseit, puis ne dist mot
Fors tant : « Asez en avez dit. »
Lors s'entorna devers son lit :
Li cors li frit, li sans li trouble
Si k'il out la color si troble
Qu'el fu neire e persie e pale,
Por sa dolor qui si fut male
Perdi sa memorie trestote,
Si qu'il n'oï ne re vit gote.
En tel peine et en tel dolor
Fu travalliez tresque al terz jor.
Il parlout, mais nuls ne saveit
Prou entendre k[e] il diseit.
Li sanz li figa sur le cuer,
Si l'estut venir a tel fuer
Que la mort, sans plus e sanz mains,
Li creva le cuer a ses mains.
Molt le tient a cruel escole,
E uns brandons de sanc li vole
Fegié de[l] nés e de la boche.
Morir estuet kui mort atoche
Si cruelment com el fist lui.
A grant perte e a grant annui
Torna o toz [cels] qui l'amerent
E a toz cels qui o lui erent.
Si vos direi a poi de some
K'onques n'avint a si halt home
Ce qui avint a son morir,
Kar l'om ne l'out de quei couvrir,
Ainz remest si povre e estrange
K'il n'out sor lui linge ne lange.

La mort du roi fut le signal d'une scène de pillage repoussante. C'était presque l'usage, lorsque le défunt avait une valetaille considérable. Le Maréchal intervient, sans succès, auprès du sénéchal Étienne de Marzai, afin d'obtenir que quelque aumône soit faite aux pauvres accourus dans l'espoir de participer aux distributions qu'il était de coutume de faire à la mort d'un grand personnage. Il y a là tout un ensemble de menus faits très caractéristiques, que nous ne connaissions pas par le détail, mais qu'on pouvait cependant soupçonner en gros. Ces deux lignes de Gervais de Cantorbéry donnaient à penser : « Rex Henricus... male interiit .ij. nonas Julii (6 juillet 1189) apud Chinon, et apud Fontem Ebraudi miserabiliter sepultus est, ut præ pudore regis cetera taceam. »

Sceau de Henri Plantagenet.

La scène qui vient ensuite, et où le poète nous fait assister à l'avènement de Richard Ier, est plus riche encore en faits nouveaux. C'est en outre un tableau achevé. Il faut, pour se rendre compte de la scène, savoir qu'à la retraite du Mans Guillaume le Maréchal, placé à l'arrière-garde de l'armée du roi Henri, s'était trouvé face à face avec Richard, et allait le frapper de sa lance, lorsque celui-ci s'était écrié : « Par les jambes Dieu ! Maréchal, ne me tuez pas ! je n'ai pas mon haubert ![74] » et le Maréchal avait répondu : « Non ! je ne vous tuerai pas, que le diable vous tue ! » et il s'était contenté de le mettre à pied en lui tuant son cheval. Or, présentement c'était Richard qui était roi. Il arrivait à Fontevrault, ayant appris la mort de son père. « Mais, » dit le poète, toujours habile à insinuer ce qu'il ne veut pas dire, « je n'ai pas

---

[74] Il était considéré comme déloyal de frapper un chevalier qui n'avait pas ses armes défensives.

enquis ni su s'il en fut affligé ou content. » Cependant les barons qui avaient été fidèles à Henri, qui par conséquent avaient combattu contre Richard, se tenaient à l'entour de la bière. « Ce comte »,[75] disaient les uns, « nous voudra mal, parce que nous nous sommes tenus avec son père. —Qu'il fasse comme il voudra ! » disaient les autres ; « ce n'est pas à cause de lui que Dieu nous abandonnera ! Il n'est pas le maître du monde, et s'il nous faut changer de seigneur, Dieu nous guidera. Mais c'est pour le Maréchal que nous sommes inquiets, car il lui a tué son cheval. Toutefois le Maréchal peut bien savoir que tout ce que nous possédons, chevaux, armes, deniers, est à son service. —Seigneurs, » répond le Maréchal, « il est vrai que je lui ai tué son cheval, mais je ne m'en repens pas. Grand merci de vos offres, mais j'aurais peine à accepter ce que je ne saurais rendre. Dieu m'a accordé tant de bienfaits depuis que je suis chevalier, qu'il m'en accordera encore, j'en ai la confiance. »

Et tandis qu'ils parlaient ainsi, ils virent venir le comte de Poitiers, « et je vous dis—c'est le poète qui parle—qu'en sa démarche il n'y avait apparence de joie ni d'affliction, et personne ne nous saurait dire s'il y eut en lui joie ou tristesse, déconfort, courroux ou liesse ». Il s'arrêta devant le corps et demeura un temps silencieux, puis il appela le Maréchal et Maurice de Craon. La conversation qui eut lieu entre Richard et le Maréchal a dû être contée plus d'une fois par ce dernier à ses amis, notamment à Jean d'Erlée, de qui le poète l'a probablement recueillie. Elle est à l'honneur de l'un et de l'autre. Guillaume s'y montre loyal et ferme : il a tué le cheval, il aurait pu tuer Richard s'il l'avait voulu. Richard de son côté oublie le passé : fidèle à sa politique, bien connue d'ailleurs, qui consistait à se rattacher les amis de son père, il confie au Maréchal une mission importante, et peu après lui donne en mariage la comtesse de Striguil.

---

[75] Comte de Poitiers. Richard n'était pas encore couronné.

Les tombeaux des Plantagenets, à Fontevrault.

Dist li quens : « Mar., beal sire,
L'autrier me volsistes ocire,
E mort m'eüssez sans dolance
Se ge n'eüsse vostre lance
A mon braz ariere tornée,
S'i eüst malveise jornée. »
Il respondit al conte : « Sire,
Einz n'oi talent de vos ocire
N'onques a ceo ne mis esfors,
Quer ge sui unquor assez forz
A conduire une lance arme[z]
Enteis que g'ere desarme[z] ;
E altresi, se ge volsisse,
Tot dreit en vostre cors ferisse
Com ge fis en cel de[l] cheval.
Se ge l'ocis nel tieng a mal,
N'encor ne m'en repent ge
point. »
Issi respondi point a point.
E li quens respondi a dreit
« Mar., pardoné vos seit,
Ja envers vos n'en avrai ire.
—La vostre merci, beal doz sire, »
Dist sei li Mar. adonkes,
« Quer vostre mort ne voil ge
unkes. »
Si respondi li Mar.,
Qui unques ne volt estre fals.
Li quens dist : « Ge voil de ma part
Ke vos e Gilebert Pipart
Augiez tantost en Engleterre.
Si pernez garde de ma tere
E de trestost mon autre afaire,
Si comme il le convient [a] faire,
K'a bien paiez nos en tenjon,
Quele ore que nos i venjon.
E ge m'en vois, si preing en main
Que matin reve[n]drai demain ;
Si sera enoreement
Ensepeliz e richement
Li reis mis peres e a dreit
Comme si halt hom estre deit. »

Pour apprécier la valeur historique de ce morceau, il faut le comparer à ce que les historiens nous rapportent des funérailles de Henri II et de l'avènement de Richard. Ceux-ci ne savent rien de l'entrevue de Richard et du Maréchal ; et quant à la scène des funérailles, ce qu'ils disent est purement légendaire ; ils content en effet que lorsque Richard approcha du corps de son père, le sang coula avec abondance des narines du roi défunt, comme si la présence du fils coupable avait éveillé chez le père un sentiment d'indignation.

P. Meyer, L'*Histoire de Guillaume le Maréchal, poème français inconnu*, dans la *Romania*, t. XI, 1882.

II — LA GRANDE CHARTE

En 1213, Jean sans Terre, qui depuis six ans était en lutte déclarée avec son clergé et avec le pape, céda devant l'excommunication lancée contre lui et surtout devant la menace d'une invasion française sollicitée par Innocent III. Il invita lui-même le nonce du pape Pandolfo qui, deux ans auparavant, lui avait reproché « d'aimer et d'ordonner les détestables lois de Guillaume le Bâtard au lieu des lois excellentes de saint Édouard », à venir en Angleterre ; il alla au-devant de lui à Douvres, et là, le lundi avant l'Ascension, il promit solennellement « d'obéir aux ordres du pape sur toutes les choses pour lesquelles il avait été excommunié » ; puis, la veille de l'Ascension, il résigna sa couronne entre les mains du pape représenté par Pandolfo et prêta serment d'être fidèle à Dieu, à saint Pierre et à l'Église romaine. Dans le chapitre de Winchester, où il fut relevé de l'excommunication fulminée contre lui, il jura, « touchant les saints Évangiles, d'aimer la sainte Église et de la défendre contre tous ses adversaires, de rétablir les bonnes lois de ses prédécesseurs et surtout celles du roi Édouard, de juger tous ses hommes selon la justice et de rendre à chacun son droit » (20 juillet) ; puis, « s'humiliant pour Celui qui s'était humilié pour les hommes jusqu'à la mort », touché par la grâce du Saint-Esprit, il offrit et concéda au Saint-Siège les royaumes d'Angleterre et d'Irlande (13 octobre) ; il se fit le vassal du pape auquel il promit un tribut annuel de mille marcs d'argent. Enfin il prit la croix. Il invoquait la protection de l'Église après s'être placé sous sa dépendance.

Cependant les grands ne restaient pas inactifs. Dans un parlement tenu à Saint-Paul de Londres, l'archevêque de Cantorbéry prenant à part un certain nombre de seigneurs, leur rappela le serment prêté par le roi à Winchester : « Voici, ajouta-t-il, qu'on vient de trouver une charte du roi Henri Ier grâce à laquelle, si vous le voulez, vous pouvez rétablir dans leur ancien état les libertés depuis longtemps perdues. » Puis, montrant cette charte, il la fit lire en séance publique, manœuvre habile et qui devait être décisive, car maintenant les ennemis du despotisme royal savaient ce qu'ils devaient demander. Ils apparaissaient comme les défenseurs des lois du royaume contre le roi lui-même.

Un an après, quand, vaincu et déshonoré dans sa campagne de France, Jean sans Terre fut revenu dans son royaume (19 octobre 1214), les comtes et les barons, assemblés à Saint-Edmundsbury, eurent de longs entretiens secrets. On leur exhiba de nouveau la charte de Henri I. Tous jurèrent sur l'autel principal « que, si le roi refusait de leur concéder les lois et libertés promises par cette charte à l'Église et aux grands, ils lui feraient la guerre et abjureraient leur fidélité ». Ils résolurent de présenter au roi une pétition collective en ce sens après Noël, et chacun se sépara, prêt à prendre les armes, s'il le fallait. Après Noël, en effet, ils vinrent à Londres en appareil militaire et ne se retirèrent que lorsque le roi leur eut fourni de bonnes cautions qu'il remplirait ses promesses. « Du jour où fut produite la charte de Henri I, dit un chroniqueur anonyme, tous les esprits furent gagnés à ses partisans ; c'était le mot et l'avis de tous qu'ils se dresseraient comme un mur pour la maison du Seigneur, pour la liberté de l'Église et du royaume. »

Le lundi après l'octave de Pâques (27 avril 1215) les barons s'assemblèrent en armes à Brackley ; ils apportaient une « cédule » ou pétition, « qui contenait la plupart des lois et coutumes antiques du royaume » et affirmaient « que, si le roi refusait de les ratifier, ils prendraient ses châteaux, ses terres et possessions, et l'obligeraient de force à leur donner satisfaction ». Après que cette cédule eut été lue au roi : « Et pourquoi, demanda-t-il, les barons ne me demandent-ils pas aussi ma couronne ? », sacrant et jurant « qu'à aucun prix il ne se mettrait dans leur servage ». A cette nouvelle, les barons mirent à leur tête Robert Fils-Gautier, qu'ils appelèrent « le maréchal de l'armée de Dieu et de la sainte Église ». Londres, toujours prête à s'allier aux ennemis de la royauté, leur ouvrit ses portes ; de là, ils invitèrent le reste de la noblesse à se joindre à eux. La plupart et surtout les jeunes gens répondirent à cet appel. « Les tribunaux de l'Échiquier et des shériffs vaquèrent dans tout le royaume, parce qu'on ne trouva personne qui voulût donner de l'argent au roi, ni en rien lui obéir. »

Réduit aux abois, Jean sans Terre demanda la paix, assurant « qu'il ne tiendrait pas à lui qu'elle ne fût rétablie », et il délivra des saufs-conduits à tous ceux qui voudraient venir conférer avec lui. En même temps, fait qui suffirait à lui seul, s'il y avait besoin de preuves, à prouver la duplicité de son caractère, il fit écrire au pape (29 mai) une lettre dans laquelle il exposait son différend avec les barons et où il déclarait que leur hostilité l'empêchait d'accomplir son vœu de Croisade. L'entrevue à laquelle il avait convié ceux qu'il dénonçait ainsi au chef spirituel de la chrétienté n'en eut pas moins lieu. On peut supposer que le roi était d'autant plus disposé à faire des concessions et à prêter des serments qu'il espérait davantage s'en faire bientôt relever. Il avait établi son camp entre Windsor et Stanes, dans un endroit où, semble-t-il, les Anglo-Saxons avaient, aux temps anciens, coutume de s'assembler pour délibérer sur les affaires de l'État, et qui, à cause de cela, portait le nom de « Prairie de la Conférence » (Runnymead). Le roi accueillit gracieusement les barons, accepta la pétition qu'ils lui apportaient l'épée au poing, y fit apposer son sceau et consentit enfin à jurer la Grande Charte qui fut revêtue à son tour du grand sceau de la royauté (15 juin).

Après avoir assisté aux origines de la Grande Charte, on se rend mieux compte de son caractère. Ce n'est pas une constitution nouvelle arrachée par les barons à la royauté ; ce sont les antiques libertés de la nation que le roi s'engage à respecter. Mais l'acte de 1215 est plus explicite qu'aucun de ceux qui l'ont précédé et préparé. La charte de Henri Ier compte 14 articles ; celle de Jean, 63. Henri l'avait accordée bénévolement au début de son règne, et il avait pu se contenter de promesses générales ; en 1215, au contraire, on voulait réparer les injustices commises sous le régime arbitraire de trois règnes et en empêcher le retour. Les stipulations furent donc d'autant plus précises que les griefs avaient été plus nombreux et plus évidents.

Toutes les classes qui comptaient alors dans la société avaient souffert de la politique angevine ; à toutes la Grande Charte offrit des réparations. Au clergé, elle promettait le maintien de ses privilèges et surtout la liberté des élections canoniques déjà décrétée par Jean sans Terre l'année précédente. Pour la noblesse, elle fixait le droit ou la procédure en matière de succession féodale, de garde-noble, de mariage, de dettes, de présentation aux bénéfices ecclésiastiques. D'autre part elle accordait la protection royale aux marchands circulant avec leurs marchandises, décrétait l'unité des poids et mesures, confirmait les privilèges des villes, des bourgs, des ports, de Londres en particulier. Enfin, elle garantissait la liberté individuelle en décidant que nul ne pourrait être arrêté ni détenu, lésé dans sa personne ni dans ses biens, sinon par le jugement de ses pairs et conformément à la loi ; elle promettait à tous une justice bonne et prompte, et en rendait moins onéreuse l'administration en réservant les « plaids communs » à une section permanente de la cour du roi, en réglant la tenue des assises, en adoucissant le système des amendes, si gros d'abus. En matière financière, elle interdisait aux seigneurs de lever aucune aide, sauf dans trois cas exceptionnels ; de même, l'aide royale ou écuage ne pouvait être exigée que dans ces trois cas, sinon le roi devait demander l'assentiment du « commun conseil du royaume », c'est-à-dire de l'assemblée composée par les archevêques, évêques et abbés et par les principaux chefs de la noblesse. En matière administrative, elle promettait le bon recrutement des fonctionnaires publics et amoindrissait leur importance ; elle assurait la libre navigation sur les rivières et interdisait l'extension des forêts royales. Ce dernier article dut être surtout bien accueilli des petits tenanciers ruraux si maltraités par la rigueur des pratiques forestières depuis le Conquérant. C'était donc la nation entière, et non telle ou telle classe privilégiée, qui prenait ses garanties contre la royauté ; mais aussi elle ne faisait pas une révolution, puisqu'elle prétendait seulement lier le roi aux anciennes lois du royaume.

Cependant les barons croyaient si peu à la sincérité du roi, qu'ils essayèrent de le mettre hors d'état de se délier de ses promesses. L'article 61 institua une sorte de comité de surveillance de 25 barons élus par le « commun conseil » ou Parlement ; quatre d'entre eux, choisis par leurs collègues, seraient chargés de surveiller les agissements du roi et de ses fonctionnaires ; ils porteraient au roi les plaintes des personnes molestées, et, s'il refusait de leur rendre justice, ils pourraient l'y contraindre par la force. Enfin le roi s'engageait à s'abstenir de toute tentative pour faire révoquer ou amoindrir aucune des concessions et libertés qu'il avait accordées.

Sceau de Jean sans Terre.

Ces belles promesses, les ordres que le roi multiplia pour assurer l'exécution de la Grande Charte n'avaient qu'un but, celui de gagner du temps, car Jean attendait la réponse du pape à sa lettre du 29 mai. Elle arriva enfin. Elle ne pouvait pas être conçue en termes plus favorables pour la cause du roi d'Angleterre. Dans sa bulle du 24 août, en effet, Innocent III, adoptant tous les arguments et reproduisant le récit des faits que lui avait fournis Jean sans Terre, exposa que le roi avait été contraint par la force et par la crainte, « qui peut tomber même sur l'homme le plus courageux » ; il réprouva et condamna le pacte de Runnymead ; il défendit, sous menace de l'anathème, au roi de l'observer, et aux barons d'en exiger l'observation. En même temps, il rappela aux barons dans une seconde bulle (25 août) que la suzeraineté de l'Angleterre appartenait à l'Église romaine, qu'on ne pouvait opérer dans le royaume aucun changement préjudiciable aux droits de l'Église, que le traité passé avec le roi « était non seulement vil et honteux, mais encore illicite et inique » ; il les invita donc à « faire de nécessité vertu », à renoncer à la Grande Charte et à donner au roi toutes satisfactions légitimes pour les dommages qu'il avait subis.

Puis, au concile de Latran, il excommunia les barons anglais « qui persécutaient Jean, roi d'Angleterre, croisé et vassal de l'Église romaine, en s'efforçant de lui enlever son royaume, fief du Saint-Siège ». Il n'épargna même pas l'archevêque de Cantorbéry, Etienne de Langton, qui, en réalité dirigeait depuis deux ans l'opposition parlementaire. Langton se rendit à Rome pour se justifier. Son départ, en privant les grands de leur chef le plus respecté, désagrégea le parti ; quelques-uns revinrent au roi ; les plus déterminés appelèrent Louis de France, et de réformateurs devinrent révolutionnaires.

Ch. Bémont, Chartes des libertés anglaises,
Paris, A. Picard, 1892, in-8°. Introduction.

III — LES ÉLÉMENTS ET LA FORMATION DU PARLEMENT D'ANGLETERRE

Presque immédiatement après la conquête de Guillaume le Bâtard, le baronnage normand établi en Angleterre apparaît divisé en deux portions et pour ainsi dire en deux étages : les hauts barons, *barones majores*, et les petits vassaux immédiats de la couronne, *tenentes in capite*, que l'on appelle aussi parfois *barones minores*. Ceux-ci forment une classe nombreuse, indépendante et fière. Remarquez bien qu'ils sont en dehors de la mouvance et de la juridiction du haut baronnage. S'ils ne sont pas les égaux des barons, ils ne sont pas leurs subordonnés, ils ne leur doivent aucun service, ils ne relèvent que du roi. Les seules différences qui se marquent d'assez bonne heure entre les deux catégories sont que les *barones majores* ont des domaines notablement plus étendus (la tenure baronniale doit contenir 13-1/2 fiefs de chevalier) et qu'ils sont convoqués individuellement à l'armée et au conseil du roi, au lieu que les petits tenants sont cités en masse par l'intermédiaire du shérif. Ce sont des différences de degré, non de genre. Ces deux moitiés du baronnage ne tarderont pas à se modifier ; l'intervalle s'élargira sensiblement entre elles. Toutefois, même après que la première sera seule depuis plus d'un siècle en possession de conseiller le souverain, tandis que la seconde, confondue d'abord avec les vassaux des barons dans la classe des chevaliers, sera en voie de se mélanger avec toute la masse des propriétaires libres, l'unité originelle de la classe baronniale ne s'effacera pas complètement. Quand les chevaliers seront appelés au Parlement, leur premier mouvement sera de se joindre aux barons ; le premier mouvement des barons sera de les accueillir, et lorsqu'un peu plus tard les deux groupes se sépareront et que les chevaliers s'en iront siéger avec les représentants des villes, ils apporteront à leurs nouveaux collègues, avec la fierté, la hardiesse, la fermeté d'une ancienne classe militaire qui a de longues traditions de commandement et de discipline, l'avantage d'une communication naturelle et d'une facile entente avec le haut baronnage dont ils se sont écartés plutôt que détachés. Barons et chevaliers resteront longtemps encore comme la branche aînée et la branche cadette d'une même famille.

De bonne heure, toutefois, une divergence tend à se produire entre les habitudes et les goûts des deux baronnages. Les petits vassaux sont naturellement moins assidus que les grands barons aux assemblées publiques, moins empressés à suivre le roi dans ses expéditions. L'exploitation de leurs terres leur demande des soins plus personnels. Leur absence, en ces temps de violence et de spoliation, expose leurs droits de possession à des périls qui ne menacent pas les personnages puissants. Aussi font-ils tous leurs efforts pour se dérober. Comme il est naturel, le roi est moins attentif à exiger la présence de cette multitude à ses conseils. La convocation des petits vassaux directs tombe donc rapidement en désuétude. Pendant plus d'un siècle après la conquête, l'avis et l'acquiescement de cette classe ne sont jamais mentionnés en tête des ordonnances royales. Les grands vassaux, les évêques et les juges y figurent seuls ; ils y figurent avec une constance qui atteste leur assiduité. Sous les rois normands et angevins, on aperçoit d'abord autour du trône un corps formé des grands officiers du Palais, chefs de l'administration générale, et d'un certain nombre de prélats et de barons que le roi estime particulièrement capables et de bon jugement. C'est le conseil du roi. A ce groupe permanent s'adjoignent dans les circonstances importantes—guerre à déclarer, subsides extraordinaires à fournir, édits à promulguer,—le reste des grands vassaux laïques et ecclésiastiques. Ils forment alors le *magnum concilium*, le grand conseil. Le roi tient la main à ce qu'ils y assistent, car leur consentement—qu'ils ne peuvent refuser à une volonté si puissante—décourage toute résistance locale à l'exécution des mesures, et eux-mêmes sentent qu'ils ont intérêt à être présents pour discuter et faire réduire les charges dont ils sont menacés.

Ce simple fait a eu des conséquences immenses ; le baronnage se divise. Deux groupes distincts s'y forment par un lent dédoublement :—une haute classe provinciale sédentaire, qui comprend tous les petits vassaux directs du prince avec les barons les moins considérables, et une aristocratie politique qui comprend, avec tous les grands barons, les conseillers appelés par la couronne. Et l'on voit le point précis où la division s'opère ; c'est la présence et la séance habituelles au conseil du roi qui distinguent et caractérisent cette aristocratie ; c'est le fait de la convocation individuelle et nominative qui tend à devenir le signe extérieur et officiel de sa dignité. Circonstance capitale, car la qualité de noble et les privilèges dévolus alors en tout pays à la classe la plus haute vont s'arrêter à cette ligne de partage. Attachés de bonne heure à l'activité supérieure du conseiller public et de l'homme d'État, ils ne franchiront pas l'enceinte d'une assemblée de dignitaires, ils ne descendront pas au reste du baronnage ; et celui-ci, rejeté par comparaison vers la classe immédiatement inférieure, ne tardera pas à se confondre et à se niveler avec la masse des hommes libres.

Un siège ne se partage pas, une fonction ne se morcelle pas indéfiniment. La noblesse est donc devenue, comme la pairie, strictement héréditaire par primogéniture. Liée à un office indivisible, elle ne passe qu'à l'aîné, tête pour tête, et les autres fils n'ont rien qui les distingue du commun des citoyens. Au lieu d'un ordre composé de familles privilégiées, qui tend à s'augmenter de génération en génération par l'excédent des naissances, l'Angleterre n'a eu qu'un *groupe d'individus* privilégiés qui devait tendre à se réduire, de génération en génération, par l'extinction des lignées, et qui se serait éteint en effet sans de nouvelles créations. L'antique « isonomie » anglaise, vantée par Hallam, est due à cette pairie très peu nombreuse qui, constituée tout d'abord en corps gouvernant, a pour ainsi dire fait écluse, a retenu les inégalités à son niveau, et les a empêchées de se répandre en s'abaissant et se corrompant sur toute une caste disséminée dans la nation.

*
* *

Essayons maintenant de rejoindre dans les comtés les petits vassaux directs de la couronne, et recherchons ce qu'ils y deviennent. Les premières tendances qui s'accusent et le premier mouvement qui se dessine sont d'un caractère tout féodal. Les fiefs de chevaliers, inconnus au lendemain de la conquête, s'établissent rapidement. Ce sont des domaines déterminés auxquels la charge du service militaire est spécialement attachée au lieu de peser indistinctement sur les terres du manoir. De là, en Angleterre comme sur le continent, une distinction très nette entre deux natures de propriété : propriété noble et propriété ordinaire ; la première tenue à condition du service des armes, et soumise tant à la règle stricte de la primogéniture qu'à des droits d'aide, de garde et de mariage fort onéreux pour les détenteurs ; la seconde tenue « en libre socage » et affranchie des plus lourdes des obligations féodales. La tenure militaire a pour conséquence une première fusion entre les vassaux directs de la couronne et les vassaux des seigneurs ou arrière-vassaux qui occupent la terre à ce même titre. Mais elle semble de nature à séparer profondément les uns et les autres de la masse des propriétaires fonciers ordinaires, et à constituer les chevaliers en une classe à part, en une sorte d'ordre équestre hautain et fermé.

D'autres causes plus puissantes que l'esprit féodal ont écarté le péril. Premièrement, l'Angleterre du XIIe siècle était l'un des pays de l'Europe où il y avait le plus d'hommes libres, c'est-à-dire de propriétaires libres, à côté et en dehors de la chevalerie féodale. C'étaient, soit des Normands de condition inférieure qui avaient suivi ou rejoint leurs seigneurs, soit d'anciens propriétaires saxons qui, rentrés en grâce après un temps auprès des nouveaux maîtres du sol, avaient recouvré la liberté et une partie de leurs terres. Plusieurs documents du XIIe siècle nous montrent ces Saxons en excellents rapports avec les hommes libres et les barons normands, unis à eux par des mariages et de bonne heure s'élevant eux-mêmes au rang baronnial. La classe des propriétaires libres non nobles avait donc ici ce qui lui manquait en France : le nombre, la masse, la consistance. Un des signes de son importance est que c'est elle qui a fourni, dès l'origine, le principe de la classification des personnes. Bracton, légiste anglais du XIIIe siècle, ne distingue que deux conditions personnelles : la liberté et le vilenage. Les autres distinctions ne sont pour lui que des subdivisions sans importance juridique. À peu près à la même époque, le légiste français Beaumanoir partage le peuple en trois classes : nobles, hommes libres, serfs. Les hommes libres, ici, n'étaient guère que les bourgeois. Ceux qui vivaient dans les campagnes avaient grand' peine à ne pas déchoir de leur condition ; ils n'échappaient à un changement d'état qu'en allant demeurer dans les villes.

Ainsi la classe des propriétaires libres non nobles, en Angleterre, formait un corps puissant, capable d'attirer à lui la classe immédiatement supérieure, celle des chevaliers, et de l'absorber ou de s'y absorber si les circonstances diminuaient l'écart de l'une à l'autre.

Le rapprochement ne se fit pas attendre ; les fiefs de chevalier, qui étaient d'abord d'une étendue assez considérable, se morcellent fréquemment dès le XIIe siècle. On les partage principalement pour l'établissement des filles et des puînés. Cela devient d'un usage si fréquent que le législateur est forcé d'intervenir. La grande charte (édition de 1217) défend d'aliéner les fiefs dans une mesure telle que ce qui reste ne suffise plus pour répondre des charges attachées à la tenure militaire. C'est encore un symptôme de la division croissante de la propriété. En 1290, le législateur abolit les sous-inféodations, et, à cette occasion, consacre, pour tout homme libre qui n'est pas vassal immédiat du roi, le droit de vendre tout ou partie de sa propriété, même sans le consentement de son seigneur. Dans l'un et l'autre cas, l'acquéreur devient le vassal du même seigneur que le vendeur. Ces mesures contribuent à multiplier les petits tenants directs de la couronne. D'autre part, les domaines des chevaliers changeant de mains et diminuant d'importance, la condition sociale des détenteurs tendait à se rapprocher de celle des propriétaires libres ordinaires, naguère très au-dessous d'eux, aujourd'hui leurs égaux par la fortune. Il n'y avait pas abaissement par la raison que, pendant la même période, la richesse générale, et, partout, le produit des terres, avaient sensiblement augmenté, en sorte que le revenu d'une moitié ou d'un tiers ne devait pas être inférieur au revenu entier d'autrefois. Mais il y avait nivellement entre les deux classes. Plus d'un haut baron dont le fief s'était dispersé en dots ou en autres libéralités fut entraîné dans le mouvement. La diminution du nombre des baronnies après le règne de Henri III est un fait incontestable.

Il se trouvait d'ailleurs que pendant le même temps, le genre de vie et les habitudes des deux classes avaient cessé d'être très différents. Les chevaliers, par les mêmes raisons qui les décourageaient de se rendre au conseil du roi, manifestèrent de bonne heure une très vive répugnance pour la guerre. Les possessions les plus menacées de la couronne étaient en France. Il fallait presque toujours quitter le sol anglais, traverser la mer et s'en aller au loin sur le continent. De bonne heure, les chevaliers se montrent préoccupés d'échapper à cette obligation. Lorsque le roi Henri II leur offre de les exempter moyennant une taxe d'exonération, ils acceptent avec empressement. C'est l'impôt qu'on a appelé *scutagium*, escuage. À ce prix, les chevaliers restaient dans leurs foyers. Mais cette taxe de rachat laissait subsister toutes les autres charges de la tenure militaire, notamment ces lourds et scandaleux droits de mariage et de garde qui n'existaient sous cette forme et avec cette rigueur qu'en Angleterre et en Normandie. Aussi essaye-t-on de se dérober à la chevalerie elle-même, cause ou occasion de tant de maux ; on néglige ou l'on évite de se faire armer chevalier. Les ordonnances qui enjoignent de recevoir cet honneur reviennent incessamment au cours du XIIIe siècle ; cela prouve clairement qu'on ne s'y prêtai que de mauvaise grâce. Dès 1278, le roi commande aux shérifs de contraindre à recevoir l'accolade, non pas seulement les personnes appartenant à la classe des chevaliers, mais tous les hommes dont le revenu foncier égale vingt livres sterling, de quelque seigneur et à quelque titre qu'ils tiennent leurs terres. Cette prescription, répétée depuis, montre à quel point le cours des temps et la force des choses avaient mélangé les deux classes, soit en faisant monter dans la première les propriétaires libres opulents, soit en faisant descendre dans la seconde les chevaliers qui avaient laissé se diviser leurs domaines. Il est remarquable que, en moins d'un siècle, le principe de la primogéniture, déjà appliqué aux tenures en chevalerie, devient, sauf dans le Kent et dans quelques autres districts, la règle ordinaire pour les tenures ordinaires, dites en *socage*. Voilà bien l'indice que la distinction entre les tenures ne correspondait plus à une distinction tranchée entre les personnes. C'est en grande partie la même classe qui possédait la terre à ces deux titres ; elle appliquait dans les deux cas le même régime successoral. En somme, dès le XIIIe siècle, les chevaliers, *agrarii milites*, paraissent avoir pris en grande majorité les goûts et les mœurs d'une simple classe de propriétaires ruraux.

Pour connaître tous les éléments du Parlement futur, il reste à considérer les villes. Le développement des agglomérations urbaines a présenté en Angleterre des caractères exceptionnels. Premièrement la formation de grands centres paraît avoir été beaucoup plus tardive qu'en France. Ici, la liberté, un certain bien-être, les chances de s'enrichir ne manquaient pas dans les districts ruraux. Le séjour dans les villes n'était pas la seule voie ouverte aux classes inférieures pour améliorer leur condition. La vie urbaine exerçait donc une moindre attraction. D'ailleurs l'Angleterre du moyen âge n'était aucunement un pays industriel ; c'était un pays agricole et surtout pastoral qui vivait de la vente de ses laines. La grande majorité des villes avait le caractère de bourgs ruraux ; leur population était identique, pour les occupations et les mœurs, avec celle du reste du comté. Les grandes villes, dépendant presque toutes directement du roi, avaient été exemptes de ces luttes entre le comte, l'évêque et les bourgeois, qui remplissent l'histoire de nos communes. Elles avaient reçu sans opposition leurs chartes de royauté. Aucun grief ne les indisposait ou ne les prévenait contre les barons et les chevaliers de leur voisinage ; elles se confiaient à eux sans inquiétude et sans répugnance. Enfin les réunions avec la noblesse du district étaient devenues familières aux bourgeois ; les règles administratives générales soumettaient en effet les villes aux autorités du comté pour les inspections de la garde nationale, pour les élections, et les obligeaient à se faire représenter en cour de comté lorsque les assises étaient tenues par les juges ambulants. —Il n'y a rien ici qui rappelle notre tiers état purement bourgeois, classe isolée, fermée sur elle-même, étrangère à la population rurale, dont elle ne fait que recueillir les fugitifs, à la fois haineuse et humble à l'égard de la noblesse provinciale qui l'entoure. Tout au contraire, les habitants de la plupart des villes anglaises se trouvaient unis et mêlés en mille occasions à toutes les autres classes d'habitants de leur comté ; une longue période de vie communale les avait préparés à s'entendre et à se confondre avec les chevaliers et les propriétaires libres leurs voisins.

*
* *

Tandis que la classe des chevaliers paraissait déchoir en perdant son caractère militaire et ses titres féodaux, et se mélangeait avec la classe immédiatement inférieure, les deux classes se relevaient ensemble. C'est la justice ambulante, organe de la royauté, qui a provoqué ce mouvement ascendant et cette rentrée en scène. C'est cet instrument apparent de centralisation qui a préparé la classe moyenne rurale à son futur rôle politique.

Déjà les premiers rois normands avaient remis en mouvement une vieille institution anglo-saxonne : la Cour de comté. Cette Cour où étaient tenus de se réunir les prélats, comtes, barons, propriétaires libres, et en outre le maire et quatre habitants de chaque village, avait cette physionomie démocratique que présentent beaucoup d'institutions du moyen âge. Les attributions étaient nombreuses et variées ; elle était à la fois cour de justice criminelle, cour de justice civile, cour d'enregistrement du transfert des domaines, lieu de publicité pour les ordonnances royales, bureau de recettes pour l'impôt. Ce système, très puissant en apparence et très concentré, ne tarda pas à montrer ses insuffisances. D'abord les grands barons, qui avaient des juridictions propres, étaient exemptés de paraître aux réunions ordinaires. Les chevaliers obtinrent de bonne heure de nombreuses dispenses. Les villes ne manquèrent pas de faire inscrire la même immunité dans leurs chartes. Privée de ses meilleurs éléments, la Cour de comté était en outre dépeuplée par les abstentions. L'institution des juges ambulants, régularisée en 1176, lui communique une vie nouvelle. Ces grands personnages, familiers de la cour du roi, arrivaient dans les comtés avec les pouvoirs les plus étendus. Leurs commissions portaient qu'ils ne devaient se laisser arrêter ni par les immunités des barons ni par les franchises des villes. Quand ils siégeaient, celles-ci déléguaient douze bourgeois pour figurer à côté des autres éléments de la Cour de comté, et les plus grands seigneurs comparaissaient au moins par mandataire. Toute la population locale, noble et roturière, rurale et urbaine, se trouvait ainsi réunie. Nul doute que cette circonstance n'ait contribué singulièrement à précipiter la fusion des races et des classes. Toutefois, on n'administre point au moyen d'une assemblée. Les juges ambulants (*justitiarii itinerantes*), en laissant subsister nominalement la Cour de comté, ne tardèrent point à la considérer comme un simple lieu d'élection pour les commissions de toute nature qui furent réellement chargées des affaires. De quels éléments étaient formées ces commissions, on peut le pressentir. Les grands juges ne voulaient pas généralement de bien aux barons, ils se défiaient du shérif, dont l'autorité était, en un certain sens, rivale de la leur. Étrangers au comté, ils avaient besoin d'une assistance locale, et n'étaient pas en mesure d'organiser une bureaucratie sédentaire. Force était donc de faire appel à la chevalerie du lieu, seule classe assez indépendante, assez éclairée pour leur prêter un utile secours. On les voit, en effet, prendre de plus en plus les chevaliers pour auxiliaires, et partager avec eux les pouvoirs qu'ils enlèvent au shérif ou à la Cour de comté. Successivement l'assiette et la perception de l'impôt, le contrôle de l'armement de la gendarmerie nationale, le soin de recevoir le serment de paix, l'instruction locale des crimes et délits, le choix du grand jury d'accusation, la participation aux jugements par l'organe du jury restreint, sont confiés à des commissions de chevaliers qui opèrent le plus souvent sous la direction des juges ambulants.

On voit sans peine l'effet de cette révolution. L'activité de la chevalerie n'est plus concentrée dans la Cour de comté. Cette classe n'est plus comme par le passé soumise au shérif, elle ne voit plus en lui le représentant le plus direct d'une royauté puissante. D'autres fonctionnaires plus élevés, mandataires plus immédiats du souverain, sont survenus. Ils se sont adressés directement à elle, ont dépossédé pour elle les anciens pouvoirs, ont réclamé son assistance et suscité un immense mouvement de progrès dont eux et elle deviendront à la fin les seuls organes. En Angleterre, c'est la centralisation qui a donné l'éveil à la décentralisation, au *self-government*.

La classe éminemment non féodale des chevaliers de comté est dégagée dès la fin du XIIIe siècle. Désignée à la reconnaissance du public par la gestion de nombreux services locaux, elle va par la force des choses être appelée au Parlement. Il n'est pas étonnant qu'elle incline à se tenir à part des magnats militaires, imbus de l'esprit anarchique et turbulent du moyen âge. Elle est imbue d'un tout autre esprit, d'un esprit déjà moderne ; elle est la gardienne de la paix du roi ; elle exerce ses pouvoirs par commission de l'État, selon les termes précis de la loi statutaire. C'est un élément en avance sur les autres de la société future. Ainsi s'explique ce fait particulier à l'Angleterre, la formation d'une seconde Chambre largement recrutée dans une classe, celle des propriétaires fonciers, qui ailleurs auraient pris rang avec la noblesse, et dirigée effectivement par eux. Une institution de ce genre n'aurait pas pu naître sur le continent, où, au-dessous d'un pouvoir royal sans organisation, qui n'avait su ni l'employer ni l'assujettir, la noblesse était restée à la fois si féodale et si militaire, si peu portée à se concevoir comme un organe de l'État et de la loi, si étrangère à des devoirs civils imposés par un texte, si fermée sur elle-même et si jalouse de ses privilèges, si peu faite en un mot pour trouver dans ses rangs des représentants accrédités du reste de la nation.

Nous voilà en mesure de comprendre comment s'est formé le Parlement anglais. Le noyau de cette assemblée, le premier cristal auquel les autres sont venus s'agréger, c'est ce *magnum concilium* où figuraient dès l'origine les grands vassaux ecclésiastiques et laïcs. Je ne me mêle pas de déterminer à quel titre les premiers y siégeaient. Était-ce à raison d'un fief, d'une baronnie ou de leur caractère spirituel ? Le fait, bien plus décisif ici que le droit, est qu'ils appartenaient en grand nombre aux familles des grands vassaux, qu'ils avaient tous des domaines d'importance et de nature baronniale, soumis aux mêmes services et aux mêmes impôts que ceux de leurs collègues laïcs, et qu'on les traitait volontiers de « barons comme les autres » (*sicut barones cæteri*). Ces deux ordres de magnats, rapprochés par tant de conditions communes, ont formé à eux seuls le grand conseil du souverain jusqu'au milieu du XIIIe siècle. La tradition de cette activité conjointe et prolongée a conjuré le péril d'une séparation tranchée entre les deux ordres de la noblesse et du clergé, cette même séparation qui paraît en France avec les États généraux, et qui s'est perpétuée jusqu'en 1789. Là encore, la constitution précoce d'une aristocratie politique a eu des résultats d'un prix inestimable.

C'est environ trente ans après l'institution régulière de la justice ambulante que la classe des chevaliers, relevée par l'importance des devoirs qu'elle accepte et des services qu'elle rend à l'État dans l'administration locale, secondée et suppléée par toute la haute classe des propriétaires, commence à se rapprocher du Parlement. Ce n'est pas elle qui en demande l'entrée. Devenue à ce point nombreuse, compacte, active, elle est une puissance que ni le roi ni les barons ne peuvent négliger de concilier à leur cause. Ce sont eux qui vont la chercher, l'inviter, la presser. En 1213, au cours de la lutte qui aboutit à la grande charte, le roi commence. Pour la première fois, quatre chevaliers, choisis dans chaque comté, sont cités à cette fin expresse de s'entretenir avec le prince des affaires de l'État. En 1215, la grande charte paraît laisser de côté le principe de l'élection et de la représentation. Après le roi Jean, il y a une période d'apaisement. On revient donc à l'ancienne procédure, et le grand conseil reste relativement aristocratique jusqu'en 1254, époque où la lutte s'aigrit de nouveau entre la royauté et le baronnage. Chacun des deux partis commence à sentir le besoin de trouver des alliés dans le reste de la nation. À cette date, deux chevaliers par comté sont convoqués ; ils se rencontrent avec les procureurs du clergé paroissial, appelé de son côté pour la première fois à se faire représenter au Parlement. Jusque-là, les abbayes, les prieurés et les églises cathédrales étaient seuls appelés avec les prélats. Le rôle de tous ces nouveaux venus est encore bien humble ; ils sont là pour écouter, pour apprendre et rapporter dans les comtés et dans les paroisses les résolutions prises par le grand conseil. Il ne paraît pas qu'ils délibèrent : on les congédie au cours de la session, et l'assemblée des magnats continue à débattre sans eux les grandes affaires, dont ils n'ont pas à connaître.

Quoi qu'il en soit, nous retrouvons les uns et les autres en nombre variable, irrégulièrement et à de longs intervalles, dans plusieurs des Parlements subséquents, en 1261, 1264, 1270, 1273. En 1295, la convocation, à raison de deux par comté, est passée en coutume, et, à la même date, une formule spéciale est adoptée pour la convocation des représentants du clergé paroissial. Désormais aucun Parlement ne sera régulier sans cette double citation. Pendant le même temps, un autre élément a obtenu l'entrée de l'enceinte parlementaire. Les villes principales, surtout celles qui sont pourvues de chartes, ont été convoquées en 1265 par Simon de Montfort. Trente ans après, en 1295, une ordonnance royale les invite à se faire représenter par deux de leurs habitants,—citoyens ou bourgeois,—et, à partir de cette date, une citation régulière leur est adressée pour chaque Parlement. 1295 est donc une date capitale. Le commencement du XIVe siècle trouve le Parlement constitué avec tous les caractères d'une assemblée véritablement nationale, où figurent, plus complètement même qu'à l'heure présente (car il y a eu depuis des exclusions et des déchéances), tous les éléments qui composent le peuple anglais.

Que nous voilà loin de la France, où ni les campagnes ni le clergé paroissial n'ont été réellement représentés pendant la plus grande partie du moyen âge ! Mais plus considérable encore paraîtra la différence si nous examinons de quelle manière les éléments signalés plus haut se répartissent, s'agrègent et se classent au sein du Parlement. Au commencement, les bourgeois siègent isolément ; au contraire, les chevaliers des comtés se réunissent aux barons ; cela est naturel, puisqu'ils représentent comme eux l'intérêt féodal et rural. Le clergé vote alors séparément son subside. Cette répartition en trois est celle qu'on observe en 1295. Elle se reproduit en 1296, en 1305, en 1308. Elle est identique avec celle des États de France à la même époque. Mais un autre arrangement ne tarde pas à prévaloir. Les affinités les plus puissantes sont en effet, d'une part, entre les barons et les prélats, accoutumés depuis deux siècles à délibérer en commun ; d'autre part, entre les chevaliers et les bourgeois, les uns et les autres électifs et concurremment élus ou proclamés dans la cour du comté, où ils se sont plusieurs fois rencontrés sous la présidence des juges ambulants. Une distribution conforme à ces tendances prévaut de plus en plus. À partir de 1341, les chefs du clergé (sauf en quelques circonstances rares) restent unis aux seigneurs laïques et forment avec eux la Chambre des lords. À partir de la même date, la fusion correspondante est accomplie entre les deux autres classes. Chevaliers et bourgeois forment ensemble la Chambre des communes et ne se séparent plus que dans un petit nombre de cas exceptionnels, dont il n'y a plus d'exemple après le XIVe siècle. Quant au dernier élément, le bas clergé, le clergé paroissial, il fait également partie de la Chambre des communes, mais il ne tarde pas à devenir moins assidu et à s'écarter. Sa pauvreté, les devoirs de son ministère, le retiennent au loin. Il se sent d'ailleurs plus à l'aise dans les propres assemblées du clergé, les *convocations* du Cantorbéry et d'York, auxquelles il est cité par les deux primats et où il forme comme une sorte de chambre basse. La coutume s'établit que la part de l'Église dans les subsides soit votée là et non plus au Parlement. Dès le milieu du XIVe siècle, le bas clergé a donc déserté la Chambre des communes, où demeurent seuls et maîtres les éléments séculiers de la représentation rurale et urbaine. Les chefs du clergé, encore très puissants à la Chambre des lords, où les abbés et les prieurs doublent et triplent le nombre des évêques, voient avec indifférence ces humbles curés de paroisse disparaître de cette Chambre des communes, dont ils ne soupçonnent pas encore les destinées et la future prépondérance. — C'est ainsi que le Parlement anglais, constitué dans ses éléments en 1295, nous apparaît, cinquante ans après, organisé et distribué selon trois principes qui le distinguent profondément de nos États généraux de France : 1° La division en deux Chambres, qui croise et brouille la division des classes, accentuée au contraire en France par la distinction des trois ordres. Aucun ordre n'est seul dans une même Chambre ; ils sont mêlés deux par deux ; il leur est impossible de s'isoler dans un esprit de classe étroit et exclusif ; 2° La réunion dans la Chambre basse de l'élément urbain avec un élément rural très ancien, très puissant, très actif et originairement rattaché au baronnage. Pareille fusion est ce qui a le plus manqué à notre tiers état purement citadin, composé d'hommes nouveaux, tous personnages civils, magistrats des villes ou légistes, étrangers à la propriété de la terre et à la profession des armes.

Faute d'une classe moyenne agricole, il n'a jamais pu combler le fossé qui le séparait de la noblesse ; il est demeuré dans son isolement et n'a pas cessé de traverser ces alternatives de timidité et de violence, qui sont l'infirmité commune de toutes les classes nouvelles, sans alliances et sans traditions ; 3° Enfin le caractère laïque prédominant de la haute assemblée, dont une branche ne contient aucune représentation ecclésiastique, tandis que cette représentation est mélangée dans l'autre à l'élément séculier, ne siège qu'en vertu d'un titre séculier,—le fief baronnial attaché aux évêchés et à certaines abbayes,—et se pénètre ainsi à un très haut degré du sentiment national et de l'esprit de la société civile.

E. Boutmy, *Le développement de la constitution et de la société politique en Angleterre*, Paris, Plon, 1887, in-16. *Passim.*

Chapitre XIII

Civilisation chrétienne et féodale

PROGRAMME. —L'Église ; les hérésies ; les ordres mendiants ; l'Inquisition ; la croisade albigeoise. —Les écoles : l'Université de Paris. — [La science au moyen âge.]

BIBLIOGRAPHIE

L'histoire générale de l'Église chrétienne au moyen âge est traitée dans un grand nombre d'excellents Manuels, rédigés, surtout en Allemagne, à l'usage des étudiants en théologie. Sans parler des grandes Encyclopédies des sciences religieuses, sous forme de Dictionnaire, telles que celles de Wetzer et Welte, Hergenröther et Kaulen (catholique), de J. J. Herzog, de F. Lichtenberger (protestantes), les plus considérables de ces Manuels sont ceux de J. H. Kurtz (*Lehrbuch der Kirchengeschichte*, Leipzig, 1893, 2 vol. in-8°, 12e éd.) ;—de J. J. Herzog (*Abriss der gesamten Kirchengeschichte*, Erlangen, 1890-1892, 2e éd.) ;—de W. Mœller (*Lehrbuch der Kirchengeschichte*, Freiburg i. Br., 1889-1894, 5 vol. in-8°) ;—de K. Müller (*Kirchengeschichte*, I, Freiburg i. Br., 1892, in-8°) ;—de Ch. Schmidt (*Précis de l'histoire de l'Église d'Occident au moyen âge*, Paris, 1885, in-8°). —Les Manuels (catholiques) de MM. Funk et Kraus ont été traduits en français (Funk, *Histoire de l'Église*, tr. Hammer, Paris, 1892, 2 vol. in-16 ;—Kraus, *Histoire de l'Église*, tr. Godet, Paris, 1891, 3 vol. in-8°), ainsi que la grande et classique *Konciliengeschichte* de K. J. v. Hefele (*Histoire des Conciles*, tr. de l'all. par O. Delarc, Paris, 1869-1876, 11 vol. in-8°).

Il existe en outre des Manuels spéciaux pour l'histoire générale du Dogme et de la Liturgie au moyen âge. Il est inutile d'indiquer ici en détail les grands ouvrages de K. R. Hagenbach, Ad. Harnack, etc., quelle qu'en soit la réputation. Disons seulement qu'un résumé (*Grundriss*) du *Lehrbuch der Dogmengeschichte* de Ad. Harnack a été traduit en français (*Précis de l'histoire des dogmes*, tr. par E. Choisy, Paris, 1893, in-8°).

Tous ces Manuels contiennent d'abondants renseignements bibliographiques. —Nous nous contenterons de recommander ici quelques monographies très importantes ou particulièrement commodes.

Organisation de l'Église, spécialement en France : P. Fournier, *Les officialités au moyen âge*, Paris, 1880, in-8° ;—P. Imbart de la Tour, *Les élections épiscopales dans l'église de France du IXe au XIIe siècle*, Paris, 1891, in-8° ;—A. Gottlob, *Die päpstlichen Kreuzzugs-Steuern des 13 Jahrhunderts*, Heiligenstadt, 1892, in-8°.

Les hérésies et l'Inquisition : Ch. Schmidt, *Histoire et doctrines de la secte des Cathares*, Paris, 1849, 2 vol. in-8° ;—Ch. Molinier, *L'Inquisition dans le midi de la France*, Paris, 1881, in-8° et les autres travaux de M. Ch. Molinier ;—H. C. Lea, *A history of the Inquisition of the middle ages*, New-York, 1888, 3 vol. in-8° ;—F. Tocco, *L'eresia nel medio evo*, Firenze, 1884, in-8° ;—L. Tanon, *Histoire des tribunaux de l'Inquisition en France*, Paris, 1893, in-8°. —L'ouvrage posthume du célèbre I. v. Döllinger, *Beiträge zur Sektengeschichte des Mittelalters* (München, 1890, 2 v. in-8°), n'est pas sûr.

Les ordres monastiques : E. Sackur, *Die Cluniacenser in ihrer kirchlichen und allgemeingeschichtlichen Wirksamkeit*, Halle, 1892-1894, 2 vol. in-8° ;— H. d'Arbois de Jubainville, *Les abbayes cisterciennes et en particulier Clairvaux au XIIe et au XIIIe siècle*, Paris, 1868, in-8° ;—P. Sabatier, *Vie de saint François d'Assise*, Paris, 1894, in-8°.

Les écoles. L'histoire de l'organisation de l'enseignement au moyen âge, en Allemagne, a été écrite par F.-A. Specht, *Geschichte des Unterrichtswesens in Deutschland von den ältesten Zeiten bis zur Mitte des 13 Jahrhunderts*, Stuttgart, 1885, in-8°. —Pour la France, de préférence au livre vieilli de L. Maître (*Les écoles épiscopales et monastiques de l'Occident... jusqu'à Philippe Auguste*, Paris, 1866, in-8°), consulter sur le XIe et le XIIe siècle la monographie de A. Clerval, *Les écoles de Chartres au moyen âge*,

Paris, 1895, in-8° ;—sur le XIIIe, C. Douais, *Essai sur l'organisation des études dans l'ordre des Frères Prêcheurs au XIIIe et au XIVe siècle*, Paris-Toulouse, 1884, in-8°. —L'histoire des Universités, et, en particulier, de l'Université de Paris, a été renouvelée par les travaux du P. H. Denifle : *Die Universitäten des Mittelalters bis 1400*, I, Berlin, 1885, in-8° ;—cf. le même et E. Chatelain, *Chartularium Universitatis Parisiensis*, I, Paris, 1886, in-4° (avec une Introduction en latin). —Voir aussi les articles de vulgarisation de MM. H. Rashdall (*English historical review*, 1886) et A. Luchaire (*Revue internationale de l'enseignement*, 15 avril 1890), et le livre de H. C. Maxwell-Lyte, *History of the University of Oxford from the earliest times*, Oxford, 1886, in-8°.

L'histoire de la pensée ecclésiastique et de la science au moyen âge n'est pas achevée. On lirait avec grand profit le livre trop peu connu, puissamment systématique, de H. v. Eicken, *Geschichte und System der mittelalterlichen Weltanschauung*, Stuttgart, 1887, in-8° ;—l'*Histoire de la philosophie scolastique* (Paris, 1872-1880, 3 vol. in-8°) et les autres ouvrages de M. B. Hauréau. —Consulter aussi : H. Reuter, *Geschichte der religiösen Aufklärung im Mittelalter*, Berlin, 1875-1877, 2 vol. in-8° ;— Reginald Lane Poole, *Illustrations of the history of mediæval thought*, London, 1884, in-8° ;—Th. Gottlieb, *Ueber mittelalterliche Bibliotheken*, Leipzig, 1890, in-8°. —Parmi les meilleures monographies : E. Renan, *Averroès et l'Averroïsme*, Paris, 1861, in-8° ;—Ch. Jourdain, *Excursions historiques et philosophiques à travers le moyen âge*, Paris, 1888, in-8° ;—M. Cantor, *Vorlesungen über Geschichte der Mathematik*, Leipzig, 1880-1892, 2 vol. in-8° ;—V. Carus, *Geschichte der Zoologie*, München, 1872, in-8° ;—M. Berthelot, *La chimie au moyen âge*, I, *Essai sur la transmission de la science antique au moyen âge*, Paris, 1893, in-4°.

Depuis que le pape Léon XIII a recommandé officiellement l'étude de **saint Thomas d'Aquin**, la philosophie thomiste et la scolastique du XIIIe siècle ont été l'objet, dans le monde catholique, d'une littérature dont il suffit de dire ici qu'elle est « plus abondante que savoureuse ». Cf. *Revue philosophique*, 1892, I, p. 281 et s.

Quelques clercs du moyen âge ont laissé des Mémoires, des lettres, des sermons, etc., qui les font très bien connaître. On trouvera, dans ce chapitre, les études de MM. Gebhart et Hauréau sur Salimbene et sur Robert de Sorbon. Il y en a d'analogues, dont la lecture est aussi très agréable et très instructive. Citons, entre autres, celles qui ont été publiées sur Gerbert (J. Havet, *Lettres de Gerbert*, Paris, 1889, in-8°, Introduction) ; sur Raoul Glaber (E. Gebhart, dans la *Revue des Deux Mondes*, oct. 1891), sur Guibert de Nogent (E. Duméril, dans les *Mémoires de l'Académie.... de Toulouse*, 9ᵉ série, VI, 1894), sur Jean de Salisbury (R. Lane Poole, dans le *Dictionary of national biography*, t. XXIX (London, 1892, in-8°), p. 439), sur saint Bernard (E. Vacandard, *Vie de saint Bernard, abbé de Clairvaux*, Paris, 1895, 2 vol. in-8°), sur Guyard de Laon (B. Hauréau, dans le *Journal des Savants*, juin 1893), sur Guillaume d'Auvergne (N. Valois, *Guillaume d'Auvergne, évêque de Paris*, Paris, 1880, in-8°), sur Roger Bacon (E. Charles, *Roger Bacon*, Paris, 1861, in-8°). — Bien d'autres personnages ecclésiastiques du moyen âge mériteraient d'être présentés au public par des historiens compétents, au courant des récentes découvertes. On a beaucoup écrit, depuis trois siècles, sur Abailard ; nous ne pouvons recommander, cependant, aucun ouvrage d'ensemble, facile à lire, sur Abailard. Il n'existe pas encore de bon livre sur Pierre le Chantre, ni sur Pierre le Peintre, ni sur tant d'autres. Des notices sont consacrées, dans l'*Histoire littéraire de la France*, à presque tous les clercs du moyen âge qui ont laissé dans leurs œuvres un reflet de leur personnalité ; mais ces notices ne sont plus, pour la plupart, au courant de la science.

Sur les mœurs, le droit, la littérature et les arts ecclésiastiques, v. la Bibliographie du ch. XIV.

I — LA SECTE DES CATHARES EN ITALIE ET DANS LE MIDI DE LA FRANCE

Le dualisme qui, sous la forme du manichéisme, avait eu tant de partisans dans l'Église des premiers siècles et qui était professé aussi par les Pauliciens, reparut au moyen âge sous la forme du catharisme ou de la religion des purs, [greek : chatharoi χαθαροί]. L'apparente facilité avec laquelle ce système prétendait résoudre, en théorie et en pratique, le problème du mal, l'attrait qu'il avait pour l'imagination par sa couleur mythologique, la moralité austère et incontestée de ses chefs, lui amenèrent autant de disciples qu'en avait eu jadis la doctrine de Manès. Né probablement en Macédoine, il s'était répandu dès le XIᵉ siècle dans diverses contrées de l'Europe occidentale ; on avait découvert et brûlé des cathares, qualifiés de manichéens, en Lombardie, dans le midi de la France, dans l'Orléanais, en Champagne, en Flandre. La persécution n'avait pas arrêté les progrès de la secte ; vers le milieu du XIIe siècle elle était établie et fortement organisée dans les pays slaves et grecs, en Italie et dans la France méridionale. Elle avait des traductions du Nouveau Testament et d'autres livres en langue vulgaire, qui pour la plupart sont perdus ; ses docteurs étaient aussi habiles que ceux du catholicisme.

Le système reposait sur l'antagonisme de deux principes, l'un bon, l'autre mauvais. Sur la nature de ce dernier, les cathares n'étaient pas d'accord ; les uns croyaient que les deux principes étaient également éternels ; selon les autres, le bon principe est seul éternel, le mauvais, qui est une de ses créatures, n'est tombé que par orgueil. Cette différence se retrouve dans la manière de concevoir l'origine du monde et celle des âmes. D'après le dualisme absolu, c'est le principe mauvais qui a créé la matière, le bon n'a créé que les esprits ; une partie de ceux-ci furent entraînés sur la terre et enfermés dans des corps ; Dieu consent à ce qu'ils y fassent pénitence et qu'ils passent, de génération en génération, d'un corps à un autre jusqu'à ce qu'ils arrivent au salut. Le dualisme mitigé admet que Dieu est le créateur de la matière, mais que le principe mauvais en est le formateur ; les âmes ne sont pas venues sur la terre toutes à la fois ; issues d'un premier couple, elles se multiplient comme l'enseignait l'ancien traducianisme. Pour tout le reste, les cathares des deux partis professent les mêmes doctrines. Le principe mauvais a imposé aux hommes la loi mosaïque, pour les retenir dans la servitude ; d'où il suit qu'il faut rejeter l'Ancien Testament. Dieu voulant sauver les hommes de ce joug, leur envoie un esprit supérieur qui, ne pouvant entrer en contact avec la matière, ne prend que l'apparence d'un corps humain. La matière est la cause et le siège du mal ; tout rapport volontaire avec elle devient une souillure ; cette doctrine a pour conséquence pratique un ascétisme très rigoureux. Le pardon des péchés s'obtient par l'admission dans l'église des cathares, moyennant le baptême du Saint-Esprit, lequel est symbolisé par l'imposition des mains ; cet acte s'appelait *consolamentum*, parce qu'il devait faire descendre sur l'homme l'esprit consolateur. Avant de le recevoir, il fallait avoir donné des gages de fidélité et s'être soumis à un jeûne de plusieurs jours. Ceux qui l'avaient reçu étaient appelés les parfaits ; en France le peuple les qualifiait de bons hommes, de bons chrétiens par excellence. Ils renonçaient au mariage et à toute propriété, ne se nourrissaient que de pain, de légumes, de fruits, de poissons, voyageaient pour visiter les fidèles, avaient entre eux des signes secrets de reconnaissance, pouvaient enseigner la doctrine et donner le *consolamentum*. Les femmes parfaites avaient les mêmes obligations et les mêmes droits.

Ceux qui n'étaient pas parfaits formaient la classe des croyants ; ils n'étaient pas astreints au même ascétisme, ils pouvaient se marier, posséder des biens, faire le commerce et la guerre, se nourrir de n'importe quoi, à la seule condition de recevoir le *consolamentum* avant leur mort. Ils faisaient avec les ministres de la secte un pacte, *convenenza*, *conventio*, par lequel ils s'engageaient à se faire *consoler* en cas de danger mortel, et à mener la vie des parfaits s'ils revenaient à la santé. Il y en avait de si enthousiastes que, pour ne pas perdre la grâce du baptême spirituel une fois reçu, ils se mettaient en *endura*, c'est-à-dire qu'ils se laissaient mourir de faim.

Le culte cathare, qui excluait tous les éléments matériels, se composait d'une prédication faite par un ministre, de l'oraison dominicale récitée par l'assemblée, de la confession des péchés suivie de l'absolution, enfin de la bénédiction donnée par le ministre et les parfaits. Ces derniers, quand ils assistaient à un repas, bénissaient le pain, que les croyants conservaient comme une sorte de talisman.

Le clergé de la secte n'admettait que des évêques et des diacres. L'église était divisée en évêchés, correspondant d'ordinaire aux diocèses catholiques ; les villes, les châteaux, les bourgs formaient des diaconats. Les évêques entretenaient entre eux des relations intimes et fréquentes ; il arriva que des députés des pays slaves et de l'Italie assistèrent à des conciles tenus dans le midi de la France.

En somme, ce système, malgré sa prétention de s'adapter au Nouveau Testament en l'interprétant par des allégories, était moins une hérésie chrétienne qu'une religion différente, mêlée de mythes cosmogoniques, que, dans ce résumé succinct, nous nous abstenons de mentionner.

Pour les autorités de l'Église, les cathares étaient un objet d'horreur, autant à cause de leur doctrine à moitié païenne qu'à cause de leur influence sur les peuples ; on les traitait d'hérétiques par excellence, c'est à eux que ce nom était spécialement réservé par les auteurs qui ont écrit contre les sectes ; c'est aussi à leur occasion que furent décrétées d'abord ces mesures de rigueur qui ont formé la législation inquisitoriale.

La tour de l'Inquisition, à Carcassonne.

Du temps d'Innocent III ils dominaient en Lombardie, où Milan était leur centre. Protégés par les seigneurs, ils siégeaient dans les conseils des villes, célébraient publiquement leur culte, provoquaient à des disputes les théologiens catholiques. Un de leurs parfaits, Armanno Pungilovo de Ferrare, mort en 1269, avait mené une vie si exemplaire, qu'il fut sur le point d'être canonisé quand on découvrit qu'il n'avait été qu'un hérétique. Parce qu'ils condamnaient le mariage, le peuple leur donnait le même nom de patarins, par lequel, au XIe siècle, on avait désigné les adhérents du diacre Ariald, adversaire du mariage des prêtres. Les persécutions ordonnées par Innocent III et ses successeurs furent impuissantes ; l'inquisition elle-même, organisée par Grégoire IX, rencontra pendant longtemps une résistance opiniâtre ; en 1252, un inquisiteur, le frère Pierre de Vérone, fut tué par quelques nobles. Il fut canonisé sous le nom de saint Pierre-Martyr. Après cet attentat, il y eut une recrudescence de sévérité ; mais quelque vigilant et quelque implacable qu'on fût, on ne réussit pas encore à extirper la secte, qui était renforcée au contraire par de nombreux réfugiés albigeois. Elle ne commence à décliner en Italie que dans le cours du XIVe siècle.

Dans le midi de la France le catharisme était devenu presque la religion nationale, ayant plusieurs évêchés, de nombreux diaconats et des écoles florissantes, fréquentées surtout par les enfants des nobles. Après des efforts stériles, tentés contre les *hérétiques albigeois* dans la seconde moitié du XIIe siècle, entre autres par saint Bernard, et au commencement du XIIIe principalement par saint Dominique, Innocent III chargea le frère Pierre de Castelnau d'être son légat pour l'extirpation de l'hérésie. Pierre, ayant excommunié le comte Raymond de Toulouse, fut assassiné en 1208. Le pape fit prêcher la croisade ; une armée de Français du Nord, sous les ordres de Simon de Montfort, envahit les provinces méridionales et se signala par le massacre de populations entières.[76] Le 12 avril 1229, Louis IX accorda au comte Raymond la paix, à des conditions trop humiliantes pour fonder une réconciliation durable. D'ailleurs, le fanatisme des inquisiteurs excitait une indignation dont les derniers poètes provençaux se firent les organes passionnés ; plus les violences augmentaient, plus se fortifiait la résistance des cathares ; leur organisation subsista, les seigneurs continuèrent de les protéger et le peuple de les écouter ; leur cause religieuse se confondait avec la cause nationale. En 1239, le comte de Toulouse, exaspéré par l'oppression, reprit les armes ; il fut une seconde fois forcé de se soumettre. Quand le 29 mai 1242 on tua quatre inquisiteurs à Avignonet, le comte, soupçonné injustement d'avoir été l'instigateur de ce crime, fut excommunié par l'archevêque de Narbonne ; il jura de venger la mort des victimes, mais aussi de ne plus tolérer les dominicains comme agents de l'inquisition. Pour témoigner de son dévouement à l'Église, il assiégea le château fort de Montségur, dernier refuge des Albigeois. Après plusieurs assauts la place dut se rendre ; le 14 mars 1244, près de deux cents parfaits, dont deux évêques, périrent par le feu. L'hérésie ne se maintint plus que péniblement et en secret ; beaucoup de membres de la secte se réfugièrent en Lombardie. Après la réunion du comté de Toulouse à la couronne de France, les rois achevèrent la destruction du catharisme, dont les dernières traces se perdent en ce pays dans la première moitié du XIVe siècle.

Ch. Schmidt, *Précis de l'histoire de l'Église d'Occident pendant le moyen âge*, Paris, Fischbacher, 1885, in-8°.

---

[76] Voyez *La chanson de la croisade contre les Albigeois*, commentée et traduite par M. P. Meyer, Paris, 1875, 2 vol. in-8°.

II — Quelques clercs du XIIe et du XIIIe siècle

Primat — W. Nap — Serlon — Le chancelier

Peu de personnages ont joui dans le monde clérical, depuis le XIIe siècle, d'une popularité égale à celle d'un certain Primat, sur le compte duquel, avant de très récentes recherches, on ne savait absolument rien. —Le professeur de rhétorique italien Thomas de Capoue, qui écrivait au temps du pape Innocent III, après avoir distingué le style rythmique et le style métrique, ajoute que si Virgile a donné les plus parfaits modèles de l'un, Primat a excellé dans l'autre. D'autre part, Richard de Poitiers, moine de Cluny, a composé, vers la fin du XIIe siècle, une chronique où l'on lit, à la date de 1142 : « A cette époque brillait à Paris un écolier, nommé Hugues, que ses condisciples avaient surnommé Primat. Il était d'assez bonne condition, mais d'un extérieur disgracieux. Adonné dès sa jeunesse aux lettres mondaines, il se fit dans plusieurs provinces une grande réputation comme plaisant et comme littérateur. Son talent d'improvisateur était célèbre. Il y a des vers de lui que l'on ne peut pas entendre sans éclater de rire. » Ainsi, Primat florissait vers 1140, et c'était un joyeux compagnon. Le poète Mathieu de Vendôme corrobore sur ce point et enrichit encore le témoignage de Richard de Poitiers : il nous apprend, en effet, qu'il avait fait ses études aux écoles d'Orléans, avant 1150, alors que l'une des chaires de cette ville était occupée par l'illustre Primat :

Mihi dulcis alumna,
Tempore Primatis, Aurelianis, ave !

Primat est d'ailleurs qualifié de « Primat d'Orléans » par une foule d'écrivains, de copistes et de bibliographes postérieurs à Mathieu de Vendôme. —De très bonne heure, ce Primat de Paris, puis d'Orléans, qui paraît avoir joint à sa qualité de professeur celle de chanoine, acquit dans toutes les écoles de l'Occident une réputation d'esprit légendaire.[77]

---

[77] Citons l'un des traits qui lui étaient prêtés ; il fera juger des autres, car c'est le cas d'appliquer à ces puérilités l'adage *Ab uno disce omnes* : « Primat ne voulait chanter à l'église qu'en ouvrant la moitié de la bouche ; et comme on lui demandait un jour la raison de cette singulière habitude, il répondit que, n'ayant encore qu'une demi-prébende, il ne devait pas, aux heures canoniales, l'office de sa bouche tout entière. »

Il avait sans doute été très habile de son vivant à aiguiser des épigrammes et à versifier des méchancetés : on lui attribua tous les bons mots, calembours et reparties qui se transmettaient dans les couvents et dans les universités ; on lui rapporta l'honneur des pièces goliardiques[78] qui avaient le plus de succès ; on lui fit un piédestal du talent et des œuvres d'une légion de clercs ironiques. Peu à peu, ses épigrammes authentiques ne furent plus distinguées de son bagage adventice ; on oublia jusqu'au temps, jusqu'aux lieux où il avait vécu. —Le bon franciscain Salimbene, qui écrivit en 1283 des mémoires si instructifs et si amusants, croit que Primat était chanoine à Cologne en l'année 1232 ; il cite de lui plusieurs farces dont la scène se place à Rome, à Cologne, à Pavie : « C'était, dit-il, un grand truand et un grand drôle, qui improvisait admirablement en vers. S'il avait tourné son cœur à l'amour de Dieu, il aurait tenu une grande place dans les lettres divines et se serait rendu très utile à l'Église. » Il lui attribue, entre autres chansons, le plus pur chef-d'œuvre de la littérature goliardique, la *Confession de Golias*, cette confession, plus cynique et plus gaie que celle de Villon, qui est certainement antérieure de soixante-dix ans à 1232, et postérieure de vingt années environ à l'époque où Mathieu de Vendôme avait fréquenté le véritable Primat aux écoles orléanaises. — Au XIVe siècle, Boccace parle encore d'un rimeur facétieux, *Primasso*, qui égayait jadis les dîners de l'abbé de Cluny en son hôtel de Paris ; c'est de notre Primat qu'il parle, mais les abbés de Cluny n'ont pas eu d'hôtel à Paris avant 1269 ! À l'époque où vivait Boccace, toute notion chronologique s'était perdue depuis longtemps au sujet de l'habile rythmeur, du joyeux chanoine d'Orléans, ancêtre des goliards presque aussi chimérique que l'évêque Golias lui-même.

C'est encore une fortune très surprenante que celle de Walter Map, archidiacre d'Oxford, clerc familier du roi d'Angleterre Henri II Plantagenet. Son compatriote, son ami, Gérald de Barri, le représente comme le plus bel esprit de la cour d'Angleterre à la fin du XIIe siècle ; c'était un homme très savant, très fin, et qui n'aimait pas les moines, particulièrement les moines blancs (cisterciens) : Girald rapporte de lui que, ayant appris l'apostasie de deux moines, il s'écria : « Puisqu'ils

---

[78] Goliardique, de *Goliard*. Le mot « goliard » apparaît dans les textes, vers 1220, pour désigner les clercs vagabonds, indociles, burlesques, qui étaient en quelque sorte les jongleurs du monde ecclésiastique. Ils se recommandaient d'un personnage mythique, l'évêque *Golias* ou Goliath, auquel sont attribués quelques-uns des plus beaux poèmes goliardiques.

renonçaient à leur moinerie, que ne se sont-ils faits chrétiens ! » Map a laissé un livre en prose, *De nugis curialium*, d'une lecture fort agréable ; ce livre ne nous a été conservé que par un seul manuscrit ; il a été imparfaitement édité par Th. Wright, et très peu de personnes l'ont lu. Il a écrit contre le mariage une déclamation dont il était très fier : *Valerius ad Rufinum de non ducenda uxore* ; on le sait si peu que des savants éminents persistent, encore aujourd'hui, à attribuer cette déclamation à saint Jérôme ! Par compensation, on a copié au moyen âge, et imprimé de nos jours, sous le nom de Walter Map, quantité d'ouvrages auxquels il a toujours été étranger. Les meilleures pièces goliardiques, que les scribes français ont ornées, pour les recommander, de la marque de fabrique de Primat, les scribes anglais leur ont imposé celle de l'archidiacre d'Oxford. Comme, parmi ces pièces, il y en a de fort grossières, l'élégant et précieux Map a gagné de la sorte, en Angleterre, un renom détestable et fort peu mérité d'ivrogne (*a jovial toper*). — Certes, l'ami de Gérald de Barri a composé des chansons rythmiques, mais, dans le fatras de ses œuvres supposées, qui l'a fait passer si longtemps, et bien à tort, pour le plus fécond des goliards, comment dégager ce qui lui appartient ? Autant chercher à retrouver les bons mots qui ont fait la gloire initiale de Primat parmi les nouvelles à la main de toute date et de toute provenance dont le moyen âge a gratifié la mémoire du grand farceur.

La biographie de Serlon de Wilton n'est guère moins incertaine que celle de Primat, et elle a été, jusqu'à ces derniers temps, encore plus obscure ; car le XIIe siècle a compté jusqu'à quatre clercs du nom de Serlon qui se sont mêlés d'écrire : un chanoine de Bayeux, un évêque de Glocester, un abbé de Savigny, un abbé de l'Aumône. C'est ce dernier qui fut l'émule du fameux chanoine d'Orléans. Originaire de Wilton en Angleterre, il fut d'abord un des professeurs de belles-lettres les plus goûtés des écoles de Paris, aussi connu à cause de ses fredaines qu'à cause de sa science : « Quand j'ai bu du vin, dit-il quelque part, ça me fait pleurer et je fais des vers comme Primat. »

Tum fundo lacrymas, tum versificor quasi Primas....

C'est sa conversion, éclatante et subite, qui a assuré à maître Serlon une popularité durable. Le récit en fut en effet consigné de bonne heure dans les recueils d'exemples édifiants à l'usage des prédicateurs ; il se trouve dans la collection d'anecdotes d'Eudes de Chériton et dans celle de Jacques de Vitri ; il a été commenté pendant plusieurs siècles dans toutes les chaires de la chrétienté. Serlon se promenait un jour dans le pré Saint-Germain quand un de ses compatriotes et de ses collègues, récemment décédé, lui apparut revêtu d'une chape en parchemin, couverte de fines écritures : « Là, dit le défunt, sont reproduits tous les sophismes dont ici-bas je tirais gloire, et cette chape pèse tant à mes épaules que je porterais plus aisément la tour de Saint-Germain-des-Prés. » Le lendemain matin, maître Serlon, ce logicien profond, ce poète mondain et grivois, dont les chansons couraient la ville, quitta brusquement l'Université de Paris, théâtre de ses triomphes, et se réfugia dans un monastère très sévère. Pour expliquer sa retraite précipitée, il laissa seulement deux vers moqueurs, très souvent cités depuis par les contempteurs mystiques de la dialectique et de la raison :

Linquo coax ranis, cra corvis vanaque vanis ;
Ad logicam pergo, quæ mortis non timet ergo.

Il fut élu, vers 1171, abbé de l'abbaye cistercienne de l'Aumône, près de Pontoise, le Petit-Cîteaux. Mais il ne dépouilla pas tout à fait le vieil homme. Il conserva toujours une singulière verdeur de langage. Moine blanc, il n'aimait pas les moines noirs (clunisiens). « J'attendrais, disait-il, avec plus de tranquillité le temps de la mort si j'étais chien noir que moine noir. » Il ne cessa pas non plus de faire des vers ; seulement, pour racheter les pièces impudiques qu'il avait rimées dans sa jeunesse, il s'appliqua désormais à de dévotes compositions. De Serlon de Wilton, on a surtout exhumé jusqu'à présent des vers postérieurs à sa conversion ; ils sont graves, quoique la verve gouailleuse de l'ancien poète profane, et très profane, y bouillonne encore....

Philippe de Grève n'est pas, comme Primat, un personnage légendaire, et ses vers ne sont pas presque tous perdus, comme ceux de Serlon de Wilton. Néanmoins, M. Daunou, en 1835, lui consacrait dans l'*Histoire littéraire de la France* une notice très brève ; on ne savait alors rien de lui, si ce n'est qu'il avait été chancelier de Notre-Dame de 1218 à 1236, et qu'il avait fait des sermons. Depuis 1835, la figure du chancelier Philippe, de celui qui fut, au XIIIe siècle, le Chancelier par excellence, a été lentement restaurée, et elle ressort aujourd'hui comme l'une des plus vivantes de son temps. Avec Robert de Sorbon, Philippe de

Beaumanoir et Pierre Dubois, Philippe de Grève est un des hommes du moyen âge qui doit le plus aux patientes restitutions de l'érudition moderne.

Non seulement Philippe de Grève a prononcé des sermons (qui, pour le dire en passant, ne sont pas plus mauvais que beaucoup d'autres), mais il a laissé, avec une relation de la perte et de la découverte du Saint Clou en 1233, une Somme de théologie où de bons juges ont remarqué une originalité rare dans ce genre d'ouvrages, beaucoup d'érudition, d'indépendance et de véhémence. Comme théologien, il a donc présidé très dignement pendant près de vingt ans aux destinées de l'Université de Paris.[79] Ses relations avec les maîtres de cette Université n'ont pas été cependant, très bonnes. Il ignorait l'art de se faire aimer et se montra toujours passionné pour les droits de son église cathédrale, droits inconciliables avec les prétentions du corps universitaire. En 1219, il comparut à Rome pour répondre devant le pape Honorius d'accusations portées contre lui par les maîtres de l'Université. En 1222, il était de nouveau aux prises avec eux. Il avait, par sa roideur, accumulé contre lui bien des haines. On lui reprochait aussi son avidité : il cumulait ouvertement plusieurs bénéfices ; chancelier de Notre-Dame de Paris, il était en même temps archidiacre de Noyon ; mais, à Noyon comme à Paris, il s'était attiré des ennemis ; il fut rudement malmené en 1233, en pleine église, à Saint-Quentin, par le bailli de Vermandois. Un sot compilateur du XIIIe siècle, Thomas de Cantimpré, en son *Bonum universale de apibus*, a recueilli précieusement l'écho des médisances et des calomnies que le caractère du Chancelier avait déchaînées contre lui. Peu de jours après sa mort, s'il faut en croire Thomas, le chancelier Philippe apparut à son évêque, qui venait de dire matines, sous l'aspect d'un damné ; et comme l'évêque s'étonnait : « C'est à cause de mon avarice, répondit le fantôme ; j'ai soutenu la légitimité du cumul des bénéfices, et j'ai scandalisé le monde par le désordre abominable de mes mœurs. »

Philippe de Grève eut peut-être de très mauvaises mœurs, et, qu'il ait été vertueux ou non, cela ne nous intéresse guère.[80] Mais Thomas de

---

[79] Philippe de Grève était le fils naturel de Philippe, archidiacre de Paris et parent de Gautier, chambrier de France. Après avoir été procureur général en cour romaine des églises de la province de Reims, il fut chancelier de l'église et de l'Université de Paris de 1218 à 1236.
[80] Quelles qu'aient été ses mœurs, Philippe de Grève ne se gêne pas, dans ses sermons, pour blâmer celles des écoliers et des maîtres de l'Université, ses justiciables : « Autrefois, quand

Cantimpré songeait sans doute, en parlant de ces « désordres abominables », aux chansons profanes du Chancelier, plus enjouées, cependant, que licencieuses. Croirait-on que ces chansons, longtemps si célèbres, que tous les clercs, au XIIIe siècle, savaient par cœur, et dont des copies anciennes sont signalées aujourd'hui jusqu'en Suède, n'ont été révélées aux lettrés que depuis quelques années ?—L'attention fut éveillée pour la première fois, après cinq cents ans d'oubli, par un passage de la chronique de Salimbene. Salimbene, faisant l'éloge de son compatriote Henri de Pise, rapporte qu'il avait mis en musique plusieurs morceaux de « maître Philippe, chancelier de l'Église de Paris », et notamment six pièces qui commençaient par les mots : *Homo quam sit pura—Crux de te volo conqueri*, etc. Or, sur ces six pièces rythmiques, quatre se sont retrouvées dans un manuscrit du Musée britannique, parmi une quarantaine de petits poèmes, précédés de la rubrique commune : « Dits de maître Philippe, le feu chancelier de Paris ». Elles se sont retrouvées aussi dans l'Antiphonaire de Pierre de Médicis, et ailleurs. Elles assurent à Philippe de Grève une place très honorable parmi les écrivains lyriques du moyen âge. Tel était, aussi bien, l'avis de maître Henri d'Andeli, chanoine de Paris, qui a rimé en langue vulgaire un curieux éloge funèbre du Chancelier (mort le 25 décembre 1236). L'habile trouvère Henri d'Andeli représente Philippe de Grève comme « le meilleur clerc de France » et le plus habile des « jongleurs ». —Si Philippe de Grève, au lieu de composer en vers latins rythmiques, avait versifié ordinairement en français (il se l'est quelquefois permis), il serait placé, en effet, au nombre des bons jongleurs ; mais la langue et le rythme qu'il a choisis ont retardé pour lui l'heure de la réputation posthume....

Ch.-V. Langlois, *La littérature goliardique*, dans la
Revue politique et littéraire, 24 déc. 1892.

---

chacun enseignait pour son propre compte et qu'on ne connaissait pas encore ce nom d'Université, les leçons, les controverses étaient plus fréquentes ; on avait plus d'ardeur pour l'étude. Aujourd'hui on fait tout le plus vite possible, on enseigne peu, on dérobe leur temps aux leçons pour aller traiter en des conventicules les affaires de la communauté. Et tandis que les anciens s'assemblent pour délibérer, pour réglementer, les jeunes, que soutiennent et protègent les anciens, vont faire la chasse aux femmes et aux maris ». (B. Hauréau, dans le *Journal des Savants*, juillet 1894.)

III — Un franciscain du XIIIᵉ siècle : Fra Salimbene

Ce pauvre franciscain du XIIIᵉ siècle, très bon chrétien d'ailleurs, n'a pas été canonisé ; il n'a pas été brûlé non plus ; on n'a guère brûlé des franciscains qu'à partir du XIVᵉ siècle. Ce n'était point un grand clerc : il s'obstine à prendre Henri III pour Henri IV et à conduire à Canossa un empereur qui n'eût jamais consenti à s'y rendre. Il nous conte des histoires de nourrices : le dragon du mont Canigou, qui sort d'un lac quand on y jette des pierres et obscurcit le ciel de l'ombre de ses ailes ; l'aventure d'un fou que le diable étrangla nuitamment au milieu des pains entassés par lui en prévision de la famine. Ce n'était point un poète passionné, comme Jacopone da Todi, et très capable de tourmenter le pape en langue vulgaire. Salimbene a rédigé sa chronique en latin, et je vous assure qu'il est moins bon latiniste que Cicéron. Mais quel joli latin ! tout plein de barbarismes sans être barbare, souple, vivant, tel qu'on le prêchait alors dans l'intérieur des couvents, pour l'édification plus dévote que grammaticale des moinillons. On y trouve tout le vocabulaire de la plus basse latinité. Le potage s'y appelle bonnement *potagium* ; on y voit un évêque qui, craignant une émeute de ses ouailles, s'enferme dans sa tour, *quod pelli suæ timebat*. La critique de Salimbene est nulle. Il n'envisage l'histoire qu'au point de vue des intérêts de son ordre et juge les rois, les papes et les républiques selon le bien ou le mal qu'ils font aux franciscains. Pour lui la maison d'Assise est le cœur du monde. Comme la plupart des vieux chroniqueurs, il met au même plan les plus graves événements de son siècle et les plus minces accidents naturels. Nous apprenons par lui qu'en 1285, au mois de mars, il y eut une étonnante abondance de puces précoces ; en 1283, une mortalité sur les poules : une femme de Crémone en perdit 48 dans son poulailler. En 1282, il signale un tel excès de chenilles que les arbres en perdirent toutes leurs feuilles ; mais, pour la même année, les Vêpres sanglantes de Sicile ne lui prennent que trois lignes. L'âme, en lui, fut médiocre. Tout petit, il était dans son berceau lorsqu'un ouragan terrible passa sur Parme ; sa mère, craignant que le baptistère ne tombât sur la maison, prit dans ses bras ses deux fillettes et se sauva, abandonnant à la grâce de Dieu le futur moine. « Aussi, dit-il, je ne l'ai jamais beaucoup aimée, car c'est moi, le garçon, qu'elle aurait dû emporter. » Il entra au couvent, malgré ses parents et l'empereur Frédéric II auquel le père eut recours. L'empereur ordonna aux frères de rendre leur novice ; le père vint supplier son fils, au nom de sa mère ; Salimbene répondit tranquillement : *Qui amat patrem aut matrem plus quam me, non est me dignus*. Plus tard, il se réjouissait de n'avoir point, lui et son frère, continué le nom et la race paternels. Et cependant, il ne fut qu'un religieux assez calme, d'un zèle raisonnable. Il parle des choses liturgiques avec un sans-façon qui étonne. « C'est bien long, dit-il, de lire les psaumes à l'office de nuit du dimanche, avant le chant du *Te Deum*. Et c'est bien ennuyeux, autant en été qu'en hiver ; car, en été, avec les nuits courtes et la grande chaleur, on est trop tourmenté des puces. » Et il ajoute : « Il y a encore dans l'office ecclésiastique beaucoup de choses qui pourraient être changées en mieux. » Il aime les grands couvents où « les frères ont des délectations et des consolations plus grandes que dans les petits ». Il ne fait pas mystère de ces *consolations*, poissons, gibier, poulardes et tourtes, douceurs temporelles que Dieu prodigue à ceux qui font vœu d'être siens. Vous trouverez, dans la chronique, quatre ou cinq dîners de petits frères de saint François, tous très succulents. Une pieuse gourmandise porte à la gaieté, et Salimbene est un joyeux compère : les histoires de couvent, dignes de frère Jean des Entommeures, abondent dans son livre. Mais retournez-le, et vous apercevrez l'un des écrivains—je dis des écrivains ecclésiastiques—les plus précieux du moyen âge, l'un des témoins les plus édifiants du XIIIe siècle italien.

Vue d'Assise.

Il était né à Parme en 1221. À dix-sept ans, il prit l'habit. Il rédigea sa chronique entre 1283 et 1288. Il mourut sans doute en 1289. Enfant, il eût pu contempler saint François d'Assise ; il vit s'épanouir, dans leur suavité printanière, les fleurs de la légende séraphique. Pendant quarante années il se promena en Italie et en France, de couvent en couvent. Il conversa avec les personnages les plus grands de son siècle. Il vit face à face Frédéric II, *vidi eum et aliquando dilexi* ; il connut familièrement Jean de Parme et Hugues de Digne. A Sens, il entendit Plano Carpi, le précurseur de Marco Polo, expliquer son livre « sur les Tartares ». Il aborda, à Lyon, Innocent IV, le pape terrible qui avait juré d'écraser la maison de Souabe et de poser son talon sur ce « nid de vipères ». Enfin, en 1248, à Sens, au moment de la Pentecôte, il a vu saint Louis. Le roi se rendait à la croisade, cheminant à pied, en dehors du cortège de sa chevalerie, priant et visitant les pauvres, « moine plutôt que soldat », écrit Salimbene. Le portrait qu'il nous en donne est charmant. *Erat autem rex subtilis et gracilis, macilentus convenienter et longus, habens vultum angelicum et faciem gratiosam.* Et quel fin repas il fit servir aux Mineurs de Sens ! D'abord, le vin noble, le vin du roi, *vinum præcipuum* ; puis, des cerises, des fèves fraîches cuites dans du lait, des poissons, des écrevisses, des pâtés d'anguilles, du riz au lait d'amandes saupoudré de cynamone, des anguilles assaisonnées d'une sauce excellente (*cum optimo salsamento*), des tourtes, des fruits. Remarquez que le menu est rigoureusement maigre, mais d'un maigre canonical qui permet d'attendre avec résignation le gras du lendemain. C'était, peut-être, la Vigile de la Pentecôte, jour d'abstinence, jour de lentilles et de racines ; mais François avait dit dans sa *Règle* : Mangez de tous les mets qu'on vous servira, *necessitas non habet legem*. Salimbene accompagna le roi jusqu'au Rhône. Un matin, il entra avec lui dans une église de campagne qui n'était point pavée. Saint Louis, par humilité, voulut s'asseoir dans la poussière, et dit aux frères : *Venite ad me, fratres mei dulcissimi, et audite verba mea.* Et les petits moines s'assirent en rond autour du roi de France.

Certes voilà, pour un obscur religieux, une vie et des souvenirs qui n'ont rien de vulgaire. Mais la singularité originale de Salimbene est surtout dans sa vocation au Joachimisme, à la religion de l'Évangile Éternel. Comme beaucoup d'âmes excellentes, il se laissa entraîner par le mouvement de mysticisme qui, à côté du franciscanisme pur, et au sein même de l'institut de saint François, agita, vers le milieu du XIIIe

siècle, l'Italie, et effraya l'Église ; contradiction curieuse du christianisme, embrassée par des hommes qui se croyaient sincèrement les plus réguliers des chrétiens et qui se préparaient, par la plus audacieuse des hérésies, à la réalisation des promesses suprêmes de Jésus.

Cette crise religieuse dont le XVIe siècle a vu les derniers incidents existait à l'état latent depuis le premier âge du christianisme. L'évangile de saint Jean et l'Apocalypse avaient laissé entendre que la situation religieuse du monde ne tarderait pas à changer profondément, et qu'une ère meilleure et définitive était proche. Le règne futur du Saint-Esprit, du Paraclet, précédé par le règne temporel du Christ pendant mille ans, la venue de la Jérusalem céleste, le triomphe momentané, puis la chute horrible de l'Antéchrist, la fin des choses terrestres, toutes ces idées avaient, dès l'époque apostolique, préoccupé les consciences nobles. La dure expérience de l'histoire, la misère du moyen âge, les scandales de l'Église romaine les avaient confirmées davantage. Saint Augustin les avait reçues de saint Jean ; Scot Erigène les reçut de saint Augustin. Les hérésiarques scolastiques les possèdent tous, si je puis ainsi dire, en puissance. Elles reparaissent, au commencement du XIIIe siècle, dans l'école d'Amauri de Chartres, qui ne doit rien certainement à Joachim de Flore. Celui-ci, un poète, un visionnaire, perdu dans ses montagnes de Calabre, mais habitué, par le contact de la chrétienté grecque, à une exégèse très libre, avait rendu à l'Italie, vers la fin du XIIe siècle, ces vieilles terreurs et ces vieilles espérances. Un jour, dans le jardin de son couvent, un jeune homme d'une beauté rayonnante lui était apparu, portant un calice qu'il tendit à Joachim. Celui-ci but quelques gouttes et écarta le calice. « O Joachim, dit l'ange, si tu avais bu toute la coupe, aucune science ne t'échapperait ! » Mais l'abbé de Flore avait assez goûté de la liqueur mystique pour annoncer, dans sa *Concordia novi et veteris Testamenti*, une troisième révélation religieuse, celle de l'Esprit, supérieure à celle du Fils, comme celle-ci l'avait été à celle du Père. Il faut citer tout ce passage où court un grand souffle. Joachim caractérise les trois âges religieux du monde, dont le dernier lui semble près de se lever :

« Le premier a été celui de la connaissance, le second celui de la sagesse, le troisième sera celui de la pleine intelligence. Le premier a été l'obéissance servile, le second la servitude filiale, le troisième sera la liberté. Le premier a été l'épreuve, le second l'action, le troisième sera la contemplation. Le premier a été la crainte, le second la foi, le troisième sera l'amour. Le premier a été l'âge des esclaves, le second celui des fils, le troisième sera celui des amis. Le premier a été l'âge des vieillards, le second celui des jeunes gens, le troisième sera celui des enfants. Le premier s'est passé à la lueur des étoiles, le second a été l'aurore, le troisième sera le plein jour. Le premier a été l'hiver, le second le commencement du printemps, le troisième sera l'été. Le premier a porté les orties, le second les roses, le troisième portera les lis. Le premier a donné l'herbe, le second les épis, le troisième donnera le froment. Le premier a donné l'eau, le second le vin, le troisième donnera l'huile. Le premier se rapporte à la Septuagésime, le second à la Quadragésime, le troisième sera la fête de Pâques. Le premier âge se rapporte donc au Père, qui est l'auteur de toutes choses ; le second au Fils, qui a daigné revêtir notre limon ; le troisième sera l'âge du Saint-Esprit, dont l'apôtre dit : Là où est l'Esprit du Seigneur, là est la liberté, *ubi Spiritus Domini, ibi Libertas.* »

Mais c'est bien sur cette terre et dès cette vie et non plus seulement dans la Jérusalem paradisiaque de l'Apocalypse, de saint Augustin et de Scot Erigène, que devait se manifester la révélation joachimite. Le rêveur de Flore y réservait aux moines, aux contemplatifs, aux *spirituales viri*, le ministère dévolu jusqu'alors aux clercs, à l'Église séculière. De quelles catastrophes serait précédée la grande évolution religieuse ? Joachim pressentait des années tragiques, et, dans les derniers jours du XIIe siècle, il calculait en tremblant que les deux prochaines générations humaines de trente années verraient cette crise extraordinaire, que peut-être elle allait commencer, qu'au plus tard elle éclaterait en l'an 1260.

Il mourut avec le renom d'un prophète, en odeur de sainteté. Henri VI, Richard Cœur-de-Lion, l'avaient consulté sur la venue de l'Antéchrist. L'Église le béatifia, et Dante l'a mis en son *Paradis*, dans le chœur des mystiques. Mais ses visions lui survécurent. Les Franciscains, dans les vingt années qui suivirent la mort de saint François, s'attachèrent à lui comme au précurseur de la religion nouvelle dont l'enfant d'Assise aurait été le Messie. On annonça, pour 1260, la fin de l'Église de Rome. On ajouta aux ouvrages vrais de Joachim toutes sortes de livres apocryphes et de prophéties où Frédéric II et sa descendance, le pape

Innocent IV, saint François et saint Dominique et le vêtement même des ordres mendiants étaient clairement annoncés. Autour de Jean de Parme, général des Franciscains, se groupaient les plus ardents apôtres joachimites. L'un d'eux, Gérard de San Donnino, en son *Liber introductorius ad Evangelium Æternum*, résuma toute la doctrine de Joachim. L'Évangile Éternel, qui fut, en effet, une doctrine et non un livre, avait été jusque-là comme un texte idéal, la Bonne Nouvelle du Saint-Esprit, que chaque adepte portait secrètement en son cœur. Le jour où il devint un manifeste d'hérésie et un étendard révolutionnaire, l'Église et l'Université de Paris s'émurent et s'entendirent pour frapper la secte. L'opération fut très simple, tous les sectaires étant, au fond, de pieux catholiques. Jean de Parme abdiqua le généralat. Le pauvre Gérard de San Donnino pâtit pour tout le monde : on l'enferma dans un *in pace*.

Tout ceci se passait entre 1250 et 1255. Salimbene, tout novice, s'était fait joachimite, comme les autres. À Hyères, il avait reçu de Hugues de Digne, le chef de la secte pour la France, un prétendu commentaire de Joachim sur les quatre évangélistes, et l'avait copié à Aix. Après le jugement de condamnation, prononcé en 1255, par Alexandre IV, il était encore demeuré fidèle à la doctrine mystérieuse. Longtemps après, quand, vieux et désenchanté, il écrit sa Chronique, il rappelle à dix reprises et très bravement, qu'il a été jadis « grand joachimite, *magnus joachimita* ». Mais après 1260, l'année fatale étant écoulée, et l'Église du Fils n'ayant pas cédé la place à celle de l'Esprit, il se détacha tout à fait de la secte. Bartolommeo de Mantoue lui dit un jour, à propos de Jean de Parme : « Il avait suivi les prophéties de véritables fous. —Cela me fait bien du chagrin, répondit Salimbene, car je l'aimais tendrement. Et Bartolommeo :—Mais toi aussi, tu as été joachimite. —C'est vrai, réplique naïvement notre moine ; mais après la mort de l'empereur Frédéric II et la fin de l'année 1260, j'ai tout à fait abandonné cette doctrine, et je suis résolu à ne plus croire qu'aux choses que j'aurai vues. »

Cependant, il garda toujours une tendresse pour les rêves de sa jeunesse. Son orgueil fut d'avoir été l'un des initiés de la révélation de l'Évangile Éternel, et il aime à nous conter tout ce qu'il a vu et connu de ce grand mystère. Par lui nous pénétrons dans ce monde singulier qui eut toujours l'allure d'une société secrète. À Pise, il voit apporter furtivement, par un vieil abbé de l'ordre de Flore, les livres de Joachim, que l'on voulait soustraire aux violences de Frédéric II. À Hyères, il assiste, dans la chambre de Hugues de Digne, aux colloques à voix basse des joachimites : il y avait là des notaires, des juges, des médecins, *et alii litterati*. Des franciscains venus les uns de Naples, les autres de Paris, s'interrogeaient anxieusement. « Que pensez-vous, disait l'un, Jean de Naples, à Pierre de Pouille, de la doctrine de Joachim ? —Je m'en soucie, disait l'autre, comme de la cinquième roue d'un carrosse, *quantum de quinta rota plaustri.* » À Provins, il se fait expliquer un livre apocryphe de Joachim, l'*Expositio super Jeremiam*. À Modène, il rencontre Gérard de San Donnino revenant de Paris. Leur entretien est curieux, et se découpe facilement en dialogue :

SALIMB. —Si nous disputions de Joachim ?

GÉR. —Disputer, non, mais causons, et dans un lieu secret. (Ils s'en vont derrière le dortoir et s'assoient à l'ombre d'une treille.)

SALIMB. —Dis-moi quand et où naîtra l'Antéchrist.

GÉR. —Il est déjà né et grand, et bientôt le mystère d'iniquité s'accomplira.

SALIMB. —Tu le connais ?

GÉR. —Je ne l'ai pas vu en face, mais je le connais bien par l'Écriture.

SALIMB. —Quelle Écriture ?

GÉR. —La Bible.

SALIMB. —Eh bien ! dis tout, car je connais la Bible.

GÉR. —Non, il nous faut une Bible. (Salimbene court chercher sa Bible. Ils étudient le XVIIIe chap. d'Isaïe, que Gérard applique à un roi d'Espagne ou de Castille.)

SALIMB. —Et ce roi est l'Antéchrist ?

GÉR. —Tout à fait. Les docteurs et les saints l'ont tous prédit.

SALIMB. (riant). —J'espère que tu verras que tu t'es trompé.

(En ce moment les frères, avec des séculiers, apparaissent dans la prairie, la mine allongée, causant avec des signes de tristesse.)

GÉR. —Va, et écoute ce qu'ils disent. On dirait qu'ils ont reçu de mauvaises nouvelles.

(Salimbene court, interroge et revient. Mauvaises nouvelles, en effet ; l'archevêque de Ravenne a été fait prisonnier par Ezzelino de Padoue.)

GÉR. —Tu vois bien, voilà le mystère qui commence.

Longtemps après, *post annos multos*, au couvent d'Imola, on lui présenta un livre de son ami Gérard, peut-être le *Liber introductorius*. Mais Gérard avait été condamné, ses écrits étaient frappés d'infamie. Salimbene eut peur et dit : « Jetez-le au feu ».

L'appréhension de l'Antéchrist fut, en dehors même de la société joachimite, un sentiment essentiel de la religion italienne au XIIIe siècle. On s'en inquiétait déjà au temps de Grégoire VII. Les prédictions de Joachim attirèrent l'attention des mystiques sur Frédéric II : évidemment, le monstre, c'était lui. Toutes les calomnies, toutes les médisances propagées par les moines se retrouvent en Salimbene, qui voit, dans les malheurs des dernières années de l'empereur, le signe très clair de la colère divine. Aussi les a-t-il énumérés tous, l'un après l'autre, jusqu'à la mort misérable de Frédéric, dans un château de la Pouille. Il invoque, comme témoins de la vengeance céleste, tour à tour les Prophètes, les Sibylles, Merlin, l'abbé Joachim. Frédéric, c'est l'ennemi satanique de l'Église et de Dieu, l'impie, l'athée, le libertin, *callidus, versutus, avarus, luxuriosus, malitiosus, iracundus, jocundus, delitiosus, industriosus, epicureus* ; poète cependant, spirituel, séduisant, *pulcher homo*. Cet homme charmant était d'ailleurs féroce : il fit couper le pouce à un notaire qui, dans un acte, avait écrit de travers une lettre du nom impérial ; il donna à deux malheureux un excellent repas, puis fit courir l'un et laissa s'endormir l'autre ; on les ouvrit alors, sous les yeux de l'empereur, curieux d'étudier le problème de la digestion.[81]

*
* *

La parole de Joachim de Flore : *ubi Spiritus Domini, ibi Libertas*, s'était réalisée à la lettre. L'Italie, animée par l'attente d'une rénovation religieuse, porta tout d'un coup une étonnante floraison de doctrines, de sectes, de miracles et de prodiges de toutes sortes. Le premier, saint François, avec la puissance d'un créateur, avait rajeuni le christianisme ; cette fécondité d'invention ne s'était pas ralentie au temps de Salimbene, et, par lui, nous pouvons pénétrer dans la chrétienté la plus vivante qui fut jamais. Et, je le répète, si nous mettons à part les vues aventureuses du joachimisme, ici, nous n'avons pas affaire à des hérésies. Mais les plus scandaleux de ces chrétiens d'Italie se croient en règle avec le bon Dieu. Ils édifient librement, joyeusement leurs petites chapelles, leurs communions bizarres dans l'enceinte de la grande Église, qui les laisse faire quelque temps, puis ramène vivement à la ligne droite ceux qui s'en éloignent avec une belle humeur trop inquiétante.

Le groupe de Jean de Parme semble au complet dans la *Chronique*. La personne la plus singulière de ce groupe est assurément la sœur de Hugues de Digne—*unius de majoribus clericis de mundo*—sainte Doulcine. Elle avait le don de guérir ou même de ressusciter les petits enfants. Elle n'était pas entrée en religion, mais portait le cordon de saint François, et parcourait la Provence, suivie de quatre-vingts dames de Marseille. Elle entrait dans toutes églises des frères mineurs, où elle avait des extases. Elle y demeurait facilement les bras en l'air depuis la première messe du matin jusqu'aux complies. « On n'en a jamais dit de choses fâcheuses », écrit Salimbene.

Dans ce monde étrange, le miracle, le petit miracle familier était une douce habitude. Les miracles de Salimbene tournent en général à la gloire des franciscains. Il ne dissimule point qu'une pieuse industrie peut y aider. En 1238, dit-il, à Parme, vers le temps de Pâques, les mineurs et les prêcheurs s'entendirent sur les miracles qu'il convenait

---

[81] Cf. ci-dessus, p. 220 et s.

de faire cette année-là, *intromittebant se de miraculis faciendis*. Il a connu un frère, Nicolas, à qui le miracle ne coûtait pas plus que la récitation du *Pater*. Un moinillon, tout en écumant la soupe conventuelle, avait laissé tomber dans le chaudron un bréviaire enluminé, qu'on venait de lui prêter. Le saint livre s'imprégnait de bouillon *miro modo*. Fra Niccolò, appelé, dit une prière sur la soupe et retira le bréviaire intact et tout neuf. Salimbene ne nous apprend point si la soupe en fut plus grasse. À Bologne, un novice ronflait si fort que personne ne pouvait plus dormir au couvent. On l'exila du dortoir au grenier, du grenier au hangar : rien n'y fit ; c'était une trompette d'Apocalypse. On tint chapitre sous la présidence de Jean de Parme en personne. Quelques-uns demandèrent l'expulsion du petit frère *propter enormem defectum*. On résolut de le rendre à sa mère, pour une fraude sur la chose livrée, *eo quod ordinem decepisset*. Fra Niccolò intervint et promit un miracle. Le lendemain, l'enfant servit sa messe ; puis il le fit passer derrière l'autel et là il lui tira vivement le nez. Dès lors, le novice dormit *quiete et pacifice*, comme un loir, *sicut ghirus*.

Mais aussi, que de faux miracles de la part des reliques qui ne sont pas franciscaines ! La ville de Parme vit entrer un matin, processionnellement et suivie d'une foule de dévots, la châsse d'un prétendu saint Albert de Crémone. La relique—le petit doigt d'un pied—fit merveille. Les curés de paroisses commandaient pour leurs églises des fresques en l'honneur de saint Albert, *ut melius oblationes a populo obtinerent*. Mais un chanoine doué de flair s'approcha de très près de la châsse, et sentit une odeur qui n'était point de sainteté. Il prit la relique : c'était une simple gousse d'ail !

Évidemment, la notion d'orthodoxie était alors très particulière. Il était entendu que les fidèles, individuellement, ou formés en communautés libres, pouvaient chercher où il leur plairait la voie du salut. Et chacun de tirer de son côté selon son humeur ; celui-ci, un laïque de Parme, s'enferme en un couvent de cisterciens pour écrire des prophéties ; cet autre, un ami des mineurs, fonde quelque chose pour lui tout seul (*sibi ipsi vivebat*). C'est le Don Quichotte de saint Jean-Baptiste : longue barbe, cape arménienne, tunique de peau de bête, une sorte de chasuble sur les épaules avec la croix devant et derrière, et tenant une trompette de cuivre (*terribiliter reboabat sua tuba*), il prêche dans les églises et sur les places, suivi d'une foule d'enfants qui portent des branches d'arbres et des cierges. Voici les *Saccati* ou *Boscarioli*, hommes vêtus de sacs, hommes des bois. C'est une secte de faux Mineurs sortie du groupe de Hugues de Digne et qui ont pris un costume pareil à celui des franciscains. Ils semblent de furieux quêteurs, plus alertes que les vrais, et qui ne leur laissent que des miettes. Salimbene les méprise. Voici les *Apostoli*, des vagabonds, *tota die ociosi* (ocieux), *qui volunt vivere de labore et sudore aliorum*. Cette bande va et vient, attirant à elle les enfants qu'ils font prêcher, suivie d'une troupe de femmes (*mulierculæ*), vêtues de longs manteaux, qui se disent leurs sœurs ; ils doivent pratiquer le communisme à outrance. Leur chef, Gherardino, a des aventures galantes qui révoltent la pudeur de Salimbene. Le scandale des *Apostoli* émut l'évêque de Parme, qui fit emprisonner ceux qu'il put prendre. Puis Grégoire X condamna la secte, qui refusa de se soumettre. Les *Saccati*, plus humbles, s'étaient soumis.

Deux sociétés religieuses, orthodoxes, mais très différentes l'une de l'autre, ont attiré l'attention de Salimbene : les flagellants et les *Gaudentes*, ou les *joyeux compères*. Les flagellants apparurent dans l'Italie du Nord en 1260, l'année fatale des joachimites : « Tous, petits et grands, nobles, soldats, gens du peuple, nus jusqu'à la ceinture, allaient en procession à travers les villes et se fouettaient, précédés des évêques et des religieux. » La panique mystique fit de grands ravages : tout le monde perdait la tête, on se confessait, on restituait le bien volé, on se réconciliait avec ses ennemis. La fin de toutes choses semblait prochaine. Le jour de la Toussaint, les énergumènes vinrent de Modène à Reggio, puis ils marchèrent sur Parme. Celui qui ne se fouettait point était « réputé pire que le diable », on le montrait au doigt, on lui faisait violence. Ils se dirigèrent enfin sur Crémone. Mais le podestat de cette ville, Palavicini, refusa l'entrée des portes : il fit dresser des fourches le long du Pô à l'usage des flagellants qui essaieraient de passer ; aucun ne se présenta. Avec les *Gaudentes*, autre tableau. Ceux-ci ne se frappaient point, mais vivaient gaiement en confrérie. Ils avaient été inventés par Bartolomeo de Vicence, qui fut évêque. Petite confrérie, d'ailleurs. Ils mangent leurs richesses « *cum hystrionibus* », écrit Salimbene. Ils ne faisaient point l'aumône, ne contribuaient à aucune œuvre : monastères, hospices, ponts, églises. Ils enlevaient par rapine le plus qu'ils pouvaient. Une fois ruinés, ils avaient l'audace de demander au pape de leur assigner, pour y habiter, les plus riches couvents d'Italie.

Ces chrétiens aimables continuaient la tradition des *clerici vagantes* du XIIe siècle. Et même, à côté d'eux, certains *Gaudentes* isolés, les plus avisés sans doute, et les plus voluptueux de l'ordre, annoncent déjà les prélats peu édifiants du XVIe siècle romain...[82]

*
* *

Salimbene et sa chronique sont une relique bien vénérable du passé. Ils n'engendrent point la mélancolie, ce qui est bon ; mais ce qui vaut mieux encore, ils inspirent de sérieuses réflexions ou confirment de graves idées historiques. Chacune des pages de ce livre montre que la liberté d'invention déployée par les Italiens du XIIIe siècle dans l'œuvre de la Commune, dans l'organisation des franchises politiques et sociales, fut tout aussi grande, aussi féconde, à la même époque, dans l'ordre des faits religieux. La conscience libre dans la cité libre, telle fut alors la formule de la civilisation italienne. Certes, l'apostolat même de saint François et ses résultats immédiats témoignaient déjà, d'une façon éclatante, de cette vérité. Mais ici, de l'exquise poésie de la légende sortait peut-être un sentiment trop idéal de la réalité historique. L'odeur suave des *Fioretti*, telle qu'une vapeur d'encens, nous trouble les sens et donne une illusion paradisiaque. Le franciscain de Parme, si familier, qui raconte avec candeur tout ce qu'il a entendu, tout ce qu'il a vu, dissipe quelque peu l'enchantement et nous apprend que, dans l'ordre

---

[82] [M. Gebhart cite en cet endroit, à titre d'exemple, quelques strophes de la *Confessio Goliæ*, attribuée au chanoine Primat. (Sur Primat et sur les Goliards, voyez ci-dessus, p. 422 et s.) Nous imprimons ici ces strophes d'après la meilleure édition qui ait été publiée de cette très célèbre pièce. (*Notices et extraits des manuscrits*, XXIX, 2e partie, p. 266-270.) « Accusé, dit M. Gebhart, près de son évêque, de trois vices capitaux : la luxure, le jeu et le vin, l'auteur de la *Confessio Goliæ* se défend par une confession grotesque que notre chroniqueur (Salimbene) se plaît à rapporter tout entière. En voici quelques vers en l'honneur de l'ivrognerie » :
Tertio capitulo memoro tabernam.
Illam nullo tempore sprevi, neque spernam,
Donec sanctos angelos venientes cernam,
Cantantes pro mortuo requiem æternam.
Poculis accenditur animi lucerna,
Cor imbutum nectare volat ad superna ;
Mihi sapit dulcius vinum de taberna
Quam quod aquæ miscuit præsulis pincerna...
Meum est propositum in taberna mori ;
Vinum sit oppositum morientis ori,
Ut dicant, cum venerint, angelorum chori :
« Deus sit propitius tauto potatori! »]

séraphique, tous n'étaient pas des séraphins. On ne connaît pas une société religieuse si l'on n'en visite que les sanctuaires, si l'on n'en contemple que les fondateurs ; il importe aussi de fouiller les coins et les recoins, la sacristie, le cloître, le réfectoire et les cellules, et de prêter l'oreille aux pieux propos, aux confidences, aux joyeusetés des plus humbles moines. Pour cet office, Salimbene est un guide incomparable ; on ne fait pas de meilleure grâce aux étrangers les honneurs de son couvent.

E. Gebhart, dans le Bulletin du cercle Saint-Simon, 1884.[83]

IV — LES PROPOS DE MAÎTRE ROBERT DE SORBON

Robert de Sorbon, fondateur du collège appelé de son nom la maison de Sorbonne, doit toute sa gloire à cette fondation généreuse ; il n'en doit rien à ses écrits. Il s'y trouve pourtant des parties très intéressantes. Un témoin digne de toute confiance, Joinville, rapporte que Robert avait « grant renommée d'être preud'homme » ; il nous atteste, en outre, que, très sûr de posséder un cœur droit et de voir en conséquence les choses comme elles sont, louables ou blâmables, il était habituellement très libre dans ses discours et dans ses actes. Eh bien ! tel est-il dans les divers écrits qu'il nous a laissés, dans ses sermons et même dans ses traités dogmatiques : d'une part, honnête, très honnête, nullement casuiste, n'enseignant jamais qu'une morale, la stricte observance des dix commandements, et, d'autre part, caustique, enjoué, abondant en vives saillies et propos badins sur le compte d'autrui. Nous ne croyons pas qu'on se représente tout à fait ainsi le créateur de la Sorbonne. On ne connaît guère qu'un côté du personnage. C'est pourquoi nous voulons montrer ici l'autre côté, celui qu'on ne connaît pas !

Quoique chanoine de Paris, c'est-à-dire grand dignitaire d'une église opulente et fastueuse, quoique vivant à la cour dans la familiarité des seigneurs et du roi, quoique devenu riche après avoir été pauvre, il avait conservé le goût de la simplicité, sans se laisser atteindre par la contagion des mœurs séculières. C'était une des formes de sa

---

[83] [Cf. E. Michael, *Salimbene und seine Chronik*, Innsbruck, 1889, in-8°.]

prud'homie. En cela tous les clercs attachés à la cour ne lui ressemblaient pas. « Il faut bien, disaient-ils, hurler avec les loups. — Non, non, leur répondait-il : Vivez avec les loups, soit, mais pour les convertir en agneaux ; sinon tenez pour certain qu'ils vous mangeront. » Fit-il, pour sa part, des conversions nombreuses ? nous n'en pouvons à la vérité citer aucune, mais il est constant qu'il ne s'est laissé ni terrifier ni manger par les loups. C'est ce que prouve du reste le ton de ses remontrances, où sont particulièrement maltraités les riches et les nobles, où les princes eux-mêmes ne sont pas toujours épargnés.

Chez les riches, par exemple, il condamnait sévèrement le luxe des habits, et recommandait à tous les confesseurs d'être, sur ce point, aussi rigides que lui. Au pénitent qui viendra lui faire l'aveu de ses fautes le confesseur dira : « Mon ami, ne vous êtes-vous pas paré les jours de fête, ou bien en quelque autre circonstance solennelle, pour plaire aux femmes que vous pourriez rencontrer sur votre chemin ? —Oui, maître, répondra sans doute le pénitent, mais sans aucune intention de les provoquer au mal. —Ami, répliquera le confesseur, vous avez gravement péché. Si l'on suspend une couronne à la porte d'une taverne, c'est la marque qu'on y vend du vin ; de même une chevelure circulaire, sur la tête un élégant chaperon, un ceinturon de fer, de petits nœuds argentés, des gants aux mains, aux pieds des souliers lacés, et autres choses de ce genre, voilà des enseignes de libertinage ; et pourtant il n'y a pas dans la couronne une obole de vin, il n'y a pas dans le ceinturon de fer le moindre péché de luxure. »

Pour supprimer les habits de fête, Robert eût volontiers supprimé les fêtes elles-mêmes. C'est là, dit-il, ce qu'avait osé faire un prélat très vénéré, Guyard de Laon, autrefois chancelier de Paris, plus tard évêque de Cambrai, qui, de tous les martyrs, de tous les confesseurs, n'avait maintenu comme saints à fêter, dans le calendrier réformé de son diocèse, que saint Laurent et saint Martin. Et Robert le félicite d'avoir eu cette audace, le seul dieu qui pouvait lui reprocher d'avoir fait tort à son culte étant le dieu Bacchus. A qui connaît les mœurs du temps le propos ne semble pas trop dur.

En mainte occasion Robert s'est exprimé plus âprement. Il savait sans doute qu'il se faut défendre de parler trop et trop haut. « La langue est, disait-il, dans un cloître, comme un moine, dans un cloître fermé par un fossé et deux barrières, les dents et les lèvres, et devant ce fossé, devant ces barrières, il y a trois portiers dont il faut successivement obtenir la permission de sortir, c'est-à-dire la permission de parler. » Mais Robert violait souvent la consigne, et quand les trois portiers murmuraient il était déjà loin. Un jour donc, la cour était à Corbeil ; le voilà prenant par son manteau le sénéchal de Champagne et l'entraînant malgré lui vers le roi : « Maître Robert, lui disait Joinville, que me voulez-vous ?— Je veux de vous une réponse à cette question : S'il plaisait au roi de s'asseoir dans ce pré, et si vous alliez prendre place sur son banc, au-dessus de lui, ne seriez-vous pas à blâmer ?—Je le serais sans aucun doute. —En conséquence, vous êtes blâmable de vous vêtir plus noblement que le roi, lequel n'a pas cet habit de vair dont vous faites parade. » Joinville blessé répondit aussitôt : « Sauf votre grâce, maître Robert, cet habit de vair que je porte, mon père et ma mère me l'ont laissé ; tandis que vous, fils de vilain et de vilaine, vous avez laissé l'habit de votre père et de votre mère pour revêtir un camelin plus riche que celui du roi. » Ce débat, déjà très vif, l'allait devenir plus encore ; mais le roi s'empressa d'intervenir et prit la défense de maître Robert ; ce dont il fit bientôt après ses excuses à Joinville, lui disant à part : « Il avait grand besoin que je l'aidasse, car il était fort ébahi. »

Saint Louis avait, au rapport de Joinville, une doctrine autre que celle de Robert en ce qui touche le costume. « Un chevalier courtois se doit, disait-il, vêtir de telle sorte que les gens d'un âge mûr ne l'accusent pas de trop faire, les jeunes gens de faire trop peu. » C'était là parler très sagement. Cependant on assure que le bon roi n'observait pas toujours lui-même la règle qu'il enseignait aux autres. Il aurait donc un peu trop négligé sa tenue, tandis que sa femme, Marguerite de Provence, aurait, suivant Robert, donné dans l'excès opposé.

Voici les termes de ce témoignage : *Humiliter (rex Franciæ) incedit et gerit se ; uxor autem ejus alio modo.* Dans la bouche de Robert, ce n'est pas simplement, en ce qui touche la reine, un propos malin, c'est une accusation grave. En effet, il ne permettait pas plus aux femmes qu'aux hommes le luxe des habits. Qu'on veuille bien le lui pardonner. La prud'homie rigide va bien rarement sans quelque rusticité. Alceste a beaucoup de vertu, mais il manque de politesse ; ainsi le vertueux Robert n'était pas toujours poli.

Il paraît que de son temps les femmes portaient des robes très longues, c'est une mode qu'il se permet de plaisanter. « Une femme, dit-il, ayant prié son mari de faire pour elle l'emplette d'une robe, il l'achète assez longue. La femme s'en étant revêtue monte sur un coffre, pour en mieux juger l'ampleur et la bonne façon. Mais voilà que, l'épreuve faite, la femme, attristée, dit au mari : « Pourquoi donc m'avez-vous acheté, monsieur, une robe si courte ? j'en voulais une qui pendît jusqu'à terre. —Mais, répond le mari, je pensais que vous vouliez une robe pour vous seule, non pour vous et pour ce coffre tout ensemble. Si vous m'en aviez averti, j'aurais volontiers satisfait à votre désir. »

Le sire de Joinville, habillé de ses armoiries, d'après un manuscrit du XIVe siècle.

Mais revenons à la reine Marguerite. On n'a pas pu ne pas s'étonner de voir Robert taxer publiquement d'immodestie la femme très aimée du saint roi. On s'étonnera certainement davantage de l'entendre enseigner au roi lui-même comment il la devait corriger de ce grave défaut. L'enseignement a la forme d'une anecdote ; mais le narrateur en fait lui-même l'application aux personnes royales. Voici tout le passage : « Comment faut-il comprendre ces paroles de l'apôtre disant que l'époux et l'épouse doivent mutuellement se complaire ? Il y a là une difficulté dont certain prince a montré la solution au roi de France. Ce roi est d'une grande bonhomie ; sa démarche, son port, sont des plus modestes ; mais sa femme est tout autre. Le prince dont il est question ayant une humble tenue, cela déplaisait à sa femme, qui aimait s'affubler des plus riches ornements, et comme elle blâmait sa pauvre mine et s'en plaignait même à ses parents, il lui dit : « Madame, il vous plaît donc que je me pare de vêtements de prix ? » Elle répondant que tel était, en effet, son désir, et que finalement elle voulait le voir s'y conformer, le prince reprit : « Eh bien, je ferai cela pour vous, la loi conjugale étant que l'homme doit complaire à sa femme, et réciproquement.... Mais cette loi qui m'oblige envers vous, vous oblige pareillement envers moi : vous êtes tenue d'obéir à ma volonté, comme je le suis d'obéir à la vôtre. En conséquence, je veux que vous me fassiez le plaisir de vous habiller plus modestement. Vous porterez mes vêtements et je porterai les vôtres. » A cet arrangement la femme refusa de souscrire, et dès lors elle permit au mari de se vêtir selon sa coutume. » Il y a donc lieu de croire que la reine Marguerite blâmait aussi la grande simplicité du roi. Mais n'insistons pas davantage sur cette affaire du costume. Sur bien d'autres points Robert a censuré plus vivement encore les mauvaises mœurs de ses contemporains. Il n'approuvait pas non plus le luxe des festins, qui finissaient trop souvent par d'ignobles orgies. On y jurait beaucoup, et les jurements révoltaient Robert autant que le roi. « Le roi, dit Robert, n'en voulant plus entendre, avait convoqué plusieurs évêques pour faire avec eux une loi sévère contre les blasphémateurs ; mais, ayant trouvé ces évêques peu favorables à son projet, il fut tellement ému de leur froideur qu'il en eut une fièvre tierce dont il faillit mourir ». En outre, on jouait habituellement après les grands repas, et de très grosses sommes. La passion du jeu ne fut peut-être jamais plus violente et plus commune. Elle avait gagné les clercs eux-mêmes. Nous lisons dans un des sermons de Robert : « Voici ce qui vient d'arriver cette semaine à deux lieues de Paris. Un prêtre, ayant joué dix livres et son cheval, s'est pendu. Ainsi finissent les parties de dés. Malheureux, va jouer maintenant ! » On jurait, on jouait, on appelait ensuite pour se divertir de toute manière des bateleurs, à qui le maître du logis faisait souvent, par ostentation, des présents magnifiques.

« Un jour, dit Robert, l'évêque Guillaume (il s'agit du célèbre Guillaume d'Auvergne) se promenait à cheval avec le roi Louis et son frère le comte d'Artois. » Il faisait un grand vent qui toujours décoiffait l'évêque. Le roi lui dit : « Comment ne pouvez-vous retenir votre bonnet et l'empêcher de tomber ? » L'évêque lui répondit : « Sire, je ne réussis pas à l'attacher si bien que le vent ne me l'enlève. Mais cela ne m'étonne guère, car on a vu plus d'une fois certain vent dépouiller les gens même de leur tunique. —Comment cela ? dit le roi. —Sire, répliqua l'évêque, n'est-il pas, en effet, arrivé plus d'une fois que, violenté par le vent de la vaine gloire, un chevalier ait quitté sa robe pour la donner à quelque histrion ? »—Aimer, honorer, gratifier des histrions, ce n'était pas un moindre délit, suivant Robert, qu'offrir un sacrifice aux démons. Enfin un autre intermède des festins était la chanson souvent déshonnête. Combien Robert désirait fermer les oreilles aux galanteries des ménestrels ! Nous tenons de lui l'anecdote qu'on va lire. Lorsque Folquet, archevêque de Toulouse, entendait par hasard chanter une de ces chansons qu'il avait composées au temps de sa jeunesse mondaine, il s'obligeait durant le premier repas du jour, à ne manger que du pain, à ne boire que de l'eau. Nous ne voulons pas excuser ici ce que le prud'homme condamne. Cependant, puisqu'il s'agit de Folquet, disons qu'à ce farouche persécuteur d'hérétiques, avérés ou imaginaires, nous voudrions n'avoir à reprocher que des chansons.

Sur quelques vices communs, tant à la ville qu'à la cour, sur l'hypocrisie, par exemple, Robert s'exprimait ainsi : « Une grande querelle s'étant élevée entre les quadrupèdes et les oiseaux, au jour fixé pour combattre, la chauve-souris s'absenta, se disant : « Je n'irai pas à la bataille, mais je verrai, la guerre finie, quel parti se portera le mieux, et je passerai de son côté. » Après le combat, les deux partis comptant beaucoup de morts et de blessés, les quadrupèdes rencontrent les premiers la chauve-souris. « Arrêtez, s'écrient-ils, tuez, pendez cet ennemi. —Ah ! mes bons amis, leur répond-elle. Que dites-vous ? Je suis des vôtres » ; et leur montrant ses quatre pattes, elle se tire d'affaire. Les oiseaux l'ayant ensuite abordée, elle leur montre ses ailes et s'esquive de même. Combien je connais de gens semblables ! Sont-ils avec des dévots, des religieux, ils disent : « Priez pour moi ; » et font le coq mouillé, contrefont la Madeleine, *faciunt gallum implutum et contrefaciunt Magdalenam* ; mais sont-ils avec des mondains, ils les imitent, s'ils ne vont pas plus loin qu'eux, se gaussant, pour obtenir leurs bonnes grâces, des religieux et des béguines. »

Il ne pouvait être plus indulgent à l'égard des libertins. « Une femme, disait-il, vend son honneur pour une pelisse ou quelque chose de semblable. Elle fait certes un mauvais marché et cette femme est très sotte. Mais les hommes sont, hélas ! bien plus sots, car du moins cette femme a le salaire qu'elle a voulu, tandis que, pour perdre leur honneur, les hommes vident leur bourse. Si quelqu'un portant cent marcs prenait à ses gages un voleur qu'il chargerait de le dépouiller, vous penseriez que c'est un fou. Eh bien ! n'est-il pas plus fou celui qui donne ses écus pour perdre son honneur ? C'est, d'ailleurs, les donner pour aller en enfer. Sainte Marie, je ne voudrais pas aller en enfer pour tout l'or du monde, et, toi, tu payes pour y aller ? » Sur les médisants, il s'exprimait ainsi : « Ils ressemblent aux araignées, qui, se posant sur la plus belle fleur, n'en tirent que du venin. S'ils voient, par exemple, un homme jeûner : « Tiens, disent-ils, c'est qu'il vient d'assister à la mort de son âne ; » ou bien encore, « à la mort du diable, » mais l'honnête homme ressemble à l'abeille, qui, de toute fleur où elle se pose, recueille du miel. »

Il ne devait pas épargner davantage les prêteurs d'argent, qu'on appelait alors usuriers. « Je professe, disait-il, que tous les usuriers, les thésauriseurs, qui détiennent la chose d'autrui, sont des larrons, et qu'au jour de la mort le prévôt de l'enfer, c'est-à-dire le diable, les saisira comme des larrons pour les conduire à ses gibets. Ils ont maintenant les mains si serrées que rien ne s'en échappe ; mais, à leur mort, on ouvrira leurs coffres, qu'ils ont tenus si bien fermés, pour en extraire les richesses qui leur étaient chères comme leurs entrailles. Je les compare à des pourceaux, qui sont, tant qu'ils vivent, de grande dépense. Un pourceau coûte beaucoup à celui qui le veut bien nourrir, et pourtant il ne rapporte rien tant qu'il vit, et ne fait que souiller la maison. Mais un pourceau mort est de grand prix ! » Or n'omettons pas de rappeler quelle était alors la définition de l'usure. Usurier est quiconque prête sous la condition d'un remboursement avec intérêt. Tout ce qu'on a le droit d'exiger, c'est la restitution du capital prêté. En outre, Robert ne manque pas de le dire, usurier est quiconque vend une chose à terme au-dessus du cours actuel, ou l'achète au-dessous, spéculant sur la détresse de son prochain, avec l'espoir d'en tirer un prix supérieur. Il y avait à ce compte, nous n'en doutons guère, un très grand nombre d'usuriers. Qui même ne l'était pas ? Qui ne l'est parmi les trafiquants de toute sorte, et les plus humbles rentiers, ne les omettons pas, étant donnée la définition de l'usure ? Ainsi que de larrons, que de butin pour le prévôt de l'enfer ! On ne peut être surpris ensuite d'entendre Robert s'écrier : « Non, pas un homme sur cent n'est en route pour le paradis. Je regrette d'être obligé de le dire ; mais je ne puis le taire, parce que c'est la vérité ».

Sur les devoirs professionnels, le langage de Robert n'est pas moins véhément, surtout lorsque le prud'homme censure les gens de sa robe, clercs de tout rang, recteurs de paroisses, confesseurs, maîtres-régents. S'agit-il des moines ? Ce sont des insolents, des baguenaudiers, à qui rien ne déplaît autant que d'assister aux offices. « Un prédicateur étant venu leur faire un sermon, ils l'escortent dans le cloître pour lui souffler à l'oreille : « Ah ! soyez bref ! soyez bref ! » C'est pourquoi, dès qu'ils sont réunis au chapitre : « Tout serviteur de Dieu, s'écrie le prédicateur, écoute les paroles de Dieu. Vous n'êtes pas les serviteurs de Dieu, si vous n'écoutez pas les paroles de Dieu. Donc vous êtes les serviteurs du diable. Est-ce assez bref ? » Et cela dit, il s'en alla. » S'agit-il des clercs séculiers ? « Ils chantent si haut, dit Robert, qu'ils mettent en fuite les corbeaux assemblés sur le clocher de l'église, mais leur cœur est ailleurs. Ils crient au Seigneur de leur montrer sa face, et ils lui tournent, eux, le dos. » Il va de soi que Robert désapprouve le cumul des bénéfices. En autorisant, disons plus, en favorisant cet abus, la trop grande facilité des papes en avait fait naître un autre, non moins grave, l'abus des vicariats. Que les curés vivent dans leurs églises et qu'on ne les voie pas ailleurs ! Nulle part ailleurs, ajoutait fermement Robert ; et pour démontrer l'inconvenance, l'irrégularité de leurs trop fréquentes absences, il raisonnait ainsi en bon logicien : « Le troupeau est la matière, le pasteur la forme. Or, dit le philosophe, séparée de la forme, la matière tend au néant. Si donc le pasteur s'éloigne de son église, le troupeau, séparé de son pasteur, périt, s'anéantit. —Mais, répondaient quelques curés, on veut que nous soyons théologiens, et nous ne pouvons le devenir sans aller aux écoles apprendre la théologie. Il nous faut donc quitter nos églises et nous y faire remplacer. —Non pas ! répliquait Robert, ces grands docteurs de Paris, qui font profession d'enseigner la théologie, ce sont des gens pleins d'orgueil qui, dans le cours d'une année, ne gagnent pas une âme au Seigneur. D'eux, on peut dire (avec la chanson) :

Blanche berbis, noire berbis,
Au tant mest se muers com se vis.

Mais le bon curé, le curé sans tache, sans reproche, qui naïvement observe la loi de Dieu, voilà le théologien dont les leçons profitent. »

Ces grands docteurs de Paris, contemporains de Robert, qu'il traitait si mal, c'était Albert le Grand, Jean de la Rochelle, saint Thomas, saint Bonaventure. Enviait-il leur gloire ? Peut-être un peu, sans se l'avouer ; mais ce mauvais sentiment ne le dominait pas. Il leur reprochait aux uns comme aux autres, sans vouloir entrer dans leurs querelles, de faire passer la religion pratique après la théologie contentieuse. Cet hôte magnifique des pauvres écoliers n'acceptait que la science strictement limitée. S'il avait pu soupçonner tout ce qu'on devait enseigner un jour dans sa maison, la glorieuse Sorbonne, assurément il en aurait frémi d'horreur ! Il disait : « Les livres sur lesquels nos docteurs pâlissent, les livres des Priscien, d'Aristote, de Justinien, de Gratien, d'Hippocrate, sont, j'en conviens, de très beaux livres ; mais ils n'enseignent pas la voie du salut. » Pas même, qu'on le note, ceux de Gratien, l'authentique greffier de la cour romaine. Ainsi Robert plaçait au même rang l'étude du droit canonique et celle du droit civil. Vaines études ! Pouvait-il mieux traiter cette théologie mêlée de philosophie, qui fut si longtemps la passion du jeune clergé ? « Voulez-vous savoir, disait-il un jour, quel est le plus grand clerc ? Non certes, ce n'est pas celui qui, après avoir longtemps veillé devant sa lampe, s'est fait recevoir à Paris maître ès arts, docteur en décret, en médecine, etc. ; c'est celui qui plus aime le Seigneur. » Il disait encore : « Un évêque qui se rend à Rome et ne sait pas son chemin, n'attend pas un roi, un autre évêque pour le leur demander ; mais très volontiers il le demande aux bergers, même aux lépreux qu'il rencontre. Or, voilà des gens qui ne veulent apprendre la route du paradis que de grands clercs, de grands docteurs. « De quoi vous mêlez-vous, crient-ils, prédicateur ? Où vous a-t-on enseigné la théologie ? » Eh bien ! je prétends que ces gens-là ne veulent pas aller au paradis, bien qu'ils disent le contraire. » Robert était simplement moraliste, et, regardant la morale comme la seule science positive, il professait pour les médecins, les grammairiens, les canonistes, le même dédain que pour les métaphysiciens. —Maintenant, les confesseurs. Il ne voulait pas, cela va sans dire, qu'ils fussent trop indulgents, comme celui-ci, par exemple : « Il y avait un particulier qui cherchait toujours les pires confesseurs. Quand il avait tant bu qu'il était ivre, il allait trouver un prêtre qui, fréquentant volontiers la taverne, s'y grisait souvent, et il se confessait à lui. « Mon ami, lui disait ce prêtre, avez-vous tout payé ?—Oui, répondait l'autre. —Bien ! répliquait le prêtre, mieux vaut boire le sien que celui d'autrui. » Il ne les voulait pas non plus trop sévères, et le déclare en ces termes : « Il faut blâmer certains prêtres qui sont d'une rigueur excessive. » L'évêque Guillaume disait d'eux : « Ils ne devraient pas être portiers du paradis, mais ils seraient très propres à garder la porte de l'enfer, car ils n'y laisseraient entrer personne. » Enfin il prescrivait absolument que tous les péchés confessés fussent oubliés : « J'ai, disait-il, entendu quelques-uns des plus grands pécheurs du monde ; eh bien ! si grand qu'ait été le pécheur qui m'ait prié de l'entendre, je l'ai toujours aimé cent fois plus après l'avoir confessé qu'avant. »

Charte de fondation de la Sorbonne, 1257.

Il nous plaît de terminer par ce mot touchant. Si maître Robert s'est souvent exprimé sur le compte d'autrui avec plus de liberté que d'apparente bienveillance, on n'a de reproches à faire qu'à sa langue ; évidemment son cœur était excellent.

B. Hauréau, dans les *Mémoires de l'Académie des inscriptions et belles-lettres*, t. XXXI (1884), 2ᵉ partie.

V. — L'UNIVERSITÉ DE PARIS ET LE PROCÈS DE GUILLAUME DE SAINT-AMOUR, D'APRÈS RUTEBEUF

Chaque fois que Rutebeuf dirige un trait de satire contre les clercs en général, il prend soin d'excepter les étudiants. Sa prédilection pour eux n'avait point d'ailleurs le caractère d'une tendresse aveugle, car il les gourmande, non sans vigueur, dans le *Dit de l'Université de Paris*. C'était à la suite d'une de ces querelles comme il s'en éleva plusieurs au XIIIe siècle entre les écoliers. Déjà, en 1218, l'official de Paris avait dû sévir contre ceux « qui recouraient à la force des armes, blessaient et tuaient jour et nuit d'autres écoliers, enlevaient des femmes », etc. Les disputes provenaient souvent de la rivalité des *nations* entre lesquelles se répartissaient les écoliers, nation de France, de Picardie, de Normandie, d'Angleterre. Celle de France, plus nombreuse que toutes les autres, demandait à être représentée par trois examinateurs au lieu d'un dans le jury de la maîtrise ès arts. Il est difficile de dire à laquelle de ces querelles se rapporte le *Dit de l'Université de Paris*. Rutebeuf y donne les plus sages conseils : pourquoi quitter son pays pour venir étudier à Paris, si on y perd la raison au lieu d'apprendre la sagesse ? Il parle avec émotion des pauvres parents qui se privent de tout pour envoyer leur fils à l'Université, et dont les économies servent à payer mille folies.[84]

Sceau de l'Université de Paris.

---

[84] [M. L. Clédat a cru devoir rajeunir la forme des vers de Rutebeuf qu'il cite.]

Le fils d'un pauvre paysan
Viendra à Paris pour apprendre.
Tant que son père pourra prendre
En un arpent ou deus de terre,
Pour conquérir pris et honneur
Baillera le tout à son fils ;
Et lui, en reste ruiné.
Quand il est à Paris venu
Pour faire à quoi il est tenu
Et pour mener honnête vie,
Il retourne la prophétie.
Gain de soc et de labourage
Il vous convertit en armure.
Et par chaque rue il regarde
Où il verra belle musarde ;
Partout regarde, partout muse.
Son argent part, sa robe s'use,
Et c'est tout à recommencer :
Il ne fait point bon là semer.
Pendant carême, où l'on doit faire
Chose qui à Dieu doive plaire,
Au lieu de haires, haubers vêtent,
Et boivent tant que ils s'entêtent.
En a trois ou quatre qui font
Quatre cents écoliers se battre,
Et chômer l'Université ;
N'est-ce point là trop grand malheur ?
Dieu ! Il n'est point si bonne vie,
Quand de bien faire envie on a,
Que celle de sage écolier :
Ils ont plus peine que collier,
Mais s'ils désirent bien aprendre,
Ils ne peuvent pas s'appliquer
A demeurer longtemps à table.
Leur vie est aussi bien mettable
Que celle des religieus.
Pourquoi laisser sa région,
Aller en pays étranger,
Si l'on y perd toute raison
Quand on y doit sagesse apprendre ?

On perd son avoir et son temps
Et l'on fait à ses amis honte
Mais ils ne savent qu'est honneur.

Rutebeuf ne s'est pas borné à intervenir, par de sages avis, dans les dissensions intestines qui divisaient les écoliers, il a pris avec la plus vive énergie la défense de l'Université de Paris contre l'envahissement des Jacobins. Cette grande querelle est un épisode de la rivalité entre les ordres mendiants et le clergé séculier. Car il ne faut pas oublier que les universités du moyen âge n'étaient pas des universités laïques ; c'est aux prêtres séculiers que les réguliers disputaient le privilège d'enseigner....

A la faveur des troubles, causés par une échauffourée d'étudiants, qui agitèrent l'Université et interrompirent les cours au commencement du règne de saint Louis, les Dominicains obtinrent de l'évêque de Paris d'abord une première chaire de théologie, et bientôt une seconde, où ils donnèrent à l'origine des leçons privées, puis, malgré l'opposition du chancelier, des cours publics. Une fois installés dans l'Université, ils cherchèrent à s'y rendre indépendants : ils refusèrent de faire cause commune avec les autres maîtres et d'observer les statuts. Menacés d'exclusion, ils accusèrent leurs collègues séculiers de conspirer contre l'Église et le roi, et portèrent l'affaire devant le pape, qui devait leur donner raison. C'est à cette occasion que Rutebeuf rima la *Discorde de l'Université et des Jacobins* :

Rimer me faut une discorde
Qu'à Paris a semé Envie
Entre gens qui miséricorde
Vont prêchant et honnête vie.
De foi, de pais et de concorde
Est leur langue toute remplie,
Mais leur manière me rappèle
Que dire et faire sont bien deus.

Ils guerroient pour une école où ils veulent enseigner par force, et ils oublient ce qu'ils doivent à l'Université.

Chacun d'eus devrait être ami
De l'Université vraiment,

Car l'Université a mis
En eus tout le bon fondement,
Livres, deniers et pain et gages.
Maintenant le lui rendent mal,
Car ceus-là détruit le Démon
Qui plus l'ont servi longuement.

Ils ont mis l'Université du trot au pas. Il y a des gens qu'on héberge et qui veulent chasser ensuite le maître du logis.

Jacobins sont venus au monde
Vêtus de robe blanche et noire.
Toute bonté en eus abonde.
Le peut quiconque voudra croire.
Si par l'habit sont nets et purs,
Vous savez, c'est vérité sûre,
Si un loup avait chape ronde,
Bien ressemblerait il à prêtre.

...Car si Renard ceint une corde
Et revêt une cotte grise,
N'en est pas sa vie plus pure :
Rose est bien sur épine assise.

Ils peuvent être braves gens, dit en terminant Rutebeuf, je veux bien que chacun le croie. Mais le procès qu'ils font à Rome à l'Université est une raison de ne pas le croire. Et il résume ainsi son opinion sur les Jacobins : « Quelque objet qu'ils missent en gage, je ne paîrais pas la pelure d'une pomme de leur dette »....

Le défenseur le plus hardi de l'Université fut l'un des professeurs séculiers, Guillaume de Saint-Amour. Il traite les frères mendiants aussi rudement que Rutebeuf, les qualifiant de pseudo-prédicateurs, hypocrites, inquisiteurs (*domos penetrantes*), oisifs et vagabonds. En chaire et dans ses écrits il combat l'institution même des nouveaux ordres ; il demande s'il est permis à un homme de donner tout ce qu'il possède de façon à ne rien garder pour soi et à être ensuite forcé de mendier, et si on doit faire l'aumône au mendiant valide, même lorsqu'il est pauvre. À ses yeux l'*Évangile éternel* est impie, sacrilège et dangereux, et il écrit pour le prouver le livre des *Périls des derniers temps*. Comme il est naturel, les ordres mendiants rendaient coup pour coup. Cette guerre dura sept ans, de 1250 à 1257. Le pape condamna successivement les deux livres, à une année de distance. Mais l'impartialité n'était qu'apparente. Ce pape était Alexandre IV, celui-là même qui, au dire de Salimbene, redoutait la mort prématurée que Dieu avait infligée à son prédécesseur Innocent IV, pour n'avoir pas suffisamment protégé les Mendiants. Il ne lança pas moins de quarante bulles contre l'Université, et, tandis qu'il se bornait à réprouver la doctrine de l'*Évangile éternel*, il poursuivait avec acharnement l'auteur des *Périls des derniers temps*....

En 1256, les prélats réunis en concile à Paris, sous la présidence de l'archevêque de Sens, avaient voulu mettre fin à la lutte entre les Jacobins et l'Université et avaient désigné comme arbitres les quatre archevêques de Bourges, de Reims, de Sens et de Rouen. Guillaume de Saint-Amour avait eu à cette occasion avec le roi une entrevue que Rutebeuf nous fait connaître et où il s'était engagé à respecter la sentence des arbitres. De son côté, le roi avait promis d'obliger les religieux à s'y soumettre, et il l'avait juré, comme il en avait l'habitude, au nom de lui, pour ne pas jurer par le nom de Dieu ou des saints. Mais le pape cassa l'arbitrage, enleva le droit d'enseigner à Guillaume et à trois autres maîtres de l'Université, et ordonna qu'ils fussent bannis du royaume de France. Après un voyage inutile à Rome, Guillaume dut se retirer dans sa ville natale, à Saint-Amour, qui se trouvait alors sur les terres de l'Empire, en Franche-Comté.

Dans le *Dit de maître Guillaume de Saint-Amour*, Rutebeuf proteste contre cet exil, et il en appelle aux prélats, aux princes, aux rois, à Dieu lui-même. Pour lui, le bannissement de Guillaume est contraire au droit, car le pape n'a aucune juridiction sur la terre de France, et le roi ne peut condamner personne sans jugement. Il soutient cette doctrine avec une fermeté éloquente, et ne craint pas de menacer le pape et le roi de la vengeance divine.

Oyez, prélats, princes et rois,
La déraison et l'injustice
Qu'on a fait à maître Guillaume :
On l'a banni de ce royaume !
Nul si à tort ne fut jugé.

Qui exile homme sans raison,
Je dis que Dieu, qui vit et règne,
Le doit exiler de son règne....
Prélats, je vous fais assavoir
Que tous en êtes avilis.

C'est le roi ou le pape qui a exilé maître Guillaume. Si le pape de Rome peut exiler quelqu'un de la terre d'un autre, il n'y a plus de seigneurie. Si le roi dit qu'il l'a exilé à la prière du pape Alexandre, ce serait là un droit nouveau, dont on ne saurait dire le nom ; car ce n'est ni du droit civil, ni du droit canon. Il n'appartient ni à roi ni à comte d'exiler personne contrairement au droit. Si l'exilé porte plainte devant Dieu, Rutebeuf ne répond pas du jugement. Le sang d'Abel cria justice.

Le poète va montrer clair comme le jour que Guillaume a été exilé sans jugement.

Bien avez appris la discorde
(Ne faut pas que je la rappèle)
Qui a duré si longuement,
Sept ans tout pleins entièrement,
Entre ceus de Saint-Dominique
Et ceus qui enseignent logique.
Beaucoup y eut *pro* et *contra*,
L'un l'autre souvent s'encontrèrent
Allant et venant à la cour.

Les excommunications et les absolutions se succédèrent : celui à qui le blé ne manque pas peut souvent moudre. Les prélats voulurent terminer cette guerre, et demandèrent à l'Université et aux Frères de leur laisser faire la paix. La guerre doit déplaire à des gens qui prêchent la paix. On conclut donc la paix et on scella le traité. Maître Guillaume vint au roi, et lui dit devant plus de vingt personnes : « Sire, nous acceptons la paix, telle que les prélats la rédigeront ; je ne sais si nos adversaires la briseront ». Le roi jura : « Au nom de moi ! Ils m'auront pour ennemi s'ils la brisent ». Depuis ce jour, depuis sa sortie du palais, maître Guillaume n'a rien fait, il a respecté l'accord, et le roi l'exile sans le voir !

Guillaume de Saint-Amour propose de comparaître devant le roi, les princes et les prélats réunis. Ce n'est pas un moyen détourné de rentrer dans le royaume ; car on pourra bien l'exiler de nouveau après l'avoir entendu.

> Et vous tous, qui mes vers oyez,
> Quand Dieu se montrera cloué,
> Le jour du dernier jugement,
> Pour lui demandera justice,
> Et vous, sur ce que je raconte,
> Vous en aurez et peur et honte.
> Quant à moi, bien le puis-je dire,
> Point ne redoute le supplice
> De la mort, d'où qu'elle me vienne,
> Si elle me vient pour telle affaire.

Le rôle prêté à saint Louis par Rutebeuf n'est pas tout à fait conforme à l'idée qu'on peut s'en faire d'après les pièces officielles qui nous ont été conservées. On sait d'ailleurs que saint Louis, malgré sa piété, fit toujours preuve d'une grande fermeté dans ses relations avec le haut clergé et avec le pape. Alexandre IV avait en effet enjoint au roi « pour la rémission de ses péchés » d'expulser Guillaume de Saint-Amour et même de l'emprisonner. Mais il est permis d'inférer d'un autre bref du pape, postérieur d'un an au premier, que le roi s'y était refusé ; il avait répondu à Alexandre IV non pas en lui demandant lui-même d'exiler Guillaume, comme on l'a dit par une interprétation inexacte du texte, mais en lui faisant remarquer qu'il n'avait qu'à défendre à Guillaume, en vertu de son autorité pontificale, de pénétrer dans le royaume.

C'est seulement après la mort d'Alexandre et de son successeur immédiat, que Guillaume de Saint-Amour revint à Paris, où on lui fit une réception triomphale. Quant à son livre sur les *Périls des derniers temps*, tous les exemplaires n'en avaient pas été brûlés, car il fut imprimé au XVIe et au XVIIe siècle, et il fut poursuivi à cette époque comme au temps de sa nouveauté. On le dénonça à Louis XIII, qui, par un arrêt rendu en Conseil privé, rappela la condamnation prononcée par Alexandre IV, ordonna de saisir tous les exemplaires, et défendit aux libraires de le mettre en vente, sous peine de mort.

On peut conjecturer que la persécution dirigée contre Guillaume de Saint-Amour atteignit aussi son défenseur intrépide, Rutebeuf. Une bulle d'Alexandre IV ordonnait de brûler à Paris non seulement le livre des *Périls*, mais aussi des « chansons et rythmes inconvenants » composés contre les frères Prêcheurs et Mineurs. Rien n'établit absolument que les satires de Rutebeuf fissent partie des rythmes réprouvés ; mais il se plaint à plusieurs reprises de ne plus pouvoir parler librement. Toutefois, l'existence même des poésies de Rutebeuf, et de beaucoup d'autres aussi hardies, prouve que nos ancêtres du XIIIe siècle jouissaient encore d'une grande liberté de parole, toutes les fois que la croyance et le dogme n'étaient pas en jeu.

L. Clédat, *Rutebeuf*, Paris, Hachette, 1891, in-16. *Passim*.

VI — LA SCIENCE AU MOYEN ÂGE

Au IVe siècle, lorsque les ténèbres s'épaississaient déjà dans l'Occident latin et lorsqu'on songeait à réduire autant que possible le bagage qu'il s'agissait de sauver du naufrage, il se fit un retour vers les idées pythagoriciennes. Martianus Capella, Boëce, et, à leurs exemples, les premiers instituteurs des écoles claustrales, adoptèrent une table des sept arts libéraux, distribués en deux groupes, le *trivium* et le *quadrivium*, savoir :

TRIVIUM. La *grammaire*, la *rhétorique*, la *logique*.

QUADRIVIUM. L'*arithmétique*, la *géométrie*, l'*astronomie*, la *musique*.

Le *quadrivium* était l'encyclopédie mathématique, telle qu'un disciple de Pythagore pouvait la concevoir ; c'était le corps de la science ou des sciences par excellence, des seules qui dussent, jusqu'à l'avènement des temps modernes, mériter vraiment le nom de science. Mais il faut, pour que la culture des sciences soit vraiment féconde, un souffle vivifiant, un génie d'invention, un instinct qui tient de celui de l'artiste et du poète. Voilà ce que les Grecs avaient possédé, ce que les modernes ont retrouvé, ce que la tradition romaine ne pouvait pas infuser au moyen âge.

Cicéron l'a dit avec sa justesse habituelle : « Les Grecs n'ont rien mis au-dessus de la géométrie, ce qui fait que la célébrité de leurs mathématiciens fut incomparable ; nous avons au contraire borné cet art à ce qu'il a d'utile, pour fournir des exemples de raisonnements et pour prendre des mesures. » Dans la Rome impériale, le nom de *mathématicien* ne désignait plus guère que les adeptes d'une science obscure à l'aide de laquelle on faisait des prédictions et l'on tirait des horoscopes. Il en résulta que, nonobstant l'espèce de renaissance pythagoricienne qui avait précédé l'éclipse totale des études, la tradition romaine, devenue la tradition monastique ou cléricale, ne permit pas aux mathématiques de prendre la place qu'elles y auraient vraisemblablement prise si la civilisation grecque s'était communiquée à l'Occident sans intermédiaire. L'esprit humain manqua, au moyen âge, de cette discipline plus ferme et pour ainsi dire plus virile, de cette scolastique non moins subtile et pénétrante, mais plus substantielle et plus sûre, qui aurait pu réprimer l'abus ou les écarts d'une autre scolastique.

Le moyen âge n'avança donc nullement la géométrie, telle que les Grecs l'avaient conçue ; à peine en conserva-t-il les premiers éléments ; mais par compensation il recueillit quelques inventions capitales, d'une origine obscure, que l'Europe latine n'a connues nettement que par son commerce avec les Arabes, à savoir l'arithmétique de position, la trigonométrie, et une algèbre fort différente de la nôtre, quoique la nôtre en dût sortir. Des moines, des médecins, des marchands, furent les dépositaires ou les propagateurs de ces secrets, sortis d'un monde mécréant, et restés étrangers à l'enseignement jusqu'à une époque tout à fait moderne.

En fait d'astronomie, le moyen âge avait dans l'*Almageste* ou dans la « grande composition » de Ptolémée ce qu'il affectionnait tant, un livre canonique, un système consacré par l'autorité d'un ancien, d'un grand législateur scientifique. Là où le gros des hommes ne peut s'attacher ni à l'autorité dogmatique d'un corps sacerdotal, ni à l'autorité des corps savants, il faut bien qu'il tienne à l'autorité d'un chef d'école. Or le moyen âge manquait d'académies, et l'Église avait la sagesse de ne définir que dans une certaine mesure le dogme astronomique ; il fallait donc qu'on eût l'autorité d'un ancien, et Ptolémée était pour les chrétiens d'Occident, comme pour les Arabes et les Tatars convertis à l'Islam, l'Aristote de l'astronomie. Les perfectionnements de détail apportés par ceux-ci à la doctrine du maître ne touchaient pas au fond du système. D'ailleurs, la conception du *monde* et de la place de l'homme dans le monde, telle qu'elle résultait de l'enseignement des astronomes alexandrins, si elle s'accordait assez mal avec les images et les formules populaires de la prédication chrétienne, n'avait rien qui ne se conciliât très bien avec une théologie savante. Le monde de Ptolémée ressemblait à une machine, à une horloge de cathédrale ; et l'idée de l'horloge, de son inaltérabilité et de sa justesse parfaite, cadre à merveille avec l'idée de l'unité et de la personnalité de l'horloger, de sa toute-puissance et de sa sagesse infinie. L'alliance intime, scellée entre le visible et l'invisible, entre Dieu et l'homme, écrasait moins la raison, quand la terre sur laquelle l'homme règne était, même pour le philosophe et le savant, le centre et le but de l'architecture du monde.

En dehors de l'encyclopédie mathématique ou du *quadrivium* pythagoricien, la forme scientifique, à proprement parler, ne trouvait à quoi s'appliquer, pas plus chez les Occidentaux du moyen âge que chez leurs ancêtres dans la science, les Grecs et les Arabes. Il ne faut pas confondre la science et les connaissances. Un amas de faits recueillis et d'observations enregistrées n'est point encore une science, pas plus qu'un attroupement d'hommes n'est une armée ; et si le trésor des connaissances s'accroît sans cesse avec le temps, il faut attendre quelquefois pendant des siècles l'illumination d'une idée pour que la science fasse réellement des progrès. En géographie, par exemple, les Européens avaient acquis, après Marco Polo, et surtout par suite de leurs communications avec un peuple aussi navigateur et commerçant que les Arabes, une multitude de connaissances qui manquaient au plus savant de Rome, d'Alexandrie et d'Athènes, de sorte que Ptolémée devait leur paraître bien plus arriéré en géographie qu'en astronomie ; mais de toutes les parties de l'encyclopédie géographique embrassant l'ensemble des connaissances sur la configuration, la structure, l'histoire du globe terrestre et des forces qui s'y déploient en grand, il n'y avait guère que la géographie mathématique qui dût s'appeler une science, et, depuis Ptolémée, cette science n'avait pas bougé. —De même pour la physique. Quelques acquisitions nouvelles n'y changèrent pas, au moyen âge, le cadre de la science tel que les Grecs l'avaient conçu. On pouvait trouver les verres de besicles ou même mesurer les pouvoirs réfringents des corps transparents, sans changer foncièrement la science de l'optique, sans qu'elle cessât d'être, comme au temps de Ptolémée et jusqu'au XVIIe siècle, une application de la géométrie plutôt qu'une branche de la physique comme nous l'entendons maintenant.

*
* *

Traitées à la manière des anciens, la *grammaire*, la *rhétorique*, la *logique*, ces trois branches du *trivium* des encyclopédistes de la décadence, ou ces trois assises du premier étage de l'édifice didactique du moyen âge, avaient d'ailleurs entre elles beaucoup de rapports. Le rhéteur traite du style et des figures de style ou de pensée, ce qui touche aux figures de mots, aux tropes et à l'organisation du langage. D'un autre côté, il traite à son point de vue de la méthode, de la division, de l'ordonnance du discours, des arguments, des preuves et des réfutations, ce qui rentre tout à fait dans la logique. Quant aux rapports de la grammaire et de la logique, ils ne sont pas moins évidents. La grammaire, qu'on veut raffiner en théorie et par voie d'abstraction, plutôt que par l'étude des origines et de la filiation des idiomes, tourne à la logique, comme le montrent ces procédés d'*analyse logique*, introduits de nos jours jusque dans nos plus humbles écoles. Les petits traités des *Catégories* ou des *Prédicaments* servant d'introduction à la logique d'Aristote, et d'où toute la philosophie du moyen âge est sortie, rentrent dans le même ordre d'idées et peuvent aussi être considérés comme un appendice de la grammaire.

Précédé d'une telle introduction et remanié par les abréviateurs alexandrins et latins de la décadence, le traité de logique, l'*Organon* d'Aristote, était, lors des premiers essais de restauration des études en Occident, tout ce que l'on connaissait de l'encyclopédie du Stagirite. Il n'y a point là de métaphysique, ni même de philosophie. Quand on se borne aux *Premiers Analytiques*, comme le faisaient communément les logiciens du moyen âge, la logique d'Aristote, c'est-à-dire une théorie du syllogisme fondée sur la classification des catégories et sur la doctrine des définitions et des combinaisons, ressemble beaucoup à un chapitre d'algèbre ; elle a des caractères scientifiques. Si cette logique purement formelle et formaliste ne comporte pas les développements et les progrès dont une science telle que la géométrie ou l'algèbre est susceptible, elle figure au moins comme un îlot qui offre un abri sûr aux esprits ballottés sur la mer changeante des opinions philosophiques.

Voilà comment, dans notre Europe occidentale, la science a précédé la métaphysique et visé dès l'origine à l'enfermer dans un cadre scientifique. Les plus vives querelles des philosophes du moyen âge ont porté sur des questions de logique ou peuvent s'y rattacher. À mesure que les traités de physique et de métaphysique d'Aristote sont parvenus à la connaissance des chrétiens d'Occident et ont été dans les écoles l'objet de gloses, d'abrégés ou de commentaires, on y a pu appliquer les procédés d'argumentation technique et formaliste avec lesquels on était familiarisé par la triture de la logique péripatéticienne. Le tout s'est appelé la *scolastique*, mot bien choisi, puisque rien ne se prêtait mieux à la dispute et aux exercices de l'école. La scolastique est, si l'on veut, l'abus des formes scientifiques dans un ordre de spéculations qui diffère de la science par des caractères essentiels ; son règne n'en témoigne pas moins de la tournure scientifique que, dès l'origine, tend à prendre le travail des esprits au sein de notre civilisation européenne.

*
* *

Même après que la connaissance plus complète de l'encyclopédie d'Aristote eut remis en honneur, dans les Universités, la division de la philosophie en logique, morale, physique et métaphysique, on continua de parler des *sept* arts libéraux, du *trivium* et du *quadrivium*. Le tout composait la *Faculté des arts*, qui servait d'introduction commune à d'autres *Facultés*, à d'autres études plus spécialement dirigées vers un but professionnel. On voulait être ecclésiastique, arriver aux bénéfices et aux prélatures, ce qui exigeait que l'on sût la théologie et le droit canonique, c'est-à-dire le droit qu'appliquaient les tribunaux ecclésiastiques et la chancellerie romaine. On voulait conseiller le roi ou ses barons dans leurs plaids, et il s'agissait de posséder le droit *civil*, c'est-à dire les compilations justiniennes remises en honneur, rétablies dans leur autorité juridique, et déjà retravaillées par une nouvelle légion de glossateurs et d'interprètes, ou le droit féodal, tel qu'il était édicté en latin par des princes allemands que l'on regardait comme les successeurs des empereurs romains,—car les codes barbares étaient oubliés, et quant au droit coutumier rédigé ou commenté en langue vulgaire, il appartenait à la pratique et non à l'enseignement des écoles. Enfin on voulait être médecin, et il fallait pouvoir argumenter en latin sur les théories que s'étaient faites les médecins de l'antiquité et leurs commentateurs arabes. De là les Facultés de *théologie*, de *droit canonique et civil*, de *médecine*, pour les trois Facultés réputées libérales par excellence, en ce qu'elles supposaient l'étude préalable des arts libéraux. L'ensemble composait le système des *quatre Facultés*. Ce n'est que plus tard qu'on a remplacé dans les écoles du Nord la Faculté des arts par une Faculté de « philosophie », d'après la distinction que saint Thomas avait établie dans ses deux *Sommes* entre la philosophie ou la science profane et la théologie ou la science sacrée. Enfin c'est de nos jours seulement qu'en France on a démembré la Faculté des arts en Faculté des *lettres* et en Faculté des *sciences*, ce qui est une manière de revenir à la vieille distinction du *trivium* et du *quadrivium*.

Bien des gens attribuent à notre siècle le mérite ou le tort de donner aux sciences le pas sur les lettres : ce mérite ou ce tort remonte effectivement jusqu'au régime scolastique du moyen âge, puisqu'il est clair que les arts du *quadrivium* sont des sciences, que ceux du *trivium* peuvent être étudiés théoriquement ou scientifiquement, et que l'enseignement du *trivium* dans le latin didactique, barbare, universellement usité dans les collèges d'artiens, n'avait rien qui se prêtât à une culture poétique et littéraire. Les musulmans d'Espagne étaient à la fois plus savants et plus lettrés : plus savants, en ce qu'ils perfectionnaient la science laissée par les anciens, plus lettrés, en ce que chez eux les doctes et les beaux esprits n'avaient pas quitté, pour une littérature artificielle, la langue et la littérature nationales.

Comme la plupart des clercs du moyen âge étaient des gens d'Église, il était tout simple qu'ils appliquassent à l'enseignement des choses religieuses le code de procédure logique dû au législateur des écoles. De là les *sommes théologiques* substituées aux apologies, aux commentaires des textes sacrés, et à l'éloquence parfois déclamatoire des premiers siècles chrétiens. L'Église, représentée par les papes et par les conciles, a bien hésité quelque temps avant d'admettre dans ses écoles la discipline péripatéticienne. Il devait lui sembler dur de subir à ce point l'autorité d'un philosophe païen, ou plutôt d'un pur naturaliste, étranger à toute foi religieuse, commenté par des sectateurs du prophète arabe.

Mais depuis que les grands travaux des théologiens du XIIIᵉ siècle eurent donné à la scolastique chrétienne sa forme définitive, l'Église ne l'a pas abandonnée ; elle n'a fait que l'abréger pour la mettre à la portée de la faiblesse des générations nouvelles.

Ce qui vient d'être dit de l'enseignement de la théologie peut s'appliquer à l'enseignement du droit ecclésiastique ou pontifical, tant l'alliance était étroite entre les théologiens et les canonistes. Il y avait au contraire lutte ouverte entre les professeurs en droit civil (les *romanistes*, comme on dirait aujourd'hui), tous gibelins ou gallicans d'inclination, partisans de la puissance civile, défenseurs de l'État ou du prince, et les théologiens et les canonistes, tous dévoués à la puissance ecclésiastique.

La médecine se rapproche davantage des conditions d'ubiquité et de permanence qui appartiennent à la science proprement dite. Mais, d'un autre côté, elle ne se prête guère à la sécheresse du formalisme scholastique ; et par les besoins mêmes de leur profession, les médecins du moyen âge étaient spécialement appelés à commencer le travail d'instauration des sciences physiques et naturelles. Si donc au moyen âge, comme dans l'antiquité grecque, la physique spéculative était regardée comme une branche de la philosophie, les applications passaient pour être du domaine de la pratique médicale. D'où vient qu'en anglais le médecin s'appelle encore un *physicien* et le pharmacien un *chimiste*, tandis que la physique et la chimie spéculatives sont réputées des branches de la *philosophie naturelle*.

M. Cournot, *Considérations sur la marche des idées*, Paris, Hachette, 1872, t. I, in-8°. *Passim*.

VII — LA PHILOSOPHIE DU MOYEN ÂGE

L'AUGUSTINISME

Saint Augustin nous offre un merveilleux exemple de la fascination exercée sur l'esprit chrétien par une métaphysique absolument étrangère à son inspiration propre et à ses mobiles. Augustin était chrétien, nul n'en peut douter ; coupable pardonné, il a voulu témoigner sa reconnaissance à l'auteur de son salut ; il aimait Dieu. Mais comment aimer le Dieu dont il a tracé l'image ? Ce Dieu crée dans le but de manifester ses propres perfections. Il est juste et charitable, mais sa justice et sa charité ne sauraient se déployer dans le même objet. Pour mettre au jour la justice divine, il faut qu'il y ait des damnés ; l'éternité du mal moral et de la punition du mal forme une condition indispensable de la perfection du monde. Sans enfer, le monde ne serait pas digne de Dieu. Pour donner occasion à sa miséricorde, il faut que parmi les pécheurs, justes objets des vengeances divines, quoiqu'ils soient nécessairement pécheurs, puisque sans cela l'œuvre de Dieu serait manquée, il faut, dis-je, que parmi les pécheurs, tous également dignes d'un malheur éternel, il fasse grâce arbitrairement à quelques-uns et les comble de félicités, sans qu'il y ait en eux aucune raison pour les distinguer des autres. Tout en magnifiant l'orthodoxie de saint Augustin, l'Église romaine a reculé devant ces doctrines ; mais les réformateurs et les jansénistes y ont abondé.... Comment accorder une théologie pareille avec le mot de saint Jean : *Dieu est amour* ? Comment ne pas voir dans cette idée de la nécessité du mal un reste du manichéisme auquel saint Augustin s'était rattaché dans sa jeunesse ? Comment ne pas reconnaître les influences néo-platoniciennes dans la conception métaphysique dont cette théologie est un corollaire : l'idée que le monde étant l'image de l'être parfait dans l'imperfection essentielle à tout ce qui n'est pas cet être lui-même, il trouve sa perfection à réaliser tous les degrés possibles de perfection relative et par conséquent d'imperfection ? Le mal moral nous est présenté comme un de ces degrés, un effet, une forme du non-être ; mais ce caractère privatif, cette irréalité du mal moral, par laquelle Augustin essaie de pallier les énormités de sa doctrine, n'est-elle pas tout ce qu'on peut imaginer de plus contraire au sentiment chrétien ? Quoi, Jésus serait mort sur la croix pour nous délivrer de quelque chose qui n'est rien !... Comment haïr ce qui n'est pas ? Le monde qu'Augustin conçoit comme répondant aux perfections divines est une abstraction de l'intelligence d'une valeur métaphysique assez douteuse, évidemment inspirée par un intérêt logique, esthétique, et complètement étrangère à l'ordre moral où le christianisme est enraciné.

Platoniciens

L'école dont les théories spécieuses avaient ébloui le grand évêque de Libye, le platonisme interprété par Alexandrie, règne sans partage sur les quelques penseurs dont s'illuminent de loin en loin les temps barbares. La pensée platonicienne inspire encore les philosophes des premiers siècles du moyen âge, période longtemps méconnue, où le progrès des études historiques constate avec quelque surprise une activité intellectuelle énergique et variée. C'est alors qu'Anselme posa le problème de la scolastique : « J'estime que, après avoir été confirmés dans la foi, nous serions coupables de ne pas chercher à comprendre ce que nous avons cru ». En vain Abélard objecta qu'il faudrait d'abord prouver la vérité des doctrines proposées à la créance ; le besoin d'une telle apologie était peu senti dans un siècle où la foi paraissait universelle, et la tentative de l'établir aurait eu peu de portée tandis que les objections n'avaient pas la liberté de se produire. Anselme joignit l'exemple au précepte dans ses démonstrations de l'existence de Dieu et dans sa théorie du salut par Jésus-Christ. Plus profondément qu'Augustin lui-même, il a fait entrer dans la conception générale du christianisme des éléments antipathiques à ce qui en constitue l'inspiration fondamentale, si du moins nous ne nous abusons pas en pensant que le christianisme a pour objet l'accomplissement de la destinée humaine par la réalisation du bien moral. Suivant une doctrine où des millions d'âmes ont trouvé la consolation et qui a profondément scandalisé des millions d'âmes, la justice divine exige des peines infinies pour une faute quelconque de ses fragiles créatures. La faute est une dette, la peine un prix, un règlement que notre créancier réclame ; mais, pourvu que le montant lui soit versé, que le *quantum* de douleur ait été subi, Dieu est payé, n'importe qui l'a soufferte. C'est pourquoi, dans sa charité, le Fils est venu souffrir à notre place. Pour le coup, ce n'est pas à Platon qu'il faut faire remonter cette conception de la justice, qui a si profondément troublé la conscience des peuples modernes, c'est aux lois des peuples barbares, en vigueur du temps d'Anselme, où la notion de la peine et celle de la dette civile étaient confondues, tous les délits se rachetant par le payement d'une somme d'argent déterminée. Jésus a payé notre « composition ».

Cette époque vit fleurir l'école mystique de saint Victor de Paris, dont la psychologie subtile compte et décrit les degrés que parcourt l'âme fidèle dans son ascension vers l'amour infini : christianisme tout intérieur, où le sacerdoce et les sacrements matériels tiennent peu de place, et dont la méthode repose sur ce principe que la fidélité du cœur et de la conduite à la vérité déjà connue est indispensable au progrès dans la vérité. Ces doctrines de vie intérieure se sont mêlées à l'enseignement catholique ; elles l'ont fait durer, en lui donnant des prises sur la conscience ; mais, au fond, elles contredisent les vraies tendances de la religion sacerdotale, qui fait du salut une exemption de peines, une assurance de bonheur futur indépendante des dispositions morales du fidèle et qui permet à celui-ci de se décharger sur le prêtre de toute inquiétude sur son sort à venir, moyennant une obéissance plus ou moins strictement exigée, suivant les circonstances des temps et des lieux. Cette grande ligne du catholicisme fut définitivement arrêtée par Pierre le Lombard, qui prit une part importante à l'achèvement du dogme, en complétant la liste des sacrements. Dans son *Livre des Sentences*, les questions théologiques se disposent dans un ordre méthodique, avec l'opinion des principaux docteurs sur chacune d'elles, et les conclusions de l'auteur. Nul n'ignore que ce texte capital fut cent et cent fois commenté dans l'école, dont l'enseignement s'est en quelque sorte constitué sous cette forme. Quelques-uns des plus grands monuments du moyen âge sont des commentaires du Lombard. Contrairement aux aspirations d'une spiritualité dangereuse, Pierre établit fortement la valeur et la nécessité des rites matériels, des sacrements, établis de Dieu lui-même, pour condescendre à notre nature et remplir notre vie, sans la détourner de son suprême objet. A l'importance des sacrements se mesurent le rôle et la dignité du prêtre, qui a seul qualité pour les administrer. La théologie du savant prélat allait tout entière à l'exaltation du sacerdoce. Telle est l'explication naturelle de son incomparable succès.

Saint Anselme posa le problème à la solution duquel la pensée du moyen âge devait se consumer ; le Lombard arrêta la forme de cette investigation....

ARISTOTE ET LE THOMISME

Lorsque les versions latines d'Aristote et des Arabes, ses commentateurs, commencèrent à se répandre, on ne saurait douter que l'abondance des renseignements, vrais ou faux, qu'elles apportaient sur les choses de la nature, n'ait été l'une des causes principales du vif empressement qui les accueillit. Aussi voyons-nous le grand Albert, fondateur de la scolastique péripatéticienne, reprendre l'étude des sciences naturelles, avec plus de zèle, il est vrai, que de méthode. Nos campagnes ont conservé la mémoire de son prodigieux savoir. Cependant, dès l'origine, les disciples chrétiens du péripatétisme y cherchèrent et crurent y trouver de nouveaux moyens de remplir le programme un peu compromis d'Anselme : comprendre, systématiser, démontrer l'objet de la foi....

...David de Dinant, l'une des premières victimes de l'unité romaine, en appelait beaucoup à Aristote. C'est à l'influence d'Aristote que ses juges attribuèrent l'origine d'un panthéisme qu'il aurait pu tirer plus directement d'ailleurs. Traduites en latin dès le commencement du XIIe siècle, par les soins d'un archevêque de Tolède, les œuvres d'Aristote et celles de ses commentateurs sarrasins n'en furent pas moins accueillies avec avidité dans la Faculté des Arts de Paris. Aristote interprété par Averroès y devint pour un grand nombre de docteurs l'autorité suprême, irréfragable, le *Philosophe*, identique à la raison même. Les premiers péripatéticiens français constatèrent hardiment le désaccord entre le dogme et la pensée du philosophe, ne craignant pas d'ajouter que la doctrine de l'Église fourmille d'erreurs. Cette attitude eut pour effet naturel l'interdiction de lire la physique et la métaphysique du savant Macédonien. Non moins naturellement l'interdiction ne fut pas respectée ; les meilleurs mêmes cédaient à la curiosité, et, parmi les conseillers les plus autorisés du Saint-Siège, Aristote trouva bientôt des défenseurs. Aussi la prohibition primitive reçut-elle, en 1231 déjà, une forme moins absolue ; Grégoire IX maintint alors et renouvela la défense d'étudier les textes suspects « jusqu'à ce qu'ils eussent été corrigés et expurgés ». Cette opération singulièrement délicate ne s'exécuta jamais d'une manière officielle. Mais sous l'empire de ces ordonnances, qui rigoureusement ne s'appliquaient qu'au diocèse de Paris, des dominicains fort attachés au Saint-Siège et possédant son entière confiance, à Cologne Albert de Bollstaedt, à Rome son disciple Thomas d'Aquin, continuèrent à commenter assidûment les textes interdits, qu'ils s'efforçaient d'interpréter dans un sens orthodoxe partout où la chose était praticable, sans hésiter à les combattre et à les condamner sur les points où le désaccord ne pouvait pas être déguisé. Leurs ouvrages, particulièrement ceux de saint Thomas, qui ont acquis dans l'Église une autorité souveraine, officiellement consacrée aujourd'hui, peuvent donc être considérés comme l'équivalent de la correction promise....

Saint Thomas, contesté, combattu, réfuté peut-être jadis par des génies égaux, sinon supérieurs au sien, n'en reste pas moins aujourd'hui le représentant de toute l'École. Rappelons en peu de mots les points principaux de sa philosophie.

Et d'abord, dans la manière dont il conçoit le but de la vie, Thomas est franchement grec, disciple d'Aristote et de Platon. Saint Paul écrit : « Quand je connaîtrais tous les mystères de la science de toutes choses, si je n'ai pas la charité, je ne suis rien ». Saint Jean nous enseigne que Dieu est amour, et Jésus dit à ses disciples : « Soyez mes imitateurs ». La tendance du christianisme est toute pratique ; son idéal est la perfection de sa volonté ; il n'y a pour lui rien au-delà. Pour saint Thomas, il y a quelque chose au-delà. Ne se résumant pas sur Dieu, il ne dit pas que Dieu s'absorbe dans la science de lui-même ; il ne le croit probablement pas, mais la logique l'obligerait à l'avouer, car sa notion du souverain bien est purement intellectuelle : c'est la connaissance de Dieu, l'intuition parfaite de Dieu, que la théologie désigne sous le nom de vision béatifique : « *Naturaliter inest omnibus hominibus desiderium cognoscere causas ; prima autem causa Deus est. Est igitur ultimus finis hominis cognoscere Deum.* »

...Tout en dissertant à loisir sur les attributs divins, Thomas sait bien que nous ne pouvons pas connaître Dieu d'une manière adéquate, et cependant il nous faut ordonner l'ensemble de nos pensées et de nos croyances sur cette idée que nous n'avons pas. De propos délibéré, Thomas lui cherche un succédané dans un anthropomorphisme qui a rendu sa philosophie accessible au vulgaire, et par là doit avoir contribué, pour une grande part, à sa merveilleuse fortune. Nous ne connaissons Dieu que dans ses œuvres ; dès lors, c'est de la plus parfaite de ses œuvres qu'il faut nous aider pour nous faire une idée de ses perfections ; il nous faut donc concevoir Dieu d'après l'analogie de l'esprit humain.

Cette conclusion place la théologie de saint Thomas dans la dépendance de sa psychologie, laquelle, au jugement des panégyristes les plus jaloux d'établir l'indépendance philosophique de ce docteur, est foncièrement péripatéticienne. Quels que soient les soins apportés à corriger les conclusions d'Aristote inconciliables avec la doctrine de l'Église, la racine de ce système théologique plonge ainsi dans l'hellénisme païen....

Le Docteur Angélique était sans doute un chrétien ; il était pieux, de cette piété du moyen âge faite d'ascétisme et de contemplation, qui est bien malgré tout une forme du christianisme, puisque c'est une forme de l'amour. Rien ne ressemble moins à la vie de Jésus-Christ, telle que les plus anciens documents nous la représentent, que celle de son disciple dans l'*Imitation*. Ce livre nourrira néanmoins l'activité pratique des chrétiens les plus généreux, parce qu'il est tout pénétré d'un amour sincère, auquel, malheureusement, il ne sait assigner qu'un stérile emploi. Thomas touche à l'*Imitation* par quelques côtés de sa théologie, mais l'esprit général en est différent : l'amour n'est pas le but à ses yeux ; l'amour n'exprime pas la nature divine. Tout pour lui revient à l'intelligence. La pensée de la pensée a fasciné son âme. Le dernier mot de sa théologie est dicté par le paganisme....

L'Ange de l'École a triomphé par la puissance du péripatétisme, cette religion des clercs dévots et des clercs incrédules au XIIIe siècle. Il a été servi par la spécieuse clarté de son anthropomorphisme, par l'art de son exposition, et par la superficialité de ses analyses. Il a été servi par ses contradictions mêmes qui permettent aux opinions divergentes d'alléguer en leur faveur quelques passages de ses écrits. Sa manière cauteleuse devait mieux plaire à la cour de Rome qu'une philosophie trop libre, trop forte et trop personnelle. D'ailleurs il avait prêté l'appui de sa plume aux aspirations du Saint-Siège vers la suprématie absolue, en s'appuyant de bonne foi sur des textes dont Rome elle-même ne défend plus l'authenticité. Mais le but est atteint, l'autorité du saint reste acquise, et Rome a montré sa reconnaissance. La doctrine thomiste favorisait par ses conclusions pratiques la tendance du pouvoir spirituel, qui s'appuyait dès cette époque sur les ordres religieux, comme elle l'a fait constamment depuis. Le *Livre des Sentences* avait acquis l'autorité presque officielle d'un texte classique parce qu'il grandissait le prêtre. La morale de saint Thomas, héritier de cette autorité, glorifie le moine : les vertus théologales telles qu'il les conçoit, la vie contemplative, image de la béatitude éternelle et qui seule peut vraiment nous en rapprocher, ne sauraient se pratiquer que dans le cloître. Cette observation de Ritter est importante. Peut-être faudrait-il la généraliser [et dire] : « L'intellectualisme est conforme à l'esprit permanent d'une hiérarchie qui cherche à justifier sa domination en présentant l'unité et la pureté de la doctrine, qu'elle prétend garantir, comme l'intérêt religieux par excellence, auquel tout doit être sacrifié.... »

La suprême autorité de l'Église ayant recommandé l'étude et la profession du thomisme comme un remède aux maux dont ce grand corps est affligé, il convenait d'apprécier avant tout cette doctrine dans ses rapports avec l'esprit du christianisme. Quant à ceux qu'elle pourrait soutenir avec la science moderne, il sera permis d'être bref. Il n'y a pas d'entente possible entre la science et une école qui invoque la chose jugée et pense trancher une question quelconque par un appel à l'autorité.

Ch. Secrétan, La restauration du thomisme, dans la
Revue philosophique, XVIII (1884). Passim.

VIII — LES ANCIENNES RECETTES D'ORFÈVRES ET LES ORIGINES DE L'ALCHIMIE

Le traité relatif aux métaux précieux qui se trouve dans le Recueil intitulé *Mappæ clavicula* (on en conserve à Schlestadt un manuscrit du Xe siècle) offre un grand intérêt, parce qu'il présente de frappantes analogies avec le papyrus égyptien de Leyde, trouvé à Thèbes, ainsi qu'avec divers opuscules antiques, tels que la Chimie dite de Moïse. Plusieurs des recettes de la *Mappæ clavicula* sont non seulement imitées, mais traduites littéralement de celles du papyrus et de celles de la collection des alchimistes grecs : identité qui prouve sans réplique la conservation continue des pratiques alchimiques, y compris celle de la transmutation, depuis l'Égypte jusque chez les artisans de l'Occident latin. Les théories proprement dites n'ont reparu en Occident que vers la fin du XIIe siècle, après avoir passé par les Syriens et par les Arabes. Mais la connaissance des procédés eux-mêmes n'avait jamais été perdue. Ce fait capital résulte surtout de l'étude des alliages destinés à imiter et à falsifier l'or, recettes d'ordre alchimique, car on y trouve aussi la prétention de le fabriquer. Les titres sont à cet égard caractéristiques : « pour augmenter l'or ; pour faire de l'or ; pour fabriquer l'or ; pour colorer (le cuivre) en or ; faire de l'or à l'épreuve ; rendre l'or plus pesant ; doublement de l'or ». Ces recettes sont remplies de mots grecs qui en trahissent l'origine.

Dans la plupart, il s'agit simplement de fabriquer de l'or à bas titre, par exemple en préparant un alliage d'or et d'argent, teinté au moyen de cuivre. Mais l'orfèvre cherchait à le faire passer pour de l'or pur. Cette fraude est d'ailleurs fréquente, même de notre temps, dans les pays où la surveillance est imparfaite. Notre or dit au 4e titre prête surtout à des fraudes dangereuses, non seulement à cause de la dose considérable de cuivre qu'il renferme, mais parce que chaque gramme de ce cuivre occupe un volume plus que double de celui de l'or qu'il remplace. Les bijoux d'or à ce titre fournissent donc double profit au fraudeur, parce que l'objet est plus pauvre en or et parce que pour un même poids il occupe un volume bien plus considérable : ce sont là les profits de l'orfèvre.

Ces fabrications d'alliages compliqués, qu'on faisait passer pour de l'or pur, étaient rendues plus faciles par l'intermédiaire du mercure et des sulfures d'arsenic, lesquels se trouvent continuellement indiqués dans les recettes des alchimistes grecs, aussi bien que dans la « Clé de la peinture ».

Il a existé ainsi toute une chimie spéciale, abandonnée aujourd'hui, mais qui jouait un grand rôle dans les pratiques et dans les prétentions des alchimistes. De notre temps même, un inventeur a pris un brevet pour un alliage de cuivre et d'antimoine, renfermant six centièmes du dernier métal, et qui offre la plupart des propriétés apparentes de l'or et se travaille à peu près de la même manière. L'or alchimique appartenait à une famille d'alliages analogues. Ceux qui le fabriquaient s'imaginaient d'ailleurs que certains agents jouaient le rôle de ferments, pour multiplier l'or et l'argent. Avant de tromper les autres, ils se faisaient illusion à eux-mêmes. Or, ces idées, cette illusion, se rencontrent également chez les Grecs et dans la « Clé de la peinture ».

Parfois l'artisan se bornait à l'emploi d'une cémentation, ou action superficielle, qui teignait en or la surface de l'argent, ou en argent la surface du cuivre, sans modifier ces métaux dans leur épaisseur. C'est ce que les orfèvres appellent encore de notre temps « donner la couleur ». Ils se bornaient même à appliquer à la surface du métal un vernis couleur d'or, préparé avec la bile des animaux, ou bien avec certaines résines, comme on le fait aussi de nos jours.

De ces colorations, le praticien, guidé par une analogie mystique, a passé à l'idée de la transmutation ; chez le pseudo-Démocrite, aussi bien que dans la « Clé de la peinture »....

La coïncidence des textes prouve donc qu'il existait des cahiers de recettes secrètes d'orfèvrerie, transmis de main en main par les gens du métier, depuis l'Égypte jusqu'à l'Occident latin, lesquels ont subsisté pendant le moyen âge, et dont la « Clé de la peinture » nous a transmis un exemplaire....

L'ensemble de ces faits mérite d'attirer notre attention, au point de vue de la suite et de la renaissance des traditions scientifiques. En effet, c'est par la pratique que les sciences débutent ; il s'agit d'abord de satisfaire aux nécessités de la vie et aux besoins artistiques, qui s'éveillent de si bonne heure dans les races civilisables. Mais cette pratique même suscite aussitôt des idées plus générales, lesquelles ont apparu d'abord dans l'humanité sous la forme mystique. Chez les Égyptiens et les Babyloniens, les mêmes personnages étaient à la fois prêtres et savants. Aussi les premières industries chimiques ont-elles été exercées d'abord autour des temples ; *le Livre du Sanctuaire, le Livre d'Hermès, le Livre de Chymès*, toutes dénominations synonymes, chez les alchimistes gréco-égyptiens, représentent les premiers manuels de ces industries. Ce sont les Grecs, comme dans toutes les autres branches scientifiques, qui ont donné à ces traités une rédaction dégagée des vieilles formes hiératiques, et qui ont essayé d'en tirer une théorie rationnelle, capable à son tour, par une action réciproque, de devancer la pratique et de lui servir de guide. Le nom de Démocrite, à tort ou à raison, est resté attaché à ces premiers essais ; ceux de Platon et d'Aristote ont aussi présidé aux tentatives de conceptions rationnelles. Mais la science chimique des Gréco-Égyptiens ne s'est jamais débarrassée, ni des erreurs relatives à la transmutation,—erreurs entretenues par la théorie de la matière première,—ni des formules religieuses et magiques, liées autrefois en Orient à toute opération industrielle.

Cependant, la culture scientifique proprement dite ayant péri en Occident avec la civilisation romaine, les besoins de la vie ont maintenu la pratique impérissable des ateliers avec les progrès acquis au temps des Grecs : et les arts chimiques ont subsisté ; tandis que les théories, trop subtiles ou trop fortes pour les esprits d'alors, tendaient à disparaître, ou plutôt à faire retour aux anciennes superstitions. Dans la « Clé de la peinture », comme dans les papyrus égyptiens et dans les textes de Zozime, il est fait mention des prières que l'on doit réciter au moment des opérations, et c'est par là que l'alchimie est restée intimement liée avec la magie, au moyen âge, aussi bien que dans l'antiquité.

Mais quand la civilisation a commencé à reparaître pendant le moyen âge latin, vers le XIIIe siècle, au sein d'une organisation nouvelle, nos races se sont reprises de nouveau au goût des idées générales, et celles-ci, dans l'ordre de la chimie, ont été ramenées par les pratiques, ou plutôt elles ont trouvé leur appui dans les problèmes permanents soulevés par celles-ci. C'est ainsi que les théories alchimiques se sont réveillées soudain, avec une vigueur et un développement nouveaux, et leur évolution progressive, en même temps qu'elle perfectionnait sans cesse l'industrie, a éliminé peu à peu les chimères et les superstitions d'autrefois. Voilà comment a été constituée en dernier lieu notre chimie moderne, science rationnelle établie sur les fondements purement expérimentaux. Ainsi, la science est née à ses débuts des pratiques industrielles ; elle a concouru à leur développement pendant le règne de la civilisation antique : quand la science a sombré avec la civilisation, la pratique a subsisté et elle fournit à la science un terrain solide, sur lequel celle-ci a pu se développer de nouveau, quand les temps et les esprits sont redevenus favorables. La connexion historique de la science et de la pratique, dans l'histoire des civilisations, est ainsi manifeste : il y a là une loi générale du développement de l'esprit humain.

M. Berthelot, dans la *Revue des Deux Mondes*,
1er septembre 1892.

CHAPITRE XIV

CIVILISATION CHRÉTIENNE ET FÉODALE (*SUITE*)

PROGRAMME. —La littérature : trouvères, troubadours. Villehardouin, Joinville. Les arts. Un château, une église romane, une église gothique. [Mœurs. Civilisation.]

BIBLIOGRAPHIE

L'*Histoire générale de la littérature du moyen âge en Occident*, par A. Ebert (trad. de l'all., Paris, 1883-1889, 3 vol. in-8°), s'arrête au commencement du XIe siècle. Il faut recourir, pour la suite, à des ouvrages spéciaux. —Pour l'**histoire de la littérature en latin**, voir un bref inventaire, le seul qui existe, par A. Gröber, dans le t. II du *Grundriss der romanischen Philologie*, Strassburg, 1893-1894, in-8°. Cf. ci-dessus, p. 155, l. 23. —Le *Grundriss der germanischen Philologie*, publ. sous la direction de H. Paul (Strassburg, 1891-1893, 2 vol. in-8°) contient un bref exposé de l'**histoire des littératures germaniques** (gothique, nordique, allemande, anglaise, etc.). —Le *Grundriss der romanischen Philologie*, publ. sous la direction de A. Gröber, en cours de publication, contiendra un exposé analogue de l'**histoire des littératures romanes** (française, provençale, catalane, espagnole, portugaise, etc.). —La meilleure **histoire de la littérature française** au moyen âge est présentement[85] celle de M. G. Paris : *La littérature française au moyen âge*,

---

[85] Une « Histoire générale de la littérature française », rédigée dans la même forme que l'*Histoire générale du IVe siècle à nos jours*, est en préparation. Elle sera publiée sous la direction de M. Petit de Julleville.

Paris, 1890, in-16, 2ᵉ éd., qui donne une bibliographie complète.⁸⁶ — Pour l'histoire de la littérature **anglaise** : J.-J. Jusserand, *Histoire littéraire du peuple anglais, des origines à la Renaissance*, Paris, 1895, in-8°. —Pour l'histoire de la littérature **allemande** : W. Scherer, *Geschichte der deutschen Litteratur*, Berlin, 1891, in-8°, 6ᵉ éd. ; A. Bossert, *La littérature allemande au moyen âge*, Paris, 1894, in-16, 3ᵉ éd. —Pour l'histoire de la littérature **italienne** : A. Gaspary, *Geschichte der italianischen Litteratur*, Berlin, 1885-1888, 2 vol. in-8° ; A. d'Ancona et O. Bacci, *Manuale della letteratura Italiana*, I, 1, Firenze, 1892, in-12. —Pour l'histoire de la littérature **en grec**, voir plus haut, ch. III.⁸⁷

L'**histoire de l'écriture** se rattache, si l'on veut, à celle de la littérature. Voir : M. Prou, *Manuel élémentaire de paléographie latine et française*, Paris, 1892, 2ᵉ éd. ;—W. Wattenbach, *Das Schriftwesen im Mittelalter*, Leipzig, 1875, in-8° ;—C. Paoli, *Programma scolastico di paleografia latina*, Firenze, 1888-1894, 2 vol. in-8°.

*
* *

Dans les *Grundriss* de A. Gröber et de H. Paul, il est traité sommairement de l'**histoire de l'art** au moyen âge. Mais on lira volontiers des livres plus développés.

Il existe de grands ouvrages originaux, somptueusement illustrés, sur l'histoire de l'art au moyen âge, dont on ne saurait recommander la lecture aux commençants, mais qu'il faut connaître, pour les consulter au besoin. Citons, entre autres : E. Viollet-le-Duc, *Dictionnaire raisonné de l'architecture française du XIᵉ au XVIᵉ siècle*, Paris, 1854-1870, 10 vol. in-8° ;—le même, *Dictionnaire raisonné du mobilier français de l'époque carlovingienne à la Renaissance*, Paris, 1865-1875, 6 vol. in-8° (meubles, ustensiles, orfèvrerie, instruments de musique, jeux, outils, vêtements,

---

⁸⁶ Quelques monographies importantes ont paru depuis 1890. Une des plus importantes est celle de J. Bédier, *Les fabliaux*, Paris, 1895, 2ᵉ éd. —Sur Villehardouin et Joinville, nommément désignés au programme, voy. G. Paris et A. Jeanroy, *Extraits des chroniqueurs français*, Paris, Hachette, 1892, in-16, et L. Petit de Julleville, *Extraits des chroniqueurs français du moyen âge*, Paris, 1895, in-18. Cf. H.-Fr. Delaborde, *Jean de Joinville et les seigneurs de Joinville*, Paris, 1894, in-8°.

⁸⁷ Il va de soi qu'il existe un très grand nombre de traités généraux sur l'histoire de chacune des littératures nationales, parmi lesquels il y en a d'excellents ; je n'indique ici que les plus commodes.

armes de guerre, etc.) :—J. Labarte, *Histoire des arts industriels au moyen âge*, Paris, 1881, 3 vol. in-4° 2ᵉ éd. ;—E. Gélis-Didot et H. Laffillée, *La peinture décorative en France du XIᵉ au XIVᵉ siècle*, Paris, s. d., in-fol. ;—F. de Lasteyrie, *Histoire de la peinture sur verre d'après les monuments en France*, Paris, 1860, 2 vol. in-fol. ;—H. Révoil, *L'architecture romane dans le midi de la France*, Paris, 1873, 3 vol. in-fol. ;—V. Ruprich-Robert, *L'architecture normande aux XIᵉ et XIIᵉ siècles, en Normandie et en Angleterre*, Paris, s. d., 2 vol. in-fol. ;—A. de Baudot, *La sculpture française au moyen âge...*, Paris, 1878-1884, in-fol. ;—G. Dehio et G. v. Bezold, *Die kirchliche Baukunst des Abendlandes*, Stuttgart, I, 1889-1892, in-8° ;—*Catalogue de la collection Spitzer*, Paris, 1890-1894, 6 vol. in-fol. —De moindre dimension, mais encore très importantes, sont les monographies de T. Hudson Turner (*Some account of domestic architecture in England from the Conquest to the end of the XIIᵗʰ century*, London, 1877, in-8°) ;—de R. Cattanec (*L'architettura in Italia dal secolo vi al mille circa*, Venezia, 1888, in-8° ; tr. fr., Venise, 1890, in-8°) ;—de C. Enlart (*Origines françaises de l'architecture gothique en Italie*, Paris, 1894, in-8°) ;—de W. Vöge, *Die Anfänge des monumentalen Stiles im Mittelalter*, Strassburg, 1894, in-8° ;—etc. —Principales monographies sur l'**architecture militaire** : P. Salvisberg, *Die deutsche Kriegs-Architektur von der Urzeit bis auf die Renaissance*, Stuttgart, 1887, in-8° ;—G. T. Clark, *Mediæval military architecture in England*, London, 1884, 2 vol. in-8°. Cf. ci-dessus, p. 276.

Sur la survivance des traditions de l'art antique pendant le moyen âge : E. Müntz, *La tradition antique au moyen âge* (d'après le livre de A. Springer), dans le *Journal des Savants*, 1887 et 1888.

Nous recommandons surtout la lecture des bons livres de haute vulgarisation, qui n'offrent pas, en général, comme quelques-uns des ouvrages originaux qui précèdent, le danger d'être systématiques. Il y en a d'excellents. Sans parler des Manuels généraux d'histoire de l'art (Ch. Bayet, *Manuel d'histoire de l'art*, Paris, 1886, in-8° ;—W. Lübke, *Grundriss der Kunstgeschichte*, Stuttgart, 1892, in-8°, 11ᵉ éd. ; tr. fr. d'après la 9ᵉ éd., Paris, 1886-1887, in-8° ;—R. Rosières, *L'évolution de l'architecture en France*, Paris, 1894, in-12), où l'histoire de l'art du moyen âge a sa place, consulter : H. Otto, *Handbuch der kirchlichen Kunst-Archæologie des deutschen Mittelalters*, Leipzig, 1883-1884, 5ᵉ éd. ;—Ch. H. Moore, *Development and character of gothic architecture*, London, 1890, in-8° ;—L. Gonse, *L'art gothique*, Paris, 1891, in-4° ;—J. Quicherat, *Histoire du costume en France*,

Paris, 1876, in-4° ;—E. Molinier, *L'émaillerie* (Bibliothèque des Merveilles). —Dans la « Collection pour l'enseignement des Beaux-Arts » figurent deux volumes de M. Corroyer (*L'architecture romane, L'architecture gothique*), dont les conclusions sont très contestables. —Le livre de A. Lecoy de la Marche, *Le treizième siècle artistique* (Lille, 1891, in-8°), est superficiel. —L'*Abécédaire d'archéologie* de M. de Caumont (Caen, 1869-1870, 3 vol. in-8°) a été longtemps classique, et, comme Manuel élémentaire d'archéologie médiévale, il n'a pas encore été remplacé. — Il existe un grand nombre de bons traités généraux d'**iconographie**. Le plus récent est celui de H. Detzel, *Christliche Ikonographie, ein Handbuch zum Verstandniss der christlichen Kunst*, I, Freiburg i. Br., 1894, in-8°. —Un recueil de reproductions de monuments figurés, commode pour l'enseignement élémentaire, peu coûteux, est celui de Seeman, *Kunsthistorische Bilderbogen. Die Kunst des Mittelalters*, Leipzig, 1886.

* * *

Les *Grundriss* de A. Gröber et de H. Paul contiennent des chapitres consacrés à l'**histoire des mœurs et de la « civilisation »** (*Kulturgeschichte*) chez les peuples romans et germaniques au moyen âge. —Les études relatives à l'histoire de la « civilisation » se sont notablement développées depuis quelques années, surtout en Allemagne et en Italie.

Il existe des histoires générales de la civilisation (la meilleure est celle de M. Ch. Seignobos) et des histoires générales de la civilisation en France (A. Rambaud, *Histoire de la civilisation française*, Paris, 1893, 5ᵉ éd.), en Allemagne (O. Benne am Rhyn, *Kulturgeschichte des deutschen Volkes*, Berlin, 1895, in-8°, 2ᵉ éd.), en Angleterre (H. D. Traill, *Social England*, précité), où le moyen âge a une place. Mais il existe aussi des **histoires générales de la civilisation au moyen âge**. Prématurées, elles sont provisoires ; il faut s'en servir avec précaution : G. B. Adams, *Civilisation during the middle ages*, New-York, 1894, in-8° ;—G. Grupp, *Kulturgeschichte des Mittelalters*, Stuttgart, 1894-1895, 2 vol. in-8°. —Pour l'histoire de la civilisation **en France** au moyen âge, sans parler de la célèbre *Histoire de la civilisation en France* de Guizot, écrite à un autre point de vue : P. Lacroix, *Les arts, les mœurs, les usages, la vie militaire et religieuse, les sciences et les lettres au moyen âge*, Paris, 1868-1876, 4 vol. in-4° ;

ce médiocre ouvrage a eu beaucoup de succès ; il a été récemment adapté en allemand par R. Kleinpaul, sous ce titre : *Das Mittelalter* ;—R. Rosières, *Histoire de la société française au moyen âge*, Paris, 1884, 2 vol. in-8°, 3ᵉ éd. (Original, peu sûr) ;—**en Allemagne** : Fr. v. Löher, *Kulturgeschichte der Deutschen im Mittelalter* ; München, 1891-1892, 2 vol. in-8° ;—**en Suède** : H. Hildebrand, *Sveriges Medeltid. Kulturhistorisk Skildring*, Stockholm, 1894, in-8°. —L'ouvrage de M. A. Dredsner sur l'**Italie** est plus spécial : *Kultur-und Sittengeschichte der italianischen Geistlichkeit im 10 u. 11 Jahrhundert*, Breslau, 1890, in-8°.

C'est aux **monographies** qu'il faut recourir. Nous n'en citerons qu'un petit nombre, choisies parmi les plus lisibles. —Lire, **en allemand** : K. Weinhold, *Die deutschen Frauen in dem Mittelalter*, Wien, 1882, 2 vol. in-8°, 2ᵉ éd. ;—L. Kotelmann, *Gesundheitspflege im Mittelalter. Kulturgeschichtliche Studien, nach Predigten*, Hamburg, 1890, in-8° ;—A. Schultz, *Das höfische Leben*, Leipzig, 1889, 2 vol. in-8°, 2ᵉ éd. —**En italien** : A. Graf, *Miti, leggende e superstizioni del medio evo*, Torino, 1892-1895, 2 vol. in-8° ;—D. Merlini, *Saggio di ricerche sulla satira contra il villano*, Torino, 1894, in-16. — **En anglais** : H. C. Lea, *Superstition and force*, Philadelphia, 1892, in-8°, 4ᵉ éd. (Excellent.). —**En français** : Ch.-V. Langlois, *La société du moyen âge d'après les fableaux*, dans la *Revue politique et littéraire*, août-sept. 1891 ;—A. Lecoy de la Marche, *La chaire française au moyen âge, spécialement au XIIIe siècle*, Paris, 1886, in-8° 2ᵉ éd. ;—le même, *La société au XIIIe siècle*, Paris, 1880, in-12 ;—E. Sayous, *La France de saint Louis d'après la poésie nationale*, Paris, 1866, in-8° ;—E. Berger, *Thomæ Cantipratensis* (Thomas de Cantimpré) *« Bonum universale de apibus » quid illustrandis sæc. XIII moribus conferat*, Paris, 1895, in-8° ;—G. Paris, *Les cours d'amour du moyen âge* (d'après le livre, en danois, de E. Trojel) dans le *Journal des Savants*, 1888 ;—U. Robert, *Les signes d'infamie au moyen âge*, Paris, 1891, in-12.

L'**histoire de l'art militaire et de la tactique** a été fort étudiée. Les principaux ouvrages sont ceux de E. Boutaric (*Institutions militaires de la France*, Paris, 1863, in-8°), de H. Delpech (*La tactique militaire au XIIIe siècle*, Paris, 1885, 2 vol. in-8°) et de M. le général Koehler, *Geschichte des Kriegswesens in der Ritterzeit*, I, Leipzig, 1886, in-8°. —Consulter au surplus la Bibliographie spéciale de J. Pohler, *Bibliotheca historico-militaris*, Cassel, 1887 et s., 3 vol. in-8°.

L'**histoire du droit privé** est une province particulière de l'histoire de la civilisation où la science est aujourd'hui fort avancée. Il y a beaucoup de Manuels, pourvus d'une abondante bibliographie, dont quelques-uns sont des chefs-d'œuvre, pour l'**histoire du droit ecclésiastique** (R. Sohm. *Kirchenrecht*, I, Leipzig, 1892, in-8° ;—Ph. Zorn, *Lehrbuch des Kirchenrechts*, Stuttgart, 1888, in-8° ;—E. Löning, *Geschichte des deutschen Kirchenrechts*, Strassburg, 1878, 2 vol. in-8° ;—etc.) ;—pour l'histoire du droit **allemand** (A. Brunner, *Deutsche Rechtsgeschichte*, Leipzig, 1887-1892, 2 vol. in-8° ;—R. Schröder, *Lehrbuch der deutschen Rechtsgeschichte*, Leipzig. 1893, in-8°, 2ᵉ éd.) ;—pour l'histoire du droit **anglais** (Fr. Pollock et F. W. Maitland, *The history of English law before the time of Edward I*, Cambridge, 1895, 2 vol. in-8°) ;—pour l'histoire du droit **français** (A. Esmein, *Cours élémentaire d'histoire du droit français*, Paris, 1895, in-8°, 2ᵉ éd. ;—P. Viollet, *Précis de l'histoire du droit français*, Paris, 1893, 2ᵉ éd.).

I—LA LITTÉRATURE FRANÇAISE EN EUROPE AU XIIᴱ SIÈCLE

Le domaine littéraire de la France s'étendait, au XIIᵉ siècle, bien au-delà des limites du royaume, et, sans parler des provinces limitrophes dont l'histoire se rattache naturellement à la nôtre, notre langue et notre poésie, à la suite de nos armes, avaient conquis en Europe et même au-delà de vastes possessions.

Un jongleur, d'après une miniature.

La plus belle et la plus importante pour l'histoire littéraire, c'est l'Angleterre. Pendant tout le XIIᵉ siècle, la littérature de l'Angleterre a été la littérature française. Non seulement nos anciens poèmes furent aussi répandus que chez nous dans le pays que les Normands avaient conquis en chantant la chanson de Roland, mais la littérature sérieuse et la poésie courtoise y déployèrent une floraison brillante. J'ai déjà parlé de l'influence considérable exercée par les rois anglais sur les écrivains et les trouveurs de Normandie, de Touraine et d'Anjou ; ils en appelèrent plus d'un auprès d'eux, et bientôt sous leur protection et celle de leurs barons se formaient en Angleterre même des *romanceurs* habiles et nombreux. C'est même en Angleterre que nous trouvons les plus anciennes dates pour l'existence de cette littérature qui s'efforça de vulgariser l'instruction la plus diverse. La reine Aélis de Louvain (1121-1135) apporta sans doute de Brabant à la cour du roi Henri Ier le goût des lettres françaises : dès son couronnement, nous voyons le clerc Benoît mettre pour elle en vers français la vie de saint Brandan, curieuse légende sortie de l'imagination celtique et qu'elle voulut connaître comme un produit de sa nouvelle patrie. C'est en son honneur que Philippe de Thaon, déjà auteur d'un *Comput* rimé, a composé son *Bestiaire*. Devenue veuve, elle fit écrire par un poète appelé David, dont l'œuvre est malheureusement perdue, une longue histoire du mari qu'elle pleurait, en forme de chanson de geste. Sous le règne court et agité d'Étienne, nous devons surtout mentionner la grande histoire des rois anglais de Geoffroi Gaimar, dont les poèmes historiques de Wace devaient faire oublier le succès. Mais c'est le règne de Henri II qui fût l'âge d'or des lettres françaises en Angleterre. Ce prince, qui joignait aux talents d'un politique habile et d'un grand roi les qualités les plus brillantes de l'esprit, donna à sa cour un éclat inouï, où la splendeur matérielle était rehaussée par la recherche des plaisirs plus délicats de l'esprit. Il joignait à l'amour de la poésie de pure imagination la curiosité de l'esprit et le goût de l'étude ; seulement il était lettré et n'avait pas besoin de se faire lire les livres français et traduire les livres des clercs. Aussi son influence s'exerça-t-elle surtout sur la poésie, dans laquelle il appréciait avant tout les qualités de correction et d'élégance. « J'ai l'avantage, disait Benoît de Sainte-More, de travailler pour un roi qui sait mieux que personne distinguer et apprécier un ouvrage bien fait, bien composé et bien écrit. » Les poètes français les plus distingués, Garnier de Pont-Sainte-Maxence, Marie de France, peut-être Chrétien, venaient en Angleterre écrire ou publier leurs ouvrages ; à côté d'eux, des Anglais, comme Thomas, Simon de Fresne, Huon de Rotelande, Jordan Fantôme, d'autres encore, commençaient cette littérature anglo-normande qui devait durer au siècle suivant et ne mourir qu'après avoir suscité et fécondé la véritable littérature anglaise. À côté des romans de la Table Ronde, où les traditions celtiques, plus ou moins altérées, reçurent la forme romane, une mention spéciale est due aux poèmes intéressants composés en Angleterre, dans lesquels la poésie et l'histoire des Anglo-Saxons ont passé en vers français et ont ainsi été arrachées à l'oubli. J'ai parlé déjà de Geoffroi Gaimar, qui travaillait sur des sources en partie saxonnes ; la poésie est représentée par les beaux romans de *Horn*, d'*Aerolf*, de *Havelok*, de *Waldef*. Les Normands d'Angleterre jouèrent entre les Bretons et Saxons insulaires et le reste de l'Europe, par l'intermédiaire de la langue française, un rôle d'interprètes qui, dans l'histoire comparée des littératures, a une importance capitale.

Ce n'était pas seulement en Angleterre que les Français avaient porté leur langue avec leur puissance. Le sud de l'Italie et la Sicile avaient aussi pour rois des Normands, et là aussi la littérature française retrouva une patrie. Les descendants de Tancré de Hauteville aimèrent les plaisirs de l'esprit comme les descendants de Guillaume le Bâtard ; l'un d'eux, Guillaume le Bon, gendre de Henri II d'Angleterre, était lettré comme lui et réunissait également une cour brillante. Le sort qui nous a conservé l'ensemble de la littérature anglo-normande nous a ravi en majeure partie celle des Normands d'Italie ; cependant on peut leur attribuer avec certitude une grande part dans le cycle épique de Guillaume « au court nez », et nous avons gardé quelques traductions de livres historiques faites chez eux, un peu après notre période, dans un dialecte fortement italianisé. La poésie lyrique, qui brilla peu en Angleterre, paraît au contraire avoir fleuri en Sicile, et elle y détermina peut-être, au XIIIe siècle, autant que la poésie provençale, l'éclosion de la poésie italienne.

Plus à l'Orient, en Grèce, c'est le siècle suivant qui devait fonder une France nouvelle, malheureusement peu durable ; mais le XIIe siècle en s'ouvrant trouvait déjà en Palestine le royaume français de Jérusalem. Là aussi notre littérature fut non seulement goûtée, mais cultivée ; sans parler des textes juridiques si importants qui contiennent, dans une admirable langue, le code de la féodalité, c'est là qu'ont été sans doute traduits plusieurs des longs ouvrages historiques qui y avaient été écrits en latin ; c'est là enfin que la chute du royaume de Jérusalem en 1189 donna lieu aux plus anciens récits d'événements contemporains qui aient été écrits en prose française.

Un autre établissement français hors de nos limites, le royaume de Portugal, fondé en 1095 par le prince Henri de Bourgogne, a été trop promptement et trop complètement séparé de la France pour qu'au XIIe siècle notre littérature put y prendre pied ; d'ailleurs les Français étaient là en petit nombre, et ils adoptèrent rapidement la langue du peuple portugais dans lequel ils se fondirent ; mais il est probable que cette origine française des rois et grands seigneurs ne fut pas sans influence sur les commencements de la poésie lyrique portugaise, évidemment imitée de celle des trouveurs et des troubadours.

C'est, en effet, au-delà du pays de sa naissance, au-delà des contrées où les Français s'étaient établis, un troisième domaine de la littérature française au XIIe siècle que lui forment les pays où elle a été goûtée, admirée et imitée. Il faudrait écrire plus d'un volume si on voulait énumérer en détail les preuves du succès inouï de notre poésie en Europe à cette époque ; je m'y astreindrai d'autant moins que beaucoup des imitations étrangères sont sensiblement postérieures à leurs originaux ; je ne veux que vous donner une idée générale de cette vaste littérature, dont le fond est français, dont la forme est provençale, espagnole, italienne, grecque, allemande, hollandaise, anglaise, scandinave, et qui constitue autour du foyer que je viens de vous décrire un rayonnement incomparable.

Nous avons vu plus haut que, tandis que la littérature française dépassait de beaucoup en divers sens les limites du royaume de France, elle ne les remplissait pas dans le royaume même. Les provinces du Midi avaient une langue et une littérature à elles, qui s'étaient développées dans des conditions et avec des caractères assez différents. C'est donc, à vrai dire, la première action de notre littérature sur une littérature étrangère que celle qu'elle exerça sur la poésie des troubadours. Elle lui emprunta, vers le milieu du XIIe siècle, les formes et l'esprit de sa poésie lyrique, mais, elle lui imposa en revanche sa riche littérature épique. Les Provençaux avaient eu sans doute, eux aussi, une épopée nationale, mais elle était tombée, chez eux, sauf de rares exceptions, dans un oubli rapide, et ce sont nos poèmes dont les troubadours se nourrissaient et auxquels ils font de fréquentes allusions. Ils en vinrent à les traduire, comme dans *Ferabras*, ou à les imiter, comme dans *Jaufre*. Au commencement du XIIIe siècle, un habile troubadour, qui donnait à ses compatriotes une sorte de grammaire poétique, revendiquait pour la langue d'oc la suprématie dans les chansons proprement dites, mais reconnaissait en même temps que la parlure de France valait mieux et était plus avenante pour composer des romans, c'est-à-dire des poèmes narratifs.

Aussi les autres nations romanes ont-elles en général subi l'influence des troubadours pour la poésie lyrique, des trouveurs pour la poésie épique. Les *cancioneros* composés aux XIIIe et XIVe siècles dans les cours brillantes de la Castille et du Portugal sont des imitations des *cansons* provençales ; mais nos chansons de geste ont suscité les *cantares de gesta* espagnols et, entre autres, le poème du Cid, de même que nos romans d'aventure ont été traduits ou imités dans les divers idiomes de la péninsule ibérique et ont fini par aboutir aux deux grands romans qui terminent le moyen âge, le *Tiran le Blanc* catalan et l'*Amadis* portugais, puis castillan. Il en fut de même en Italie. Dante, dans son opuscule sur le langage vulgaire, reconnaît que la langue d'oc a fourni le modèle de la poésie lyrique, tandis qu'à la langue d'oïl appartient toute la poésie narrative. Et ce qu'il dit est confirmé chaque jour d'une manière plus éclatante par les recherches modernes. Si les prédécesseurs de Pétrarque et de Dante, si ces poètes eux-mêmes sont des disciples des troubadours, toute l'épopée italienne descend de la nôtre, par voie de traduction ou d'imitation, et le *Roland amoureux* du Bojardo, père du *Roland furieux*, n'est autre chose que la fusion des deux grands courants de notre poésie épique, du cycle de Charlemagne et du cycle d'Arthur, de la matière de Bretagne et de la matière de France. Par un phénomène plus étrange encore, le français faillit, au XIIIe siècle, devenir la langue littéraire de l'Italie : pendant que le Pisan Rusticien, les Vénitiens Marc Pol et Martin de Canale, le Florentin Brunet Latin l'employaient de préférence à leurs idiomes respectifs, des chanteurs populaires amassaient le peuple autour d'eux, dans les rues et sur les places des villes lombardes, vénitiennes et romagnoles, en lui chantant des histoires *en la langue de France*, comme dit l'un d'eux. Grâce au génie de Dante, l'Italie trouva moyen de sortir de l'anarchie des dialectes locaux et de se créer une langue littéraire admirable ; mais ce curieux phénomène atteste d'une manière éclatante la puissance de notre vieille littérature.

Ce ne furent pas seulement les nations romanes qui devinrent pour ainsi dire des succursales de la grande école française. Je ne mentionne que pour mémoire les imitations grecques de nos romans de la Table Ronde ; mais la magnifique littérature poétique de l'Allemagne, à la fin du XIIe et au commencement du XIIIe siècle, n'est que le reflet de la nôtre. Les *Minnesinger* ont transporté dans leur langue les formes et l'esprit de la poésie lyrique française, fille elle-même de la provençale ; il faut se hâter d'ajouter que, sous leurs mains, surtout celles de Walther de la Vogelweide, le plus grand poète de l'Allemagne ancienne, cette poésie s'est développée avec une originalité, une grâce et une profondeur sans égales chez nous. Nos chansons de geste ont été traduites ou imitées sans relâche en Allemagne et dans les Pays-Bas, ainsi que nos poèmes du cycle breton, pendant toute cette période que les historiens de la littérature allemande qualifient de classique : Lambrecht, Conrad, Henri de Veldeke, Herbert de Fritzlar, Hartmann d'Aue, Gotfrid de Strasbourg, Wolfram d'Eschenbach, Ulrich de Zazikhoven, Wirnt de Gravenberg, Conrad de Wurzbourg et bien d'autres sont les imitateurs plus ou moins fidèles des Albéric, des Turold, des Chrétien de Troies, des Benoît de Sainte-More, des Guillaume de Bapaume, des Renaud de Beaujeu. On peut dire qu'il y avait alors, à côté de la littérature française en français, une littérature française en allemand et une autre en néerlandais.

Il y en avait bien une en norvégien. Oui, cette terre lointaine d'où étaient parties, aux temps carolingiens, les désolantes incursions normandes, cette patrie des vieux chants mythiques de l'Edda, chrétienne maintenant et civilisée, accueillait avec transport et traduisait avec zèle nos chansons de geste, nos romans, nos *lais*. Nous retrouvons avec surprise, dans des versions qui, pour la plupart, sont antérieures au milieu du XIIIe siècle, une bonne partie du cycle de Charlemagne, et Tristan, et Érec, et Ivain, et les charmants récits de Marie de France. J'ai parlé plus haut de la littérature anglaise ; la langue celtique elle-même reproduisit, dans des traductions qu'on commence à peine à connaître, nos poèmes carolingiens et plusieurs autres des productions de notre XIIe siècle. Si vous parcourez encore aujourd'hui les librairies populaires de l'Espagne, de l'Italie, de l'Allemagne, de la Hollande, du Danemark, de l'Islande même, vous trouverez partout, imprimés en gros caractères sur papier gris, les livres qui composent notre bibliothèque bleue, dernier asile, chez nous aussi, de la littérature du XIIe siècle. Quelle sève extraordinaire y avait-il donc dans cette végétation littéraire de la vieille France pour que sa vitalité ne soit pas encore éteinte dans les nombreux rejetons qu'elle a lancés de toutes parts !

Partout d'ailleurs où la littérature française a été implantée, elle a suscité ou fécondé la littérature nationale. On peut comparer notre ancienne poésie à ces arbres étonnants qui croissent dans l'Inde, et dont les rameaux, recourbés au loin, atteignent la terre, s'y enracinent et deviennent des arbres à leur tour. Comme un figuier des Banyans produit une forêt, ainsi la poésie française a vu peu à peu l'Europe chrétienne se couvrir autour d'elle d'une merveilleuse frondaison : la souche première était cette grande littérature du XIIe siècle dont nous devrions être si fiers et que nous connaissons si peu....

G. Paris, *La poésie du moyen âge*, 2e série, Paris, Hachette, 1895, in-16.

II — LA BIBLE FRANÇAISE AU MOYEN ÂGE

Les origines de la Bible française remontent, pour le moins, aux premières années du XIIe siècle. Ce fut sans doute aux environs de l'an 1100, dans quelque abbaye normande du sud de l'Angleterre, que des disciples de Lanfranc traduisirent le Psautier dans leur langue, alors fort peu différente de celle qui était parlée dans l'Ile-de-France. Ils en firent même une double version, répondant à deux des textes latins sous la forme desquels circulait alors le Psautier. C'est la glose écrite entre les lignes du *Psautier gallican* (on appelait ainsi l'ancien texte latin, corrigé par saint Jérôme à l'aide du grec des Septante) qui est devenue le Psautier français du moyen âge. Telle fut la popularité de cette antique version normande que, jusqu'à la Réforme, il ne s'est pas trouvé un homme pour traduire à nouveau les Psaumes en français.

Cinquante ans après le Psautier, l'Apocalypse était à son tour traduite en français dans les États normands. Cette traduction, dont le seul mérite est d'avoir servi de texte à des illustrations admirables, s'est perpétuée à travers tout le moyen âge sous le couvert de la Bible du XIIIe siècle. En même temps, dans l'Ile-de-France ou en Normandie, un homme de goût composait cette poétique traduction des quatre livres des Rois, qui est un des plus beaux monuments de notre ancienne langue.

Un peu plus tard, vers l'an 1170, le chef des « pauvres de Lyon », Pierre Valdus, entreprit de faire traduire des extraits de la Bible pour les gens simples et ignorants. Il n'était pas le seul qui fût occupé de cette pensée. Des bords du Rhône aux bouches de la Meuse, on s'appliquait de toutes parts à la traduction de la Bible. Les persécutions ordonnées par Innocent III mirent fin à ce mouvement, dont quelques fragments de traduction, échappés aux inquisiteurs de Metz ou de Liège, nous ont seuls conservé le souvenir.

Il appartenait au règne de saint Louis de donner à notre pays une Bible française complète. C'est dans l'Université de Paris que fut faite, peu avant l'an 1250, la version française par excellence des Livres saints. Je ne veux pas dire que l'Université ait pris une part officielle à cette œuvre de traduction ; mais c'est dans les ateliers des libraires qui en étaient citoyens, sur un texte latin corrigé par ses maîtres, que la Bible a été, pour la première fois, traduite en entier en français. Cette version parisienne acquit bientôt une telle faveur qu'il fut dès lors impossible d'en faire accepter une autre. D'autre part, elle s'était, dès les premières années du XIVe siècle, étroitement unie à l'intéressante Histoire sainte de Guyart Desmoulins, si bien que la *Bible historiale* qui circule sous le nom du chanoine picard n'est, en réalité, pour les deux tiers, qu'un simple extrait de la version parisienne.

Ainsi complétée, la *Bible historiale* a joui, pendant le XIVe et le XVe siècle, d'un succès sans égal. Il n'est presque pas un château de grande famille, en France et dans les pays voisins, où n'ait figuré quelqu'un de ces précieux manuscrits, qu'enrichissaient des miniatures de toute beauté. Mais il est peu probable qu'un seul de ces splendides volumes ait jamais pénétré jusqu'au peuple ou jusqu'au bas clergé. Aussi, depuis que la Bible française était devenue un objet de luxe, l'Église cessa-t-elle de s'en émouvoir, le peuple n'ayant plus le moyen de la lire.

Les rois et les reines de France, les princes et les princesses du sang royal ont, depuis l'avènement des Valois, porté à la traduction de la bible le plus vif intérêt. Le roi Jean en avait fait entreprendre à grands frais une traduction qui promettait d'être excellente. La bataille de Poitiers interrompit cette œuvre. Charles V demanda à Raoul de Presles une version nouvelle ; mais le traducteur du roi a imité l'ancienne Bible française sans l'améliorer. Jusqu'à Charles VIII et à François Ier, jusqu'à Anne de Bretagne et à Marguerite d'Angoulême, la traduction de la Bible n'a pas cessé d'être à cœur à la famille royale ; mais, au XIVe et au XVe siècle, il y avait si loin des princes au peuple, la religion de la cour était si étrangère à la piété des simples gens, que jamais peut-être le peuple n'a plus profondément ignoré la Bible. C'était sans doute uniquement par les vitraux des églises et par les sermons des moines qu'il apprenait à la connaître.

Il en fut ainsi jusqu'à la Réforme. Il appartenait à Le Fèvre d'Étaples et à Robert Olivetan de mettre, dans une version plus exacte, la Bible entre les mains du peuple entier.

S. Berger, La Bible française au moyen âge, Paris, 1884, p. I.[88]

III — L'OGIVE

Ogive, d'après l'usage actuel, désigne la forme brisée des arcs employés dans l'architecture gothique. Ainsi, lorsqu'on dit : porte en ogive, fenêtre en ogive, arcade en ogive, cela signifie que telle baie de porte, de fenêtre, d'arcade a pour couronnement deux courbes opposées qui se coupent sous un angle plus ou moins aigu. Est-ce ainsi que l'entendaient les anciens ?

M. de Verneilh, étudiant le *Traité d'architecture* de Philibert Delorme, conçut des doutes à ce sujet. Il vit l'illustre maître de la Renaissance n'employer le mot ogive que dans la locution *croisée d'ogives*, qui signifie chez lui les arcs en croix placés diagonalement dans les voûtes gothiques. Ce fut pour M. de Verneilh l'occasion de consulter les auteurs subséquents. Sa surprise ne fut pas petite de les trouver tous d'accord avec Philibert Delorme. Jusqu'à la fin du siècle dernier, les théoriciens aussi bien que les glossateurs n'ont entendu par *ogives* ou *augives* que les nervures diagonales des voûtes du moyen âge. Pour trouver des *fenêtres ogives*, il faut descendre jusqu'à Millin, qui lui-même, dans son *Dictionnaire des arts*, ne laisse pas cependant que d'admettre la définition de ses devanciers, de sorte que c'est d'une inadvertance de Millin que le sens nouveau d'ogive paraît être issu. La fortune du mot ainsi dénaturé ne tarda pas à croître en même temps que le goût pour les choses du moyen âge.

---

[88] M. Samuel Berger a bien voulu revoir et récrire ce morceau pour notre Recueil. Nous l'en remercions vivement.

M. de Verneilh n'avait cependant rien allégué de bien positif pour l'époque antérieure à Philibert Delorme. M. Lassus éclaira cette partie de la question en produisant des textes du XIVe et même du XIIIe siècle, d'où il ressort que si les auteurs postérieurs à la Renaissance avaient appelé ogive une partie de la membrure des anciennes voûtes, ils n'avaient fait en cela que continuer la tradition des hommes du moyen âge. Il fit plus, il constata que l'avant-dernière édition du *Dictionnaire de l'Académie*, publiée en 1814, ne définissait encore l'ogive que comme « un arceau en forme d'arête qui passe en dedans d'une voûte d'un angle à l'angle opposé », et que c'est seulement dans la réimpression de 1835 qu'à cette définition fut ajoutée pour la première fois la nouvelle : « Il est aussi adjectif des deux genres et se dit de toute arcade, voûte, etc., qui, étant plus élevée que le plein cintre, se termine en pointe, en angle : voûte ogive, arc ogive, etc. »

Voilà où en est la démonstration de l'erreur actuelle au sujet du mot ogive. Je regarde cette démonstration comme complète. Mais l'habitude est si grande d'appeler ogives les arcs brisés, les esprits y sont faits déjà de si longue main, que je ne me dissimule pas ce qu'il y a de téméraire à la vouloir proscrire. Manquât-on d'autre raison, on aurait toujours pour soi l'adage : *Usus quem penes est arbitrium et jus et norma loquendi*. Tel était le sentiment de M. de Verneilh, et volontiers je m'y associerais, si le nouveau sens donné à « ogive » ne constituait qu'une bévue ; mais, par une fatalité rare, il arrive que cette méprise introduit dans la science une anomalie par-dessus de la confusion.

Nef de la cathédrale d'Amiens.

L'ogive est un arc ; transporter son nom aux autres arcs des monuments gothiques, c'est donner à entendre qu'il existe entre lui et eux un rapport quelconque. Ce rapport, nous le savons, ne peut pas être un rapport de fonction, puisque l'ogive est un support aérien sur lequel repose la voûte, tandis que les autres arcs sont des artifices pour fermer les évidements pratiqués dans la masse de la construction. Le rapport sera donc de forme. Or il arrive que dans l'architecture gothique, lorsque tous les arcs sont de forme aiguë, les ogives seules sont en plein cintre. Ainsi, pour distinguer les arcs brisés de l'architecture gothique des arcs en plein cintre usités dans le système d'architecture antérieur au gothique, nous appelons ces arcs des ogives ; et voilà que les vraies ogives sont précisément des arcs auxquels les constructeurs gothiques ont donné la forme de plein cintre.

Du moment qu'une impropriété de termes a pour conséquence de nous conduire d'une manière si complète au paralogisme, ma conclusion est qu'il faut se départir d'une habitude vicieuse, revenir à l'usage d'il y a soixante ans, appeler ogives les nervures transversales des voûtes gothiques, et arcs brisés ou gothiques les arcs en pointe qu'on a trop longtemps gratifiés du nom d'ogives.

Mais, dira-t-on, si nous renonçons au nouveau sens d'*ogive*, que deviendront notre art ogival, notre architecture ogivale ? Avant de s'inquiéter de ce que deviendront ces choses-là, voyons ce qu'elles sont aujourd'hui, ce qu'elles étaient hier.

Après s'être trompé d'une manière si complète sur le sens et sur l'application du mot « ogive », on a fait de l'ogive, prise pour équivalent d'arc brisé, le caractère distinctif d'un système d'architecture. On s'est dit : « Tous les édifices qu'on a appelés gothiques jusqu'à présent portent improprement ce nom, puisqu'ils ne sont ni de l'ouvrage, ni de l'invention des Goths. Cherchons dans la considération de leur architecture un vocable qui leur convienne mieux. Cette architecture n'admet point d'autres baies ni d'autres arcades que des baies ou des arcades en ogive : appelons-la ogivale, par opposition à l'architecture romane ou en plein cintre qui l'a précédée. »

Rien de plus séduisant que la doctrine qui fait résider la différence du roman et du gothique dans la forme des baies. Il vous suffit de savoir que le plein cintre règne dans l'une, tandis que les arcs brisés sont le partage de l'autre, et vous voilà en état de prononcer sur l'âge des monuments. Que si vous trouvez à la fois, dans un même édifice, l'arc brisé et le plein cintre, vous avez, pour classer cet édifice, le genre intermédiaire *romano-ogival* ou *ogival-roman*, qui participe au caractère des deux architectures, n'étant que la transition de l'une à l'autre, la pratique des constructeurs romans qui commençaient à créer le système ogival en introduisant çà et là des arcs brisés dans leur ouvrage. Telle est dans sa simplicité la doctrine professée aujourd'hui.

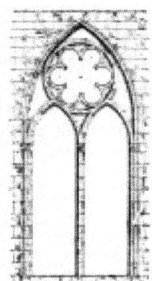 

Arc brisé et arc en plein cintre.

On la professe universellement, mais il s'en faut qu'à l'user on la trouve telle qu'elle justifie le respect qu'on lui porte. Je commence par arrêter mes yeux sur le midi de la France. Là, dans toute la circonscription de l'ancienne Provence, existent des églises d'un aspect tellement séculaire, tellement peu gothique, que la tradition s'obstine encore à faire de la plupart des temples romains appropriés aux besoins du christianisme. Toutes cependant offrent l'emploi de l'arc brisé à leurs voûtes, et plusieurs aux arcades de leur grande nef. De cette catégorie sont la cathédrale abandonnée de Vaison, celles d'Avignon, de Cavaillon, de Fréjus ; la paroisse de Notre-Dame à Arles, les églises de Pernes, du Thor, de Sénanque, etc., etc. Et il n'y a pas à dire que dans ces édifices les brisures annoncent une tendance au gothique. Les produits visiblement plus modernes de la même école, comme par exemple la grande église de Saint-Paul-Trois-Châteaux, se distinguent par la substitution du plein cintre à l'arc brisé. Si, remontant le Rhône, je me transporte dans les limites de l'antique royaume de Bourgogne, je vois se dérouler depuis Vienne jusqu'au coude de la Loire et jusqu'aux Vosges une autre famille d'églises romanes qui admettent invariablement la brisure à leur voûte et à leurs grandes arcades intérieures. La somptueuse basilique de Cluny était le type de ces monuments dont il reste encore des échantillons à Lyon (Saint-Martin d'Ainay), à Grenoble (vieilles parties de la cathédrale), à Autun (Saint-Ladre), à Paray-le-Monial (église du Prieuré), à Mâcon (ruines de Saint-Vincent), à Beaune (Notre-Dame), à Dijon (Saint-Philibert), à la Charité-sur-Loire, etc., etc. La date de toutes ces églises se place entre 1070 et 1130.

En Auvergne, où le roman du XIIe siècle offre constamment le plein cintre, je trouve qu'on s'est servi au XIe d'arcs brisés. Ce sont de tels arcs qui relient les supports et qui déterminent la voûte de Saint-Amable de Riom, édifice dont les grossières sculptures attestent une antiquité que ne surpasse celle d'aucune autre construction de la même province.

En Languedoc, la cathédrale ruinée de Maguelone nous offre l'arc brisé dans ses plus anciennes parties qui sont du XIe siècle ; et à l'extrémité opposée du pays, sur la frontière de l'Aquitaine, vous trouvez les arcs brisés du cloître de Moissac qui portent la date de 1100.

Passons aux curieuses églises à coupoles du Périgord et de l'Angoumois, dont Saint-Front, le plus ancien type, est antérieur à 1050. Les grands arcs-doubleaux sur lesquels porte leur système de couverture sont partout des arcs brisés.

En Anjou, accouplement de l'arc brisé et du plein cintre dans des constructions bien antérieures à l'âge dit de transition. Les plus anciennes parties de Notre-Dame de Cunault, qui appartiennent au XIe siècle, sont dans ce cas.

Et la nef de la cathédrale du Mans !—Antérieurement à la période convenue de la transition, elle a été reconstruite avec des arcs brisés par-dessus les ruines encore distinctes d'un édifice en plein cintre qui s'était écroulé.

Et notre église de Saint-Martin-des-Champs, la plus ancienne de Paris (je lui donne le pas sur Saint-Germain-des-Prés, à qui des restaurations sans nombre ont fait perdre son caractère primitif), notre église de Saint-Martin-des-Champs, dans le sanctuaire de laquelle il est impossible de ne pas voir l'ouvrage consacré avec tant de solennité en 1067, présents le roi Philippe Ier et sa cour, les baies de ses fenêtres sont brisées à l'extérieur, et à l'intérieur, toutes ses arcades. Est-ce que la même forme ne se retrouve pas au tympan de la porte à droite du grand portail de Notre-Dame, que l'abbé Lebeuf a très bien reconnu être un morceau rapporté de l'église précédente, rebâtie tout au commencement du XIIIe siècle ?

En allant au nord de Paris, surtout quand on atteint la vallée de l'Oise, on rencontre tant d'édifices du XIe siècle qui offrent ou des arcades, ou des arcs-doubleaux, ou des fenêtres d'un cintre brisé, qu'on peut poser le principe que cette forme d'arc est caractéristique du roman de ce pays-là. Je renvoie aux églises de Saint-Vincent de Senlis, de Villers-Saint-Paul, de Bury, de Saint-Étienne de Beauvais, de Saint-Germer, etc., etc. La nef de Saint-Rémi de Reims, la crypte de Saint-Bavon de Gand (autrefois Saint-Jean), la croisée de la cathédrale de Tournay, la chapelle dite *des Templiers* à Metz, l'église de Sainte-Foi à Schelestadt, nous montrent l'arc brisé employé en Champagne, en Flandre, en Hainaut, en Lorraine, en Alsace dès le XIe siècle.

En résumé, l'arc brisé a été employé d'une manière systématique dans une bonne moitié de nos églises romanes, tandis que l'autre moitié est sujette à présenter accidentellement la même forme d'arc.

Donc, en supposant que *ogive* et *ogival* pussent légitimement s'appliquer à l'arc brisé et aux constructions pourvues de cet arc, quantité d'églises romanes seraient ogivales. Donc ces mots, avec le sens qu'on y attache aujourd'hui, n'ont pas la vertu d'exprimer la différence qu'il y a entre le roman et le gothique.

Seraient-ils plus applicables si on les ramenait à leur acception primitive ? En d'autres termes, étant reconnu que ogive signifie la membrure transversale des anciennes voûtes, pourrait-on établir sur la présence de ce détail de construction la distinction des deux genres dont il s'agit, et par conséquent regarder comme synonyme de gothique l'architecture ogivale qui serait celle, non plus des monuments où règne l'arc brisé, mais de ceux dont la voûte est montée sur croisée d'ogives ? Hélas ! non ; et quelque tempérament que proposent les défenseurs d'ogival pour maintenir la science sur ce porte à faux, ils n'aboutiront à rien d'efficace. Sans doute c'est un caractère architectonique très remarquable que celui de la croisée d'ogives ; cependant il n'appartient point exclusivement aux églises gothiques : je citerais au moins un tiers de nos églises romanes qui le possèdent ; de sorte que, s'il y a quantité de constructions qu'on peut dire ogivales parce que leur voûte repose sur des croisées d'ogives, il n'y a pas d'architecture qu'on soit autorisé à appeler *ogivale*, par opposition à une autre architecture fondée sur un principe différent. Applicable à tous les individus du genre gothique et à beaucoup de ceux du genre roman, l'adjectif *ogival*, quelque sens qu'on lui donne, n'est donc pas bon pour exprimer la différence des deux genres.

Du moment que l'abus d'ogival ressort des faits d'une manière si évidente, il faut bien rendre à l'architecture qu'on a cru caractériser par cette épithète son ancienne dénomination de *gothique*. Cette dénomination n'implique pas, je le sais, une notion historique exacte, mais elle a pour elle la consécration du temps ; tout le monde sait ce qu'elle veut dire, par conséquent il est impossible qu'elle donne lieu à des malentendus. Elle ne peut pas non plus impliquer de contradictions, puisque les Goths n'ont rien bâti dans un système d'architecture qui leur fût propre. Mais son grand avantage est de ne pas créer de théorie mensongère, de ne pas saisir les gens d'un prétendu critérium qui les expose à donner dans les conclusions les plus fausses.

Cloître de Moissac.

D'après J. Quicherat, *Mélanges d'archéologie et d'histoire*, t. II, Paris, A. Picard, 1886, in-8°.

IV — LA SCULPTURE FRANÇAISE AU XIIIE SIÈCLE

Faire sortir un art libre, poursuivant le progrès par l'étude de la nature, en prenant un art hiératique comme point de départ, c'est ce que firent avec un incomparable succès les Athéniens de l'antiquité. Ils considérèrent l'art hiératique de l'école d'Égine comme un moyen quasi élémentaire d'enseignement, un moyen d'obtenir une certaine perfection d'exécution. Quand leurs artistes furent sûrs de leur habileté manuelle, ils se tournèrent du côté de la nature, et ils s'élancèrent à la recherche de l'idéal ou plutôt de la nature idéalisée. —Ce phénomène se reproduisit, en France, à la fin du XIIe siècle.

Les statuaires du XIIe siècle, en France, commencèrent par aller à l'école des Byzantins, pour apprendre le *métier*; c'est à l'aide des modèles byzantins que se fit ce premier enseignement. Mais ils ne s'arrêtèrent pas à la perfection purement matérielle de l'exécution ; comme les Athéniens, ils cherchèrent un type de beauté et le composèrent en regardant la nature autour d'eux.

Les grandes cathédrales qui furent bâties dans le nord de la France, de 1160 à 1240 (Paris, Reims, Bourges, Amiens, Chartres, etc.), furent autant de chantiers et d'écoles pour les architectes, imagiers, peintres et sculpteurs. Dès les premières années du XIIIe siècle, la façade occidentale de Notre-Dame de Paris s'élevait. A la mort de Philippe Auguste, c'est-à-dire en 1223, elle était construite jusqu'au-dessus de la rose. Donc—toutes les sculptures et tailles étant terminées avant la pose—les trois portes de cette façade étaient montées en 1220. Celle de droite, dite de Sainte-Anne, est en partie refaite avec des sculptures du XIIe siècle, mais celle de gauche, dite porte de la Vierge, est une composition complète et l'une des meilleures de cette époque. Les auteurs de cette statuaire ont évidemment abandonné les traditions byzantines ; ils ont étudié la nature ; ils ont atteint un idéal qui leur est propre. Leur *faire* est large, simple, presque insaisissable, comme celui des belles œuvres grecques. C'est la même sobriété des moyens, le même sacrifice des détails, la même souplesse et la même fermeté dans la façon de modeler les nus dans ces pierres de liais, serrées et choisies, dont la dureté égale presque celle du marbre de Paros. Non seulement l'expression des têtes est très noble, mais la composition est excellente. Le bas-relief de la mort de la Vierge, celui du couronnement de la mère du Christ, sont des scènes admirablement entendues comme effet dramatique et comme agencement de lignes. La statuaire de l'Ile-de-France—cette Attique du moyen âge—est remarquable d'ailleurs par un sentiment dramatique qui ne se retrouve pas au même degré dans les autres écoles provinciales. Voyez, par exemple, les voussures de la porte centrale de Notre-Dame de Paris, l'expression terrible des damnés, la béatitude et le calme des élus. Les artistes qui ont sculpté ces voussures, les Prophéties et les Vices du portail de la cathédrale d'Amiens, les bas-reliefs des porches de Notre-Dame de Chartres, avaient des idées et prenaient le plus court chemin pour les exprimer ; aussi atteignaient-ils souvent, comme les Grecs, la véritable grandeur.

On a longtemps admis que les statuaires du moyen âge n'avaient su faire que des figures allongées, sortes de gaînes drapées en tuyaux d'orgues, corps grêles, sans vie et sans mouvement, terminés par des têtes à l'expression ascétique et maladive. —Que les artistes du moyen âge aient cherché à faire prédominer l'expression, le sentiment moral sur la forme plastique, ce n'est pas douteux, et c'est en grande partie ce qui constitue leur originalité ; mais ce sentiment moral, empreint sur les physionomies, dans les gestes, est plutôt énergique que maladif. Les statues qui décorent la façade de la maison des Musiciens, à Reims, sont très vivantes. Les bas-reliefs placés dans les tympans de l'arcature de la porte de la Vierge, à la façade occidentale de Notre-Dame de Paris, n'ont aucune raideur archaïque ; ils ne sont point grêles ; ils peuvent rivaliser avec les plus belles œuvres de l'antiquité.

C'est à rendre l'harmonie entre l'intelligence et son enveloppe que la belle école du moyen âge s'est particulièrement attachée. Chaque statue a son caractère personnel qui reste gravé dans la mémoire comme le souvenir d'un être vivant qu'on a connu. Une grande partie des statues des porches de Notre-Dame de Chartres, des portails des cathédrales d'Amiens et de Reims, possèdent ces qualités individuelles ; et c'est ce qui explique pourquoi ces statues produisent sur la foule une si vive impression qu'elle les nomme, les connaît et attache à chacune d'elles une idée ou même une légende. Telle est, entre autres, la belle statue de la Vierge de la porte nord du transept de Notre-Dame de Paris. C'est une dame de bonne maison ; l'intelligence, l'énergie tempérée par la finesse des traits, ressortent sur cette figure délicatement modelée. C'est une physionomie toute française, qui respire la franchise, la grâce audacieuse et la netteté du jugement. L'auteur inconnu de cette statue voyait juste et bien, savait tirer parti de ce qu'il voyait, et cherchait son idéal dans ce qui l'entourait. D'ailleurs, habile praticien—car rien ne surpasse l'exécution des bonnes figures de cette époque—son ciseau docile savait atteindre les délicatesses du modelé le plus savant. Il faut citer encore, parmi les bons ouvrages de statuaire du milieu du XIIIe siècle, quelques figures tombales des églises abbatiales de Saint-Denis, de Royaumont, les apôtres de la Sainte-Chapelle du Palais, à Paris, certaines statues du portail occidental de Notre-Dame de Reims, des porches de Notre-Dame de Chartres et des portes de la cathédrale de Strasbourg. Toutefois, sous le règne de saint Louis, l'école de l'Ile-de-France avait une supériorité marquée ; on ne trouve pas une figure médiocre dans la statuaire de Notre-Dame de Paris, tandis qu'à Amiens, à Chartres, à Reims, au milieu d'œuvres hors ligne, on en rencontre de très faibles. La ville de Paris était dès lors la capitale de l'art, comme elle était la capitale politique.

Sculptures du portail de la cathédrale de Chartres.

Vers 1240, il se produisit dans la sculpture d'ornement, comme dans la statuaire, un véritable épanouissement. Les frises, les chapiteaux, les bandeaux, les rosaces, au lieu d'être composés suivant un principe monumental, ne sont plus que des formes architectoniques sur lesquelles le sculpteur semble appliquer des feuillages ou des fleurs. Jamais l'observation de la nature ne fut poussée plus loin. L'art ne peut aller au-delà.

Et quelle admirable fécondité ! La puissance productive de l'art au XIIIe siècle tient du prodige. Après les guerres du XVe siècle, après les luttes religieuses, après les démolitions dues aux XVIIe et XVIIIe siècles, après les dévastations de la fin du dernier siècle, après l'abandon et l'incurie, après les bandes noires, il nous reste encore en France plus d'exemples de statuaire du moyen âge qu'il ne s'en trouve dans l'Italie, l'Allemagne, l'Angleterre et l'Espagne réunies.

*
* *

Le moyen âge a très fréquemment coloré la statuaire et l'ornementation sculptée. C'est encore un point de rapport entre ces arts et ceux de l'antiquité grecque. La statuaire du XIIe siècle était peinte d'une manière conventionnelle. On retrouve sur les figures de la porte de l'église abbatiale de Vézelay un ton blanc jaunâtre ; tous les détails, les traits du visage, les plis des vêtements, leurs bordures, sont redessinés de traits noirs très fins, afin d'accuser la forme. Derrière les figures, les fonds sont peints en brun rouge ou en jaune d'ocre, parfois avec un semis léger d'ornements blancs. Cette méthode ne pouvait manquer de produire un grand effet. Quant aux ornements, ils étaient toujours peints de tons clairs, blancs, jaunes, rouges, verts pâle, sur des fonds sombres. C'est vers 1146 que la coloration s'empare de la statuaire, que cette statuaire soit placée à l'extérieur ou à l'intérieur des monuments. Les statues du portail occidental de Chartres étaient peintes de tons clairs, mais variés, les bijoux rehaussés d'or. Quelquefois même des gaufrures de pâte de chaux étaient appliquées sur les vêtements ; ces gaufrures étaient peintes et dorées et figuraient des étoffes brochées et des passementeries. Les nus de la statuaire, à cette époque, sont très peu colorés, presque blancs, et redessinés par des traits brun rouge.

Sculptures du portail d'Amiens.

Le XIIIe siècle ne fit que continuer cette tradition. La statuaire et l'ornementation des portails de Notre-Dame de Paris, des cathédrales de Senlis, d'Amiens, de Reims, des porches latéraux de Notre-Dame de Chartres, étaient peintes et dorées. Les artistes qui ont fait les admirables vitraux de ce temps avaient une connaissance trop parfaite de l'harmonie des couleurs pour ne pas appliquer cette connaissance à la coloration de la sculpture, sans lui rien enlever, chose difficile, de sa gravité monumentale.[89]

D'après E. Viollet-le-Duc, *Dictionnaire raisonné de l'architecture française du XIe au XVIe siècle*, A. Morel, Paris, 1875, in-8°, t. VIII, au mot « Sculpture ».

---

[89] [Comparez L. Courajod, *La polychromie dans la statuaire du moyen âge*, Paris, 1888, in-8°, et les nombreux travaux du même auteur sur l'histoire de la sculpture française, pleins de vues originales.]

V — L'ÉMAILLERIE LIMOUSINE

Dès le milieu du XIIe siècle, l'émaillerie limousine est désignée dans les textes, aussi bien à l'étranger qu'en France, sous le nom « d'œuvre de Limoges », *opus Limogie* ou *lemovicense, opus de Limogia*, ce qui indique déjà un commerce remontant à de longues années. On est tant de fois revenu sur ce point, établi par de nombreux textes irréfutables, qu'il ne nous paraît pas fort utile de nous y appesantir à notre tour. Il faut plutôt insister sur l'influence qu'a eue sur la production limousine cette exportation, cette production exagérée : au point de vue artistique elle a certainement nui aux émaux, parce qu'elle a forcé les émailleurs à produire dans bien des cas des œuvres d'un caractère banal ; en effet, il ne pouvait être question, du moment que l'on fabriquait des pièces religieuses ou des ustensiles de toilette à la grosse, de faire quelque chose sortant de l'ordinaire. Ce n'est que par exception, pour quelques châsses très rares, telles que celle que l'on conserve à Saint-Sernin, à Toulouse, ou pour les tombeaux, par exemple, que des commandes ont été faites directement à Limoges. Cette production hâtive a eu une autre conséquence : celle de maintenir pendant très longtemps dans les ateliers les mêmes modèles, de créer, d'une façon inconsciente, un art archaïsant pour ainsi dire. Cette remarque est absolument nécessaire si l'on veut essayer de dater avec exactitude quelques-uns des monuments de l'émaillerie limousine. Ces produits sont, à partir du commencement du XIIIe siècle, en retard de quelque vingt ou trente ans sur la fabrication artistique du reste de la France. Limoges a conservé longtemps le style roman, et l'on est frappé de rencontrer parfois sur des objets exécutés en plein XIVe siècle des motifs de décoration qui sont de plus de cent ans antérieurs. C'est à l'excès de la production, et surtout de la production à bon marché, que l'on doit attribuer ce phénomène bizarre, bien plus qu'au peu d'empressement que pouvaient montrer les habitants des pays situés au sud de la Loire à adopter les formes créées par les Français du nord.

Toute cette fabrication étant très considérable, nous allons passer en revue les différents objets qu'elle a créés. Une division s'impose tout d'abord : les monuments religieux et les monuments civils. Nous commencerons par les premiers, de beaucoup les plus nombreux.

Les crucifix nous arrêteront peu : il y en a dans lesquels la figure du Christ est complètement émaillée à plat, ou bien émaillée en relief et rapportée. Dans ce dernier cas les figures de la Vierge et de saint Jean, des apôtres ou de la Madeleine, les symboles des évangélistes sont également en relief et rapportés ; ou bien le système de décoration prend un caractère mixte : en relief sur la face, il est plat au revers de la croix.... Ces crucifix servaient à la fois de croix processionnelles ou de croix stationnales. Dans ce dernier cas, il fallait les placer sur un pied de croix qui lui-même était émaillé : ces supports (Louvre, église d'Obazine) affectent la forme d'un tronc de cône reposant sur des pieds en forme de griffes ; ils sont décorés de rinceaux émaillés et de figures de dragons en bronze ciselé rapportés après coup.

Vase en cuivre émaillé par G. Alpaïs de Limoges.
(Commencement du XIIIe siècle.)

Nous ne possédons aucun calice du XIIe au XIVe siècle que l'on puisse rattacher à un atelier de Limoges ; on ne s'en étonnera pas si l'on songe combien peu il subsiste en France de ces vases liturgiques, toujours fabriqués, en partie tout au moins, en métal précieux. Mais en revanche nous avons un certain nombre de vases sacrés du même genre. Sans parler du *scyphus* du Louvre [le vase en cuivre d'Alpaïs], ni d'une pièce analogue, mais moins somptueuse, qui fait partie du Musée de l'Ermitage (collection Basilewsky), il existe encore en France un très grand nombre de ciboires ou plutôt de pyxides en cuivre doré et émaillé. Elles offrent presque toutes une coupe hémisphérique, surmontée d'un couvercle de pareil galbe, sommé d'une longue tige terminée par une croix. Le pied, circulaire ou à pans coupés, supporte une tige très élevée interrompue par un nœud. Ces pièces, qui appartiennent toutes à la seconde moitié du XIIIe siècle ou au XIVe siècle, sont de fabrication assez grossière ; les ornements (sainte Face, monogramme du Christ, etc.) sont réservés et gravés et s'enlèvent sur un fond alternativement bleu ou rouge ; ces émaux, d'un ton très cru, n'ont plus l'harmonie des produits de la première moitié du XIIIe siècle et sont absolument caractéristiques de la décadence de l'art limousin.

Pyxide en cuivre émaillé. Limoges. XIIIe siècle. (Musée du Louvre.)

De ces ciboires il faut rapprocher d'abord les petites boîtes cylindriques à couvercle conique auxquelles on donne le nom de pyxides et qui servaient à contenir, comme les colombes émaillées, la réserve eucharistique. La décoration de ces pièces varie peu : rinceaux, médaillons renfermant un monogramme, plus rarement des figures d'animaux. Ces monuments existent en trop grand nombre dans tous les musées pour qu'il soit utile d'y insister. Quant aux colombes, beaucoup plus rares, elles étaient suspendues, au moyen d'une crosse de métal ou de bois, au-dessus de l'autel, sur lequel on pouvait les faire descendre par une chaînette et une poulie. L'oiseau, généralement dressé sur ses pattes, plus rarement prêt à prendre son vol et les pattes réunies sous le ventre, a les ailes émaillées, ainsi que la queue, de bleu, de rouge et de blanc ou de bleu, de rouge, de jaune et de vert ; entre les ailes s'ouvre une petite cavité destinée à contenir les hosties. Le mode de suspension était quelquefois assez compliqué. L'oiseau posait sur un plateau ou sur un disque entouré d'une série de tours ; une ou plusieurs couronnes servaient, à la partie supérieure de l'ensemble, à réunir les chaînes. D'assez nombreux exemples de cette gracieuse décoration subsistent encore aujourd'hui dans les musées publics ou les collections privées. Nous ne connaissons plus en France que celle de l'église de Laguenne (Corrèze) qui soit encore en place....

Crosse en cuivre émaillé. L'Annonciation. Limoges, XIIIe siècle (Musée du Louvre.)

Les crosses limousines ne sont pas très variées : les plus anciennes consistent en un serpent qui forme à la fois la douille et le crosseron, entièrement recouvert d'imbrications émaillées de bleu lapis (crosse provenant de l'abbaye de Tiron, au Musée de Chartres) ; mais le type généralement adopté au XIIIe et au XIVe siècle consiste en une douille émaillée sur laquelle se relèvent des serpents de cuivre doré, un nœud repercé à jour composé de serpents entrelacés, ou bien un nœud plein, orné de bustes d'anges, et enfin une volute émaillée de bleu encadrant un sujet en cuivre fondu et doré : l'Annonciation, le Couronnement de la Vierge, le Serpent tentant Adam et Ève, Saint Michel terrassant le démon, etc., etc. Un type très commun, mais l'un des plus gracieux certainement, est celui dans lequel le crosseron se termine par un large fleuron polychrome sur lequel l'émailleur limousin a placé les plus vigoureuses colorations de sa palette, le rouge, le bleu et le blanc (Musée du Louvre, Musée de Poitiers, trésor de Saint-Maurice d'Agaune, Musée de Cluny, etc.). Ces crosses, dont le crosseron est, soit à section circulaire, soit plus rarement à section rectangulaire, se rencontrent dans toute l'Europe, et il n'est pour ainsi dire pas d'année où l'ouverture de quelque tombeau d'évêque ou d'abbé n'en mette une au jour. Tous les types qu'elles peuvent présenter sont aujourd'hui connus ; et les crosses du genre de la crosse dite de Ragenfroid, provenant de Saint-Père de Chartres (Musée de Bargello, à Florence), complètement entaillée, à sujets fort compliqués, constituent une très rare exception. Mentionnons enfin un type peu commun dans lequel une figure d'ange est interposée entre le nœud et la volute....

Mais arrivons aux châsses, les pièces les plus importantes parmi toutes celles qu'a créées l'industrie limousine.

Du XIIe au XIVe siècle, la châsse limousine est une boîte en forme de sarcophage ou de maison surmontée d'un toit très aigu. Cette construction, jusque vers la fin du XIIIe siècle, se fait en bois recouvert de plaques de cuivre, assemblées fort grossièrement sur ce bâti. Dans la seconde moitié du XIIIe siècle apparaît la coutume de supprimer la construction en bois : les châsses, de forme plus allongée, plus hautes sur pieds, sont alors composées de simples plaques de cuivre réunies aux angles par tenons et mortaises. L'ouverture de la châsse, au lieu d'être pratiquée dessous ou à l'une de ses extrémités, est placée sur le dessus ; le toit forme couvercle ; il est muni de charnières et d'une serrure à moraillon.

Par exception la châsse limousine peut comporter une imitation lointaine d'un édifice d'architecture, d'une église dont la nef serait sectionnée dans la longueur par un ou plusieurs transepts. L'exemple le plus compliqué que l'on puisse citer en ce genre est la belle châsse provenant de Grandmont et conservée aujourd'hui à Ambazac (Haute-Vienne) avec la dalmatique de saint Étienne de Muret.

Châsse d'Ambazac (Haute-Vienne). (Limoges. Fin du XIIe siècle. Revers.)

Cette châsse, une des grandes œuvres limousines connues aujourd'hui (longueur 0 m. 73 ; hauteur 0 m. 63), se compose d'une nef flanquée de bas-côtés peu saillants. La nef principale est sectionnée dans sa longueur par trois transepts qui, du reste, ne débordent point sur les bas-côtés. C'est à tort que l'on a voulu voir dans cette disposition une imitation de la grande châsse des rois, à Cologne, avec laquelle elle ne présente aucune ressemblance, ni sous le rapport de la construction ni sous le rapport de la décoration ; elle est du reste, très probablement, de quelques années plus ancienne que la châsse de Cologne, qui ne fut pas commencée avant 1198. La châsse d'Ambazac s'éloigne d'ailleurs, sur certains points, du thème banal des monuments limousins du même genre. Au lieu de se composer uniquement de plaques émaillées, sa décoration consiste surtout en une plaque de cuivre repoussé que l'émail vient ensuite décorer. De grands rinceaux hardiment dessinés entourent des plaques émaillées sertissant des cabochons, et se terminent eux-mêmes par des fleurons émaillés de la plus grande beauté : des filigranes, une quantité de pierreries, complètent la décoration des flancs de la châsse, dont le toit est sommé d'une crête ciselée et repercée à jour, formée de rinceaux, de fleurons émaillés, de cabochons. Cette crête est la seule dans toute l'orfèvrerie limousine qui ait cette importance. En somme la châsse d'Ambazac est l'une des plus belles qui subsistent ; elle peut lutter avec celle de Mozac (Puy-de-Dôme). De même époque, à peu près, si elle n'offre point comme cette dernière de sujets émaillés, du moins elle nous révèle chez les émailleurs limousins un sens très pur de la décoration....

On peut poser comme un principe absolu et comme une marque distinctive qui peuvent faire discerner facilement les châsses limousines, la forme et la structure des pieds qui leur servent de supports. Ces pieds en cuivre sont pris dans les plaques des côtés qui forment la châsse et comportent une décoration de gravure, un dessin quadrillé ou des rinceaux. Ce n'est qu'à Limoges qu'on a adopté ce système de construction très simple, mais bien fait pour plaire à des artisans qui recherchaient surtout la fabrication à bon marché.

Châsse de Mozac (Puy-de-Dôme). (Limoges. Fin du XIIe siècle.)

Un autre signe distinctif des châsses limousines et qui ne peut tromper aucunement, c'est la présence de crêtes composées d'une plaque de cuivre, munie ou non d'épis de faîtage, mais repercée d'ouvertures que l'on a comparées avec raison à des entrées de serrure. Ce dessin n'est en somme qu'une simplification dans la disposition des petites arcatures en plein cintre qu'à l'origine on avait voulu figurer sur cet ornement de faîtage.

Enfin la présence de têtes en relief sur un monument émaillé indique, à coup sûr, une provenance limousine. Voilà donc trois signes, la forme des pieds, celle de la crête, la présence de têtes en relief, auxquels on peut certainement reconnaître une châsse limousine....

*
* *

Nous sommes loin de posséder un aussi grand nombre de monuments civils en orfèvrerie émaillée : beaucoup de ces pièces, menus bijoux ou objets de toilette, nous sont parvenues isolément, et il nous est fort difficile aujourd'hui de déterminer sûrement leur usage. Mais il est évident que l'émail s'est appliqué indistinctement aux agrafes, aux pommeaux d'épée, aux manches de couteaux, aux plaques de baudrier, à des boîtes de toutes formes et de toutes dimensions. La collection Victor Gay renferme deux objets de ce genre fort curieux et remontant à la fin du XIIIe ou au commencement du XIVe siècle : ce sont une boîte de miroir à deux valves, et une petite boîte à fard, fort analogue comme forme aux vases du même genre dont faisaient usage les anciens. Le harnachement des chevaux pouvait aussi être du domaine de l'émailleur, et le Musée de Cluny possède un fort beau mors de cheval de ce genre ; mais ces monuments sont de la plus grande rareté. Il n'y a, dans cette série civile, de réellement communs que les bassins à laver, auxquels on a donné le nom de *gémellions*, parce qu'ils vont par paire. Ces pièces, sortes de plats d'une médiocre profondeur, sont décorés généralement d'une série d'écussons émaillés, les uns conformes aux règles du blason, les autres absolument de fantaisie, ou bien de représentations empruntées à la vie civile : scènes de chasse ou de danse, jongleurs ou ménestrels, etc. Tous les personnages, souvent assez bien dessinés, sont réservés et gravés sur un fond d'émail. Au revers se voient presque toujours des ornements gravés : une fleur de lis, un griffon ou tout autre motif de décoration formant le centre d'une rosace dont les extrémités viennent mourir sur les bords du plat. Dans chaque paire de gémellions s'en trouve un qui est muni d'une sorte de goulot ou gargouille en forme de tête de dragon. C'est ce goulot qui permettait de verser de ce bassin, que l'on tenait dans la main droite, l'eau qu'il contenait, et que l'on recevait dans le second bassin que l'on tenait horizontalement dans la main gauche. De nombreuses miniatures nous renseignent à merveille sur cet usage. On sait qu'au moyen âge, époque à laquelle les soins de la toilette tenaient cependant une place assez modeste dans la vie journalière, on ne se serait point mis à table dans une maison de quelque importance sans s'être au préalable lavé les mains. Cet usage suffit à expliquer la quantité de gémellions existant encore aujourd'hui. Le jour où la mode des cuillers et plus tard des fourchettes a fait tomber ce louable usage en désuétude, les gémellions ont servi dans les églises à recevoir les offrandes des fidèles ; de meubles civils ils sont devenus religieux, et voilà pourquoi le plus grand nombre d'entre eux a perdu son ornementation d'émail ; les monnaies, sans cesse remuées ou jetées sans précaution, n'ont pas tardé à la faire disparaître.

Les coffrets, presque sans exception, n'ont été à l'origine que des meubles civils ; par la suite des temps, ils ont pu être transformés en reliquaires ; mais l'absence de tout symbole religieux dans leur décoration indique assez à quel usage ils étaient destinés. Le coffret du trésor de Conques remonte au commencement du XIIe siècle. Une décoration analogue de disques ou d'écussons de cuivre émaillé et doré a été appliquée au XIIIe et au XIVe siècle à des boîtes de bois, de cuir ou d'ivoire. On connaît l'un de ceux que possède le Musée du Louvre ; il provient de l'abbaye du Lys, et comme il contenait une relique de saint Louis, le nom de ce roi lui est resté attaché, bien que d'après les synchronismes que l'ont peut établir à l'aide des écussons qui le décorent, il soit quelque peu postérieur au règne de Louis IX, très probablement de l'époque de Philippe le Bel. Un coffret analogue figure dans le trésor du Dôme d'Aix-la-Chapelle ; un autre est possédé par l'église de Longpont ; des fragments d'un quatrième se voient au musée de Turin ; ils proviennent de la cathédrale de Verceil où ce coffret a servi pendant longtemps à contenir la dépouille mortelle d'un cardinal ; enfin une autre décoration de médaillons de ce genre, très complète, fait aussi partie de la collection Dzialynska. Dans presque toutes ces pièces, les disques émaillés, écussons d'armoiries polychromes ou médaillons à fond bleu, offrant des personnages ou des animaux gravés ou réservés, n'étaient pas appliqués directement sur le bois. La boîte était d'abord recouverte d'une épaisse couche de peinture à la colle par-dessus laquelle on posait une feuille d'étain. Cet étain était ensuite teinté au moyen d'un vernis léger soit vert, soit rouge, très transparent, ce qui donnait à toute la pièce un grand éclat que venaient encore rehausser les dorures des plaques émaillées. Tous ces coffrets sont munis de couvercles plats, montés à charnières, fermés par des serrures en cuivre, d'un bon dessin, dans lesquelles viennent s'engager des moraillons ou simples ou doubles. Les dragons que nous avons déjà vus figurer sur les crosses se retrouvent ici ; ils servent à former soit les moraillons, soit les points d'attaches des charnières. Des cabochons de cristal, teintés diversement au moyen de paillons, des clous de cuivre disposés symétriquement sur le fond, complètent cette décoration d'un goût excellent....

Gémellions en cuivre émaillé. Limoges, XIIIe siècle. (Musée de Cluny.)

Dès le milieu du XIIe siècle, les plaques des monuments de Geoffroy Plantagenet et de l'évêque d'Angers Eulger nous le prouvent, l'émaillerie avait été employée avec succès pour la décoration des tombeaux. Les Limousins ne semblent du reste pas avoir eu, à l'origine, le monopole de cette fabrication, car le tombeau de Henri, comte de Champagne, élevé à Troyes, avait été fait par des orfèvres allemands ou lorrains. Quoi qu'il en soit, dans le courant du XIIIe siècle, les Limousins développèrent si bien cette branche de leur industrie qu'ils exportèrent des tombeaux tout faits, exactement comme des châsses ; c'est ce qui fait qu'il subsiste encore, à l'étranger, en Angleterre et en Espagne, quelques-uns de ces monuments dont l'origine française n'est pas douteuse. On a cité souvent à l'appui de cette opinion un texte du compte des exécuteurs testamentaires de Gautier de Merton, évêque de Rochester, mentionnant un paiement fait à Jean de Limoges pour le tombeau de l'évêque, qu'il alla, avec un aide, mettre lui-même en place. Le fait remonte à 1276. La tombe de Gautier de Merton a disparu, mais il subsiste encore en Angleterre, à Westminster, dans le tombeau d'Aymar de Valence, comte de Pembroke, un témoin irrécusable de l'importation limousine. Un tombeau d'évêque, conservé dans la cathédrale de Burgos, nous fournit la preuve du même fait pour l'Espagne.

Coffret dit de saint Louis. Travail limousin. Époque de Philippe le Bel. (Musée du Louvre.)

Dans toutes ces effigies funéraires, la part du sculpteur est au moins aussi grande que celle de l'émailleur. Sur un bloc de bois, préalablement dégrossi suivant les contours généraux de la statue, on a appliqué des plaques de cuivre martelées et repoussées, ciselées même dans certains cas. L'émail intervient dans les bordures, les ornements des vêtements, la décoration des coussins et du fond sur lesquels reposent la statue. Quelquefois, il est vrai, cette décoration en émail est fort considérable. Nous n'en voulons pour exemple que le tombeau des enfants de saint Louis, autrefois conservé dans l'abbaye de Royaumont, maintenant dans l'église de Saint-Denis.

Le nombre de ces tombes entaillées, fabriquées à Limoges, a été fort grand, et Gaignières nous a heureusement conservé le dessin de plusieurs d'entre elles qui par la suite ont été livrées, au poids du cuivre, à des chaudronniers, sans que ce vandalisme ait jamais profité ni à ceux qui l'ordonnaient ni à ceux qui, en véritables brutes, n'y voyaient que matière à fabriquer des casseroles. La tombe des enfants de saint Louis, dont le fond est orné de grands rinceaux et de figures d'anges et de moines en prière, date de 1248 ; celle de Blanche de Champagne, femme de Jean Ier, duc de Bretagne, date de la fin du XIIIe ou du commencement du XIVe siècle ; elle était terminée en 1306 ; on la conserve au Musée du Louvre. Le monument du cœur de Thibaut V de Champagne, à Provins, est postérieur à 1270, date de la mort de ce prince. Voilà celles qui subsistent aujourd'hui en France ; mais nous n'avons plus ni celle de Philippe de Dreux, à la cathédrale de Beauvais (1210), ni ceux de Géraud, évêque de Cahors, et d'Aymeri Guerrut, archevêque de Lyon, enterrés à Grandmont en 1250 et 1245, ni ceux que Jean Chatelas, bourgeois de Limoges, avait, avant 1267, faits pour les comtes de Champagne, Thibaut III et Thibaut IV. Tout cela a été fondu. Perte d'autant plus regrettable que si nous en jugeons par la description du tombeau du cardinal de Taillefer, inhumé à La Chapelle-Taillefer en 1312, ou par les dessins de celui de Marie de Bourbon (✝ 1274), dans l'abbaye de Saint-Yved-de-Braine, ces monuments étaient parfois très somptueux ; ce dernier notamment offrait sur son pourtour trente-six figures de cuivre, en ronde bosse, placées sous des arcatures, qui, à en juger par les inscriptions, étaient des portraits de personnages contemporains.

E. Molinier, *L'Émaillerie*, Paris, Hachette, 1891, in-16. *Passim*.

VI — VILLARD DE HONNECOURT, ARCHITECTE DU XIIIE SIÈCLE

L'incertitude qui règne sur les procédés manuels des artistes du moyen âge, l'ignorance absolue où l'on est de la manière dont se faisait leur instruction, donneront quelque intérêt à la description d'un manuscrit unique en son genre, qui paraît avoir été le livre de croquis d'un architecte du XIIIe siècle. J'appellerai album ce singulier ouvrage qui fait partie des manuscrits de la Bibliothèque nationale. C'est un petit volume de 33 feuillets de parchemin cousus sous une peau épaisse et grossière qui se rabat sur la tranche. Une note, écrite au XVe siècle sur le verso du dernier feuillet, prouve qu'à cette époque l'album en contenait quarante et un ; les mutilations qui ont réduit ce nombre ont l'air d'être déjà anciennes.

Comme les feuillets ne sont pas égalisés entre eux, leurs dimensions varient de 15 à 16 centimètres de largeur sur 23 à 24 de haut. Chacun d'eux est couvert sur les deux côtés de dessins à la plume, qu'on voit avoir été esquissés à la mine de plomb. Des notes explicatives, conçues dans le dialecte picard du XIIIe siècle et écrites en belle minuscule de la même époque, accompagnent plusieurs de ces dessins.

Ces notes manuscrites fournissent sur l'auteur de l'album, sur l'époque à laquelle il vivait, sur ses travaux, quelques notions.

Au verso du premier feuillet on lit :

« *Wilars de Honecort vous salue, et si proie a tos ceus qui de ces engiens ouverront, con trovera en cest livre, qu'il proient por s'arme et qu'il lor soviengne de lui ; car en cest livre puet on trover grant consel de le grant force de maconerie et des engiens de carpenterie ; et si troverés le force de le portraiture les trais ensi comme li ars de jometri le command et enseigne.* Villard de Honnecourt vous salue et prie tous ceux qui travailleront aux divers genres d'ouvrages contenus en ce livre, de prier pour son âme et de se souvenir de lui ; car dans ce livre on peut trouver grand secours pour s'instruire des principes fondamentaux de la maçonnerie et de la construction en charpente. Vous y trouverez aussi la méthode pour dessiner au trait, selon que l'art de géométrie le commande et enseigne. »

Cette note peut passer pour une préface. Elle apprend le nom de l'auteur, le lieu de son origine, la nature ainsi que la destination de son livre. Villard de Honnecourt ayant composé ce recueil, le lègue aux gens de son métier, qui y trouveront nombre de procédés pour la pratique de la maçonnerie, la construction en charpente et l'application de la géométrie au dessin. Il leur demande, en récompense, d'avoir mémoire de lui et de prier pour son âme.

Villard de Honnecourt, à en juger par son surnom, était Cambrésien, car Honnecourt est un village sur l'Escaut, à cinq lieues de Cambrai. Cette présumable origine prend la consistance d'un fait certain par la présence dans l'album de deux dessins, dont l'un est le plan de l'église de Vaucelles, abbaye située tout à côté d'Honnecourt ; dont l'autre représente également, en plan, le chœur de l'église cathédrale de Cambrai.

De même que tous les hommes de son temps qui savaient quelque chose, notre architecte avait beaucoup voyagé. « *J'ay esté en moult de terres,* » dit-il en un endroit, et à l'appui de son dire, il invoque les monuments de tous pays réunis dans son album. En effet, c'est presque un itinéraire que ce manuscrit. On l'y voit traverser la France du nord à l'ouest, puis parcourir l'empire d'Allemagne jusque par delà ses limites les plus reculées. S'arrêtant une fois à Laon il y prend le croquis de l'une des tours de la cathédrale, « la plus belle tour qu'il y ait au monde, » à son avis. Ses études minutieuses sur la cathédrale de Reims prouvent qu'il séjourna longtemps dans cette ville. Son passage à Meaux est constaté par un plan de Saint-Étienne, son passage à Chartres par un dessin de la grande rose occidentale de Notre-Dame. Plus loin, on le trouve installé devant le portail méridional de la cathédrale de Lausanne dont il copie la rose existante encore aujourd'hui. Enfin, l'album atteste un long séjour de l'auteur en Hongrie.

Il est à regretter que le manuscrit de Villard de Honnecourt fournisse moins de renseignements sur ses travaux comme architecte que sur ses pérégrinations. On n'y voit qu'une composition signée de lui ; encore en partage-t-il le mérite avec un confrère. Cet ouvrage consiste en un plan de sanctuaire pour une église de premier ordre. Le chœur est enveloppé d'une double galerie et de neuf chapelles, les unes de forme carrée, les autres en hémicycle. Elles alternent sur ce double patron à droite et à gauche de l'abside qui est carrée.

Dans l'intérieur, on lit cette légende : *Istud bresbiterium*[90] *invenerunt Vlardus de Hunecort et Petrus de Corbeia inter se disputando.*

Ainsi cette disposition insolite fut le résultat d'une conférence entre Villard et un sien confrère appelé Pierre de Corbie ; rien n'indique d'ailleurs qu'elle ait été exécutée....

Des dates certaines permettent de faire sortir Villard de la grande école du temps de Philippe Auguste ; elles le placent au beau milieu de cette génération d'hommes par l'industrie de qui le genre gothique atteignit, comme système de construction, ses derniers perfectionnements[91]...

---

[90] C'est-à-dire le « Chœur ».
[91] [Depuis la publication de l'article de M. J. Quicherat, de nombreux savants ont repris et approfondi l'étude de l'*Album* de Villard de Honnecourt (Voy. notamment la publication de l'*Album*, en fac-similé, par M. de Lassus (Paris, 1858, in-4°), et C. Enlart, dans la *Bibliothèque de l'École des chartes*, 1895, p. 1). —Des travaux de M. Bénard, « il ressort que Villard était Picard, qu'il a presque certainement bâti l'église de Saint-Quentin et que par contre rien n'autorise beaucoup plus à lui attribuer des travaux dans la cathédrale de Cambrai que dans celle de Reims ». — » Les chantiers de l'abbaye cistercienne de Vaucelles, dit M. Enlart, à six kilomètres de Honnecourt, sur l'autre rive de l'Escaut, ont été probablement l'école où Villard dut recevoir

[M. J. Quicherat classe ensuite, en neuf chapitres, les matières traitées pêle-mêle dans l'Album. Voici les titres de ces chapitres : 1° Mécanique ; 2° Géométrie et trigonométrie pratique ; 3° Coupe des pierres et maçonnerie ; 4° Charpente ; 5° Dessin de l'architecture ; 6° Dessin de l'ornement ; 7° Dessin de la figure ; 8° Objets d'ameublement ; 9° Matières étrangères aux connaissances spéciales de l'architecte et du dessinateur. Voici le dernier chapitre :]

Villard de Honnecourt paraît avoir été curieux de l'étude de la nature. Sa mémoire était ornée de tous les on-dit dont la science zoologique se composait alors exclusivement. L'une des figures de lion qu'il a dessinées donne lieu à notre auteur de rapporter le fait suivant : « Je veux vous dire quelque chose de l'éducation du lion. Celui qui dresse le lion a deux petits chiens ; lorsqu'il veut faire faire quelque chose au lion, il lui dit son commandement. Si le lion grogne, il bat ses petits chiens. Or le lion a si grand peur à voir battre les petits chiens, qu'il réprime son humeur et fait ce qu'on lui commande. Je ne parle pas du cas où il serait en colère, car alors il ne céderait ni par mauvais, ni par bon traitement. »

A la page suivante, il donne cette explication au-dessus du dessin, fort peu réussi, d'un porc-épic : « Voici un porc-épic. C'est une petite bête qui lance ses soies quand elle est en colère. »

Enfin il donne, en terminant son manuscrit, une instruction qui ne me semble convenir qu'à la confection d'un herbier : « Cueillez vos fleurs au matin, de diverses couleurs, en ayant soin que l'une ne touche pas l'autre. Prenez une espèce de pierre qu'on taille au ciseau ; qu'elle soit blanche, lisse et mince ; puis mettez vos fleurs sous cette pierre, chaque espèce à part. Par ce moyen vos fleurs se conserveront avec leurs

---

les premiers enseignements de son art. » Et cet auteur pense que ce sont les Cisterciens de Vaucelles qui recommandèrent notre architecte à leurs confrères de Hongrie. « Beaucoup d'architectes français du XIIe et du XIIIe s., dit-il, ont été mandés à l'étranger par des évêques, notamment en Espagne, où la plupart de ces prélats appartenaient à l'ordre de Cluny ; en Suède, où le premier archevêque d'Upsal, ancien écolier de Sorbonne, avait pu connaître Etienne de Bonneuil à Paris ; en Danemark enfin où l'archevêque Absalon fonda en même temps l'abbaye cistercienne de Sorö et la cathédrale de Roskilde, qui ressemble à celles d'Arras, Noyon et Cambrai, et qui ne peut être que l'œuvre d'un Français du nord. Rien n'empêche que Villard ait travaillé de même pour les évêques de Hongrie,... mais il est beaucoup plus probable que c'est pour le service des Cisterciens que fut appelé un architecte qui possédait leurs traditions. »]

couleurs. » Il y a à conclure de là qu'il pratiquait la botanique, au moins comme amateur. S'il ne se préoccupait pas tant de la couleur, on pourrait dire que c'était pour avoir des modèles d'ornements à mettre sur les chapiteaux des colonnes, puisque c'est de son temps que les fleurs de nos pays, imitées en placage, ont commencé à remplacer, pour la décoration de l'architecture, les feuillages et fleurons imaginaires de l'antiquité.

C'est à un autre ordre de connaissances, à l'art du potier, qu'est empruntée la recette suivante : « On prend chaux et tuile romaine pilée, et vous faites à peu près autant de l'une que de l'autre, mettant plutôt la tuile en excès, de telle sorte que ce soit sa couleur qui domine. Détrempez ce ciment d'huile de graine de lin. Vous en pourrez faire un vase à contenir de l'eau. » C'était une poterie crue qui devait avoir la consistance de la pierre. Le moyen âge le tenait certainement de l'antiquité. Sa composition ressemble beaucoup à celle de certains mortiers que Paul le Silentiaire dit avoir été employés à la construction de Sainte-Sophie.

Je crois reconnaître la préparation d'une pâte épilatoire dans une autre recette, écrite immédiatement après la précédente : « On prend chaux vive qui a bouilli et orpiment ; on met le tout dans de l'eau bouillante avec de l'huile. C'est un onguent bon pour ôter le poil. »

Enfin comme remède aux blessures qu'on se faisait souvent autour de lui, Villard de Honnecourt avait trouvé dans ses lectures, ou reçu de quelque empirique, l'ordonnance que voici : « Retenez ce que je vais vous dire. Prenez des feuilles de chou rouge, de la *sanemonde* (c'est une plante qu'on appelle chanvre-bâtard), aussi de la plante appelée tanaisie et du chènevis ou semence du chanvre. Broyez ces quatre plantes, de sorte qu'il n'y ait pas plus de l'une que de l'autre. Ensuite vous prendrez de la garance, en quantité double de chacune des quatre autres plantes. Broyez-la aussi et mettez ces cinq plantes dans un pot pour les faire infuser avec du vin blanc, le meilleur que vous pourrez avoir, en vous réglant pour la dose sur ce que la potion ne soit pas trop épaisse et qu'on la puisse boire. N'en buvez pas trop, vous en aurez assez d'une pleine coquille d'œuf. Quelque plaie que vous ayez, vous en guérirez. Essuyez vos plaies d'un peu d'étoupes, mettez dessus une feuille de chou rouge, puis buvez de la potion, le matin et le soir, deux fois par jour. Elle vaut mieux infusée dans de bon vin doux que dans d'autre vin ; le vin doux fermentera avec les plantes. Si vous en infusez dans du vin vieux, laissez-les deux jours avant d'en boire. »

Après tout ce qui précède, je crois qu'il me sera permis, toute proportion gardée entre les deux époques, de définir par les paroles de Vitruve l'instruction de l'architecte au XIIIe siècle : *Eum et ingeniosum esse oportet et ad disciplinas docilem ; et ut litteratus sit, peritus graphidos, eruditus geometria et optices non ignarus, instructus arithmetica, historias complures noverit, philosophos diligenter audiverit, musicam sciverit, medicinæ non sit ignarus.*

J. Quicherat, *Mélanges d'archéologie et d'histoire*,
t. II, Paris, A. Picard, 1886, in-8°.

VII — LA SOCIÉTÉ FRANÇAISE AU XIIIE SIÈCLE

I. — LE CLERGÉ NORMAND, D'APRÈS LE REGISTRE D'EUDE RIGAUD

Eude Rigaud est un des hommes les plus remarquables du règne de saint Louis. Les historiens du XIIIe siècle ont gardé sur lui un profond silence. Quelques lignes consacrées à sa mémoire n'eussent cependant pas été déplacées dans les histoires du saint roi, qui l'honora de sa confiance et de son amitié ; heureusement il nous est parvenu un document qui, mieux qu'aucun historien, nous révèle dans ses moindres particularités la vie de cet illustre prélat. Nous voulons parler du registre où il a consigné jour par jour les actions des vingt et une années de son épiscopat. C'est dans ces notes, non destinées à la publicité, qu'il faut chercher un tableau fidèle des mœurs du clergé du XIIIe siècle. C'est là aussi qu'il faut suivre les patients efforts d'un homme qui consacra sa vie tout entière à réprimer les nombreux excès des clercs de son temps....

Eude Rigaud, entré en 1242 dans l'ordre de saint François, fut sacré archevêque de Rouen au mois de mars 1247. Son premier soin fut la visite des doyennés ruraux de son diocèse. Dans l'impossibilité de se transporter sur chaque paroisse, il réunissait tous les curés d'un doyenné dans une même assemblée. Là se faisait une sévère enquête sur les mœurs de chacun d'eux. Six prêtres, investis des fonctions de jurés (*juratores*) dénonçaient hardiment tous les désordres que la voix publique imputait à leurs confrères. Ces désordres peuvent être rattachés aux chefs suivants :

Excès de boisson. —*Querelles.* —Je trouve plusieurs fois répété le reproche de fréquenter les tavernes et celui de boire jusqu'au gosier. De là des rixes, de là des habits oubliés dans les lieux de débauche, de là même des clercs étendus ivres-morts dans les champs. —Outre les querelles nées de la boisson, d'autres prennent leur source dans le caractère violent de certains curés amis de la discorde. Ils prennent part aux mêlées, ils se battent avec leurs paroissiens ; un d'entre eux tira même l'épée contre un chevalier.

Commerce. —Le plus ordinairement l'accusation se borne à signaler tel ou tel curé comme s'adonnant au négoce. Dans beaucoup de cas cependant, la nature de ce négoce est spécifiée. Il consiste, par exemple, à donner son argent aux commerçants pour en retirer l'intérêt, à avoir des navires sur la mer, à s'immiscer dans le commerce des bois, à louer des terres pour les ensemencer, à prendre des fermes, à percevoir les droits de péage et de tonlieu, à engraisser des porcs, à vendre des béliers, des vaches, des chevaux, du chanvre, du vin, du cidre. Les curés débitants de boissons poussaient l'abus jusqu'à enivrer leurs paroissiens. Le commerce des grains est aussi sévèrement prohibé. Il paraît que dès lors les spéculateurs sur les denrées connaissaient les marchés à terme.

Jeux. —Les jeux défendus sont les dés, la boule, le palet. En 1248, on faisait un reproche au prêtre de Baudriou Bosc de prendre part aux tournois.

Habits. —D'après les statuts synodaux, les prêtres ne devaient monter à cheval qu'avec des chapes rondes et fermées. Malgré cette prescription, beaucoup voyagent en soutanes ouvertes ou en tabards, ce qui est probablement la même chose. La chape avait un capuchon : certains prêtres sont notés pour ne l'avoir point rabattu sur leur tête et lui avoir préféré la coiffe. Ceux dont les goûts mondains ne se contentaient même pas du tabard et de la coiffe prenaient l'habit des gens de guerre et portaient des armes. Notons encore le reproche adressé à un prêtre d'avoir acheté un habit séculier.

Abus dans l'administration ecclésiastique. —Des curés non promus à la prêtrise négligent de se présenter aux ordinations, ou bien, quand ils ont reçu cet ordre, passent des années entières sans célébrer ; d'autres ne résident point dans les paroisses qui leur sont confiées ; ils exigent un salaire pour administrer les sacrements ; un chapelain fut réprimandé pour avoir, la veille de Noël, chanté la messe à prix d'argent. L'accusation d'avoir célébré des mariages clandestins ou sans faire les bans est très rare. La location, l'engagement ou l'aliénation des livres de l'Église est sévèrement interdite et peu de curés sont en défaut pour ce sujet. Il n'en est pas de même quant à l'obligation où ils sont de se rendre aux synodes, chapitres ou kalendes.

Tels sont les principaux abus qu'Eude Rigaut trouva dans le clergé séculier de son diocèse. Les moyens qu'il employa pour y mettre un terme furent assez divers. Pour les moindres désordres, il établit des amendes pécuniaires qui se levaient par les doyens. C'est ainsi qu'il force les curés à venir aux synodes et à se procurer des chapes. Le curé de Virville devait payer cinq sous toutes les fois qu'il s'enivrait ou seulement qu'il entrait dans une taverne située à moins d'une lieue de son domicile. Pour les fautes plus graves, l'évêque eût pu recourir aux censures canoniques, et prononcer la suspense ou l'interdiction ; mais ces châtiments avaient déjà perdu bien de leur efficacité et l'excommunication même n'empêchait pas certains prêtres de remplir leurs fonctions habituelles. Il eut encore pu déférer les coupables aux tribunaux ecclésiastiques, mais cette voie était longue et souvent le coupable n'eût pas été atteint. Eude préféra d'autres moyens, il exigea de ceux qu'il avait trouvés en défaut des lettres authentiques, par lesquelles ils avouaient leurs torts, promettaient de s'en corriger, et déclaraient que s'ils venaient à manquer à leur engagement, ils seraient par là même, et sans aucune procédure, privés de leur bénéfice....

Ces mesures n'avaient pour but que de réformer le clergé pourvu des bénéfices avant l'intronisation d'Eude Rigaud. Pour prévenir ces abus dans la génération suivante, il usa d'une grande circonspection dans l'admission des clercs présentés par les patrons. Persuadé que dans le prêtre les mœurs sont en rapport avec l'instruction, il leur faisait subir un examen, avant de leur conférer un bénéfice. Le registre contient les procès-verbaux de plusieurs de ces examens. Nous ne pouvons-nous empêcher d'en rapporter un exemple. Nous prenons au hasard un prêtre, nommé Guillaume, présenté à l'église de Rotois.

Son examen eut lieu le 8 des kalendes de mars 1258. Les examinateurs étaient, outre l'archevêque, Symon, archidiacre de Rouen, maître Pierre d'Aumalle, chanoine de Rouen, frère Adam Rigaud et Jean de Morgneval, clerc du prélat. Le candidat fut interrogé sur ce passage de la Genèse : *Ade vero non inveniebatur adjutor similis ejus, inmisit ergo Dominus Deus soporem in Adam*, etc. Voici comment il construisit cette phrase et la rendit mot à mot en langue romane : *Ade* Adans, *vero* adecertes, *non inveniebatur* ne trouvoit pas, *adjutor* aideur, *similis* samblables, *ejus* de lui. *Dominus* nostre sire, *immisit* envoia, *soporem* encevisseur, *in Adam*.... A la demande qu'on lui adressa de décliner le mot *inmisit*, il répondit : *inmitto, tis, si, tere, tendi, do, dum, inmittum, tu, inmisus, inmittendus, tor, teris, inmisus, tendus*. On lui fit faire le même exercice sur le verbe *repplere*, et, comme il avait dit au gérondif *repplendi*, l'archevêque insista et lui fit épeler (*sillabicari*) ce dernier mot, qu'il divisa en quatre syllabes, *rep-ple-en-di*. Eude Rigaud leva la séance en constatant son incapacité à chanter le morceau : *Voca operarios*. Nous ignorons si les juges le déclarèrent admissible.

Des candidats, rejetés à la suite d'examens encore moins brillants que le précédent, en appelèrent au pape. Ces appels étaient une arme dont s'emparaient tous ceux qui se trouvaient atteints par la juste sévérité de l'archevêque. Mais il ne s'en mettait guère en peine, car il jouissait du plus haut crédit à la cour de Rome ; et comme on avait subrepticement obtenu contre lui quelques lettres du pape pour le faire comparaître devant des juges étrangers, Innocent IV, le 2 des kalendes d'avril 1250 révoqua ces lettres et défendit qu'on le mît en cause hors de son diocèse....

L. Delisle, *Le clergé normand au XIIIe siècle*, dans la *Bibliothèque de l'École des chartes*, 1846.

II — Bourgeois et marchands, d'après les sermons

Le bourgeois de Paris, au XIIIᵉ siècle, a déjà quelque chose du type de l'esprit fort moderne. Tout en conservant la foi de ses pères, il affiche pour les sermons et les sermonnaires un certain dédain. Voit-il un prêtre monter en chaire ? Il lui tourne le dos, et sort de l'église jusqu'à ce que sa parole ait cessé de retentir ; habitude commune, du reste, aux importants de plus d'une cité. Il a confiance dans les avantages que lui donnent sa richesse et les privilèges enviés de sa caste. Un bourgeois du roi ! Malheur à qui l'offense ! Le téméraire est aussitôt traîné devant le souverain, il est atteint et convaincu d'avoir enfreint les libertés de la ville, il est frappé dans sa personne et dans ses biens. Parfois, cependant, ces poursuites judiciaires tournent au détriment du plaignant, et l'agresseur est renvoyé absous. *Inde iræ !* Toute l'histoire du temps est remplie de querelles semblables entre la jeunesse turbulente des écoles et la fière bourgeoisie de la capitale. La noblesse se permet aussi de violer les franchises : elle n'en est pas toujours punie, mais elle n'échappe pas au jugement. Un chevalier, passant un jour sur un des ponts de Paris, rencontre un bourgeois blasphémant à outrance ; la colère l'emporte, et, d'un coup de poing, il lui brise une partie de la mâchoire. Arrêté sur-le-champ, il est cité pour ce délit devant le tribunal du roi, et, après avoir attendu son audience pendant fort longtemps, il expose ainsi sa défense : « Seigneur, vous êtes mon roi terrestre, et je suis votre homme-lige ; si j'entendais quelqu'un vous dénigrer ou vous dire des sottises, je ne pourrais me contenir et je vengerais votre injure. Eh bien ! celui que j'ai frappé outrageait de même mon roi céleste : comment serais-je resté impassible ? » Et le prince qui n'aimait pas les blasphémateurs (ce trait se rapporte peut-être à saint Louis) le laissa aller en liberté.

Il n'était pas rare de voir des membres de la bourgeoisie, sortis d'une condition infime, s'élever aux plus hauts degrés de la fortune et même de la science. Tout citadin rêvait, comme aujourd'hui, pour son fils l'opulence ou la renommée ; l'immobilité des rangs sociaux n'était plus si rigoureuse. Le chef d'une puissante famille de cette classe, Jean Poinlane, nous est montré par Pierre de Limoges commençant sa carrière dans la dernière indigence : il courait les rues en colportant de la viande dans un grand plat (*perapside*), et n'avait pas d'autre gagne-pain ; c'était, selon toute apparence, un apprenti boucher. Devenu plus tard un des plus riches personnages de la capitale, il fit enchâsser ce vieux plat dans une monture d'or et d'argent, en souvenir de sa pauvreté première ; il le gardait comme une relique et se le faisait présenter les jours de bonne fête. Son fils était, vers le milieu du XIIIe siècle, un docteur célèbre dans l'Université, lié avec Pierre de Limoges et connu sous le nom de Jean de Paris ; il embrassa plus tard l'ordre de saint Dominique.

Le principal instrument de la richesse des bourgeois, c'était le négoce. L'industrie était fort limitée, la spéculation dans l'enfance ; et pourtant l'on retirait du commerce des avantages considérables. Il est vrai de dire que ce n'était pas toujours sans avoir recours à la fraude : les petits marchands comme les gros employaient bien des stratagèmes que l'on croit généralement d'invention plus moderne. La morale de la chaire est sans pitié sur ce point, et elle a vraiment de quoi choisir parmi les ruses de métier dignes de flétrissure. Les aubergistes et les cabaretiers mêlent en cachette de l'eau à leur vin, ou du mauvais vin à du bon. L'hôtelier fait payer une mauvaise chandelle dix fois sa valeur, et réclame encore un supplément si l'on a eu le malheur de se servir de ses dés ; petites extorsions qui sont de droit aujourd'hui. De maudites vieilles, comme les appelle un austère critique, frelatent abominablement le lait, ou, lorsqu'elles veulent vendre leur vache, cessent de lui en tirer quelques jours auparavant, pour que ses mamelles gonflées fassent croire qu'elle en produit davantage. Elles cherchent à donner à leurs fromages une apparence plus grasse en les plongeant dans la soupe (*in pulmentis suis*). Le chanvre ou la filasse, qui s'achète au poids, est déposée durant une nuit sur la terre humide, afin de devenir plus lourde. Les bouchers usent d'un artifice qui demande plus d'habileté : ils *soufflent* la viande et le poisson (car ils tiennent ces deux denrées à la fois). Avant de livrer un porc, ils ont soin d'en extraire le sang, dont ils se servent pour rougir la gorge des poissons décolorés par la vétusté. Ils vendent aussi des chairs cuites (la charcuterie), mais ils s'arrangent de manière à ne pas moins gagner dessus. « Il y a sept ans que je n'ai acheté de viande ailleurs que chez vous, disait à l'un d'eux un chaland naïf, dans l'espoir d'obtenir un rabais sur ses fournitures. —Sept ans ! lui répondit-il plein d'admiration, et vous vivez encore ! »

Ce n'est là, sans doute, qu'un apologue spirituel ; mais Jacques de Vitry raconte comme étant positivement arrivé, durant son séjour en

Palestine, le trait d'un empoisonneur de même espèce, qui, dans la ville d'Acre, vendait aux pèlerins des mets corrompus. Pris un jour par les Sarrasins et conduit devant le Soudan, il lui prouva d'une façon péremptoire qu'il le débarrassait chaque année de plus de cent de ses ennemis : cette facétie lui valut sa grâce.

Les accapareurs ne sont pas moins criminels. Ils cachent les denrées pour faire venir la disette et la cherté ; mais qu'arrive-t-il ? Dieu les punit en envoyant le beau temps, et ils finissent par se pendre de désespoir sur leurs monceaux de grains. Les marchands d'étoffes se vantent de rattraper sur la bure ce qu'ils perdent sur l'écarlate (*melius est lucrari in burello quam perdere in scarletis*). « Ils ont une aune pour vendre et une autre pour acheter ; mais le diable en a une troisième, avec laquelle, suivant le proverbe, *il leur aulnera les costez*. Ils ne mettent leurs articles en étalage que dans les rues obscures, afin de tromper le public sur leur qualité (il faut se souvenir aussi que les rues claires n'abondaient pas) ; mais ils seront eux-mêmes privés de la lumière éternelle. » Les changeurs, les orfèvres, dont le grand pont de Paris est couvert, ourdissent des complots pour rendre vile la monnaie précieuse, et *vice versa* : c'est encore une manière de dépouiller les voyageurs et les passants. On en voit même qui trient les deniers les plus lourds pour en extraire de l'argent ; et non contents d'altérer les bons, ils en fabriquent de faux, qui seraient très difficiles à reconnaître s'ils n'étaient plus doux au toucher.

Mais de tous les crimes enfantés par l'esprit de négoce et de spéculation, il n'en est pas de plus grave, aux yeux de l'Église, que l'usure. La morale religieuse, comme la loi civile, du reste, se préoccupe sans cesse de la répression de cet abus, si répandu alors, et pourtant bien plus sévèrement jugé que de nos jours. L'usure est assimilée au vol pur et simple : il n'y a qu'un seul moyen de la réparer, c'est la restitution. La légitimité de l'intérêt n'est point admise en principe. Les usuriers sont des monstres dans la nature : Dieu a créé les cultivateurs, les clercs, les soldats ; mais c'est le diable qui a inventé cette quatrième catégorie. Aussi les exemples les plus effrayants, les histoires les plus saisissantes circulent-elles sur leur compte. Il est rare qu'ils veuillent abandonner au moment de la mort le fruit de leurs longues rapines, amassé avec tant d'acharnement : le remords les assiège, ils cherchent mille moyens d'expier leur avarice, ils font des prières, des aumônes ;

mais enfin ils ne restituent pas, et ils expirent dans l'impénitence. Leur dépouille mortelle, dans ce cas, ne doit pas être ensevelie en terre chrétienne. Cette règle n'est cependant pas appliquée dans toute sa rigueur, comme l'indique le trait suivant. Un usurier, étant mort, fut mis dans le cercueil : mais, lorsqu'il s'agit de le transporter au cimetière, personne ne put le soulever ; la bière demeurait clouée au sol. Un *ancien* dit alors : « Vous savez que c'est la coutume, en cette ville, que chacun soit descendu dans la tombe par ses pairs, les prêtres par les prêtres, les bouchers par les bouchers, etc. Vous n'avez donc qu'une chose à faire : c'est d'appeler quatre usuriers. » Le conseil fut trouvé bon, et, en effet, les collègues du défunt enlevèrent sans difficulté le cercueil.

Étienne de Bourbon atteste avoir vu, lorsqu'il étudiait à Paris, apporter dans l'église de Notre-Dame un de ces malades, consumés par le *feu sacré* ou *mal des ardents*, qui venaient implorer de la sainte Vierge leur guérison. Ses voisins le disaient enrichi par l'usure. Les prêtres l'exhortèrent à renoncer aux biens qu'il avait acquis par ce moyen coupable, afin de pouvoir obtenir la santé. Mais il refusa avec persistance. Son corps devint alors tout noir, et il fallut le renvoyer de l'église : il rendit l'âme le soir même.

Ces châtiments exemplaires n'empêchaient pas « les adorateurs de la croix d'argent » d'être redoutés et honorés durant leur vie. On en voyait ruiner de braves chevaliers partant pour la croisade, réduire leur famille à la dernière indigence, et les faire emprisonner eux-mêmes par le seigneur du lieu, sitôt qu'ils ne pouvaient plus leur extorquer ni gages ni deniers. Petit à petit, et d'usure en usure, ils arrivaient à se créer un nom, une position influente ; comme ce jeune vaurien, qu'on appelait d'abord le *galeux*, et qui, étant parvenu par des gains illicites à pouvoir s'habiller convenablement, se fit appeler *Martin Galeux* ; lorsqu'il eut accru sa fortune, on le nomma *seigneur Martin*, tout court ; puis enfin il devint immensément riche, et on ne lui dit plus que *monseigneur Martin*, en le traitant comme un personnage digne de tous les respects....

A. Lecoy de la Marche, *La Chaire française au moyen âge,* Paris, H. Laurens, 1886, 2ᵉ éd. *Passim.*

III — LES VILAINS, D'APRÈS LES FABLEAUX

Voici maintenant les misérables huttes des vilains, agglomérées en hameaux ou plantées au milieu d'un clos, comme « ces maisons du Gastinois », dont chacune est « en un espinois ». L'établissement de chacun se compose, ou devrait se composer, au complet, d'un corps de logis destiné à l'habitation, d'un *bordel* (grange), d'un *buiron* ou cabane à mettre le foin, d'un four et d'un bûcher pour le bois, avec des rangées de *bacons* (quartiers de lard) pendus aux poutres faîtières. Comme mobilier, un lit sommaire :

..... En .I. angle
.I. lit de fuerre(*a*) et de pesas(*b*)
Et de linceus(*c*) de chanevas(*d*)...

(*a* : Grosse paille ;) (*b* : paille ;) (*c* : draps ;) (*d* : grosse toile de chanvre.)

une « table à mengier », des bancs autour du foyer, une ou plusieurs huches ; au mur sont accrochés un crible, un sas et d'autres instruments aratoires ou de cuisine, avec des armes : arc, lance, épées rouillées, *maçuele* (houlette), *gibet* (gourdin), van, râteau, *picois* (pioche), cognées, pelles, serpes, faucilles, bêche, hache d'acier. Ajoutez, dans les dépendances, une « cuve à baignier », une charrette, une selle charretière—avec le *forrel* (étui de cuir), la dossière, les traits, l'avaloire, les *penels* ou coussins de selle, et la *meneoire* ou limon—la charrue, l'aiguillon, la herse, la civière avec ses *fesches* ou bretelles. Derrière le foyer, la *toraille* où sèchent les graines ; au manteau de la cheminée, la boîte à sel, le *craisset* ou *grassot* (lampe à graisse) « pour l'hiver », les landiers, la louche, le gril, le « croc à traire du pot la chair quand elle est cuite », les tenailles, le soufflet, le mortier, le *molinel* (petit moulin), le *pestel* (pilon), le trépied, le chaudron « à brasser le bouillon ». Çà et là, d'autres outils encore : le sarcloir « pour ôter les chardons », la faucille, l'alesne, l'étrille, le couteau « à pain taillier », la queue à aiguiser, les « forces tranchantes », les sacs et la boissellerie, la doloire, la bisaiguë d'acier, la tarière, les fers à mortaises, le canivet, la *foisne* (fourche), les engins à pêcher, les paniers à poisson, les cruches, les grandes et les petites jattes, les écuelles, les hanaps, les *foisselles*. Au plafond se balance le *chasier* (panier à claire-voie) où se conservent les fromages ; il y a une échelle mobile pour y accéder. —Le fableau *De l'oustillement au vilain*, qui fournit cette curieuse énumération du mobilier idéal qu'un vilain à son aise doit acheter en se mariant, contient aussi quelques indications sur le costume des rustres : souliers, chausses, *estivaus* (bottes), houseaux, *cotele* (robe de dessous), surcotel, chaperon, chapel, courroie et coutelière, aumônière, bourse, *moufles* ou gants de cuir solide pour travailler aux haies d'épine.[92]—La nourriture des vilains se compose de pain, de fèves, de choux, de raves, d'aulx, de poireaux, d'oignons ; peu de viande.[93] Les *charbonées*, ou tranches de lard grésillées à grand feu, étaient le plat de résistance des jours de fête, avec le flan et le *mortreuil* (soupe au pain et au lait très épaisse).

Les vilains, ainsi logés, équipés et nourris, n'ont pas eu le bénéfice de la bienveillance des jongleurs, pauvres hères sortis de leurs rangs, il est vrai, mais qui avaient à gagner le pain quotidien en amusant la classe dirigeante des bourgeois et des chevaliers. Croquants, paysans, laboureurs, sont, dans presque tous les fableaux, le point de mire de railleries méchantes, quelquefois d'invectives féroces. Quelques-unes de ces grossières flatteries à l'adresse des gens bien nés, auxquels les rimeurs se plaisent à attribuer une origine totalement différente de celle des misérables, poussent l'exagération jusqu'au délire :

Plaust a Deu, le roi puissant,
Que je fusse roi des vilains !
A mal port fussent arivé !
Ja vilains ne fust tant osé
Que il un mot osast parler,
Ne mais por del pain demander
O por sa patenostre dire.
Moult eussent en moi mal sire.

---

[92] Comparez Boivin déguisé en croquant :
Vestuz se fu d'un burel gris
Cote et sorcot et chape ensamble,
Qui tout fu d'un....
Et si ot coiffe de borras.
Ses sollers ne sont mis à las
Ainz sont de vache dur et fort...
.I. mois et plus estoit remese
Sa barbe qu'ele ne fu rese.
.I. aguillon prist en sa main
Por ce que mieus semblast vilain...
[93] Pains et lait, et eues et fromage
C'est la viande del bochage.

Les vilains, au gré des bouffons de leurs maîtres, ne sont pas assez rudement traités. Le « vilain puant » est né d'une incongruité lâchée par un âne. Dieu, qui déteste sa race, l'a donné aux seigneurs pour qu'il les serve silencieusement, taillable et corvéable sans merci. S'il se plaint, qu'on le mette en prison ; s'il a fait quelque économie, qu'on la lui prenne. A-t-il la prétention de manger de temps en temps de bonnes choses ? qu'on l'en empêche :

Il deussent mangier chardons
Roinsces, espines et estrain,[94]
Au diemenche por du fain
Et du pesaz en leur semaine...
Il deussent parmi les landes
Pestre avoec les bues cornus,
A .IIII. piez aler toz nus.

Il faut renoncer à énumérer les vices attribués aux vilains. Ils ressemblent fort, du reste, à ceux dont quelques économistes accusent les humbles pour se dispenser de les plaindre. Vilains ne sont jamais contents, ni de leur excellent patron, ni du bon Dieu :

Tout li desplet, tout li anuie,
Vilains het bel, vilains het pluie,
Vilains het Dieu quand il ne fait
Quanqu'il[95] commande par souhait.

Ils sont horriblement sales ; l'enfer même, dit Rutebeuf, n'en veut pas, tant ils sentent mauvais. On raconte qu'un vilain, égaré dans la rue des Épiciers, à Montpellier, est tombé à terre, pâmé, avant d'avoir fait deux pas ; c'est le parfum inaccoutumé des épices qui le suffoque ; un « prud'homme » qui passe par là, suggère, pour le ressusciter, de lui placer sous le nez une pelletée de fumier :

---

[94] Paille de blé ;
[95] Tout ce qu'il.

Quand cil sent du fiens[96] la flairor
Les elz oevre, s'est sus sailliz
Et dist que il est toz gariz.

D'où la conclusion que *Ne se doit nul desnaturer* : la saleté est l'élément du vilain ; il doit y rester. Aussi bien, il s'y complaît, et son imprévoyance l'y condamne. Pourquoi se permet-il de prendre femme ? Il serait plus à son aise, s'il avait la sagesse de rester seul ; mais ces gens-là ne calculent pas. Il n'a pas épargné dix sous qu'il songe au mariage et qu'il a déjà dit à une fille du pays :

« Ma douce seur,
Je vous ainme de tout mon cuer. »

Les voisins commencent à bavarder. Le garçon, disent-ils, gagne sa vie ; il n'est pas débauché ; avec de l'économie ils noueront bien les deux bouts. Cependant le père de la promise, homme sage, hésite à consentir ; il sait bien qu'il n'a pas de quoi constituer une dot convenable, mais la mère « mangerait plutôt du fer et du bois » que de renoncer à l'établissement de la pauvrette avec celui qui l'aime ; elle livre assaut à la chancelante prudence de son mari avec une intarissable et très touchante loquacité :

Nous li donrons une vakielle
Et .I. petitet de no terre ;
J'ai de mes coses entor mi
De mes napes et de men lin...
Si vous taisiés d'ore en avant !
Laissiés m'ent convenir atant.

Le garçon, à qui un sien parent a promis de le loger gratuitement, contracte quelques dettes pour les frais de la noce. Il se marie. Le lendemain, les amis et connaissances viennent apporter leurs humbles cadeaux : vin, pain, un porcelet, deux gélines, peu d'argent ; les commères du voisinage n'évaluent pas la première mise de fonds du jeune ménage à plus de huit sous de deniers. Le porcelet et les poules font leurs ordures dans la pièce qu'ils occupent ; le propriétaire s'en plaint rudement. Le pauvre mari, qui voit sa jeune femme pleurer, vend

---

[96] Fumier.

tout le linge du trousseau pour acheter une cabane où ils seront chez eux :

Une maison et .I. pourciel
U il pueent leur huche assir
Et leur lit faire a lor plaisir.

Pendant ce temps-là, l'argent emprunté aux usuriers porte intérêt. L'homme travaille toute la journée sans rattraper l'arriéré. Alors les récriminations vont leur train :

Que dites-vous, puans pendus ?
C'à male hart soiiés pendus !
Quand j'issi de l'ostel mon pere
Je en issi bien endrapée,
Je aportai mout boin plice.
Vous me les avés tous vendus...
Qu'a male hart soiiés pendus.

C'est la misère ; et le jongleur n'a point de pitié pour cette misère, qu'il se plaît à dire méritée. D'ailleurs, comment plaindre un vilain ? Ses souffrances n'atténuent point l'énormité de ses ridicules. Qu'il s'égaye ou qu'il pleure, l'homme des champs n'est qu'un animal ; on se moque de sa carrure et de sa gaucherie ; il est

..... Grand et merveilleux
Et maufez et de laide hure

comme *le Villain de Bailleul*. On lui attribue d'incroyables naïvetés. Sa femme met le vilain de Bailleul au point de tout voir sans rien croire, en lui persuadant qu'il est mort. Brifaut, qui va au marché d'Abbeville pour vendre la toile filée par sa ménagère, se la laisse escamoter dans la foule avec une surprenante sottise, et fait des excuses à son voleur. Le *Vilain de Farbu* crache sur sa soupe pour voir si elle est chaude, et se brûle en l'avalant. Le vilain résume en lui Gribouille et La Palice. Son cerveau engourdi de bœuf de labour est impropre à la pensée ; il ne parle qu'en proverbes, comme Sancho Pança. La sagesse des nations est toute sa sagesse, et l'on dresse des recueils de locutions populaires sous le titre de *Proverbes au vilain*.[97]

Sans doute le paysan français du XIIIe siècle était, comme le paysan de tous les temps et de tous les pays, dur, fermé, malpropre, dépourvu de qualités chevaleresques. Les jongleurs nous le représentent (mais, cette fois, sans y trouver à redire) battant sa femme s'il la soupçonne d'inconduite, ou si le souper n'est pas prêt, ou si seulement elle le contredit :

Sa fame prist par les cheveus
Si la rue a terre et traîne.
Le pié li met sur la poitrine :
« Ha ! fame ! ja Dieus ne t'aïst ! »

Cette brutalité de mœurs s'explique par l'âpreté de la vie rustique. A la campagne, l'homme est plus près qu'ailleurs de l'humanité primitive à laquelle toute hygiène matérielle et toute délicatesse psychologique étaient inconnues. On n'a pas le temps d'être plus soigné ni plus aimable qu'une bête de somme quand on travaille sans relâche comme une bête de somme. Le continuel souci du pain quotidien et la fatigue accablante qu'on éprouve à gagner ce pain rétrécissent l'horizon et racornissent, la générosité native, s'ils ne la détruisent pas. Philippe de Beaumanoir, que ses fameuses *Coutumes du Beauvoisis* et ses romans mettent au premier rang des écrivains du moyen âge, n'a pas dédaigné de rimer à ce sujet un charmant apologue, bien différent des plates productions des jongleurs de cour. Il montre, dans *Fole Larguece*, les instincts altruistes d'une jeune paysanne sagement réfrénés par l'expérience de son mari :

Pour cou c'on dist en un reclaim :
Tant as, tant vaus, et je tant t'aim.

---

[97] Cf. une curieuse pièce en prose intitulée : *Des .XXIII. manières de vilains* (éd. Jubinal, Paris, 1834, in-8°). Quelques traits de cette furieuse diatribe ont assez de naturel. Le vilain refuse d'enseigner leur chemin aux étrangers et leur dit : « Vous le savez miex que je ne faic! » S'il voit un gentilhomme passer devant sa porte, l'épervier au poing : « Cil huas mangera anuit une geline, et mi anfant en fuissent tout saoul. » S'il visite la capitale, il s'arrête devant Notre-Dame, regarde les rois du portail, et dit : « Vex ci Pepin, vès la Charlemainne! » et on lui coupe sa bourse par derrière.

Quant à la bêtise des vilains, elle n'était sûrement pas si profonde que la majorité des auteurs de fableaux affecte de le croire. L'insolence raisonneuse dont on les accuse parfois est même en contradiction avec l'ineptie dont on les déclare atteints.[98] Deux pièces au moins mettent en scène, du reste, des paysans gouailleurs, d'une rude, franche et hardie jovialité, comme la France en a toujours produit. —Un bon seigneur avait annoncé qu'il voulait tenir cour plénière, et régaler tous ceux qui s'y rendraient ; il avait un mauvais sénéchal, avare, félon, qui était désolé de cette générosité. Ledit sénéchal, cherchant à passer sa mauvaise humeur, avise dans la foule de ceux qui sont venus pour profiter de la table ouverte, un

..... vilain
Qui moult estoit de lait pelain(*a*) ;
Deslavez(*b*) ert, s'ot chief locu(*c*).
Il ot bien .L. ans vescu
Qu'il n'avoit eü coiffe en teste.

(*a* : Apparence physique ;) (*b* : sale ;) (*c* : frisé ;)

Le sénéchal, « courrouciez, souflez et plein d'ire », apostrophe le malencontreux convive :

« Veez quel louceor(*d*) de pois,
Vez comme il fet la paelete(*e*) !
Il covient mainte escuelette
De porée a farsir son ventre...
Noiez soit en une longaingne(*f*)
Qui la voie vous enseigna. »

(*d* : avaleur ;) (*e* : *faire la paelete*, se montrer joyeux ;) (*f* : fosse d'aisances.)

Le vilain se signe de la main droite : « Je suis venu manger, dit-il bonnement, mais je ne sais pas où m'assoir. »— » Tiens, répond le sénéchal, en lui allongeant une *buffe* (soufflet ; cf. *rebuffade*) et en jouant

---

[98] Il y a des vilains, dit l'auteur des .XXIII. *manières*, qui mènent les autres et défendent leurs droits devant le bailli du seigneur : « Sire, au temps mon aïeul et mon bisaïeul, nos vaches furent par ces prés, nos brebis par ces copeis. » Il y en a qui « haïssent Dieu, sainte Église et toute gentillesse ».

sur le double sens du mot, assieds-toi sur ce buffet-là. » La fête commence, et le seigneur propose une robe d'écarlate comme récompense à celui qui dira ou fera la meilleure farce. Les ménestrels s'épuisent aussitôt en grimaces et en chansons. Mais le vilain s'approche, sa serviette à la main, et assène une formidable gifle sur la joue du sénéchal. Grand émoi. Le seigneur interroge le coupable :

Sire, fet cil, or m'entendez :
Orainz(*a*) quand je ceenz entrai
Vostre senechal encontrai
Qui est fel(*b*) et glous(*c*) et eschars(*d*).
Une grant buffe me dona
Et puis si me dist par abet(*e*)
Que seisse sor cel buffet
Et si dist qu'il me le prestoit...
Et quant j'ai beü et mangié,
Sire quens(*f*), qu'en feïsse gié
Se son buffet ne li rendisse ?
Et vez me ci tot apresté
D'un autre buffet rendre encore
Se cil ne li siet qu'il ot ore.

(*a* : Tout à l'heure ;) (*b* : méchant ;) (*c* : gourmand ;) (*d* : mauvais plaisant ;) (*e* : malice ;) (*f* : comte.)

On rit, et le gaillard emporta la robe d'écarlate. —Un vilain de même tempérament fit mieux encore : il gagna le paradis à la pointe d'une langue bien affilée. Saint Pierre refusait de l'admettre dans le céleste séjour, « car vilain ne vient en cest estre » :

—Plus vilains de vos n'i puet estre
Ça, dist l'ame, beau sire Pierre.
Toz jors fustes plus durs que pieres.
Fous fu, par sainte Paternostre,
Dieus quant de vos fist son apostre...

Saint Pierre, suffoqué de ce franc parler, s'en va chercher du renfort ; il envoie saint Thomas et saint Paul, qui reçoivent aussi leur paquet :

Dist li vilains : « Danz Pols li chaus(*a*),
Estes vos or si acoranz(*b*),
Qui fustes orribles tiranz.
Seinz Etienes le compara
Que vos feïstes lapider...
Haï, quel seint et quel devin !
Cuidiez que je ne vous connoisse ? »

(*a* : Le chauve ;) (*b* : sensible ;)

Enfin, Dieu le Père arrive en personne ; mais le redoutable disputeur n'est nullement interloqué, il plaide en ces termes :

« Tant com mes cors vesqui el monde
Neste vie mena et monde(*c*).
As povres donai de mon pain...
Les ai a mon feu eschaufez...
Ne de braie ne de chemise
Ne leur laissai soffrete avoir ;
Et si fui comfes vraiement
Et reçui ton cors dignement.
Qui ainsi muert l'en nos sermone
Que Dieus ses pechiez li pardone...
Vos ne mentirez pas por moi. »
— » Vilains, dist Dieu, or ge l'otroi.
Paradis as si desresnié(*d*)
Que par plaidier l'as gaaingnié.
Tu as esté a bone escole,
Tu sez bien conter ta parole.

(*c* : propre ;) (*d* : plaidé.)

L'honnête et simple vilain, bafoué par la société du moyen âge, a gagné sa cause devant Dieu.

Ch.-V. Langlois, dans la *Revue politique et littéraire*, 22 août 1891.

VIII — Le costume militaire au moyen âge

Voici quel fut le costume chevaleresque au XIe siècle.

L'armure de corps était le *haubert* ou la *brogne*, passés par-dessus les autres vêtements. La brogne était formée de plaquettes carrées, triangulaires, rondes ou en façon d'écailles, cousues sur une étoffe ; le haubert était tout de métal, fait de mailles à crochets ou de petits anneaux engagés les uns dans les autres. Haubert ou brogne, la forme était celle d'une cotte courte, à manches courtes aussi, et munie d'une *coiffe* ou capuchon étroit. Le baudrier, caché dessous, retenait l'épée par une agrafe à laquelle une fente donnait passage. Comme ces vêtements ne descendaient guère plus bas que la moitié des cuisses, ils étaient débordés par la tunique.

Les monuments du XIe siècle nous offrent le dessin de hauberts qui, au lieu d'avoir la forme d'une tunique, prennent le corps et les cuisses, ainsi que ferait une culotte courte ajustée au bas d'un gilet. Comme ce vêtement, représenté dans la tapisserie de Bayeux,[99] est d'une seule pièce, il est impossible de se figurer comment on aurait pu le mettre, à moins de supposer qu'il était fendu dans toute sa hauteur par devant ou par derrière, et qu'on l'agrafait par les bords de la fente.

La tête était protégée par un casque ovoïde ou conique, dénué de couvre-nuque, mais muni sur le devant d'une pièce appelée *nasal* parce qu'elle couvrait le nez. Le nom de ce casque est germanique. On l'appelait *helme* ou *heaume*. Il avait pour décoration un cercle ciselé ou incrusté de pierreries, qui en contournait le bord, et jamais d'autre cimier qu'une boule de métal ou de verre coloré. Pour le combat, le chevalier relevant sur sa tête la coiffe de son haubert (on disait la *ventaille*), celle-ci était ménagée de telle sorte que, grâce au nasal, les yeux et la bouche restaient seuls à découvert.

Les jambes étaient garnies, par-dessus les chausses, tantôt de trousses prises en bas dans les souliers, tantôt de bandelettes.

---

[99] Voyez la gravure de la page 181.

Vers 1050, l'armure s'augmenta, pour la protection des jambes, de chausses conçues dans le même système que les haubusing et les brognes. Par là le chevalier se trouva entièrement habillé de fer et justifia l'épithète poétique de *fervestu* qui lui est souvent appliquée dans les chansons de geste.

C'est encore dans la seconde moitié du XIe siècle que l'écu chevaleresque, de rond qu'il était, devint oblong, et découpé de manière à couvrir, depuis l'épaule jusqu'au pied, le cavalier assis en selle. La surface était cambrée. De la boucle, posée au milieu, partaient des bandes de fer qui rayonnaient vers les bords. Des lions, des aigles, des croix, des fleurons étaient peints sur le fond en couleurs éclatantes, et constituaient une décoration de pure fantaisie.

La longue lance ornée d'un gonfanon n'était pas la seule dont les chevaliers fissent usage. Ils combattaient aussi souvent avec une lance plus courte nommée *espée* dont le fer était très aigu. Cette arme s'assénait ainsi que la grande lance, ou se lançait comme un javelot.

La conquête de l'Italie méridionale et de la Sicile, celle de l'Angleterre, la première croisade, en un mot toutes les grandes entreprises dans lesquelles la France établit sa réputation militaire, au XIe siècle, furent accomplies par des guerriers qui n'eurent pas d'autre attirail que celui qui vient d'être décrit. Cet équipement consacré par la gloire demeura longtemps stationnaire.

Les combattants qui marchaient à la suite des chevaliers n'ayant le droit de porter ni le haubert, ni la brogne, ni l'écu, avaient pour armes défensives le bouclier rond ou ovale appelé *targe*, la cotte rembourrée, ou bien, à défaut de cette cotte, des plastrons de cuir qu'ils attachaient sous leur tunique. C'est ce qu'atteste le poète Wace, en décrivant la *gent à pied* d'une armée normande, dans le *Roman de Rou* : « Aucuns ont de bonnes plaques de cuir qu'ils ont liées à leur ventre ; d'autres ont revêtu des *gambais*. » Gambais est l'ancien nom français de la cotte rembourrée, ou plutôt de la bourre dont cette cotte était remplie.

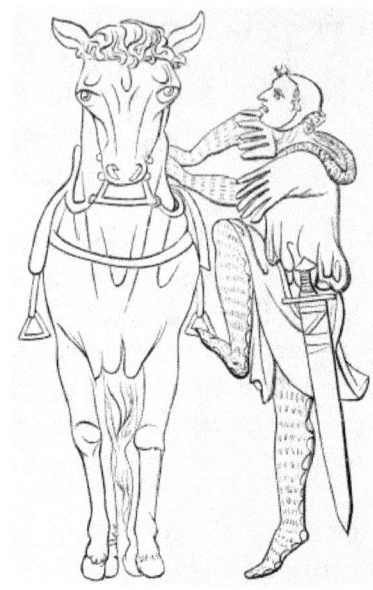

Chevalier d'environ 1220, d'après l'album de Villard de Honnecourt.

La pique, la lance à large fer, la hache, l'arc, la fronde étaient leurs armes offensives habituelles. Tous portaient l'épée plus longue et moins large de lame que l'épée chevaleresque. Elle était attachée à un ceinturon comparable à celui des anciens Francs par le bagage qu'il supportait. Le soudard du Xe siècle est dépeint, dans une satire du temps, avec un tas d'objets accrochés à des courroies autour de lui et qui lui battaient les jambes. Il portait là son arc, une trousse qui contenait les flèches, un marteau, des tenailles, un briquet, une boîte d'amadou.

*
* *

L'équipement devint absurde depuis la fin du XIIe siècle. On ne songea qu'à accumuler les défenses sur le corps, sans souci des évolutions du combattant. Ce ne fut pas assez de l'habillement complet de mailles ; on mit des garnitures dessous et dessus. On voit par les récits très circonstanciés que nous avons de la bataille de Bouvines qu'un chevalier, jeté par terre, ne pouvait plus se relever sans l'aide de son entourage. Abandonné des siens, il ne lui restait que l'alternative de se rendre ou de se faire tuer.

Il faut entrer dans le détail de ce harnais, si différent de celui des guerriers de l'époque héroïque, quoiqu'il en eût, à peu de choses près, conservé l'apparence.

Sous son haubert (et le haubert fut alors doublé d'étoffe), le chevalier portait un justaucorps à manches entièrement rembourré et piqué d'une infinité de points. C'était le gambeson, ainsi nommé à cause de la *bourre* ou *gambais* dont il était garni. Cela faisait un bon matelas. La plupart des chevaliers néanmoins jugèrent à propos de s'appliquer encore des plastrons de cuir (des *cuiries*) sur les parties exposées.

Par-dessus le haubert, on eut une autre cotte doublée, mais celle-ci flottante et sans manches. On l'appela *cotte à armer*, d'où l'expression plus moderne de cotte d'armes. Il était d'usage qu'elle fût décorée des armoiries du chevalier.

A la ceinture s'accrochait obliquement, de droite à gauche, un large ceinturon recouvert de plaques d'ornement, le baudrier de chevalerie de ce temps-là. On y attachait par des courroies, d'un côté l'épée, de l'autre la dague dite *grand couteau* ou *miséricorde*.

Au lieu que le capuchon de mailles n'avait fait qu'un autrefois avec le haubert, il devint une pièce à part qui descendait très bas sur la poitrine. Il prit le nom de *coiffe* et souvent il fut composé de deux parties : un calot qui couvrait le crâne, et un pan découpé à l'endroit du visage de manière à envelopper le menton et tout le tour de la tête.

Chevalier anglo-normand, d'après un tombeau de 1277.

Sous le pan de la coiffe, le cou était déjà armé de la *gorgerette*, sorte de cravate en cuir, en mailles, ou en plaquettes de fer cousues sur un carcan d'étoffe. Philippe-Auguste avait, à la bataille de Bouvines, une gorgerette de trois épaisseurs, à laquelle il dut son salut, car il fut harponné au cou par un Flamand, et, le croc n'ayant pu pénétrer jusqu'à la chair, il parvint à le démancher de sa hampe par un vigoureux effort.

Le heaume, complément de l'armure de tête, fut transformé en un vaste cylindre qui couvrait entièrement le chef, le visage et la nuque. C'était comme si l'on s'était coiffé d'une cloche ou d'une marmite. Au commencement du XIIIe siècle, le cylindre allait en s'élargissant par le haut. Depuis Philippe le Bel, au contraire, il tendit à retourner à la forme conique.

La partie antérieure du heaume affectait un léger mouvement de cambrure. Elle était consolidée par deux lames de métal assemblées en croix. Dans les cantons de cette croix étaient percées des *œillères* pour la vue et des trous pour la respiration. Le heaume était encore percé d'ouïes sur les côtés. Comme toutes ces ouvertures ne suffisaient pas pour garantir le chevalier contre l'échauffement que produisait à la longue le séjour de la tête dans cette lourde prison, afin qu'il lui fût possible de se rafraîchir de temps en temps, on imagina la *visière*. On rendit mobile la partie du heaume qui couvrait le visage (le *vis*, comme on disait alors) en la montant sur charnières. De la sorte, cette partie s'ouvrait et se fermait comme une porte de poêle. Si même le chevalier en avait le loisir, il pouvait déposer sa visière en étant la fiche qui la retenait dans ses charrions. Mais qu'était ce soulagement auprès du supplice infligé par l'usage d'une semblable coiffure ? Elle fut trouvée si insupportable que beaucoup prirent l'habitude de ne la plus porter autrement qu'accrochée à l'arçon de leur selle. Ils la réservaient pour les revues et les tournois. En bataille, ils aimaient mieux combattre à visage découvert. Il advint de là que peu à peu les chevaliers prirent le parti d'avoir deux casques dans leur équipement. Le heaume les accompagnait comme objet de parade, tandis que leur coiffure habituelle était une *cervelière*, simple calotte de fer, ou le *bassinet*, casque léger qui, par ses dimensions, se rapprochait du heaume primitif ; mais il n'avait pas de nasal et prenait mieux la forme de la tête.

La plupart des seigneurs du temps se sont fait représenter sur leur sceau en costume de tournoi. Ils ont la lance ou l'épée à la main, les ailettes aux épaules, l'écu sur la poitrine. Toutes ces choses sont armoriées, et les armoiries figurent encore sur une crête en forme d'éventail qui surmonte le heaume. C'était le cimier à la mode, qui fut remplacé quelquefois par un panonceau tournant autour d'une tige, comme une girouette, ou par une poupée en forme d'homme ou de bête. Un comte de Boulogne, révolté contre Philippe-Auguste, pour montrer qu'il était seigneur de la mer, avait fait planter des deux côtés de son heaume une aigrette en fanons de baleine. On ne s'étonnera pas que, pour rendre la charge de tous ces objets un peu plus tolérable, on ait fait des heaumes en cuir ; mais ces heaumes n'étaient bons que pour les joutes courtoises, où l'on combattait avec des lances sans fer et des épées en baleine couverte de papier d'argent.

Quant à l'écu, qui avait été si démesurément allongé au XIe siècle, il revint, après l'an 1200, aux dimensions qu'il lui convenait d'avoir pour être d'une manœuvre facile. Il fut d'autant plus allégé qu'on le débarrassa de sa boucle, cette bosse massive dont il était resté surchargé jusque-là. C'est la seule amélioration que le XIIIe siècle ait introduite dans l'armement. Elle paraît n'avoir pas eu d'autre motif que le besoin de donner une forme plus avantageuse au tableau sur lequel devait être figuré le blason. L'écu couvrait le chevalier en selle depuis le cou jusqu'au genou.

La garniture des jambes n'est pas moins compliquée que celle du corps et de la tête. On portait de grosses bottes ou des fourreaux de cuir bouilli sous les chausses de mailles. Aux genoux étaient ajustées, par-dessus les mêmes chausses, des boîtes de métal. Ces boîtes, que nous appelons *genouillères*, reçurent au XIIIe siècle et gardèrent durant une partie du XIVe le nom de *poulains*.

Pendant un temps, les chausses furent une simple pièce de mailles que l'on agrafait derrière la jambe et après le bord du soulier ou chausson, qui était aussi de mailles. Mais cette mode ne fut pas générale, et celle des chausses en forme de fourreaux reprit bientôt le dessus. Chez quelques-uns, elles avaient assez de longueur pour s'attacher après la doublure du haubert, vers la ceinture. Le comte de Boulogne, renversé de cheval à la bataille de Bouvines, dut son salut à ce qu'il était ainsi accoutré.

Des goujats qui s'étaient abattus sur lui eurent beau fourrer leurs épieux sous la jupe de son haubert, ils ne trouvèrent pas le défaut de l'armure. En dernier lieu, on attacha, au moyen de courroies, de longues plaques d'acier qui couvraient le devant des jambes et des cuisses au-dessus et au-dessous des genouillères. Ce fut le commencement de l'armure en fer battu. La défense des cuisses s'appelait *cuissots*, celle des jambes *tournelières* ou *grèves*.

L'usage de ces plaques était général à l'avènement de Philippe le Bel. Sous les fils de ce roi, le dehors des bras fut armé de la même façon, au moyen de *brassières* posées par-dessus les manches du haubert, et l'on eut des *coudières*, boîtes de fer qui protégeaient les coudes. Les gants, qui n'étaient que de mailles autrefois, furent en daim recouvert de mailles ou de plaques de fer.

A des cavaliers si bien couverts il fallut des montures qui fussent, de même qu'eux, impénétrables aux coups. On introduisit dans le harnais du cheval des chanfreins d'acier, des bardes de cuir, des housses de feutre, des croupières et des poitraux en tissu de mailles. Alors il devint indispensable aux chevaliers de se pourvoir de chevaux robustes pour les batailles et pour les tournois. Ceux-ci étaient les *coursiers*, ceux-là les *destriers*. Dans les marches, ils étaient conduits en laisse à côté du gentilhomme monté sur son *palefroi*. On dressait les coursiers à galoper avec des housses traînantes, car dans les tournois ils étaient habillés de la tête jusqu'aux pieds, ainsi qu'on voit aujourd'hui les chevaux des pompes funèbres.

Nous n'avons pas énuméré moins de dix-huit pièces composant l'armement et la parure du chevalier. En ajoutant la chemise, les braies et les chausses de drap qu'il portait sur la peau, le nombre monte à vingt et une. La conclusion suit d'elle-même. Sous un tel amas de plaques, de tampons, de chiffons, l'homme n'est plus qu'un automate monté pour un nombre de mouvements extrêmement restreint. Il porte ses armes attachées après lui, sous peine de ne les pouvoir rattraper si elles lui échappent des mains. Son écu est retenu à son cou par une longue bride ; des chaînes fixent à son dos et à sa poitrine son heaume, sa dague, son épée.

Bien que le chevalier déposât une partie de cet attirail pour la bataille, avec ce qui lui restait encore, il lui était interdit d'être un combattant de ressource. Mais la force du préjugé empêchait de reconnaître cela. On tenait à une complication qui passait pour une marque de noblesse. Pour rien au monde les gentilshommes n'y auraient renoncé, et les soldats de profession, à qui il aurait appartenu de mettre en honneur un accoutrement plus raisonnable, ne cherchaient qu'à copier les gentilshommes.

Philippe de Valois, d'après son sceau.

Les mercenaires, cavaliers et fantassins, s'étaient émancipés. Sous le nom de *sergents*, c'est-à-dire serviteurs, ils étaient devenus des corps redoutables, qui avaient dans plus d'une occasion éclipsé la chevalerie. Lorsqu'ils eurent acquis cette importance, on ne trouva pas mauvais qu'ils affectassent une tenue plus martiale. Tels d'entre eux s'attribuèrent l'armure pleine de plaquettes, puis celle de mailles. On vit des soldats de fortune endosser le haubert, et même la cotte d'armes par-dessus le haubert. La vanité des grands seigneurs trouva son compte à cette usurpation. Au lieu d'armoiries à eux, qu'ils n'avaient pas, les sergents portèrent sur leur cotte celles du maître qui les entretenait à sa solde.

Les sergents habillés de la pleine armure, de *plates* ou de mailles, formaient une grosse cavalerie. A la différence des chevaliers, ils n'avaient ni éperons dorés, ni flammes à leurs lances, ni heaumes, ni écus. Pour coiffure, ils portaient le bassinet ou un chapeau de fer à forme ronde, avec un rebord rabattu, sans jugulaire. Leur bouclier (la targe) était de forme ovale, très bombé et muni de la boucle au milieu.

Les soldats de la cavalerie légère et les fantassins n'avaient qu'une partie des pièces de l'armure. Ils ne portaient guère aux jambes d'autres défenses apparentes que des chausses gamboisées ou garnies de plates ; leur coiffure ordinaire était soit le chapeau de fer, soit une simple cervelière. Pour eux, le haubert était remplacé par le *haubergeon*, cotte de mailles d'un tissu plus léger et à courtes manches, ou même sans manches. Mais le haubergeon n'était pas à la portée des moyens du plus grand nombre. Beaucoup se contentaient d'une cotte de plates, d'un pourpoint de cuir ou d'un hoqueton. Ils avaient pour bouclier la *rouelle*, petit disque qui se portait accroché à la ceinture, ou le *talvelas*, de forme carrée et de dimension à couvrir tout le corps du combattant.

Il faut parler des armes offensives, dans lesquelles s'étaient aussi introduits des changements.

La lance chevaleresque, devenue plus longue de fer et de bois, avait pris le nom de *glaive*. Elle n'était plus, comme autrefois, décorée d'une longue banderole. À celle des barons était attaché, sous le nom de *bannière*, un petit drapeau carré, armorié de leur blason. Un *pennon* ou languette d'étoffe triangulaire distinguait la lance du simple gentilhomme.

L'épée était plus longue et moins large que celle du XIIe siècle, toujours arrondie par le bout avec un lourd pommeau surmontant la poignée. Ce pommeau était ordinairement aplati, et sur les plats, les armoiries du chevalier étaient exécutées en émail. Les sergents employaient de préférence une épée encore plus longue et pointue, avec laquelle on pouvait donner d'estoc et de taille. Quelques piétons, au lieu de l'épée, se servaient du *fauchon*, large cimeterre qui tranchait seulement d'un côté.

Les mercenaires de tous pays qui composaient en grande partie les corps de sergents, avaient importé l'usage de divers instruments de carnage, ignorés en France avant eux :

La *guisarme* ou hallebarde, dont le bois, d'abord très court, n'atteignit qu'au XIVe siècle la longueur de celui d'une lance.

La *hache danoise* à tranchant convexe, avec ou sans pointe au talon.

Le *dard*, javelot léger dans le genre de la haste romaine. C'était l'arme nationale des Basques, si nombreux dans les compagnies de sergents. Chaque combattant en avait quatre dans la main gauche.

Le *faussard*, *fauchard* ou *faucil*, grand coutelas en forme de lame de rasoir, emmanché au bout d'une hampe.

La *masse*, à tête de fer, garnie de côtes saillantes.

La *pique* flamande, appelée par les Français *godendart*, par corruption du terme tudesque, qui était *godengag*. C'était un gros bâton ferré, de la tête duquel sortait une pointe aiguë. « Ces bâtons que les Flamands portent en guerre, dit Guillaume Guiart, ont nom *godengag* dans le pays. C'est comme qui dirait *bonjour* en français. Ils sont faits pour en frapper à deux mains, et si, en tombant, le coup ne porte pas, celui qui sait s'en servir se rattrape en enfonçant la pointe dans le ventre de son ennemi. »

J. Quicherat, *Histoire du costume en France*,
Paris, Hachette, 1876, in-4°. *Passim*.

www.ingramcontent.com/pod-product-compliance
Lightning Source LLC
Chambersburg PA
CBHW060313230426
43663CB00009B/1686